스포츠경영관리사 합격 시리즈 ❶

2025
제21차 개정판

장 승 규 의
스포츠경영관리사
기본 이론서

저자 경영학박사 장 승 규

수록과목
스포츠산업 · 스포츠경영 · 스포츠마케팅 · 스포츠시설

스포츠위즈
cafe.daum.net/sports31

이메일 : jisig@paran.com
카톡 ID : sports1

스마트폰에서 스캐닝

필기와 실기 모두 70점 이상으로 합격하는
스포츠경영관리사 합격 시리즈 ❶
장승규의 스포츠경영관리사 기본 이론서

저자 장 승 규
발행 : 2025. 1. 1
인쇄 : 2025. 1. 1

발 행 인 : 손현숙
책임편집 : 정해동
편집진행 : 장인철·이해성·박찬호
발 행 사 : 지식닷컴
연 락 처 : 02-848-6865
팩   스 : 0303-0009-0000
카   페 : http://cafe.daum.net/sports31

국립중앙도서관
서지 정보

ISBN 979-11-91834-38-3   정가 **24,000원**
ISBN 979-11-91834-37-6(3권) 정가 **32,000원**

・저작권법에 따라 무단으로 전재하거나 복제할 수 없습니다.
・잘못된 책은 구입처에서 교환해 드립니다.

 인사말

스포츠의 경영학적 어프로치

우리나라는 2018 평창동계올림픽을 비롯하여 1988 서울 하계올림픽, 2002 월드컵, 2011 대구 세계육상선수권대회 등을 이미 개최하였기에 세계적 스포츠 이벤트의 그랜드 슬램을 달성한 5번째 국가입니다. 문화와 언어가 다르고, 관습이 다르더라도 세계인들이 함께 관심을 갖고, 즐기는 것은 스포츠를 제외하고는 찾기 어려운 실정입니다. 한편 정부는 물론 지자체들도 스포츠를 통해 건강은 물론 사회적 통합과 경제 발전에 이바지하기 위해 큰 노력을 기울이고 있습니다. 이런 일들을 보다 효과적으로 전개하기 위해서는 스포츠에 경영학적 마인드의 적용이 필요합니다. 이러한 인식에서 정부도 2005년에 스포츠경영관리사 자격제도를 도입하였고, 21년이 지난 올해에도 예년과 같이 시험을 연간 3회 실시합니다.

더 많은 사람이 응시하고, 합격하여 우리나라 스포츠의 발전은 물론 스포츠경영의 확산을 통한 국가 경제 발전에 이바지한다는 마음으로 이 책을 씁니다. 첫 시험 때부터 발간된 〈스포츠경영관리사 합격 시리즈〉는 적중률이 높은 것으로, 실제보다 더 과장되어 입소문이 났습니다. 그러나 실제 자체 조사한 결과 2024년 제3회 실기시험은 20문제가 출제되었는데 모든 문제가 책에 똑같이 수록되어 있어 적중률 100%이었고, 합격률 또한 높은 수준을 달성하였습니다. 자랑을 늘어놓아 송구스러운 마음이지만 실제 책으로 공부한 후 시험을 치면 결코 과장된 것이 아니라는 것을 알 수 있을 것입니다. 응시하는 많은 사람이 합격하여 자격 취득과 더불어 스포츠경영의 확산에 이바지해 주시기 바랍니다.

이 책의 완성을 위해 많이 노력한 여러분께 감사의 말씀을 드립니다. 아울러 학습 도중에 질의 사항이 있으면 아래 연락처로 연락하십시오. 특히 다음카페에 저자가 운영하는 스포츠경영카페의 자유게시판을 이용하면 더욱 편리합니다. 공부하시는 많은 분이 합격하시길 빕니다.

2025년 1월 1일

저자 장승규 드림

 목 차

바른 책의 선택이 합격의 결정적 요소

- **공부를 시작하면서 미리 알아 두어야 할 사항 … 4**
  - 1. 스포츠경영관리사 자격시험 간보기 … 4
  - 2. 효과적 학습법 … 5
  - 3. 관련 자료 확인하기 … 9
  - 4. 장승규의 스포츠경영관리사 세트 도서 소개 … 10

- **시리즈 제1권 스포츠경영관리사 기본 이론 … 11**
  - 제1과목 스포츠산업 … 11
  - 제2과목 스포츠경영 … 43
  - 제3과목 스포츠마케팅 … 95
  - 제4과목 스포츠시설 … 145

- **시리즈 제2권 스포츠경영관리사 필기 문제은행**

- **시리즈 제3권 스포츠경영관리사 실기 키포인트**

공부를 시작하면서 미리 알아 둘 사항

1. 스포츠경영관리사 자격시험 간보기

> 간보기는 음식 조리 시 마지막에 소량을 섭취하여 맛보는 절차이다. 여기서는 합격을 위해 꼭 알아야 할 사항을 미리 숙지하는 절차이다.

가. 시험 개요

1) 시험 일정(2025년)

구분	필기시험			실기시험		
	원서접수	시험	발표	원서접수	시험	발표
제1회	1/10(화)~13(금)	2/13(월)~28(화)	3/21(화)	3/28(화)~31(금)	4/23(일)	6/9(금)
제2회	4/17(월)~20(목)	5/13(토)~6/4(일)	6/14(수)	6/27(화)~30(금)	7/22(토)	9/1(금)
제3회	8/7(월)~10(목)	9/2(토)~17(일)	9/22(금)	10/10(화)~13(금)	11/5(일)	12/13(수)

2) 응시 자격

① **필기시험** : 시험일 현재 만 18세 이상의 국적 소지자로, 학력 제한이 없다.
② **실기시험** : 필기시험에 합격한 사람으로, 필기시험 합격자 발표일로부터 2년 이내에 시행되는 실기시험에 응시할 수 있다.

3) 시험 절차

❶ 필기 원서접수 → ❷ 필기시험 → ❸ 필기 합격자 발표 → ❹ 실기 원서접수 → ❺ 실기시험 → ❻ 최종 합격자 발표

4) 시험 방식

① **필기시험 : CBT 방식**

㉠ computer based test 방식으로, 시험장 지정석에 앉으면 컴퓨터에 옆과 같은 화면이 나타나고, 화면 오른쪽 답안 표기란에 마우스로 클릭하여 답안을 제출한다.
㉡ 응시자에 따라 시험 날짜와 시간이 다르고, 문제 순서가 다르다.
㉢ 전체 문제를 풀고 난 후 답안을 제출하면 바로 합격 여부가 판정된다. 합격이면 약 2개월 후에 시행되는 실기시험을 준비해야 한다.
㉣ 시험장에서 사용하는 컴퓨터에 계산기능이 있으므로 계산기를 지참하지 않아도 된다.

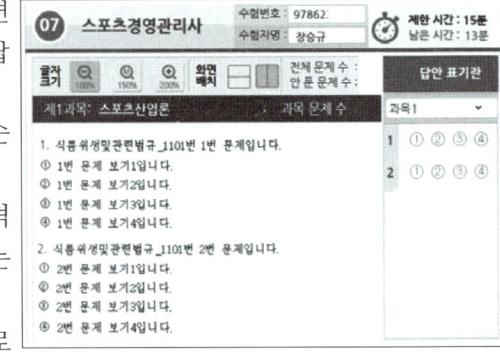

② **실기시험 : PBT 방식**

㉠ printer based test 방식으로, 인쇄된 문제지에 답안을 적어 제출한다.
㉡ 문제지에는 답안을 적는 공간이 있으며, 계산 등은 시험지 아래의 계산란을 이용할 수 있고, 문제별로 배점이 다르다.
㉢ 계산문제가 출제될 수 있으므로 계산기를 지참하는 것이 좋다. 공학용 계산기는 사용할 수 없다.
㉣ 사용 필기구는 검은색 볼펜으로 한정되고, 사인펜이나 기타 유색 필기구 사용이 금지되어 있다.
㉤ 합격자 발표는 약 40일 후 지정일에 홈페이지에 게시되고, 합격자에게는 문자 메시지로 통보한다.

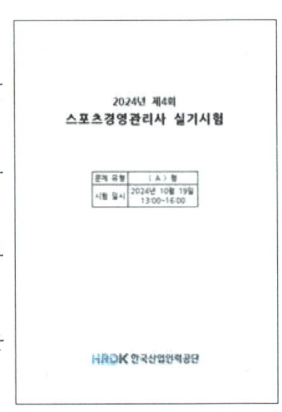

나. 시험과목과 합격 기준

1) 시험과목과 출제 방법

① 시험과목

구분	필기시험	실기시험
과목	스포츠산업, 스포츠경영, 스포츠마케팅, 스포츠시설 (4과목)	스포츠마케팅 및 스포츠시설 경영 실무 (1과목)

② 출제 방법

구분	필기시험				실기시험			
	시험 방법	시험과목	문제 수	시험시간	시험 방법	시험과목	문제 수	시험시간
내용	객관식	4과목	100문제	2.5시간	주관식	1과목	15~24문제	3시간

※ 실기시험은 14~24문제가 출제되도록 정해져 있지만, 대부분 20문제가 출제된다. 최근 3년간 시행된 9번 시험에서 8번이 20문제, 1번은 18문제가 출제되었다.

3) 합격 기준
① 필기시험 : 과목당 40점 이상, 전 과목 평균 60점 이상으로, 과락 제도가 적용되고 있다.
② 실기시험 : 100점 만점에 60점 이상

4) 기타 사항
① 원서접수 방법
  ㉠ 응시 수수료는 필기시험은 18,800원, 실기시험은 20,200원으로, 원서를 접수할 때 은행 계좌이체, 신용카드 또는 가상계좌 납부 등으로 결제할 수 있다.
  ㉡ 원서는 인터넷을 통해 한국산업인력공단 홈페이지(http://www.q-net.or.kr) 또는 **큐넷 모바일** 앱에서 접수하고, 접수 시 사진이 필요하며, jpg 또는 gif 확장자의 이미지 파일로 첨부한다.
② 필기시험 합격자의 실기시험 응시 기한
  ㉠ 필기시험에 합격 후 실기시험에 떨어졌거나, 응시하지 않았으면 필기시험 합격자 발표일로부터 2년간 실기시험만 응시할 수 있다.
  ㉡ 정확한 기준은 실기시험 원서접수 마감일이 필기시험 합격자 발표일로부터 2년 이내이어야 한다.

2. 효과적 학습법
자격 취득을 위해 효과적이고, 효율적인 방법을 모색해야 한다. 학습 계획을 수립하고, 학습 유의사항을 지켜야 한다. 한편 필기시험과 실기시험은 공부하는 방법에서 차이가 크다.

가. 효과적 학습법의 개요

1) 학습법의 이해
① **학습법의 의미** : 학습법은 특정 시험에서 좋은 성과를 얻기 위해 한정된 범위의 지식 습득 과정으로, 평가 기준이 정해져 있으므로, 이에 적합하게 체계적이고, 반복적 학습이 필요하다.
② **효과적 학습법** : 자격 취득을 목표로 하여 효과적인 방법을 찾아야 하고, 다양한 학습 자료와 기법을 사용하여 최상의 결과를 얻을 수 있어야 한다.

2) 학습 유의사항
① 학습 계획 수립
  ㉠ 학습을 시작하면서 시험일까지의 일정을 고려하여 세부적인 학습 계획을 세워야 한다.
  ㉡ 학습 계획을 통해 전체적인 윤곽을 잡을 수 있고, 계획이 수립되면 실천 행동이 구체화 된다.
  ㉢ 필기시험과 실기시험을 구분하고, 과목별·단원별로 나누며, 날짜별, 주별로 목표를 설정해야 한다.
  ㉣ 시간을 효율적으로 관리하기 위해 매일 일정 시간에 집중하여 학습할 수 있는 시간이 필요하다.

② 학습 유의사항
- ㉠ 효율적 시간 관리 : 학습 기간 중 일정 시간 동안 집중적인 시간 확보가 꼭 필요하며, 학습 중에 짧은 휴식을 자주 갖는 것이 좋다.
- ㉡ 기출 문제 풀이 : 필기시험과 실기시험 모두 이전의 기출 문제를 풀어보면 문제의 출제유형을 파악하는 데 도움이 되고, 실제 시험 환경을 연상하거나 경험할 수 있어 훨씬 유리하다.
- ㉢ 복습과 반복 학습 : 주기적 복습과 반복 학습은 내용을 장기 기억으로 저장하기 때문에 유리하고, 마지막 단계에서는 요약 자료로 정리하는 것이 좋다.
- ㉣ 다양한 자료 활용 : 교재뿐 아니라 요약 자료, 참고 자료 등을 다양하게 학습하는 것이 좋다.
- ㉤ 휴식과 건강관리 : 학습 기간 중 충분한 수면과 규칙적 운동, 건강한 식단을 유지하는 것이 좋다.

나. 필기시험 70점 이상 받아 합격하기

1) 필기시험 유의사항
① 필기시험의 방식
- ㉠ 시험과목은 4개 과목으로, 4과목 모두 40점 이상 득점하고, 평균 60점 이상 득점해야 합격한다. 즉 커트라인이 평균 60점이면서 과락 있는 절대평가 방식이다.
- ㉡ 문제 수는 과목별 25문제에 1문제당 4점으로 계산하는 100점 만점의 4지선다형이다.
- ㉢ CBT 방식은 인쇄된 시험지가 아닌 컴퓨터로 시험을 치며, 응시자 개인별 시험 일자·시간이 다르고, 출제 문항의 순서가 바뀌며, 답안을 제출하면 바로 점수를 알 수 있어, 합격 여부가 판명 난다.

② 객관식 시험의 점수분포
- ㉠ 스포츠경영관리사 자격시험을 포함한 절대평가 방식의 객관식 국가 자격시험 대부분은 응시자 70~80%가 커트라인 부근에 집중되는 정규분포를 이루고 있다.
- ㉡ 많은 응시자가 커트라인 부근에 집중되므로 1~2문제 또는 1~2점 차이에서 합격과 불합격이 결정되는 변수로 크게 작용한다.
- ㉢ 객관식 시험의 일반적 출제유형을 이해하고, 이에 미리 대비하면 실력보다 10점을 더 받을 수 있고, 이는 합격 불합격을 결정하는 중요한 요소가 된다.
- ㉣ 공부가 충분하지 못하다고 생각될 때는 아는 문제도 더욱 신중하게 생각하여 답을 작성해야 한다.

2) 필기시험 출제유형
① 긴가민가형 : "긴가민가"란 참 또는 거짓이 분명치 않은 모양새를 나타내는 용어이다. 즉 바르게 설명된 것을 찾거나(긴가형), 틀린 것을 찾는(민가형) 유형의 문제를 말한다. "긴가형"은 '~에 대한 설명으로 옳은 것은?', '적합한 것은?', '적절한 것이 모두 묶인 것은?' 등이며, "민가형"은 '틀린 것은?', '거리가 먼 것은?', '잘못된 것이 묶인 것은?' 등이 대부분이다. 보기로 제시된 내용이 무슨 의미인지 또는 무엇을 설명하는 것인지 묻는 형태도 포함된다. 대부분 객관식 시험의 70% 정도가 이 범주에 속한다. 스포츠경영관리사 필기시험에서는 이 중 "민가형"이 60~65%, "긴가형"이 35~40% 내외로 오히려 "민가형" 문제가 더 많이 출제되고 있다.

② 숨바꼭질형 : 핵심 용어나 숫자를 숨겨놓고, 적절한 용어 또는 수치 찾거나 혹은 적합한 현상을 찾는 유형이다. 요구하는 답을 정확하게 기억하지 못하면 헷갈리기 쉬운 지문이 제시되어 정답 찾기가 어렵다. ( ) 속에 적합한 용어 또는 숫자를 찾는 단일 형태와 (ㄱ), (ㄴ) 등 둘 이상의 지문을 보기로 제시하고 각각 적합한 용어 또는 숫자를 찾는 형태로 출제된다.

③ 기차놀이형 : 어떤 절차나 현상을 순서에 따라 바르게 나열한 것을 찾는 유형이다. 이 경우 한 가지만의 순서를 요구하기도 하고, 몇 가지 순서를 차례대로 연결된 것을 찾는 형태로도 출제된다. 이 또한 정확히 기억하지 못하면 헷갈리기 쉬운 지문이 제시된다.

④ 잡동사니형 : 잡다한 것이 뒤섞인 유형이다. 핵심 용어 또는 수치를 비틀어놓거나, 어떤 현상의 결과가 다른 요소에 미치는 영향을 찾거나, 서로 연관된 요소를 연결하는 등의 유형이다.

3) 필기시험에서 능력보다 10점 더 받는 법

① **별도 노트 정리** : 공부하다 보면 반드시 암기해야 할 사항이 있기 마련이다. 이때 별도 노트에 기록하여 과목별·단원별로 정리하는 것이 좋다. 문제를 풀면서도 이를 보완하고, 정리된 노트는 시험이 임박해서 반복 학습할 때 매우 유용하게 활용할 수 있다.

② **"왜요?"와 "그렇구나!"** : 학습자들로부터 "왜 그렇지요?"라는 유형의 질문을 자주 받는다. 필기시험은 객관식으로, 주어진 지문 4개 중에서 가장 가까운 답을 찾는 방식이므로 학습 내용에 대한 이해가 어렵거나, 생각이 다르더라도 "그렇구나!"라는 긍정적 마음으로 암기하는 것이 필요하다. 경우에 따라서는 정답을 그냥 외워버리는 것이 효과적 방법이다.

③ **"긴가인가?", "민가인가?"** : 필기시험에서는 "긴가형"보다는 "민가형" 문제가 더 많이 출제되고 있다. 주의해야 할 사항은 "민가형" 문제를 "긴가형"으로 착각하거나, 그 반대의 경우가 발생하므로 "민가형" 문제는 잘 기억해 두어야 한다.

④ **정답을 찾기 어렵거나, 헷갈리는 문제** : 기억해 내기 쉽지 않거나, 정확한 답을 찾기 어렵거나, 헷갈리는 문제도 많이 출제된다. 이 경우 4개의 지문 중에서 가장 정답과 거리가 멀다고 생각되는 지문을 순서대로 제외해 나가면 나머지에서 답을 찾기가 훨씬 수월해진다.

⑤ **단정적 문장의 지문** : 단정적 표현(사례) '반드시 ~해야 한다.', '~만 그렇다.' 등) 또는 이질적 성격의 지문이 있으면 "민가형" 문제이면 정답일 가능성이 크고, "긴가형"에서는 비교적 합리적 내용이거나, 단정적 표현이 포함되지 않은 지문이 정답일 가능성이 크다.

⑥ **선택과 집중** : 모든 과목에서 높은 점수를 받을 수 있으면 좋겠지만 현실적으로 쉬운 일이 아니다. 그러므로 자신 있는 과목에서 높은 점수를 받으면 나머지 과목이 다소 부진하더라도 쉽게 합격할 수 있다. 그러므로 적합한 과목과 적합한 단원을 선택하고 집중해야 한다.

4) 필기시험의 효과적 학습법

① **공부를 처음 시작할 때** : 단원별 내용을 파악하면서 중요하다고 생각되는 부분에 대해 형광펜 등으로 표시를 한다. 완벽하게 암기하는 것보다 처음에는 전체적 흐름을 파악하는 것이 중요하다.

② **별도 노트 작성** : 기본 학습을 통해 새로운 지식을 습득하거나, 이미 알고 있는 내용이더라도 어떤 유형으로 출제되는지 알기 위해 별도 노트를 만들어 기록해야 하고, 수시로 보완해야 한다. 이는 시험이 임박했을 때 마지막 정리용으로 무척 유용하게 활용할 수 있다.

③ **문제 풀이** : 시리즈 ❶ 기본 이론서 학습이 끝나면 시리즈 ❷ 필기 문제은행으로 문제를 풀어봐야 한다. 문제별로 이해되지 않는 부분이 있으면 다시 본문 내용을 찾아 이를 이해하고, 기억하도록 한다.

④ **반복 학습** : 위의 과정을 반복한다. 시험과목에 대한 기본 소양이 있으면 2번 정도, 다소 부족하면 3번 정도만 반복하면 처음 목표한 70점보다 약간 부진하더라도 충분히 합격할 수 있다.

다. 실기시험 70점 받아 합격하기

1) 실기시험 유의사항

① **출제 문제 수와 문제별 배점**

　㉠ 출제 문제 수 : 15~24문제가 출제되도록 정해져 있고, 매회 20±2문제가 출제되고 있다. 최근 3년간 9번 시험에서 8번은 20문제, 1번은 18문제가 출제되었다.

　㉡ 문제별 배점 : 문제별로 중요도 또는 난이도에 따라 배점이 다르다. 대부분 1문제당 3~6점으로 배점되어, 문제 마지막에 배점 점수가 표시되어 있다.

② **복수의 답이 요구되는 문제의 채점 방법**

　㉠ 몇 가지 답이 요구되는 문제는 요구한 수준만큼 채점에 반영하고, 나머지는 채점하지 않는다.
　　'~에 대하여 3가지를 쓰시오.'라는 문제에 4가지 이상을 답을 하더라도 3번째까지만 채점하고, 4번째부터는 채점에 반영하지 않는다.

ⓒ 3가지 중 2개는 정답이고, 1개가 오답이면 2개만 정답으로 채점하여 부분 점수를 적용한다.
　　　ⓓ 한 항목에 여러 가지를 기재하더라도 한 가지로 보며, 그중 정답과 오답이 함께 있으면 오답으로 처리한다.
　③ **시험지 구성과 필기구** : 문제지는 답안을 적는 공간이 있으며, 계산 등은 시험지 아래의 계산란을 이용할 수 있다. 사용 필기구는 검정색 볼펜으로 한정되고, 사인펜이나 기타 필기구는 사용할 수 없다.

2) 실기시험 출제유형
① **단답형** : 간단한 용어의 답을 요구하는 유형으로, 1가지만 요구하기도 하지만 여러 가지를 함께 요구하는 유형이 대부분이다. (사례 스포츠조직의 투자 결정 기법 종류를 3가지를 쓰시오.)
② **서술형** : 원리, 용어 또는 현상 등에 관한 내용을 기술하는 형태의 문제 유형이다. (사례 상품과 서비스를 포지셔닝할 때 일반적으로 고려해야 하는 사항 4가지를 설명하시오.)
③ **혼합형** : 단답형과 서술형이 혼합형태로 출제되는 유형으로, 비교적 높은 점수가 배점되는 특징을 갖고 있다. (사례 마케팅믹스의 개념을 설명하고, 마케팅믹스 요소 4가지를 설명하시오.)
④ **계산형** : 계산과정을 포함하는 형태이다. 공식을 암기해야 하고, 수작업으로 계산하기에는 복잡하므로 시험장에 계산기를 지참하는 것이 좋다. 계산기는 공학용 계산기는 사용할 수 없지만, 개인이 소지한 대부분 계산기는 사용할 수 있다. (사례 A 회사가 생산하는 X 제품 한 개의 판매가격은 500원이고, 단위당 변동비는 250원이다. 고정 영업비가 100만원이라면 손익분기점에 해당되는 매출액은 얼마인가? 단 계산과정을 반드시 적어야 한다.)
⑤ **형태별 출제 비율** : 정확한 통계는 없지만 대략 단답형·서술형·절충형이 각각 30% 내외로 출제되고, 계산문제 1문제가 출제되거나, 나오지 않기도 한다.

3) 실기시험의 출제 다빈도 과목
① **실제 시험과목** : 실기시험은 명목상 1과목(스포츠마케팅 및 스포츠시설경영 실무)이지만, 실제는 필기시험과 같이 4과목으로 구분할 수 있고, 과목별 출제 비율은 크게 차이가 난다.
② **출제 다빈도 과목**
　　　㉠ 출제 문제의 과목별 분포 : 최근 3년간 총 9회에 걸친 시험에서 스포츠마케팅이 약 44%, 스포츠경영에서 34% 정도이며, 이 둘을 합치면 78% 수준이다. 즉 전체 문제의 75% 이상이 이 2과목에서 출제된다.
　　　㉡ 배점 기준 : 옆 표는 최근 3년간 시행된 실기시험의 배점 기준으로 출제된 비율이다.
　　　㉢ 선택과 집중 : 출제 다빈도 과목에 시간과 노력을 많이 투자해야 한다.

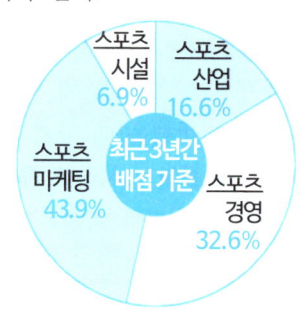

4) 실기시험의 특징과 효과적 학습법
① **주관식 시험** : 실기시험은 주관식으로 출제되기 때문에 필기시험과는 공부하는 방법을 달리할 수밖에 없다. 필기시험의 경우 예상 문제를 풀면서 답을 외워버릴 수도 있지만, 실기시험은 이런 방법으로는 합격하기 쉽지 않다.
② **키워드를 외워야** : 공부해야 할 내용을 완벽하게 이해해야 하고, 그 내용을 설명할 키워드 중심으로 외워야 시험장에서 답을 적을 수 있다.
③ **실기시험의 출제 범위** : 필기시험과 실기시험의 출제 범위의 차이를 파악하려면 출제 기준을 면밀하게 검토하면 이해할 수 있지만 이에 대해 익숙하지 않으면 판단하기 어렵다.
④ **효과적 학습법**
　　　㉠ 실기시험 또한 별도로 학습 노트를 만들어 공부하는 방법을 권장한다. 학습 노트에 책에 나오는 실기 기출 문제의 제목 키워드를 페이지당 1개 또는 2개를 적고, 아래에 그 답을 적는 방식으로 정리하는 것이 좋다.

ⓒ 답을 적으면서 함께 암기할 수도 있고, 또 시간이 있을 때마다 학습 노트의 키워드로 암기할 수 있으며, 나름의 중요도·특기 사항 등도 메모하는 것이 좋다. 이 방식을 적용하여 잘 정리된 책이 실기 키포인트이다.

3. 관련 자료 확인하기
아래 자료는 시험에 필요한 사항으로, 자료를 내려받거나 확인할 수 있다. 내려받으려면 컴퓨터에서는 URL로, 스마트폰에서는 QR 코드를 이용할 수 있다.

1) 스포츠경영관리사 자격시험 출제 기준 내려받기
① 내용 : 2024~2026년까지 적용되는 스포츠경영관리사 출제 기준이다. 현재의 출제 기준보다는 그 전의 출제 기준에 따라 출제되고 있다고 보는 것이 옳다.
② 자료 출처 : 한국산업인력공단 자료실, 출제 기준
③ 내려받기 단축 URL : https://vo.la/kPwOzi

2) 필기시험 CBT 연습하기
① 내용 : CBT 방식에 익숙치 않은 사람을 대상으로, 시험 연습을 할 수 있다.
② 자료 출처 : 한국산업인력공단 CBT 안내
③ 연습하기 URL : https://www.q-net.or.kr/cbt/index.html
④ 기타 : 브라우저에 따라 URL로 접속하면 오류가 난다. 옆 QR 코드로는 접속할 수 있다.

3) 〈체육시설의 설치·운영에 관한 법률〉의 출제 다빈도 부분 암기 노트 내려받기
① 내용 : 스포츠시설의 〈체육시설의 설치·운영에 관한 법률〉은 법률 사항으로, 필기시험에 많이 출제되는 다빈도 부분이지만 관련 내용이 까다롭고, 종목별로 비슷비슷하여 헷갈리기 쉬울 뿐 아니라 시험에서는 숫자를 비틀어놓아 학습하는데 무척 애로가 된다. 이 부분을 학습이 수월하도록 요약한 것이 출제 다빈도 부분 암기 노트이다. 특히 오답 찾기 문제의 예상 정답을 포함하고 있다. 출제유형 파악하에 큰 도움이 되고, 효과적으로 암기할 수 있다.
② 자료 출처 : 스포츠자격시대카페
③ 내려받기 URL : https://vo.la/YJbwsu

4) 실기시험 기출문제로 공부하기
① 내용 : 실기시험에 합격해야 자격이 취득된다. 실기시험은 필기시험보다 합격률이 훨씬 저조하며, 학습할 때 암기해야 할 부분이 많다. 최근 3년간 실기시험 기출문제 풀이는 출제유형 파악과 함께 공부하는 데 큰 도움이 된다.
② 자료 출처 : 스포츠자격시대카페
③ 공부하기 URL : https://cafe.daum.net/sports31/Spgv
④ 기타 : 내려받기를 할 수 없으며, 복사는 불가능하고 컴퓨터 모니터 또는 스마트폰 화면을 통해서만 볼 수 있다. 아울러 카페 회원에게만 공개된 자료이므로, 카페에 회원 가입이 필요하다.

5) 학점은행제 관련 사항
① 학점은행제 관련 내용
ⓐ 〈학점인정 등에 관한 법률〉에 따라 스포츠경영관리사 자격을 취득하면 20학점이 인정된다.
ⓑ 대학에서 체육 관련학과 학생이 많이 응시하는 스포츠지도사 자격을 취득했을 때의 인정 학점은 2급(전문, 생활 등) 6학점, 1급 전문 18학점, 1급 생활 12학점 등과 비교하면 매우 높은 학점이 인정되고 있다.

② 자료 출처 : 국가평생교육진흥원
③ 자세한 내용 확인하기 URL : https://www.cb.or.kr/creditbank/base/nMain.do
④ 기타 : 학점은행제는 현재 대학 재학생은 해당되지 않는다.

4. 장승규의 스포츠경영관리사 시리즈 도서 소개

처음 시작된 2005년부터 2015년까지 무려 21년 간 한 해도 거름 없이 출간된 시리즈 도서이다.

1) 기본 이론서
① 내용 : 필기와 실기시험 모두를 아우르는 4개 과목(스포츠산업, 스포츠경영, 스포츠마케팅, 스포츠시설)을 단원별로 체계적으로 구성되어 있다. 픽트그램 방식으로 제작되어 쉽게 이해하고, 오래 기억할 수 있다.
② 정가 : 24,000원

2) 필기 문제은행
① 내용 : 900여 개 예상 문제가 과목별·단원별로 수록되어 있고, 출제유형을 거의 모두 수록하였다. 필기시험은 CBT 방식이므로, 문제를 많이 풀고, 익히면 높은 점수를 받는데 훨씬 유리하다.
② 정가 : 20,000원

3) 실기 키포인트
① 내용 : 키포인트 형식의 실기 예상문제 400여 개가 수록되어 출제될 수 있는 유형을 거의 망라하였다. 특히 2024년 3번 시행된 시험 60문제 중 1문제를 뺀 모두가 책에 수록된 내용이 그대로 출제되어, 응시자들의 구전을 통해 널리 알려져 있다.
② 정가 : 28,000원

4) 세트 구입
① 내용 : 위 3권의 시리즈를 묶어 세트화한 것으로, 가격 면에서 각각 구입하는 것보다 훨씬 유리하고, 체계적인 학습이 가능하다.
② 세트의 상호 관계 : 제목처럼 1) 기본 이론서는 전체 이론을 정리하였고, 2) 필기 문제은행은 필기시험의 문제를 800여개가 수록되었고, 3) 실기 키포인트는 실기시험의 예상 문제 300여개를 수록하고 있다.
③ 정가 : 32,000원

5) 장승규의 스포츠경영관리사 시리즈 권장 학습법
① 내용
　㉠ 필기시험을 대비해서는 1) 기본 이론서와 2) 필기 문제은행을, 실기시험을 대비해서는 1) 기본 이론서와 3) 실기 키포인트를 이용하여 학습해야 한다.
　㉡ 책을 세트로 사도 되지만 권별로 각각 구입해도 되고, 필기와 실기로 나누어 학습하기에도 적합하다.
② 권장 학습법
　㉠ 세트로 구입했을 때 먼저 이론을 학습하여 시험 관련 기본 지식과 정보를 이해하고, 암기해야 할 부분을 체크하도록 한다.
　㉡ 필기시험을 대비하여 문제를 풀면서 이해가 되지 않는 부분은 기본 이론서에서 찾아 확인한다.
　㉢ 실기시험을 대비하여 키포인트 부분 중심으로 기억하고, 부족하면 기본 이론서를 찾아 확인한다.

제1과목

스포츠산업

 세 부 목 차

제1장 스포츠산업과 스포츠상품 … 12
1. 스포츠산업 … 12
2. 스포츠상품 … 17

제2장 스포츠산업의 환경 … 19
1. 스포츠산업의 정책 … 19
2. 스포츠산업 관련 법률 … 22
3. 스포츠의 경제적 가치 … 29

제3장 스포츠 공급 … 30
1. 스포츠 시장 … 30
2. 지역사회와 스포츠 … 32

제4장 스포츠 소비 … 35
1. 스포츠 소비 … 35
2. 스포츠 소비 집단 … 37

제5장 스포츠 유통 … 41
1. 스포츠상품의 유통 … 41
2. 스포츠 콘텐츠의 유통 … 42

제1장 스포츠산업과 스포츠상품

1. 스포츠산업

가. 스포츠산업의 이해

1) 스포츠산업의 개념

① 스포츠산업진흥법 상의 스포츠산업의 개념
  ㉠ 스포츠의 정의 : 건강한 신체를 기르고, 건전한 정신을 함양하며 질 높은 삶을 위하여 자발적 신체활동을 기반으로 하는 사회문화적 행태
  ㉡ 스포츠산업의 정의 : 스포츠소비자의 욕구를 충족시키기 위하여 각종 재화나 서비스를 생산·유통해 부가가치를 창출하는 스포츠조직의 집단
② 일반적인 스포츠산업의 개념 : 스포츠와 관련된 경제 활동의 총칭
③ 스포츠산업의 필요성
  ㉠ 국민의 건강과 신체 발달에 기여
  ㉡ 여가 선용과 오락 및 사교활동에 필요
  ㉢ 사회적 통합과 일체감 조성
  ㉣ 민주시민의 양성과 자긍심 고취
  ㉤ 국가 이미지 상승
  ㉥ 세계적 관심사이고, 고부가가치 창출
  ㉦ 2차 산업(제조업)과 3차 산업(서비스업)의 복합 산업으로, 고부가가치가 가능

2) 스포츠산업의 특성

  ㉠ 복합적 구조 : 제조, 유통, 서비스업 등 2·3차 산업의 복합적 구조
  ㉡ 공간과 입지 중시 : 다른 산업과 비교하여 공간과 입지가 매우 중요
  ㉢ 시간 소비 : 스포츠 활동은 시간 소비 동반
  ㉣ 오락성과 소비자 직접 접촉 : 재미와 오락성 보유, 소비자와 직접 접촉
  ㉤ 감동과 건강 지향 : 감동과 함께 정신적·육체적 건강 지향

  [참고] 2차 산업과 3차 산업 : 스포츠용품을 제조하는 2차 산업과 용품 유통과 스포츠 경기는 서비스로, 3차 산업이다.

[암기] 스포츠산업의 특성
❶ 복합적 구조
❷ 공간과 입지 중시
❸ 시간 소비
❹ 오락성과 소비자 접촉
❺ 감동과 건강 지향

나. 스포츠산업의 발전과 전망

1) 스포츠산업의 발전 배경

  ㉠ 고령화의 진전과 건강에 관한 관심 고조
  ㉡ 근로 시간 단축과 여가시간 증대
  ㉢ 개인의 실질 소득 증가
  ㉣ 스포츠를 통한 인간관계의 증진
  ㉤ 세계적 스포츠 이벤트의 유치와 성공적 개최
  ㉥ 세계적 유명 스포츠 스타 배출
  ㉦ 프로스포츠의 발전

2) 스포츠산업의 전망과 환경변화

① 스포츠산업의 전망
  ㉠ 고부가가치 산업
  ㉡ 높은 성장 잠재력
  ㉢ 미디어적 가치
  ㉣ 국민복지에 기여

② 스포츠산업의 환경변화
  ㉠ 스포츠와 ICT, NT, BT 등과의 융·복합화
  ㉡ 스포츠의 세계화와 경쟁의 심화
  ㉢ 스포츠용품 관련 과학 기술개발 경쟁
  ㉣ 인터넷 이용자와 소셜 네트워크 서비스(SNS) 등의 확산
  ㉤ 참여·레저스포츠와 건강 분야에 관한 관심 증대

  [참고] ICT : information and communications technologies NT : nano technology, BT : bio technology

3) 스포츠의 순기능과 역기능
  ㉠ 스포츠의 순기능 : 교육적 기능, 오락적 기능, 사회성 함양의 기능, 사회 정화 기능
  ㉡ 스포츠의 역기능 : 국가 우선주의와 승리 지상주의, 스포츠의 정치 도구화, 지나친 상업주의, 폭력과 공격성 조장, 스포츠 부정행위

다. 스포츠산업의 분류

1) 스포츠산업에 대한 학자들의 분류 이론
① Houlihan의 분류 : 레저 및 참여 스포츠, 스포츠 제품, 스포츠 스폰서십 등
② Pitts의 분류 : 스포츠 행위 분야, 스포츠 제품 생산 분야
③ Meek의 분류 : 스포츠 오락 분야, 스포츠 제품과 서비스 분야, 스포츠 지원 분야
④ Milano & Chelladurail의 분류 : 국내총생산(GDP, gross domestic product)에서 착안하여 GDSP 개념을 도입하였고, 소비, 투자, 정부지출, 수출입으로 분류

  [참고] 국내 스포츠 총생산(GDSP, gross domestic sports product) : 일정 기간 국내에서 생산된 스포츠 관련 재화와 서비스의 시장가치

2) 우리나라의 표준산업분류

① 표준산업분류의 개념
  ㉠ 통계청이 국내의 모든 산업 활동을 그 성질에 따라 유형화하여 부호화한 것으로, 산업 활동에 관련된 각종 통계를 작성하는데 통일적으로 적용되는 기준을 말한다.
  ㉡ 표준산업분류는 유엔의 국제표준산업분류를 근거로 1963년 제정되었으며, 2017년부터 제10차 개정판이 적용되고 있다.
  ㉢ 표준산업분류는 표준산업분류와 특정 산업의 특성을 반영한 특수산업분류로 구분한다.

  [참고] 한국표준산업분류(KSIC, Korean standard industrial classification)
  1) KSIC의 정의 : 생산 주체들이 수행하는 각종 상품과 서비스의 생산 활동을 일정한 분류 기준과 원칙을 적용하여 체계적으로 분류한 것이다.
  2) KSIC의 해설 : 통계청에서는 유엔의 국제표준산업분류에 기초하여 국내의 산업구조와 기술변화를 반영한 한국표준산업분류를 제정·고시하고 있다. 2017년에 고시된 제10차 한국표준산업분류는 국제표준산업분류 4차 개정을 추가로 반영하여 작성되었다.
  3) KSIC에서 특수산업분류 : 통계청이 정부 각 부처의 의견을 반영하여 표준산업분류와 비교하여 특정 산업의 특성에 맞게 재분류한 것이다.

② 스포츠 관련 산업의 표준산업분류(※ 숫자는 표준산업분류 표시를 나타낸다.)

기호	내용
91	스포츠 및 오락 관련
911	스포츠서비스업
9111	경기장 운영업 　91111-실내경기장 운영업, 91112-실외경기장 운영업, 91113-경주장 및 동물 경기장 운영업
9112	골프장 및 스키장 운영업 　91121-골프장 운영업, 91122-스키장 운영업
9113	기타 스포츠시설 운영업 　91131-종합 스포츠시설 운영업, 91132-체력단련시설 운영업, 91133-수영장 운영업, 　91134-볼링장 운영업, 91135-당구장 운영업, 91136-골프연습장 운영업, 　91139-그 외 기타 스포츠시설운영업
9119	기타 스포츠서비스업 　91191-스포츠클럽 운영업, 91199-그 외 기타 스포츠서비스업

[참고] **스포츠클럽 운영업** : 프로 및 실업 경기단체 등과 같이 스포츠 활동에 참여할 기회를 제공하는 스포츠클럽을 운영 산업으로, 게임단 운영을 포함한다. 프로스포츠팀, 동계 스포츠클럽, 실업 경기단체, 체스 클럽, 사격 클럽, 프로게임단 등이며, 단순 친목의 운동 동호회는 포함되지 않는다.

③ 우리나라의 특수산업분류

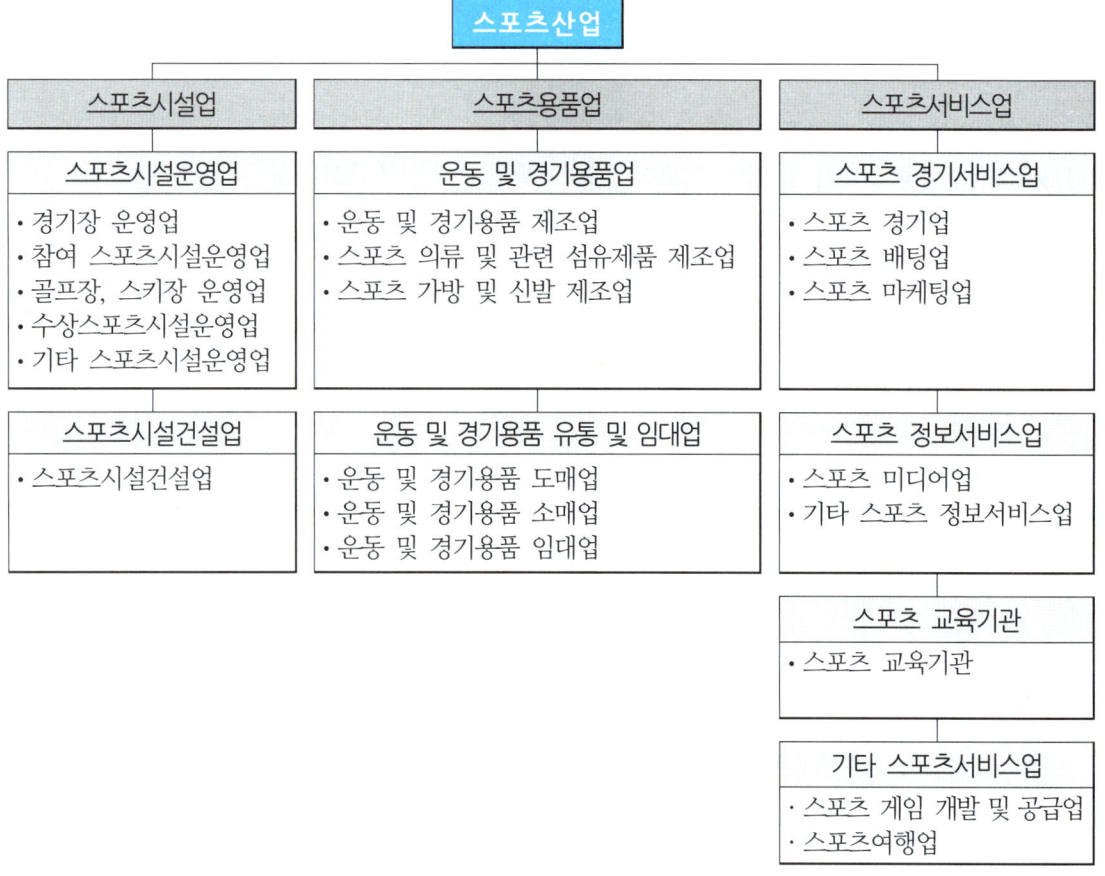

[참고] 위 표는 특수산업분류를 이해하기 쉽게 요약한 것으로, 상세 분류는 다음 페이지에 수록되어 있다.

④ 특수산업분류의 세분류

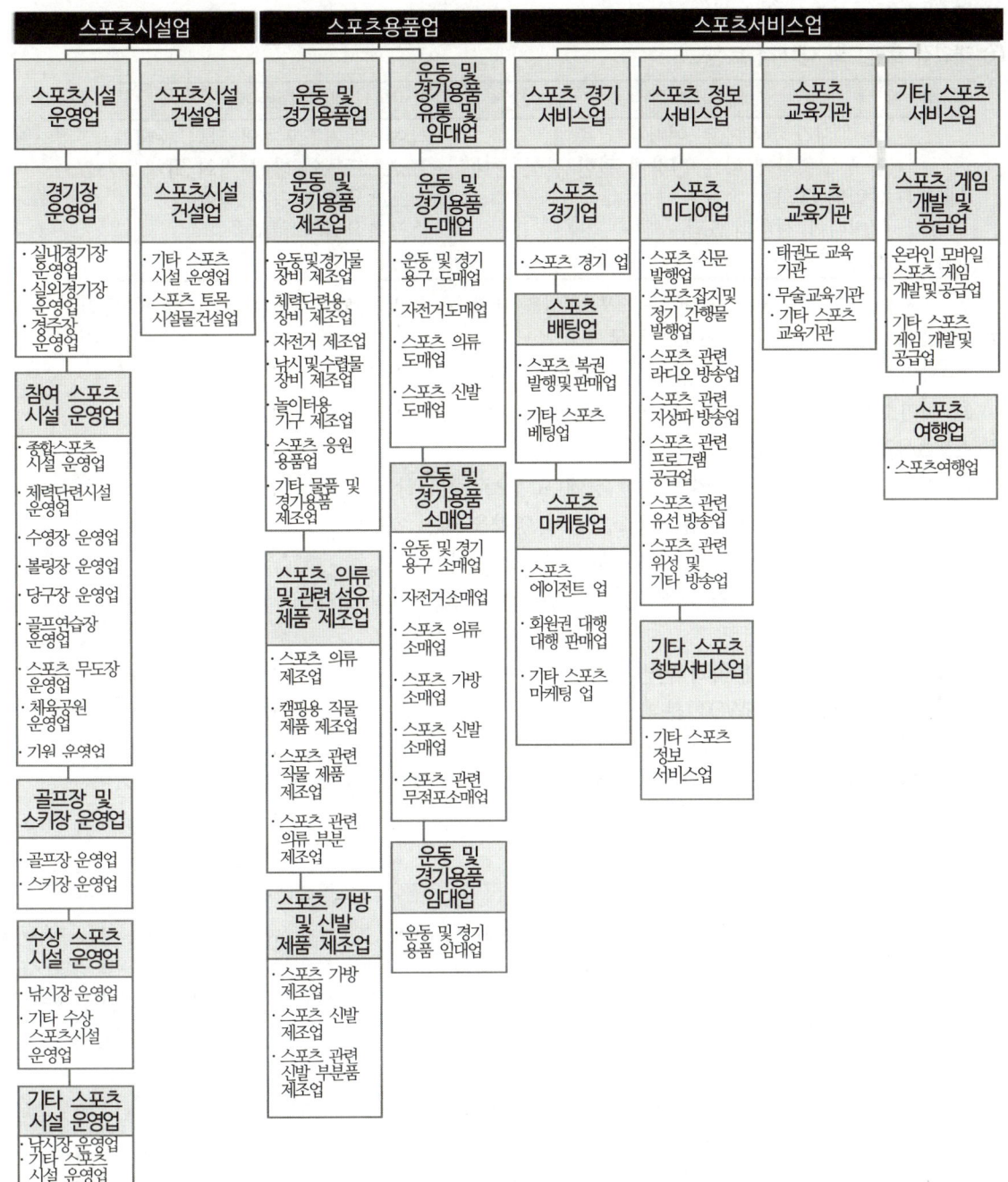

> **암기** 특수산업분류 세분류 중 필기·실기시험에 공통적으로 출제되는 부분 기억하기
> 특수산업 세분류는 매우 복잡하다. 그중 출제 가능성 큰 부분만 요약하면 아래와 같다.
> - 스포츠시설운영업 세분류 : 경기장 운영업, 참여 스포츠시설운영업, 골프장·스키장 운영업, 수상스포츠시설 운영업, 기타 스포츠시설운영업
> - 참여 스포츠시설운영업 세세분류 : 종합스포츠시설운영업, 체력단련시설운영업, 수영장 운영업, 볼링장 운영업, 당구장 운영업, 골프연습장 운영업, 스포츠 무도장운영업, 체육공원운영업, 기원 운영업
> - 스포츠마케팅업 세분류 : 스포츠 에이전트업, 회원권 대행 판매업, 스포츠마케팅 대행업, 기타 스포츠마케팅업

라. 스포츠산업의 트렌드

1) 우리나라 스포츠산업의 트렌드

① 대외적 트렌드와 대내적 트렌드

구분	대외적 트렌드	대내적 트렌드
내용	• 주 40시간 근무제로 여가시간 증대 • 인구 고령화에 따른 건강에 관한 관심 증대 • 산업의 IT화 • 뉴미디어 시대의 도래 • 개인 가처분 소득의 증가	• 참여·레저스포츠의 관심 증대 • 프로스포츠의 발전 기회 확대 • 스포츠용품의 경쟁 심화 • 스포츠산업의 글로벌화

[참고] **대내적·대외적의 구분** : 대내적은 스포츠산업을, 대외적은 스포츠산업이 아닌 다른 산업을 의미한다.

② 국민소득 증대에 따른 인기 스포츠 종목
　㉠ 국민소득 2만 달러 시 상승한 인기 종목 : 골프, 스키
　㉡ 국민소득 3만 달러 시 상승한 인기 종목 : 승마, 요트

③ 스포츠산업의 미래 트렌드
　㉠ 출산율 저하는 스포츠산업의 성장 장애 요인으로 작용할 것이다.
　㉡ 여가활동 기호의 변화는 뉴스포츠 등장에 영향을 미칠 것이다.
　㉢ IT산업과 결합하여 새로운 수익모델이 개발될 것이다.
　㉣ 오락산업, 영화산업 등은 스포츠산업의 발전에 영향을 미칠 것이다.

2) 스포츠산업의 SWOT 분석과 현안

① 우리나라 스포츠산업의 SWOT 분석
　㉠ 강점 : 여러 산업과 연계된 복합적 구조
　㉡ 약점 : 외부 환경변화에 영향을 많이 받음으로 인한 불확실성 증대
　㉢ 기회 : 스포츠 시장의 성장 잠재력과 발전 가능성
　㉣ 위협 : 치열한 국내외 경쟁 시장

[참고] **SWOT 분석**
● SWOT 분석의 개념 : 경영환경을 분석·조사하는 방법으로, 강점(strength)과 약점(weakness), 기회(opportunity)와 위협(threat)을 파악하여 조직이 앞으로 나아갈 전략 방향을 도출하는 분석 방법
● SWOT 이론 : 『제2과목 스포츠경영, 제2장 스포츠 비즈니스 전략』에서 설명되고, 여기서는 우리나라 스포츠산업의 SWOT를 설명한다.

② 스포츠산업의 최근 현안
　㉠ 통합체육회의 운영(2016. 3. 21 대한체육회와 국민생활체육회의 통합)
　㉡ 올림픽 어젠다 2020+5의 이행
　㉢ 제4차 산업혁명과 스포츠산업의 연계 발전
　㉣ 지방자치단체의 스포츠산업육성
　㉤ 프로스포츠의 활성화와 한국형 스포츠 에이전트제도의 정착

[참고] **올림픽 어젠다 2020+5** : 올림픽의 복수 국가·도시 개최를 유도하고, 비용 절감을 위해 기존 시설 활용과 가변성 시설 사용 권고 등 40개 항목에 담아 2018년 발표한 IOC의 '올림픽 과제 2020'에 디지털화, e스포츠 수용, 선수 권리 및 책임 강화, 깨끗한 스포츠 활성화, 올림픽의 지속성 및 고유성 강화 등 15개 권고안을 담아 2021년 3월 발표한 과제이다.

3) 스포츠산업 규모 파악 방법
　㉠ 국민소득계정의 응용
　㉡ 산업연관표에 의한 추정
　㉢ 스포츠팀의 수지 현황 이용

2. 스포츠상품

가. 스포츠상품의 이해
① **스포츠의 정의** : 건강한 신체를 기르고, 건전한 정신을 함양하며 질 높은 삶을 위하여 자발적 신체활동을 기반으로 하는 사회문화적 행태(스포츠산업진흥법)
② **스포츠상품의 개념** : 관전자, 참여자와 스폰서 등 스포츠 관련자에게 편익을 제공하기 위해 만들어진 유·무형의 재화와 서비스

나. 스포츠상품의 분류

1) 학자들의 분류
① **Brooks에 의한 분류** : 1995년 Brooks는 아래와 같이 분류하였다.
　㉠ 유형 제품 : 수영복, 축구화 등의 물리적 형태
　㉡ 스포츠 프로그램 : 스포츠 강습의 참여와 경기관람
　㉢ 아이디어 혹은 기술 : 운동 처방, 개인적 기술, 독특한 아이디어
　㉣ 스포츠 경기 : 프로축구 경기 등
② **Mullin에 의한 분류** : 2002년 Mullin은 저서를 통해 아래와 같이 분류하였다.
　㉠ 선수 관련 상품 : 선수 초상권, 선수계약
　㉡ 팀 관련 상품 : 팀 로고 사용권, 선수 유니폼 광고권, 초상권
　㉢ 조직 관련 상품 : 경기개최권, TV 중계권, 경기 명칭 사용권, 관람권
　㉣ 시장 관련 상품 : 스포츠 의류, 스포츠용품 등의 생산과 판매
③ **Shank에 의한 분류** : 2004년 Shank의 논문에 의해 스포츠 이벤트, 스포츠상품, 스포츠 트레이닝, 스포츠 정보 등으로 분류하였다.

2) 형태에 따른 분류

구분	내용	사례
유형 상품	물리적 형태를 갖춘 상태의 상품	스포츠용품, 용구, 의류 등
무형 상품	물리적 형태가 없는 상태의 상품	스포츠 경기, 강습 참가, 정보 제공 등 서비스 상품

3) 참여 형태에 따른 분류
① 소비자 참여 형태에 따른 구분
　㉠ 관람 스포츠상품 : 스포츠 경기관람 등과 관련된 상품(예 : 야구 경기관람, 스폰서십)
　㉡ 참여 스포츠상품 : 스포츠 활동 참여에 관련된 상품(예 : 테니스 강습, 축구 경기 참가)
② 관람 스포츠상품과 참여 스포츠상품의 비교

구분	소비자 참여도	소비자 참여 형태	시장진입 장벽
관람 스포츠상품	상대적으로 낮음	관람 형태	높음
참여 스포츠상품	상대적으로 높음	활동 형태	낮음

다. 스포츠상품의 특성

1) 스포츠상품 특성의 이해
① **스포츠상품의 개념** : 스포츠 용기구 등의 제품과 스포츠 경기 등의 서비스가 포함된 개념(=유·무형 상품이 함께 존재)

② 스포츠상품의 특성
  ㉠ 유·무형의 공존
  ㉡ 복합적 혜택
  ㉢ 강한 주관성
  ㉣ 세계시장 형성
  ㉤ 국위 선양
  ㉥ 예측의 어려움
  ㉦ 사회적 동질성의 표현

암기 스포츠상품의 특성
❶ 유·무형의 공존
❷ 복합적 혜택
❸ 강한 주관성
❹ 세계시장 형성
❺ 국위 선양
❻ 예측의 어려움
❼ 사회적 동질성의 표현

2) 스포츠 서비스 상품
① 스포츠 서비스 상품의 특성

구분	내용
무형성	일정한 형태가 없다.(↔유형성)
비분리성	생산과 소비가 동시에 일어나 분리 불가(↔분리성)
이질성	모든 상품의 품질이 같지 않다.(↔동질성)
소멸성	미처 판매하지 못한 상품은 소멸한다.(↔잔존성)

참고 1) 스포츠 서비스 상품은 스포츠 용기구 등의 제품을 뺀 스포츠 경기 등의 서비스 상품에 한정한다.
2) 표에서 ↔는 반대어의 개념으로, 필기시험에서 오답 찾기 문제를 풀 때 필요하다.

암기 스포츠 서비스 상품의 특성 : 〈무비이소〉이다. 무형성, 비분리성, 이질성, 소멸성
② 무형성의 특성
  ㉠ 편익의 강조 ㉡ 강력한 이미지 창출 ㉢ 유형적 단서의 강조 ㉣ 상표명 사용
③ 이질성의 특성
  ㉠ 주문적 특성 강조 ㉡ 패키지 서비스 ㉢ 서비스의 고객 적응 ㉣ 품질관리를 위한 기계화
④ 소멸성 극복 방법
  ㉠ 예약 시스템 ㉡ 가격 차별화 ㉢ 시즌 티켓 ㉣ 회원권 판매

3) 관람 스포츠상품
① 관람 스포츠상품의 특성
  ㉠ 소비자는 관람하는 팬이고, 공급자는 스포츠조직이 주축이다.
  ㉡ 주관적이며, 예측이 어렵다.
  ㉢ 소비자 참여 정도가 참여 스포츠보다 상대적으로 낮다.
  ㉣ 팀의 승리가 수요를 자극하는 중요한 요인이다.
  ㉤ 최적의 서비스 수준은 최대 서비스 수준과 거의 같다.
② 관람 스포츠상품의 주요 구성요소 : 선수의 기술, 팀의 경기력, 팬 서비스
③ 관람 스포츠의 주요 소비자의 분류
  ㉠ 시즌 티켓 소지자 : 대량 소비자
  ㉡ 좌석 라이선스 소지자 : 충성도 높은 고객
  ㉢ 중계방송 시청자 : 주요 소비 집단이며, 간접 관람객

암기 관람 스포츠상품 특성
❶ 팬은 소비자, 공급자는 스포츠조직
❷ 주관적이고, 예측이 어렵다.
❸ 참여도가 참여 스포츠보다 낮다.
❹ 팀 승리가 수요 자극의 중대 요인
❺ 최적 서비스 = 최대 서비스

암기 관람 스포츠상품의 소비자 분류
❶ 시즌 티켓 소지자 : 대량 소비자
❷ 지정 좌석 소지자 : 충성도 높은 고객
❸ 중계방송 시청자 : 간접 관람객

④ 관람 스포츠의 수요변화에 영향을 미치는 주요 요인
  ㉠ 소비자의 소득과 여가시간
  ㉡ 경기 수준
  ㉢ 유명선수의 존재 여부
  ㉣ 관람 대체재 여부

제2장 스포츠산업의 환경

1. 스포츠산업의 정책

가. 스포츠산업 경쟁력 강화 지원

1) 스포츠용품 시험 및 인증사업(KISS, Korea industrial standard of sporting goods)

① KISS의 사업 개요
  ㉠ 스포츠용품의 품질향상과 국제경쟁력 강화를 위해 스포츠용품 인증제도를 도입
  ㉡ 체육활동에 사용되는 운동용품의 품질과 기능을 과학적으로 평가하여 우수제품을 공인하는 제도
  ㉢ 인증된 우수제품은 옆 그림의 품질 인증마크를 사용할 수 있다.

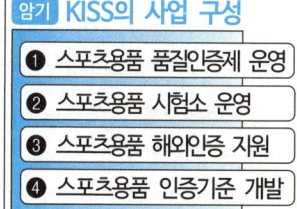
참고 KISS 마크

② KISS의 목적
  ㉠ 품질과 기능 향상   ㉡ 국제경쟁력 강화   ㉢ 기술발전   ㉣ 수입 상대국의 수입제한 장벽 극복

③ KISS의 사업 구성
  ㉠ 스포츠용품 품질 인증제 운영 : 신청업체에 대해 품질인증위원회 심의, 시험성적서 및 품질인증서 발급
  ㉡ 스포츠용품 시험소 운영 : 표준규격에 적합한 용품에 대한 시험·검사 및 정보 교류
  ㉢ 스포츠용품 해외인증 지원 : 스포츠용품 해외인증 획득 지원
  ㉣ 스포츠용품 인증기준 개발 : 용품별 품질, 안전에 대한 가이드라인 제시

[암기] KISS의 사업 구성
❶ 스포츠용품 품질인증제 운영
❷ 스포츠용품 시험소 운영
❸ 스포츠용품 해외인증 지원
❹ 스포츠용품 인증기준 개발

2) 스포츠산업체 자금 융자사업

① 사업 개요 : 국내 체육 용구 생산업체의 생산 장려 및 경쟁력 확보를 지원하기 위하여 국민체육진흥법 제17조에 따라 생산 장려 품목 지정, 우수 체육 용구 생산업체 지정, 우수업체에 대한 국민체육진흥기금융자 등의 시책 추진
② 우수 체육 용구 생산업체 지정 : 국내외 각종 경기대회 경기종목, 학교 체육에 사용되는 체육 용구 및 기타 국민체육진흥을 위하여 필요한 체육 용구 등이며, 문화체육관광부 장관이 지식경제부 장관과 협의하여 지정
③ 체육 용구 생산업체 기금 융자사업
  ㉠ 융자 대상 : 우수 체육 용구 생산업체
  ㉡ 스포츠시설운영업 융자 한도

구분	융자 한도	융자 기간	융자 이율
설비자금	5억원	10년(거치 기간 4년)	
연구개발자금	3억원	5년(거치 기간 2년)	4%
원자재 구입 자금	1억원	3년(거치 기간 1년)	

3) 생활 체육시설 조성 지원사업

① 사업 개요 : 국민 누구나 가까운 공간에서 쉽게 스포츠를 즐길 수 있도록 국민체육센터와 개방형 다목적 체육관 등 다양한 스포츠 복지 인프라를 조성합니다
② 사업내용 : ㉠ 국민체육센터 확충 ㉡ 생활 체육공원 조성 ㉢ 농어촌 복합체육시설 설치 ㉣ 마을 단위 생활 체육시설 설치 ㉤ 운동장 생활 체육시설(잔디·우레탄 체육시설) ㉥ 축구 인프라 구축사업 추진 ㉦ 간이체육시설(농구장, 족구장) ㉧ 노인건강 체육시설 조성 등이다.

나. 전문인력 양성과 스포츠산업 기반 조성 지원

1) 스포츠산업 전문인력 양성기관 지원사업
① 사업 개요 : 스포츠산업 현장의 인력난과 인력 수급 불일치 해소를 위해 지역 스포츠산업 전문인력을 양성함으로써 지역별 우위 및 유망한 스포츠산업육성
② 지원 내용 : 스포츠산업 전문인력 양성기관 개설 및 운영 보조금 지원

2) 스포츠산업 인력채용박람회(JOB FAIR) 개최 사업
① 사업 개요 : 스포츠산업 JOB FAIR를 통해 구직자와 기업 간 만남의 창구를 만들어 교류 강화, 정보 교환, 우수 인재 수급의 장으로 활용하며, 스포츠산업계의 경쟁력 강화를 유도하고 스포츠산업 일자리 창출 및 취업률 상승에 기여하고, 해외 스포츠산업체 취업 기회 확대
② 사업내용 : 국내외 스포츠산업 관련 기업을 섭외 섹터별로 구분하며, 전국 대학 취업 지원센터 및 체육 관련 학과를 대상으로 홍보하며, 아세안 해외 취업 상담관 운영 등을 운영

다. 국민체육진흥기금
① 국민체육진흥기금의 법적 근거 : 국민체육진흥에 필요한 시설 및 기타 재정적 지원을 위한 기금으로 국민체육진흥공단이 운영(국민체육진흥법 제18조)
② 국민체육진흥 기금조성 : 정부와 정부 외의 자의 출연금, 회원제골프장 시설의 입장료에 대한 부가금, 기금의 운용으로 생기는 수익금과 복권 및 복권기금법에 따라 배분되는 복권수익금, 경륜·경정 사업 등에 따른 수익금, 체육진흥투표권의 발행 사업에 따른 기금출연금, 기타 대통령령이 정하는 수익금 시설물의 대여, 임대수입금
③ 국민체육진흥 기금 활용 : 국민체육진흥을 위한 연구·개발 및 그 보급사업과 국민체육 시설 확충, 선수 및 지도자 양성과 체육인 복지향상, 그리고 기금조성을 위해 소요되는 경비 지출
④ 지자체의 기금 운용 : 지자체는 공공의 시설·물품, 기타 재산을 고유목적에 지장을 주지 않는 범위 내 빌릴 수 있고, 운동장 등 체육시설의 입장료 또는 경마권에 대한 부과 모금이 가능(단 문화체육관광부 장관의 사전 승인 필요)

라. 국민 체력 100 사업

1) 국민 체력 100 사업의 개요
① 사업 개요
  ㉠ 국민의 체력 및 건강 증진을 목적으로, 체력상태를 과학적으로 측정·처방하는 체육·복지 서비스
  ㉡ 체력수준에 따라 맞춤형 운동 프로그램을 제공하며, 꾸준한 운동 참가를 위한 체계적 관리와 체력 인증서 발급
② 대상 : 성별, 나이별(청소년기, 성인기, 노인기)로 구분하여 체격과 체력을 측정
③ 주관 기관 : 국민체육진흥공단

2) 국민 체력 100 사업의 나이별 측정항목
① 청소년기(13~18세)

구분	요인	측정항목	구분	요인	측정항목
체격	신체 조성	신체 질량지수, 체지방률	체력	유연성	앉아 윗몸 앞으로 굽히기
체력	심폐지구력	20m 왕복 오래달리기		민첩성	일리노이 민첩성 검사
	근력	상대 악력		순발력	체공 시간 검사
	근지구력	윗몸 말아 올리기, 반복 점프		협응력	눈-손 협응력 검사

② 장년기(19~64세)

구분	요인		측정항목
체격	신체 조성		신장, 체중, 신체 질량지수, 신체 구성(체지방율)
체력	건강 관련 체력	근력	상대 악력
		근지구력	교차 윗몸 일으키기, 윗몸 말아 올리기
		심폐지구력	왕복 오래달리기
	유연성		앉아서 윗몸 앞으로 굽히기
	민첩성		왕복달리기
	순발력		제자리멀리뛰기

③ 노인기(65세 이상)

구분	요인		측정항목
체격	신체 조성		신장, 체중, 체질량지수, 신체 구성(체지방율)
체력	근 기능	상지	상대 악력
		하지	의자에 앉았다 일어서기
	평형성		의자에 앉아 3m 표적 돌아오기
	유연성		앉아서 윗몸 앞으로 굽히기
	심폐지구력		6분 걷기, 2분 제자리 걷기
	협응력		8자 보행

마. 스포츠산업 정책의 변천

1) 초기 스포츠산업 정책 변천의 주요 사항
- ㉠ 스포츠산업육성을 위한 정책 등장 : 체육 용구의 생산 장려, 민간체육시설 보호 및 면세 규정 마련(1965년 전후)
- ㉡ 국민체육진흥법 제정 : 1982년
- ㉢ 체육시설의 설치·이용에 관한 법률 제정 : 민간체육 시설업을 체계적으로 운영할 수 있는 기반 마련(1989년)

2) 국민체육진흥계획의 변천
- ㉠ 제1차 국민체육진흥 5개년 계획(1993~1997) : 품질향상 및 표준화 및 제도개선
- ㉡ 제2차 국민체육진흥 5개년 계획(1998~2002) : 체육에서 스포츠로
- ㉢ 제3차 국민체육진흥 5개년 계획(2003~2007) : 스포츠산업육성
- ㉣ 제4차 국민체육진흥 5개년 계획(2009~2013) : 체육 강국에 걸맞은 스포츠산업 선진국 도약

> **암기** 국민체육진흥계획 변천에서 기억해야 할 사항
> ① 제3차 국민체육진흥 5개년 계획에서 국내 스포츠산업의 분류 방법 처음 확정
> ② 제2차 국민체육진흥 5개년 계획에서 '체육에서 스포츠로'라는 슬로건 사용과 '스포츠산업'이라는 용어를 처음 사용

바. 스포츠 비전 2030 계획

1) 스포츠 비전 2030의 계획 개요
① 추진 배경 : 모든 국민이 스포츠를 즐기며 건강한 삶을 누리고, 스포츠 가치의 사회적 확산으로 행복한 공동체 형성을 목표로 스포츠 비전 2030 계획 수립
② 계획 개요 : 문화체육관광부가 2018년 이후의 스포츠 정책의 추진 방향을 설정

2) 스포츠 비전 2030의 비전과 목표

비전	사람을 위한 스포츠, 건강한 삶의 행복
정책 방향	[운동하기 편한 나라] 스포츠 복지는 국민의 권리이자 국가의 의무, 국민이 스포츠를 즐기며 건강하게 살 수 있도록 국가가 책임지고 지원 [스포츠클럽 시스템 정착] 스포츠클럽을 통해 생활 스포츠와 전문 스포츠가 선순환하는 스포츠 시스템 정착 [스포츠 가치의 사회적 확산] 공정·협동·도전 등 스포츠 가치가 국민의 삶 속에 스며들 수 있는 사회적 여건 조성
핵심	사람 중심
과제	삶의 질 향상 / 건강한 공동체 / 정의로운 스포츠 / 민주적 거버넌스
추진 전략	핵심 과제
신나는 스포츠	Ⅰ. 평생 즐기는 맞춤형 스포츠 프로그램 Ⅱ. 언제 어디서나 편하게 이용하는 스포츠시설 Ⅲ. 우수 체육지도자에게 배우는 스포츠 강습
함께하는 스포츠	Ⅳ. 우리 동네 스포츠클럽 Ⅴ. 소외 없이 모두가 함께하는 스포츠 환경 Ⅵ. 남과 북이 함께 만드는 평화 스포츠 시대
자랑스러운 스포츠	Ⅶ. 공정하고 도전적인 스포츠문화 Ⅷ. 국격을 높이고 우호를 증진하는 국제스포츠 Ⅸ. 경제성장을 이끄는 스포츠산업

2. 스포츠산업 관련 법률

가. 스포츠산업진흥법

1) 스포츠산업진흥법의 이해

① **스포츠산업진흥법의 개요**: 스포츠산업의 진흥에 필요한 사항을 규정하여 스포츠산업의 기반 조성 및 경쟁력 강화를 도모하고, 스포츠를 통한 국민의 여가선용 기회 확대와 국민경제의 건전한 발전에 이바지함을 목적으로 한다.

② **국가와 지자체의 책임**
  ㉠ 국가 및 지자체는 스포츠산업의 진흥을 위하여 필요한 시책을 수립·시행하여야 한다.
  ㉡ 국가 및 지자체는 스포츠산업의 진흥을 위하여 기술의 개발과 조사, 연구사업의 지원, 외국 및 스포츠산업 관련 국제기구와의 협력체제 구축과 국가와 지방자치단체는 스포츠산업의 진흥을 위한 각종 시책을 수립·시행할 때 장애인이 관련 활동에 참여할 수 있도록 노력하여야 한다.

> **경향** 스포츠산업진흥법 공부 방법과 출제 경향: 스포츠산업진흥법은 공부해야 할 범위가 다른 부분에 비해서 상대적으로 많고, 필기시험에서 출제도 많이 되고 있다. 실기시험에서는 원칙적으로 출제되지 않는 부분이지만 스포츠용품 인증제도가 출제된 일도 있다.

2) 스포츠산업진흥법의 관련 용어 정의
① **스포츠** : 건강한 신체를 기르고 건전한 정신을 함양하며 질 높은 삶을 위하여 자발적 신체활동을 기반으로 하는 사회문화적 행태
② **스포츠산업** : 스포츠와 관련된 재화와 서비스를 통하여 부가가치를 창출하는 산업
③ **스포츠산업 진흥시설** : 스포츠산업 관련 사업자와 그 지원시설 등을 집단으로 유치하기 위하여 법률에 따라 지정된 시설물

3) 스포츠산업진흥 기본계획 수립
① 기본계획 수립
  ㉠ 문화체육관광부 장관은 스포츠산업의 중·장기 진흥 기본계획과 분야별 및 기간별 세부 시행계획을 수립·시행
  ㉡ 기본계획은 5년마다 수립·시행하며, 분야별·기간별 세부 시행계획은 매년 수립·시행
  ㉢ 문화체육관광부 장관은 매년 전년도 세부 시행계획에 따른 추진실적을 평가하여야 한다.
  경향 필기시험 출제 경향 : 기본계획은 5년마다 수립 시행하고, 세부 시행계획은 매년 수립해야 한다.
② 기본계획 수립에 포함되어야 할 사항
  ㉠ 스포츠산업진흥의 기본 방향에 관한 사항
  ㉡ 스포츠산업 활성화를 위한 기반 조성에 관한 사항
  ㉢ 스포츠산업 전문인력 양성에 관한 사항
  ㉣ 스포츠산업의 경쟁력 강화에 관한 사항
  ㉤ 스포츠산업진흥을 위한 재원 확보에 관한 사항
  ㉥ 국가 간 스포츠산업 협력에 관한 사항
  ㉦ 프로스포츠의 육성·지원에 관한 사항
  ㉧ 스포츠산업 관련 시설의 감염병 등에 대한 안전·위생·방역 관리에 관한 사항
  ㉨ 장애인에 대한 정당한 편의 제공에 관한 사항
  ㉩ 스포츠산업진흥을 위해 필요사항으로 대통령령이 정한 사항

암기 스포츠산업진흥 기본계획
● 기본계획 수립
 ❶ 기본계획과 세부 시행계획 수립
 ❷ 기본계획은 5년, 세부 계획은 매년
 ❸ 매년 세부 시행계획 추진실적 평가
● 기본계획 수립 포함사항
 ❶ 기본 방향과 기반 조성 사항
 ❷ 전문인력 양성과 경쟁력 강화 방안
 ❸ 재원 확보와 국가 간 협력 사항
 ❹ 프로스포츠 육성·지원 사항
 ❺ 안전·위생·방역 관리 사항
 ❻ 대통령령이 정한 필요사항

③ **연차 보고** : 문화체육관광부 장관은 매년 스포츠산업진흥에 관한 시책과 동향에 대한 보고서를 정기국회 개회 전까지 국회에 제출해야 한다.

4) 경쟁력 강화를 위한 조치와 스포츠산업 실태조사
① 경쟁력 강화를 위한 조치 및 지원
  ㉠ 문화체육관광부 장관은 기본계획과 세부 시행계획을 수립·시행하면 관계 행정기관장과 반드시 협의해야 한다.
  ㉡ 공공기관, 단체와 스포츠산업 사업자가 스포츠산업의 경쟁력 강화에 필요한 조치를 하고자 할 때 예산의 범위 안에서 지원할 수 있다.
  ㉢ 문화체육관광부 장관은 기본계획과 세부 시행계획의 수립·시행을 위해 필요하면 관계 행정기관, 지자체, 공공기관, 연구소, 대학, 민간기업과 개인 등에게 필요한 협조를 요청할 수 있다.
  ㉣ 기본계획과 세부 시행계획에 필요한 사항은 대통령령으로 정한다.
② 스포츠산업 실태조사
  ㉠ 스포츠산업 실태조사의 개요 : 문화체육관광부 장관은 기본계획과 세부 시행계획을 효율적으로 수립·시행하기 위하여 정기적으로 스포츠산업 실태조사를 하여야 한다.

ⓒ 실태조사의 범위
- 스포츠산업 관련 사업체 수 및 종사자 수
- 스포츠산업의 사업 실적 및 경영 전망
- 그 밖에 스포츠산업진흥을 위한 정책을 수립
- 스포츠산업의 매출액
- 스포츠산업의 인력 수급
- 시행 필요사항

5) 연구개발의 추진

① **연구개발 추진의 개요** : 문화체육관광부 장관은 스포츠산업과 관련된 연구개발을 추진하기 위한 정책을 수립·시행하고, 연구개발을 수행하는 데 드는 자금을 예산의 범위에서 지원 또는 출연할 수 있다.

② **연구개발 기관 지정** : 문화체육관광부 장관은 스포츠산업과 관련된 연구개발을 추진하기 위한 정책을 수립·시행하고, 연구개발 수행 자금을 예산의 범위 내 기관에 지원(출연)할 수 있다.

  ㉠ '국가연구개발혁신법'의 전문기관인 국가연구개발사업의 기획·관리·평가 등을 지원하는 기관
  ㉡ 공공기관의 운영에 관한 법률에 따른 공공기관
  ㉢ 민법 등에 따라 설립된 비영리법인 중 대통령령으로 정한 기준에 부합하는 기관

  경향 필기시험 출제 경향 : 연구개발 기관 지정 대상과 지원·출연 대상을 구분해서 기억해야 한다.

③ **연구개발의 지원·출연 대상** : 문화체육관광부 장관이 지원하거나 출연할 수 있는 대상은 다음 각호의 어느 하나에 해당하는 기관, 법인, 단체 또는 사업자로 한다.

  ㉠ '특정연구기관 육성법'에 따른 특정 연구기관
  ㉡ '정부출연연구기관 등의 설립·운영 및 육성에 관한 법률'에 따른 정부출연 연구기관
  ㉢ '고등교육법'에 따른 대학, 산업대학, 전문대학 또는 기술대학
  ㉣ 그 밖에 문화체육관광부 장관이 스포츠산업 관련 연구개발을 추진하는 데 필요하다고 인정하는 기관, 법인, 단체 또는 사업자

④ **연구개발의 지원·출연 대상 사업**
  ㉠ 스포츠산업 관련 연구개발 사업
  ㉡ 스포츠산업 관련 기술의 조사·연구를 위한 사업
  ㉢ 스포츠산업 관련 기술의 평가, 이전 및 활용에 관한 사업
  ㉣ 그 밖에 문화체육관광부 장관이 연구개발의 추진을 위하여 필요하다고 인정하는 사업

6) 스포츠산업 전문인력 양성

① **전문인력 양성기관 지정**
  ㉠ 스포츠산업 관련학과 또는 전공이 설치된 대학
  ㉡ 정부출연 연구기관
  ㉢ 국민체육진흥공단
  ㉣ 스포츠산업진흥을 목적으로 설립된 기관 또는 단체
  ㉤ 문화체육관광부 장관이 전문인력 양성을 위해 필요하다고 인정하는 기관 또는 단체

② **전문인력 양성기관의 지정기준**
  ㉠ 전문 교수요원 확보
  ㉡ 교육 시설과 장비의 적절한 보유

암기 연구개발 기관 지정
● 연구개발 기관 지정 대상
❶ 연구개발혁신법 상의 전문기관
❷ 공공기관 운영법상의 공공기관
❸ 대통령령으로 정한 기준 부합 기관
● 연구개발 지원·출연 대상
❶ 특정 연구기관
❷ 정부출연 연구기관
❸ 대학, 산업·전문·기술대학
❹ 필요가 인정된 기관, 사업자

암기 전문인력 양성기관
● 전문인력 양성기관 지정 대상
❶ 스포츠산업 관련학과·전공 설치 대학
❷ 정부출연 연구기관
❸ 국민체육진흥공단
❹ 스포츠산업진흥 목적의 기관·단체
❺ 장관 인정 기관·단체
● 전문인력 양성기관 지정기준
❶ 전문 교수요원 확보
❷ 적절한 시설과 장비
❸ 경비 조달과 지원금 사용 타당성
❹ 교육과정·내용의 적절성
● 전문인력 양성기관 경비보조
❶ 프로그램 운영 필요 비용
❷ 교육 관련 조사·연구 비용
❸ 자료 개발·보급 필요 비용
❹ 장소 임대료 및 장비 구입비

ⓒ 운영경비 조달계획 및 지원금 사용계획의 타당성
　　ⓔ 교육 대상별 교육과정 및 교육내용의 적절성
③ 전문인력 양성기관 지정에 따른 경비보조
　　㉠ 전문인력 양성 교육 프로그램 운영에 필요한 비용
　　ⓛ 전문인력 양성 교육에 대한 조사·연구 비용
　　ⓒ 교육자료의 개발 및 보급에 필요한 비용
　　ⓔ 양성 교육의 시행에 필요한 교육 장소 임대료 및 장비 구입비

> **경향 필기시험 출제 경향**: 위의 경비보조 내용에서 나오는 필기시험 유형은 '보조할 수 없는 것'을 찾는 것으로, 장소 매입비는 보조할 수 없다.

④ **스포츠산업 창업 지원**: 문화체육관광부 장관은 스포츠산업과 관련된 창업을 촉진하고, 일자리 창출을 위해 필요 시책을 마련하며, 사업추진에 필요한 자금을 예산의 범위에서 지원할 수 있다.

7) 스포츠산업 진흥시설

① 스포츠산업 진흥시설의 지정과 해제
　　㉠ 문화체육관광부 장관은 스포츠산업의 진흥을 위하여 필요한 경우 지자체의 장과 협의하여 당해 지자체 소유의 공공 체육시설을 스포츠산업진흥시설로 지정할 수 있으며, 이 경우 시설 설치 및 보수 등에 필요한 자금의 전부 또는 일부 지원 가능
　　ⓛ 지정 요건 미달 시 지정 해제 가능하며, 지정을 해제할 때는 미리 지자체의 장과 협의하여야 한다.

② 스포츠산업 진흥시설의 국·공유재산 대부·사용
　　㉠ 국가 또는 지자체는 스포츠산업 진흥시설의 지정 및 운영을 위하여 필요한 경우 국·공유재산을 수의계약으로 대부·사용·수익하게 하거나 매각 가능
　　ⓛ 사용료와 납부 방법
　　　• 지자체의 장은 공유재산의 연간 사용료를 매년 징수한다. 프로스포츠단과 협의하였으면 사용·수익 허가 기간의 사용료 전부를 한꺼번에 징수할 수 있다.
　　　• 연간 사용료는 시가를 반영한 해당 재산 평가액의 10/10,000 이상 범위에서 지자체의 조례로 정하되, 월 단위, 일 단위, 시간별 또는 횟수별 등으로 계산할 수 있다.
　　　• 지자체의 장은 연간 사용료가 100만원을 초과하는 경우 나눠서 내게 할 수 있다.
　　　• 지자체의 장은 프로스포츠단이 해당 체육시설을 직접 수리할 때는 사용료를 감경할 수 있다.

③ 스포츠산업 진흥시설의 지정 요건
　　㉠ 문화체육관광부령으로 정하는 수 이상의 스포츠산업 사업자가 입주
　　ⓛ 입주 스포츠산업 사업자의 30/100 이상이 중소기업자
　　ⓒ 입주하는 스포츠산업 사업자가 공동으로 이용할 수 있는 공용 회의실과 공용 장비실 등의 공동이용시설 설치
　　ⓔ 10개 이상의 스포츠산업 사업자가 입주(특별시의 경우 20개 이상)

8) 사업자단체 설립

① **사업자단체 설립 개요**: 스포츠산업 사업자는 스포츠산업의 진흥과 상호 협력 증진 등을 위하여 문화체육관광부 장관의 인가를 받아 업종별 사업자단체 설립

② 사업자단체 설립 인가 요건
　㉠ 사업계획시가 스포츠산업진흥 목적에 부합
　㉡ 사업 수행을 위한 자금 조달 방안이 있을 것
　㉢ 업종별 사업자가 100분의 50 이상 참여
③ 설립 인가 신청서류 : 주요 사업계획서 및 수지계산서, 회칙 또는 정관, 가입 회원명부

암기 사업자단체 설립 인가 요건
1. 사업계획서가 스포츠산업진흥 목적에 부합
2. 사업 수행을 위한 자금 조달 방안 보유
3. 업종별 사업자 100분의 50 이상 참여

9) 스포츠산업 지원센터
① 스포츠산업 지원센터의 지정 대상
　㉠ 국공립 연구기관
　㉡ 고등교육법의 대학·전문대학
　㉢ 특정 연구기관지원법에 따른 특정 연구기관
　㉣ 국민체육진흥공단
　㉤ 민법 등 다른 법률에 따라 설립된 스포츠 분야의 법인
② 스포츠산업 지원센터의 지정 요건
　㉠ 스포츠산업 사업자가 10명 이상 입주
　㉡ 특별시는 20명 이상
　㉢ 30% 이상의 중소기업 사업자가 입주
　㉣ 회의실, 장비실 등의 공용시설 구비
③ 스포츠산업 지원센터의 기능
　㉠ 스포츠산업 발전을 위한 지자체와의 협조에 관한 사항
　㉡ 스포츠산업체 발전을 위한 상담 등 지원에 관한 사항

경향 필기시험 출제 경향 : 스포츠산업 지원센터의 지정 대상과 지정 요건을 기억해야 한다.

암기 스포츠산업 지원센터
● 스포츠산업 지원센터 지정 대상
1. 국공립 연구기관
2. 대학·전문대학
3. 특정 연구기관
4. 국민체육진흥공단
5. 법에 따라 설립된 스포츠 분야 법인

● 스포츠산업 지원센터 지정 요건
1. 스포츠산업 사업자 10명 이상 입주
2. 특별시는 20명 이상 입주
3. 30% 이상의 중소기업 사업자가 입주
4. 회의실·장비실 등의 공용시설 구비

10) 국제 교류 및 해외시장 진출 지원
① 해외시장 진출 지원 : 스포츠산업의 경쟁력 강화와 스포츠산업 관련 상품의 해외시장 진출 활성화를 위하여 외국과의 공동제작, 방송·인터넷 등을 통한 해외 마케팅·홍보 활동, 외국자본의 투자 유치, 수출 관련 협력체계의 구축 등의 사업에 대한 지원 가능하며, 이에 필요한 비용 보조
② 해외시장 진출 지원대상 기관 : 국민체육진흥공단, 대한무역투자진흥공사, 사업자단체 및 스포츠산업지원센터

암기 해외시장 진출 지원대상 기관
1. 국민체육진흥공단
2. 대한무역투자진흥공사
3. 사업자단체 및 스포츠산업지원센터

11) 프로스포츠 지원
① 프로스포츠의 육성
　㉠ 국가는 스포츠산업의 발전과 국민의 건전한 여가활동 진작을 위한 프로스포츠 육성에 관한 필요 시책 강구
　㉡ 지자체는 공공 체육시설의 효율적 활용과 프로스포츠의 활성화를 위하여 필요하면 공유재산을 25년 이내 기간을 정하여 그 목적 또는 용도에 장애가 되지 아니하는 범위에서 사용·수익하게 할 수 있다. 이때 해당 공유재산을 사용·수익하고자 하는 자와의 계약에 따라 사용료를 정할 수 있고, 사용·수익 내용, 조건을 부과한다.

암기 프로스포츠 지원
● 프로스포츠 육성
1. 공유재산 25년 이내 기간 사용·수익
2. 계약으로 사용료 징수 가능
3. 지자체 프로스포츠단 창단 출자
4. 프로스포츠단 필요 경비 지원
5. 수리·보수 비용 지원 가능

● 프로스포츠 지원 경비 범위
1. 프로스포츠 창단금 출자·출연 가능
2. 운영비(인건비 포함)
3. 부대시설 구축 비용
4. 각종 대회 개최비와 참가비
5. 유소년 클럽과 스포츠 교실 운영비
6. 기타 필요 경비

ⓒ 지자체(공공기관 포함)는 프로스포츠 육성을 위해 프로스포츠단 창단에 출자·출연할 수 있고, 프로스포츠단 사업추진에 필요한 경비 지원 가능
　　ⓔ 공유재산의 사용·수익 허가받은 프로스포츠단은 사용·수익의 내용에 위반되지 아니하는 범위에서 지자체의 장의 승인을 받아 다른 사람에게 사용·수익하게 할 수 있다.
　　ⓜ 공유재산의 사용을 허가·위탁받은 프로스포츠단은 해당 체육시설을 직접 수리 또는 보수하고, 수리·보수가 원상 변경되는 대규모 수리·보수는 지자체장의 승인을 받아야 하며, 지자체는 수리 또는 보수에 필요한 비용의 전부 또는 일부를 지원 가능
② 지자체(공공기관 포함)가 **프로스포츠에 지원할 수 있는 경비 범위**
　　㉠ 프로스포츠단 창단 자본금 또는 재산 전부나 일부를 단독·공동 출자 또는 출연 가능
　　㉡ 프로스포츠단의 운영비(인건비 포함)
　　㉢ 프로스포츠단의 부대시설 구축 비용
　　㉣ 각종 국내·국제 운동경기 대회 개최비와 참가비
　　㉤ 유소년 클럽 및 스포츠 교실의 운영비
　　㉥ 그 밖에 프로스포츠단의 활성화를 위하여 필요한 경비
　　경향 필기시험 출제 경향 : ① 지자체가 프로스포츠에 지원할 수 있는 범위가 아닌 것을 찾는 유형으로, 유의사항은 '인건비를 포함한 프로스포츠단의 운영비'를 지원할 수 있다. ② 공유재산을 25년 이내의 기간으로 사용·수익하게 할 수 있다.(오답 출제 형식 : 인건비를 제외한 운영비, 20년 이내)

12) 선수 권익 보호 등
① 선수의 권익 보호
　　㉠ 문화체육관광부 장관은 선수 권익 보호와 스포츠산업의 건전한 발전을 위해 공정한 영업 질서 조성 등 필요한 시책을 마련해야 한다.
　　㉡ 문화체육관광부 장관은 '대기환경보전법'과 '재난 및 안전관리 기본법'에 따라 프로스포츠 경기 일정 등을 조정할 수 있는 지침을 마련해야 한다.
　　㉢ 문화체육관광부 장관은 선수의 권익을 보호하고 프로스포츠 관련 표준계약서를 마련하여 프로스포츠단에 이를 보급하고, 표준계약서를 재개정할 때는 공정거래위원회와 협의하고, 이해관계자와 전문가의 의견을 들어야 하며, 프로스포츠단에 표준계약서 사용을 권장할 수 있다.

나. 국민체육진흥법
1) 국민체육진흥법 개요
① **연혁** : 1962.9.17 제정·공포, 2007.4.11 전면 개정, 2019. 1. 15 일부 개정
② **목적** : 체육진흥을 통해 국민 체력 증진과 건전한 정신의 함양, 명랑한 국민 생활을 영위하며, 체육을 통해 국위 선양에 이바지하기 위함이다.
③ 국민체육진흥법의 주요 내용
　　㉠ 체육진흥의 기본적 법률
　　㉡ 체육·선수·체육지도자·체육동호인 조직, ·운동경기부 등의 개념 규정
　　㉢ 국가 및 지자체의 체육진흥시책 수립 및 체육활동의 권장 보호, 육성 의무 규정
　　㉣ 문화체육관광부 장관의 기본시책 수립 및 시행 의무 규정
　　㉤ 운동선수와 체육지도자에 대한 보호
　　㉥ 레크리에이션의 보급
　　㉦ 프로스포츠의 건전한 육성
　　㉧ 경륜·경정 등 여가 체육활동의 건전한 시행
　　㉨ 체육 용구의 생산 장려
　　㉩ 국민체육진흥기금의 조성과 사용
　　㉪ 체육 단체의 육성에 관한 사항

ⓔ 체육진흥투표권 사업 : 국민체육 육성과 체육진흥 등에 필요한 재원 조성을 위해 체육진흥투표권(스포츠토토) 발행을 규정

④ **국민체육진흥법상의 관련 용어의 개념**
ⓐ 체육 : 신체활동을 통한 건전한 신체와 정신을 함양하고 여가를 선용하는 활동
ⓑ 전문체육 : 선수들이 행하는 운동경기 활동
ⓒ 생활체육 : 건강과 체력 증진을 위하여 행하는 자발적이고 일상적인 체육활동
ⓓ 선수 : 경기단체에 선수로 등록한 사람
ⓔ 국가대표선수 : 통합체육회, 대한장애인체육회 또는 경기단체가 국제경기대회(친선경기대회는 제외)에 우리나라의 대표로 파견하기 위하여 선발·확정한 사람
ⓕ 학교 : 초·중등교육법 제2조 및 고등교육법 제2조에 따른 학교
ⓖ 체육지도자 : 학교·직장·지역사회 또는 체육 단체 등에서 체육을 지도할 수 있도록 자격을 취득한 사람(구분 : 전문·생활 스포츠지도사/1급과 2급, 건강운동관리사, 장애인스포츠지도사/1급과 2급, 유소년스포츠지도사, 노인스포츠지도사)
ⓗ 체육동호인 조직 : 같은 종목의 생활체육 활동에 지속적으로 참여하는 사람들의 모임
ⓘ 체육 단체 : 체육에 관한 활동이나 사업을 목적으로 설립된 법인이나 단체
ⓙ 도핑 : 선수의 운동능력 강화를 위하여 문화체육관광부 장관이 고시하는 금지 목록에 포함된 약물 또는 방법을 복용하거나 사용하는 것
ⓚ 경기단체 : 특정 경기종목에 관한 활동과 사업을 목적으로 설립되고 통합체육회나 대한장애인체육회에 가맹된 법인이나 단체 또는 문화체육관광부 장관이 지정하는 프로스포츠 단체
ⓛ 체육진흥투표권 : 운동경기 결과를 적중시킨 자에게 환급금을 내주는 표권으로, 투표 방법과 금액, 그 밖에 대통령령으로 정하는 사항이 기재되어 있다.

다. 스포츠 관련 법률 일반

1) 국내 스포츠산업의 관련 법령 : ⓐ 국민체육진흥법 ⓑ 체육시설의 설치·이용에 관한 법률 ⓒ 스포츠산업진흥법 ⓓ 생활체육진흥법 ⓔ 학교체육진흥법 ⓕ 국제경기대회 지원법 ⓖ 바둑진흥법 ⓗ 스포츠 기본법 ⓘ 스포츠클럽법

2) 최근 제정된 스포츠산업 관련 법령

① **스포츠 기본법**
ⓐ 목적 : 스포츠에 관한 국민의 권리와 국가 및 지자체의 책임을 정하고, 스포츠 정책의 방향과 그 추진에 필요한 기본적 사항을 규정한 법률
ⓑ 중요 내용
- 국민의 권리 : 모든 국민은 스포츠 및 신체활동에서 차별을 받지 아니하고 자유롭게 스포츠 활동에 참여하며 스포츠를 향유할 권리를 가진다.
- 국가와 지자체의 의무 : 전문스포츠, 생활 스포츠, 장애인 스포츠, 학교 스포츠, 프로스포츠, 스포츠산업, 스포츠클럽, 스포츠시설, 스포츠 인력의 양성 및 선수 등의 은퇴 후 지원 등을 위해 필요한 시책을 수립·시행해야 한다.
- 스포츠의 날과 스포츠 주간 지정 : 매년 10월 15일은 스포츠의 날, 매년 4월 마지막 주는 스포츠 주간으로 지정
ⓒ 제정 및 시행일 : 제정일 2021.8.10, 시행일 2022.2.11

② **스포츠클럽법**
ⓐ 목적 : 스포츠클럽의 지원과 진흥에 필요한 사항을 규정함으로써 국민체육 진흥과 스포츠 복지향상 및 지역사회 체육발전에 기여함을 목적으로 한다.
ⓑ 제정 및 시행일 : 제정일 2021.6.15, 시행일 2022.6.16

3) 국제경기대회 지원법
① **법의 목적** : 국내에서 개최되는 국제경기대회에 대한 지원 근거를 마련하여 대회의 성공적 개최를 지원함으로써 국민체육을 진흥하고 국가발전에 이바지함을 목적으로 한다.
② **지원대상 국제경기대회** : 국제올림픽위원회, 국제장애인올림픽위원회가 주관하는 올림픽대회, 아시아올림픽평의회, 아시아장애인올림픽위원회가 주관하는 아시아경기대회, 국제대학스포츠연맹이 주관하는 유니버시아드대회, 국제축구연맹이 주관하는 월드컵축구대회, 국제육상경기연맹이 주관하는 세계육상선수권대회, 국제수영연맹이 주관하는 세계수영선수권대회. 기타 정부의 지원이 필요한 대회로서 대통령령으로 정하는 대회

4) 스포츠 관련 법률 기타
① **스포츠 법의 기능** : 스포츠와 관련된 모든 영역에서 평등성을 유지하며, 개인의 권리 보호와 자유로운 법률행위의 보장
② **스포츠 중재 기구(CAS, Court of Arbitration for Sport)** : 국제스포츠 경기에서 일어날 수 있는 분쟁을 신속, 공정하게 판단하기 위해 IOC가 창설한 기구

3. 스포츠의 경제적 가치

가. 스포츠 비즈니스
1) 스포츠 비즈니스의 이해
① **스포츠 비즈니스의 개념** : 스포츠와 관련된 모든 경제 활동을 지칭하는 것으로, 스포츠 활동에 참여하는 소비자를 만족시킬 수 있는 제품, 서비스 제공을 말한다.
② **스포츠 비즈니스의 주체**
　㉠ 선수 : 스포츠의 기량이 뛰어나 대표로 뽑힌 사람 또는 스포츠를 직업으로 하는 사람을 말하며, 초상권·인도스먼트·스폰서 등과 관련된다. 코치와 심판을 포함하는 개념이다.
　㉡ 구단·팀 : 스포츠 관련 조직으로, 라이선싱·머천다이징·스폰서 등의 권한을 갖는다.
　㉢ 스포츠 단체 : 스포츠의 목적 달성을 위해 선수 또는 팀의 집합체로, 경기 운영의 주도적 임무를 수행하며, 스폰서·라이선싱·머천다이징 등의 권한을 갖는다.

2) 스포츠 비즈니스의 주체별 역할

구분	선수·코치·심판	구단·단체	경기
역할	노동력 제공	생산 주체	자본재

나. 스포츠 상품화권과 프로퍼티
1) 스포츠 상품화권의 개념 : 기업이 상품성이 있는 권리를 활용하여 기업 또는 특정 상품의 이미지 제고 또는 기업 이익 추구를 위해 전개하는 마케팅 활동

2) 스포츠 프로퍼티
① **스포츠 프로퍼티의 개념** : 법적 보호를 받는 명칭, 로고 등의 지식재산권
　참고 프로퍼티(property) : 일반적으로 재산, 소유물, 부동산 등을 나타내는 용어이다.
② **스포츠 프로퍼티의 가치형성 요인**

구분	팀 관련	조직 관련	시장 관련
내용	선수, 지도자, 성적	소속 리그, 스폰서	연고지, 팬, 서포터, 언론 보도

제3장 스포츠 공급

1. 스포츠 시장

가. 스포츠 시장의 이해

1) 스포츠 시장의 개념
- ㉠ 스포츠용품과 서비스 등의 교환이 일어나는 장소
- ㉡ 선수·팀·스포츠조직·관전자·에이전시는 물론 용품생산 및 판매자·소비자·광고자·방송국 등 다양한 개인과 집단이 활동하는 유무형의 장소

2) 스포츠 시장의 분류
① Brooks의 분류
- ㉠ 1차 시장(소비재 시장) : 스포츠의 직접 연관 시장으로, 경기관람 시장, 용품·장비 시장 등
- ㉡ 2차 시장(산업재 시장) : 스포츠를 이용한 시장으로, 광고시장, 스폰서십 시장, 유관 상품시장 등

② 소비자 참여 형태에 따른 분류
- ㉠ 참여 스포츠 시장 : 건강을 위해 스포츠 활동에 참여하는 소비자의 시장
- ㉡ 관람 스포츠 시장 : 직접 경기관람을 통해 스포츠에 참여하는 소비자의 시장
- ㉢ 매체 스포츠 시장 : 경기를 미디어(매체)를 통해 관람하는 소비자의 시장
- ㉣ 스포츠용품 시장 : 스포츠용품, 장비, 시설 등을 구매·이용하는 소비자의 시장

[참고] 스포츠 시장 분류 : '제4장 스포츠 소비'에서는 시장을 소비자로 바꾸어 설명되고 있다.

3) 스포츠 시장의 구성
① 소비자 : 입장료, 사용료 등을 지불하고, 입장권 혹은 시설이용권을 구입하여 편익을 체험하고 즐기는 소비자 집단
② 기업 : 스포츠용품과 서비스 및 이와 관련 상품을 생산 판매 또는 스포츠 스폰서십을 마케팅에 활용하기 위한 기업으로 구분
③ 미디어(방송사) : 미디어는 스포츠 생산자에게 재원을 제공하고, 일반 소비자와 기업으로부터 시청료, 광고료 등의 대가를 받는다.
④ 기타 : 광고 및 콘텐츠 생산 판매업자, 이벤트 개발, 선수양성 등 사업자

4) 스포츠 시장의 특성
① 유·무형시장 : 스포츠 관련 유·무형 시장이 함께 존재
② 강한 수요 탄력성 : 수요의 가격탄력성이 강하며, 외부요인의 많은 영향을 받는다.
③ 전문가 수준의 소비자 : 소비자들이 스스로 스포츠에 대한 전문가라는 생각이 강하다.
④ 경쟁과 협력 필요 : 스포츠조직(팀, 선수 포함)은 경쟁과 동시에 동반자로서의 협력이 필요

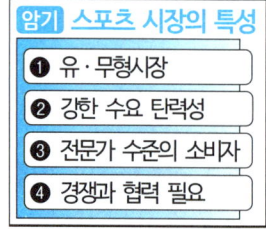
[암기] 스포츠 시장의 특성
❶ 유·무형시장
❷ 강한 수요 탄력성
❸ 전문가 수준의 소비자
❹ 경쟁과 협력 필요

나. 수요와 공급

1) 수요와 공급의 개념
① 수요
- ㉠ 상품을 살 의지와 살 수 있는 능력을 갖춘 욕구
- ㉡ 일반적으로 상품의 가격이 오르면 수요는 줄어든다.

② 공급 : 경제 주체가 상품을 팔려고 하는 의도

③ **균형가격** : 시장에서 수요와 공급이 일치하여 만나는 지점에 균형가격이 결정된다.
④ **수요와 공급의 법칙**
　㉠ 자유 경쟁 시장에서 수요와 공급이 일치되는 점에서 시장가격과 균형 거래량이 결정된다는 원칙을 말한다.
　㉡ 수요가 공급보다 더 많으면(=초과수요) 소비자 간 경쟁으로 가격이 상승하고, 이에 따라 수요량은 감소하고 공급량은 증가하여 균형가격으로 돌아간다.
⑤ **스포츠 수요의 결정요인**
　㉠ 스포츠 활동 필요 비용
　㉡ 소비자의 소득 수준
　㉢ 관련 재화 가격
　㉣ 소비자의 취미와 선호

> **암기 스포츠 수요 결정요인**
> ① 스포츠 활동 필요 비용
> ② 소비자 소득 수준
> ③ 관련 재화 가격
> ④ 소비자 취미와 선호도

2) 가격 상한제
① **가격 상한제의 개념**
　㉠ 시장가격이 너무 높다고 판단되면 일정 수준 이하로 가격을 규제하여 소비자를 보호하기 위한 정책을 말한다.
　㉡ 일반적으로 가격 상한선은 균형가격보다 낮게 책정하여 소비자 보호에 목적을 둔다.
② **가격 상한제를 시행할 때 나타나는 현상** : 품귀현상, 암시장 형성

다. 가치사슬

① **가치사슬(value chain)의 개념**
　㉠ 기업이 부가가치를 생성하는 과정을 나타낸 것으로, 마이클 포터가 모델을 정립하였다.
　㉡ 부가가치 창출에 직·간접적으로 관련된 일련의 활동·기능·프로세스 등의 연계를 의미하며, 기업 전체가 아닌 제품 또는 라인별로 정의한다.
　㉢ 주된 활동과 지원 활동으로 분류하며, 내용은 아래 모형과 같다.
② **가치사슬의 목적**
　㉠ 부가가치 창출을 위한 직접 활동 부문의 비용과 가치 창출 요인을 분석
　㉡ 단계별 부가가치 창출과 관련된 핵심 활동에 대한 규명
　㉢ 활동별 원가 요인을 분석하여 경쟁우위 구축을 위한 도구로 활용
　㉣ 조직 내부의 역량 분석 도구로 활용
③ **가치사슬 이론의 특성**
　㉠ 개별 사업 또는 개별 라인에 대해 정의한다.(오답 출제 형식 : 기업 전체를 대상으로 한다.)
　㉡ 부가가치 활동의 관점으로부터 경쟁 우위성의 원천을 파악한다.
　㉢ 제품이나 서비스가 고객 제공까지 과정에서 경쟁 우위성을 구축하기 위함이다.
④ **가치사슬의 모형**

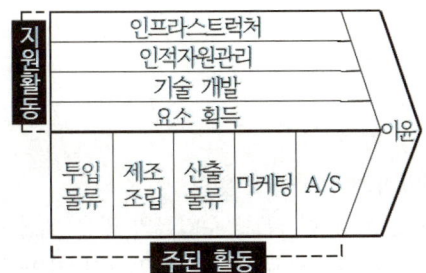

> **경향 가치사슬의 출제 경향** : 필기시험에서는 가치사슬의 지원 활동과 주된 활동을 찾는 유형, 실기에서는 '지원 활동 4가지' 또는 '주된 활동은 4가지를 쓰시오'라는 유형으로 출제될 수 있다.

2. 지역사회와 스포츠

가. 스포츠와 지방자치단체

1) 스포츠와 지방자치단체의 관계

① 스포츠와 지방자치단체의 역할
  ㉠ 관람 스포츠상품의 생산과 유통이 일어나는 경기장은 대표적 스포츠 시장이다.
  ㉡ 경기장은 대부분 지자체가 소유권을 갖고 있으므로 직간접적으로 관여 또는 개입하고 있다.

② 지방자치단체의 스포츠 관여 형태
  ㉠ 경기장 신설, 증설 및 개축 ㉡ 경기장의 임대 또는 사용 허가와 사용료 결정 ㉢ 경기장 광고 결정
  ㉣ 입장 수입에 관련된 세금 부과 ㉤ 경기장 주변의 도로 또는 상권 개발 ㉥ 스포츠구단 운영

2) 지방자치단체의 스포츠 이벤트

① 지방자치단체의 경기장시설 투자 기대 효과
  ㉠ 지역주민의 심리적 소득증대 ㉡ 도시 이미지 강화 ㉢ 지역경제 활성화

② 지방자치단체의 스포츠 이벤트 유치 이유
  ㉠ 지역경제 활성화 ㉡ 지역 이미지 제고 ㉢ 주민의 자긍심 고취
  ㉣ 고용 촉진 ㉤ 이벤트 개최에 따른 파급 효과 기대

> **암기 지자체의 이벤트 유치 이유**
> ❶ 지역경제 활성화
> ❷ 지역 이미지 제고
> ❸ 주민 자긍심 고취
> ❹ 고용 촉진
> ❺ 개최 파급 효과

3) 프로스포츠의 지역연고제

① 지역연고제의 개념 : 스포츠조직이 지역사회와의 유대를 강화할 목적으로 특정 지역과 연고를 맺은 관계를 말한다.

② 지역연고제의 효과
  ㉠ 열성 팬 확보 ㉡ 지자체와의 원활한 협조 ㉢ 지역주민의 자긍심 함양
  ㉣ 구단과 지역사회의 유대 강화 ㉤ 우수선수의 확보와 양성 ㉥ 기업 홍보 효과
  참고 EPL의 연고 이동 불가능 : 영국 프리미어리그(EPL)는 구단 연고지 이동 불가능

> **암기 지역연고제 효과**
> ❶ 열성 팬 확보
> ❷ 지자체와 협조 원활
> ❸ 주민 자긍심 함양
> ❹ 지역과 유대 강화
> ❺ 우수선수 확보

나. 프로스포츠

1) 프로스포츠구단의 수입

① 프로스포츠구단의 중요 수입원

직접 수입원	간접 수입원
・입장권 판매 수입 ・부대사업 수입 ・구장 임대사업 수입 ・상금 ・선수 이적료 수입	・라이선싱 수입 ・방송중계권 수입 ・광고 수입 ・스포츠 스폰서십 수입 ・구장 명칭 사용권 판매 ・연맹 가입, 지역 연고권 등의 자산 가치

② 프로스포츠구단의 소유 권리와 재원 확보
  ㉠ 간접수입인 자산 가치 상승으로 인한 수입은 구단매각 시 발생한다.
  ㉡ 방송중계권 수입은 콘텐츠 수요에 영향을 받는다.
  ㉢ 식음료 판매 수입은 관중 수와 관중의 구매력에 영향을 받는다.
  ㉣ 광고 수입은 미디어 노출에 영향을 받는다.

2) 프로스포츠의 신생구단 가입 제한

  ㉠ 현상 : 프로스포츠는 신생구단 가입 제한을 위해 많은 가입비를 요구하고 있다.
  ㉡ 목적 : 구단 희소가치 유지, 선수 확보 용이, 지역 연고 유지, 고정 팬 확보, 수입금의 많은 배당 등
  ㉢ 신생구단 가입 제한 사례 : 프로야구에서 2013년 1월에 제10 구단으로 KT가 진입하며 가입금으로 30억원, 예치금 100억원을 냈다.

3) 프로스포츠 리그의 적정 구단 규모 산정 기준
  ㉠ 일정 규모 이상의 주민 거주
  ㉡ 아마추어 선수의 저변
  ㉢ 지리적 균등 분포 감안

4) 프로스포츠의 전력 평준화
① 전력 평준화의 개념
  ㉠ 재정력이 강한 팀이 우수선수를 독점하여 성적 차이가 많이나면 팬의 관심과 흥미가 줄어들면서 전체적으로 관중이 감소한다. 이를 방지하기 위해 리그별 전력 평준화 방안이 필요하다.
  ㉡ 프로 스포츠구단은 경쟁자이면서 동반자이기 때문에 팀 간의 전력 평준화가 되어야 관중의 흥미를 지속적으로 유발할 수 있어 전체시장이 커진다.
② 전력 평준화 방법
  ㉠ 신인 드래프트제도
  ㉡ 용병제도
  ㉢ 연봉 총상한제
  ㉣ 트레이드 제도
  ㉤ 웨이브 공시제도

[암기] 전력 평준화 방법
1. 신인 드래프트제도
2. 용병제도
3. 연봉 총상한제
4. 트레이드 제도
5. 웨이브 공시제도

나. 프로스포츠와 선수

1) 자유계약선수(FA, free agent)
① 자유계약선수의 개념
  ㉠ 다른 구단과 자유롭게 계약할 수 있는 신분의 선수
  ㉡ 선수와 구단이 신청하면 연맹이 결정한 후 공시한 선수
② 자유계약선수 신청 요건
  ㉠ 소속 구단과 계약이 만료된 선수로, 계약 기간 중 전체 경기 수의 50% 이상 출전 선수 (대표팀 소집으로 불참하면 출전으로 인정)한 조건을 충족한 경우
  ㉡ 구단이 연봉을 약정일 15일이 지날 때까지 지급하지 않는 상태가 연속 2회일 때
  ㉢ 구단이 정당한 사유 없이 연속 6경기 이상 대회에 참가하지 않을 때
  ㉣ 선수가 전역·졸업(중퇴) 후 소속 구단에 복귀를 원하지만, 구단이 이를 거부할 때

2) 프로스포츠 선수의 가격
① 프로스포츠에서 선수의 가격 결정 영향요인
  ㉠ 동일 종목의 경쟁 리그 존재 여부
  ㉡ 아마추어 선수의 저변 상태
  ㉢ 리그의 선수 영입 관련 제도와 규칙
  ㉣ 프로구단의 수
  ㉤ 선수 개인의 차별성(경기력, 외모 등)
② 프로스포츠에서 스타 선수에게 고액 연봉 지급 이유
  ㉠ 스타 선수의 대체 선수를 찾기 어렵다.
  ㉡ 스타 선수는 팀 수입에 큰 영향을 미친다.
  ㉢ 스타 선수로 인해 팀 규모의 경제가 실현될 수 있다.
  ㉣ 스타 선수가 팀 수입에 이바지하는 한계수입 생산성이 높다.

[암기] 프로선수 가격
● 가격 결정 영향요인
1. 경쟁리그 존재 여부
2. 아마추어 저변 상태
3. 선수 영입 관련 제도
4. 프로구단의 수
5. 선수의 차별성

● 프로선수의 고액 연봉 지급 이유
1. 대체 선수의 부재
2. 팀 수입에 큰 영향
3. 팀 규모의 경제 실현
4. 한계수입 생산성

다. 스포츠 경기방식

1) 스포츠 경기방식
① **리그(league)** : 리그에 소속된 팀이 서로 대적하여 승·무·패별로 점수를 부여하고, 가장 많은 점수를 얻은 팀이 우승하는 제도를 말하며, Round Robin System이라고도 한다.
② **토너먼트(tournament)** : 경기 결과 승자는 다음 경기에 나가고, 패자는 탈락하여 마지막까지 남은 2팀이 최종 결승을 전개하는 방법
③ **홈 앤드 어웨이 방식** : 홈그라운드에서 상대와 경기를 한 다음, 상대의 홈그라운드에 가서 그 상대와 경기를 하여 경기 결과를 합산하여 승패를 결정짓는 방법
④ **스플릿 토너먼트** : 처음에 리그전을 치른 후 상위 클럽과 하위 클럽이 분리하여 분할리그를 실시하고, 우승팀과 강등팀을 결정하는 시스템이다. 현재 프로축구의 K리그 1부(클래식)이 이를 적용하고 있다.

2) 승강제
① **승강제의 개념** : 소속 팀을 등급에 따라 1, 2부 등으로 나누고, 시즌 종료 후 성적에 따라 상·하위리그로 소속을 바꾸는 제도
② **승강제의 특성**
  ㉠ 리그가 장기간 계속되어 관중의 관심이 이완되는 현상 방지
  ㉡ 하위 팀에게 마지막까지 최선을 다하도록 강구하는 역할
③ **승강제 사례** : 우리나라 프로축구, 잉글랜드 프리미어리그 등이 채택하고 있다.

다. 비디오 판독 시스템
① **VAR(video assistance referee) 개요** : 스포츠 경기에서 초고속 카메라로 촬영한 영상을 근거로 판정하는 방식
② **종목별 적용 사례**
  ㉠ 대부분의 기록경기와 축구, 야구, 배구, 농구, 미식축구 등 많은 스포츠 경기에서 비디오 판독을 사용한다. 비디오 판독의 적용 범위나 판정 기준 등은 종목에 따라 다르다.
  ㉡ 육상과 사이클, 자동차경주, 빙상 종목 등 짧은 순간에 승부가 갈리는 기록경기에서는 정교한 기계를 사용해 판정한다. 판정에 논란이 있으면 비디오를 재상연하여 결과를 판단할 수 있다.
  ㉢ 축구는 VAR을 통해 득점이나 반칙, 페널티킥 선언 등을 판단한다. 국제축구연맹(FIFA)은 2018 러시아 월드컵부터 VAR을 도입했다. 최종 판단은 주심이 내린다.
  ㉣ 야구는 홈런이나 파울, 포스 플레이 등에서 아웃과 세이프 여부 등을 판단할 때 비디오 판독을 활용한다. KBO도 2014년 비디오 판독 판정제를 도입했으며, 감독이 심판의 판정에 불만이 있을 때 VAR를 신청하는 방식이다.
  [참고] **2022 카타르 월드컵의 VAR** : FIFA는 오프사이드 문제를 해결하기 위해 반자동 오프사이드 판독 기술을 시행하였다. VAR이 먼저 오프사이드를 확인해 이를 심판들에게 전달, 더 정확하고 빠르게 판정을 내릴 수 있도록 돕는 기술이다.

제4장 스포츠 소비

1. 스포츠 소비

가. 스포츠 소비의 이해

1) 스포츠 소비의 개요
① **스포츠 소비의 개념** : 스포츠 관련 욕구를 충족시키는 제품이나 서비스를 구입 혹은 이용하기 위해 재화를 소모하는 경제적 활동을 말하며, 비상업적인 동호회의 회비 등에 든 비용도 포함한다.
② **스포츠소비자의 개념** : 스포츠소비자는 스포츠와 관련된 재화나 용역을 구매하거나, 이용하는 개인 또는 조직
③ **스포츠 소비 파악 목적** : 스포츠 시장의 규모를 파악하는 지표로 활용할 수 있으며, 스포츠 활동 참여율과 스포츠산업의 진흥 수준 파악, 스포츠 활동에 대한 재원 부담 정도를 파악하기 위함이다.

2) 스포츠소비자
① **스포츠소비자의 분류**
  ㉠ 참여 스포츠소비자 : 스포츠 활동에 직접 참여하는 소비자
  ㉡ 관람 스포츠소비자 : 경기관람을 통해 스포츠에 참여하는 소비자
  ㉢ 매체 스포츠소비자 : 경기관람을 미디어(매체)를 통해 참여하는 소비자
  ㉣ 스포츠용품 소비자 : 스포츠용품, 장비, 시설 등을 구매 또는 이용하는 소비자
② **스포츠소비자의 참여 형태**
  ㉠ 행동적 참여 : 선수, 관중, 스포츠 활동 등으로 직접적 참여
  ㉡ 인지적 참여 : 미디어 등을 통해 스포츠 정보를 인지하며 참여
  ㉢ 정서적 참여 : 스포츠에 직접 참여하지 않고 감정적으로 참여

나. 구매 의사결정과정

1) 스포츠소비자의 구매 의사결정과정

❶ 문제 인식	동기 인식 단계로 보관된 정보를 취합하고, 욕구 처리 방법 등을 인식하는 단계
❷ 정보탐색	보관 정보 이외에 새로운 정보를 수집, 관리하는 단계
❸ 대안 평가와 탐색	선택된 대안을 평가하는 것으로 신념 혹은 가치관을 근거로 한다.
❹ 구매	상품에 대해 구매 혹은 이용하는 행동
❺ 구매 후 행동	구매한 상품에 대해 사용 혹은 이용하고 평가 결정

2) 정보탐색 방법
① **내적 탐색과 외적 탐색**
  ㉠ 내적 탐색 : 기억된 관련 정보를 끄집어내는 과정으로, 결과에 만족하면 다음 단계로 진행하고, 만족하지 못하면 외적 탐색으로 진행
  ㉡ 외적 탐색 : 기억 이외의 원천에서 정보를 탐색하는 활동
② **외적 탐색의 정보원**
  ㉠ 개인적 정보원 : 가족, 친구와 이웃
  ㉡ 상업적 정보원 : 광고, 판매원, 진열, 포장 및 유통기관
  ㉢ 공공 정보원 : 정부, 관련 단체, 소비자 단체 등
  ㉣ 미디어 정보원 : 전파 매체, 인쇄 매체 및 통신 매체 등

3) 의사결정 단계의 요소별 특징
① 대안 평가와 탐색
　㉠ 정보 수집 결과에 따라 몇 개의 상표를 평가하고, 더 많은 정보를 탐색하는 과정
　㉡ 평가는 구매자의 기준에 따라 이루어진다.
② 구매 후 행동
　㉠ 구매 제품의 사용에 따라 만족 또는 불만족을 결정하여 구매의 잘잘못을 평가
　㉡ 재구매 여부를 결정하는 일련의 과정
③ 관람 의사결정과정의 영향 요소
　㉠ 관람 비용
　㉡ 시간적 여유
　㉢ 스포츠 이벤트 수준
　㉣ 유명선수의 유무
　㉤ 경기장시설
　㉥ 팀 지지도

다. 스포츠 소비 관련 이론
1) 구매 후 부조화 이론
① 구매 후 부조화 이론의 개념 : 구매한 상품이 기대에 미치지 못하면 심리적으로 긴장하게 되는데, 이때 불쾌하고, 심리적 긴장을 해소하려는 방향으로 태도나 행동을 결정하는 것을 말한다.
② 구매 후 부조화가 발생하는 경우
　㉠ 구매 후 구매 결정을 취소할 수 없을 때
　㉡ 구매 제품에 대한 소비자의 관여도가 높을 때
　㉢ 구매 전 여러 대안이 존재할 때

> **암기 구매 후 부조화 발생**
> ❶ 구매 후 취소할 수 없을 때
> ❷ 소비자 관여도가 높을 때
> ❸ 구매 전 여러 대안이 있을 때

　경향 필기시험 출제 경향 : 구매 후 부조화와 관련이 없는 것을 찾는 문제가 출제될 때 오답 찾기의 정답은 '선택하지 않은 대안이 단종 되었을 때'이다. 실기에서는 '구매 후 부조화가 발생하는 경우 3가지를 쓰시오'라고 출제되었다.
　참고 구매 후 부조화 이론 : 심리학의 '인지 부조화 이론'에서 파생되었다. 인지 부조화란 개인의 신념, 생각, 태도와 행동이 조화되지 못할 때 느끼는 심리적 불편을 해소하려는 태도나 행동 변화를 설명하는 이론이다.

③ 인지 부조화 감소방안
　㉠ 태도, 신념, 행동 등을 변화시킨다.
　㉡ 새로운 인지를 통해 행동이나 신념을 정당화한다.
　㉢ 인지 상태를 변화시킨다.
　㉣ 가진 인지를 무시하거나 부정한다.
④ 기대 불일치이론
　㉠ 구매 후 행동에서 소비자의 만족 또는 불만족은 소비자의 주관적 판단에 따라 결정된다는 이론이다.
　㉡ 주관적 판단은 기대와 성과에 대한 상호 비교로 나타나며, 이는 로열티 형성의 중요 요인이 된다.

2) 소득 효과와 대체 효과
　㉠ 소득 효과 : 특정 상품의 가격 하락으로 인해 소비자가 실질 소득이 증가한 것처럼 착각하여 상품의 구매력이 늘어나는 효과
　㉡ 대체 효과 : 경쟁상품이 가격을 낮추면 구매 쏠림 현상이 나타나며, 이는 소득 변화와 관계없이 상대적 가격변화에 따라 나타나는 효과

3) AIDA모델과 AIDMA모델

① **AIDA 모델** : 소비자의 일반적 반응 순서는 관심(attention)을 두고, 흥미(interest)를 느끼며, 욕구(desire)가 발생하여, 행동(action)한다는 이론

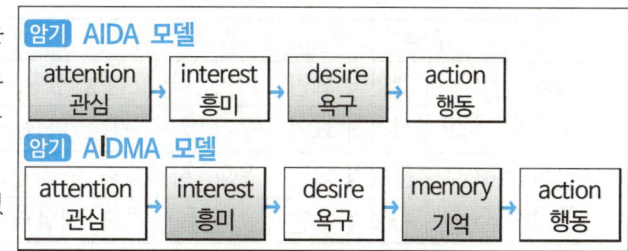

  참고 attention의 번역 : 이를 관심으로 표현하였지만, 주목 또는 인지라고도 한다.

  참고 AIDA 모델과 AIDMA 모델 : 2 모델은 거의 같지만 시험에서 각각 출제되고 있다.

② **AIDMA 모델** : 광고 효과의 심리적 단계를 나타내는 것으로, 먼저 광고를 주목(attention)하고, 흥미(interest)를 일으키고, 다음 욕망(desire)을 일으켜, 이를 기억(memory)함으로써 구매 행동(action)으로 옮겨 간다는 과정을 말한다.

5) 소비자 지각이론

① 소비자 지각이론의 개요
  ㉠ 지각(perception)이란 인간의 여러 감각기관을 통해 자극을 받아들여서 해석하는 과정을 말한다.
  ㉡ 소비자가 광고 등을 통해 상품에 대해 인지하는 과정을 소비자 지각이론이라고 한다.
② 소비자 지각 절차 : 소비자가 광고 등에 노출되면 주의를 기울이고, 해석하며, 수용하게 된다.
  참고 소비자 지각 절차 : 노출→주의→해석→수용

6) 다속성 기대가치 모델

① 다속성 기대 가치 모델의 개념 : 구매 의사결정과정에서 소비자의 욕구를 충족시켜줄 수 있는 상품의 속성이 여러 가지일 경우 소비자가 탐색한 속성별 정보에 따라 상품을 선택에 이르게 되는 방법으로, 피시베인(Fishbein) 모델이 가장 많이 활용되고 있다.
② 다속성 기대 가치 모델 계산 방법 : 가중치를 주고, 각각의 속성별 평가점수를 주므로 이를 모두 곱하여 계산 결과 가장 높은 점수를 받은 대안을 선택한다.

7) 블랙박스 이론

① 블랙박스 이론의 개요
  ㉠ 시장에서 일어나는 여러 요인을 분석하고 과학적 방법을 사용해도 결과는 소비자의 구매 행동으로 나타난다.
  ㉡ 구매 의사결정과정은 블랙박스와 같이 투명하게 알지 못한다는 이론이다.
② 블랙박스 이론의 설명 : 원인(투입)에 관한 결과(산출)만 알지 그 과정은 블랙박스와 같이 알기가 어렵다는 이론으로, Sandage가 1983년에 주장한 이론이다.

2. 스포츠 소비 집단

가. 스포츠소비자 행동

1) 스포츠소비자 행동의 이해

① 스포츠소비자 행동의 개념 : 소비자가 상품의 구매 또는 사용과 관련하여 수행하는 의사결정과 그 실행 행동으로, 물리적 행동과 구매 의사결정과정에서 발생하는 모든 내적, 외적 행동을 말한다.

② 소비자 행동에 영향을 미치는 요인

구분		내용
내적 요인 (개인적 요인)	개인적 요인	나이, 직업, 경쟁 상황, 라이프스타일, 개성, 자아
	심리적 요인	동기 부여, 지각, 학습, 신념, 태도, 기억
외적 요인 (환경적 요인)	문화적 요인	문화, 사회계층
	사회적 요인	준거집단, 가족, 역할과 지위

2) 내적 요인
- ㉠ 태도 : 소비자가 특정한 물건이나 활동에 갖는 지식과 감정과 반응하는 행동
- ㉡ 동기 : 소비자가 목적 달성을 위해 특정한 행동을 취하도록 유도하는 상태
- ㉢ 자아관 : 인성과 행동에 결정적 영향을 미치는 요인으로, 자신에 대한 인식이나 평가
- ㉣ 학습 : 경험, 통찰력, 광고 등 외부자극으로 기존 태도나 신념을 바꾸어 가는 과정
- ㉤ 라이프스타일 : 행동에 상징적으로 나타나며, 가치와 태도를 포함한 복합적인 개념

3) 외적 요인
- ㉠ 가족 : 가족 구성원 간의 밀접하고 지속적인 관계 때문에 개인에 대한 집단의 영향 중에서 가장 강한 영향을 미친다.
- ㉡ 사회계층과 문화 : 직업, 주거지, 소득, 교육 정도 등에 의해 유사한 사회계층 구성원은 유사한 소비 형태를 나타낸다. 문화란 가치관, 신념 관습을 의미
- ㉢ 준거집단 : 소비자의 행동과 태도에 영향을 미치는 개인이나 집단을 의미하며, 소비자가 직접 혹은 간접적으로 접촉하는 가족, 친구, 친척, 사교모임 집단, 전문가집단 등을 포함

4) 사회계층
- ㉠ 사회계층의 개념 : 특정 사회에서 환경이 비슷한 상태의 구성원 집단을 일컫는다.
- ㉡ 사회계층의 특징 : 지위의 존재, 복합적 요소, 수직적 구조, 계층 내 동질성과 계층 간 이질성, 유동성

5) 태도
- ㉠ 고관여 태도 모형 : 구매 또는 사용 시 높은 관여도가 나타난다.
- ㉡ 저관여 태도 모형 : 낮은 관여도를 보이며 습관적 구매 행동이 나타난다.
- ㉢ 다속성 태도 모형 : 구매 또는 사용 상품의 여러 속성에 따라 복잡하게 나타난다.

나. 소비자 충성도
① **소비자 충성도의 개념** : 기업이 지속적으로 소비자에게 탁월한 가치를 제공하여 소비자가 해당 기업(브랜드)에 호감이나 충성심을 만들어 지속적 구매가 일어나도록 유지하는 활동을 말한다.

② **충성도 모형의 구분**
- ㉠ 낮은 충성도 : 심리적 애착이 낮고, 참가율도 낮은 상태
- ㉡ 잠재적 충성도 : 심리적 애착이 강하지만 여러 제약요인으로 인해 참가가 낮은 상태
- ㉢ 가식적 충성도 : 참가율이 높지만, 심리적 애착이 약한 상태
- ㉣ 높은 충성도 : 참가율도 높고 심리적 애착도 강한 상태

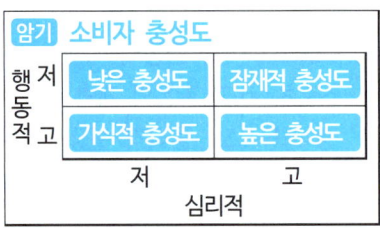

다. 관여도

1) 관여도의 개념
㉠ 주어진 상황에서 특정 상품에 대한 소비자의 관심 정도
㉡ 스포츠경영관리사 자격시험에 관심이 없다가 본인이 응시를 결정하면 관심이 높아진다. 이는 관여도가 높아졌다고 할 수 있다.

2) 관여도의 분류

구분		내용
일반적 분류	인지적 관여도	심리적 동기와 상품의 기능적 성과에 관한 관심에서 발생
	행동적 관여도	실제 생산 혹은 판매에 참여하므로 발생
	정서적 관여도	상품을 이용한 후 결과 전달 목적의 관여도
시간적 분류	지속적 관여도	특정 상품에 대해 평상시에도 관심이 많아 지속적으로 관여하는 상태를 말한다. 습관적 관여도라고도 한다.
	상황적 관여도	특별한 상황에서 발생하는 것으로, 순간적 충동 구매가 대표적 경우(예 : 평창 동계올림픽 티켓 판매가 부진하다가 대회 개최가 임박하였을 때 많이 팔리는 경우)
수준적 분류	고관여	관여 수준이 높고, 적극적 정보탐색, 신중한 선택, 구매 후 행동에도 관심이 많다.
	저관여	관여도 수준이 낮고, 소극적 정보탐색에 의한 구매 행동

3) 관여도 결정요인
㉠ 개인적 요인 : 관심, 취미, 소득 수준
㉡ 상품적 요인 : 성능과 기능, 가격, 속성, 촉진
㉢ 상황적 요인 : 특정 상황에 따라 관여도가 결정

라. 구매 행동

1) 관여도와 구매 행동
① 관여도와 구매 행동의 개념 : 관여도 수준에 따라 구매 행동이 다르게 나타나는 것을 말한다.
② 구매 행동별 내용

구분		내용
고관여	복잡한 구매 행동	• 구매에 대한 관심이 많다. • 상표 간 차이가 클 경우
	부조화 감소 구매 행동	• 상품에 대한 관여도가 높고, 고가일 경우 • 구매 결과에 관해 위험부담이 있는 경우 • 적절한 가격이나 구매 용이성 등에 우선 반응 • 구매 후 상품의 불만 사항 발견하거나 주변으로부터 사지 않은 상품에 대한 호의적 정보를 얻으면 구매 후 부조화 경험
저관여	습관적 구매 행동	• 상품구매의 관여도가 낮은 경우 • 상표 간 차이가 거의 없는 경우 • 단순 반복 구매의 형태 • 정보탐색이 거의 없음 • 광고 노출 빈도를 높이고, 유명연예인을 모델로 사용하면 효과적이다.
	다양성 추구 구매 행동	• 상품이 비교적 저관여 상태 • 상표 간 차이가 뚜렷할 때 다양성 추구를 위해 상표를 바꾸어 구매한다.
	시험적 구매 행동	• 상품이 비교적 저관여 상태 • 상품 내용에 대해 잘 알지 못하면 시험적·충동적으로 구매하게 된다.

> **참고** 구매 행동에서 기억해야 할 사항
> 1) 습관적 구매 행동의 사례 : 지자체 운영 스포츠 센터는 회비가 비교적 저렴하여 등록 기간이면 별다른 저항 없이 구매한다. 이는 습관적 구매 행동이다.
> 2) 저관여 구매 행동의 특징 : 다양성 추구, 시험적 구매(=충동 구매), 관성적 구매
> 3) 다양성 추구 구매 행동의 사례 : 라면을 살 때 한번은 신라면, 다음에는 삼양라면, 그다음은 오뚜기 라면을 사면 다양성 추구 구매 행동이다

2) 구매 경험과 관여도

최초 구매	다양성 추구 구매 행동	복잡한 구매 행동
반복 구매	습관적 구매 행동	비교적 단순한 구매 행동
	저관여	고관여

3) 구매 행동과 문제해결
① **구매 행동과 문제해결의 개념** : 소비자 구매 행동은 구매의 여러 문제해결 과정에서 나타나므로, 구매 행동은 문제해결의 과정에 해당한다.
② **문제해결의 유형**
　㉠ 확대적 문제해결 : 합리적 의사결정에 의한 구매 행동으로, 고위험·고관여 제품의 구매 시 발생
　㉡ 제한적 문제해결 : 여러 대안 중 단순한 규칙을 적용하여 구매 결정
　㉢ 습관적 문제해결 : 의식적 노력 없이 구매 결정하며, 일반적 문제해결이라고도 한다.

4) 소비자인지 리스크
① **소비자인지 리스크의 개념** : 제품 사용으로 발생하는 예상치 못한 결과에 대한 소비자의 불안감을 말하는데, 이러한 위험을 줄이기 위하여 더욱 많은 정보를 탐색하거나 소량 구매 등의 행동을 나타낸다.(=구매 행동의 지각된 위험을 줄이기 위함)
② **소비자인지 리스크의 유형** : 신체적·기능적·심리적·사회적·재무적 리스크 등
③ **관여도와 소비자인지 리스크의 관계** : 소비자인지 리스크가 큰 상품일수록 관여도가 높은 상품이고, 리스크가 적은 상품은 저관여 상품이다.

마. 파레토의 법칙

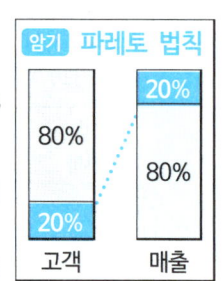

① **파레토 법칙(Pareto principle)의 개념** : 일의 결과는 주요 원인 20%가 전체의 80%를 차지한다는 이론이다. 80:20 마케팅이라고도 한다.
　[인명] **파레토(Paretor)** : 이탈리아의 경제학자이다. 파레토 법칙과 무차별곡선 이론으로 경제학에 공헌하였다.
② **파레토 법칙의 내용** : 매출의 80%가 고객 20%에 편중되어 있으며, 이들에게 마케팅을 더욱 강화해야 할 필요성이 제기된다. 항공사의 마일리지는 이 법칙을 적용한 것이다.
③ **파레토 법칙의 현상** : 부(富), 노력, 투입량, 원인의 작은 부분이 대부분 부, 성과, 산출량, 결과를 이루어 낸다는 것이다. 20%의 소비자가 전체 매출의 80% 기여, 국민 20%가 국부의 80%를 차지한다.

제5장 스포츠 유통

1. 스포츠상품의 유통

가. 스포츠상품 유통의 이해

1) 스포츠상품 유통의 개요

① **스포츠상품 유통의 개념** : 스포츠상품 중 제품과 관련된 상품은 일반적 상품 유통과 같으며, 서비스와 관련된 상품은 시설이 적용되는 경우가 많아 일반상품과 유통경로가 다르다.

② **참여 스포츠상품의 유통**
  ㉠ 중간상을 거치지 않고 고객에게 직접 서비스를 제공하는 경우가 대부분이며, 사업이 확장될 때 복수 점포를 개설하기도 한다.
  ㉡ 골프장, 헬스클럽 등의 회원권은 참여 스포츠의 유통이며, 판매대행사가 이를 수행하면 참여 스포츠 관련 상품 유통으로 분류한다.

③ **관람 스포츠상품의 유통**
  ㉠ 대부분 직접 유통경로를 갖고 있다.
  ㉡ 입장권 유통경로는 최근 전화나 인터넷 등을 활용한 예매가 확대되고 있다.
  ㉢ 관람형 스포츠상품은 전자매체인 전화, 인터넷을 이용한 간접접촉이 많이 증가하고 있다. 간접접촉의 경우 시간과 공간의 제약을 극복하는 장점이 있다.

④ **스포츠용품의 유통**
  ㉠ 일반상품의 유통경로인 생산자→도매상→소매상→소비자의 단계를 거친다.
  ㉡ 최근 인터넷 쇼핑몰 이용이 많이 증가하고 있다.
  ㉢ 할인점, 양판점과 같은 대형 유통업자의 도소매 기능 통합 형태도 존재한다.

나. 프랜차이즈 시스템

① **프랜차이즈 시스템의 개념** : 프랜차이즈 본부(프랜차이저)가 체인에 참여하는 독립적 가맹점(프랜차이지)으로부터 로열티를 받고, 지역별 독점적 영업권과 상품 공급과 촉진 활동의 지원, 경영지도 등을 제공하는 시스템

② **프랜차이즈 시스템 가맹점의 특성**
  ㉠ 가맹점은 본부에 가맹비 지불
  ㉡ 본부의 로열티 이용 권리 획득
  ㉢ 가맹점은 마케팅 비용 절감
  ㉣ 가맹점은 본부로부터 경영통제를 받는다.

  경향 필기시험 출제 경향 : 프랜차이즈 시스템에서 '가맹점은 다른 가맹점으로부터 경영통제를 받는다.'라는 것은 오답 찾기의 정답이다. 가맹점은 본부로부터 경영통제를 받는다.

2. 스포츠 콘텐츠의 유통

가. 스포츠 콘텐츠

1) 스포츠 콘텐츠의 개요

① **스포츠 콘텐츠의 개념** : 인터넷 사용 확산에 따른 매스미디어의 발달과 이로 인해 스포츠와 연계되어 만들어지는 제작물과 스포츠 중계방송 및 정보 등을 총칭하는 의미이다.

② **스포츠 콘텐츠의 발달과정**
  ㉠ 전통적 콘텐츠 : 신문 보도, 라디오와 TV 중계 등의 스포츠 콘텐츠

ⓒ 다채널시대 콘텐츠 : 스포츠의 대중화와 상업화의 영향으로 스포츠 전문 채널이 등장하며, 다양한 스포츠 콘텐츠가 개발
ⓒ 포털의 콘텐츠 : 인터넷 사용 확산과 더불어 포털 비즈니스가 개발되었으며, 스포츠를 통해 포털의 위상이 강화되었다.
ⓔ 모바일 시대 콘텐츠(DMB : digital multimedia broadcasting) : 스마트폰 사용 확산에 따라 이에 맞는 스포츠 콘텐츠가 개발되어 유튜브 등을 통해 유통되고 있다.
ⓜ UCC(user created contents) 시대 콘텐츠 : 사용자가 직접 콘텐츠를 제작하므로 다양한 콘텐츠가 제작 및 유통되고 있다.

2) 스포츠 콘텐츠의 유통
① **스포츠 콘텐츠 유통의 발달 상황** : 최근 스포츠 콘텐츠는 정보·통신 기술의 발달에 기인하여 크게 발전하고 있다.
② **스포츠 콘텐츠의 발전 환경**
  ㉠ 미디어 플랫폼이 다양화되고 발전된 기술의 새로운 미디어 환경이 조성될수록 스포츠 콘텐츠는 더욱 주목받을 것이다.
  ㉡ 스포츠 콘텐츠는 뉴미디어 시대의 적합한 콘텐츠로 평가받고 있다.
  ㉢ 짧은 분량의 콘텐츠일수록 다양한 플랫폼의 공급에 적합하다.
③ **디지털콘텐츠의 특성**
  ㉠ 복제가 수월하며, 복제 후에도 원본의 파손이나 변화가 없는 비변화성
  ㉡ 언제나 재생과 복원을 할 수 있으며, 보관의 용이성
  ㉢ 분할 또는 결합을 통해 새로운 내용의 제작이 가능(저작권에 따른 제약 동반)

나. 스포츠 정보와 뉴미디어 시대
1) 스포츠 정보
① **스포츠 정보의 개념** : 스포츠 활동과 관련된 각종 정보를 제작, 관리 및 유통 등과 관련된 활동
② **스포츠 정보의 분류** : 스포츠 정보시스템, 국민 체력 관리시스템, 체육 정보전자도서관, 스포츠산업 지원시스템 등
③ **스포츠 정보의 특성과 정보화 지표**
  ㉠ 스포츠 정보의 특성 : 비소모성, 비분할성, 비이전성, 무한재생산성, 저장성, 불확실성, 전유불가능성
  ㉡ 스포츠산업의 정보화 지표 : 스포츠 정보 인프라의 보급과 이용, 정보화 인력과 투자 계획

2) 뉴미디어 시대
① **커뮤니케이션 매체의 진화** : 언어→문자→인쇄 매체→텔레 커뮤니케이션→컴퓨터→모바일 매체 활용
② **매스미디어와 뉴미디어**

구분	매스미디어	뉴미디어
매체	신문, 잡지, 라디오, TV	인터넷, 모바일, 소셜미디어
대상	불특정 다수의 수용자	분화된 수용자
소통 방법	아날로그 중심의 일방향성 소통	디지털 중심의 양방향성 소통
시간	동시성	비동시성(원하는 시간에 커뮤니케이션)
채널 수	한정적	다양성

③ **뉴미디어의 특성** : 양방향성, 디지털 기술 활용, 비동시성, 채널 다양성

제2과목

스포츠경영

 세 부 목 차

제1장 스포츠경영 환경 … 44
1. 스포츠경영의 개념 … 44
2. 스포츠경영 시스템 … 45
3. 스포츠경영의 환경 … 48

제2장 스포츠 경영전략 … 50
1. 스포츠 경영전략 … 50
2. 스포츠 경영전략 수립 … 52

제3장 스포츠 조직관리 … 58
1. 스포츠 조직구조 … 58
2. 스포츠 인적자원관리 … 62
3. 스포츠조직 역량 강화 … 70

제4장 스포츠 파이낸싱 … 76
1. 스포츠 재무관리 … 76
2. 스포츠 재무분석 … 78
3. 투자 결정 및 자본조달 … 84

제5장 스포츠 이벤트 및 생산관리 … 89
1. 스포츠 이벤트 … 890
2. 스포츠 생산관리 … 91
3. 스포츠 경영정보시스템 … 93

제1장 스포츠경영 환경

1. 스포츠경영의 개념

가. 스포츠의 이해

1) 스포츠의 개요

① 스포츠의 개념 : 건강한 신체를 기르고 건전한 정신을 함양하며 질 높은 삶을 위하여 자발적으로 행하는 신체활동을 기반으로 하는 사회문화적 형태(스포츠산업진흥법§2)
② 스포츠의 핵심 요소 : 신체활동, 경쟁, 놀이
③ 스포츠의 가치

구분	설명
개인적 가치	건강, 오락, 사교, 성취감
사회적 가치	사회적 통합, 구성원의 일체감 조성, 경제 발전에 기여
국가적 가치	민주시민 육성, 국민적 자긍심 고취, 국가 이미지 제고

2) 스포츠의 본질적 특성

구분	설명
게임	기술, 능력을 겨루는 시합이며, 상대가 존재하고, 이기기 위해 경쟁
규칙과 놀이	참여자는 규칙을 이해하고, 규칙에 따라 활동하며, 즐거움을 위한 자발적 행동
장비와 시설	모든 스포츠는 장비를 활용하고, 시설이 필요
기술	기술은 계속 변화하며, 기술을 활용하고, 사람마다 다른 기술 활용

나. 스포츠경영의 이해

1) 스포츠경영에 대한 학자들의 정의

① Mullin의 정의 : 스포츠 또는 건강 관련 활동이나 관련 제품과 서비스 제공 목적으로 조직이 보유한 인적, 물적 자원 등을 효율적으로 계획, 조직, 지휘, 통제하는 일련의 과정
② Chelladurai의 정의 : 스포츠 서비스의 생산과 마케팅을 위한 여러 요소 간의 협조적 결합으로, 인적자원, 기술, 지원부서, 환경적 요인의 요소로 구성된다.

2) 스포츠경영의 개요

① 스포츠경영의 개념
  ㉠ 스포츠와 관련된 활동을 위한 제품이나 서비스를 제공을 목적으로, 조직을 계획, 실행, 평가 및 조치 등 일연의 활동이다.
  ㉡ 경영의 기능적 측면인 생산, 마케팅, 재무, 인사 등에 대한 이해와 스포츠의 환경, 기술 및 조직 등에 대한 이해가 필요하다.
② 스포츠경영의 지도 원리
  ㉠ 생산성 : 생산요소를 효율적으로 결합하여 투입자원과 생산량을 비교하여 향상시킨다.
  ㉡ 수익성 : 조직의 수행 과업이 효율적으로 운영되어 재무적, 비재무적 이익의 척도이다.
  ㉢ 효과성 : 조직의 목표를 달성하기 위한 수단과 방법의 결과이다.
  ㉣ 공익성 : 스포츠조직은 공공의 이익을 도모하도록 운영하여야 한다.
  ㉤ 지속성 : 계획, 실행, 평가, 통제의 일연의 과정을 지속적으로 운영되어야 한다.

2. 스포츠경영 시스템

가. 스포츠경영 시스템의 이해

1) 스포츠경영의 기본요소

① **스포츠경영 자원**
  ㉠ 스포츠조직의 비즈니스에 필요한 재료, 기술 등 모든 자원을 말한다.
  ㉡ 유형 자원(물적·금융자원)과 무형자원(기술자원·브랜드자원·인적자원)으로 구분한다.
② **스포츠경영의 기본요소** : 사람, 자본, 정보, 전략
③ **스포츠경영 시스템**
  ㉠ 비즈니스 시스템은 자신의 고유한 목표를 갖고, 외부환경의 영향을 받으며, 하위 시스템들로 구성되어 있다.
  ㉡ 투입→변환→산출 과정과 피드백 기능이 있다.
④ **스포츠경영의 절차** : 비즈니스의 목적 달성을 위한 계획(plan)→실행(do)→평가(see)→조치(action)의 연속적 활동을 말한다. PDSA Cycle 또는 비즈니스 사이클이라고 한다.

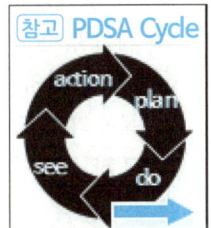
참고 PDSA Cycle

나. 비즈니스의 실행과 통제

1) 비즈니스의 접근 방법

① **경영의 순환과정**
  ㉠ 계획(planning) : 기준에 의해 목표를 설정하고 이를 달성하려는 방법을 결정하는 활동
  ㉡ 조직(organizing) : 계획 달성을 위해 인적·물적 자원 배치와 함께 협조토록 하는 활동
  ㉢ 지휘(leading) : 구성원의 성과 향상을 위해 최대한의 노력을 끌어내는 활동
  ㉣ 통제(controlling) : 달성된 성과를 점검하고 문제 발생 시 대책을 만들어가는 활동

암기 경영 순환과정

  참고 비즈니스의 접근 방법과 페이욜의 경영관리과정이론의 비교 : 다음에 나오는 페이욜(Feyol)의 경영관리과정 이론이 있다. 이는 계획→조직→지휘→조정→통제의 절차이다. 페이욜은 경영학의 시초로 알려진 테일러와 비슷한 시기 프랑스에서 경영 이론의 기초를 만들었다.
② **업무적 접근 방법** : 조직관리, 정보관리, 생산관리, 재무관리, 인사관리, 마케팅 관리, 무역관리, 비즈니스 전략 등으로 구분한다.

2) 의사결정

① **의사결정의 개념** : 목적 달성을 위한 여러 대안 중 가장 적절한 방안을 선택하는 과정
② **의사결정의 중요성** : 조직의 전반적 활동을 결정하는 기준이다.
③ **의사결정의 종류**
  ㉠ 개인적 의사결정 : 개인이 분석하고 판단하는 의사결정으로 독단성의 위험이 있다.
  ㉡ 집단 의사결정
    • 개념 : 복수의 관련자가 자료와 정보에 근거한 의사결정
    • 장점 : 독단성 위험을 극복하며, 정확한 결정을 할 수 있고, 다양한 관점과 경험, 의견이 반영될 수 있으며, 많은 대안을 만들 수 있다.
    • 단점 : 책임 소재가 불명확하며, 시간 낭비와 의사결정과정에 소수의 지배로 잘못 결정할 수 있다.

④ 조직의 의사결정

구분	집행자	내용
전략적 의사결정	경영층	비즈니스에서 장기목표, 자원분배 등 전체에 영향을 미치는 활동
관리적 의사결정	중간 관리자	목표 달성을 위한 자원 획득과 효율적 사용에 관한 활동
운영적 의사결정	실무자	특정 업무의 효율적, 효과적 수행과 관련된 활동(=기능적 의사결정)

3) 통제
① 통제의 원칙
  ㉠ 예방적 통제
  ㉡ 통제로 인한 비용보다 더 많은 통제 이익
  ㉢ 경영계획과 상관있는 성과와 비교한 차이에 대한 통제
② 통제의 중요성
  ㉠ 계획과 실행의 연결을 위한 통제
  ㉡ 경영환경의 불확실성이 증대하면 통제가 더욱 중요
  ㉢ 목표의 효과적 달성을 위한 통제가 필요
  ㉣ 조직 규모가 커지면 통제 요인이 많아진다.
③ 통제의 범위
  ㉠ 통제 범위의 개념 : 조직에서 관리자 한 사람이 직접적으로 통제할 수 있는 인력 수
  ㉡ 통제 범위 결정요인 : 수행 업무의 종류, 관리자의 능력과 전문성, 관리자와 피관리자 사이의 관계
  ㉢ 통제 범위의 확대 경향 : 부하에 대한 상사의 강력한 통제를 확보하기 위해 부하 수를 일정 범위 내에 두었지만, 최근 관리자 한 사람 밑에 두는 부하 수를 늘림으로써 부하의 재량권과 스스로의 통제를 확대하도록 권장하고 있다.
  ㉣ 통제 범위의 변화
    • 과업이 복잡할수록 통제 범위는 좁아진다.
    • 작업자와 관리자의 상호 작용과 피드백이 필요하면 통제 범위는 좁아진다.
    • 관리자가 작업자에게 권한과 책임을 위임할수록 통제 범위는 넓어진다.
    • 작업자의 기술 수준과 작업 동기가 높을수록 통제 범위는 넓어진다.

다. 경영자의 역할

1) 민츠버그의 경영자 역할
① 인간관계 : 인간관계를 통해 기업을 지속적으로 운영하는 역할로, 대표자의 역할, 리더의 역할, 연락자 역할 등의 수행
  인명 민츠버그(Henry Mintzber) : 경영자 역할을 크게 주장하였다. 캐나다 맥길대학교 교수이다.
② 정보 관련 : 필요한 정보를 수집하고, 이를 활용하는 역할로, 정보를 모니터하고, 전파하며, 대변자 역할을 수행
③ 의사결정 : 기업가의 역할, 협상자의 역할, 문제해결자의 역할, 자원 배분자 역할 수행

2) 경영자 역량 모델
① 경영자 역량 모델의 개념 : 카츠의 이론으로, 조직 구성원은 개념적·인간 관계적·기술적 능력 등이 필요하고, 특히 경영자는 개념적 능력이 중요하다.
  인명 카츠(D Katz) : 미국의 조직심리학자로, 경영자 역량 모델 개발로 많이 알려진 학자이다.

② 조직 구성원 역량 모델의 요소
   ㉠ 개념적 능력(conceptual skill) : 추상적 상황에 대해 이해하고 개념화할 수 있는 능력
   ㉡ 인간 관계적 능력(human skill) : 다른 사람 또는 조직에 대한 이해와 동기 부여, 함께 일을 수행할 수 있는 능력
   ㉢ 기술적 능력(technical skill) : 업무 수행에 필요한 기술·기능·지식의 활용 능력

라. 비즈니스 관련 주요 이론

1) 비즈니스 이론의 주요 내용
① Taylor : 과학적 관리법
② Ford : Ford System, Fordism
③ Gantt : 노사 간 이익의 호혜성 개발
④ Fayol : 경영관리과정론
⑤ Weber : 관료제(Bureaucracy) 이론
⑥ Maslow : 욕구 단계이론
⑦ Mayo : 인간관계론→Western Electric Co의 호오손(Hawthorne) 공장 실험
⑧ McGregor : X, Y이론

   참고 비즈니스 주요 이론의 중복 게재 : 제5장 스포츠 이벤트 및 생산관리에서 별도 설명된다.

2) 테일러의 과학적 관리법과 포드 시스템
① 테일러의 과학적 관리법 : 시간연구, 성과급제, 경영 분리, 과학적 작업, 경영통제, 직능적 관리 등의 관리 원칙이 필요

   인명 테일러(Taylor) : 미국의 기술자로, 과학적 관리법·작업연구·시간연구를 통한 임금체계 확립과 생산성 향상에 크게 이바지하였고, 근대 경영학의 창시자라고 할 수 있다.

② 포드 시스템 : 컨베이어 시스템에 의한 대량 생산방식을 통한 능률향상의 추구와 기업의 사회적 책임을 중요시한다.

   인명 포드(Ford) : 미국 자동차공장의 경영자로, 생산 표준화와 이동조립법 등으로 생산 시스템 개선에 크게 이바지하였다.

3) 페이욜의 과정 관리론
① 페이욜의 과정 관리론 개요 : 프랑스의 사업가 페이욜은 기업의 관리 활동을 6대 직능(활동군)과 5대 기능으로 분류하며, 관리의 14개 원칙을 주장하였다.

   인명 페이욜(Fayol) : 프랑스 광산 기사로 시작하여 최고경영자에 오른 인물로, 경영관리에 큰 업적을 남겼다.

② 6대 직능(활동군)

구분	설명	구분	설명
기술 활동	생산, 제조, 가공	보호 활동	재화와 종업원의 보호
상업 활동	구매, 판매, 교환	회계 활동	재산목록, 대차대조표, 원가, 통계
재무 활동	자본의 조달과 운영	관리 활동	계획, 조직, 지휘, 조정, 통제

③ 관리 활동의 5대 기능
   ㉠ 계획 : 조직이 목적을 달성할 수 있도록 활동 과정을 설계하는 활동
   ㉡ 조직 : 효과적 계획 추진을 위한 인적·물적 자원을 지원하는 활동
   ㉢ 지휘 : 작업자에게 지시하고 작업을 하도록 하는 활동
   ㉣ 조정 : 목표 달성을 위하여 조직의 자원과 활동 균형을 맞추는 활동
   ㉤ 통제 : 계획이 적절하게 수행되고 있는지 감독하는 활동

④ **관리의 14원칙** : 작업분업의 원칙, 권한의 원칙, 규율의 원칙, 명령 통일의 원칙, 지휘 통일의 원칙, 개인 이해의 일반이해로 종속원칙, 보수의 원칙, 집중화의 원칙, 스칼라 체인의 원칙, 질서의 원칙, 공평의 원칙, 안정과 개인 정년 보장의 원칙, 창의력의 원칙, 협동의 원칙

> 참고 **스칼라(scalar)** : 방향 구별이 없는 하나의 수치만을 나타내는 용어이다. 여기서는 계층 체인으로 해석한다.
> 참고 **페이욜의 관리 14원칙** : 시험에서 페이욜의 관리 14원칙에 포함되지 않는 것을 찾는 유형으로 출제될 수 있다. '분권화의 원칙'이 오답 찾기의 정답이다.

4) 메이요의 인간관계론
① **메이요의 인간관계론 개념**
  ㉠ 인간 행동의 동기에 관한 기초적 가정을 체계화하였다.
  ㉡ 이후 인간관계 연구가 활성화되었으며, 조직 관점에서 근본적 변화를 가져왔다.
  > 인명 **메이요(Mayo)** : 미국 하버드대학 경영학 교수로, 인간관계의 연구에 큰 업적을 남겼다.
② **호오손 공장 실험(Hawthorne experiment)**
  ㉠ 생산성은 종업원의 태도나 감정에 의해 좌우된다는 것을 알게 되었다.
  ㉡ 비공식조직이 성과에 미치는 영향이 크므로 인간 중심의 경영 필요성을 인식하는 계기가 되었다.
  > 참고 **호오손(Hawthorne)** : 미국 시카고 근교에 있는 웨스턴일렉트릭의 호오손 지역에 있는 공장 이름이다.

3. 스포츠경영의 환경

가. 스포츠경영 환경의 이해

1) 스포츠경영 환경의 개요
① **스포츠경영 환경의 개념** : 스포츠와 관련된 활동을 위한 제품이나 서비스를 제공하는 조직의 비즈니스에 영향을 미치는 모든 요인
② **스포츠경영 환경의 특성** : 스포츠 비즈니스는 환경변화가 빠르고, 환경이 복잡함에 따라 많은 불확실성을 갖게 된다. 이는 스포츠조직뿐 아니라 모든 조직이 가진 문제점이기도 하다.
③ **불확실성의 극복** : 비즈니스 환경이 바뀌므로 불확실성이 일어나며, 환경변화를 잘 관찰해야 하고, 이에 대한 대응이 필요하다.

2) 스포츠 비즈니스 환경에 영향을 미치는 요소
① **내부환경** : 조직 내부의 환경을 말하며, 조직, 종업원, 주주, 노동조합 등이 관련된다.
② **외부환경**

구분	내용
과업환경	• 조직의 과업 수행과정에서 발생하는 환경 • 소비자, 공급자, 유통자, 경쟁자, 금융기관, 관계자 등 • 조직에 직접 영향을 미치는 환경으로, 조직에 따라 다르게 나타난다.
일반환경	• 사회적 환경으로, 정치적·경제적·사회적·기술적·인구 통계적 환경 등 • 조직에 미치는 영향이 넓고, 대부분 조직에 일반적 영향을 미친다. • 조직 운영에 미치는 영향은 간접적이다.

③ **개방시스템** : 조직은 외부환경과 연결되어, 상호작용해야 한다는 의미이다.

나. 스포츠경영의 환경변화
① **스포츠와 건강에 대한 인식 변화**
  ㉠ 스포츠와 건강에 대한 인식 강화
  ㉡ 참여 스포츠에 대한 인식 전환

② 생활체육의 확산
  ㉠ 경제성장과 삶의 질과 가치관의 변화
  ㉡ 생활체육의 장려로 자치단체별 스포츠시설 건립, 주 5일 근무제 확대
③ 스포츠경영의 글로벌화
  ㉠ 국제스포츠 행사에서의 위상 강화
  ㉡ 스포츠 시장의 상업주의 인식
  ㉢ 스포츠마케팅의 글로벌화
④ 기타 스포츠산업의 환경변화
  ㉠ 스포츠용품 관련 과학 기술개발 경쟁 심화
  ㉡ 참여·레저스포츠와 건강에 관한 관심 증대
  ㉢ SNS의 확산과 동영상 제작 증가 등으로 스포츠 이벤트에 관한 관심 증가

다. SWOT 분석

① SWOT 분석의 개념
  ㉠ 경영환경을 분석·조사하는 방법으로, 강점(strength)과 약점(weakness), 기회(opportunity)와 위협(threat)을 파악하여 조직이 앞으로 나아갈 전략 방향을 도출하는 분석 방법을 말한다.
  ㉡ 강점과 약점은 조직의 내부환경이며, 기회와 위협은 외부환경에 해당한다.

암기 SWOT 분석

S 강점	W 약점
기회 O	위협 T

② 스포츠 경영환경의 SWOT 분석

구분	내용
강점 strength	• 스포츠상품은 건강, 오락 등의 속성으로 인하여 높은 성장 예상 • 스포츠마케팅에 관한 관심을 가진 대기업이 많고, 앞으로 성장 예상 • 주 5일 근무제의 확산, 건강에 관한 관심 고조 등으로 스포츠산업의 수요가 커질 것이며, 앞으로도 지속 성장
약점 weakness	• 스포츠산업은 다른 산업과 연관되어 경영관리가 어렵다. • 스포츠 수요가 개인별로 차이가 크므로 고객관리가 어렵다.
기회 opportunity	• 경제성장의 지속과 개인소득 증대는 스포츠와 건강에 대한 수요가 지속적으로 증가 • 주 5일 근무제 확대와 여가시간 증대는 스포츠산업 발전에 긍정적 작용
위협 treat	• 스포츠산업의 글로벌화는 더 진전될 것으로, 세계적 기업과 경쟁이 필요 • 스포츠는 정치적 영향을 많이 받으며, 국내 정치는 발전 여지가 많다.

③ SWOT 분석과 전략

		외부환경	
		기회(O)	위협(T)
내부환경	강점(S)	S-O전략 기회 활용의 강점 사용 전략 (공격전략)	S-T전략 위협 회피를 위한 강점 사용 전략 (다각화전략)
	약점(W)	W-O전략 약점 극복과 기회 활용 전략 (안정전략)	W-T전략 위협 회피와 약점 최소화 전략 (방어전략)

암기 SWOT 분석과 전략

	기회(O)	위협(T)
강점(S)	SO 공격전략	ST 다각화전략
약점(W)	WO 안정전략	WT 방어전략

제2장 스포츠경영전략

1. 스포츠경영전략

가. 스포츠경영전략의 이해

1) 스포츠경영전략의 개요

① 스포츠경영전략의 개념 : 외부환경인 기회와 위협, 내부 자원의 강점과 약점을 조화시키는 역할을 하며, 아울러 조직의 목적을 달성하는 총체적 활동과 미래에 대한 방향을 설정하는 조직의 활동을 말한다.

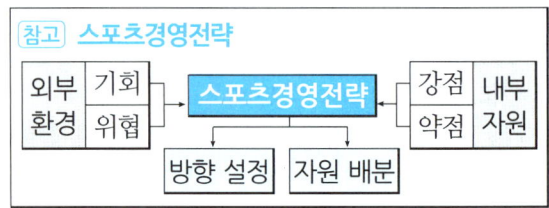

② 스포츠 비즈니스 전략의 구성요소

스포츠경영전략 구성요소 = 활동 영역 + 자원 배분 + 경쟁우위 + 시너지

2) 스포츠경영전략의 수준

① 전략 수준의 개념 : 전략을 수립하는 경영의 기본적 단위를 말한다.
② 전략 수준의 분류

구분	중요 과제
전사적 전략	• 사업 분야의 결정과 조직 전체적인 효과성이 과제 • 최고경영자의 책임으로 수립·집행한다.
사업부 전략	• 특정 분야에서 지속적 경쟁우위의 확보 • 경쟁전략과 유사한 의미
기능별 전략	• 마케팅, 인사 등 기능별 자원분배와 효율성 제고 • 상위전략의 실행 수단의 역할

나. 기업전략

1) 기업전략의 개요
   ㉠ 최고경영자가 기업을 원하는 방향으로 이끌기 위해 수립하는 전략
   ㉡ 기업이 해야 할 사업과 자원 배분과 관련된 전략이다.
   ㉢ 사업 단위별로 전략을 수립하는 사업부 전략과는 달리 다각화된 사업들을 통합·운영하여 기업 전체의 시너지 효과를 얻는 장점이 있다.

2) 귤릭의 기업전략
① 귤릭의 기업전략 유형

구분	목표
성장전략	• 규모를 증대, 사업 범위 확대 등의 공격적 전략 • 지속 성장을 위해 필요한 전략이다. • 보유자원의 강점을 더욱 효과적으로 이용하는 기회를 만들어야 한다. • 사업 확장, 신제품 개발, 경영 다각화, 인수합병, 조인트벤처, 세계시장 진출 등이다.
안정전략	• 현재 활동을 지속 • 시장점유율을 유지하고, 사업 확장 리스크를 회피하려는 전략 • 현재 사업에 만족하고 환경의 변화가 예상되지 않는 경우 선호 • 성장, 축소 진행 후 강점을 공고히 할 시간이 필요할 때 추구

축소전략	• 방어적 전략 • 경영환경이 불리하게 진행되거나 환경의 불확실성이 지속되는 경우 • 비용감축을 통해 능률을 확보하고 성과를 높이기 위함 • 경영 규모나 다양성 축소 • 비용 절감을 위한 다운사이징과 효율 증진을 위한 구조조정 등
혼합전략	• 위 전략 중 둘 이상의 전략을 동시에 추구 • 기업 규모가 크면 클수록 혼합전략을 선호 • 경쟁이 심화하고, 환경의 변화가 빈번한 경우도 혼합전략이 필요

[인명] **글릭(Glueck)** : 미국 경영컨설턴트로, McKinsey & Company의 최고경영자를 역임하였다.

② 기업 수준 전략 유형의 사용 상황

구분	목표	사용 상황
성장전략	매출, 수익증대	높은 시장성장률, 경제적 호황
안정전략	수익증대	성숙 산업, 안정적 환경
축소전략	원가절감, 생존	위기, 치명적 손실 우려
혼합전략	수익증대, 원가절감	사업부제 조직, 경제적 과도기

3) 환경 적응적 경영전략

① 마일스와 스노우의 환경 적응적 경영전략의 개념
 ㉠ 환경변화에 따른 전략 유형을 분석하기 위한 도구이다.
 ㉡ 조직은 1) 기업가 정신 2) 엔지니어링 3) 관리 운영 3가지 기본적 문제를 해결하기 위해 4가지 전략 유형이 필요하다고 주장하였다.

[인명] **마일스(Raymond E. Miles)와 스노우(Charles C. Snow)** : 미국의 경영컨설턴트로, 저서 '조직 전략, 구조 및 프로세스'에서 경영의 제반 문제를 해결하는 결정 방식이 필요하다고 주장하였다.

② 환경 적응적 경영전략 유형 : 혁신형 전략, 방어형) 전략, 분석형 전략, 반응형 전략
③ 환경 적응적 경영전략의 내용

	전략 내용		전략 내용
혁신형 전략	• 신제품 또는 신시장에 진출 • 시장점유율 확대와 매출액 증대 • 경영혁신 마인드에 주력	분석형 전략	• 방어형과 혁신형의 합침 • 빠른 추종자(fast follower) 역할 • 시장 통찰력 강화
방어형 전략	• 기존제품으로 기존시장 공략 • 현상 유지전략 • 비용 효율성에 주력	반응형 전략	• 시장 흐름에 순응 • 낙오형

[참고] **혁신형 전략과 반응형 전략** : 번역자에 따라 혁신형 전략은 공격형 전략으로, 반응형 전략을 낙오형 전략이라고 하기도 한다.

다. 경쟁우위와 전략적 사업 단위

1) 경쟁우위(competitive advantage)
㉠ 경영전략은 경쟁우위의 획득과 지속적 발전을 목적으로 한다.
㉡ 경쟁우위란 경쟁자에 비해 상대적 우위를 나타내는 것으로, 경쟁자보다 높은 성과를 실현하거나, 실현할 수 있는 잠재력을 갖추는 것을 말한다.
㉢ 경쟁우위의 원천은 품질, 서비스, 원가, 유통, 인지도, 상품개발 등 다양한 요소가 있다.

2) 전략사업단위(SBU, strategic business unit)
① **전략사업단위의 개념** : 경영전략을 수행할 수 있는 조직의 수준을 의미하며, 전략의 수립과 집행의 기본 단위를 말한다.

② 전략사업단위의 요건
- ㉠ 다른 전략사업단위와 구별할 수 있는 독자적 사업과 분명한 목표
- ㉡ 시장에서 경쟁자와 경쟁 관계 성립
- ㉢ 경영의 기능인 생산, 마케팅, 자금 등의 독자적 통제 능력

라. 미션과 비전
1) 미션(mission)과 비전(vision)의 개념

구분	내용
미션	• 미션의 개념 : 조직의 존재 목적과 사회적 사명 또는 임무 • 미션 달성을 위해 조직이 존재하며, 이에 적합한 자원분배가 가능하며 • 미션에 따라 전략의 구체화가 가능
비전	• 비전의 개념 : 성장전략을 통해 미래에 달성하고자 하는 조직의 상 • 비전을 구체화하면 조직 목적 설정과 발전 방향의 구체화가 가능 • 비전은 구성원들에게 발전 방향을 제시하고, 조직에 활력을 불어넣는다.

2. 스포츠경영전략 수립

가. 기업과 사업구조
1) 기업 사업구조의 이해
① 사업구조의 개념 : 대부분 조직은 다양한 사업을 전개하고 있다. 조직이 전개하고 있는 사업영역 구성을 사업구조라 한다.

  [사례] **사업구조 사례** : 대한축구협회의 경우 K리그 등 각 연맹을 관리 감독하는 업무와 국가대표팀 운영, 우수선수 육성, 스폰서십, 축구 관련 마케팅 활동을 전개하고 있다. 이러한 사업들이 대한축구협회의 사업구조이다.

② 사업구조분석의 개념 : 사업구조가 다양하므로 사업에 따라 내부 요인과 외부환경에 대해 평가하고, 이를 바탕으로 적합한 목표와 전략을 제시하는 활동을 말한다. 사업구조분석을 통하여 조직 전체의 경영전략을 만들 수 있다.

2) 단일사업구조와 복수 사업구조
① 사업구조에 따른 기업 분류
- ㉠ 단일사업 구조 기업 : 단 하나의 업종으로 사업을 운영하는 기업
- ㉡ 복수사업 구조 기업 : 상호 관련성이 적은 여러 시장에 진출하여 많은 제품과 서비스를 공급하는 구조를 갖춘 기업

② 단일사업구조
- ㉠ 경쟁우위의 축적
- ㉡ 자원의 집중
- ㉢ 해당 산업의 성장 둔화 시 높은 위협
- ㉣ 경영성과의 급격한 변화 가능성이 크다.
- ㉤ 기회비용이 상대적으로 높다.

나. 포트폴리오 전략
① 포트폴리오(portfolio)의 개념 : 조직은 전개하고 있는 사업이 다양하므로, 사업부별 환경을 분석하여 적응할 수 있는 전략을 개발하거나, 최적의 투자 방법을 결정하는 활동

  [참고] **포트폴리오의 본래 의미** : 주식투자에서 위험을 줄일 수 있도록 분산투자를 위한 투자 조합을 의미하거나, 금융기관 또는 개인이 보유하고 있는 금융 자산 명세를 말한다. 그러나 여기서는 일반적으로 2개 이상의 사업에 대한 투자를 결정할 때 사용하는 전략의 의미로 활용되고 있다.

② 포트폴리오 전략의 특징
　㉠ 다양한 여러 사업부의 존재를 전제로 하여 현재와 미래의 사업에 대한 전략계획을 수립할 수 있다.
　㉡ 자원의 배분, 개별 사업부의 전략 수립, 성과목표의 설정, 사업의 균형 있는 평가 등으로 사용할 수 있다.
③ 포트폴리오의 대표적 전략모형 : BCG 매트릭스와 GE/맥킨지 매트릭스

다. BCG 매트릭스

1) BCG 매트릭스의 이해
① BCG 매트릭스의 개념 : Boston Consulting Group이 개발한 기법으로, '시장 성장-점유율 매트릭스'라고도 한다. 시장성장률과 상대적 시장점유율로 구성되어 있다.
② BCG 매트릭스의 특징
　㉠ 원의 크기는 매출액 등의 규모를 나타낸다.
　㉡ 수직축은 시장성장률, 수평축은 상대적 시장점유율을 나타낸다.
③ 시장성장률과 상대적 시장점유율
　㉠ 시장성장률 : 사업부가 속한 시장의 성장률을 나타내며, 시장성장률이 높거나, 낮다는 구분은 경제성장률 등을 고려하여 정한다.
　㉡ 상대적 시장점유율 : 해당 시장에서 점유율이 가장 높은 기업에 대한 자사의 점유율을 비교하여 백분율로 계산하며, 계산 공식은 아래와 같다.

공식 | 상대적 시장점유율 = $\dfrac{\text{특정 시장에서 특정 기업의 시장점유율}}{\text{특정 시장에서 1위 기업의 시장점유율}} \times 100$

> **참고** BCG 매트릭스는 왜 상대적 시장점유율을 적용하는가?
> 1) BCG 매트릭스의 가로변은 시장점유율이 아니고 상대적 시장점유율이다. 상대적 시장점유율의 반대 개념은 절대적 시장점유율이고, 이를 시장점유율(M/S, Market share)이라고 통용한다.
> 2) 상대적 시장점유율은 동일 시장에서 가장 큰 점유율을 가진 경쟁자를 1로 하고 이와 비교하여 자사의 시장점유율을 상대적 시장점유율이라고 한다. 상대적 시장점유율에서 원의 크기는 매출액 크기와 비례한다는 것을 알 수 있으므로 상대적 시장점유율을 적용한다.

④ BCG 매트릭스 모형

분면별 특징
① Star : 가장 강력한 지위 구축, 시장성장률, 점유율 높음
② Question mark : 문제아, 초기자금 필요, 소수사업부에 집중 투자
③ Cash cow : 선도적인 지위 구축, 많은 이익, ?사업의 투자재원 마련
④ Dog : 시장에서의 지위 취약, 철수 검토

2) BCG 매트릭스에 의한 사업부 유형

구분	사업부 특징	
star 사업부 ★	• 높은 시장점유율과 시장성장률 • 향후 주력사업 부분으로 성장 가능성이 큼	• 현금의 많은 소비와 창출 • 집중 투자의 필요
question mark ? 사업부	• 낮은 시장점유율과 높은 시장성장률 • 시장점유율 상승을 위한 자금과 노력이 필요	• 시장 성장 가능성이 크다.
cash cow 사업부	• 낮은 시장성장률과 높은 시장점유율 • 많은 현금 창출로 다른 부분에 투자자금 제공	• 성장성이 낮아 투자를 억제

dog 사업부	• 낮은 시장점유율과 시장성장률 • 시장 위치가 불안하여 현금 창출과 점유율 상승이 어렵다.	• 현금 유입보다 유출이 많음 • 철수하는 것이 바람직

> **참고** BCG 매트릭스의 각 분면을 쉽게 기억하자
> 1) star ★ : 밤하늘의 별 또는 인기 연예인을 스타라고 한다. 시장점유율도 높고, 시장성장률까지 높으면 이는 하늘의 별만큼 빛나는 비즈니스를 뜻한다.
> 2) question mark ? : 시장점유율은 낮지만, 성장률이 높으면 크게 성공할 가능성이 있거나, 반대로 성장하지 못할 수도 있다. 앞으로 어떻게 바뀔지 알 수 없다는 의미로 의문 부호를 사용한다.
> 3) cash cow : 현금 젖소이다. 시장성장률은 낮지만, 상대적 시장점유율이 높다. 현금 유입이 많이 일어나므로 투자자금을 확보할 수 있어 중요하며, 현금을 많이 확보할 수 있어 흡사 젖소로부터 현금을 얻을 수 있다는 것을 의미한다.
> 4) dog : 시장점유율로 낮고, 시장성장률도 낮은 경우는 개판이 된다. 흔히들 잘못되었거나 결과가 나쁜 경우를 개판이라고 한다.

3) BCG 매트릭스와 비즈니스 전략

① BCG 매트릭스 분면별 추진 전략
　㉠ star : 유지전략, 확대전략
　㉡ question mark : 확대전략, 수확전략, 철수전략
　㉢ cash cow : 유지전략
　㉣ dog : 수확전략, 철수전략

② BCG 매트릭스에서의 바람직한 순환경로 : BCG 매트릭스의 각 포트폴리오에서 성공적인 제품(또는 사업부) 경로는 Question mark→Star→Cash cow로 이어진 후 마지막에 Dog(철수)로 이어져야 한다.

라. GE/Mckinsey 매트릭스

1) GE/Mckinsey 매트릭스의 개발

① GE/Mckinsey 매트릭스의 개념 : BCG 매트릭스의 약점인 분석의 단순성을 보완하기 위해 GE가 맥킨지의 도움으로 자사의 사업부를 분석하기 위해 개발한 매트릭스
② GE/Mckinsey 매트릭스의 구성 : 크게 산업 매력도와 자사의 경쟁 지위의 2가지 요소로 구성

2) 산업 매력도와 경쟁적 지위

① **산업 매력도** : 시장규모와 성장률, 기술적 특성, 경쟁 강도, 진입 및 철수장벽, 경기 변동성, 자본 수요, 현재 및 미래의 산업 수익성, 정부 정책 등의 중요성을 반영하여 결정한다. 한편 산업 매력도를 시장 매력도라고도 한다.
② **경쟁적 지위** : 시장점유율, 원가경쟁력, 제품의 품질과 서비스, 기술 능력, 경영 능력 등의 다양한 요인을 포괄적으로 반영

> **경향** 필기시험 출제 경향 : 산업 매력도를 시장 매력도라고 하여 시험에 출제되었다. 같은 의미이다.

3) GE/Mckinsey 매트릭스의 모형도

		경쟁적 지위		
		강	중	약
산업매력도 (시장 매력도)	고	투자		유지
	중		유지	
	저	유지	수확 혹은 철수	

참고 GE/Mckinsey 매트릭스
1) BCG 매트릭스가 2×2 형태로 사업구조를 분석하는 것은 간편한 장점이 있지만 상세한 분석은 어려운 단점을 동시에 갖고 있고, 이를 보완한 것이 GE/Mckinsey 매트릭스이다.
2) 위 표에서 경쟁적 지위와 산업매력도 2가지 요인으로 만들어진 것은 학습자의 이해를 돕기 위해 간단하게 3×3 형태로 표시한 것이지만 실제로는 여러 세부 요인을 나누어 분석하기 때문에 매우 복잡하게 분석하는 단점과 정교한 분석이 가능한 장점을 동시에 갖고 있다.
3) GE/Mckinsey 매트릭스에 대해 시험에 출제되는 내용은 포트폴리오 분석 방법의 대표적 경우를 묻는 유형으로, 이는 BCG 매트릭스와 GE/Mckinsey 매트릭스이다.

마. 성장전략

1) 성장전략의 이해

① 성장전략의 중요성
  ㉠ 조직은 지속적 성장(going concern)을 추구하므로, 이를 실현하기 위해서는 성장이 중요하다.
  ㉡ 앤소프 모델은 4분면을 제품과 시장, 기존과 새로움으로 구분하여, 조직의 성장 방향을 설정한다.
  인명 앤소프(Igor Ansoff) : 러시아 학자로, 전략경영의 창시자라 할 만큼 큰 영향을 미쳤다.
② 성장전략의 다른 명칭 : 앤소프 모델이라고도 하며, '성장 벡터', '시장·제품 매트릭스'라고도 한다.
  참고 벡터(vector) : 본래의 의미는 크기와 방향을 가지고 있는 양을 나타내는 물리량을 말한다.

2) 시장제품 매트릭스

① 시장제품 매트릭스 개요

		시장	
		기존시장	신시장
제품	기존제품	시장침투전략	시장개발전략
	신제품	신제품개발전략	경영다각화전략

② 성장 벡터에 의한 성장전략의 유형

구분	중요 전략의 유형
시장침투전략	• 시장점유율을 증대시키는 전략 • 경쟁품 사용자에게 자사품 사용 권유 • 미사용자에게는 제품 사용 권유
시장개발전략	• 새로운 시장을 개발하는 전략 • 잠재고객을 발굴하여 기존제품으로 욕구 충족
신제품개발전략	• 고객의 잠재수요를 충족하는 신제품 개발 전략 • 새로운 기능의 추가 및 디자인 변경을 포함한다.
경영다각화전략	• 현재 사업과 다른 분야에서 성장 기회를 발견하는 전략

③ 경영 다각화전략의 구분
  ㉠ 집중적 다각화 : 현재 사업과 관련 있는 다각화
  ㉡ 수평적 다각화 : 현재 사업과 관련이 없지만, 현재의 고객이 소구하는 다각화
  ㉢ 복합적 다각화 : 현재의 기술 및 시장과 관련이 없는 다각화
④ 시장제품 매트릭스의 핵심 요소
  ㉠ 상품과 시장 범위 : 현 상품과 시장의 범위는 어떻게 확장할 것인가?
  ㉡ 성장 벡터 : 어떤 방향으로 성장을 유도할 것인가?
  ㉢ 경쟁우위 : 선택 영역에서 경쟁우위를 어떻게 확보할 것인가?
  ㉣ 시너지 : 확장했을 때 얻을 수 있는 시너지 효과는 무엇인가?

바. 경쟁전략

1) 경쟁전략의 개요
① **경쟁전략의 개념** : 시장에서 경쟁자보다 높은 경쟁우위를 유지하는 방안을 모색하는 전략으로, 경쟁자와 비교하여 경쟁우위를 확보하는 것을 목적으로 한다.
② **경쟁전략 수립을 위한 선결과제**
　㉠ 장기적 수익이 보장되는 매력 산업 여부에 관한 결정
　㉡ 해당 산업에서 상대적인 경쟁우위에 대한 수준의 결정

2) 5가지 경쟁요인
① **5가지 경쟁요인의 개념**
　㉠ 조직 수익성은 산업 내 경쟁 관계뿐 아니고, 산업 전체의 수익성도 고려되어야 한다.
　㉡ 이를 분석하는 체계로서 5가지 경쟁요인 분석을 활용하도록 마이클 포터가 제시하였다.
② **5가지 경쟁요인의 모델**

3) 본원적 경쟁전략
① **본원적 경쟁전략의 요소**

구분	내용
원가우위전략	• 개념 : 원가에 영향을 미치는 여러 요인을 통제하여 더욱 저렴한 가격으로 상품을 제공하여 경쟁우위를 지키려는 전략 • 원가 우위 요소 : 규모의 경제, 학습 효과, 설비가동률, 제품설계, 투입비용, 공정기술, 입지 등
차별화전략	• 개념 : 경쟁상품과 비교하여 구별되는 특징을 갖는 전략을 말한다. 차별화를 위해 추가로 필요한 비용 이상을 가격에 부담시키지 못하면 원가 압박의 요인으로 작용한다. • 차별화 요소 : 제품의 디자인이나 성능, 서비스, 마케팅 집중도, 원재료의 품질, 입지 조건, 종업원의 경험과 숙련도, 특정 활동을 수행하는 방법 등
집중전략	• 개념 : 특정 집단, 특정 상품, 특정 지역 등 제한된 시장을 집중적으로 공략하는 전략을 말한다. • 집중화 요소 : 시장 내 이질적인 세시장이 존재하는 경우, 세시장 내에서 선도기업들이 관심이 없거나, 세시장의 성장 잠재력이 크거나, 수익성이 높은 경우

② **본원적 경쟁전략의 모형**

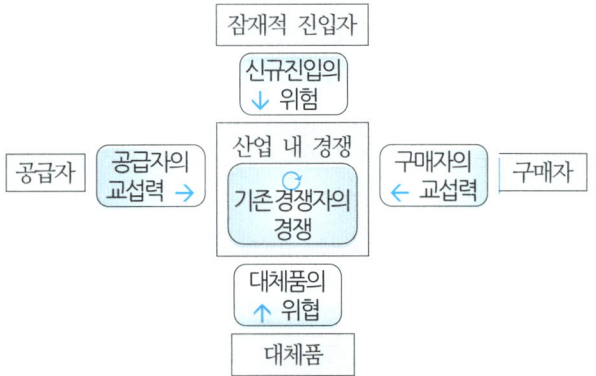

[참고] **집중전략** : 표의 아랫부분인 원가 우위 집중전략과 차별화 우위 집중전략을 합쳐 집중전략이라고도 한다.

[경향] **본원적 경쟁전략** : 필기 실기 모두 자주 출제되는 부분이다.

사. 혁신전략

1) 혁신전략의 개요
① **혁신전략의 개념** : 경영환경은 항상 변화하므로, 이에 적응하기 위해서는 조직 내부를 항상 혁신해야 한다. 기존 방식을 새롭게 바꾸어 경쟁우위를 점하고자 하는 전략을 말한다.
② **혁신전략의 요소** : 유통망의 개척, 새로운 시장의 발굴, 신기술 개발 등

2) 경영혁신기법

구분	내용
리스트럭처링 restructuring	사업구조를 재구축한다는 의미로, 사업의 개발·생산·유통 시스템을 재편성하여 발전 가능성이 큰 방향으로 사업구조를 바꾸거나 비교우위가 있는 사업에 투자재원을 집중적으로 투입하는 경영혁신기법
리엔지니어링 re-engineering	생산성 향상을 위해 개선의 차원을 넘어, 원점에서 다시 시작하여 조직구조를 재창조하고자 하는 경영혁신기법
아웃소싱	경영 효과 및 효율의 극대화를 위한 방안으로 제삼자에게 위탁하는 활동
컨커런트 엔지니어링 concurrent engineering	제품설계와 제조, 지원 요소 등을 동시에 고려하여 제품을 개발하는 것으로, 생산리드타임을 획기적으로 단축시킨다.(=동시 공학)
벤치마킹 bench marking	특정 분야에서 우수한 경쟁자를 기준으로 삼아 자신과 차이를 비교 분석하여, 좋은 점을 인용하는 경영혁신기법
고객 만족경영 CS, customer satisfaction	경영의 모든 부문을 고객의 처지에서 생각하고, 진정한 의미에서 고객을 만족시켜 기업의 생존을 유지하고자 하는 경영혁신기법
6시그마 6-sigma	품질 수준을 정량적으로 평가하고, 효율적인 품질 문화를 조성하며, 품질혁신과 고객 만족을 달성하기 위해 전사적으로 실행하는 경영혁신기법
전략적 제휴	조직(특히 경쟁 관계) 간에 특정 사업·업무에 대해 협력 관계를 맺어 상호 보완적으로 제품, 시설, 기능, 기술을 공유하도록 하는 계약

제3장 스포츠 조직관리

1. 스포츠조직의 구조

가. 스포츠 조직구조의 이해

1) 스포츠 조직구조의 개요

① **스포츠조직의 개념** : 스포츠산업과 관련된 모든 형태의 사회적 집단을 말하며, 설정된 목표 달성을 위해 구조를 갖추어 운영되는 조직
② **스포츠 조직구조의 개념** : 스포츠조직 내에서 부분 간 확립된 관계
③ **스포츠 조직구조의 특성**
  ㉠ 스포츠산업과의 관련성
  ㉡ 사회적 조직
  ㉢ 목표 지향
  ㉣ 구조적 활동
  ㉤ 구성원과 비구성원의 구분이 비교적 유연

2) 스포츠 조직구조 관련 개념의 이해

① **직위와 지위**
  ㉠ 직위(position) : 조직 내에서 개인이 담당하는 직무와 이에 따른 책임이 관련된 자리로 분업의 의미를 내포
  ㉡ 지위(status) : 직위에 계층을 더한 것으로, 서열 의식이 내포된 개념
② **역할 관계**
  ㉠ 역할(role) : 직위와 지위를 가진 구성원이 해야 할 업무에 대한 기대
  ㉡ 역할 관계 : 조직 내에서 역할과 역할의 관계
③ **권력과 권위**
  ㉠ 권력(power) : 지시, 명령 등으로 다른 사람에게 영향을 미치는 능력
  ㉡ 권위(authority) : 정당한 권력을 행사하는 행위
④ **시너지 효과**
  ㉠ 조직의 각 기능이 상호 작용을 통해 성과의 상승 작용을 말한다.
  ㉡ 스포츠조직인 SK 스포츠단이 와이번스 프로야구단, 나이츠 프로농구단, T1 프로게임단을 함께 운영하는 것이 사례이다.

3) 스포츠조직의 일반적 경영원칙

㉠ 명령 일원화의 원칙 ㉡ 감독 한계의 원칙 ㉢ 계층 단축화의 원칙
㉣ 전문화의 원칙 ㉤ 권한과 책임의 원칙 ㉥ 조정의 원칙

4) 파킨슨 법칙(Parkinson's law)

① **파킨슨 법칙의 개요** : 조직은 업무의 경중이나 업무량과 관계없이 구성원 수가 일정하게 증가하거나, 증원하기를 바란다는 법칙

  [인명] **파킨슨(Parkinson)** : 영국의 역사학자이자 경영연구자로, 파킨슨 법칙을 통해 경영 발전에 이바지하였다.
  [참고] **파킨슨 법칙의 배경** : 제2차 세계대전 당시 영국 해군은 장병이 약 15만 명 정도였지만, 종전 후 군축계획에 따라 10만 명 정도로 줄었다. 전체 병력이 감소하였지만, 해군본부 근무 인력은 2,000명에서 3,000명 정도로 오히려 늘어났다. 이는 많은 관리자가 부하 수를 늘리려고 하고, 인력이 늘어남에 따라 필요하지 않더라도 새로운 일들(주로 지시, 규제 등)을 만들어 시행한 것이다. 이처럼 조직은 업무의 경중·과다와 관련 없이 구성원(특히 부하) 수를 늘리려는 병폐가 있다는 의미로, 영국 파킨슨이 주장하였다.

나. 스포츠조직의 구조 형태

1) 일반적 조직 형태
① 라인과 스텝 조직 : 전통적 조직 형태로, 스포츠용품업 등에 적합
② 기능별 조직 : 생산·판매·관리 등 업무 기능을 중심으로 분장하며, 스포츠시설업 등에 적합
③ 제품별 조직 : 사업부제 형태의 조직구조로, 생산 또는 판매상품별 담당 조직
④ 팀 조직
  ㉠ 팀 조직의 개념 : 목표 달성과 시너지 창출을 위해 팀으로 구성 운영되는 조직
  ㉡ 팀 조직의 특성 : 기능 중심에서 과제 중심으로 조직구조가 바뀌며, 신속한 의사결정, 자율권과 책임이 강화된다.
⑤ 공식·비공식조직 : 공식적 조직과 비공식적 조직이 있으며, 후자의 경우 친목 단체 등

2) 특수한 조직 형태
① 매트릭스(matrix) 조직
  ㉠ 매트릭스 조직의 개념 : 동일한 사람이 이중적 권한 구조를 형성하여 명령 통일의 원칙이 무시되며, 영구적 기능과 잠정적 기능을 동시에 수행할 수 있도록 설계된 조직을 말한다.
  ㉡ 매트릭스 조직의 특성
    • 시장변화에 유연한 대처
    • 목표 달성을 위해 과업 지향적 팀 운영
    • 의사결정의 책임소재가 불명확한 단점
    • 복수의 지휘계통으로 인한 중첩 현상과 조직 내 갈등 발생 우려
    • 과업 지향팀은 기능별 부분에서 차출되어 한시적으로 운영하고, 기능별 조직은 상시적 운영되는 경우가 대부분이다.

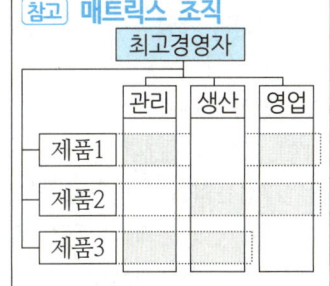
참고 **매트릭스 조직**

② 네트워크(network) 조직
  ㉠ 네트워크 조직의 개념 : 서로 독립성을 유지하는 개별 조직이 다른 조직이 보유한 자원을 활용하기 위하여 수직적, 수평적, 공간적 신뢰 관계로 연결된 조직
  ㉡ 네트워크 조직의 장점
    • 조직간 수평적 연결로 계층 간 정보 흐름의 단절 위험을 회피할 수 있다.
    • 새로운 가치 창출과 시장변화에 유연한 대응이 가능하다.
  ㉢ 네트워크 조직의 단점
    • 관리가 수월하지 않다.
    • 조직 간 갈등관리가 어렵고, 문제가 생기면 조직 전체가 위험에 빠질 수도 있다.
    • 본래 목적과 달리 활동이 유기적으로 진행될 가능성이 작아진다.

3) 수혜자에 따른 스포츠조직

구분	내용
호혜조직	스포츠조직에 가입된 모든 구성원이 수혜자인 경우로, 스포츠동호회 조직
사업조직	스포츠조직의 소유자가 수혜자인 경우로, 스포츠 센터·프로스포츠팀
봉사조직	스포츠조직의 이용자가 수혜자인 경우로, 종목별 연맹, 협회, YMCA
공익조직	공익을 위한 스포츠조직으로, 문화체육관광부, 지자체의 스포츠 관리조직

다. 스포츠조직의 구성요소

1) 스포츠조직의 구성요소

① 스포츠조직 구성요소의 개념
　　㉠ 핵심적 요소는 복잡성(complexity), 공식화(formalization), 집권화(centralization)
　　㉡ 부가적 요소로 통합화(integration)

② 핵심적 요소와 부가적 요소

구분		목표
핵심적 요소	복잡성	조직 분화를 지향
	공식화	직무의 표준화를 지향
	집권화	의사결정 권한 정도 지향
부가적 요소	통합화	조직 활동의 조정 및 통합

2) 복잡성

① 복잡성의 개념 : 조직의 분화 상태를 알 수 있고, 권위의 계층을 알 수 있는 요소로, 분화가 심화하면 복잡성이 증대한다.

② 분화의 형태
　　㉠ 수평적 분화 : 조직 내 부서 간 다른 역할의 수행으로 발생하는 것으로, 전문화와 부문화로 구분
　　㉡ 수직적 분화 : 조직 내 계층의 수를 나누는 것으로, 계층이 많을수록 복잡성은 상대적으로 증대
　　㉢ 지역적 분화 : 지리적 분화

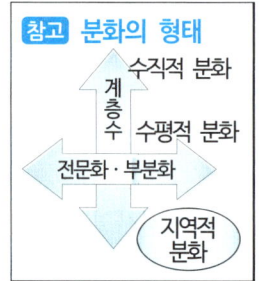

3) 공식화

① 공식화의 개념 : 조직 내 직무가 표준화되어 있는 정도를 나타내는 것으로, 조직 구성원들의 행위와 태도를 규제한다. 공식화를 달리 직무 표준화라고도 한다.

② 직무 표준화의 정도

구분	높음	낮음
내용	공식 조직, 제조부서, 하위 계층 등으로 직무 수행이 정형화되어 있고 재량권이 미약하다.	비공식조직, 연구개발부서, 상위계층 등으로 규정이 적어 재량권 발휘가 가능하다.

4) 집권화

① 집권화의 개념
　　㉠ 의사결정 권한의 배분 정도를 나타낸다.
　　㉡ 권한이 상층부에 집중된 상태는 집권화
　　㉢ 권한이 하층부에 집중되었으면 분권화

② 권한의 개념 : 상부의 지침 없이 스스로 결정할 수 있는 공식적 권리

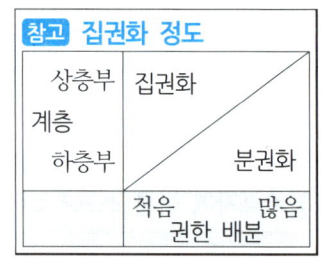

5) 통합

① 통합의 개념
　　㉠ 조직 분화가 심화하면 조정과 통합이 필요하다.
　　㉡ 조직이 과업을 수행하면서 부서 간 이견을 조정하고 통합시키는 과정

② 분화와 통합의 연관성 : 통합은 분화가 전제되므로 상호 연관성을 갖고 있다. 조직이 과업을 유기적으로 수행하려면 분화와 통합이 효율적으로 작용할 수 있어야 한다.

라. 조직구조의 유형

1) 조직을 이루는 5가지 부문
㉠ 민츠버그의 조직의 5가지 부분 : 조직은 5가지 기본 부문으로 구성
㉡ 구성 : 경영층, 중간라인, 업무핵심층, 테크노스트럭처, 지원 스텝

[인명] **민츠버그(Henry Mintzber)** : 경영자가 직무를 수행하는데 필요한 행동 범주인 경영자 역할을 주장하였다. 캐나다 맥길대학교 교수이다.

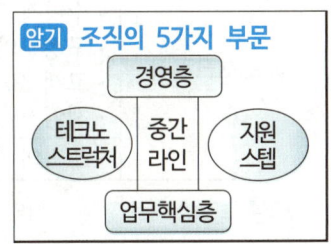
[암기] 조직의 5가지 부문

2) 조직구조의 유형
① 조직구조의 유형

```
           조직구조의 유형
   ┌──────┬──────────┬──────────┬────────┬──────────┐
 단순 구조  기계적 관료제 구조  전문적 관료제 구조  사업부제 구조  애드호크러시
```

[참고] **에드호크러시(adhocracy)** : 유기적 임시 조직이다. 애드호크러시는 2차 세계대전 중 미국의 특수임무를 수행했던 기동타격대 애드혹팀(adhoc team)에서 유래되었고, 임무가 완수되면 해산 후 새로운 임무가 주어지면 재구성된다.

② 조직구조의 유형별 특성

구분	내용	
단순 구조	• 단순한 조직구조 형태 • 공식화 정도가 낮다. • 신속성과 유연성이 장점 • 최고경영자에 의한 조직성과가 크다.	• 상대적 소규모조직 • 권한이 상층부에 집중 • 최고경영자에게 권한 집중
	• 조직의 핵심 부분 : 경영층	
기계적 관료제 구조	• 대규모 조직에서 발생 • 반복적, 연속적 작업이 계속 • 라인과 스텝 조직으로 편재 • 작업 표준화가 필요 • 장점은 효율성과 합리성을 추구	• 업무 세분화 • 많은 규정과 통제 • 공식적 커뮤니케이션 수단 활용 • 단점은 지나친 세분화로 작업의 일상화 • 인간적인 면의 결여
	• 조직의 핵심 부분 : 테크노스트럭처	
전문적 관료제 구조	• 컨설팅회사, 회계사무소 등 전문성이 요구되는 조직에 적합 • 높은 기술·지식 소유한 전문가들이 상당한 통제 권한과 재량을 행사 • 전문가 구성 업무부서가 핵심적 역할 수행 • 스텝은 일상적 지원업무 담당 • 복잡하지만 안정적 업무에 적합하며, 유행에 민감 • 수평적, 수직적 분권화된 구조 • 구성원들에게 많은 권한 위임 • 단점은 수평적 갈등 조정이 어렵고, 전문가에게 재량권이 많아 개인적 판단의 오류가 전체에 미치는 영향이 클 수 있다.	
	• 조직의 핵심 부분 : 업무핵심층	
사업부제 구조	• 제품, 지역 또는 고객 단위별로 분할되어 운영 • 손익 발생 기본 단위는 사업부이다. • 구매, 생산 및 판매 활동을 수행하는 분권적 조직으로, 독립적으로 운영되며 사업부 간 조정 필요성은 크지 않다. • 장점은 자원의 효율적 배분 가능, 위험 분산, 환경변화에 능동적 대응 등이다. • 단점은 통제 기능 약화 • 본부가 사업부 권한을 침범할 우려가 존재	
	• 조직의 핵심 부분 : 중간라인	

애드호크라시	• Task force로 구성되어 임무가 완수되면 해산되는 임시 조직 • 수평적 직무 전문화가 이루어지며 프로젝트 중심으로 운영 • 구성원의 능력을 발휘하기 수월하여 혁신성이 강함 • 고객 요구와 시장변화에 신속하게 대응 가능 • 책임이 명확하지 못한 경우가 발생할 수 있다. • 조직의 핵심 부분 : 지원 스텝

경향 조직의 핵심 부분 : 위의 조직구조 유형과 유형별 특성을 연결하는 것으로, 실기시험에 출제되기도 한다.

마. 조직설계

1) 조직설계의 개요
① **조직설계의 개념** : 조직의 목표를 달성하기 위해 조직구조를 구축하거나, 기존의 구조를 변경하는 활동
② **조직설계의 기본원칙**
  ㉠ 조직설계 기본원칙 : 조직설계의 기본원칙은 분화와 부문화로 구분
  ㉡ 분화 : 전체 과업을 더 작은 과업 단위로 세분화하는 활동
  ㉢ 부문화 : 분화된 단위들을 전체 효율성을 높이기 위해 결합하는 활동

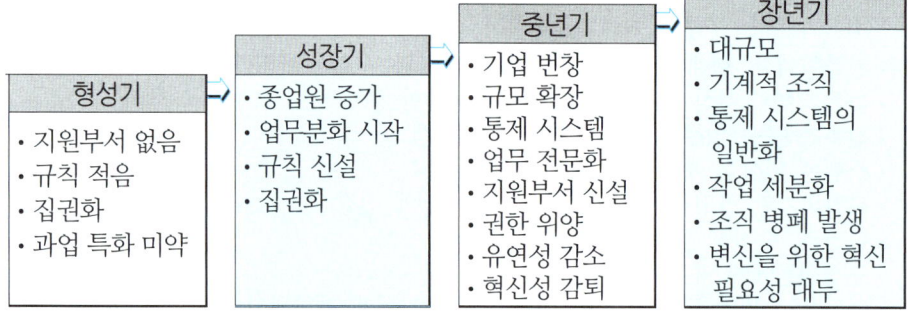
암기 조직설계의 기본원칙
조직설계의 기본원칙 = 분화 + 부문화

2) 조직설계의 영향요인
① **조직설계의 영향요인** : 환경, 전략, 기술, 사람, 규모, 라이프사이클 등
② **조직 규모와 구조의 관계**

구분	대기업	중소기업
내용	• 조직원의 업무의 세분화, 전문화 • 규칙에 따른 조직 통제 • 관료적, 기계적, 수직적 조직구조 • 안정과 성장을 위한 혼합전략 선호	• 노동 분화가 미약　　　　• 규칙의 종류가 적음 • 상황변화에 따른 창의성 요구　• 유기적, 적응적 조직구조 • 성장전략, 고수익전략을 선호

③ 라이프사이클과 조직구조의 관계

형성기	성장기	중년기	장년기
• 지원부서 없음 • 규칙 적음 • 집권화 • 과업 특화 미약	• 종업원 증가 • 업무분화 시작 • 규칙 신설 • 집권화	• 기업 번창 • 규모 확장 • 통제 시스템 • 업무 전문화 • 지원부서 신설 • 권한 위양 • 유연성 감소 • 혁신성 감퇴	• 대규모 • 기계적 조직 • 통제 시스템의 일반화 • 작업 세분화 • 조직 병폐 발생 • 변신을 위한 혁신 필요성 대두

2. 스포츠 인적자원관리

가. 인적자원관리의 개념

1) 인적자원관리의 개요
① **인적자원관리(HRM, human resources management)의 개념**
  ㉠ 조직에 필요한 인력을 확보하고, 능력을 최대한 발휘할 수 있도록 조치하여 조직의 목표를 달성하고, 개인의 성장과 발전을 위한 관리 활동
  ㉡ 인적자원관리에서는 인적자원을 투자자산의 관점으로 양성하고자 한다.

② 인적자원관리의 목표
- ㉠ 필요한 인력의 확보
- ㉡ 보유 인력의 능력 개발
- ㉢ 개인의 성장과 발전의 기반
- ㉣ 개인 목표와 조직 목표가 동시 달성하는 목표의 통합

③ 인적자원관리의 중요성
- ㉠ 조직 목표는 인적자원에 의해 달성
- ㉡ 인적자원 간의 경쟁심을 유발하면 조직 전체의 성과가 향상
- ㉢ 인적자원의 만족은 외부 고객으로 연결되어 고객 만족이 가능

2) 인적자원관리의 절차

① 인적자원관리의 일반적 절차

❶ 인적자원관리 계획 수립 → ❷ 모집 → ❸ 선발 → ❹ 확보(유인) → ❺ 교육 훈련 → ❻ 평가관리 → ❼ 승진·이동·보상 → ❽ 퇴직 관리

② 인적자원관리의 내용

구분	내용
계획 수립	인적자원 운용에 관한 종합적 계획 수립
채용관리	모집을 통하여 선발하고, 채용
인적자원개발	교육 훈련과 개발
평가관리	인적자원의 평가·보상·처벌
보직 관리	인적자원의 보직·교체와 이직 관리
퇴직 관리	인적자원의 퇴직 관리, 분리라고도 한다.

나. 인적자원관리의 계획과 통제

1) 인적자원관리의 계획 수립

① 인적자원관리 계획 수립의 개념
- ㉠ 조직에 필요한 인력의 질과 양에 대한 계획을 수립하는 것을 말한다.
- ㉡ 현재 또는 미래에 예상되는 인력의 수요를 파악하고, 이에 따라 기업의 확장 또는 축소 계획, 인력 이동 현황 등을 고려하여 결정한다.

② 인적자원관리 계획 수립의 절차
- ㉠ 개념 : 현재의 인적자원에 대한 평가, 미래의 인적자원에 대한 예측과 인적자원의 수요를 만족시키기 위한 프로그램 개발 등의 절차로 진행
- ㉡ 단계별 절차
  - 1단계 : 현재의 인적자원에 대한 평가
  - 2단계 : 미래 인적자원의 수요예측
  - 3단계 : 인적자원의 수요 충족을 위한 프로그램 개발
  - 4단계 : 정기적 평가와 수정

2) 인적자원의 통제

① 인적자원 통제의 개념 : 조직의 목적 또는 방침에 따라 인적자원의 행위를 제한하거나 제약하는 활동
② 인적자원 통제의 구분
- ㉠ 사전 통제 : 예상 문제를 사전에 발견하고 조치하는 방법으로, 선발이 대표적 경우
- ㉡ 사후 통제 : 결과에 따라 문제를 발견하고 조치하는 방법으로 업적평가, 전보, 면직, 보상 등

다. 직무의 설계와 분석, 평가

1) 직무설계

① **직무설계의 개념** : 구성원의 수행직무 내용과 방법 및 관계를 구체화하여 조직의 생산성 향상, 구성원의 동기 부여, 조직과 구성원의 목표 통합을 이룰 수 있도록 조직의 직무를 설계하는 것을 말한다.

② **직무설계의 목적**
　㉠ 직무 만족의 증대　　㉡ 작업 생산성 향상　　㉢ 제품의 질적 개선과 원가절감
　㉣ 훈련비용의 감소　　㉤ 상하 관계의 개선　　㉥ 신기술 도입에 대한 빠른 적응

③ **직무설계 개념의 변화**

❶ 전통적 직무설계	❷ 동기 부여적 직무설계
• 효율성을 추구하는 직무 관점 • 직무를 중심으로 사람이 적응	• 직무 중심에서 인간 중심으로 이동 • 개인 욕구와 조직 목표 달성의 통합에 초점

④ **직무설계의 기본원칙**
　㉠ 직무 특성화 : 직무성과는 보상보다 개인의 심리적 만족에 있으므로 구성원에게 직무 정체성과 중요성을 높여 성취감을 느끼게 하고, 자율성과 책임을 부여하여 직무 경험의 기회를 제공한다.
　㉡ 직무 확대화 : 현재 수행직무에 유사 과업을 더하여 기술 다양성 증가·과업 정체성 확보·직무 생산성 향상에 이바지하도록 한다.
　㉢ 직무 전문화 : 직무 심도를 높여 직무의 계획·실시·평가에 대한 책임을 질 수 있도록 재량권·독립성을 강화하여 생산성을 높이도록 한다.

2) 직무분석

① **직무분석의 개요**
　㉠ 직무분석의 개념 : 조직이 요구하는 특정 직무의 내용과 요건을 정리·분석하는 것으로, 직무수행과 관련된 과업을 기록한 직무기술서와 직무수행에 필요한 인적자원의 능력, 지식, 경력, 기술 등을 기술한 직무명세서를 작성하여 분석한다.
　㉡ 직무분석의 목적 : 업무의 양과 범위를 적절하게 조정하고, 책임, 감독 및 통제 관계를 명확하게 하여 조직 합리화의 기초로 활용, 업무개선 및 인사고과의 기초, 직무급 산정의 기초, 정원산정 및 작업환경 개선의 기초

② **직무분석의 방법**

구분	내용
면접법	조직도, 업무분담표 등을 자료로, 개별 또는 집단면접을 통해 자료를 얻는 방법
관찰법	분석자가 현장을 방문, 작업자의 직무 활동을 관찰하여 자료를 얻는 방법
워크샘플링법	관찰법에서 발전한 것으로 여러 번에 걸친 관찰을 통해 직무 정보를 획득하는 방법
중요사건화법	직무수행 중 중요한 일을 사건화하여 자료를 얻는 방법이며, 학자에 따라서는 결정적 사건법이라고도 한다.
질문지법	표준화된 질문지를 이용하여 자료를 얻는 방법
최초분석법	조사할 직무 대상에 관한 참고문헌이나 자료가 거의 없고, 그 분야에 많은 경험과 지식을 갖춘 사람을 찾기 어려울 때 직접 작업 현장을 방문하여 분석하는 방법
체험법	직무분석자가 직무에 직접 참여하여 자료를 얻는 방법
녹화법	분석 직무를 촬영하여 자료를 얻는 방법

③ 직무분석 유의사항
  ㉠ 면접법 시행 유의사항
    • 면접 시 관리자와 분리되어 자유로운 분위기에서 면담이 진행되어야 하며
    • 질문의 요점에서 대화가 벗어나지 않아야 하며
    • 면접 내용을 객관적으로 받아들이고 속단하지 않아야 하며
    • 언질이나 암시를 통해 어떤 기대하지 않도록 해야 하고
    • 직무분석과 관계없는 질문을 삼가야 한다.
  ㉡ 중요사건화법(결정적 사건법)의 단점
    • 특별히 훈련받은 사람이 필요하며
    • 추론 과정에서 주관성을 배제하기 어렵고
    • 직무와 관련된 자료 수집에 어려움이 많고
    • 수집된 자료를 분류하는 데 시간과 노력이 매우 필요하며
    • 일상적인 수행과 관련된 지식, 기술, 능력이 배제될 가능성이 있고
    • 과거의 결정적 사건을 회상할 때 사건에 대해 왜곡할 가능성이 있다.

3) 직무평가
① **직무평가의 개념** : 직무의 중요도, 위험도 등을 평가하여 타 직무와 비교하여 직무의 상대적 가치를 결정하는 방법
② **직무평가 방법**
  ㉠ 점수법 : 직무를 구성요소로 분해하고, 요소별 중요도에 따라 점수를 부여하고, 점수 합계를 비교하여 직무의 가치를 평가하는 방법
  ㉡ 요소비교법 : 핵심 기준 직무를 정하고, 기준 직무의 평가 요소를 결정한 후 각 직무의 평가 요소를 기준 직무의 평가 요소와 비교해서 직무의 상대적 가치를 정하는 방법
  ㉢ 서열법 : 직무와 직무를 상호 비교하여 직무 서열을 정하는 방법
  ㉣ 분류법 : 직무기술서와 직무명세서를 사용하여 중요 직종으로 분류한 다음 평가 요소 중심으로 등급을 설계하여 등급 기술서를 작성·분류하여 임금을 정하는 방법

라. 채용관리
1) 채용관리의 개요
① **채용관리의 개념** : 인적자원을 선발하기 위하여 모집, 선발하고 채용하는 과정
② **채용관리의 구분**
  ㉠ 모집 : 모집을 전제로 우수한 인력을 조직적으로 유인하는 과정
  ㉡ 선발 : 조직에 가장 적합한 인력을 고르는 과정
  ㉢ 배치 : 선발된 인력을 적성, 희망, 능력에 따라 적절한 직무를 할당하는 과정

2) 모집
① **모집 방법** : 모집은 사내 모집과 사외 모집으로 구분
② **사내 모집** : 인사기록표를 참고하는 경우와 사내 공개모집 방법 등
③ **사외 모집의 방법** : 광고, 직업소개소 혹은 헤드헌터 의뢰, 구성원들로부터 추천, 국가 혹은 민간 훈련기관 활용, 연고자 채용, 수시모집 응모자 활용

④ 사내 모집의 장단점

구분	장점	단점
내용	• 구성원의 사기 앙양 • 의욕 있는 인재의 발굴 • 책임 의식 함양 • 사원의 능력 개발에 기여	• 인력의 편중 현상 • 조직의 질서 파괴 위험 • 광범위한 인재 발굴 기회의 상실 • 신청에 따른 비밀 누설 개연성 존재

3) 선발관리
① 일반적 선발 절차

❶ 예비 면접 → ❷ 입사원서 검토 → ❸ 경력서 조사 → ❹ 신체검사 → ❺ 선발 시험 → ❻ 채용 면접 → ❼ 관련자 의견 조회 → ❽ 선발

② 선발 도구 : 시험, 면접 및 신체검사 등이 있다.
③ 선발 비율(selection ratio) : 총응모자 수에 대한 선발인원의 비율
   공식은 선발 비율(SR) = 선발인원/응모자 수
④ 선발방법
   ㉠ 개별면접법 : 응모자를 개별면접으로 선발하는 방법
   ㉡ 다면 평가법 : 공정성과 객관성을 확보하기 위해 평가주제를 다양화하여 선발하는 방법
   ㉢ 행동평가법 : 행동 양식을 인지적 영역, 정의적 영역, 심리적 영역으로 구분하여 선발
   ㉣ 종합평가법 : 복수의 평가자가 적성검사, 심층 면접, 시뮬레이션, 사례연구, 역할연기 등의 평가 방법을 활용하여 지원자의 행동을 관찰 후 평가하여 선발하는 방법

5) 배치관리의 일반 원칙 : 적재적소 주의, 실력주의, 인재육성 주의, 균형 주의

마. 인적자원개발
1) 인적자원개발 관련 용어의 개념
① **인적자원개발** : 선발된 인적자원을 자신의 환경과 담당 직무에 최대의 능력을 발휘할 수 있도록 기술과 기능 그리고 업무 지식 등을 향상시키는 활동
② **훈련** : 현재 지향적 학습을 통해 직무수행을 원활하게 할 목적으로 전개되는 교육
③ **개발** : 인적자원개발의 방법으로 훈련과 목적이 비슷하지만, 훈련보다 미래지향적인 관점에서 조직 구성원의 성장·발전을 지향한다.
④ **교육** : 인간다운 삶을 추구하기 위해 다양한 역할의 습득과 함양에 치중
⑤ **학습** : 경험과 지식의 습득을 통해 발전하거나 변화를 일으키는 활동
⑥ **인적자원관리** : 필요한 인력을 확보하고, 이들의 능력을 최대한 개발하여 조직의 목표를 달성하고, 개인의 성장과 발전을 위한 관리 활동

2) 인적자원개발 프로그램

구분		내용
대상에 따른 분류	신입 사원교육	신입사원을 대상으로 규칙 등에 관한 내용
	기초교육	기초적 지식과 기술을 중점으로 교육
	실무교육	직무를 중심으로 교육
장소에 따른 분류	직장 내 교육(OJT)	현장 직무수행과정 중에 일어나는 교육
	직장 외 교육(Off-JT)	전문적 교육으로, 직장 외에서 받는 교육

[용어] OJT와 Off-JT : on job training, off job training

3) 인적자원개발 방법

① **강의법** : 전통적 방법으로 교수자가 가진 지식과 정보, 기술이나 기능, 신념 등을 언어를 통해 설명하여 학습자를 이해·공감시키는 방법
② **토의법** : 구성원이 구두 표현으로, 서로의 의견을 발표함으로써 각 개인이 해결할 수 없는 문제를 공동의 집단사고를 통해 문제를 해결하는 방법으로, 학습자의 적극적인 참여와 역할이 강조되며, 정보 또는 지식의 습득보다는 인지능력 향상에 적합한 방법
③ **역할 연기법(role playing)** : 타인의 역할을 연기해 봄으로써 자신과 타인을 이해하는 데 도움을 주는 방법이다. 구성원들에게 서로 다른 역할을 주고 가상 상황에서 서로 협의하여 결정하게 함으로써 다른 역할을 맡은 사람들과 원만한 타협할 수 있도록 하는 방법
④ **사례연구법(case study)** : 실제 상황이나 경우를 이용하여 만든 사례를 이용하여 교육생들의 문제해결 능력을 함양시키는 방법
⑤ **비즈니스게임** : 의사결정과 관련되는 중요한 부분을 더욱 간단한 형식으로 표현하여 참가자들이 상황을 이해하고 의사결정을 할 수 있도록 하는 방법
⑥ **인바스켓 훈련(in-basket training)** : 일상적 상황을 인 바스켓(미결 상태)으로 설정하고, 참가자가 의사결정을 하여 아웃 바스켓(결정 상태)으로 옮겨 놓게 함으로써 실무에서 의사결정이 빠르고, 정확하게 할 수 있도록 하는 방법

바. 인적자원의 평가

1) 인적자원 평가의 이해

① **인적자원 평가의 개념**
  ㉠ 일정 기간 개인적 혹은 조직 단위별로 성과가 좋고, 나쁨을 따져보는 활동으로, 공정한 평가는 조직 발전의 기본이 된다.
  ㉡ 유사하게 사용하는 용어는 판단(judgement), 인사고과(rating), 평정(assessment) 등이 있다.

② **인적자원 평가의 기대 효과**
  ㉠ 인적자원의 질 향상   ㉡ 구성원의 능력 개발
  ㉢ 구성원의 인간관계 개선   ㉣ 구성원 업무추진 방향 설정
  ㉤ 모티베이션, 리더십 등의 출발점 ㉥ 구성원 경력개발 촉진

③ **인적자원 평가의 중요성**
  ㉠ 공정한 인적자원관리의 실현 가능 ㉡ 구성원의 능력 개발
  ㉢ 구성원의 능력분포 구조 파악   ㉣ 구성원의 업무추진 방향 설정
  ㉤ 구성원의 행동 기준의 명확화

2) 인적자원 평가의 종류

① **목표에 의한 관리(MBO, management by objectives)**
  ㉠ 개념 : 구체적 성과목표를 상사와 부하가 함께 결정하고, 성과를 정기적으로 점검되며, 아울러 이에 따른 보상이 결정되는 시스템
  ㉡ MBO의 활용 : MBO는 목표 달성을 통제와 동기 부여 수단으로 활용
  ㉢ MBO의 핵심 요소 : MBO의 핵심 요소 : 구체적 목표설정, 참여적 의사결정, 분명한 기간, 공정한 성과 평가
  ㉣ MBO의 특징 : 결과에 의한 평가가 이루어지지만, 장기목표보다는 단기 목표 달성을 중시하며, 구성원들이 역량보다 쉬운 목표를 설정하려고 하고, 도전 의식을 약화하는 경향을 나타낸다.

> **암기 MBO 요소**
> ❶ 구체적 목표
> ❷ 참여적 의사결정
> ❸ 분명한 기간
> ❹ 공정한 성과 평가

② **인적 평정 센터법(human assessment center)** : 피평가자를 며칠간 합숙시키면서 상황에 따른 각종 의사결정, 토의, 심리검사 등을 실시하여 잠재능력, 자질 등을 관찰하는 방법

③ 행위 기준 고과법(BARS, behaviorally anchored rating scales)
  ㉠ 행위 기준 고과법의 개념 : 평가자가 피평가자의 행위를 정기적으로 관찰하고, 이를 근거로 하여 평가하는 방법
  ㉡ 행위 기준 고과법은 여러 방법으로 변형되어 운영되고 있다.
  ㉢ 행위 기준 고과법의 변형

구분	설명
행위관찰법	모든 행위를 나열하고, 빈도를 측정하는 방법
중요 사건법	중요 사건을 기록하는 방법으로, 전략적 일치성이 높고, 수용성이 낮으며, 개인에 국한된 것으로 다른 사람과 비교가 불가능한 경우가 많다.
행위교정법	평가보다는 행위에 대한 교정에 초점을 맞춘 방법

④ 비교법 : 가장 일반적인 방법으로 피평가자의 순위를 매겨 평가하는 방법이며, 점수를 배점하는 방법에 따라 순위법, 강제할당법, 교차비교법, 상대평가법, 절대 평가법 등으로 구분한다.

3) 인적자원 평가 방법
① 상대평가
  ㉠ 상대평가의 개념 : 피평가자를 상호 비교하여 평가하는 방법으로, 피평가자의 선별에 초점을 둔다.
  ㉡ 평가 방법
    • 서열법 : 피평가자의 능력·업적 등을 가치에 따라 서열을 매기는 방법
    • 쌍대비교법 : 두 사람씩 쌍을 지어 비교하면서 서열을 정하는 방법
    • 할당법 : 미리 범위와 수를 정해 놓고 피평가자를 일정한 비율에 맞추어 강제로 할당하는 방법
  ㉢ 상대평가의 장단점
    • 장점 : 자원의 효율적 분배가 가능하고, 평가자 중심화·관대화 경향 등의 해결 가능
    • 단점 : 기업 내 경쟁을 부추겨 협력 저하와 조직문화를 약화할 수 있다.
② 절대평가
  ㉠ 절대평가의 개념 : 피평가자의 실제 업무 수행에 기초한 평가 방법으로, 피평가자의 육성에 초점을 맞춘다.
  ㉡ 평가 방법
    • 평정 척도법 : 평가 요소인 피평가자의 성과, 적성, 잠재능력, 작업 행동 등을 제시하고, 단계별 차등을 두어 평가
    • 체크리스트법 : 직무 행위를 구체적으로 제시하고 평가자가 해당 사실을 체크하는 방법
    • 중요사건기술법 : 피평가자의 직무와 관련된 효과적·비효과적 행동을 관찰 후 평가
    • 강제선택법 : 피평정자의 특성에 가까운 것을 강제적으로 골라 표시하도록 하는 방법
    • 자유 기술법 : 피평가자의 직무 행동, 직무성과 등을 자유롭게 기술하는 방법
    • 목표관리법 : 피평가자의 수행 목표를 설정하고, 이의 달성도를 평가하는 방법
  ㉢ 절대평가의 장단점
    • 장점 : 평가 기준이 정해져 있으므로 평가하기 쉽고, 자기 계발이나 교육에 사용될 수 있다.
    • 단점 : 평가 기준을 만들기 위해 시간과 비용이 많이 들고, 강제할당이 없어 관대화 경향(인플레이션 현상)이 나타나고, 제한된 자원의 배분 문제가 제기될 수 있다.

4) 평가자의 평가 오류
  ㉠ 후광효과 : 피평가자의 어느 한 면을 기준으로, 다른 면까지도 같은 기준으로 평가하는 오류
  ㉡ 관대화 경향 : 피평가자에 대해 실제보다 관대 또는 과소하게 평가하는 오류

암기 평가 오류
❶ 후광효과
❷ 관대화 경향
❸ 중심화 경향
❹ 시간적 오류
❺ 객관화 오류

ⓒ 중심화 경향 : 대상자 대부분을 평가의 중심에 가깝도록 평가하려는 오류(=집단화 경향)
ⓔ 시간적 오류 : 최근 일을 집중적으로 평가하려는 오류
ⓕ 객관화 오류 : 평가자의 주관적 사실을 기준으로 평가하는 오류

5) 인적자원 평가척도
① **전략적 일치성** : 조직의 전략, 목표, 문화 등과 일치하는 평가를 유도하는지 여부
② **타당성**
　㉠ 타당성의 개념 : 평가척도가 성과와 연관된 것만 측정하고, 성과로 간주할 수 없는 것은 측정하지 않도록 평가되었는지 아닌지를 말한다.
　㉡ 타당성 유의사항
　　• 부족도 : 평가해야 할 부분을 평가하지 않은 영역
　　• 오염도 : 평가에 포함해서는 안 되는 영역이 평가에 포함된 부분
③ **신뢰성** : 평가 결과가 신뢰를 받을 수 있는 정도 여부
　㉠ 평가자 간 신뢰성 : 평가자가 바뀌어도 점수가 비슷하게 나오는 정도
　㉡ 내적 일관도 신뢰성 : 평가 요소를 여러 개로 나누어 측정하는 경우 측정 문항 사이의 신뢰성
　㉢ 측정과 재측정의 신뢰성 : 시차를 두고 측정하여도 측정값이 유사한 정도
④ **공정성** : 평가자와 피평가자가 평가척도가 공정하다고 받아들이는 정도
　㉠ 절차 공정성 : 개발 시 평가자와 피평가자 대표가 공동으로 참여하며, 일관된 평가 기준을 적용하고, 오류와 편견을 최소화하여야 한다.
　㉡ 인간관계 공정성 : 평가에 대한 피드백이 가능하고, 이의 제기가 가능해야 한다.
　㉢ 결과 공정성 : 평가 기준과 보상과 관련된 사항을 피평가자에게 알려야 한다.
⑤ **구체성** : 피평가자에게 평가 기준과 기대 부응하는 행위 등을 구체적으로 알려야 한다.

암기 평가척도
❶ 전략 일치성
❷ 타당성
❸ 신뢰성
❹ 공정성
❺ 구체성

6) 보상과 처벌
① **보상** : 평가 결과에 따라 우수 구성원에게 적합한 시상
② **처벌** : 평가 결과에 따라 부진 구성원에게 적합한 처벌
③ **보상의 유형**
　㉠ 금전적 보상 : 상여금, 복리후생
　㉡ 비금전적 보상 : 승진, 인정, 칭찬

사. 보직 관리
① **보직의 개념** : 어떤 직무의 담당 명령을 의미하며, 한편으로는 그 직책을 나타내기도 한다.
② **교체** : 흔히 인사이동이라고 하며, 인적자원을 적절한 보직에 배치, 충원하는 과정에서 교체가 발생한다. 조직의 유효성과 공정성을 유지하기 위해 종업원의 교체가 필요
③ **이직** : 인적자원을 조직 내에 보유하지 않게 되는 것으로, 이직자 관점에서 자원 혹은 타원으로 구분

아. 노사관계 관리
1) 노사관계 관리의 이해
① **노사관계 관리의 개념** : 노동자인 종업원과 사용자인 경영자의 관계로, 상호 대등한 입장에서 단체교섭을 통해 근로조건을 결정하는 것을 원칙으로 한다.
② **노사관계의 중요성** : 노사 간 협력은 조직 생산성 향상, 기업과 개인의 발전, 사회 안전과 국가 경제의 안정에 필요하다.

2) 단체교섭
① **단체교섭의 개념** : 선수들이 노동조건을 유지 개선하기 위해 단결하고, 단결력을 발휘하여 동등한 입장에서 교섭하는 것을 말하며, 교섭 결과를 협약으로 체결한다.
② **단체협약 내용**
　㉠ 계약 기간, 보상, 노동의 효용성, 개인적 직업의 권리, 협상 기간 중의 양측 권리, 관리시행 방법 등이 포함되지만 프로스포츠의 단체협약은 리그마다 다양하다.
　㉡ 미국의 경우 국가 노동관계법(NLRA, National Labor Relational Act)는 임금(연봉, 보너스, 기타 수입), 노동시간, 작업환경 등의 협약 범위를 규정하고 있다.
③ **노사 간 상호신뢰** : 경영자와 노동자 간의 협상에는 상호신뢰가 우선적으로 요구된다. 상호신뢰가 없으면 조정, 파업 등 단체교섭 과정에 저해되는 조치가 발생
④ **조정**
　㉠ 조정이란 노사 양측에 의해 전문적이며, 중립적인 제삼자가 개입되어 계약 협상을 중재하는 과정을 말한다.
　㉡ 다른 사람의 개입 없이 단독으로 협상하는 것이 가장 좋지만, 이 과정이 결렬되면 조정자를 초청하여 양측이 쌍방향의 협상을 위한 공통적 합의점을 찾을 수 있다.

3) 부당노동행위
① **부당노동행위의 개념** : 근로자의 정당한 노동 기본권리 행위 또는 노동조합 활동에 대하여 사용자의 부당한 방해 행위
② **근로자를 위한 제도** : 부당 노동행위 제도는 노동자에 대한 사용자의 침해행위를 쉽고 신속하게 바로잡는 제도로, 사용자가 단결권 등을 침해함으로써 노동조합 활동을 억압하고 간섭하는 행위를 봉쇄하는 목적
③ **부당노동행위의 유형** : ㉠ 황견계약 ㉡ 불이익 취급 ㉢ 단체교섭 거부 ㉣ 지배, 개입 및 경비원조
　㉤ 보복적 불이익 취급

> [참고] **황견계약(黃犬契約, yellow dog contract)** : yellow dog contract를 직역하면 개똥 계약이라는 의미이다. 노동조합에 가입하지 않거나, 특정 노동조합에 가입하는 것을 전제로 하는 고용계약을 말한다. 비열계약 또는 황견 계약이라고도 한다.

4) 조직 구성원의 경영 참여
① **조직 구성원의 경영 참여 개념** : 조직 구성원 또는 조직 구성원을 대표하는 노동조합 등이 경영에 참여하는 형태로, 협의적 개념인 노사협의회 등이 있고, 광의적 개념으로는 아래의 사례가 있다.
② **조직 구성원의 경영 참여 제도**
　㉠ 노사협의회 ㉡ 제안제도 ㉢ 성과배분제도 ㉣ 종업원지주제도 ㉤ 청년 중역 회의

> [암기] **구성원 경영 참여 제도**
> ❶ 노사협의회
> ❷ 제안제도
> ❸ 성과배분제도
> ❹ 종업원지주제도
> ❺ 청년 중역 회의

3. 스포츠조직 역량 강화

가. 리더십

1) 리더십의 이해
① **리더십의 개념** : 조직 활동에 영향을 미치는 행위로, 각종 유인을 제공하여 조직원의 동기를 유발해 조직의 목표를 달성하도록 하는 기능
② **리더십의 목표** : 구성원들에게 동기를 부여하여, 스스로 조직의 목표 달성에 참여하도록 만드는 활동

③ 리더십의 역할
　㉠ 조직 구성원의 역량이 개인 역량의 합보다 더 큰 역량을 발휘할 수 있도록 시너지 효과 촉진
　㉡ 리더십은 집단의 성과는 물론 조직 전체 성과를 좌우
　㉢ 조직 구성원들이 목표 달성에 이바지하는 동기 부여 요인과 역량을 향상시키는 촉진제 역할
　㉣ 조직의 변화 촉진
　㉤ 개인과 조직의 발전을 위한 아이디어의 제시

2) 리더십 이론

① **리더십 이론의 발달 단계** : 특성이론 → 행동이론 → 상황이론 순으로 발전
② **특성이론** : 리더는 인성, 지능 또는 육체적으로 구성원보다 뛰어난 특성이 있다는 관점으로, 리더십의 초기 이론이다.
③ **행동이론**
　㉠ 행동이론의 개념 : 리더의 행동에 중점을 두는 방식으로, 리더의 행동이 구성원의 만족도, 과업 성과 등에 미치는 영향에 관점을 둔 이론으로 아래와 같은 모형을 이룬다.
　㉡ 행동이론의 모형

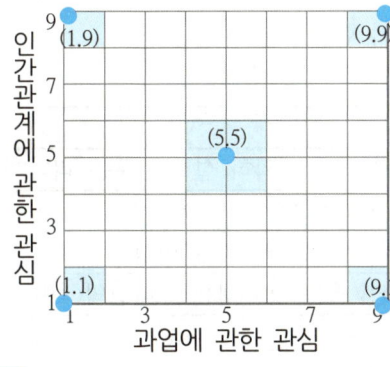

리더의 유형
- 1.1형 : 무관심한 리더
- 1.9형 : 인간관계중시형 리더
- 9.1형 : 과업중시형 리더
- 5.5형 : 중간형 리더
- 9.9형 : 이상적 리더

　[참고] **행동이론** : managerial grid(관리 격자 이론)라고도 하며, 블레이크와 모오톤이 주장
　[인명] **블레이크(Blake)와 모오톤(Mouton)** : 두 사람 모두 오하이오주립대학 교수로, 리더십 연구에 기여하였다.

④ **권력 영향이론** : 리더십은 권력의 영향을 많이 받는다는 관점의 이론이다.
⑤ **피들러의 상황이론**
　㉠ 상황이론의 개념 : 모든 조직에 적용 가능한 리더십은 존재하지 않고, 당면한 상황에 따라 리더십이 결정된다는 관점이며, 집단의 성과는 리더십 스타일과 상황 변수의 상호 작용 때문에 결정되는 것으로, 피들러의 이론이다.
　㉡ 상황 변수 : 리더-구성원 관계(leader-member relationship), 직위 권력(position power), 과업 구조(task structure)
　㉢ 상황이론의 한계 : 상황 변수가 복잡하고, 크기를 측정하기 어려운 한계를 갖고 있다.

[암기] 상황이론의 상황 변수
❶ 리더-구성원 관계
❷ 직위 권력
❸ 과업 구조

　[인명] **피들러(Fiedler)** : 미국 오하이오주립대 교수로 재직하였으며, 1967년 상황 이론을 발표하여 리더십의 이론 발전에 큰 영향을 미쳤다.

⑥ **허쉬-블랜차드의 상황적 리더십 이론**
　㉠ 상황적 리더십 이론의 개요 : 피들러의 상황이론을 발전시킨 것으로, 과업 행동과 관계 행동을 변수로 상황적 리더십 유형을 제시하였고, 리더십의 유효성을 높이기 위해서는 부하의 성숙도가 중요한 요인으로 작용한다고 주장하였다.
　㉡ 부하의 성숙도는 과업 수행 능력과 수행 의지를 조합하여 4단계로 나누고 있으며, 이에 따라 적합한 리더십 유형과 행동이 필요하다.

ⓒ 허쉬-블랜차드의 상황적 리더십 이론의 매트릭스

리더십 유형	구성원의 성숙도	리더의 행동
지시형(telling) 리더십	능력과 의지가 모두 낮은 상황	구체적 지시, 밀착 감독
설득형(selling) 리더십	능력은 낮지만, 의지는 높은 상황	지도, 설득
참여형(participating) 리더십	능력은 높지만, 의지가 낮은 상황	정보공유, 공동 결정
위임형(delegating) 리더십	능력과 의지가 모두 높은 상황	책임 위임, 결정 위임

[암기] 허쉬-블랜차드 모델
1) 리더십의 최신 이론 중의 하나이며, 리더십 유형은 필기시험은 물론 실기시험에서도 출제될 수 있으므로 꼭 기억해야 한다.
2) 허쉬-블랜차드 모델에서 리더십의 유형은 〈허쉬는 지설참위〉이다. 즉 지시형·설득형·참여형·위임형

[인명] 허쉬(Hersey)와 블랜차드(Blanchard) : 미국 오하이오주립대 교수로 재직하며, 피들러의 상황 이론을 발전시킨 허쉬-블랜차드 상황적 리더십으로 유명하다.

[참고] 허쉬 모델의 리더십 유형

⑦ 경로 목표이론(path-goal theory)
  ㉠ 경로 목표이론의 개념 : 하우스(House)가 주장한 이론으로, 리더는 구성원들이 목표를 달성하는데 필요한 경로를 명확하게 제시해 줄 수 있는 임무를 수행해야 한다.
  ㉡ 경로 목표이론에서 리더의 스타일

구분	내용
지시적 리더	일의 목표와 달성 일정, 일의 시행 방법 등을 명확히 설정해 주는 리더
지원적 리더	구성원 개개인의 욕구 충족에 관심을 보이는 리더
참여적 리더	의사결정과정에 구성원들의 의견을 적극적으로 반영하는 리더
성취 지향적 리더	도전적 목표설정과 구성원 능력 최대화를 위해 독려하는 스타일의 리더

  ㉢ 발전된 경로 목표이론 : 본래의 이론인 경로 목표이론의 리더 스타일에서 작업 촉진, 집단 지향적 의사결정, 작업 집단의 대표 및 네트워킹, 가치 중심의 리더 행동(등의 4가지를 추가하여 리더의 8가지 유형으로 바뀌었다.

    [암기] 경로 목표이론에서 리더의 스타일
    1) 경로 목표이론의 리더 스타일 4가지는 필기와 실기시험에 모두 출제되고 있으므로 꼭 기억해야 한다.
    2) 외우는 방법은 〈경로는 지지참성〉이다. 즉 지시적·지원적·참여적·성취 지향적 리더
    3) 발전된 경로 목표이론은 아직 시험에 출제된 일이 없었다.

⑧ 교환이론(leader-member exchange theory) : 리더와 구성원 간 상호 작용 또는 교환 관계로 보며, 리더가 효과적으로 운영이 필요하다는 관점

  [참고] 교환이론 : 변혁적 리더십과 반대 개념이면서 동시에 이를 포함하는 개념이다. 아래에서 자세히 설명하고 있다. 달리 교섭이론이라고도 한다.

3) 교환적 리더십과 변혁적 리더십
① 교환적 리더십
  ㉠ 교환적 리더십의 개념 : 리더십 이론의 발전 과정에서 나타난 여러 이론은 구성원들에게 개인과 조직의 목표 달성을 위한 과업을 설정해 주고, 구성원이 달성할 수 있도록 지원하며, 이를 성취하였을 경우 인센티브 등을 제공하는 리더십으로, 리더와 구성원 간의 교환적 관계를 형성한다.
  ㉡ 교환적 리더십의 특징
    • 구성원의 이익을 자극한다.
    • 현재의 성과를 유지하는 안정 지향적이며, 행동이론, 상황이론과 유사한 경향을 나타낸다.
    • 구성원의 신념, 가치관, 목적에 영향을 미친다.

② 변혁적 리더십
  ㉠ 변혁적 리더십의 개념 : 구성원 개인의 이익을 뛰어넘어 보다 거시적 관점에서 조직 변화를 추구하고자 하는 리더십
  ㉡ 변혁적 리더십의 특성
    • 구성원을 리더로 개발하기 위해 변혁 지향적이다.
    • 목표와 가치를 더 높은 차원으로 고양한다.
    • 변화 의지를 키우는 방법을 모색한다.
  ㉢ 변혁적 리더의 자질 : 구성원과의 신뢰 확보, 비전 제시와 전달 능력의 보유

4) 리더십과 권력의 관계
① 리더십과 권력 관계의 개념
  ㉠ 리더십과 권력(power)은 밀접한 관계가 있다.
  ㉡ 강한 권력을 가진 리더를 따르려고 하고, 많은 사람이 따르는 리더는 강한 권력을 갖고 있다.
② 프렌치와 레이븐의 권력의 형태
  ㉠ 보상적 권력 : 구성원이 원하는 보상을 해결할 수 있는 능력을 갖추고 있다.
  ㉡ 강압적 권력 : 보상적 권력과는 반대로 처벌이나 위협을 가할 수 있다.
  ㉢ 합법적 권력 : 권력을 정당하게 행사할 수 있다.
  ㉣ 준거적 권력 : 자기보다 뛰어나다고 인식되는 사람을 존경할 때 발생한다.
  ㉤ 전문적 권력 : 특수한 분야의 전문적 기술이나 지식을 갖고 있을 때 발생한다.
  ㉥ 정보적 권력 : 구성원이 필요로 하는 정보를 갖고 있을 때 발생한다.

[인명] 프렌치(French)와 레이븐(Raven) : 미국의 심리학자로, 공동 저서인 권력의 형태 분류로 명성을 얻었다.

[참고] 권력, 권한, 권리의 개념
  1) 권력 : 남을 복종시키거나 지배할 수 있는 공인된 권리와 힘
  2) 권한 : 어떤 사람이나 기관의 권리나 권력이 미치는 범위
  3) 권위 : 남을 지휘하거나 통솔하여 따르게 하는 힘

나. 동기 부여
1) 동기 부여(motivation)의 이해
① 동기 부여의 개념
  ㉠ 구성원들이 조직의 목표를 자신의 중요한 목표 중 하나로 생각하고, 이를 달성하기 위해 자발적으로 최선을 다하도록 유도하는 과정이며, 계획을 실행에 옮기는 도구로서 역할을 한다.
  ㉡ 동기 부여는 요구→동인→유인으로 이어지는 의사결정의 기능적 관계를 말한다.
② 동기 부여의 성과 : 조직성과가 향상되며, 개인의 인성이 변화하고, 노동의 질이 향상된다.

2) 동기 부여 이론의 구분

동기 부여 이론	내용이론	동기유발 요인을 대상으로 하는 이론(욕구 단계이론, ERG이론, 2요인 이론)
	과정이론	동기유발 과정을 대상으로 하는 이론(기대이론, 공정성 이론)

[암기] 동기 부여 이론 구분 방법 : 필기시험에서 내용이론이 아닌 것 또는 기대이론이 아닌 것을 찾는 유형으로 출제된다. 외우는 방법은 《내욕이~, 과기공이다.》 - 내용이론은 욕구 단계이론, ERG이론, 2요인이론이고, 과정이론은 기대이론, 공정성 이론이다.

3) 매슬로우의 욕구 단계이론(Maslow's hierarchy of needs)

① 욕구 단계이론의 개념 : 매슬로우의 이론으로, 각 욕구는 피라미드 하단의 욕구가 충족되어야 상위 단계의 욕구가 나타난다는 것이다.

> [인명] **매슬로우(Abraham Maslow)** : 미국의 철학자이자 심리학자이다. 인본주의 심리학의 창설을 주도하였으며, '욕구 5단계'를 주장한 것으로 유명하다.

② 욕구 5단계 : 생리적 욕구 → 안전 욕구 → 애정과 소속의 욕구 → 존중의 욕구 → 자아실현 욕구

4) 앨더퍼의 ERG이론

① ERG이론의 개념 : 앨더퍼가 매슬로우의 욕구 단계이론을 확장하여 발전시킨 것이다. 높은 수준의 욕구, 낮은 수준의 욕구 모두가 어느 시점에서는 동기 부여의 역할을 한다는 것이다.

> [인명] **앨더퍼(Creiten Alderfer)** : 미국 심리학자로, 매슬로의 욕구 5단계에서 발전한 ERG 이론으로 유명하다.

② ERG이론에서 욕구 단계의 구분
  ㉠ 인간의 핵심 욕구를 존재 욕구, 관계 욕구, 성장 욕구의 3가지로 구분
  ㉡ 최상위는 성장 욕구이다.

5) 허츠버그의 2요인 이론

① 2요인(2 factor) 이론의 개념
  ㉠ 동기 요인과 위생요인 2가지로 구분할 수 있는데, 동기 요인은 동기를 적극적으로 부여하는 요인이며, 위생요인은 동기유발 정도가 동기 요인에 비해 낮은 요인을 말한다.
  ㉡ 급여를 인상하면 싫어하지는 않지만, 이는 위생요인으로, 효과는 동기 요인보다 상대적으로 낮다.

> [인명] **허츠버그(Frederick Irving Herzberg)** : 미국 심리학자로, 동기·위생요인의 2요인 이론으로 유명하다.

② 2요인 이론의 구분

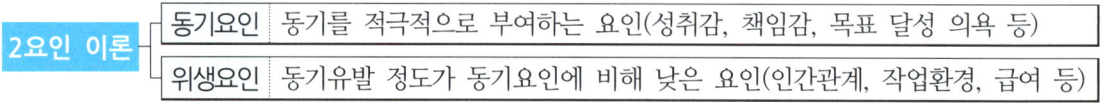

> [참고] **위생요인** : 급여가 오르면 싫어할 사람은 없지만, 동기를 크게 유발시키기에는 부족함을 느낀다는 이론

6) 브룸의 기대이론

① 기대이론의 개념
  ㉠ 개인이 조직에서 과업을 수행하는 노력은 성과가 나타날 것이라는 기대에 따라 작용한다. 성과가 있을 것이라 믿으면 노력을 강화할 것이며, 그 반대는 노력을 하지 않을 것이다.
  ㉡ 동기는 수단(instrumentality)과 기대(expectancy), 유의성(valence)의 3가지 변인으로 구성되어 있다.

> [암기] **기대이론의 변인** : 수단, 기대, 유의성(=IEV 이론)
> [인명] **브룸(Victor Harold Vroom)** : 캐나다인으로, 미국 예일 경영대학원 교수이다.

② 기대이론의 동기유발 강도 : $M=f(I \times E \times V)$의 공식 적용

③ 기대이론의 설명
  ㉠ 유의성, 수단, 기대의 3요소에 따라 동기유발 강도가 나타난다.
  ㉡ 그중 하나가 0인 경우 곱했기 때문에 동기유발 강도도 0이 된다.

7) 애덤스의 공정성 이론
㉠ 개인의 동기 요인을 자극하면 목표를 달성하기 위한 행동이 일어나고, 그 결과에 대한 보상은 지각된 공정성이 보장되어 더욱 동기의 강도가 높아진다는 이론이다.
㉡ 공정성 이론을 달리 형평성 이론이라고도 한다.

인명 애덤스(Adams) : 미국 심리학자로, 성과 분배에서 형평이 필요하다는 공정성 이론으로 유명하다.

8) 르윈의 상황 이론
㉠ 인간의 행동은 개인의 특성과 환경과의 상관관계가 있다는 측면에서 동기 부여를 설명하는 이론
㉡ 조직 경영자는 개인, 집단, 시간 및 환경과의 관계를 고려하여 동기를 부여하여야 한다.

9) 직무특성이론
① **직무특성이론의 개념** : 핵심 직무의 특성이 수행자의 성장 욕구에 부합할 때 긍정적 동기유발 효과를 초래하게 된다는 것으로 해크먼과 올드햄이 주장하였다.
② **직무특성이론에서 핵심 직무의 요소** : 기술 다양성, 직무 정체성, 직무 중요성, 과업 자율성, 피드백 등의 5가지가 핵심을 이루고 있다.

다. 커뮤니케이션

1) 커뮤니케이션(communication)의 개념
① **커뮤니케이션의 개념** : 개인 및 조직의 수준에서 메시지나 정보를 교환하고 공유하는 과정이며, 여기에는 사상·아이디어·정보·의견 및 지식 등을 포함하고, 개인·조직 간의 정보 교환의 상호 작용
② **커뮤니케이션의 구성요소** : 메시지, 커뮤니케이션 경로선택, 피드백
③ **커뮤니케이션 프로세스** : 발신자가 부호화하여 경로를 선택하면 수신자는 이를 해석하여 다시 발신자를 향해 부호화, 해석화의 과정을 거치는 피드백이 일어난다. 모든 과정에서 장애가 발생할 수 있다.

2) 커뮤니케이션 장애
① **커뮤니케이션 장애 발생원인**
　㉠ 개인적 차원 : 발신자, 수신자의 의사소통 능력의 차이로 발생
　㉡ 메시지 관련 차원 : 커뮤니케이션양의 과다, 복잡성, 시간 제약 등
　㉢ 조직적 차원 : 커뮤니케이션 내용을 여과하거나, 지체되거나, 관료적 조직구조에서 발생하며, 지리적으로 원거리일 경우 혹은 명령에 따라 움직이는 경직적 조직에서 발생
② **커뮤니케이션 장애 발생에 따른 대응 방안**
　㉠ 의사소통 능력 차이로 인한 장애 : 의사소통 능력 교육, 피드백 강화
　㉡ 정보의 양 또는 복잡, 시간 제약으로 인한 장애 : 메시지 양의 조정, 적합한 경로 개발 또는 조정
　㉢ 관료적 조직구조로 인한 장애 : 조직구조의 플랫화(평평하게 만들어간다는 의미), 비공식 채널 육성과 강화, 정보기술의 활용, 참여자의 기업문화 구축

3) 커뮤니케이션 전략 수립
① **커뮤니케이션 전략 수립 필요성** : 커뮤니케이션 장애 현상이 발생하거나, 조직의 목표 달성을 위하여 구성원들의 커뮤니케이션을 강화해야 할 때
② **커뮤니케이션 전략의 수립 절차**

❶ 인식 수준의 분석 → ❷ 장애 요인 파악 → ❸ 대응 방안 개발과 실행 → ❹ 결과평가

제4장 스포츠 파이낸싱

1. 스포츠 재무관리

가. 재무관리의 이해

1) 재무관리의 개요

① 재무관리의 개념 : 재무관리 기법을 이용하여 자본을 합리적으로 조달하고, 조달된 자본을 효과적으로 운영하는 경영활동이다.

　[참고] 재무관리의 개념 : 합리적 자본조달과 자본의 효과적 운용

② 재무관리의 목표 : 조직 가치 극대화

③ 재무관리의 기능
　㉠ 투자 결정 기능 : 미래를 위해 어디에, 얼마만큼 투자하는 것을 결정하는 기능
　㉡ 자본조달 기능 : 자산 구입, 투자에 필요한 자금의 조달 시기와 방법 등의 결정 기능
　㉢ 배당 결정 기능 : 발생 수익에 대해 주주들에게 얼마나 배당할 것인가를 결정하는 기능

2) 재무 정보의 특성

① 재무 정보의 개념 : 재무제표 등을 포함하여 경영상황에 대해 이용자에게 필요한 재정적 정보를 말한다.

② 재무 정보의 특성
　㉠ 재무 정보의 일반적 특성
　　• 목적 적합성 : 의사결정 등 정보 이용자가 필요한 목적에 적합해야 한다.
　　• 표현 충실성 : 내용이 완전하고 중립적이며, 오류가 없어야 한다.
　㉡ 재무 정보의 질적 특성
　　• 비교 가능성 : 기간 또는 다른 대상과 비교할 수 있어야 한다.
　　• 검정 가능성 : 정보에 대해 검증이 가능해야 한다.
　　• 적시성 : 이용자가 재무 정보가 필요할 때 이용할 수 있어야 한다.
　　• 이해 가능성 : 이용자가 쉽게 이해할 수 있어야 한다.

나. 화폐의 시간적 가치

1) 화폐의 시간적 가치의 이해

① 화폐의 시간적 가치의 개념 : 같은 액수의 화폐도 평가 시점에 따라 가치가 다름을 의미한다.

② 화폐의 시간적 가치 계산 방법 : 화폐의 과거, 현재, 미래의 가치를 일정 기준으로 계산하여 그 실질 가치를 비교한다.

③ 화폐의 시간적 가치 활용의 개념 : 많은 분야에 적용되지만, 투자 결정을 위해서는 꼭 필요하다. 즉 미래에 회수될 현금을 현재 시점에서 가치를 환산하여 현재 투자하는 금액보다 적으면 투자를 포기하고, 현재 투자하는 금액보다 크면 투자 결정

[암기] 화폐의 시간적 가치 계산

		현재가치 ↔ 이자율(r) ↔ 미래가치
공식	미래가치	$P_n = P_0(1+r)^n$
	현재가치	$P_0 = P_n(1+r)^{-n} = P_n/(1+r)^n$
계산	미래가치 (이자율 10%)	현재 100만원은 2년 후 얼마? $P_n = 100만원 \times (1+0.1)^2 = 121만원$
	현재가치 (이자율 10%)	2년 후 121만원은 현재 얼마? $P_0 = 121만원/(1+0.1)^2 = 100만원$

2) 화폐의 미래가치
① 화폐의 미래가치 : 현재의 일정 금액이 일정 기간이 지난 후의 가치평가
② 화폐의 미래가치 계산 방법 : 현재 특정 금액이 일정 기간이 지난 후의 가치 평가하는 것으로 이때 이자율은 복리 적용
③ 화폐의 미래가치 계산 공식

> **공식**
> 화폐의 미래가치 $P_n = P_0(1+r)^n$
> 현재의 원금 P_0를 n기간 동안 r의 이자율로 계산한 미래가치 P_n

3) 화폐의 현재가치
① 화폐의 현재가치의 개념 : 미래에 회수되는 현금을 현재 시점에서 가치 환산
② 화폐의 현재가치 계산 방법 : 미래 현금을 현재 시점에서 앞으로 일어날 이자만큼 할인하여 계산
③ 화폐의 현재가치 계산 공식

> **공식**
> 화폐의 현재가치 $P_0 = P_n(1+r)^{-n} = \dfrac{P_n}{(1+r)^n}$
> 미래의 현금 P_n는 n기간 동안 r의 이자율로 계산한 현재가치 P_0

4) 영구연금의 현재가치
① 영구연금 현재가치의 개념 : 일정 금액을 매년 만기 없이 영구적으로 지급하는 연금을 말하며, 이는 화폐의 시간적 가치를 적용해서 현재가치로 환산할 수 있다.
② 영구연금의 현재가치 계산 방법 : 영구연금이라 할지라도 50년 이후의 연금은 현재가치로 환산하면 거의 0에 가까우므로 큰 의미가 없다. 그러므로 위 공식을 적용하면 영구연금의 현재가치를 계산할 수 있다. 복잡한 설명은 생략한다. 실제 EU에서는 이를 활용한 금융상품이 판매되고 있다.
③ 영구연금의 현재가치 계산 공식

> **공식**
> 영구연금의 현재가치 = $\dfrac{매년 지급액}{이자율}$

다. 기회비용과 회계 비용
1) 기회비용의 이해
① 기회비용의 개념
  ㉠ 기회비용이란 여러 가능성 중 하나를 선택했을 때 그 선택으로 인해 포기해야 하는 것에 대한 가치의 평가액을 말한다.
  ㉡ 상대적 개념인 회계비용은 장부상의 비용을 말한다.
② 기회비용의 공식 : 기회비용=암묵적 비용+명시적 비용

2) 암묵적 비용과 명시적 비용
① 암묵적 비용 : 눈에 보이지 않는 비용, 즉 자신이 포기하는 기회의 잠재적 비용(예: 직장을 사직하므로 발생할 수 있었던 연봉)
② 명시적 비용 : 장부상 기록이 가능한 실제 지출 비용을 말하며, 이를 달리 회계 비용이라고 한다.(예: 인건비, 임대료 등)

2. 스포츠 재무분석

가. 스포츠 재무분석의 이해

1) 스포츠 재무분석의 개요

① **스포츠 재무분석의 개념** : 스포츠조직의 재무 활동에 대해 분석하여, 자금과 관련된 경영활동을 평가하고, 향후 조직 운영을 위한 의사결정에 도움을 주려는 활동

② **재무제표**
  ㉠ 재무제표의 개념 : 경영활동을 수행하면서 자본의 흐름이나 상태를 나타내는 장표
  ㉡ 재무제표의 종류 : 재무상태표, 손익계산서, 이익잉여금처분계산서(결손금처분계산서), 현금흐름표

2) 재무상태표

① **재무상태표(statement of financial position)의 개념** : 특정 시점에 있어서 기업의 재무 상태를 나타내는 기본 재무제표를 말하며, 구성요소는 자산, 부채 및 자본이다.

> [참고] 재무상태표 : 오랫동안 대차대조표(B/S, balance sheet)라고 하였다.

② **재무상태표 작성 기준** : 자산 = 부채 + 자본

③ **자산**
  ㉠ 자산의 개념 : 특정 실체가 소유 또는 통제받고 있는 장래의 경제적 효익
  ㉡ 자산의 종류

구분		내용
고정자산	투자자산	장기금융상품, 투자 유가증권, 장기대여금, 장기성 매출채권, 투자부동산, 보증금, 이연법인세 등
	유형자산	토지, 건물, 구축물, 선박, 기계장치 등
	무형자산	영업권, 산업재산권, 광업권, 어업권, 개발비 등
유동자산	당좌자산	현금, 현금 등가물, 단기금융상품, 유가증권, 매출채권, 단기대여금, 미수금, 미수수익, 선급금, 선급비용
	재고자산	상품, 제품, 반제품, 재공품, 원재료, 저장품 등
	기타 유동자산	선급금, 선급비용

④ **부채**
  ㉠ 부채의 개념 : 과거 거래의 결과로 자산이나 용역을 제공해야 할 의무
  ㉡ 부채의 종류

구분	내용
유동부채	매입채무, 단기차입금, 미지급금, 선수금, 예수금, 미지급비용, 선수수익, 단기부채성 충당금 등
고정부채	사채, 장기차입금, 장기 부채성 충당금, 장기매입채무, 이연법인세, 퇴직급여충당금 등

⑤ **자본**
  ㉠ 자본의 개념 : 자산에 대한 소유주의 청구권으로 소유주 지분을 의미
  ㉡ 자본등식 : 자본 = 자산−부채
  ㉢ 자본의 종류

구분	내용
자본금	보통주 자본금, 우선주 자본금
자본잉여금	주식발행 초과금, 감자차익, 기타자본잉여금 등
이익잉여금	이익준비금, 법정적립금, 임의적립금, 차기이월이익잉여금
자본조정	주식할인발행차입금, 배당건설이자, 자기주식, 매도가능증권 평가손익, 미교부 주식배당금

⑥ 재무상태표 종합

차변		대변	
투자 결정 ⇨	유동자산 고정자산	유동부채 고정부채 자본	자금 조달 ⇦
	자산총계	부채와 자본총계	

> **암기** 재무상태표와 손익계산서
> • 재무상태표 : 특정 시점의 재무 상태
> • 손익계산서 : 일정 기간의 경영성과

3) 손익계산서
① **손익계산서의 개념** : 일정 기간 경영성과를 나타내는 재무 보고서
② **손익계산서 구성요소** : 수익과 비용
③ **수익** : 일정 기간 경영활동의 결과로 발생한 현금 및 자산의 유입
④ **비용** : 수익을 발생시키는 과정에서 소모된 자산이나 용역의 원가
⑤ **수익의 종류**

구분	내용
영업수익	영업수익
영업외수익	이자수익, 배당금 수익, 임대료, 유가증권 처분 이익, 유가증권 평가 이익, 외환 차익, 외화환산이익, 평가 이익 등
특별이익	비경상적으로 발생한 영업외수익, 자산수증이익, 보험차익, 채무면제이익

⑥ **비용의 종류**

구분	내용
매출원가	기초 상품 재고액, 당기 매입액, 기말 상품 재고액
판매비와 관리비	급여, 임차료, 접대비, 광고 선전비, 연구비, 무형자산 상각비, 대손상각비 등
영업외비용	이자, 대손상각비, 유가증권 처분손실, 유가증권 평가손실, 재고자산평가손실 등
특별손실	비경상적으로 발생한 영업외비용, 재해손실 등
법인세	법인세

4) 이익잉여금처분계산서
① **이익잉여금처분계산서의 개념** : 한 해 동안 벌어들인 수익을 이익잉여금을 통해 분배하여 기록하는데 사용되는 재무 보고서
② **이익잉여금처분계산서 계산 공식** : 당기 말 처분전이익잉여금+임의적립금 이입액-이익잉여금 처분액= 차기이월이익잉여금
③ **결손금처리계산서** : 이익이 발생하지 않고, 손실이 발생하면 결손금처리계산서를 작성한다.

6) 현금흐름표
① **현금흐름표의 개념** : 일정 기간 중의 현금(현금 등가물 포함)의 유입과 유출에 관한 자료를 제공하는 재무 보고서
② **현금흐름표의 작성 목적** : 영업활동, 투자 활동, 재무 활동에 관한 자료를 제공하므로 대차대조표 및 손익계산서가 제공하지 못하는 현금 변동의 원인을 설명

나. 비율분석

1) 비율분석의 개요
① **비율분석의 개념** : 재무제표에 나타난 특정 항목의 수치를 다른 항목의 수치로 나누어 계산하여 조직의 재무 상태 및 경영성과 분석에 사용
② **비율분석의 종류** : 유동성 비율, 레버리지 비율, 활동성 비율, 수익성 비율, 생산성 비율

> **경향** 비율분석의 출제 경향 : 비율분석에서는 많은 공식이 나온다. 이를 모두 외울 것인가? 아니면 자주 출제되는 부분만 외울 것이냐 하는 문제는 수험생들이 겪어야 하는 과제이다. 이제까지 필기시험에서 출제된 경우를 보면 유동성 비율이 대부분을 차지하고 있고, 가끔 수익성 비율도 출제되고 있다. 실기시험에서는 유동성 비율의 개념과 공식을 적는 문제가 출제된 일도 있다.

2) 유동성 비율
① **유동성 비율의 개념** : 조직의 단기적 채무 지급능력을 측정하기 위한 비율 또는 돈을 빌린 금융기관이나 채권자가 반환을 요구할 때 이를 갚을 수 있는 능력을 비율로 나타낸다. 즉 조직이 보유하고 있는 총자산 가운데 단기간에(보통 1년 이내) 현금으로 전환할 수 있는 자산 비중을 의미
② **유동성 비율의 종류** : 유동비율과 당좌비율 등

㉠ 유동비율
- 유동자산을 유동부채로 나눈 비율로, 단기간 내(1년 이내)에 현금화할 수 있는 자산과 1년 이내에 상환해야 할 부채를 비교한 것이다. 유동비율이 크면 클수록 조직이 단기간 내 부채를 지급할 수 있는 능력이 양호한 것으로 평가된다. 일반적으로 200% 이상이면 유동성이 양호한 것으로 평가한다.
- 유동비율 공식

공식 $$유동비율(\%) = \frac{유동자산}{유동부채} \times 100$$

> **암기** 유동비율 : 유동비율은 공식을 꼭 외워야 한다. 유동자산이 분자이다. 외우는 방법은 〈탤런트 유동근(부)은 아들(자)을 목말 태워 가고 있다.〉

㉡ 당좌비율
- 유동자산 중에서 재고자산을 뺀 부분을 유동부채로 나눈 것으로, 조직이 재고자산을 처분하지 않고서도 채무를 이행할 수 있는가를 나타낸다.
- 당좌비율 역시 유동비율처럼 크면 클수록 기업의 단기 부채 지급능력이 좋은 것으로 평가되며, 일반적으로 100% 이상이면 양호한 것으로 평가한다.
- 당좌비율 공식

공식 $$당좌비율(\%) = \frac{유동자산-재고자산}{유동부채} \times 100$$

> **암기** 당좌비율 : 유동비율에서 분자를 유동자산에서 재고자산을 빼고 계산한다.

3) 레버리지 비율
① **레버리지 비율의 개념** : 안정성 비율을 나타내는 것으로, 전체자본 중 타인자본을 나타내는 비율

> **용어** 레버리지(leverage) : 레버리지란 지렛대, 지렛대 효과 등을 의미하며, 지렛대는 안정성을 전제로 한다. 그러므로 안정성 비율분석이라고도 한다. 다른 비율분석은 우리말을 사용하지만, 레버리지 비율은 유독 영어를 사용하고 있다.

② **레버리지 비율의 목적** : 부채의 상환 능력을 측정하는 것으로, 조직이 보유하고 있는 총자산 가운데 단기간에(보통 1년 이내) 현금으로 전환할 수 있는 자산의 비중을 의미

③ 레버리지 비율의 종류 : 부채비율과 이자보상비율 등
  ㉠ 부채비율 : 총자본을 구성하고 있는 자기자본과 타인자본의 비율을 말한다. 이때 채권자, 즉 채권을 산 사람은 부채비율이 낮으면 낮을수록 유리하지만, 주식투자자들로서는 반드시 낮다고 좋거나, 높다고 나쁜 것은 아니다. 이유는 부채비율이 높은 가운데 경기가 좋으면 주주에게 돌아가는 이익이 확대되기 때문이다.

  공식: $부채비율(\%) = \dfrac{타인자본}{자기자본} \times 100$

  ㉡ 이자보상비율 비율 : 타인자본의 사용으로 발생하는 이자가 재정적으로 어느 정도 부담하고 있는지를 나타내는 비율이다. 이때 평가되는 이자는 세금을 내기 전 이익에서 지출이 되므로 이자 지급능력은 세금의 영향을 받지 않는다.

  공식: $이자보상비율(\%) = \dfrac{이자\ 및\ 납세전이익}{이자} \times 100$

4) 활동성 비율

① **활동성 비율의 개념** : 기업이 자산을 얼마나 효율적으로 활용하고 있는가를 나타내는 비율
② **활동성 비율의 목적** : 매출액에 대한 중요 자산의 회전율
③ **활동성 비율의 종류** : 재고자산회전율, 매출채권회전율, 고정자산회전율, 총자산 회전율
  ㉠ 재고자산회전율 : 매출액을 재고자산으로 나눈 값이다. 재고자산이 특정 기간에 몇 번이나 현금 또는 매출채권으로 전환되었는가를 나타낸다. 재고자산회전율이 높을수록 생산 및 판매 활동이 효율적으로 수행되고 있다고 평가

  공식: $재고자산회전율(회) = \dfrac{매출액}{재고자산} \times 100$

  ㉡ 매출채권 회전율 : 매출액을 외상 매출금으로 나눈 값이다. 매출액이 동일한 스포츠조직 중에 외상 매출금이 작은 조직이 매출채권관리를 더 잘하고 있다고 평가된다. 즉, 매출채권회전율은 높을수록 효율적 자산 활용 방법

  공식: $매출채권회전율(회) = \dfrac{매출액}{매출채권} \times 100$

  ㉢ 고정자산회전율 : 매출액을 고정자산으로 나눈 값으로, 이 비율이 높을수록 고정자산 활용이 좋다.

  공식: $고정자산회전율(회) = \dfrac{매출액}{고정자산} \times 100$

  ㉣ 총자산 회전율 : 매출액을 총자산으로 나눈 값으로, 총자본회전율이라고도 불린다. 이는 총자본이 총자산과 같기 때문이다. 이 비율은 조직이 총자산의 효율적 이용을 나타낸다.

  공식: $총자산\ 회전율(회) = \dfrac{매출액}{총자산} \times 100$

5) 수익성 비율
① **수익성 비율의 개념** : 조직이 투자한 자본 대비 이익 달성도 측정
② **수익성 비율의 종류** : 총자본 순이익률(ROI, return on investment), 매출액 순이익률(ratio of net income to net sales), 자기자본순이익률(ROE, return on equity)
 ㉠ 총자본 순이익률 : 기업의 수익성을 대표하는 비율로 순이익을 총자본으로 나눈 값이다. 투자수익률 ROI는 조직의 목표를 투자수익률로 하여 이에 영향을 미치는 다양한 재무 요인을 체계적으로 관찰하여 문제를 일으키는 재무 요인을 발견, 통제하는 방법으로 사용되고 있다. ROI의 공식은 순이익 대비 총자본의 비율이다.

> **ROI 공식**: 투자수익률(총자본순이익률)(%) = $\dfrac{순이익}{총자본} \times 100$

 ㉡ 매출액 순이익률 : 경영활동 성과를 총괄적으로 파악하는 비율로 순이익을 매출액으로 나눈 값

> **공식**: 매출액순이익률(%) = $\dfrac{순이익}{매출액} \times 100$

 ㉢ 자기자본순이익률 : 순이익을 자기자본으로 나눈 값으로 자기자본 수익률(ROE)이라고 한다.

> **ROE 공식**: 자기자본순이익률(%) = $\dfrac{순이익}{자기자본} \times 100$

6) 생산성 비율
① **생산성 비율의 개념** : 생산을 위해 투입한 전체 생산요소에 대한 산출량 비율
② **생산성 비율의 목적** : 경영활동의 효율성과 합리적인 성과 배분 분석에 이용
③ **생산성 비율의 종류** : 노동 생산성과 자본 생산성
 ㉠ 노동 생산성 : 종업원 1인당 부가가치생산액이다. 노동 생산성이 높다는 것은 그만큼 노동력이 효율적으로 이용되고, 많은 부가가치를 산출한다는 의미

> **공식**: 노동 생산성(원) = $\dfrac{부가가치}{종업원\ 수}$

 ㉡ 자본 생산성 : 조직이 총자본을 투자해서 운영한 결과로 얻어진 부가가치액을 나타내는 것이다. 새로운 투자가 없는데도 이 수치가 커지면 노동 생산성이 높아지는 것으로 해석

> **공식**: 자본 생산성(%) = $\dfrac{부가가치}{총자본} \times 100$

7) 비율분석 종합

구분	개념	기법
유동성 비율	유동자산을 유동부채로 나눈 비율로서 단기간 내(1년 이내) 현금화 자산과 1년 이내에 상환해야 할 부채를 비교	유동비율 당좌비율
레버리지 비율	안정성 비율이라고 불리는데, 전체자본 중 타인자본 의존을 나타낸다.	부채비율 이자보상비율
활동성 비율	자산의 효율적 운영상태를 나타내는 비율로, 매출액에 대한 중요 자산의 회전율로 계산한다.	재고자산회전율 매출자산회전율 고정자산회전율 총자산회전율

수익성 비율	투자 자본 대비 이익 달성도를 나타낸다.	총자본수익률 매출액순이익률 자기자본순이익률
생산성 비율	투입 생산요소에 대한 산출량을 비율로, 경영의 효율성 또는 합리적인 성과 배분 분석에 이용한다.	노동 생산성 자본 생산성

경향 **비율분석의 출제 경향** : 비율분석의 5가지 종류 중 이제까지 필기시험에 출제된 부분은 유동성 비율과 수익성 비율뿐이다. 아울러 실기시험에도 출제되는 부분이다.

다. 손익분기점 분석과 레버리지 분석

1) 손익분기점(BEP, break even point) 분석

① **손익분기점의 개념**
   ㉠ 수익과 비용이 일치하여 이익도 손해도 발생하지 않는 상태의 분기점
   ㉡ 매출과 매출 발생으로 소요된 비용이 일치되는 점으로, 투입된 비용을 완전히 회수할 수 있는 판매량이 얼마인가를 나타낸다.
   ㉢ 손익분기점 이상의 매출을 올리면 총수입 증가분으로 인해 이익이 발생하며, 판매량이 그 이하이면 총비용으로 인해 손실이 발생한다.
   ㉣ BEP 분석은 비용, 이익 등의 상호관계를 분석한다.
   ㉤ BEP 분석을 CVP(cost volume profit) 분석이라고도 한다.

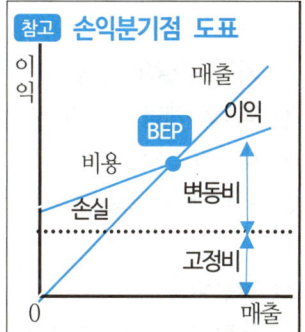
참고 **손익분기점 도표**

② **고정비와 변동비, 한계비용**
   ㉠ 고정비 : 생산 수량의 증감과 관계없이 항상 필요한 것으로, 임대료, 급여 등이다.
   ㉡ 변동비 : 생산 수량에 따라 비용이 변하는 것으로, 대표적인 경우가 원재료비 등
   ㉢ 한계비용 : 생산을 1단위 추가할 때 필요한 총비용의 증가분을 말한다.

③ **손익분기점 분석 목적** : 매출액과 영업비용의 관계를 고려하여 매출액이 얼마만큼 되어야 영업비용을 제외하고, 이익이 발생하는가를 파악하기 위해 사용

④ **손익분기점 분석을 위한 가정** : 비용은 고정비와 변동비로 구성되어 있고, 생산 능력 범위 내에서 고정비는 일정하고, 단위당 판매가격과 영업비용은 일정하다는 가정이 전제

⑤ **손익분기점 계산 공식**

공식	수량의 손익분기점 = 총고정비/단위당 분담 고정비
	금액의 손익분기점 = 총고정비/{1-(단위당 변동비/단위당 판매가격)}

2) 레버리지 분석

① **레버리지 분석에서 사용하는 용어의 개념**
   ㉠ 레버리지(leverage) : 레버리지란 지렛대를 의미하므로, 투자에서 자기자본만 투자할 수 있고, 타인자본을 빌려 투자하기도 한다. 이때 타인자본은 지렛대 역할을 하여 더 큰 투자가 가능하다. 여기서 지렛대 역할을 레버리지라고 한다.
   ㉡ 레버리지 분석 : 고정비 사용 시 매출액 변화에 따른 이익 변화 현상을 파악하기 위한 분석

② **레버리지의 구분**
   ㉠ 영업 레버리지 : 고정자산을 보유함으로 인해 고정 영업비용을 부담한 상태에서의 레버리지
   ㉡ 재무 레버리지 : 타인자본을 사용함으로써 고정 재무비용을 부담하는 상태에서의 레버리지
   ㉢ 결합 레버리지 : 영업 레버리지와 재무 레버리지를 결합한 상태의 레버리지

③ 레버리지 분석의 원리
　㉠ 영업 레버리지는 매출액과 영업이익의 관계에 영향을 미친다.
　㉡ 매출액 증가율보다 영업이익 증가율을 높이기 위해서는 고정자산의 비중을 늘려야 한다.
　㉢ 변동원가보다 고정원가의 비중이 클수록 영업이익 증가율이 커진다.
　㉣ 영업 레버리지가 크면, 매출액 증가율이 같더라도 영업이익 증가율이 더 커진다.
　㉤ 재무 레버리지는 영업이익과 당기순이익의 관계에 영향을 미친다.
　㉥ 이자 비용이 많이 들수록 재무 레버리지도 커진다.
　㉦ 당기순이익 증가율을 높이기 위해 부채(이자 비용) 비중을 늘려야 한다.

3. 투자 결정 및 자본조달

가. 자금 조달

1) 자금 조달의 개념
① 자금의 개념 : 조직 운영을 위해 필요한 운영비
② 자금 조달의 방법 : 조직 내부 혹은 조직 외부에서 조달
③ 조직 내부 조달 방법 : 유보금 활용

2) 자본비용
① 자본비용의 개념 : 자본조달의 대가로 투자자에게 지급하는 비용
② 자본비용의 구분
　㉠ 자기 자본비용
　　• 자본을 투자했으면 이에 상응하는 대가를 지급해야 한다.
　　• 자기자본에도 자본비용을 지급하는 것은 만약 자본을 다른 곳에 투자했다면 일정 수익을 올릴 수 있었던 것에 대한 기회비용의 개념을 적용하기 때문이다.
　㉡ 타인 자본비용
　　• 타인자본이란 차입금이나 사채와 같이 외부로부터 조달한 자본에 대한 비용이다.
　　• 재무상태표에서 타인자본은 부채로 나타나고, 자기자본은 자본에 포함된다.

3) 타인자본 비율
① 타인자본 비율의 개념
　㉠ 타인자본의 이자는 회계 처리할 때 비용으로 처리되므로, 만약 이자 지급이 없었다고 가정하면 이에 해당하는 금액만큼 영업이익이 증가하여 법인세를 내야 한다.
　㉡ 실제 타인자본에 대한 이자율은 법인세가 줄어든 만큼 타인자본 비율을 줄일 수 있게 된다. 이를 적용한 것이 타인자본 비율이다.
② 타인자본 비율 계산 공식 : 타인자본 비율=실제 부채에 대한 이자율×(100-법인세율 %)

4) 자금의 외부 조달 방법
① 직접금융 : 주식발행, 채권발행, 회원권 판매, 스폰서십, 민자유치, 기금 지원
② 간접금융 : 은행차입, 기업어음, 매입채무

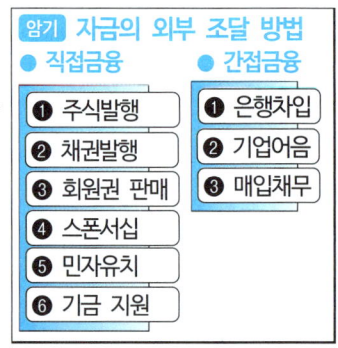

나. 투자 결정

1) 현금 흐름
① **현금 흐름의 개념** : 순수입과 실제 지급하지 않은 외상 등을 제외하고 실제 현금이 들어오거나, 나갈 내용을 계산하며, 재무 의사결정 시 가장 먼저 고려해야 한다.
② **현금 흐름의 추정 원칙**
　㉠ 현금 흐름의 대상은 주로 영업수익에서 영업비용을 빼고 적용
　㉡ 감가상각비는 현금 지출이 아니므로 현금 흐름에 포함하지 않는다.
　㉢ 법인세 납부 이후의 현금 흐름 적용
　㉣ 증분 현금 흐름을 기준으로 적용
　　참고 **증분 현금 흐름** : 현금 흐름의 추정 원칙에서 증분 현금 흐름이란 투자를 결정하므로 발생되는 조직 전체의 현금 흐름 변화를 말한다.

2) 투자 결정 과정
① **투자 결정 과정의 중요성** : 스포츠조직의 투자 결정은 기간과 소요 금액 등이 크므로 중요하고, 합리적 의사결정을 위해 필요
② **투자 결정의 4단계**
　㉠ 투자 대상조사 : 투자 기회 발견을 위한 투자 안 조사
　㉡ 대상별 현금흐름 추정 : 투자대상으로부터 향후 기대 현금 흐름 추정
　㉢ 타당성 평가 : 투자안에 대한 타당성 평가
　㉣ 투자 결정 및 재평가 : 투자 후 진행 과정을 검토, 평가, 통제

3) 투자 결정 기법
① **투자 결정 기법의 개념** : 투자 결정 과정에서 투자 여부를 결정할 때 타당성 혹은 경제성을 검토하기 위해 적용하는 기법
② **이상적 투자 결정 기법**
　㉠ 현금 흐름의 고려　　㉡ 화폐의 시간적 가치 반영
　㉢ 복합적 투자안은 결합 평가 ㉣ 가치 극대화를 위한 투자 안 선택

> 암기 **이상적 투자 결정 기법**
> ❶ 현금 흐름의 고려
> ❷ 화폐의 시간적 가치 반영
> ❸ 복합적 투자안은 결합 평가
> ❹ 가치 극대화 위한 투자 안 선택

③ **투자 결정 기법의 종류**

구분	확실성 하의 투자 결정 기법		불확실성 하의 투자 결정 기법
	화폐의 시간적 가치 고려	화폐의 시간적 가치 미고려	
내용	순현재가치법 수익성지수법 내부수익률법	자본회수기간법 회계적 이익률법	위험조정할인율법 확실성등가법

다. 확실성 하의 투자 결정

1) 자본회수기간법(payback period method)
① **자본회수기간법의 개념** : 최초 투자금액을 회수하는 소요 기간을 계산 결정하는 방법으로 자본회수기간이 짧으면 투자 비용을 빨리 회수한다는 의미
② **계산 결과 적용 방법**
　㉠ 단일투자안의 경우 : 투자안의 자본회수기간을 미리 정한 최장 또는 목표 회수 기간과 비교하여 그 기간이 자본 회수 기간보다 짧으면 투자안 선택
　㉡ 복합투자안의 경우 : 자본 회수 기간이 짧은 투자안을 선택

③ 자본회수기간법의 장단점
　㉠ 장점
　　• 평가 방법이 간단하고, 이해하기 쉽다.
　　• 회수 기간 계산이 간편하다.
　　• 회수지표의 정보를 제공한다.
　㉡ 단점
　　• 회수 기간 이후에 일어날 현금흐름을 고려하지 못한다.
　　• 독립된 투자안을 결정할 때 회수 기간을 주관적으로 결정하므로 객관적 기준을 정할 수 없다.

> **암기 자본회수기간법**
> ● 장점
> ❶ 평가 방법의 간단명료
> ❷ 회수 기간 계산이 간편
> ❸ 회수지표 정보를 제공
> ● 단점
> ❶ 회수 기간 이후의 현금흐름 미고려
> ❷ 주관적 기간 결정으로 객관적 기준 미흡

2) 회계적 이익률법(ARR, accounting rate of return method)

① 회계적 이익률법의 개념 : 미래의 연평균 수익을 연평균 투자액으로 나눈 비율로 계산하여 조직이 미리 정한 회계적 이익률보다 높은 투자안은 채택하고, 낮으면 기각한다.

② 회계적 이익률법의 공식

공식　$ARR = \dfrac{\text{장부상 연평균 순이익}}{\text{연평균 순투자액}} \times 100$　　ARR : 회계적 이익률, 연평균 투자액은 총투자액의 1/2 적용

③ 회계적 이익률법의 장단점
　㉠ 장점 : 계산이 간단하고, 이해가 쉽고, 회계장부에 기록되어 있어 자료 획득이 쉽다.
　㉡ 단점 : 화폐의 시간적 가치와 현금흐름을 고려하지 못한다.

> **암기 회계적 이익률법의 장단점**
> ❶ 계산이 간단하고, 쉽게 이해할 수 있는 장점
> ❷ 장부에 기록되어 있어 자료 획득이 쉬운 장점
> ❸ 화폐의 시간적 가치와 현금흐름을 고려하지 않는 단점

④ 회계적 이익률법의 계산 결과 적용 방법
　㉠ 단일투자안 : 투자안의 회계적 이익률이 미리 정한 목표이익률보다 큰 경우 투자안을 채택하고, 적으면 기각
　㉡ 복합투자안 : 회계적 이익률이 가장 큰 투자안을 선택

3) 순현재가치법(NPV, net present value)

① 순현재가치법의 개념
　㉠ 투자로 인해 발생하는 미래의 현금유입액을 적절한 자본비용으로 할인한 현재가치에서 현재 투자로 인한 현금유출을 공제한 금액으로 투자안을 측정하는 방법
　㉡ 순현재가치가 0보다 크면 투자 가치가 있으므로 투자를 결정한다.
　㉢ 2개 이상의 투자안을 비교할 때는 가장 큰 순현재가치의 투자안을 선택한다.

② 순현재가치법의 공식

NPV 공식　$NPV = PV(c_i) - PV(c_o) = \sum \dfrac{CF_t}{(1+R)^t} - I_o$　$PV(c_i)$: 현금 유입의 현재가치, $PV(c_o)$: 현금유출의 현재가치, CF_t : t기의 현금 유입, I_o : 투자액, R : 할인율

③ 순현재가치법의 장점
　㉠ 화폐의 시간적 가치를 고려한다.
　㉡ 투자로 인해 예상되는 미래현금흐름과 자본의 기회비용에 의해 투자안을 평가
　㉢ 투자안이 회계적 이익보다 발생되는 현금에 초점을 맞추므로 투자안의 가치평가에서 경영자의 자의성 혹은 회계상의 임의성을 배제할 수 있다.
　㉣ 기업가치 극대화라는 기업목표와 부합된다.
　㉤ 가치 가산성의 원리가 적용된다.

> **암기 순현재가치법의 장점**
> ❶ 화폐의 시간적 가치 고려
> ❷ 미래현금흐름과 자본의 기회비용으로 투자 평가
> ❸ 경영자 자의성과 회계상 임의성 배제
> ❹ 기업가치 극대화의 기업목표와 부합
> ❺ 가치 가산성의 원리 적용

4) 수익성 지수법(PI, profitability index)
① **수익성 지수법의 개념** : 순현재가치법이 절대 금액으로 투자안을 결정하는 데 비해 수익성 지수법은 투자비 1에 대한 현금 유입을 계산하는 방법
② **수익성 지수법의 공식**

$$\text{PI 공식} \quad PI = \frac{\text{현금 유입의 현재가치}}{\text{현금유출의 현재가치}}$$

③ **수익성 지수법 계산 결과 적용 방법**
   ㉠ 단일투자안 : PI>0이면 투자를 결정하고, 아니면 기각
   ㉡ 복합투자안 : 가장 큰 PI의 투자안을 선택
④ **수익성 지수법 계산 결과평가**
   ㉠ 투자안의 규모를 고려할 수 없으므로 서로 다른 투자안의 평가 때 순현재가치법과 상반된 결과가 나타날 수 있다.
   ㉡ 순현재가치법은 절대 금액으로 경제성을 평가하는 반면 수익성 지수법은 상대 비율로 경제성을 평가

5) 내부수익률법(IRR, internal rate of return)
① **IRR의 개념**
   ㉠ 투자로 인해 발생하는 현금유입의 현재가치와 현금유출의 현재가치를 일치시키는 할인율을 계산하여 이를 미리 정해 놓은 내부수익률과 비교하여 투자 여부를 결정하는 방법
   ㉡ 위에서 현금유입의 현재가치와 현금유출의 현재가치를 일치시키는 할인율이란 순현재가치를 0으로 하는 할인율 IRR을 구하여 이를 요구수익률과 비교하여 투자를 결정하는 방법
   ㉢ 내부수익률은 자본을 투자하여 수익률을 내고자 하는 목표치를 말한다.
   ㉣ 내부수익률보다 높게 나타나면 투자를 결정하고 낮게 나타나면 투자하지 않는다.
   ㉤ 2개 이상의 배타적인 투자안을 놓고 내부수익률법을 적용하면 수익률이 가장 큰 투자안을 채택
② **IRR의 공식**

$$\text{IRR 공식} \quad 0 = \sum \frac{CF_t}{(1+IRR)^t} - I_o \quad CF_t : t\text{기의 현금흐름}, \; I_o : \text{투자액}, \; IRR : \text{할인율}$$

6) 투자 결정 기법의 비교
① **의미** : 앞에서 이상적인 투자안 결정 기법의 조건을 설명하였는데 각각의 투자 결정 기법들이 어떤 조건에 만족한 것인가를 비교한 것이다.
② **투자 결정 기법의 비교** ※ 보기 : ○는 적용 가능한 경우, × 적용이 어렵거나, 불가능한 경우

구분 \ 기법	자본회수기간법	회계적이익률법	내부수익률법	수익성지수법	순현재가치법
현금 흐름의 고려	×	○	○	○	○
화폐의 시간적 가치 반영	×	×	○	○	○
복합적 투자안의 경우 결합 평가	×	×	×	○	○
가치 극대화를 위한 투자 안 선택	×	×	×	○	○

③ **결론** : 투자분석기법 가운데 순현재가치법이 가장 우월하다는 것을 알 수 있다.

라. 불확실성 하의 투자 결정

1) 용어의 개념
① **불확실성 하의 투자 결정의 개념** : 투자로 인해 미래현금흐름의 변동 가능성이 존재하기 때문에 투자를 결정할 때 이를 고려하여 투자를 결정하는 기법으로, 위험조정할인율법과 확실성 등가법 등이다.
② **불확실성 하의 투자 결정의 적용 방법** : 두 방법 모두 순현재가치법에 따라 투자 결정을 하는 방법인데 위험조정할인율법은 현금유입의 현재가치를 산출할 때 분모의 할인율을 조정하지만, 확실성 등가법의 경우 분자에 해당하는 현금흐름을 조정

2) 위험조정할인율법
① **개념** : 불확실한 현금흐름을 고려하여 할인율을 높게 책정하여 계산하는 방법이다. 현금흐름이 확실할 경우 현금흐름의 가치를 무위험이자율을 이용하지만, 위험이 있으면 투자로부터 예상되는 현금흐름을 위험에 따라 조정 할인율을 적용한다.
② 공식

공식	위험조정할인율법 = $\sum \dfrac{CF_t}{(1+R)^t}$ CF_t : t기의 현금 유입 R : 할인율(투자안에 대한 불확실성을 고려하여 위험이 많은 투자안에는 큰 할인율, 위험이 적은 투자안에는 적은 할인율을 적용)

3) 확실성 등가법
① **개념** : 불확실한 미래의 현금흐름을 확실성에 따를 정도로 조정한 후 무위험이자율을 할인율로 적용
② 공식

공식	확실성 등가계수 $a_t = \dfrac{CEQ_t}{C_f}$ a_t : t기의 확실성 등가계수, CEQ_t : t기의 확실한 현금흐름 C_f : t기의 불확실한 현금흐름

제5장 스포츠 이벤트와 생산관리

1. 스포츠 이벤트

가. 스포츠 이벤트의 이해

1) 스포츠 이벤트의 개요

① **스포츠 이벤트의 개념** : 스포츠와 관련된 기업 혹은 조직이 고유목적을 달성하기 위하여 미리 계획을 수립하여 시간과 공간을 정하고, 많은 사람에게 이를 경험하게 하는 커뮤니케이션 활동으로, 비일상적인 특별한 행사를 지칭한다.

> [참고] **이벤트의 일반적 개념** : 이벤트라는 용어는 일상생활에서 많이 사용하고 있지만 정확한 개념이 정립되어 있지 않은 상태이다. 주로 비일상적 활동이라고 정의하고 한다.

② **스포츠 이벤트의 특성**
  ㉠ 현장성 : 현장에 직접 참여하여 경험 체득
  ㉡ 체험성 : 체험을 통한 감각적 자극을 획득
  ㉢ 상호 교류성 : 쌍방향 커뮤니케이션을 통해 신뢰와 교류
  ㉣ 감성에 호소 : 감성을 자극하여 감동을 끌어내고자 함
  ㉤ 통합성 : 사회, 문화 등 각 영역을 넘어 주제로 통합화

③ **스포츠 이벤트의 목적**
  ㉠ 구분 : 스포츠 이벤트의 목적은 개인, 기업 및 사회적으로 각각 다르다.
  ㉡ 개인 : 이벤트 참가를 통해 즐거움 추구와 새로운 가치관과 삶의 활력을 얻는다.
  ㉢ 기업 : 고객과의 커뮤니케이션 방법으로 활용, 경쟁자와의 차별화를 꾀하고, 소비자들에게 좋은 이미지 인지를 위한 방법
  ㉣ 사회 : 산업발전, 조직 발전, 이미지 개선, 국제 교류 활성화에 기여

④ **스포츠 이벤트의 구성요소** : 선수, 팀, 심판, 관중

2) 스포츠 이벤트의 분류

① **스포츠 이벤트의 분류**
  ㉠ 관람형 이벤트 : 스포츠 관람을 통한 이벤트 참여(경기개최 및 관람)
  ㉡ 참여형 이벤트 : 스포츠 활동에 참여하는 이벤트(마라톤, 스키 등의 참여)
  ㉢ 강습형 이벤트 : 특정 종목의 기술을 배우려고 참여한 이벤트(수영 등의 강습)

② **관람형 스포츠 이벤트의 특징**
  ㉠ 관람형 스포츠 이벤트는 직접 관람과 간접관람(TV 시청 등)으로 구분
  ㉡ 간접관람 방식이 많다.
  ㉢ 기업 이익의 사회 환원, 이미지 향상, 판매촉진 등을 목적으로 매스미디어를 이용하여 대중에게 관전의 즐거움을 제공한다.

③ **관람형 스포츠 이벤트 개발 고려사항**
  ㉠ 관람자에게 감동을 부여할 수 있도록 기획
  ㉡ 관람자의 공감을 얻어야 한다.
  ㉢ 관심 유발을 위한 오락적 요소를 가미하면 좋다.

나. 스포츠 이벤트의 실행

1) 스포츠 이벤트의 실행 절차

기획 단계			실행단계	평가단계	피드백단계
❶ 기본계획 수립 →	❷ 기본계획 확정 →	❸ 세부 계획 수립 →	❹ 실행 →	❺ 평가 →	❻ 피드백

2) 스포츠 이벤트의 기획과 실행
① **기획 구성** : 시간 기획, 공간 기획, 예산 기획 및 템포 기획 등
② **기획에 포함되어야 할 사항** : 개최목적, 이벤트 규모, 장소, 일정, 추진 조직, 소요 예산, 기타
③ **기획의 절차** : 도입 단계 → 실행계획 수립 단계 → 실시단계 → 평가단계
④ **스포츠 이벤트의 실행 시 고려사항**
  ㉠ 이벤트의 목적 ㉡ 프로그램 및 진행 계획 ㉢ 참가자의 특징
  ㉣ 시설물 사용규칙 ㉤ 시간 제약과 예산의 한계

다. 스포츠 이벤트의 효과

1) 스포츠 이벤트 개최의 수입원
  ㉠ 직접 수입원 : 입장료 수입, 광고 수입, 스폰서 및 라이선싱 수입, 방송중계권 수입
  ㉡ 간접 수입원 : 개최자 또는 구단의 자산 가치 상승 수입

2) 스포츠 이벤트의 효과
  ㉠ 경제적 효과 : 산업발전에 기여, 소득증대, 고용 창출
  ㉡ 사회적 효과 : 안정을 통한 국민통합, 국제 교류의 촉진, 조직의 정체성 확립
  ㉢ 문화적 효과 : 문화 수준의 향상, 문화 활동의 저변 확대, 문화의 계승 발전
  ㉣ 환경적 효과 : 사회기반 시설의 정비, 도시 환경 개선, 편의시설 확충
  ㉤ 부정적 효과 : 행정력 소모, 교통 혼잡 야기, 도시 과밀화 촉진, 사고 발생 위험 증가

3) 지방자치단체와 스포츠 이벤트
① **지자체가 스포츠 이벤트를 유치하려는 이유**
  ㉠ 지역경제 활성화 ㉡ 도시 인지도 제고 ㉢ 지역주민에게 자긍심 고취
② **지자체의 스포츠 이벤트 유치 시 유의사항**
  ㉠ 계획의 적합성 ㉡ 재무 건전성 ㉢ 사회적 공감성

> [암기] **지자체의 이벤트 유치 이유**
> ❶ 지역경제 활성화
> ❷ 도시 인지도 제고
> ❸ 주민 자긍심 고취

라. 스포츠 이벤트의 승수 분석
① **스포츠 이벤트 승수 분석의 개념** : 스포츠 이벤트를 개최에 필요한 노력(경제적 또는 비경제적)과 이를 개최함으로 얻을 수 있는 파급 효과를 분석하는 방법
② **스포츠 이벤트 승수 분석의 유형**
  ㉠ 생산 유발 승수 ㉡ 매출 유발 승수 ㉢ 소득 유발 승수
  ㉣ 고용 유발 승수 ㉤ 기타(부가가치 유발 승수, 간접세 유발 승수, 수입 유발 승수 등)
③ **승수 분석에서의 편익** : 편익이란 재화의 사용 또는 투자로 인해 얻을 수 있는 만족 등을 말하며, 승수 분석에서 사용하는 편익은 한계 편익을 사용한다.

> [참고] **경제학에서 사용하는 승수 분석(multiply analysis)** : 경제학에서 어떤 요인으로 인하여 다른 요인의 변화를 유발하여 파급 효과를 분석하는 것으로, 최종 소요 노력과 파급된 효과를 비교하는 분석 방법이다. 일반적으로 증가 또는 감소의 전체적 효과를 나타낸다.

2. 스포츠 생산관리

가. 스포츠 생산관리

1) 스포츠 생산관리의 이해
① <u>스포츠 생산관리의 개념</u> : 스포츠와 관련된 제품과 서비스를 만들기 위해 원료 등을 투입하여 가공, 이동, 보관 등을 통해 부가가치를 생산하는 일

투입(input)	산출(output)
원료, 재료, 반제품, 기계 소모품, 인력, 자금, 정보	제품, 서비스, 장소 이동, 즐거움 제공, 편익 제공

② 생산관리의 3S
  ㉠ 효율적 생산관리를 위해 3S의 원칙이 필요
  ㉡ 3S : 표준화(standardization), 전문화(specialization), 단순화(simplification)
③ 생산관리의 중요 목표 : 원가절감, 품질향상, 납기 준수

2) 생산관리의 중요 내용
① <u>생산계획</u> : 생산할 제품의 종류·수량·품질·생산 시기를 과학적으로 계획하는 활동
② <u>작업연구</u> : 작업 능률을 향상시키기를 위하여 작업 방법·생산용구·생산설비·생산 환경 등의 낭비나 결함을 제거하여 쾌적한 작업환경 속에서 높은 능률을 올릴 수 있도록 하는 활동으로, 작업의 과학적 연구는 시간연구와 동작연구가 중심이 된다.
③ <u>순서계획</u> : 작업에는 생산되는 제품의 순서를 정하고 각 작업에 드는 시간을 계산하여 전체의 소요 시간을 결정한다.
④ <u>일정계획</u> : 작업을 수행하는 작업자나 기계의 여력을 확인하고, 각 작업이 구체적으로 언제 수행될 것인가를 달력에 의해서 결정한다.
⑤ <u>공정관리</u> : 공정의 작업이 계획대로 수행되도록 배려하고, 지연의 원인을 제거하여 대책을 강구하는 활동으로, 진도관리라고도 한다.
⑥ <u>기타</u> : 품질관리나 원가관리를 생산관리에 포함하기도 한다.

3) 생산계획
① <u>총괄생산계획(aggregate production plan)</u>
  ㉠ 총괄생산계획의 개념 : 계획 기간 내에 변화하는 수요를 가장 경제적으로 충족시킬 수 있도록 기업이 보유한 생산 능력의 범위 내에서 생산수준, 고용수준, 재고수준, 아래도급 수준 등을 결정하는 생산계획
  ㉡ 총괄생산계획 수립 절차 : 수요예측→생산 능력조정→전략 대안 결정→생산 기간별 수요 배정
② <u>기준생산계획(master production scheduling)</u> : 총괄생산계획을 기간 또는 제품별로 나눈 상세 생산계획을 말하며, 기준생산계획이 자주 변경되면 비용이 증가하고 시스템의 불안정이 발생한다.
③ <u>자재소요계획(MRP, material requirements planning)</u> : 기준생산계획에 따라 소요되는 자재, 조립품, 구성부품 등의 조달계획을 말하며, 기준생산계획, 자재명세서, 재고 현황 등을 포함한다.

4) 생산관리 발전에 이바지한 중요 이론
① <u>과학적 관리법</u> : 테일러에 의해 제창되었으며, 시간과 동작연구로, 작업 능률을 증진시키는 합리적 작업관리가 목표이다.

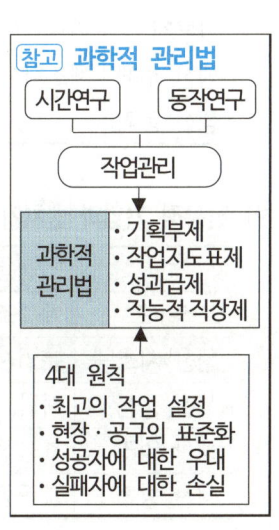

② 컨베이어 시스템 : 포드자동차 공장에서 처음 시행하였으며, 대량생산 시스템을 구축 생산성 향상이 목표이다.
③ 호오손 실험(Hawthorne experiment) : 생산성은 종업원의 태도나 감정에 의해 좌우된다는 것을 알게 되었으며, 비공식조직이 성과에 영향을 크므로, 인간 중심의 경영에 대한 필요성을 알게 되었다.

5) PERT/CPM
① PERT/CPM의 개념 : 프로젝트 관리기술의 한 분야로, 주로 건설공정에서 사용하는 기법으로, 공정의 전후 관계가 표시되며, 이에 따라 자재 수급 계획, 인력계획 등을 포함한다.
② 용어 해설
  ㉠ PERT(program evaluation & review technique) : 프로젝트를 효과적으로 수행할 수 있도록 시간 측면에서 과학적으로 계획하고 관리 통제하는 기법, 건설공정관리에 활용된다.
  ㉡ CPM(critical path method)의 개념 : 미국 듀퐁사가 공장 건설에 드는 시간과 비용의 효율성을 향상시킬 목적으로 주된 공정을 집중 관리할 목적으로 개발한 기법

6) 피쉬본(fish bone) 다이어그램
① 피쉬본 다이어그램의 개념 : 인과관계 또는 업무추진 과정에 잘못된 결과가 발생하면 원인을 찾기 위해 만드는 인과관계 도표로, 요인/효과 다이어그램이라고도 한다.
② 피쉬본 다이어그램의 형태 : 물고기 뼈 형태 그림으로 만들어지며, 인과관계를 파악하는 데 활용할 수 있다.

7) 모듈화(modularization) 생산
① 모듈화 생산의 개념 : 일부 부품들을 모아 모듈 부품을 먼저 만들고, 다음에 전체를 조립하여 완제품을 생산하는 방식으로, 자동차 조립이 대표적이다.
  참고 모듈(module) : 기계·건물 등을 제작할 때 일정 부분을 먼저 조립된 부품
② 모듈화 생산의 이점 : 생산시간 단축, 원가절감, 생산성 향상(다양한 고객 욕구를 충족에는 다소 미흡)
③ 모듈화 설계 : 모듈화는 생산뿐 아니고, 제품설계 또는 컴퓨터 소프트웨어 설계에도 같은 방식을 적용할 수 있다.

8) 제조 시스템과 서비스 시스템의 생산과정 비교

	일반상품 제조	스포츠 경기
노동	근로자	선수, 심판
자본재	원료, 자재	경기, 경기장
생산 주체	제조회사	구단, 연맹
생산 동기	이윤 극대화	

9) 전통적 기업과 벤처기업의 비교

	전통적 기업	벤처기업
조직구조	계층조직	임기응변 조직
생산 시스템	분업시스템	네트워크 시스템
생산 중심	사람, 자본 중심	지식 중심
생산 원리	효율성, 생산성	유연성, 창조성
생산 방법	소품종 다량생산	다품종 소량생산

나. 스포츠 품질관리

1) 경영학에서 품질관리의 개념 : 제품이나 서비스를 생산할 때 미리 정한 품질 수준에 맞도록 생산 활동을 통제하고 관리하는 활동

2) 서비스 품질관리

① **서비스 품질관리의 개념** : 서비스의 무형성으로 인해 품질에 대한 평가가 쉽지 않다. 서비스 품질을 평가하는 방법으로 파라슈라만이 개발한 서브퀄 척도를 활용한다.

> [인명] **파라슈라만(Parasuraman)** : 미국 마이애미대 교수로, 품질 분야 영향력 있는 학자이다.
> [용어] **서브퀄(SEVQUAL) 척도** : service quality의 줄임말

② **서비스 품질 결정의 5가지 요인**
  ㉠ 신뢰성 : 약속된 서비스를 정확한 수행 능력으로, 시간, 제공 정보의 정확도 등
  ㉡ 응답성 : 고객에게 서비스를 제공하려는 의지
  ㉢ 공감성 : 고객을 개별화시켜 이해하려는 노력으로, 접근의 용이성과 훌륭한 커뮤니케이션
  ㉣ 확신성 : 종업원의 지식 및 태도, 신뢰와 안정성을 유발시키는 능력
  ㉤ 유형성 : 물적 요소의 외형, 시설, 장비, 종업원, 사용되는 커뮤니케이션 자료 형태

> [암기] **SEVQUAL 척도의 요인** : 〈신응공확유〉이다. 신뢰성, 응답성, 공감성, 확신성, 유형성

---

3. 스포츠 경영정보시스템

가. 경영정보시스템(MIS, management information system)의 이해

① **경영정보시스템의 개요** : 경영 의사결정의 유효성을 높이기 위해 관련 정보를 수집·전달·처리·저장·이용할 목적으로 컴퓨터를 활용하는 시스템

② **경영정보시스템의 구성** : 컴퓨터를 활용한 자료처리기능과 정보 유통을 위한 통신 기능, 경영방침을 결정하는 의사결정 시스템 등으로 구성

나. 정보화 관련 용어의 개념

1) ERP(enterprise resources planning, 전사적 자원관리)

① **ERP의 개념** : 기업의 판매, 인사, 재무, 생산 등 직능별로 관리하던 정보를 통합하여 통합 관리하는 정보시스템

② **ERP 도입 효과**
  ㉠ 업무의 통합 수행
  ㉡ 프로세스의 단순화
  ㉢ 신기술 수용과 활용도 상승
  ㉣ 정보의 적시 공급과 공유

> [암기] **ERP 도입 효과**
> ❶ 업무의 통합 수행
> ❷ 프로세스 단순화
> ❸ 신기술 수용과 활용
> ❹ 정보의 적시 공급과 공유

③ **ERP 도입의 문제점** : 초기비용이 많이 소요된다.

2) 정보화 관련 용어의 개념

① **CRM(customer relationship management, 고객 관계관리)** : 기업이 고객과의 관계를 잘 관리하기 위해 만들어진 방법론
② **SIS(strategic information system, 전략정보시스템)** : 경쟁기업에 경쟁적 우위를 갖기 위해 전략적으로 구축하는 정보시스템
③ **MRP(material requirement planning, 자재관리시스템)** : 생산계획에 따라 필요한 원재료·부품·반제품과 재료의 재고관리와 주문 또는 생산계획의 흐름을 IT를 활용하여 관리하는 자재관리시스템

④ SCM(supply chain management, 공급망관리) : 생산·유통 등 공급 단계를 최적화해 수요자가 원하는 제품을 원하는 시간과 장소에 제공할 목적으로, IT를 이용 실시간 정보공유로, 시장 요구에 기민하게 대응하는 공급망관리 시스템으로, 글로벌화 진전, 운송비 증가, 외주 용역 증가, 전자상거래의 확대, 물류비용 증가, 불확실성 증가 등으로 도입한다.

> [참고] **SCM에서의 채찍 효과(bullwhip effect)** : 주문 정보가 판매자로부터 제조자에게 전달 과정에 나타나는 정보 왜곡(주로 확대) 현상으로, 만약을 대비하여 예상 판매량보다 더 많은 양을 주문하여 부풀리는 현상을 말한다. 소를 볼 때 긴 채찍을 사용하면 손잡이 부분에서 일어나는 작은 운동이 채찍 끝에서는 운동 효과가 크게 나타나는 것에 비유한 용어이다.

⑤ BSC(balanced score card 성과관리시스템) : 조직의 비전과 목표 실현을 목적으로 재무, 고객, 내부 프로세스, 학습과 성장 등의 관점에서 성과지표를 도출하고, 이를 관리하는 시스템이며, 단기적 성격의 재무적 성과와 장기적 목표 달성의 조화를 목적으로 한다.

⑥ RFID(radio frequency identification) : IC칩과 무선을 이용하여 개체의 정보를 관리할 수 있는 개발된 인식 기술로, 판독과 해독 기능으로 구성된다. 고속도로 하이패스, 주차장 자동 출입 시스템 등이 이를 활용한 것이다.

⑦ NFC(near field communication) : 가까운 거리에서 무선 데이터를 주고받는 통신 기술로, 스마트폰을 기기에 가까이 가면 계산이 되거나, 스마트폰 소지자는 출입문 근처에 가면 문이 자동으로 열리는 장치

⑧ JIT(just in time) : 자재를 필요한 시점에 필요한 양만큼만 들어와 보관비 등을 줄여 생산원가를 낮추는 방식의 생산관리 시스템이다.

⑨ CIM(computer integrated manufacturing) : 생산, 재고, 판매 등으로 연결되는 정보 흐름의 과정을 컴퓨터로 통합하여 처리하는 생산관리 시스템이다.

⑩ EDI(electronic data interchange, 전자문서교환) : 문서·서류 교환 등을 전자적으로 전달하는 시스템

⑪ 동시 공학(concurrent engineering) : 제품설계와 제조, 지원 요소 등을 동시에 고려하여 제품을 개발하는 것으로, 품질·비용·일정·사용자 요구 사항 등의 시작 단계부터 폐기될 때까지 고려하는 특징을 갖고 있다.

⑫ POS(point of sales, 판매 시점관리시스템) : 판매하는 즉시 판매 현황이 전산으로 나타날 수 있도록 만든 전산화 시스템

⑬ EIS(executive information system, 경영자 경영정보시스템) : 최고경영자의 의사결정을 지원하기 위한 목적의 시스템

⑭ TPS(toyota production system, 토요타 생산방식) : 질과 양, 타이밍의 조화로 원가절감을 실현하기 일본 토요타의 생산방식, ⑦의 JIT과 함께 토요타의 대표적 생산방식이다.

⑮ 지식경영 : 조직의 가치 창출을 위해 지식을 생성, 저장, 공유, 활용하는 일련의 활동

⑯ QFD(quality function deployment, 품질기능 전개) : 품질 개선을 위해 사용자 요구 사항을 반영하고 이를 제품 생산으로 연결하는 시스템

⑰ ESG 경영 : 2020년대 초반부터 사용하기 시작한 용어로, 기업의 비재무적 요소인 환경(environment)·사회(social)·지배구조(governance)를 뜻하며, 투자를 결정할 때 사회적 책임과 지속 가능 투자의 관점에서 재무적 요소와 함께 검토할 고려사항을 의미한다.

⑱ OCB(조직 시민 행동, organizational citizenship behavior) : 본인의 직무 범위를 벗어나 조직을 위해 자발적으로 과업을 수행하여 조직성과에 이바지하는 행동을 일컫는다.

제3과목

스포츠마케팅

세부목차

제1장 스포츠마케팅의 개념 … 97
1. 스포츠마케팅 … 97
2. 스포츠마케팅 환경분석 … 98

제2장 스포츠마케팅 조사 … 99
1. 스포츠마케팅 조사의 이해 … 99
2. 통계분석과 활용 … 106

제3장 스포츠마케팅 전략 … 108
1. 마케팅 프로세스 … 108
2. 마케팅믹스 … 110
3. 마케팅전략 … 124

제4장 스포츠 브랜드 … 128
1. 스포츠 브랜드의 이해 … 128
2. 스포츠 브랜드의 확장과 강화 … 130

제5장 스포츠 스폰서십 … 132
1. 스포츠 스폰서십의 이해 … 132
2. 앰부시 마케팅 … 135
3. 스포츠조직의 스폰서십 … 136

제6장 스포츠 매체 관리 … 137
1. 스포츠와 미디어 … 137
2. 스포츠 PR … 139

제7장 스포츠 라이선싱 … 140
1. 스포츠조직과 라이선싱 … 140
2. 스포츠 라이선싱 구조 … 140

제8장 스포츠 에이전트 … 142
1. 스포츠 에이전트의 이해 … 142
2. 인도스먼트 … 143

제1장 스포츠마케팅

1. 스포츠마케팅의 이해

가. 스포츠마케팅의 개요

1) 스포츠마케팅의 개념

① **스포츠마케팅의 정의** : 마케팅의 여러 원리와 방법을 스포츠 관련 상품에 적용하여 소비자의 욕구를 충족시키고, 조직의 목적을 달성시키기 위한 일연의 조직적 활동

> 참고 **일반 마케팅의 정의** : 고객과의 교환 과정으로, 행위의 고도화를 지향한다.

② **스포츠마케팅의 속성**
  ㉠ 스포츠상품을 매개로 하여
  ㉡ 스포츠소비자의 욕구를 충족시키며
  ㉢ 조직의 목표를 달성한다.

③ **스포츠마케팅의 성장 배경**
  ㉠ 소득 수준 향상, 주5일 근무제 확대에 따른 여가시간의 확대 등으로 스포츠 비즈니스가 활성화되었으며, 이와 더불어 스포츠마케팅이 성장
  ㉡ 스포츠마케팅에 대한 기업의 수요 확대
  ㉢ 프로 경기를 중심으로 관람 스포츠가 활성화되고, 참여 스포츠도 함께 성장

④ **스포츠마케팅의 발달과정**
  ㉠ 1920년대 : Standard Oil, Fire Stone 등 자동차 경기에 협찬
  ㉡ 1940년대 : 스포츠 경기 중계 시 기업 광고 등장
  ㉢ 1980년대 : LA 올림픽 전후 현대적 스포츠마케팅이 등장하고, 스포츠의 상업화 현상 시작
  ㉣ 2000년대 : 한일월드컵 이후 디지털 기술에 스포츠마케팅이 접목되어 급진적 발전

> 참고 **올림픽 마케팅** : 올림픽 개최를 통해 상업적으로 성공한 것은 1984 LA 올림픽이 처음이고, 그 이전은 대부분이 적자로 운영되었다. LA 올림픽 이후로 TOP(the Olympic partners, 제5장 스포츠 스폰서십에서 자세히 설명)가 계획되어 1988 서울올림픽에 적용되어 계속 시행되고 있다.

2) 스포츠마케팅의 중요성

① **스포츠마케팅의 필요성**
  ㉠ 스포츠산업의 확대와 경쟁 격화
  ㉡ 스포츠소비자들의 요구 증대
  ㉢ 기업 커뮤니케이션 효과 증대
  ㉣ 스포츠마케팅 전문가의 부족

② **스포츠마케팅의 중요성**
  ㉠ 충성도 높은 특정 집단의 고객과 원활한 커뮤니케이션
  ㉡ 스포츠를 이용한 광고의 높은 효과
  ㉢ 방송 광고에 대한 규제 장벽 극복
  ㉣ 스포츠는 마케팅의 촉진 수단
  ㉤ 스포츠는 세계적 관심사
  ㉥ 관련자의 상호이익

암기 스포츠마케팅

● **스포츠마케팅의 필요성**
❶ 스포츠산업 확대와 경쟁 격화
❷ 소비자 요구 증대
❸ 커뮤니케이션 효과
❹ 전문가 부족

● **스포츠마케팅의 중요성**
❶ 고객과 원활한 커뮤니케이션
❷ 스포츠 이용 광고의 높은 효과
❸ 방송 광고 규제 장벽 극복
❹ 스포츠는 마케팅의 수단
❺ 스포츠는 세계적 관심사
❻ 관련자 상호이익

나. 스포츠마케팅의 분류

1) 스포츠마케팅의 분류 방법

① 스포츠의 마케팅과 스포츠를 통한 마케팅

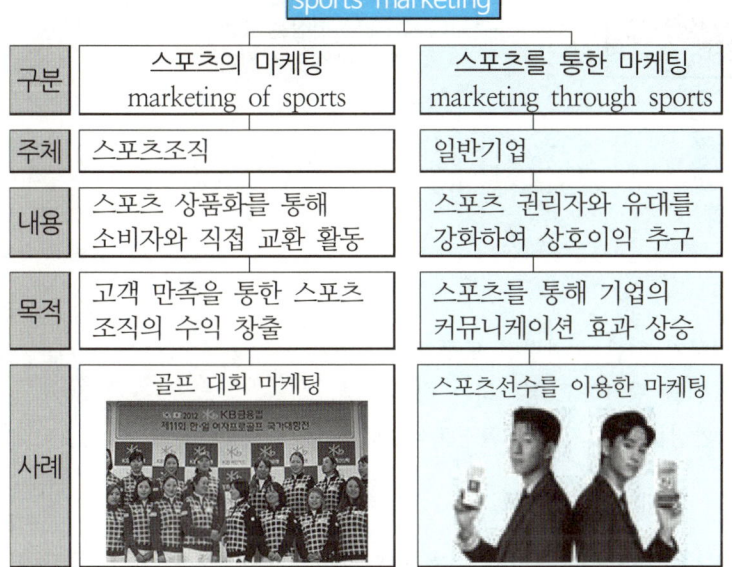

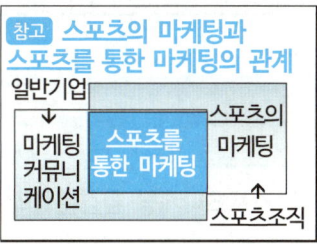

참고 marketing through sports : marketing with sports로도 사용하며, 이를 스포츠를 이용한 마케팅이라도 한다.

② 스포츠마케팅의 분류 이유
  ㉠ 마케팅의 원리와 이론의 적용 대상이 서로 다르므로 분류한다.
  ㉡ 스포츠의 마케팅은 스포츠조직이 고객인 팬의 만족을 통한 이윤 창출과 스포츠 관련 조직의 생존과 성장을 목적으로 전개되며, 스포츠를 통한 마케팅은 일반기업이 고객과의 커뮤니케이션 효과를 높이기 위해 스포츠를 이용하는 것이다.

③ 스포츠의 마케팅과 스포츠를 통한 마케팅의 구분

구분	필요성
스포츠의 마케팅	• 스포츠와 이와 관련 상품 판매 혹은 서비스를 위한 마케팅 • 소비자는 일반 대중이며, 스포츠와 관련 상품의 판매촉진 목적 사례 경기 관중동원, 스포츠시설의 운영, 스포츠용품 유통
스포츠를 통한 마케팅	• 일반기업이 커뮤니케이션 방법으로 스포츠를 활용하는 마케팅 • 이용자는 기업이며, 판매촉진 수단으로 스포츠를 활용 사례 스포츠 스폰서십, 유명선수의 광고 모델, 스포츠 방송중계

다. 스포츠를 통한 마케팅

1) 스포츠를 통한 마케팅의 구조

구분	내용
스폰서십	기업이 스포츠와 관련하여 비용 혹은 상품을 권리자(스포츠조직)에게 제공하고, 그 반대급부로 광고 등에 이를 이용하거나 활용할 수 있는 권리를 획득
라이선싱	다른 사람이 소유하고 있는 제조 또는 서비스에 대한 신기술, 노하우 또는 상표 등을 권리자(스포츠조직 등)의 허가를 받아 생산하거나, 이 권리를 이용한 판매 활동
머천다이징	스포츠 경기, 조직, 팀, 선수의 캐릭터, 로고, 마크 등을 이용 새로운 상품개발 활동
TV 중계권	스포츠 운영조직에 일정액을 지불하고, 경기를 방송할 수 있는 권한을 위임받는 권리 확보

2) 스포츠를 통한 마케팅의 주요 요소 간 상호관계

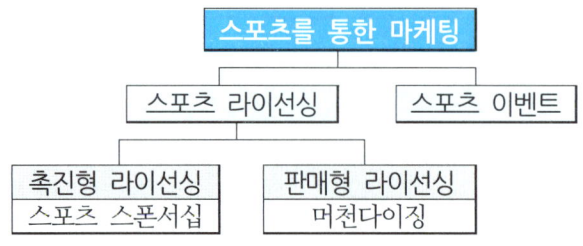

> **참고** 스폰서십과 머천다이징, 라이선싱의 관계 : 머천다이징은 조직, 팀, 선수의 캐릭터, 로고, 마크 등을 이용하여 새로운 상품을 개발하는 것으로 판매를 목적으로 하는 데 비해 스포츠 스폰서십은 고객 커뮤니케이션 등으로 촉진을 목적으로 한다.

2. 스포츠마케팅 환경분석

가. 스포츠마케팅 환경분석의 이해

1) 스포츠마케팅 환경분석의 개요
① 마케팅 환경분석의 개념
  ㉠ 마케팅전략을 효과적으로 수립하기 위한 의사결정 도구
  ㉡ 마케팅 전반에 영향을 주는 요인을 평가하고 분석하는 방법
② 마케팅 환경분석의 구분 : 미시적 환경분석과 거시적 환경분석으로 구분

2) 미시적 환경분석
① 미시적 환경분석의 개념 : 조직의 당면 환경을 분석하는 것으로, 고객·생산·유통·촉진 활동 등에 관한 분석이며, 조직이 통제할 수 있는 부분을 분석
② 미시적 환경분석의 방법 : 고객(customer), 자사(company), 경쟁자(competitor) 등을 분석하며, 3C 분석이라고 하고, 미시적 환경분석을 할 때 주로 활용한다.

> **참고** 3C 분석
>

> **참고** 4C : 3C에 협력자(corporate partner)를 포함 4C라고 하기도 한다.

3) 거시적 환경분석
① 거시적 환경분석의 개념 : 금리·환율·트렌드 등의 사회적 현상을 분석하며, 조직의 통제 범위를 벗어난 부분에 대한 분석
② 거시적 환경분석의 방법 : 정치적(political), 경제적(economic), 사회적(social), 기술적(technological), 환경적(environmental), 법적(legal) 등의 6가지 환경을 분석으로, PESTEL분석이라 한다.

> **참고** PESTEL 분석
> ❶ 정치적 분석
> ❷ 경제적 분석
> ❸ 사회적 분석
> ❹ 기술적 분석
> ❺ 환경적 분석
> ❻ 법적 분석

나. 마케팅 환경과 관련된 여러 이론

1) 마케팅 마이오피아
㉠ 미래를 정확하게 예상하지 못하고, 바로 앞에 닥친 상황만 고려하여 소비자의 욕구를 간파하지 못하는 것을 의미한다.
㉡ 마케팅 근시안이라고 한다.

> **참고** 마케팅 마이오피아(myopia) : 1975년 하버드대 레빗 교수의 책 제목으로, 이 책을 통해 근시안적 시각을 가진 조직은 망할 수밖에 없다고 주장하였다.

2) needs와 wants
① needs : 삶에 필요한 음식, 옷, 집, 안전, 소속감 등의 본원적 욕구
② wants : 구체적 수단과 방법의 필요성
③ needs와 wants의 마케팅에서 적용 : 갈증을 느끼고(needs), 냉장고에서 주스를 꺼내 마셨다.(wants)

제2장 스포츠마케팅 조사

1. 스포츠마케팅 조사의 이해

가. 스포츠마케팅 조사의 개요

1) 스포츠마케팅 조사의 개념
　㉠ 마케팅 의사결정에 필요한 자료를 얻기 위해 관련 있는 사실을 찾아내고, 분석하여 조치하는 활동
　㉡ 의사결정의 불확실성을 감소시키는 역할을 한다.
　㉢ 마케팅 조사의 목적은 스포츠조직의 경영 효과성과 효율성을 높이고, 스포츠소비자의 욕구를 파악하여 마케팅전략 수립의 자료로 활용하기 위함이다.

2) 마케팅 조사의 방법
① 마케팅 조사 방법의 구분

구분	내용
탐색 조사	㉠ 개념 : 문제가 발생하여 해결방안을 찾을 때 탐색을 통해 조사하는 방법 ㉡ 특징 　• 발생 문제의 원인과 대책을 알지 못할 때 　• 아이디어가 필요하거나, 관련 변수의 파악이 필요할 때 사용 　• 조사 설계를 완료하기 전에 예비적으로 수행하는 경우가 많다.
기술조사	㉠ 개념 : 소비자의 속성, 생각, 행동 등 기술을 통해 조사하는 방법 ㉡ 특징 　• 특정 집단의 특성을 찾아낼 필요가 있을 때 　• 마케팅전략을 수립하기 위한 예측이 필요할 때 활용 　• 마케팅 관련 변수들 사이의 자세한 연관 관계가 필요할 때 사용
인과조사	㉠ 개념 : 원인과 결과의 관계를 밝히기 위한 조사 ㉡ 특징 　• 독립변수와 종속변수를 조작하여 종속변수가 변화를 파악하고, 원인과 결과를 규명하는 방법 　• 여러 변수에 대한 통제가 필요 　• 학문적 연구에 많이 이용
패널조사	㉠ 개념 : 동일한 사항에 대해 조사대상을 패널로 고정하여 반복적으로 진행하는 조사 ㉡ 특징 　• 소비 행동과 소비 태도의 변화 과정을 분석할 때 이용 　• 여론 형성과정 등 변동과정 연구에 이용되는 등 응용 범위가 넓다.
포커스 그룹조사	focus group 조사는 특정 표적 집단을 대상으로 참석자들이 자유롭게 의견을 발표할 수 있도록 하며, 대상자의 정보, 태도, 의견 등을 조사하는 방법
코호트 조사	㉠ 개념 : 특정 기간 조사 주제와 특성을 공유하는 대상을 집단으로 하여 조사 ㉡ 특징 : 특정 경험을 갖는 사람들의 특성에 대해 두 번 이상의 다른 시기에 걸쳐서 비교하는 방법

② 탐색 조사의 구분
　㉠ 문헌 조사 : 이미 만들어진 자료를 이용 조사하지만, 필요하거나 중요한 자료를 얻기 어려운 단점
　㉡ 전문가조사 : 해당 분야의 전문적 지식이나 경험을 가진 사람을 통해 조사하는 방법
　㉢ 사례조사 : 조사목적과 유사한 사례를 찾아 이를 토대로 조사하는 방법
　㉣ 관찰조사 : 조사대상을 직접 또는 기계적 장치를 이용하여 관찰조사하는 방법

③ 기술조사의 구분
　㉠ 종단조사 : 기간을 정해 놓고 반복적으로 조사하는 방법(사례 프로축구 관람객 연도별 추이 조사)
　㉡ 횡단 조사 : 일정 시점에서 행하는 것으로, 특정 집단을 대표할 수 있는 연령, 교육 수준, 소득 수준 등의 표본을 추출하여 조사하는 방법
　㉢ 패널조사 : 앞에서 패널조사도 기술조사의 한 방법이다.
④ 인과조사의 내용
　㉠ 입장료를 15% 인상하였을 때 관중의 입장 예상 등의 인과관계를 분석하는 것으로 마케팅 현장에서 많이 활용되고 있다.
　㉡ 학위 논문 등 학문적 연구가 대부분 인과조사 방법을 사용한다.
⑤ 연역법과 귀납법
　㉠ 연역법 : 실증적 연구 방법으로, 주어진 조건에서 논리적 근거에 따라 결론을 도출해 내는 방법이다. 절차는 개념 규정→가설 설정→자료 수집→검증→법칙·이론 정립의 순서로 진행한다.
　㉡ 귀납법 : 해석적 연구 방법으로, 개별적 사례로부터 시작하여 이론을 도출하는 방법이다. 절차는 관찰→자료 수집→개념·이론 도출의 순서로 진행한다.

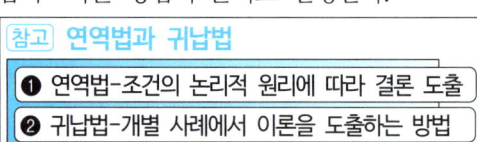

나. 조사대상

1) 조사대상의 구분
① 전수조사 : 정확한 정보를 얻기 위해 대상 전체를 조사하는 방법으로, 비용이 많이 소요된다. 우리나라 인구 주택 총조사는 전수조사이다.
② 표본조사
　㉠ 표본조사의 개념 : 대상 전체 조사에는 비용이나 시간적 부담으로 인해 조사대상 일부만 조사하고, 이를 토대로 모집단의 특성을 추론할 목적으로 진행되는 조사
　㉡ 표본조사의 장점 : 전수조사보다 시간과 비용이 절감되고 심도 있는 조사가 가능
　㉢ 표본조사의 단점 : 표본이 전체 모집단을 잘 대표할 때는 효과적이지만 그렇지 않을 때는 사실과 다른 결과를 도출할 수 있다.

2) 표본추출
① 표본추출 순서 : 모집단 확정→표본 프레임 결정→표본 크기 결정→표본추출 방법 결정→표본추출
② 표본추출 방법

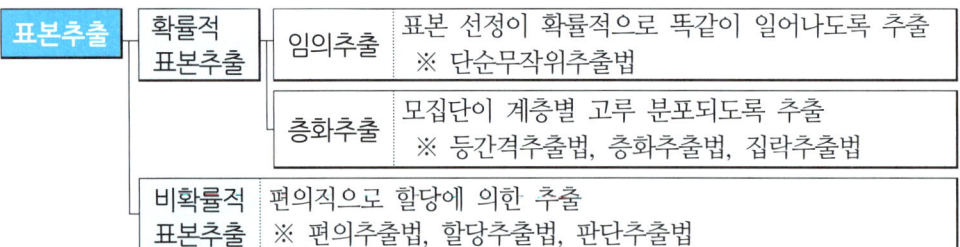

　암기 표본추출법 구분 : 표본추출법에서 '비확률추출법'이 아닌 것을 찾는 유형으로 자주 출제되므로 외워 두어야 한다. 외우는 방법은 [비확할판이다]. 비확률표본추출법은 편의추출법, 할당추출법, 판단추출법이다.
　참고 표본추출법 : 표집이라고도 한다.

③ 표본추출 방법의 내용
  ㉠ 단순무작위추출법 : 확률적 표본추출 방법의 대표적인 경우로, 모집단을 구성하는 요소가 표본으로 선택될 확률을 동등하게 부여하여 표본을 선정
  ㉡ 등간격추출법 : 모집단 구성요소를 자연적 순서 또는 일정한 질서에 따라 배열해 놓고, 일정 간격의 목록을 추출하여 표본을 선정하는 방법이다. 체계적으로 추출하기 때문에 체계적 표본추출법, 또는 계통 표집이라고도 한다.
  ㉢ 층화추출법 : 모집단 구성요소를 일정 기준에 따라 2개 이상의 층으로 나누고, 층별로 단순하게 무작위로 추출하는 방법
  ㉣ 집락추출법(군집추출법) : 모집단 구성요소를 여러 개의 집락으로 구분한 다음 구분된 집락을 무작위로 선정하여 그 단위를 전수 조사하는 방법
  ㉤ 편의추출법 : 연구자의 편의에 따라 마음대로 추출하는 방법이며, 임의추출법이라고도 한다.
  ㉥ 판단추출법 : 모집단의 구성요소를 조사자가 유의한다고 판단하여 추출하는 방법으로, 유의표본추출법이라고도 한다.
  ㉦ 할당추출법 : 모집단의 구성요소 특성을 분류하여 그 단위별로 할당하는 추출하는 방법

다. 마케팅 조사의 실제
1) 마케팅 조사의 절차

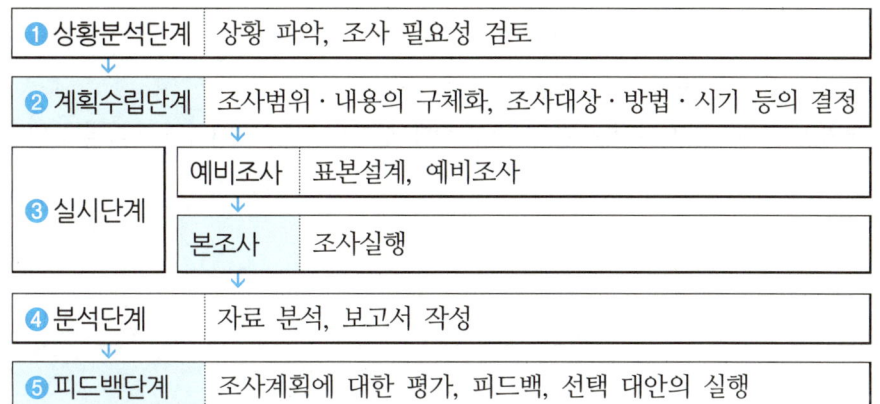

[참고] 마케팅 조사 절차에 대한 다른 견해 : 조사목적·목표의 정의→조사 방법 결정→자료수집방법 결정→자료 수집 양식 개발→표본설계→실사→분석→해석의 절차로 설명되기도 한다.

2) 실제 조사
① 실제 조사의 이해
  ㉠ 실제 조사의 개념 : 설문지 완성, 표본추출 후 실제 자료를 얻는 실제 조사과정이 진행된다. 2차 자료만으로 분석하면 이 과정이 생략되기도 한다.
  ㉡ 실제 조사의 내용 : 실제 조사는 자료 수집과정이므로 전체 과정에서 차지하는 비중이 매우 높다. 조사원에 대한 교육과 통제, 예상되는 문제의 해결 등을 포함한다.
  ㉢ 실제 조사의 방법
    • 조사 방법에 따른 분류 : 우편 조사법, 전화조사법, 인터넷 조사법, 개인 면접법, 관찰법 등
    • 대면 여부에 따른 분류 : 대면조사와 비대면 조사
② 실제 조사의 방법
  ㉠ 우편조사 : 다른 조사법의 보조 수단으로 많이 활용되고 있으며, 조사의 현안에 관계된 집단이나 특정 계층을 대상으로 조사할 때 편리하며 회신용 봉투와 우표를 붙이는 것이 일반적이다.

ⓒ 전화 조사 : 전화로 조사하는 것으로, 특정 상품의 정보를 얻는 데 유용하고, 얻어진 정보의 신뢰 수준이 낮은 편이다.
ⓒ 인터넷 조사
  • 인터넷 조사의 개념 : 인터넷을 통해 조사하는 방법으로, 충분한 설명이 필요할 때 적합하고 다른 방법에 비해 비용이 저렴한 장점을 갖고 있다.
  • 인터넷 조사의 장단점 : 장점은 적은 비용으로 조사할 수 있으며, 면접자 오류가 적게 발생한다. 단점은 표본이 인터넷 사용자 중심으로 편향되어 있고, 조사 신뢰성이 약하다.
ⓔ 면접 조사 : 조사 대상자를 직접 만나 조사하는 방법으로, 충분한 설명이 필요할 때 적합하고 다른 방법에 비해 신뢰성이 높지만, 비용이 많이 소요된다.
ⓜ 관찰조사 : 관찰을 통해 조사하는 방법으로, 과학적 연구는 대부분 이 방법을 사용한다. 자료 수집에 적합하지 않은 경우가 발생할 수 있으므로 면접법, 질문법 등과 함께 사용하는 경우가 많다.
ⓗ 대면조사와 비대면 조사
  • 대면조사 : 직접 만나서 조사하는 방법(면접법이 대표적 경우)이며, 장점은 응답 결측을 최소화할 수 있다.
  • 비대면 조사 : 직접 보지 않고, 전화·우편·인터넷 등을 이용하여 설문에 답을 적는 방식이며, 장점은 1인당 조사비용이 저렴하고, 폐쇄형 질문의 답을 얻기에 유리하며, 자료 입력이 편리하다.

라. 자료 수집

1) 자료의 구분
ⓐ 1차 자료 : 조사를 위해 새로 수집해야 할 자료(사례 시장조사보고서)
ⓑ 2차 자료 : 다른 목적으로 이미 조사된 자료(사례 정부 발행 인구통계)로, 조사자의 비관여적 방법

2) 1차 자료 수집
① 1차 자료수집방법

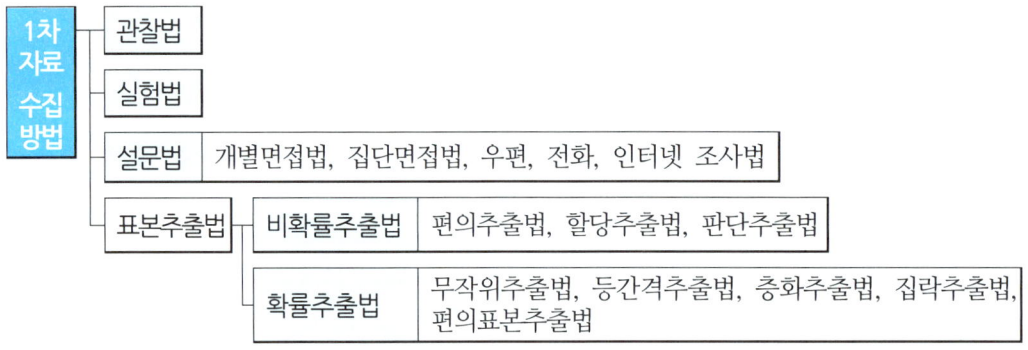

참고 표본추출법 : 앞의 나. 자료 수집〉 2) 표본추출에서 자세히 설명되어 있다.

② 1차 자료 수집 방법
ⓐ 관찰법 : 대상이 되는 사물이나 현상을 조직적으로 파악하는 방법으로, 수집 자료가 객관적이고, 정확하지만 비용·시간이 상대적으로 많이 소요
ⓑ 실험법 : 나타난 현상의 인과관계를 확인하기 위해 일정한 조건에서 실험하고, 그 결과로 자료를 수집하는 방법으로, 실험조건이 실제 상황과 다르면 결과가 다르게 나타날 위험이 존재
ⓒ 설문법 : 조사 대상자에게 설문을 통하여 질문하고 그 결과로 자료를 수집하는 방법으로 가장 많이 활용하고 있다. 질문하는 방법에 따라 면접법, 전화, 우편, 인터넷 등의 매체를 활용
ⓓ 표본추출법 : 1차 자료수집방법 중 표본추출법에 대해서는 별도 표본조사에서 설명

3) 2차 자료

① **2차 자료 분류 방법** : 조직 내에서 수집할 수 있는 내부자료(관련 규정, 조직도, 재무제표, 경영실적, 고객 관련 자료는 물론, 스폰서십 계약, 이면계약, 중계권 계약 등)와 외부자료(정부 및 관련 기관, 관련 단체 및 관련 조직의 관련 규정 등)

② **2차 자료의 특징**
  ㉠ 장점 : 자료 수집을 위한 시간, 비용 등의 절감
  ㉡ 단점 : 조사하고자 하는 내용이 적합하지 않거나, 시간적 효용성이 부족한 경우가 많다.

마. 측정

1) 측정 방법

① **측정 방법의 개념** : 측정 방법의 선택에 따라 비용, 시간 및 충실도 등에 차이가 존재
② **측정 방법 결정 시 고려사항**
  ㉠ 조사자 오류 : 조사자의 질문법, 태도, 방법 등에 따라 응답자의 반응이 달라질 때 나타나는 오류
  ㉡ 질문순서 오류 : 순서대로 답변하지 않았기 때문에 일어난 오류
  ㉢ 소요 비용 : 측정 방법에 따라 비용의 차이가 크다. 측정하기 위해 가장 저렴한 방법을 선택해도 응답률이 떨어지면 측정 효과가 미약하게 나타나기도 한다.
  ㉣ 측정하고자 하는 자료의 양 : 수집하고자 하는 자료 내용이 많으면 불성실한 응답 가능성이 크다.

2) 측정 절차

① **사전 조사** : 신뢰할 수 있고, 타당한 자료 수집을 위하여 본 조사 전에 간단하게 조사
② **본조사** : 사전 조사를 통해 검증된 조사계획을 보완하여 실시

3) 측정 오류

① **비표본 오류**
  ㉠ 관찰 오류 : 현장에서 잘 못 이해하여 자료처리 또는 기록에서의 오류
  ㉡ 비관찰 오류 : 무응답 또는 포함되지 않아 발생하는 오류
② **표본 오류** : 표본추출 과정에서 관련성이 적지만 선정된 오류
③ **기타** : 표본 수가 늘어날수록 비표본 오류는 증가하고, 표본 오류는 감소한다.

4) 척도와 척도화

① **척도와 척도화의 개념**
  ㉠ 척도 : 측정을 위해 만드는 수치나 기호
  ㉡ 척도화 : 척도를 사용하면 이의 개념에 수준을 부여하는 과정
② **척도의 종류**
  ㉠ 명목척도 : 범주에 숫자를 부여하는 방법으로, 숫자는 단순히 순서만 나타낸다. 예를 들면 성별, 종교 등의 조사에 사용한다.

> **암기 척도 종류**
> ❶ 명목척도 : 순서만 나타내는 숫자 척도
> ❷ 서열척도 : 서열을 나타내는 척도
> ❸ 등간척도 : 일정 간격 척도, +, - 가능
> ❹ 비율척도 : 일정 비율척도, +,-,×,÷ 가능

  ㉡ 서열척도 : 범주 간 비교가 가능하도록 서열을 부여하는 방법으로, 예를 들면 중요한 것, 보통, 중요하지 않은 것 등이다. 이때 숫자는 크기나 양을 나타내지 않는 단순한 순서일 따름이다. 예를 들면 학력수준의 상·중·하 등으로 나타난다.
  ㉢ 등간척도 : 각 범주 사이에 일정한 거리의 척도이다. 예를 들면 나이를 구분하는 방법 등으로 사용한다. 숫자는 더하고, 빼고 할 수 있지만 곱하기, 나누기의 의미는 없다.

ⓔ 비율척도 : 각 범주 사이에 일정한 비율을 적용하는 척도이다. 이때 숫자는 가감승제의 사칙연산이 가능하다. 소득 수준 등을 조사하는 데 이용된다.

③ 척도화 방법
- ㉠ 리커드 척도 : 서로 개념이 다른 속성에 대해 응답자가 질문에 그 상태를 표시하는 방법
- ㉡ 등급 척도 : 숫자 등을 배열하여 응답자의 상태를 표시하는 방법
- ㉢ 어의 분별척도 : 서로 다른 의미의 용어를 배열하여 응답자의 상태를 표시하는 방법
- ㉣ 어의차이척도 : 서로 반대되는 용어를 척도의 양 끝에 배열하여 응답자의 상태를 표시하는 방법
- ㉤ 다중 응답 척도 : 한 질문에서 하나 이상의 응답을 요구하는 방법으로, 우선순위의 의미가 있거나 없는 때도 있다.
- ㉥ 스타펠척도 : 어의차이척도와 유사하지만, 척도의 중간에 수식어를 배열하고 긍정과 부정의 정도를 파악하는 방법

> [참고] **어의 분별척도** : 어의(語意) 분별척도란 말의 뜻을 분별하는 척도이다. 의미분별척도라고도 한다. 아래의 어의 차이 척도도 의미 차이 척도라고 하는 경우도 마찬가지이다.

[암기] 척도화 방법
1. 리커드척도 : 서술형 질문에서 상태 표시
2. 등급 척도 : 숫자를 배열 응답 상태 표시
3. 어의분별척도 : 다른 의미의 용어 배열
4. 어의차이척도 : 반대 용어를 양 끝 배열
5. 다중응답척도 : 하나 이상의 응답 요구
6. 스타펠척도 : 중간에 수식어로 정도 파악

5) 측정 신뢰성

① 측정 신뢰성의 개념 : 측정 결과가 일관성·정확성·의존 가능성·안정성·예측 가능성 등과 관련하여 동일한 측정을 다시 하더라도 동일한 측정값을 얻을 가능성을 의미한다.

② 신뢰성 측정 방법
- ㉠ 재검사법 : 동일한 측정대상에 대해 동일한 상황에서, 동일한 측정 도구를 사용하여 측정하였을 때 두 측정값 사이의 차이를 분석하는 방법
- ㉡ 복수 양식법 : 같은 두 가지 형태의 측정 도구를 사용하여 각각 동일한 표본에 차례로 적용하여 봄으로써, 신뢰도를 측정하는 방법
- ㉢ 반분법 : 다수의 측정항목을 서로 대등한 두 개의 그룹으로 나누고 두 그룹의 항목별 측정치 사이의 상관관계를 조사하여 신뢰도를 측정하는 방법
- ㉣ 내적 일관도법 : 동일한 개념을 측정하기 위해 여러 항목을 이용할 때 신뢰도를 저해하는 항목을 찾아내어 측정 도구에서 제외함으로써 측정 도구의 신뢰도를 높이려는 방법
- ㉤ 다중 회귀 분석법 : 독립변수가 2개 이상인 경우를 분석하는 방법으로 신뢰성을 저해하는 항목을 찾아내어 측정용 도구에서 제외하는 방법

[암기] 측정 신뢰성
- 개념 : 다시 측정해도 같은 결과가 나올 가능성
- 신뢰성 측정 방법
  1. 재검사법
  2. 복수 양식법
  3. 반분법
  4. 내적 일관도법
  5. 다중 회귀 분석법

6) 측정 타당성

① 측정 타당성의 개념 : 신뢰성보다 더 상위의 개념으로, 측정하고자 하는 개념이나 속성에 대해 정확한 측정 여부를 의미

② 측정 타당성의 유형

구분	설명
내적 타당도	이론적으로 정립된 논리적 인과관계의 타당성, 즉 종속변수의 변화가 독립변수에 의한 것인지 아니면 다른 조건에 의한 것인지 판별하는 기준
외적 타당도	연구 결과를 일반화할 수 있는 정도이다. 실험설계와 같은 실험이 계속해서 반복되어 실험이 효과가 있다는 것이 반복적으로 증명될 때 외적 타당도가 높다고 한다.

③ **내적 타당도의 저해 요소** : 특정의 외적 사건, 조사대상의 변화, 성장 효과, 사전검사에 따른 영향, 소구 효과, 통계적 회귀, 표본의 편중, 실험 대상의 변동, 개입의 효과를 상쇄하는 보상, 선택과의 상호작용 등이 있다.
④ **측정 타당성 측정 방법**
  ㉠ 내용 타당성 : 주관적으로 전문지식에 근거하여 판단한 타당성
  ㉡ 경험 타당성 : 현재 측정 결과가 미래 결과 예측에 근거한 타당성
  ㉢ 구조 타당성 : 측정하는 개념이 실제로 적절하게 측정되었는가에 대한 타당성

바. 설문지 설계

1) 설문지 설계의 개념
① **설문지** : 응답자에게 설문할 내용을 문서로 만든 것
② **설문지 설계** : 설문하고자 하는 내용을 설문의 목적과 응답자의 편의를 고려하여 미리 계획하는 절차
③ **설문지 작성** : 응답자가 실제 설문에 응하는 절차
④ **설문지 설계 고려사항**
  ㉠ 응답받는 자료의 정확한 정의   ㉡ 효과적 측정 방법
  ㉢ 응답자의 효과적 선정 방법   ㉣ 효과적 분석을 위한 사용 컴퓨터 프로그램과의 적합성

2) 설문지 구성
① **설문지 구성 내용**
  ㉠ 협조 요청 인사   ㉡ 응답자 식별 자료   ㉢ 작성 요령 안내
  ㉣ 설문 내용   ㉤ 응답자의 특성 식별을 위한 자료
② **설문지 문항 구성 유의사항**
  ㉠ 간단명료   ㉡ 구체적 답변을 유도하는 질문 형태
  ㉢ 친근한 문어 사용   ㉣ 1문항당 1가지만 질문   ㉤ 중립적 입장의 질문
  ㉥ 질문이 많아 질문지가 길면 중요한 부분을 앞부분에 배치한다.
  > **경향** 필기시험 출제 경향 : '설문지 구성의 유의사항 중 틀린 것은?' 이런 유형의 문제가 필기시험에 출제될 때 '전문적 용어를 사용한다.'라는 것이 정답이다. 설문지는 답변자가 이해하기 쉬운 일반적 용어를 사용해야 한다.

3) 폐쇄형 질문과 개방형 질문
① **폐쇄형 질문** : 미리 제시된 항목들 가운데서 답을 선택하거나, 제한된 수만큼의 단어로 답하도록 구성된 질문으로, 객관식 질문을 말한다.
② **개방형 질문** : 답변 항목을 미리 제시하지 않고, 양을 제한하지 않으며, 응답자가 자신의 견해를 자유롭게 표현할 수 있도록 구성된 질문

4) 질문 배열순서의 결정 시 유의사항
① **시작 질문** : 유쾌하고 흥미롭고 응답하기 쉬운 질문부터 시작하여, 위협적 질문이나 응답자 개인의 배경에 관한 질문은 피해야 하며, 인구통계학적인 질문은 마지막에 한다.
② **본 질문**
  ㉠ 조사의 목적과 관련된 핵심적인 문항으로 구성한다.
  ㉡ 서로 다른 주제는 구분하여 혼동을 줄인다.
  ㉢ 주제마다 짧은 소개 혹은 지시를 위한 진술, 응답 요령을 제시한다.
  ㉣ 응답자가 과거의 경험을 기억하게 하기 위해서는 사건의 시간 순서에 따라 질문한다.
③ **종결 질문** : 위협적인 질문은 종결 질문보다는 본 질문의 마지막에 위치하는 것이 좋으며, 인구통계학적 질문을 하고, 끝에 '감사의 말'을 넣는다.

2. 통계분석과 활용

가. 통계분석

1) 통계분석의 이해

① 통계분석의 개요
- ㉠ 사회현상을 수치로 표현하여 나타내는 것을 통계라고 하며, 이를 기반으로 분석하여 활용할 수 있게 하는 것을 통계분석이라 한다.
- ㉡ 통계학의 발전으로 분석 방법도 빠르게 발전하고 있으며, 자연현상이나 추상적 사항도 분석하고 있다.

② 통계분석의 종류 : 교차분석, 상관분석, 분산분석, 회귀분석, 요인분석 등

2) 통계분석의 방법

① 교차분석(cross tabulation analysis)
- ㉠ 개념 : 서열척도를 가진 두 변수의 관계를 독립변수와 종속변수로 구분하여 상호 교차하여 분석하는 방법
- ㉡ 독립변수와 종속변수 : 변수 중에서 독립적 특성을 가진 변수를 독립변수라 하고, 이에 관련된 특성을 가진 변수를 종속변수라 한다.
- ㉢ 종류 : 카이제곱 검증분석(x^2), t-검증분석, Z-검증분석, F-검증분석

② 상관분석(correlation analysis)
- ㉠ 독립변수의 집합과 종속변수의 집합 사이의 상관관계를 알고자 할 때 분석 방법
- ㉡ 상관계수 : 두 변수 사이의 상관성을 나타내는 지표

③ 분산분석(ANOVA, analysis of variance)
- ㉠ 개념 : 3개 이상의 독립변수의 평균값이 1개의 종속변수에 미치는 영향은 어떤 차이가 있는지를 찾고자 하는 경우 분석 방법
- ㉡ 기본 가정 : 모집단은 정규분포라고 가정
- ㉢ 사례 : 특정 브랜드의 월평균 매출액 증가율이 3대 도시 이상에서 통계학적으로 유의미한 차이가 있는지를 알고자 할 때 적합한 통계분석 방법

④ 회귀분석(regression analysis)
- ㉠ 개념 : 중요한 지표에 영향을 미치는 변수를 찾아내며, 영향 정도를 파악하는 분석
- ㉡ 종류 : 단일 회귀분석, 다중 회귀분석

⑤ 요인분석(factor analysis) : 알지 못하는 특성을 규명하기 위하여 문항이나 변인 간의 상호관계를 분석하여 상관이 높은 문항이나 변인들을 묶어서 몇 개의 요인으로 규명하고 그 요인의 의미를 부여하는 분석 방법

나. 조사 결과의 검정과 활용

1) 검정과 가설의 개념

① 검정의 개념 : 조사 분석 결과를 사실과 확인하는 절차를 검정이라 한다. 검정은 가설을 설정하여 가설이 분석 결과에 따라 채택 혹은 기각된다.

② 가설의 개념 : 사실을 설명하거나 이론을 연역하기 위해 설정한 가정

③ 가설의 종류
- ㉠ 가설의 분류 : 연구가설과 통계적 가설로 구분되기도 하고, 연구목적에 따라 기술적 가설과 관계적 가설 또는 일반화의 정도에 따라 보편적 가설과 사실적 가설로 구분한다.

    ⓒ 연구가설과 통계적 가설
        • 연구가설은 연구에 대한 잠정적 해답을 구하는 가설
        • 통계적 가설은 통계적 활용을 위한 가설
    ⓒ 통계적 가설의 구분 : 귀무가설과 대립가설로 구분한다.
        • 귀무가설은 통계적 기각을 목적으로 사용하며,
        • 대립가설은 연구가설이 사실이라는 것의 입증이 필요할 때 사용한다.
④ **통계적 유의사항의 개념** : 가설검증 결과 두 변수 간 관계가 '유의하다.'는 것은 두 변수 간 관계가 통계적으로 증빙된다는 것을 의미한다.

2) t-검정
① t-검정의 개념
    ㉠ 두 집단 간 평균을 비교하는 통계분석 기법
    ㉡ 두 집단 간 평균 차이에 대한 통계적 유의성을 검증하는 방법
② t-검정의 종류
    ㉠ 1표본 t-검정 : 모집단의 평균과 비교하는 방법(예 : 전국 고교생의 100m 달리기 평균과 특정 학교 평균과의 비교)
    ㉡ 독립표본 t-검정 : 두 집단 이상과 비교하는 방법(예 : 1반과 2반의 100m 달리기 평균의 비교)
    ㉢ 대응 표본 t-검정 : 한 집단의 두 개의 변수를 비교하는 방법(예 : 특정 집단의 운동 시작 전 체중과 일정 기간 경과 후의 체중 비교)

3) 조사 결과 활용
    ㉠ 자료를 수집하고, 수집된 데이터를 분석하여 이를 통해 고객의 욕구 파악 또는 사회현상을 파악할 수 있다.
    ㉡ 조사 결과를 경영 의사결정에 활용할 수 있다.

제3장 스포츠마케팅 전략

1. 마케팅 프로세스

가. 마케팅 프로세스(STP)의 이해

1) STP의 개요

① **시장세분화** : 기업이 독자적 기준으로, 전체시장을 기업의 특성에 맞게 나누는 활동
② **표적 시장 선정** : 나누어진 시장을 제품이나 서비스를 구매할만한 고객집단을 찾는 활동
③ **포지셔닝** : 경쟁상품과 비교하여 소비자의 마음속에 차별화되도록 위치시키려는 노력

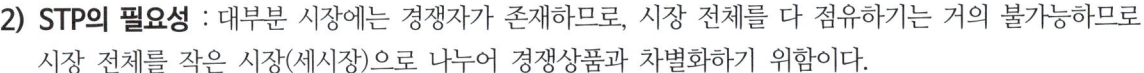

2) STP의 필요성 : 대부분 시장에는 경쟁자가 존재하므로, 시장 전체를 다 점유하기는 거의 불가능하므로 시장 전체를 작은 시장(세시장)으로 나누어 경쟁상품과 차별화하기 위함이다.

나. 시장세분화

1) 시장세분화(segmentation)의 이해

① **시장세분화의 개념** : 기업이 독자적 기준으로 전체시장을 특성에 맞게 나누는 활동
② **시장세분화의 필요성**
　㉠ 소비자의 욕구를 정확하게 파악하고, 충족시킬 수 있다.
　㉡ 유리한 목표시장의 설정이 가능하다.
　㉢ 시장 반응에 따라 마케팅 자원을 효율적으로 배분할 수 있다.
　㉣ 불필요한 경쟁을 지양하고, 매출 증대에 이바지할 수 있다.
③ **시장세분화 요건**
　㉠ 실행성 : 효과적 마케팅믹스를 개발하고, 실행하는 능력과 자원을 보유해야 한다.
　㉡ 측정성 : 세시장의 특성·구매력·크기 등을 측정할 수 있어야 한다.
　㉢ 접근성 : 세시장 내의 소비자들에게 효과적으로 접근할 수 있어야 한다. 교통수단이나 광고가 접근하지 못하는 세시장은 무의미하다.
　㉣ 실체성 : 투자할 가치가 있고, 시장규모가 적정 규모 이상 크거나, 수익성이 확보될 수 있어야 한다.
　[암기] 시장세분화 요건 : 〈시장세분화 요건은 실측접실〉이다. 실행성, 측정성, 접근성, 실체성
④ **시장세분화 전제조건**
　㉠ 세분 시장은 일관성 있는 특성이 있어야 한다.
　㉡ 세분 시장 소비자들의 특징 파악이 가능해야 한다.
　㉢ 독자적 마케팅을 위한 재무적 가치가 보장되어야 한다.

2) 시장세분화 기준과 변수

① **시장세분화 기준**

요인	내용
인구통계학적 세분화	• 성, 연령, 직업, 수입, 교육 수준은 등의 변수 사용 • 측정과 적용이 쉽고, 소비자 구매 행동과 밀접한 관계
지리적 세분화	• 지역별로 세분화 • 경계 확인이 쉽고, 인구통계 등 자료 활용이 쉽다.

심리적 세분화	• 소비자의 생활양식, 개인적 특성, 심리적 요인 등의 변수 사용 • 정확한 측정이 어렵고, 세분 시장 도달 가능성이 작다.
행위적 세분화	• 소비자의 행동적 특성을 기초로 세분화 • 제품 사용량, 전문화 정도 등에 따라 유사 집단을 세분화
편익 세분화	• 소비자의 구매로 인한 편익과 혜택이 세분화의 기준이다. • 편익의 다양성과 소비자 구매 행동과의 관계를 파악
시간대 세분화	• 시간이 중요한 의사결정 변수로 작용하기 때문 • 하루, 주중, 연중, 시간의 경과, 계절의 변화 등의 변수 사용

[암기] **시장세분화 기준** : 시장을 작게 나누는 것이 시장세분화이고, 나눌 때 어떻게 나눌 것인가 하는 것이 시장세분화의 기준이다. 일반적으로 기준은 6가지로, 실기시험에도 출제되므로 외워야 한다. 〈세분화 기준은 인지심행편시〉이다.

② 시장세분화 변수
  ㉠ 시장세분화 변수의 개념 : 전체시장을 세시장으로 나눌 때 사용하는 개인이나 집단의 성향 또는 특성
  ㉡ 시장세분화 변수의 분류

요인		내용
고객 행동 변수		추구 편익, 사용량, 상표 충성도, 가격 민감도, 사용 상황 등
고객 특성 변수	인구 통계적 변수	나이, 가족, 성, 소득, 직업, 교육 수준, 사회계층 등
	심리 분석적 변수	라이프스타일, 성격 등
	지리적 변수	지역, 도시, 인구밀도, 기후 등

3) 시장세분화 평가 고려사항
  ㉠ 조직 목표와의 연관성
  ㉡ 필요한 자원의 동원 가능성
  ㉢ 마케팅전략과의 조화
  ㉣ 시장의 매력도와 성장 가능성

다. 표적 시장 선정

1) **표적 시장 선정(targeting)의 개념**
  ㉠ 시장의 특성으로 나누어진 세(細)시장에 제품이나 서비스를 구매할만한 고객집단을 찾아내는 활동
  ㉡ 마케팅을 가장 효과적이고, 효율적으로 수행할 수 있는 시장을 선택하는 의미이다.
  ㉢ 마케팅은 본래 시장 전체를 대상으로 시작되었지만, 표적 시장 설정이 마케팅전략에 미치는 영향이 크기 때문에 중요성이 더욱 주목받고 있다.

2) **표적 시장의 평가와 결정**
① **표적 시장 평가요인** : 표적 시장의 크기, 접근 가능성, 측정 가능성
② **표적 시장 수의 결정** : 기업의 마케팅 목표와 보유한 자원의 능력에 적합하게 표적 시장 수를 결정
③ **표적 시장별 필요한 전략**
  ㉠ 단일표적 시장 : 집중전략
  ㉡ 복수 표적 시장 : 차별화전략
  ㉢ 전체시장 : 비차별화전략
  ㉣ 인적, 물적, 기술적 자원이 부족한 기업 : 집중전략

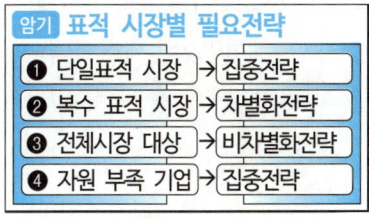

  [참고] **표적 시장별 전략** : 다음에 나오는 3. 마케팅전략〉 나. 시장세분화와 마케팅전략에서 상세히 설명된다.

라. 포지셔닝

1) 포지셔닝(positioning)의 개념과 유형

① 포지셔닝의 개념
- ㉠ 상품이 경쟁상품과 비교하여 소비자의 마음속에 차별화되도록 위치시키려는 노력
- ㉡ 목표 고객에게 경쟁제품과의 차별성을 인식시키는 활동

② 포지셔닝의 유형
- ㉠ 속성에 의한 포지셔닝
- ㉡ 이미지에 의한 포지셔닝
- ㉢ 사용 상황이나 목적에 의한 포지셔닝
- ㉣ 이용자에 의한 포지셔닝
- ㉤ 경쟁상품에 의한 포지셔닝

> **암기** 포지셔닝
> ● 포지셔닝 유형
> ❶ 속성에 의한 P
> ❷ 이미지에 의한 P
> ❸ 사용 상황에 의한 P
> ❹ 이용자에 의한 P
> ❺ 경쟁상품에 의한 P
> ● 포지셔닝 고려사항
> ❶ 상품 속성
> ❷ 상품 용도
> ❸ 가격 대비 품질 수준
> ❹ 경쟁 관계

2) 포지셔닝 고려사항

① **상품 속성** : 여러 속성 중에서 목표시장의 소비자들이 중요시하는 속성을 전달해야 한다.
② **상품 용도** : 상품의 용도를 소비자에게 알려야 한다.
③ **가격 대비 품질 수준** : 품질 대비 고가격·저가격전략을 결정해야 한다.
④ **경쟁 관계** : 경쟁자와 비교하여 자사 상품의 우수성을 강조해야 한다.

2. 마케팅믹스

가. 마케팅믹스(4P)의 이해

1) 마케팅믹스의 개념

- ㉠ 스포츠조직이 표적 시장에서 원하는 반응을 얻기 위해 내부적으로 통제할 수 있는 마케팅 수단을 적절하게 조화시키는 활동
- ㉡ 상품(product), 가격(price), 유통(place) 및 촉진 활동(promotion)이 적절하게 조화되어야 효과가 나타난다는 것을 의미한다.

2) 마케팅믹스의 요소

① 4P 요소

구분	내용
상품	고객 욕구를 만족시키는 재화, 서비스 또는 아이디어 등
가격	제품의 효용 가치를 인정하고, 이를 얻기 위해 내는 금전적 가치
유통	고객이 제품이나 서비스를 구매하거나, 이용하는 장소
촉진	제품의 판매를 촉진하기 위해 판매자와 고객과의 커뮤니케이션 수단

② 마케팅믹스의 확장 요소
- ㉠ 마케팅믹스 확장 요소의 개념 : 4P는 제조업 중심적 요소이므로, 서비스업에서는 다른 요소가 추가로 필요하므로 이를 확장 요소라고 한다. 이를 4P와 더하여 7P라고도 한다.
- ㉡ 마케팅믹스의 확장 요소 : 프로세스(process), 시설물(physical surroundings), 인적자원(people) 등

> **암기** 7P : product, price, place, promotion(4P) + process, physical surroundings, people

나. 상품

1) 상품의 일반적 특성
① **상품의 개념** : 소비자의 필요(needs)와 욕구(wants)를 충족시킬 수 있는 유형의 재화와 무형의 서비스를 말하며, 지식이나 아이디어도 포함한다.
② **상품의 유형**

구분	내용
유형상품	일반적 상품으로, 의류·공·신발·유니폼·모자 등
무형상품	형태가 없다는 의미로, 게임·경기력·팬 서비스·아이디어 등

2) 상품의 분류
① **물리적 특성 기준 분류** : 내구재, 비내구재, 서비스
② **사용 목적 기준 분류** : 소비재, 산업재
③ **상품 역할 기준 분류**
  ㉠ 대체재 : 한 재화의 가격이 상승할 때 다른 재화의 수요가 증가하면 대체재이다.(사례 커피와 홍차) 대체재는 특정 재화의 수요가 다른 재화의 가격과 같은 방향으로 변화한다.
  ㉡ 보완재 : 한 재화의 가격이 상승할 때 다른 재화의 수요가 감소하면 보완재이다.(사례 커피와 설탕) 보완재는 어떤 재화의 수요가 다른 재화의 가격과 역방향으로 변화한다.
  ㉢ 독립재 : 한 재화에 대한 수요가 다른 재화의 가격변화에 영향을 받지 않는 경우 독립재이다. 사례 설탕과 쌀)
  ㉣ 중립재 : 소비량이 변화해도 효용이 증가하거나 감소하지 않는 재화
④ **소비재의 분류**
  ㉠ 편의품 : 일상생활에서 소비 빈도가 높으며, 가까운 점포에서 구매하는 상품이다. 식료품·간단한 약품·기호품·생활필수품 등
  ㉡ 선매품 : 품질, 가격 등 관련 정보를 사전에 조사하고, 여러 제품과 비교하여 적합하다고 판단되면 구매하는 제품으로 의류, 전자제품 등
  ㉢ 전문품 : 상표나 제품 특징이 뚜렷하여 구매자가 상표 또는 점포의 신용과 명성에 따라 구매하는 제품으로, 비교적 가격이 비싼 자동차·피아노·카메라·전자제품·고급 의류 등

3) 제품의 차원
① **코틀러의 제품의 3가지 차원**

구분	개념	사례
핵심제품	소비자가 궁극적으로 얻고자 하는 핵심적 이익이나 혜택	관람 및 참여, 건강, 오락, 성취 등
실제 제품	상표, 이벤트명, 선수 등과 같이 소비자가 실제 느끼는 물리적 형태의 차원	경기(참고 실제 제품을 유형 제품이라고도 한다.)
확장제품	핵심 혹은 실제 제품에 부가되어 소비자에게 제공되는 혜택	경기 전의 공연, 치어리더, 응원전, 경품

참고 **제품의 차원 3가지와 5가지** : 코틀러는 3가지 차원을 먼저 발표하고 난 후 이를 다시 다음에 나오는 5가지 차원으로 수정하였다. 시험에서는 각각 출제되고 있으므로 모두 기억해야 한다.

인명 **코틀러(Philip Kotler)** : 미국 켈로그경영대학원 석좌교수로, 마케팅의 세계적 권위자 중의 한 사람이다.

참고 **제품의 3가지 차원**
❸ 확장제품
❷ 실제제품
❶ 핵심제품

② 코틀러의 제품의 5가지 차원
  ㉠ 핵심편익 : 고객이 실제 구매하는 기본적 이점 또는 서비스
  ㉡ 기본제품 : 소비자가 원하는 편익을 위해 제품의 형태를 갖춘 단계
  ㉢ 기대제품 : 기능의 개선, 멋진 디자인, 편리한 포장 등의 요소가 덧붙여진 상태
  ㉣ 확장제품 : 제품의 본질과는 다른 차원의 편익이 더해진 상태
  ㉤ 잠재제품 : 소비자의 잠재적 기대 사항을 결합한 상태

참고 제품의 5가지 차원 : 스포츠 관람과 관련하여 핵심편익은 선수의 기술을 보는 것이며, 기본제품은 경기이고, 기대제품은 쾌적한 관람 시설, 확장제품은 주차시설 등이고, 잠재제품은 스포츠용품 판매가 해당된다.

③ 스포츠상품의 확장제품
  ㉠ 경기장시설 서비스
  ㉡ 관중석 시설 서비스
  ㉢ 경기 스태프 서비스
  ㉣ 이벤트 서비스
  ㉤ 매점 시설 서비스

4) 상품수명주기(PLC, product life cycle)

① 상품수명주기의 발전 단계 : 모든 상품은 도입기→성장기→성숙기→쇠퇴기로 이어진다.
② 상품수명주기별 특성

구분	내용
도입기	• 초기비용이 많이 소요되어 적자 상태 • 인지와 판매율 상승이 전략적 목표 • 시장저항이 강하게 나타난다. • 생산량도 적고, 제조원가 높아, 경쟁력이 미흡 • 시장점유율 상승을 위한 촉진 활동이 필요
성장기	• 수요가 급속히 늘어나며, 이익 발생 • 경쟁제품과의 차이점을 소비자에게 제공 • 광고에 집중해야 한다. • 경쟁제품과 모방제품 출현 • 집중적 유통전략이 필요
성숙기	• 판매이익이 서서히 감소하기 시작한다. • 이미지 광고를 통해 제품 차별화와 제품 존재를 확인시키는 광고가 필요 • 기존 유통망 보호로 시장점유율 방어 • 수요 신장 둔화로 이익 극대화에 주력 • 신규 소비자 창출보다 경쟁사의 고객을 뺏기 위한 가격 할인, 쿠폰 등의 판매촉진 전략 사용 • 성장형, 안정형, 쇠퇴형 성숙기로 구분
쇠퇴기	• 매출 축소와 경쟁자 수가 감소 • 과거 투자에 대한 회수 극대화가 필요 • 제품을 상기시키는 수준의 최소한 광고

③ 상품수명주기에 따른 관중과 경쟁자 등의 변화

	도입기	성장기	성숙기	쇠퇴기
관중의 수	적음	보통	많음	보통, 적음
이익	적자	보통	많음	구분 어려움
고객 계층	혁신층	대중층	보수층	보수층
경쟁자	없음	소수	보통	다수, 감소

5) 스포츠상품의 신상품개발

① **신상품개발의 개념** : 사업 구성요소 중 상품화가 가능한 가치를 찾아 이를 상품화하는 활동으로, 소비자 욕구와 시장 환경이 계속 변화하므로 지속적 신상품개발이 필요하다.

② **신상품개발의 특성**
  ㉠ 신상품개발이 조직의 지속 성장의 주요 요인으로 작용
  ㉡ 신상품개발을 위해서는 시장조사가 필요
  ㉢ 신상품개발 비용과 아울러 개발 후 촉진이 필요하므로 큰 비용이 소요
  ㉣ 신상품개발의 성공 확률은 낮은 편이며, 기업의 능력에 따라 차이가 크다.
  ㉤ 스포츠상품의 경우 시설물 등의 개발이 필요하면 많은 투자 비용이 소요되므로 철저한 사전 조사와 준비가 필요

③ **신상품개발의 절차**
  ㉠ 5단계 절차 A
  ❶ 아이디어 도출 → ❷ 제품 컨셉 개발 → ❸ 사업성 분석 → ❹ 예비설계 → ❺ 시장시험 생산

  ㉡ 5단계 절차 B
  ❶ 아이디어 도출 → ❷ 아이디어 선별 → ❸ 개발·테스트 → ❹ 사업성 분석 → ❺ 사업화

  ㉢ 7단계 절차
  ❶ 아이디어 도출 → ❷ 아이디어 선별 → ❸ 개발·테스트 → ❹ 사업성 분석 → ❺ 상품개발 → ❻ 시험 마케팅 → ❼ 사업화

  > **참고 신상품개발** : 상품의 특성에 따라, 학자에 따라 여러 의견이 존재하므로, 정확하게 정립된 방법이 미흡한 상태이다. 실기시험에 자주 출제되므로 이를 대비하기 위해 위 내용을 모두 기억해야 한다. 요약하면 5단계와 7단계로 나눌 수 있다. 실기시험에서 2가지 모두 ( ) 속에 넣는 적합한 용어를 적는 형태로, 각각 출제되었다.

④ **신상품개발을 위한 아이디어 도출법**
  ㉠ 브레인스토밍법 : 문제를 해결하기 위해 여러 사람이 모여 아이디어를 구상하는 방법으로, 많은 아이디어를 얻는 데 효과적이다.
  ㉡ SCAMPER법 : 아이디어 도출을 위해 아래의 7가지 규칙을 적용하여 실험하는 방법
   · S(substitute) : 대체 · C(combine) : 결합 · A(adapt) : 적용 · M(modify) : 변경, 축소, 확대
   · P(put to other uses) : 용도 변경 · E(eliminate) : 제거 · R(reverse, rearrange) : 전환, 재배치
  ㉢ 연꽃기법 : 한겹 한겹 펼쳐지는 연꽃 모양으로 아이디어를 발굴해 나가는 기법이다. 아이디어나 문제해결의 대안을 다양한 측면에서 얻기 위하여 활용된다.
  ㉣ 마인드맵 : 먼저 가운데에 키워드의 중심 주제를 적고 계속해서 연관된 내용을 가지로 만든다. 핵심어·이미지·색깔·기호·상징 등을 사용해 방사형으로 펼쳐 아이디어를 정리할 수 있다.
  ㉤ 강제연결법 : 관계없는 사물을 서로 연결하여 새로운 기능을 만들어 내기 위해 고안된 방법이다.
  ㉥ 속성열거법 : 대상이나 아이디어의 다양한 속성을 목록으로 작성하여 세분된 각각의 속성에 주의를 기울이는 방법이다.

⑤ **신상품에 대한 소비자 수용 절차**
  ㉠ 인지 : 신상품에 대한 정보를 처음 접하게 된 상태
  ㉡ 관심 : 반복된 노출로 관심을 끌게 되고, 추가적 정보를 탐색하는 단계
  ㉢ 사용 : 처음 구매 또는 이용하는 단계
  ㉣ 평가 : 욕구 충족 상태를 파악하여 태도를 형성하는 단계
  ㉤ 수용 : 사용, 이용 경험을 토대로 평가하여 수용 여부를 결정하는 단계

  > **참고 신상품 수용 절차**
  > ❶ 인지
  > ❷ 관심
  > ❸ 사용
  > ❹ 평가
  > ❺ 수용

  > **암기 신상품 소비자 수용 절차** : 〈소비자 수용 절차는 인관사평수〉이다.

6) 혁신 수용과 확산모델
① <u>로저스의 혁신 수용과 확산모델의 개념</u> : 혁신을 수용하는 사람을 여러 범주로 분류하는 모델이다. 본래는 일반적인 경영혁신을 의미하지만 여기서는 신상품개발을 상품 혁신으로 간주하여 적용한다.
② 혁신 수용자의 분류
  ㉠ 혁신자(innovators) : 변화를 즐기는 분류로, 신상품 이용에 매우 적극적이다.
  ㉡ 초기 수용자(early adopters) : 의견 선도자로, 신상품에 조심스럽게 접근한다.
  ㉢ 초기 다수자(early majority) : 신중한 사람으로, 조심스럽게 일반인보다 빨리 신상품을 수용한다.
  ㉣ 후기 다수자(late majority) : 회의적 사람으로, 많은 사람이 신상품을 사용한 다음에 사용한다.
  ㉤ 최후 수용자(laggards) : 매우 보수적으로, 신상품에 대해 비판적 경향이 강하다.
  [인명] 로저스(Everett Rogers) : 혁신 수용과 확산 이론을 만든 미국 커뮤니케이션 학자이자 사회학자이다.

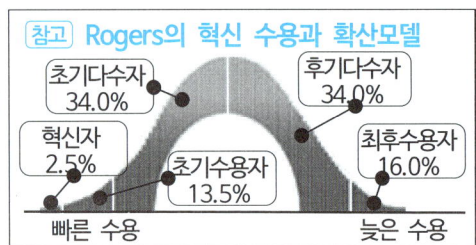
[참고] Rogers의 혁신 수용과 확산모델

다. 가격
1) 가격의 이해
① 가격의 개념 : 소비자가 상품을 구매(이용)하기 위해 내는 비용을 말하며, 소비자의 필요와 용구를 기업의 생산 및 마케팅 노력과 교환하는 역할을 수행
② 가격의 특성
  ㉠ 다른 마케팅믹스 요소보다 변경이 비교적 수월하다.
  ㉡ 마케팅믹스 요소 중 가장 강력한 경쟁 도구이다.
  ㉢ 시장점유율과 손익에 미치는 영향이 크다.
  ㉣ 변동 폭이 비교적 크고, 상황에 많은 영향을 받는다.
  ㉤ 상대적 관계에 따라 결정되는 경우가 많다.

[암기] 가격의 특성
1. 변경이 상대적으로 수월
2. 4P 중 가장 강력한 경쟁 도구
3. M/S와 손익에 큰 영향
4. 변동 폭이 크고, 상황에 영향
5. 상대적 관계에 따라 결정

2) 가격 결정
① 가격 결정 영향요인
  ㉠ 가격 결정에 영향을 미치는 요인의 개념 : 가격 결정요인은 기업이 스스로 통제할 수 있는 내적 요인 즉 기업의 목표, 마케팅전략, 원가 등과 기업이 통제하기 어려운 외적 요인 즉 소비자 수요, 경쟁자 관계, 경제 환경에 영향을 받는다.
  ㉡ 가격 결정 영향요인

가격 결정 영향요인	외적 요인(통제 불가능)	경제 환경, 정부 규제, 경쟁자 가격, 소비자 반응
	내적 요인(통제 가능)	경영전략, 마케팅전략, 조직 특성, 원가 구조

② 가격 결정 고려사항
  ㉠ 이익 지향 : 이익을 최대한 낼 수 있도록 결정
  ㉡ 매출 지향 : 매출 신장을 늘리고, 시장점유율을 확대할 수 있도록 결정
  ㉢ 경쟁 지향 : 경쟁사, 경쟁제품과의 관계를 고려하여 결정
  ㉣ 이미지 지향 : 조직과 상품의 이미지 상승을 위한 결정
  ㉤ 카르텔 : 동업자 간 공식 또는 비공식 카르텔을 통해 결정
  ㉥ 기타 조건 : 법적, 제도적 정해진 조건이 있으면 이에 따라 결정

3) 가격책정 방법
① **원가 기준 가격책정** : 상품을 생산하는데 소요된 비용에 일정액의 이윤을 추가하여 책정
② **차별화 가격책정** : 동일한 상품을 세시장에 따라 각각 다른 가격으로 책정(사례 스포츠 센터 이용료의 시간대에 따라 차등, 스포츠 경기관람에 군경 할인 적용 등)
③ **심리적 가격책정** : 소비자의 심리 상태를 파악하여 가격책정으로, 방법 등은 아래에서 별도 설명
④ **패키지 가격책정** : 둘 이상의 상품을 패키지화하여 가격책정(사례 스포츠 경기의 연중사용권, 스포츠 의류와 모자를 동시 판매 등)
⑤ **신상품 가격책정** : 주로 경쟁자 가격을 고려하여 저가격 혹은 고가격으로 책정
⑥ **소비자 중심 가격책정** : 수요의 가격탄력성을 근거로, 소비자 생각을 반영하여 가격을 책정

4) 가격 차별화와 할인
① **가격 차별화의 개념** : 소비자의 선호도, 욕구 및 수요 등에 따라 가격이 높거나, 낮게 책정하여 차등을 두는 방법으로, 이용 시간대별 차별화, 계절별, 시기별 차별화, 선호도에 따른 차별화, 편익에 따른 차별화 등이 있다.
② **가격 할인의 유형**
　㉠ **현금 할인** : 현금 거래를 유도하는 할인
　㉡ **수량 할인** : 구매 수량이 많으면 할인하는 방법(예 : 단체 입장 할인)
　㉢ **계절 할인** : 성수기와 비수기로 나누어 비수기에 할인
　㉣ **기능 할인** : 기능 일부를 줄인 상태로 판매하는 할인
　㉤ **촉진 할인** : 단기간 판매 증대를 목적으로 하는 할인
　㉥ **공제** : 전체 가격에서 일정한 금액을 빼는 방식으로 일반적 할인과 구분

5) 특수한 가격
① **재판매 유지 가격** : 공급자가 소매업자에게 판매가격을 정하여 이를 반드시 지키도록 하는 가격으로, 소매업자가 상품을 가격 인하해서 판매하지 않도록 한다.
② **권장 소비자 가격** : 공급자가 소매업자의 최종 판매가격 결정에 참고하도록 권장하는 가격
③ **자유 가격** : 공급자가 소매업자에게 판매가격을 정하지 않고, 소매업자가 시장 동향 등을 고려하여 독자적으로 정하는 가격(=오픈 가격)
④ **판매촉진 가격** : 대량 판매 등을 목적으로, 임시로 가격을 내린 상태의 가격
⑤ **묶음 가격**
　㉠ **묶음 가격(패키지 가격)의 개념** : 2개 이상의 제품이나 서비스를 하나로 묶어 각각 살 때보다 저렴하게 판매하는 가격
　㉡ **묶음 판매의 종류**
　　• **순수 묶음 판매** : 동일한 상품을 2개 이상 묶어 판매하는 방법으로, 개별로 살 때보다 저렴한 가격을 정하는 것이 일반적이다. 스포츠 경기관람 시 단체입장권이 이에 해당한다.
　　• **혼합 묶음 판매** : 다른 상품을 2개 이상 묶어 판매하는 방법이다. 유니폼과 모자, 햄버거와 콜라 등을 함께 구매하도록 유도하는 방법이다.
⑥ **경쟁가격** : 경쟁자 가격을 비교하여 높게 또는 낮게 하거나, 같이하는 전략
⑦ **종속제품 가격** : 본체와 부속품 모두 갖추어야 제품의 온전한 기능을 유지할 때 본체의 가격은 낮게 책정하여 소비자의 구매를 유도한 후 부속품의 가격은 높게 책정하여 이윤을 창출한다.(사례 양궁의 활 가격은 싸게 책정한 후 화살 가격은 비싸게 책정한다.)

6) 소비자 심리를 이용한 가격

① **단수가격** : 제품가격의 끝자리를 단수로 표시하여 소비자가 제품이 저렴하다는 인식을 심어 구매를 유도하는 가격전략(예 : 가격 9만9천원으로, 10만원이 안됨)
② **긍지 가격** : 가격을 기준으로 품질을 평가하는 심리를 이용하는 방법으로, 명품가방 등의 판매로 주로 활용이며, 가격을 높게 책정하는 특징을 갖고 있다.(=명성가격, 권위상징가격)
③ **유인가격** : 특정 제품가격만 낮게 책정하여 다른 제품도 함께 구매하도록 유인하는 방법(=미끼 가격)
④ **관습가격** : 장기간 고정된 가격으로, 이를 벗어나면 소비자의 저항이 발생한다.
⑤ **현금 가격** : 카드 결제 시 가격을 높게 책정하여 현금 구매를 유도할 때의 가격

> [암기] **소비자 심리 이용 가격** : 〈심리이용 가격은 단긍유관현〉이다. 단수가격, 긍지 가격, 유인가격, 관습가격, 현금가격 등은 소비자 심리를 이용하는 가격책정 방법이다.

6) 가격전략

① **스키밍(skimming) 전략(=신제품 고가전략)**
  ㉠ skimming 전략의 개념 : 신제품을 도입할 때 높은 가격을 책정하는 방법으로, 처음에 높은 가격으로 시작한 후 경쟁자 출현 또는 상황변화에 따라 가격을 낮추는 전략
  ㉡ skimming 전략 필요상황
  • 제품 혁신 정도가 높은 상품일 때
  • 판매가 많을 것으로 예측될 때
  • 경쟁자 출현이 쉽지 않다고 판단될 때

② **시장침투(penetration pricing) 가격전략(=신제품 저가 전략)**
  ㉠ 시장침투 가격전략의 개념 : 신제품 도입기에 낮은 가격을 책정하여 시장점유율은 높이는 방법
  ㉡ 시장침투전략 필요상황
  • 후발주자일 때
  • 시장에 이미 강한 경쟁자가 있을 때
  • 소비자 가격 민감성이 높을 때
  • 짧은 기간 내 시장을 형성시킬 교두보가 필요할 때
  • 단위당 이익이 낮아도 대량 판매로 이익 실현이 가능할 때
  • 경쟁자의 진입을 방지할 필요가 있을 때

> [참고] **skimming과 penetration** : skim이란 물 위 기름처럼 떠 있는 상태를 말한다. skimming 전략은 가격이 높이 떠 있다는 의미에서 사용하고 있다. penetration은 침투를 말한다.

  ㉢ 스키밍전략과 시장침투가격전략의 비교

구분	skimming	penetration	구분	skimming	penetration
주목적	수익성 증대	판매 증대	규모의 경제	작다	크다
초기 가격	고가	저가	경쟁자 진입 정도	어렵다	쉽다
가격탄력성	비탄력적	탄력적	제품의 혁신성	크다	작다
생산·마케팅 비용	높다	낮다	제품 확산 속도	느리다	빠르다

7) 수요의 가격탄력성

① **탄력성(elasticity)의 개념**
  ㉠ 탄력성이란 한 변수가 다른 변수에 의해 변동되는 정도로, 고무줄이 쇳덩어리에 비해 쉽게 늘어나는 것은 탄력성이 좋기 때문이다.

ⓒ 탄력성은 보통 음의 값을 갖지만, 부호와 상관없이 절댓값이 의미가 있으며, 그 값이 0인 경우는 완전 비탄력적, 무한대이면 완전 탄력적이라고 한다.
② **수요의 가격탄력성 개념** : 가격이 변함에 따라 수요량이 변동하는 상태를 나타내는 비율로, 가격탄력성이 높다는 것은 수요가 가격에 민감하다는 것을 의미한다.
③ **수요의 가격탄력성 적용 기준** : 수요의 가격탄력성을 e라고 할 때 e=0이면 완전 비탄력적, e<1이면 비탄력적, e=1이면 단위 탄력적, e>1이면 탄력적, e=∞이면 완전 탄력적이라 한다.

구분	e=∞	1<e<∞	e=1	0<e<1	e=0
정의	완전 탄력적	탄력적	단위 탄력적	비탄력적	완전 비탄력적

참고 e : elasticity의 첫 글자로, 탄력성을 나타내는 기호이다.

④ **수요의 가격탄력성 공식**

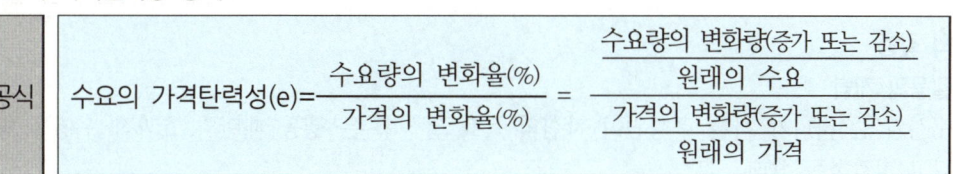

⑤ **생필품과 사치품의 가격탄력성**
　　㉠ 같은 비율로 가격이 인상되었다 하더라도 생필품은 수요량 변화가 적지만 사치품의 수요량은 크게 줄어든다.
　　ⓒ 사치품은 생필품보다 수요의 가격탄력성이 훨씬 높다.

라. 유통

1) 유통의 개요
① **유통의 개념** : 생산자가 생산한 상품이 최종 소비자에 이르기까지 옮겨가는 경로를 말하는 것으로 유통경로는 도매상, 소매상은 물론 중개인 등이 중간에 개입하여 효율적 유통을 지원
② **같은 의미의 용어** : 경로, 루트, 장소, 채널, 판매경로, 판매망, 유통 시스템, 유통기구

2) 유통경로
① **유통경로의 개념**
　　㉠ 상품이 생산자로부터 소비자 또는 최종 수요자에게 이르기까지 거치는 과정이나 통로
　　ⓒ 유통경로에는 서로 다른 목표를 가진 구성원들로 구성
　　ⓒ 구성원들은 자신의 목표를 달성하기 위해 다른 구성원들과 협력이 필요
② **유통경로 설정**
　　㉠ 유통경로 설정 고려사항 : 상품의 특성, 조직의 특성, 중간상의 특성, 경쟁자의 경로 등
　　ⓒ 유통경로의 설정 원칙 : 쉬운 접근, 대기시간 감축, 소비자에게 좋은 서비스 제공
　　ⓒ 유통경로 설정 방법 : 단순 유통경로, 복수 유통경로, 복수 사업장전략, 복수 상품전략, 복수 목표시장전략
③ **유통경로의 형태**

구분	내용
직접적 유통경로(0단계 유통경로)	생산자→소비자 직접 거래 형태
중간적 유통경로(1단계 유통경로)	생산자→소매상→소비자
전형적 유통경로(다단계 유통경로)	생산자→도매상→소매상→소비자

참고 **0단계 유통경로** : 0단계 유통경로는 최근에 사용되는 용어로, 생산자와 소비자의 직접 거래 형태를 말한다.

④ 유통경로의 유형
  ㉠ 전속적 유통과 집약적 유통 : 전속적 유통은 지역 내에 특정 중간상에게 상품을 취급하게 하고, 집약적 유통은 지역 내 많은 중간상에게 상품을 취급하게 한다.
  ㉡ 개방적 유통과 배타적 유통 : 소매상이 독점판매권을 부여하는 경우 배타적 유통이며, 소매상이 경쟁상품도 함께 취급하는 경우 개방적 유통이다.
⑤ 상품 특성에 따른 유통경로
  ㉠ 편의품 유통경로 : 많은 유통업자가 상품을 취급하는 집약적 유통경로
  ㉡ 선매품 유통경로 : 소매상이 경쟁품도 함께 취급하면 개방적 유통경로, 소매상이 독점판매권을 갖고 있으면 배타적 유통경로
  ㉢ 전문품 유통경로 : 전속적 유통경로(=선택적 유통경로)

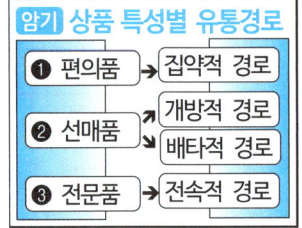

3) 유통경로의 갈등
① 유통경로 갈등의 개념
  ㉠ 경로 구성원 중 하나가 다른 구성원이 자신의 목표 달성 혹은 행동 패턴의 효과적 수행을 방해하고 있다고 지각하는 상태
  ㉡ 유통경로 갈등은 유통경로의 성과에 부정적인 영향을 초래
② 유통경로 갈등의 원인
  ㉠ 목표 불일치 : 경로 구성원 각자 목표가 서로 다르고, 목표를 각각 동시에 달성할 수 없을 때
  ㉡ 영역 불일치 : 경로 구성원 간 역할이나 영역에 대하여 합의가 이루어지지 않을 때
  ㉢ 지각 불일치 : 같은 사안을 놓고도 경로 구성원들이 인식을 다르게 할 때
③ 유통경로 갈등의 유형
  ㉠ 수평적 갈등 : 소매상끼리와 같이 유통경로의 동일한 단계에서 발생하는 갈등
  ㉡ 수직적 갈등 : 제조업자와 중간상, 본부와 가맹점 간의 갈등 등과 같이 서로 다른 단계의 경로 구성원 사이에서 발생하며, 주로 계약 위반, 가격 및 서비스 수준의 미달, 상호 목표의 차이, 이해의 부족, 의사소통의 결여 등이 그 원인이다.
  ㉢ 복합적 갈등 : 대리점과 할인점 간 등 다른 유통경로에 속해 있는 구성원 간의 갈등

4) 유통경로 설계
① 유통경로 설계 절차

❶ 고객 욕구 파악 → ❷ 경로 목표설정 → ❸ 경로 커버리지 결정 → ❹ 경로 길이 결정

② 유통경로의 단계 증가 이유 : 유통 서비스에 대한 소비자 요구가 증가하면 유통경로도 비례하여 증가
③ 유통경로 단축 필요상황
  ㉠ 제품의 기술이 복잡할 때
  ㉡ 경쟁제품과 차별화가 필요할 때
  ㉢ 소비자의 지리적 분산이 약할 때

5) 유통경로 시스템
① **유통경로 시스템의 개념** : 상품을 효과적으로 판매하기 위해 구축하는 시스템을 말하며, 전통적 유통경로, 수직적 유통경로, 수평적 유통경로로 구분한다.
② **전통적 유통경로 시스템** : 유통경로가 지배구조 없이 독립적으로 연결된 시스템
③ **수직적 유통경로 시스템**(VMS, vertical marketing system)
  ㉠ VMS의 개념 : 유통을 전문적으로 관리하고, 집중적으로 계획한 유통망이다. 수직적 통합으로 경로 간 연계를 체계화하고, 경로 내 유통기관 통제력을 강화하여 시장 영향력을 발휘하여 유통기능 수행 성과를 높인다.

ⓛ VMS의 유형

구분	설명
기업형 VMS	전방 통합과 후방 통합을 이루는 시스템
계약형 VMS	계약 시스템으로, 도매상과 연쇄점·소매상 협동조합·프랜차이즈 등
관리형 VMS	우월한 하나 또는 한정된 수의 기업이 경로 전체의 전략이나 방침을 정하고 실행

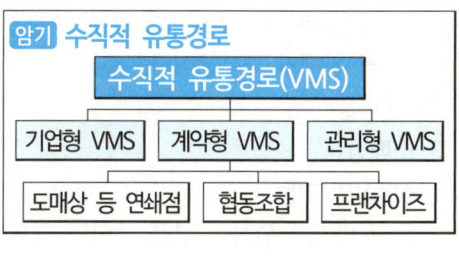

④ 수평적 유통경로 시스템(HMS, horizontal marketing system)
ㄱ HMS의 개념 : 동일한 유통경로에 있는 둘 이상을 결합하여 수행하는 유통경로 시스템
ㄴ HMS의 사례 : 코카콜라와 네슬레는 세계시장에서 캔 커피와 캔 홍차 음료 판매를 위해 제휴

6) 유통의 역할

① 유통의 역할
ㄱ 거래 수 최소화
ㄴ 불일치의 극복
ㄷ 정보 제공
ㄹ 금융기능 수행
ㅁ 위험 분산
ㅂ 마케팅의 효과적 실행

참고 **거래 수 최소화** : 중간 유통단계가 있어 거래 수가 최소화가 된다는 것은 역설적이지만 옳은 논리이다.

② 중간상의 역할
ㄱ 효율적 거래를 지원하여 거래비용을 감소로, 상품 가격을 인하한다.
ㄴ 생산자와 소비자의 지리적, 개념적 거리의 단축과 상호 정보 유통
ㄷ 재고 보유를 통해 생산자의 재고 부담 감소
ㄹ 외상, 할부 등의 신용거래를 발생시켜 금융기능의 역할 수행
ㅁ 마케팅의 효과적 실행

③ **유통경로 효율화의 장점** : 매출 및 이익 증대, 기업 이미지 상승, 시장점유율 상승, 정보력 강화, 자금력 확보, 지명도 상승

7) 도매상

① **도매상의 기능** : 소매상이나 다른 도매상을 대상으로 하는 중간상
② **도매상의 유형**
ㄱ 제조업자 도매상 : 독립 도매상이 아닌 제조업자에 의해 소유, 운영되는 도매상
  • 판매지점 : 창고시설을 갖추어, 재고를 보유하는 형태의 제조업자 도매상
  • 판매사무소 : 재고를 보유하지 않는 제조업자 도매상
ㄴ 상인 도매상 : 제품 소유권을 가진 독립된 사업체의 도매상
ㄷ 대리점 : 제품 소유권을 보유하지 않고 단지 거래를 촉진시키는 역할로, 거래 시 판매가격의 일정 비율의 수수료로 받는다.
  • 제조업자 대리점 : 제품계열이 서로 다른 여러 제조업체를 대표하는 대리점
  • 판매 대리점 : 제조업자의 전 품목을 판매하는 데 있어 계약상의 권한을 부여받은 대리점
  • 구매 대리점 : 구매자를 대리하여 상품을 구입, 검사하여 구매자에게 전달하는 역할
  • 수수료 상인 : 직판능력이 없거나 조합에 가입하지 않은 생산업자들과 계약을 맺고 소매 고객과의 판매 협상을 대리하는 형태

ⓔ 브로커 : 대리점과 같이 제품에 대한 소유권은 보유하지 않고 단지 거래를 촉진하는 역할로, 대리점은 비교적 장기적인 거래 관계를 갖지만, 브로커는 거래당사자와 단 한 번 거래로 끝나는 단기적 관계가 대부분이다.

8) 소매상
① 소매상의 기능
  ㉠ 소비자가 원하는 상품 구비와 필요한 정보 제공
  ㉡ 소비자의 구매 비용 부담 경감을 위한 외상 등의 금융기능 수행
  ㉢ A/S, 배달, 설치 등 다양한 고객서비스 제공
② 소매상의 유형
  ㉠ 점포소매상 : 편의점, 슈퍼마켓, 전문점, 백화점, 할인점, 회원제 클럽(=창고형 할인점, 예-코스트코, 이마트 트레이더스 등), 상설할인매장, 드러그스토어(화장품, 생활용품, 약품, 식품 등을 판매하는 잡화점), 전문할인점(=카테고리 킬러, 한 가지 또는 한정된 상품군을 취급하며 할인점보다 저렴한 가격으로 판매하는 소매업태로, 예로는 오피스디포, 이케아 등)
  ㉡ 무점포소매상 : 다이렉트 마케팅(DM, direct marketing, 통신판매, 텔레마케팅, 텔레비전 쇼핑, 온라인소매), 방문판매, 자동판매기 판매
③ 옴니채널(omni-channel)
  ㉠ 개념 : 소비자가 온라인, 오프라인, 모바일 등 다양한 경로를 이용해 상품을 검색하고 구매하는 서비스
  ㉡ 옴니채널 이용 구매패턴
    • 쇼루밍(showrooming) : 오프라인 매장에서 제품을 살펴보고 온라인으로 구매
    • 역 쇼루밍 : 온라인에서 제품을 살펴보고 오프라인 매장에서 구매
    • 모루밍(morooming) : 오프라인 매장에서 제품을 살펴보다가 곧바로 모바일로 구매

9) 유통집중도
① 유통집중도의 개념 : 일정 지역에서 자사 제품을 취급하는 점포 수를 나타내는 것으로, 유통커버리지라고도 한다.
② 유통집중도의 구분 : ㉠ 집중적 커버리지 ㉡ 전속적 커버리지 ㉢ 선택적 커버리지(=배타적 커버리지)

마. 판매촉진
1) 판매촉진(promotion)의 개념
① 판매촉진의 개념 : 더 많은 판매로 매출을 증가시키기 위해 실시하는 활동으로, 소비자와 기업 간 모든 커뮤니케이션 방법을 포함한다.
② 유사하게 사용하는 용어 : 프로모션, 촉진 활동, 판촉
③ 촉진의 요소 : 인적판매, 촉진, 광고, PR

[참고] 판매촉진 속의 촉진 : 판매촉진의 4가지 요소 중 또 촉진이 사용되고 있다. 이때의 촉진은 판매촉진 속에 포함된 협의의 촉진을 의미한다. 인적판매, 광고, PR을 제외한 가격 할인, 선물 및 샘플 증정, 쿠폰 발행, 경연대회 및 이벤트 개최 등으로, 인적판매·광고·PR을 뺀 나머지가 협의의 촉진에 해당한다.

④ 촉진 요소별 특징

구분	내용
인적판매	·촉진 성과 높음 ·고비용 ·산업의 특성에 따라 필요
촉진	·매출 증가에 직접 기여 ·주목률과 망각률이 높음
광고	·이미지 상승 ·장기적 효과 기대 ·교육적 효과 기대
PR	·소요 비용이 저렴 ·신뢰성 거양 ·통제의 어려움

⑤ 판매촉진의 장점
  ㉠ 매출이 빠르게 증가하며
  ㉡ 광고보다 효과가 빠르고 나타나고
  ㉢ 비용이 상대적으로 저렴하고
  ㉣ 특정 시기 또는 특정 지역에서 시행할 수 있고
  ㉤ 소비자 반응이 강하게 나타난다.

> **참고** 판매촉진의 장점
> ❶ 매출 증가의 효과적 방법
> ❷ 광고보다 빠른 효과
> ❸ 비용이 상대적으로 저렴
> ❹ 특정 시기·지역 가능
> ❺ 소비자 반응이 강함

2) 인적판매

① **인적판매의 개념** : 고객과 직접 접촉을 통한 판매촉진의 가장 대표적인 경우이다. 인적판매를 대면(face to face) 마케팅이라고도 한다.

② **인적판매의 특징** : 고객에게 사용 방법 설명, 애프터서비스 제공과 대면접촉 등으로, 다른 촉진 수단에 비해 많은 이점을 가지고 있다.

③ **인적판매의 장단점**
  ㉠ 장점 : 고객 주의집중, 고객 니즈 충족, 쌍방향 커뮤니케이션, 복잡하고 기술적 메시지 전달, 기능이나 성능의 시연, 고객과의 빈번한 접촉
  ㉡ 단점 : 고객과 1:1 상대로 고비용이며, 효율성 저하

④ **인적판매의 효과적 수행 도구**
  ㉠ 데이터베이스 활용 : 소비자 정보를 효과적으로 수집 및 관리, 분석하는 도구
  ㉡ 관계마케팅 : 고객과의 관계를 더욱 강화를 목적으로 하는 마케팅 활동
  ㉢ 혜택 세일링 : 새로운 혜택을 추가하거나 변경하여 소비자 지각에 변화를 도모하는 마케팅 활동
  ㉣ 크로스 세일링(cross selling) : 기존 상품 구입 고객에게 연관성 있는 다른 상품의 구매로 이어질 수 있도록 하는 마케팅 방법으로, 교차판매라고도 한다.(사례 스포츠 센터에서 수영 강습 수강자에게 수영복 판매를 권유하는 경우)

⑤ **관계마케팅의 등장 배경**
  ㉠ 판매자 중심시장에서 구매자 중심시장으로 변화
  ㉡ 정보통신기술의 발전
  ㉢ 고객 욕구의 다양화
  ㉣ 시장 규제 완화로 경쟁자 증가

3) 판매촉진

① **판매촉진의 개요**
  ㉠ 판매촉진의 특징 : 단기간에 소비자나 중간상을 대상으로, 부가적 가치를 제공하거나 구매장벽을 낮추어 소비자의 구매를 장려하는 활동
  ㉡ 판매촉진의 방법 : 가격 할인, 지불 조건 변경(예 : 무이자 할부), 선물 및 샘플 증정, 쿠폰 발행, 포스터, POP, 경연대회 및 이벤트 개최
  ㉢ 판매촉진의 필요성 : 시장에서 상품의 경쟁이 격화되어 있거나, 품질이 거의 차이가 없어 품질 차별화를 실현하기 어렵거나, 가격 경쟁이 심해져 있는 경우 등이다.

② 판매촉진의 장점
- 매출 증대의 효과적 방법이며
- 광고보다 효과가 빠르고 나타나고
- 비용이 상대적으로 저렴하고
- 특정 시기 또는 특정 지역에서 시행할 수 있고
- 소비자 반응이 강하게 나타난다.

② 쿠폰 발행
㉠ 쿠폰의 개념 : 조건에 따라 할인 또는 무료 제공 혜택을 받을 수 있는 수단의 증표
㉡ 쿠폰의 종류
- 배포방식에 따라 : 매체 쿠폰, 포장 쿠폰, 소매상 배포 쿠폰
- 촉진 목적에 따라 : 인센티브 지향 쿠폰과 커뮤니케이션 지향 쿠폰
- 발행 형태에 따라 : 종이 쿠폰, 포장지 쿠폰, 도장 날인 쿠폰, 인터넷 출력 쿠폰, 번호를 입력하는 넘버링 쿠폰, 문자 쿠폰, 인터넷 쿠폰 등 다양한 형태로 발전하고 있다.
㉢ 쿠폰 효과 : 광고와 홍보, 재고정리, 단기적 수요조절, 현금 거래 증대, 소비 활성화, 재방문(재구매) 증대, 소비 확대
㉣ 쿠폰 발행 문제점 : 과장 광고, 소비자 신뢰도 하락, 가격 거품현상 초래, 쿠폰 지향 소비자의 양산
[참고] **쿠폰 발행 확대** : 최근 쿠폰 발행이 확대되고 있어 쿠폰의 의미와 장단점을 기억해야 한다.

4) 광고
① **광고의 개념** : 대가를 지불하고, 방송, 인쇄물 등의 비인적 매체로 정보를 전달하는 의사소통의 수단
② **광고의 장단점**
㉠ 장점은 짧은 시간에 다수의 소비자에게 쉽게 커뮤니케이션할 수 있고, 대중성이 강하며, 널리 분포된 소비자 커뮤니케이션에 강하고, 1인당 소요 비용이 다른 촉진 방법보다 저렴하다.
㉡ 단점은 목표 소비자를 대상으로 광고하기가 쉽지 않고, 일방적 정보를 전달하며, 비용 부담이 상대적으로 높은 편이다.
③ **광고 방법** : 매스미디어를 이용하는 TV, 라디오, 잡지 외에 경기장시설을 이용한 전광판 광고, 펜스 광고, 백보드 광고, 경기장 바닥 광고, 90도 광고, 선수 유니폼 광고 등의 형태
[참고] **90도 광고** : 바닥 면에 평평하게 제작되었지만, TV를 통해 보면 입간판인 것처럼 보이도록 만든 광고판
④ **스포츠를 통한 광고의 특성** : 스포츠의 인기를 통한 호소력 극대화가 가능, 세계적 통용이 가능, 스포츠의 긍정적 이미지가 상품 이미지로 전이
⑤ **광고의 종류**
㉠ 매스미디어 광고 : TV, 신문, 라디오, 잡지 등의 광고로, 가장 일반적인 광고 형태이다.
㉡ 인터넷 광고
- 인터넷 광고의 활용 : 최근 전통적 광고보다 인터넷 광고가 많이 활용되고 있다.
- 인터넷 광고의 방법 : 배너광고, 삽입 광고, 스폰서십 광고 등
- 인터넷 광고의 장점 : 소비자 포지셔닝이 비교적 수월하며, 광고 제작이 비교적 쉽고, 가격이 저렴하며, 환경변화에 쉽게 대응할 수 있다.
㉢ DM(direct mail) 광고
- 미리 선정한 일정 고객을 대상으로 우편 이용, 신문 전단, 이메일 등을 통한 광고를 말한다.
- 고객과의 관계를 유지하고 지속적으로 판매를 유도하는 장점과 우편요금 등이 많이 소요된다.
㉣ POP(point of purchase) 광고 : 구매시점광고를 말하는 것으로, 판매 현장에서 고객의 시선을 끌기 위한 광고이다.([사례] 대형 할인점의 천장, 계단, 바닥 등의 광고)

- ⓓ PPL(product placement) : 영화나 드라마 속에 소품으로 등장하는 상품을 일컫는 것으로, 브랜드 명이 보이는 상품, 이미지, 명칭 등을 드러내는 마케팅전략을 말한다.
- ⓗ 티저(teaser) 광고 : 처음에는 중요 부분을 감추어 소비자의 호기심을 자극한 후 점차 전체의 모습을 명확히 해가는 광고를 말한다.(=호기심 유발 광고)
- ⓢ 옥외광고 : 건물 옥상 또는 교통량이 많은 장소에 광고판을 이용한 광고로, 상대적으로 적은 비용·반복 노출 등의 효과가 있다.
- ⓞ 인명부 광고 : 동창회 등 인명부에 하는 광고로, 상대적으로 적은 비용 등의 효과가 있다.

⑥ **스포츠를 이용한 광고의 성장 배경**
  ㉠ 새로운 커뮤니케이션 수단으로서의 가치 인식
  ㉡ 스포츠에 대한 긍정적 이미지
  ㉢ 스포츠에 대한 대중의 관심과 이로 인한 미디어의 관심 집중
  ㉣ 스포츠조직의 상품화 노력

⑦ **광고 효과 평가** : 마케팅 커뮤니케이션 목표에 따라 다양하게 평가할 수 있다.
  ㉠ 인지 평가 : 소비자의 인지, 지각, 학습, 이해, 사고, 기억 등에 대한 평가
  ㉡ 태도 평가 : 소비자의 선호도, 친숙감, 신뢰도 등에 대한 평가
  ㉢ 행동 평가 : 소비자의 구매 관심, 구매 행위 등에 대한 평가
  ㉣ 이미지 평가 : 소비자의 인식, 명성, 상징 등에 대한 평가
  ㉤ 매출 평가 : 판매 수량 또는 금액으로 평가

⑧ **ATL과 BTL**
  ㉠ 개념 : 광고는 커뮤니케이션 방법을 기준으로 ATL과 BTL로 구분한다. 광고대행사는 광고주에게 발행하는 청구서에 관례로 청구금액을 상단에 적는 경우와 하단에 적는 경우로 구분하고 있다. 즉 상단에 적는 경우가 ATL이고, 그 반대의 경우 BTL이다. 광고대행사의 입장에서 ATL의 경우 광고 대행에 따른 수수료를 받고, BTL의 경우에는 시장조사 등 광고대행사가 직접 집행한 경우를 말한다.
  ㉡ 구분
    · ATL(above the line) : TV, 신문 등의 매체를 통한 커뮤니케이션 활동으로 대행 수수료를 받는 경우이다. 사례 TV, 신문 등의 미디어 광고 게재 등이다.
    · BTL(below the line) : 미디어를 통하지 않고, 직접 소비자를 대상으로 하는 커뮤니케이션 활동을 말하며, 사례 판매촉진, 유통지원, 설문 조사 등에 대한 직접 집행 수수료를 말한다.
    참고 ATL과 BTL
      1) ATL과 BTL은 실제 일선 경영 현장에서 많이 사용하지 않지만, 실기시험에 출제된 일이 있다.
      2) ATL은 광고 등의 비대면 마케팅, BTL은 촉진 활동 등의 대면 마케팅으로 정의하기도 한다.

5) PR(publicity relation, 퍼블리시티, 공중관계, 홍보)
① PR의 개념
  ㉠ 대중 또는 특정 집단을 대상으로 이미지를 좋게 하는 활동을 말한다.
  ㉡ 개인 혹은 조직의 이익을 위하여 뉴스와 가치 있는 정보를 미디어에 전달하거나(보도자료 제공, news release), 사회적 봉사활동 등도 포함하여 대중 또는 특정 집단에 개인 혹은 조직의 이미지를 호의적으로 만드는 활동이다.
② PR의 기능 : 대중매체와의 관계 개선, 지역사회와의 관계 개선, 조직 구성원의 결속력 강화, 조직의 이미지 제고, 조직이나 프로그램에 대한 정보 제공
③ PR과 홍보의 관계 : 홍보는 어떤 사실을 널리 알리는 것을 말한다. PR의 대표적인 것이 홍보이다.

④ PR의 방법
- ㉠ 보도자료 제공(뉴스 릴리스) : 미디어에게 기사 자료를 제공하여 보도하도록 하는 방법
- ㉡ 기사 독점 : 특정 미디어에게 기사를 독점시켜 단독으로 크게 보도하도록 하는 방법
- ㉢ 취재비 지원 : 미디어에게 취재에 필요한 경비 등을 지원하는 방법
- ㉣ 기자회견 : 기자들을 초청하여 자료 제공, 질의응답 등을 통해 보도 요청 방법
- ㉤ 현장 견학 : 기자, 관계자 등에게 현장을 보여주며, 기사화 또는 여론 조성
- ㉥ 로비 : 의사결정 권한자와 관계를 맺어 영향력을 행사하는 방법
- ㉦ 평상시 돈독한 관계 유지 : 기자, 관계자 등에게 평상시 원만한 관계를 유지하여 좋은 인식을 만드는 방법

⑤ 인터넷 홍보의 특징
- ㉠ 커뮤니케이션의 편리한 수단
- ㉡ 제작 편리성과 효과 다양성
- ㉢ 고객 능동적 접촉과 빠른 확산
- ㉣ 실시간으로 반응
- ㉤ 24시간 지속 운영
- ㉥ 메시지 용량의 무제한 사용

6) 촉진 요소의 비교
① 촉진 요소 간 상호 비교

	광고	인적판매	판매촉진	PR
통제 가능성	낮음	높음	보통	보통
피드백 양	적음	많음	보통	적음
피드백 속도	느림	중간	다양	느림
메시지 흐름 방향	단방향	양방향	단방향	단방향
메시지의 융통성	없음	조절 가능	없음	보통
소비자 전달 속도	빠름	느림	빠름	보통
커뮤니케이션 형태	간접적	직접적	간접적	보통

② 광고와 홍보의 차이

	광고	홍보
게재면	광고면	기사면
비용	부담	없음
송신자	광고주 이름 사용	미디어 이름 사용
특징	• 게재일, 지면, 메시지를 광고주가 결정 • 메시지 표현의 융통성이 있음	• 소구도와 소비자 수용도 높음 • 연출효과가 적은 편

참고 **소구도** : 메시지를 전달했을 때 상대가 받아들이는 정도로, 광고나 홍보의 상대는 소비자이다.

3. 마케팅전략

가. 마케팅전략의 이해

1) 마케팅전략의 개요
① 마케팅전략의 개념 : 전사적 경영전략을 기반으로 마케팅 분야의 목표를 수립하고, 시장, 경쟁 등에 관한 분석과 내부 자원을 효율적으로 활용하는 방안을 수립하는 절차로, 상위전략인 경영전략 혹은 사업부 전략과의 조화가 중요하다.

② 사업부 전략과 마케팅전략

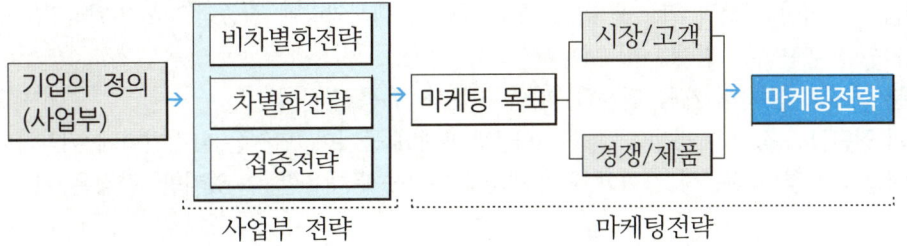

나. 시장세분화와 마케팅전략

1) **시장세분화와 마케팅전략의 개념**
   ㉠ 시장을 세분화하여 각각의 세시장을 평가하고, 어느 세시장으로 진출할 것인지를 결정하는 활동(=커버리지전략)
   ㉡ 시장세분화와 마케팅전략은 차별화전략, 비차별화전략, 집중전략으로 구분한다.
   ㉢ 경우에 따라 전문화 전략으로도 구분하는데, 전문화 전략은 시장·제품·기술·유통 전문화 등으로 구분한다.
   [참고] 세시장(細市場, niche market) : 시장세분화에서 세시장 또는 세분 시장이란 용어를 사용하는데, 이는 세분(細分)된 적은 시장을 의미하는 것으로, 새로운 시장(新市場)의 개념이 아니다.

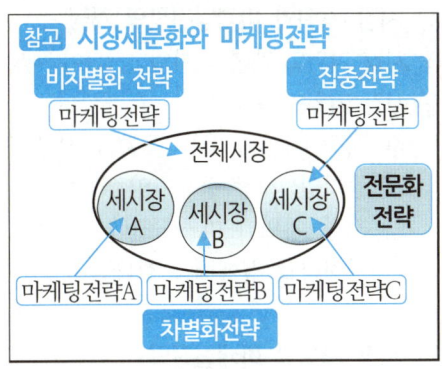

2) **비차별화전략**
① 비차별화전략의 개념
   ㉠ 세시장별 차이를 무시하고 시장 전체를 대상으로 선택할 때 이용하는 전략
   ㉡ 다양한 소비자의 욕구를 맞추기보다 각 소비자의 공통적 특성에 초점을 맞춘다.
   [사례] 비차별화전략 : 어떤 스포츠 센터에서 성별, 연령대별 구별 없이 수영 프로그램을 모든 참가자를 대상으로 운영
② 비차별화전략의 장단점
   ㉠ 장점 : 규모의 경제 실현이 가능하므로 마케팅 비용이 절감될 수 있다.
   ㉡ 단점 : 세시장별 특성을 고려하지 못한다.

3) **차별화전략**
① 차별화전략의 개념 : 2개 이상의 세분 시장을 목표로 하여 각각의 시장을 특성에 따라 다른 마케팅전략을 사용한다.
   [사례] 차별화전략 : 어떤 스포츠 센터에서 주부 대상 수영 프로그램을 초급, 중급, 고급과정으로 나누어 운영
② 차별화전략의 장단점
   ㉠ 장점 : 가격 경쟁의 회피, 상품 차별성 확보, 높은 이익의 실현, 고객 충성도 확보
   ㉡ 단점 : 경쟁자의 수월한 모방, 마케팅 비용증가, 불필요한 차별화로 원가 압박

4) **집중전략**
   ㉠ 소유한 자원이 제한되어 하나 혹은 소수의 시장을 선택해서 집중화된 전략
   ㉡ 특정 세시장에서 소비자의 욕구를 파악하여 대응하므로 소비자 충성도를 높일 수 있는 장점이 있다.
   [사례] 집중전략 : 어떤 태권도장은 규모가 작아 초등학생들만 대상으로, 단일 세분 시장을 집중적으로 마케팅

5) 전문화 전략
① **전문화 전략의 개념** : 기업이 경쟁력 확보를 위해 특정 분야에 핵심역량에 집중적으로 지원하고, 이외의 부분은 협력사 등을 활용하는 전략
② **전문화 전략의 구분** : 시장 전문화, 제품 전문화, 기술 전문화, 유통 전문화
③ **시장 전문화 전략의 장단점** : 장점은 경쟁력 집중, 효율적 마케팅 등이며, 단점은 환경변화에 취약하다.
④ **제품 전문화의 장단점** : 장점은 전문성 강화와 환경변화에 유연하게 대응할 수 있지만, 단점은 원가 부담이 크다.

다. 시장 지위와 마케팅전략
1) 시장 지위와 마케팅전략의 개념
① **시장 지위의 개념** : 기업(상품)이 해당 시장에서 차지하고 있는 유명도나 비중을 일컫는다.
② **시장 지위의 구분**
　㉠ 시장 지위에 따른 구분 : 시장 선도기업, 시장 도전기업, 시장 추종기업, 시장 틈새기업
　㉡ 시장 지위별 마케팅전략 : 모든 기업은 시장 지위에 적합한 마케팅전략을 실행해야 한다.

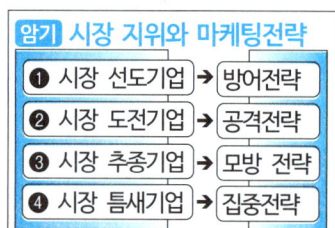

2) 시장 지위별 마케팅전략

	전략과 목표	내용
시장 선도기업	• 전략 : 방어전략 • 목표 : 시장규모 확대와 시장점유율 확대	• 시장 전체의 확대를 위해 제품 리포지셔닝으로 신규고객 창출 • 시장점유율 확대를 위한 촉진 활동 강화 • 진입 장벽 강화와 경쟁우위 확보
시장 도전기업	• 전략 : 공격전략 • 목표 : 시장점유율 확대	• 선도기업과의 차별성 강화를 위한 비용 우위를 통한 상대적 저가 전략이 유리 • 제품 차별화 : 선도기업의 약점 공략
시장 추종기업	• 전략 : 모방 전략 • 목표 : 적정 이윤 추구와 안정적 시장 확보	• 선도기업 제품의 전략 모방과 디자인 가격 등의 부분적 차별화 • 저가 전략
시장 틈새기업	• 전략 : 집중전략 • 목표 : 틈새시장에서 이미지 구축과 선도 위치 확보	• 시장과 제품 특성화 • 틈새시장에서의 전문성 확보 • 틈새시장에서 브랜드 파워 유지

라. 마케팅전략 관련 기타 이론
1) 푸시(push)와 풀(pull) 전략
① **푸시 전략** : 생산자가 유통경로를 통하여 소비자에게 제품을 밀어내는 방법
② **풀 전략** : 생산자가 소비자를 대상으로 마케팅 활동을 전개하여 상품을 구매하도록 유도하는 방식
③ **푸시·풀 전략 사례**
　㉠ 풀 전략이 효과적으로 작용하면 소비자들은 중간상에 가서 자발적으로 구매하게 된다.
　㉡ 광고를 통해 제품을 주문하도록 유인하면 푸시 전략이다.

2) 마케팅전략 평가
① **마케팅전략 평가의 개념** : 환경변화에 따라 마케팅전략의 적정성, 목표설정의 타당성과 달성도 등을 평가하여 마케팅전략을 수정하거나 차후 계획 수립에 반영하기 위한 활동

② 마케팅전략의 평가 방법
  ㉠ 판매실적 평가
  ㉡ 시장점유율 평가
  ㉢ 마케팅 효율성 평가

3) 통합마케팅 커뮤니케이션
① 통합마케팅 커뮤니케이션(IMC, intergated marketing communication)의 개념
  ㉠ 기업 또는 브랜드가 시행하는 여러 마케팅 활동을 하나로 통합하여 고객 관계를 강화하는 마케팅 방법을 말한다.
  ㉡ 프로스포츠에서 팀별 마케팅보다 리그 전체의 통합마케팅 또한 IMC이다.
② IMC의 이점
  ㉠ 마케팅전략의 일관성 유지
  ㉡ 고객 신뢰 형성
  ㉢ 소요 비용의 경제성

제4장 스포츠 브랜드

1. 스포츠 브랜드의 이해

가. 스포츠 브랜드의 이해

1) 브랜드(brand)의 개요

① 브랜드의 개념
- ㉠ 경쟁상품과 구별하기 위하여 붙여진 이름, 표시, 도형 등의 총칭을 말한다.
- ㉡ 특정 브랜드에 충성도를 가진 고객을 대상으로 구매 효율성을 상승시킬 수 있다.
- ㉢ 브랜드를 통해 고객에게 일정한 품질과 가치를 제공하겠다는 약속의 의미를 내포한다.
- ㉣ 소비자가 구매의 대상 상품을 평가하는 사고 비용(thinking cost)을 감소시킨다.

② 브랜드의 기능
- ㉠ 출처 기능
- ㉡ 구별 기능
- ㉢ 신용 기능
- ㉣ 자산적 기능

③ 브랜드 구성요소
- ㉠ 브랜드 네임 : 브랜드 이미지 인식과 고객 커뮤니케이션의 핵심 요소로, 친숙성과 차별성, 독창성 등이 필요하다.
- ㉡ 심벌과 로고 : 브랜드의 기호화된 모양이나, 색 등의 시각 정보로, 상품 내용을 이해시키는 수단으로 작용한다.
- ㉢ 캐릭터 : 브랜드를 의인화한 것으로, 개성 표출 또는 친근감 조성의 효과적 수단이다.
- ㉣ 슬로건 : 구체적이고 기억하기 쉬운 문장(예: 나이키의 Just do it)
- ㉤ 패키지 : 포장, 물품의 가치를 높여주고, 내용물을 보호하기 위한 적절한 재료, 용기 등을 물품에 적용한 상태
- ㉥ 레이블(label) : 상품명 및 상품에 관련된 사항을 표시하여 용기나 포장 등에 부착할 목적으로 만들어진 표시물로, 흔히 라벨이라고 한다.
- ㉦ 등록상표 : 상표법에 따라 관련 기관에 등록된 상표

④ 브랜드명 결정 시 고려사항
- ㉠ 독특하고 긍정적 관련성을 가지고 기억하기 쉬워야 한다.
- ㉡ 상품 사용을 통해 얻을 수 있는 편익을 암시하는 것이 좋다.
- ㉢ 법적으로나 윤리적으로 용인 가능한 것이어야 한다.

2) 브랜드 구축의 효과

① 강력한 브랜드를 구축했을 때의 이점
- ㉠ 진입 장벽의 임무를 수행하여 경쟁자의 진입 억제
- ㉡ 경쟁자에 비해 높은 가격책정이 가능
- ㉢ 브랜드의 명성을 이용하여 신상품 출시가 수월

② 좋은 브랜드의 조건
- ㉠ 기억하기 쉽고
- ㉡ 경쟁자 브랜드와 구별되어야 하고
- ㉢ 상품의 편익을 암시할 수 있으며
- ㉣ 법적 보호를 받을 수 있어야 한다.

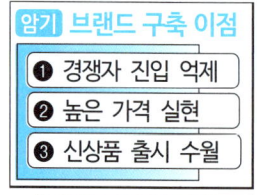

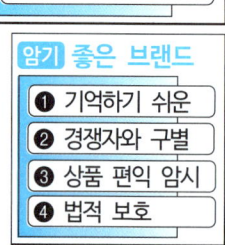

③ 등록상표의 기대 효과
  ㉠ 고객의 상표 충성도 확보
  ㉡ 일정 수준의 품질을 확인하게 한다.
  ㉢ 고객과의 효과적 커뮤니케이션
  ㉣ 시장 경쟁에서 상대적 우위
  ㉤ 유통공간 확보에 유리한 위치 확보

나. 공동 브랜드
① 공동 브랜드(cooperative brand)의 개념 : 전략적 제휴로 여러 기업이 공동으로 사용하는 브랜드
② 공동 브랜드의 특성
  ㉠ 시장 지위가 확고하지 못한 중소업체들이 공동으로 개발하여 사용
  ㉡ 강력한 시장 지위 기업에 대항하기 위해 중소기업들이 공동으로 대응하기 위해 사용
  ㉢ 마케팅 비용과 원가절감 효과
  ㉣ 공동상표는 제품이 표준화될 수 있을 때 유용하며, 상품 품질이 제조사별로 다르면 상표 신뢰도가 낮아진다.
  ㉤ 생산자들이 공동 작업장이나 공동 생산설비가 필수요건은 아니다.
③ 공동 브랜드의 사례
  ㉠ 미국의 캘리포니아 오렌지농장 브랜드인 썬키스트(Sunkist)
  ㉡ 국내의 가죽제품 브랜드 가파치(CAPACCI)
  ㉢ 부산광역시의 테즈락, 대구광역시의 쉬메릭 등은 지역 기반 공동 브랜드이다.

다. 브랜드 인지도
1) 브랜드 인지도(brand awareness)의 이해
① 브랜드 인지도의 개념 : 소비자가 한 제품 범주에 속한 특정 브랜드를 인식하거나 회상할 수 있는 정도
② 브랜드 인지도의 구분

구분	설명
최초 상기	구매 욕구가 발생하면 먼저 떠올릴 정도의 강력한 인지 수준
비보조 상기	특정 브랜드를 기억할 수 있는 정도의 인지 수준
보조인지	특정 브랜드를 알아보는 정도의 약한 인지 수준

③ 브랜드 인지도 평가 방법
  ㉠ 트렌드(trend) 평가 : 브랜드 인지도의 과거 자료를 바탕으로 미래의 추세를 평가하는 방법
  ㉡ 코호트(cohort) 평가 : 한정된 모집단을 두고 일정 기간 변화를 평가하는 방법
  ㉢ 패널(panel) 평가 : 조사대상을 고정하여, 브랜드 인지도를 반복하여 평가하는 방법

  참고 cohort : 통계적으로 동일한 성향을 나타내는 집단 또는 특정 정당 등의 지지자를 의미한다.

2) 브랜드 연상
① 브랜드 연상의 개념 : 소비자가 특정 브랜드를 접할 때 여러 가지 이미지가 떠오른다. 브랜드와 이미지의 연결을 브랜드 연상(brand association)이라고 한다.
② 호의적 연상과 비호의적 연상 : 연상은 좋은 느낌의 연상과 그 반대 성향의 연상으로 구분될 수 있다. 호의적 연상이 많을수록 브랜드 자산 형성에 도움이 된다.

③ 브랜드 재인과 회상
  ㉠ 브랜드 재인(brand recognition) : 브랜드를 인지하고 있는 정도
  ㉡ 브랜드 회상(brand recall) : 구매 욕구가 있는 소비자가 브랜드 제품 범주를 떠올렸을 때 가장 먼저 떠오르는 브랜드

라. 브랜드 충성도와 브랜드 자산
1) 브랜드 충성도(brand loyalty)
① 브랜드 충성도의 개념 : 소비자가 특정 브랜드에 대해 지닌 호감의 정도
② 브랜드 충성도의 구분
  ㉠ 충성도 높은 고객 : 특정 상품(팀)을 일관되게 선호하며, 반복 구매 행동을 나타낸다.
  ㉡ 충성도 낮은 고객 : 여러 상품(팀)을 비교 분석하며, 복잡한 의사결정을 한다.

2) 브랜드 자산(brand equity)
① 브랜드 자산의 개념 : 상품은 실질적인 품질보다 브랜드를 통해 차별화되는 경우가 많으므로 브랜드의 자산적 가치를 인정한다는 의미로 사용되며, 아아커는 브랜드 자산은 브랜드 이름, 상징 등 브랜드와 관련된 자산과 부채의 합계라고 주장하였다.

  [인명] 아아커(David A. Aaker) : 브랜드 자산의 개념을 처음 전개하였으며, 브랜드 자산 관리, 전략 수립 및 경영에 관한 세계 최고의 권위자이다. 미국 캘리포니아주립대학교 하스경영대학원의 명예 교수로 마케팅 및 브랜드 전략을 강의하고 있다.

② 브랜드 자산의 구성
  ㉠ 브랜드 충성도 : 소비자의 특정 브랜드에 대한 지속적 재구매 성향으로, 브랜드 자산의 가장 중요한 요소
  ㉡ 브랜드 인지도 : 소비자가 특정 브랜드를 회상할 수 있는 능력
  ㉢ 지각된 품질 : 소비자에게 특정 브랜드의 품질이 인식되어 재구매 가능성이 크며, 브랜드 충성도에 긍정적 영향을 미친다.
  ㉣ 브랜드 연상 이미지 : 특정 브랜드가 소비자의 감각을 통해 받아들여져 해석되는 의미
  ㉤ 독점적 브랜드 자산 : 특허, 등록상표 등 독점적으로 형성할 수 있는 자산

③ 브랜드 자산 발전 단계
  ㉠ 브랜드 인지 단계 : 고객의 마음속에 브랜드가 알려지는 단계
  ㉡ 이미지 구축단계 : 브랜드에 대한 친숙한 이미지를 구축하는 단계
  ㉢ 자산 가치화 단계 : 브랜드가 자산적 가치를 쌓아가는 단계
  ㉣ 로열티 형성단계 : 브랜드 충성도가 형성되는 단계

[암기] 브랜드 자산
● 브랜드 자산의 구성
❶ 브랜드 충성도
❷ 브랜드 인지도
❸ 지각된 품질
❹ 브랜드 연상 이미지
❺ 독점 브랜드 자산
● 브랜드 자산 발전 단계
❶ 브랜드 인지 단계
❷ 이미지 구축단계
❸ 자산 가치화 단계
❹ 로열티 형성단계

2. 스포츠 브랜드의 확장과 강화

가. 브랜드 확장
1) 브랜드 확장(Brand Extension)의 개요
① 브랜드 확장의 개념 : 기존 브랜드를 신제품에 그대로 사용하거나 유사한 브랜드를 사용하여, 소비자로부터 브랜드의 연관성을 갖도록 하는 활동으로, 기존 브랜드 자산을 다른 상품에 활용할 수 있다.

[암기] 브랜드 확장의 개념
❶ 브랜드 자산을 신제품에 활용
❷ 기존 브랜드와 연관성 강화

② 브랜드 확장의 이점
  ㉠ 기존 브랜드의 강점을 활용하여 더욱 쉽게 신규시장 진출 가능
  ㉡ 신규 브랜드 런칭에 따른 초기비용과 개발에 따른 시간과 비용 절감
  ㉢ 규모의 경제 효과 또는 전시적 효과가 가능
  ㉣ 브랜드 확장이 성공하면 원래 브랜드의 이미지가 강화된다.
③ 브랜드 확장의 위험
  ㉠ 원래 브랜드의 이미지가 희석되거나 타격을 받을 수 있다.
  ㉡ 유통업자의 저항에 직면할 수 있다.
  ㉢ 소비자가 혼란스러워 원래 브랜드의 이미지가 나빠질 수 있다.
  ㉣ 새로운 브랜드에 리스크가 발생하면 원래 브랜드에 악영향을 줄 수 있다.

|암기| 브랜드 확장의 장단점
● 브랜드 확장의 장점
❶ 신시장 진출이 수월
❷ 개발 비용과 시간 절감
❸ 규모의 경제와 전시 효과
❹ 원 브랜드 이미지 강화
● 브랜드 확장의 위험
❶ 원 브랜드 이미지 희석 가능
❷ 유통업자의 저항 가능성
❸ 원 브랜드 이미지 악화
❹ 브랜드 리스크 시 영향

2) 브랜드 확장의 종류
① 계열 확장(line extension)과 범주 확장(category extension)

구분	설명
계열 확장 (=수직 확장)	・이미 사용 중인 제품군에서 신시장을 목표로 하는 신제품에 브랜드 적용 ・기존 브랜드가 속한 제품 범주 내의 새로운 신제품 즉 향, 형태, 색상, 포장 등이 달라진 신제품에 브랜드를 사용 |사례| 코카콜라에서 코카콜라 라이트를 개발
범주 확장 (=수평 확장)	・새로운 범주에 속하는 신제품에 기존 브랜드 사용 |사례| 풀무원이 두부를 생산하면서 다이어트 식품에도 같은 브랜드를 사용

② 인터넷 비즈니스의 브랜드 확장
  ㉠ 인터넷으로 상품을 판매할 때 최초 서비스로 많은 이용자를 끌어들인 다음 여러 가지 서비스를 제공하는 방향으로 브랜드 확장을 시도하는 경우가 많다.
  ㉡ 대표적으로 카카오로 처음 SNS로 출발하여, 택시・뱅크・카카오페이 등 다양하게 브랜드를 확장하였다.
③ 오프라인 기업의 온라인 브랜드 확장 : 오프라인을 주력해 온 기업이 기업명을 도메인명으로 사용하여 온라인 비즈니스를 전개하면 이는 브랜드 확장에 해당한다.

나. 브랜드 강화

① 브랜드 강화(Brand Reinforcement)의 개념 : 소비자의 마음속에 존재하는 기존의 브랜드에 대한 인식을 더 호의적이거나 독특하게 인식시키려는 마케팅 활동
② 브랜드 강화 목적 : 경쟁자와 차별화, 브랜드 정체성 확장
③ 브랜드 강화 방법
  ㉠ 브랜드 자산의 새로운 요소를 발견하거나
  ㉡ 브랜드 이미지를 일관되게 형성하여 정체성 확보

|암기| 브랜드 강화
● 브랜드 강화의 목적
❶ 경쟁자와 차별화
❷ 브랜드 정체성 확장
● 브랜드 강화 방법
❶ 브랜드 자산의 새 요소 발견
❷ 브랜드 이미지 일관성 유지

제5장 스포츠 스폰서십

1. 스포츠 스폰서십의 이해

가. 스포츠 스폰서십의 이해

1) 스포츠 스폰서십의 개요

① 스포츠 스폰서십의 개념 : 기업이 고유목적을 효과적으로 달성하기 위해 스포츠조직, 미디어 등에 재정적, 물질적 지원 혹은 서비스를 제공하고 반대급부를 얻기 위한 활동

② 스포츠 스폰서십의 발전 배경
　㉠ 광고가 많아지므로 인한 광고 효과 감소와 미디어 광고료의 증가
　㉡ 미디어 기술의 발달로 매체 스포츠 참여자 증가
　㉢ 스포츠의 상업화 진전
　㉣ 시장세분화 개념의 등장
　㉤ 스포츠마케팅의 발전과 스포츠 스폰서십 참여기업의 확대

참고 스포츠 스폰서십의 구성

기업 ↔ 스포츠조직 (재정적·물질적 지원 / 반대급부)

2) 스포츠 스폰서십의 특성과 최근 동향

① 스포츠 스폰서십의 특성
　㉠ 교환행위 : 스폰서 권리자와 기업 간 일어나는 교환행위
　㉡ 기업의 커뮤니케이션 수단 : 기업은 재정적, 물질적 혹은 서비스를 제공하는 목적은 커뮤니케이션 수단의 하나로 활용 목적
　㉢ 권리자의 재원 마련 : 스폰서십 권리자는 조직 운영, 대회 개최 재원 마련

② 스포츠 스폰서십의 최근 동향
　㉠ 규모 확대　　㉡ 글로벌화의 진전　　㉢ IT 발전과 접목　　㉣ 스포츠마케팅의 발전과 병행

3) 스포츠 스폰서십의 구조

구분	내용
스포츠조직	스포츠상품을 통해 팬과 스폰서 확보
스폰서	스포츠조직에 재정 지원과 특정 집단에 대한 촉진 활동
미디어	스포츠를 중계하며 기업의 로고 등 짧은 메시지 전달
대행사	스포츠마케팅 대행, 방송중계권 계약, 이벤트 등 전개

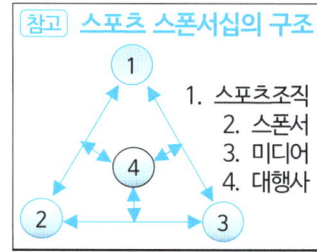

참고 스포츠 스폰서십의 구조
1. 스포츠조직
2. 스폰서
3. 미디어
4. 대행사

나. 스포츠 스폰서십의 분류

1) 스포츠 스폰서십의 구분

① 재화 제공 형태에 따른 스포츠 스폰서십

구분	설명
공식 스폰서 official sponsor	기업이 재화나 서비스를 제공하고, 그 대가로 로고, 엠블렘 등을 마케팅에 이용할 수 있는 권리 획득
공식 공급업자 official sponsor	기업이 필요한 물품, 서비스를 제공하고 그 대가로 마케팅 권리 획득 **사례** 나이키의 국가대표 축구팀 유니폼 제공)
공식상품화권자 official licenser	기업이 일정 금액을 내고, 로고·엠블렘 등을 특정 제품의 마케팅에 이용할 수 있는 권리를 획득하지만, 일반적으로 권한을 개최국 내로 한정한다.

② 직접 참여와 간접 참여

구분	설명
직접 참여	스포츠 이벤트 스폰서십, 라이선싱/머천다이징, 스포츠 단체 스폰서십
간접 참여	스포츠 방송 스폰서십

③ 기타 스포츠 스폰서십의 형태

구분	설명
명칭 사용에 따른 분류	타이틀 스폰서, 일반 스폰서
스폰서 대상에 따른 분류	선수 스폰서, 팀 스폰서, 이벤트 스폰서, 단체 스폰서

2) 스포츠 스폰서십의 공동참여

① 스포츠 스폰서십 공동참여의 개념 : 2 이상의 기업이 스폰서십에 공동으로 참여하는 경우로, 공동 참여자 중 첫째는 주관 스폰서, 나머지는 보조 스폰서라 한다.

② 스포츠 스폰서십 공동참여의 조건
  ㉠ 공동참여 기업 간 비경쟁적 관계와 상호이익
  ㉡ 공동참여 기업 간 유사한 이미지와 유사한 표적 시장

다. 스포츠 스폰서십의 필요성

1) 스포츠 스폰서십의 필요성

스포츠조직	기업
· 재정확보 수단 · 스포츠의 보급 및 활성화에 기여 · 참여인구 저변 확대 · 스포츠상품의 가치 증대	· 높은 커뮤니케이션 효과 · 이미지 개선과 판매 증진 · 경제적 규제에 대한 회피 수단 · 비상업적 접근으로 인식

2) 스포츠 스폰서십과 광고

① 스포츠 스폰서십과 광고의 비교

	스폰서십	광고
대상	자발적 참가자	일반 대중
알림 방식	간접적 방식	직접적 방식
제작 특징	비언어적 반복 노출	시청각 등을 이용한 다양한 기법

② 광고와 비교한 스포츠 스폰서십의 장점
  ㉠ 스폰서십은 표적 집단에 도달하는 경로가 광고에 비해 수월하다.
  ㉡ 표적 집단과 쉬운 커뮤니케이션이 가능
  ㉢ 광고보다 상대적으로 저렴한 비용
  ㉣ 스포츠의 긍정적 이미지를 상품에 접목 가능
  ㉤ 광고의 각종 제약 회피 수단

③ 스폰서십 계약 원칙
  ㉠ 독점성 : 스포츠 단체가 공식 스폰서에게만 권한 부여
  ㉡ 통일성 : 브랜드와 로고 등을 통합하여 사용할 수 있는 권한 획득
  ㉢ 전문성 : 스폰서십 업무 수행을 위해 전문가 업무 담당
  ㉣ 보완성 : 광고 우선 참여권 등의 권한도 획득

  암기 스폰서십 계약 원칙 : <스폰서십 계약은 독통전보>이다. 독점성, 통일성, 전문성, 보완성

라. 기업의 스포츠 스폰서십

① **기업의 스포츠 스폰서십 참여 기대 효과**
- ㉠ 인지도 향상
- ㉡ 판매 증대
- ㉢ 매체 효과 증대
- ㉣ 판매 기회 확대
- ㉤ 경쟁우위 확보
- ㉥ 고객 커뮤니케이션 강화

> **참고** 스포츠 스폰서십의 기업 참여 기대 효과
> ❶ 인지도 향상
> ❷ 판매 증대
> ❸ 매체 효과 증대
> ❹ 판매 기회 확대
> ❺ 경쟁우위 확보
> ❻ 고객 커뮤니케이션 강화

② **기업의 참여 결정 기준**
- ㉠ 대외적 기준 : 일반인의 선호도, 매체 노출 효과, 조직 목표와의 연계성, 참여 비용의 경제성, 준비 기간, 계절성
- ㉡ 대내적 기준 : 수행 능력, 참여 비율, 소요 비용

③ **기업의 스폰서십 참여 형태**
- ㉠ 직접 참여 : 스포츠 이벤트 스폰서십, 스포츠 단체 스폰서십, 선수 스폰서십, 라이선싱, 머천다이징 등의 참여
- ㉡ 간접 참여 : 스포츠 중계방송 스폰서십 참여

마. 스포츠조직의 스폰서십 유치

1) 스포츠 스폰서십 유치 절차
- ㉠ 계획단계 : 목표설정, 대상기업의 물색, 제안에 따른 조건 검토 등
- ㉡ 교섭단계 : 제안 설명의 절차와 교섭의 진행
- ㉢ 계약단계 : 제안에 따른 교섭이 성사되면 계약 체결

2) 스포츠 스폰서십 유치 시 고려사항

① **스포츠 스폰서십 유치 절차**

❶ 대상기업의 담당자 확인 → ❷ 설득 필요 정보 수집 → ❸ 부정 반응의 대책 수립 → ❹ 마무리

② **스포츠 단체의 스폰서십 유치 시 제시사항**
- ㉠ 예상 효과
- ㉡ 앰부시 마케팅 방지방안
- ㉢ 관련 매체에 관한 사항
- ㉣ 요건의 준수와 정당한 이익 제공 방법 제시
- ㉤ 계약의 이행 약속 방안

③ **스포츠 단체가 스폰서 선정 시 고려사항** : 스포츠 이벤트와 스폰서의 이미지 일치 여부와 효과, 기업의 매체에 노출 정도, 기업의 이미지 등

④ **스포츠 스폰서십 계약에 포함해야 할 사항** : 계약자의 성명과 상표, 로고, 심벌 등에 대한 사항, 스폰서와 피스폰서의 권리와 의무, 독점권과 관련된 내용, 책임 소재, 기타

바. 스포츠 스폰서십 효과 분석

1) 스폰서십 효과 분석의 이해

① **스폰서십 효과 분석의 필요성** : 스폰서십에 참여하는 기업은 큰 비용이 소요되므로 효과 분석이 필요

② **스폰서십 효과 분석을 위한 고려사항**
- ㉠ 스폰서십 결과가 고객의 관심 속에서 진행되었는지 여부
- ㉡ 매체 노출 정도(**참고** 미디어에 따라 시청률, 청취율 및 구독률 등)
- ㉢ 스폰서십 참여 이후 상품에 대한 인지도 변화 정도
- ㉣ 대회 주체자의 계약 내용과 소요 경비
- ㉤ 상품 판매 증가 정도

③ 스폰서십 효과측정 방법
  ㉠ 미디어 노출량 측정
  ㉡ 고객 인지도 측정
  ㉢ 상품 판매량
  ㉣ 고객의 피드백
  ㉤ 비용에 따른 효과
④ 스폰서십 효과측정 시 미디어 노출량이 중요한 이유
  ㉠ 노출 시간, 노출 크기 등의 객관적 자료를 얻을 수 있다.
  ㉡ 효과측정이 비교적 쉽다.
  ㉢ 다른 분석 방법의 근거 자료로 활용할 수 있다.

2) 스폰서십 효과측정 절차

❶ 스폰서십 노출 측정 → ❷ 스폰서십 인지 측정 → ❸ 이미지·태도 변화 측정 → ❹ 제품 판매 측정

사. 스포츠 스폰서십의 6P 요인
㉠ 플랫폼(platform) : 커뮤니케이션 활동의 도구로, 기본 방향을 제시하는 기능
㉡ 연합(partnership) : 스포츠 단체와 스폰서가 동반자적 관계 형성을 의미하며, (=공동협력)
㉢ 편재(presence) : 소비자가 상품 선택을 위한 접근과 획득의 용이성, 사용의 편리성을 의미
㉣ 선호(preference) : 스포츠 스폰서십을 통해 인지도 향상을 위한 수단 역할
㉤ 구매(purchase) : 스폰서가 스포츠 이벤트를 활용하여 판매 증진을 해야 한다.
㉥ 보호(protection) : 스포츠 단체가 스폰서 권리 보호를 위한 여러 활동

> **암기** 스폰서십의 6P : 필기시험에서는 '6P 요인 내용을 제시하고 무엇이냐?'라고 묻는 유형 혹은 6P에 포함되지 않는 것을 찾는 유형으로 출제될 수 있으며, 이때 오답 찾기의 정답은 '대중(people)'이었다, 한편 실기에서는 '6P 요인을 쓰시오'라는 유형으로 출제될 수 있다. **〈6P는 플연편선구보〉**이다. 플렛폼, 연합, 편재, 선호, 구매, 보호를 뜻한다.

2. 앰부시 마케팅

가. 앰부시 마케팅의 이해
① 앰부시(Ambush) 마케팅의 개념
  ㉠ 공식 스폰서 권리가 없는 기업이 공식 스폰서인 것처럼 소비자를 현혹하여, 자신의 이익을 취함과 동시에 공식 스폰서의 효과를 축소하기 위한 의도적 마케팅 활동
  ㉡ 매복마케팅이라고도 한다.
② 앰부시 마케팅의 특징
  ㉠ 사전 준비된 의도적 활동
  ㉡ 공식 스폰서 못지않은 소요 비용
  ㉢ 특정 상품 판매촉진 목적
  ㉣ 공식 스폰서의 효과 약화
③ 앰부시 마케팅의 유형
  ㉠ 경기 중계방송에 광고 참여
  ㉡ 복권, 경품 등의 이벤트 개최
  ㉢ 단체경기에 참여하는 선수와 스폰서 계약 체결
  ㉣ 경기장 주변 광고

나. 앰부시 마케팅의 방지

① 앰부시 마케팅의 방지 필요성
  ㉠ 기업이 스폰서십에 참여하면 비용이 많이 소요되지만, 더 큰 성과를 기대하고 참여한다.
  ㉡ 공식 스폰서 보호가 필요하며, 앰부시 마케팅을 차단하여 스폰서의 권리를 지켜주어야 한다.
② 앰부시 마케팅 대처방안
  ㉠ 앰부시 마케팅 방지를 위한 법적, 제도적 장치 마련
  ㉡ 앰부시 마케팅 전개자 근본적으로 제약 방안 강구
  ㉢ 광고와 홍보로 공식 스폰서를 소비자들에게 주지
  ㉣ 기업 또한 홍보를 통해 소비자들에게 공식 스폰서임을 주지

암기 앰부시 마케팅의 대처
❶ 법적·제도적 장치 마련
❷ 근본적 제약 방안 강구
❸ 광고·홍보로 주지
❹ 기업도 함께 주지

3. 스포츠조직의 스폰서십

가. 올림픽 TOP 프로그램

1) TOP(the Olympic partners) 프로그램 개요
  ㉠ 1985년 올림픽을 활용한 다양한 수입원을 개발하고, 올림픽의 미래를 확고히 하고자 기업과의 장기적 파트너십을 구축할 목적으로 만들어졌다.
  ㉡ 시작은 1988 서울올림픽이었으며, 이때는 the Olympic program이었다. 이후 2000 시드니올림픽 때 the Olympic partner로 발전하였다.
  ㉢ 전체적으로 9~12개 기업만 참여할 수 있으므로 세계적 유명 기업이 아니면 참여하기 어렵다.
  ㉣ 우리나라 삼성전자가 무선통신 분야에 참여하고 있다.

2) TOP의 혜택과 의무
① TOP 혜택
  ㉠ 독점권
  ㉡ 올림픽 마크와 명칭 사용권
  ㉢ PR과 프로모션의 기회 제공
  ㉣ 홍보관과 올림픽 기록보관소 활용
  ㉤ 입장권 할당
  ㉥ 광고 선택권

② TOP 의무
  ㉠ 마크 등의 사용 사전 승인
  ㉡ 계약된 상품에만 사용
  ㉢ 로고 등의 변형 사용 불가능
  ㉣ 올림픽에 부정적 영향을 미치는 행위 금지
  ㉤ 올림픽 및 관련 단체와 유관한 용어의 사용 금지

나. FIFA 스폰서십

① FIFA 스폰서십의 개요 : IOC의 TOP와 비슷하게 FIFA 스폰서십 제도를 운용
② FIFA 월드컵 스폰서십의 구분
  ㉠ FIFA 파트너 : 월드컵 경기뿐만 아니라 FIFA가 주관하는 각종 경기와 행사 스폰서십 참여와 광고 권한을 부여
  ㉡ 월드컵 스폰서 : 월드컵 경기의 스폰서십과 중계방송에 광고 권한 부여
  ㉢ 내셔널 서포터 : 월드컵 개최국 기업으로 개최국 내의 광고 등에 참여할 권한 부여

제6장 스포츠 매체 관리

1. 스포츠와 미디어

가. 스포츠와 미디어의 이해

1) 스포츠와 미디어의 관계

① 상호 보완 기능 : 스포츠와 미디어가 깊은 관계가 있는 것은 상호 보완적 기능이 존재하기 때문이다.

② 스포츠와 미디어의 구체적 역할
  ㉠ 스포츠는 콘텐츠를 제공하여 미디어의 판매를 증대시키고, 광고 수익을 올리도록 하며, 미디어 인지도를 상승시킨다.
  ㉡ 미디어는 스포츠에 재정적 지원을 하며, 스포츠 활동을 촉진하고, 스포츠에 대한 인식을 제고시키며, 스포츠 기술발전을 지원한다.

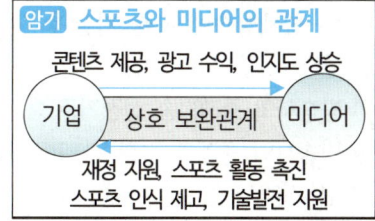

2) 스포츠와 미디어의 영향력

① 미디어가 스포츠에 미치는 영향

긍정적 영향	부정적 영향
• 재정적 지원으로 스포츠 발전에 기여 • 경기력 향상에 이바지 • 스포츠를 더욱 재미있게 만든다. • 스포츠의 올바른 발전 방향 제시 • 선수와 팬들에게 교육적 내용을 전파	• 스포츠에 대한 부당한 간섭 • 미디어의 취향에 맞게 스포츠를 변형시키려는 의도를 갖는다. • 지나친 상업주의로, 스포츠의 건전한 이미지를 훼손하기도 한다.

② 스포츠가 미디어에 미치는 영향
  ㉠ 미디어의 재정적 지원
  ㉡ 미디어 기술과 보도 기술개발에 기여
  ㉢ 미디어 취재 활동에 대한 제약

③ 미디어의 영향으로 바뀐 스포츠 환경
  ㉠ 미디어 시청자의 편의와 흥미 유발을 위해 유니폼, 용구 등의 색상 다양화
  ㉡ 미디어 편성 편의를 위한 경기 규칙 변경(예: 야구 경기의 승부치기 제도, 농구의 3점 슛 제도)
  ㉢ 중계방송을 위해 빅 이벤트와 인기 스포츠 등의 주요경기 일정 특정 시간대 편성

나. 방송중계권

1) 방송중계권의 이해

① 방송중계권의 개념 : 방송사 혹은 에이전트가 스포츠 경기를 운영하는 조직에 일정 금액을 지불하고 경기를 방송하면서 광고 수입을 올리거나, 방송할 수 있는 권리를 재판매하는 행위를 말하며, 최근 스포츠조직은 방송중계권이 큰 수입원으로 작용하고 있다.

② 방송중계권의 삼각 구조 : 방송중계권은 방송국, 스포츠조직, 광고주 등으로 구성되어 삼각관계를 형성하고 있다. 스포츠조직은 광고주와 직접 관계가 성립되지 않는다.

③ 스포츠조직의 방송중계 기대 효과
  ㉠ 안정적 재정확보
  ㉡ 이미지 상승
  ㉢ 방송중계권료 상승에 비례하는 스폰서십 비용의 상승 기대

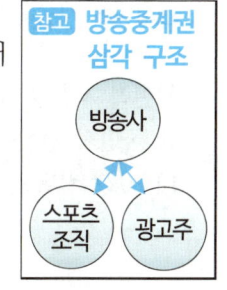

2) 방송사의 방송중계권

① 방송중계에 따른 방송사의 기대 효과
- ㉠ 광고 수입
- ㉡ 시청료 수입
- ㉢ 대외 이미지 제고
- ㉣ 프로그램 다양화와 제작 용이성
- ㉤ 중계방송에 따른 기술력 과시
- ㉥ 시청률의 예측용이

② **방송사의 중계방송 선정기준** : 경기의 권위, 관중 수, 경기 일정, 중계에 따른 수익 등

③ **방송사의 중계료 결정 시 고려사항** : 대회의 명성, 관중, 예상 광고 수입, 경기 일정, 방영 시간, 유사한 경기의 중계료 수준, 지원 및 협력 조건 등

3) 스포츠조직의 방송중계권 증대 방법

- ㉠ 스포츠조직은 중계권료 인상을 목적으로 경기 시간을 중계에 적합한 시간에 맞추거나, 경기 운영 방법과 규칙을 방송에 적합하도록 변경
- ㉡ 방송 시간의 고려, 경기 일정의 조정, 경기용품의 변경, 경기 규칙의 변경 등의 방법을 사용한다.

4) 방송중계권 협상

① **스포츠조직의 방송사 선택** : 스포츠조직은 더욱 좋은 조건(중계권료 포함)을 제시하는 방송사(혹은 에이전트)에 중계권을 부여하고, 방송사의 담합에 대응하기 위해 입찰 방법을 적용하기도 하며, 독점중계권을 부여하기도 한다.

② **방송사의 담합** : 방송사들이 짜 중계권료를 낮출 수 있으며, 공동으로 방송중계권을 인수하여 공동 방송하면 경비 부담을 줄일 수 있다.

③ **방송중계권 협상 시 합의 사항** : 국제방송센터의 사용 여부, 입장권의 수량, 광고 판매 내용 확인 여부, 중재 및 소송 절차, 세금, 책임 소재에 따른 감액 또는 환급조건, 주차 공간 등

5) 올림픽과 TV 방송

- ㉠ 1924 파리올림픽 : 올림픽 최초로 광고 허용
- ㉡ 1928 암스테르담올림픽 : 미국선수단에 코카콜라를 대량 공급하여 콜라 선풍을 일으킨 것이 스폰서십의 효시
- ㉢ 1936 베를린 올림픽 : TV 실험 중계방송 시작
- ㉣ 1960 로마올림픽 : TV 중계가 시작되면서 스폰서십 활성화
- ㉤ 1964 도쿄올림픽 : 컬러 TV 방송 시작
- ㉥ 1976 몬트리올 올림픽 : 대회 엠블럼을 제작 사용하기 시작
- ㉦ 1984 LA올림픽 : 102개 기업이 참여하였으며, 올림픽의 상업화 및 흑자 개최 효시
- ㉧ 1988 서울올림픽 : 142개 기업이 스폰서십에 참가, TOP 프로그램의 처음 시행

6) 보편적 시청권(universal access rights)

- ㉠ 국민적 관심이 높은 스포츠 경기는 특정 방송사가 독점하여 중계할 수 없도록 만든 규정
- ㉡ 2022 카타르 월드컵 등 국민적 관심사가 높은 경기는 공중파 방송 3사가 모두 중계하였다.

2. 스포츠 PR

1) 스포츠 PR의 개요
① **스포츠 PR의 개념** : 스포츠대회 등 이벤트를 개최하면서 이를 관련자들에게 널리 알려 많은 사람의 수요를 자극할 목적의 활동을 말한다. 주된 기능은 4P 이론의 판매촉진에서 나오는 공중관계(PR)의 기법을 활용한다.

② **스포츠 PR의 특성**
　㉠ 직접 비용을 투입하지 않는 것을 원칙으로 한다.
　㉡ 주로 매스미디어를 많이 활용하고, 포스터 제작 또는 설명회 개최 등도 포함된다.
　㉢ 지역사회와 유대를 강화하는 방법을 사용하며, 공익 연계 마케팅도 포함된다.

2) 스포츠 PR의 기능
　㉠ 스포츠조직의 이미지 제고
　㉡ 지역사회와의 유대강화
　㉢ 조직이나 프로그램에 대한 정보 제공
　㉣ 스텝과 자원봉사자에 대한 미디어 관련 교육

제7장 스포츠 라이선싱

1. 스포츠조직과 라이선싱

가. 스포츠 라이선싱의 이해

1) 스포츠 라이선싱(licensing)의 개요

① **스포츠 라이선싱의 개념** : 일정 기간 다른 사람(혹은 조직)이 가진 권리를 사용하기 위해 대가를 지불하고 권리를 부여받는 계약 방법을 말한다.

② **스포츠 라이선싱의 대상** : 제조, 가공, 상표, 노하우, 기술, 머천다이징, 지식 또는 기타 숙련, 촉진과 관련된 브랜드, 브랜드 명칭, 브랜드 마크, 상표 또는 상호 등이다.

③ **스포츠 라이선싱의 발전** : 1963 미국 NFL(전미 미식축구리그)이 처음 도입된 이후 스포츠산업의 매우 주목받는 분야로 부각되었다.

> 참고 라이선싱 표기법 : 라이선싱을 라이센싱이라고도 하지만 이는 외래어 표기법상 옳지 않다. 그렇지만 시험에서도 라이센싱이라고 출제되기도 한다.

④ **스포츠 라이선싱의 구성**

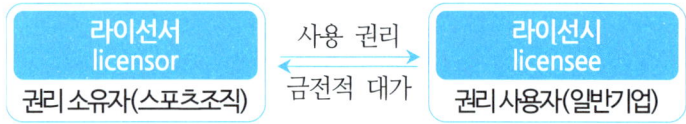

⑤ **스포츠 라이선싱의 목적**
  ㉠ 라이선싱은 양측의 입장이 서로 비교되지만, 상호이익이 발생할 수 있다고 판단하기 때문이다.
  ㉡ 라이선서는 보유한 자산을 활용할 수 있는 권한을 부여하는 대신 재정적 이익을 얻을 수 있다.
  ㉢ 라이선시는 비용을 내는 대신 라이선서 자산의 활용 권리를 얻는다.

2) 라이선싱의 로열티 지급 방법

구분	내용
정액제(fixed loyalty)	미리 정해진 금액을 로열티로 받는 방법
정률제(running loyalty)	미리 정해진 비율로 로열티로 받는 방법

나. 스포츠 라이선싱의 기대 효과와 문제점

① **스포츠 라이선싱의 기대 효과**
  ㉠ 스포츠조직의 기대 효과 : 수입 증대, 관련 기업과 파트너 관계 형성, 조직 홍보 효과
  ㉡ 기업의 기대 효과 : 판매 증진, 고객 커뮤니케이션 강화, 신뢰 획득
② **스포츠 라이선싱의 성공 요건** : 원활한 커뮤니케이션과 협업체제를 구축해야 하며, 법률적 보호가 필요
③ **스포츠 라이선싱의 문제점** : 불법 복제, 저작권 침해 등이 문제점으로 대두되고 있다.

2. 스포츠 라이선싱 구조

가. 스포츠 라이선싱의 이해

1) 스포츠 라이선싱의 구분

① **목적에 따른 구분**
  ㉠ 판매 라이선싱 : 로고 또는 캐릭터 등을 제품에 붙여 판매할 수 있도록 하는 라이선싱(사례 유니폼은 각종 제품에 로고나 마스코트, 캐릭터 등 부착 판매)
  ㉡ 촉진 라이선싱 : 기업의 촉진 활동(광고, PR, 촉진)을 강화할 목적으로 하는 라이선싱

② 참여자 수에 따른 구분
　　㉠ 단독 라이선싱 : 한 제품을 선정하여 라이선싱 계약하는 경우(=독점 라이선싱)
　　㉡ 공동 라이선싱 : 여러 제품(기업)과 함께 라이선싱 하는 경우(=비독점 라이선싱)

2) 라이선싱과 유사 개념의 비교
① 라이선싱과 머천다이징과의 차이 : 특정 조직, 팀, 선수의 캐릭터, 로고, 마크 등을 상품화하는 활동은 머천다이징이다.
　　사례 **머천다이징 사례** : 농구선수 마이클 조던과 나이키가 머천다이징 계약을 체결하여 에어조단 농구화를 개발 판매
② 스포츠 스폰서십과 라이선싱, 머천다이징의 관계
　　㉠ 스포츠를 통한 마케팅은 스포츠 라이선싱과 스포츠 이벤트로 구분할 수 있다.
　　㉡ 스포츠 라이선싱은 다시 촉진형과 판매형으로 나눈다.
　　㉢ 스포츠 스폰서십은 촉진형 라이선싱에 해당한다.

나. 스포츠 라이선싱 계약
1) 스포츠 라이선싱 계약의 이해
① 스포츠 라이선싱 계약 목표 : 라이선서와 라이선시가 상호이익이 되도록 타협과 조정이 필요하며, 동반자적 입장에서 상호 발전하도록 계약해야 한다.
② 계약의 사전 검토
　　㉠ 라이선서(스포츠조직)의 입장 : 계약이 체결되면 라이선시(기업)를 통제하기 쉽지 않다. 조악한 상품을 판매하거나, 라이선서에게 나쁜 이미지를 만들 수 있어 계약 전 충분한 검토가 필요하다.
　　㉡ 라이선시(기업)의 입장 : 올림픽조직위원회, 국가올림픽위원회 등 대규모 스포츠조직이 아닌 소규모조직은 계획과 실행에 차이가 있을 수 있으므로 미리 충분한 검토가 필요하다.

2) 라이선싱 계약의 사전 검토사항
① 라이선서(스포츠조직)의 사전 검토사항
　　㉠ 기업 일반 현황 : 주소, 임원진 구성, 설립일, 재무구조, 중요 취급 품목
　　㉡ 상품 관련 사항 : 매출, 품질, 이미지, 유통 구조
　　㉢ 기타 사항 : 금융기관의 신용 정보, 과거 라이선싱 참여 실적 등
② 라이선시(기업)의 사전 검토사항
　　㉠ 품질을 보증할 수 있는 능력과 이를 증명할 수 있어야 하고
　　㉡ 안정적 재정 상태가 유지되어야 하며
　　㉢ 마케팅전략이 체계화되어 있어야 하고
　　㉣ 소비자에게 좋은 이미지를 갖고 있으며
　　㉤ 라이선싱에 참여한 경험 또는 라이선싱 기술 축적 여부

3) 라이선싱 계약 포함사항
① 라이선싱 계약의 일반사항
　　㉠ 라이선서의 사업영역과 독점권에 대한 권리와 양도 등에 관한 사항
　　㉡ 라이선싱 제품에 대한 품질관리와 품질인정 절차
　　㉢ 소비자와 제삼자에 대한 보험과 손해배상 등에 관한 사항
② 라이선시(기업)의 계약 명시 사항 : 계약금액, 디자인 등에 대한 소유권, 유통에 대한 제한 사항 등

제8장 스포츠 에이전트

1. 스포츠 에이전트

가. 스포츠 에이전트의 이해

1) 스포츠 에이전트의 개요

① **스포츠 에이전트의 개념**
  ㉠ 일반적으로 에이전트는 다른 사람을 대신하여 업무나 교섭을 대행할 권한을 가진 사람을 칭한다.
  ㉡ 스포츠 에이전트는 선수를 대신해 구단과 연봉협상을 하고, 광고 계약 등을 처리하며, 선수의 잠재능력 파악, 프로그램 지원과 의료혜택, 주거지 알선 등 임무를 수행한다.

② **스포츠 에이전트의 필요성**
  ㉠ 특별한 전문성이 필요할 때
  ㉡ 전술적 유연성이 필요할 때
  ㉢ 선수가 직접 나서면 대립 관계가 형성되어 오히려 악화 가능성이 있을 때

③ **스포츠 에이전트의 구분**
  ㉠ 스포츠 에이전트의 종류 : 선수에이전트, 경기 에이전트, 스포츠마케팅 에이전트, 광고 스폰서 에이전트, 라이선싱과 머천다이징 에이전트, 풀 서비스 에이전트
  ㉡ 선수 에이전트(players' agent) : 선수 육성과 발굴, 선수를 팀에 소개하거나, 팀과 선수가 계약이 체결되도록 중간에서 지원하는 역할
  ㉢ 경기 에이전트(match agent) : 팀과 팀 간의 경기를 치를 수 있도록 중간에서 서로의 가교역할을 하는 에이전트로, 매치 에이전트라고도 한다.
  ㉣ 에이전시와 에이전트의 구분 : 에이전시는 회사를 말하고, 에이전트는 개인을 말한다.

  [참고] **우리나라 프로야구의 에이전트제도** : 2018년부터 한국야구위원회(KBO)가 에이전트제도를 시행하기로 하였다. 이전에도 몇몇 에이전트가 선수들의 계약을 돕곤 했지만, KBO와 구단들의 인정을 받으면서 활동을 정식으로 시작한 것이다. 에이전트가 되기 위해서는 프로야구선수협회가 시행하는 자격시험에 합격해야 한다. 에이전트의 주 업무는 선수계약 교섭 및 연봉계약 체결이다. 연봉 조정 신청과 조정도 할 수 있다. 이전에는 선수들이 연봉협상 때마다 구단 실무자와 마주 앉아 직접 협상해야 했지만, 이제는 에이전트들이 이 일을 대행한다. 프로야구의 선수 에이전트제도는 프로축구와 함께 우리나라 에이전트제도의 정착에 큰 역할을 하고 있다.
  자세한 내용 보기 : 한국프로야구선수협회 http://www.kpbpa.com

2) 스포츠 에이전트의 역할

① **스포츠 에이전트의 역할** : 연봉계약 협상, 이적 협상, 마케팅 활동, 재무관리, 경력 및 은퇴 후 관리, 문제해결, 인도스먼트, 법적 자문 등이다.

② **스포츠 에이전트에게 필요한 자질**
  ㉠ 선수가 운동만 전념할 수 있도록 지원
  ㉡ 선수로부터 신뢰성 확보가 중요
  ㉢ 선수 홍보와 팬클럽 운영, 후원 등을 통해 선수 이미지 관리 기능 수행
  ㉣ 계약된 사항은 철저히 준수
  ㉤ 선수들에게 장, 단기 목표를 제시하고, 발전할 수 있도록 지원

3) 스포츠 에이전트 계약
① **선수와 에이전트의 관계** : 수평적 관계, 결합적 관계, 수직적 관계, 선수 지배 관계
② **선수와의 계약**
    ㉠ 계약서에 표기해야 할 사항 : 계약당사자, 계약 안건, 계약이행 시기, 계약금액
    ㉡ 계약에 따른 수수료 지급 방법 : 정액제, 정률제, 시간급제, 도급제, 혼합제
    ㉢ 시간급제의 장점 : 단기간 협상 업무를 대행시킬 필요가 있을 때 유리하다.

나. 스포츠 에이전트 관련 용어

구분	내용
자유 계약제도 free agent	구단이 선수 보유권을 상실 혹은 포기하여 어떤 구단과도 자유로운 계약이 가능한 제도
임의탈퇴선수	선수가 계약해제를 신청하여 구단이 승인하거나, 선수가 계약 존속 및 갱신을 희망하지 않는다고 인정하면 구단은 복귀 조건부로 선수계약을 해제할 수 있다.
드래프트제도 draft system	스포츠 단체가 주관하여 일정 요건을 갖춘 선수를 특정 팀에게 성적순 등으로 지명권을 부여하여 선발하는 제도
팜시스템 farm system	유소년팀, 세미프로 등 하위리그에서 자체 선수를 양성하는 제도 [참고] 미국 프로야구에서 시작된 것으로 대부분의 선수가 마이너리그에서 경험을 쌓고, 메이저리그로 진출하게 된다.
트레이드 제도	상대 팀에 소속된 선수를 필요에 따라 우리 팀의 대체 선수와 교환하는 제도
연봉 총상한제 salary cap	구단별 소속 선수의 연봉합계가 일정액을 초과하지 못하도록 규정하는 제도 [참고] 선수 몸값이 상승하고, 구단의 적자 운영 방지, 돈 많은 구단이 최고 수준의 선수를 독점함으로써 팀 간 실력 차가 크게 벌어지는 것을 방지할 목적으로 제정되었다.
래리버드룰 Larry Bird rule	프로스포츠에서 자기 팀의 베테랑 선수들과 재계약하면 샐러리캡을 초과할 수 있도록 허용한 제도 [참고] 1980년대 NBA 스타였던 보스턴 셀틱스의 래리버드 선수에게 처음 적용되어, 그의 이름에서 따와서 운영되고 있다.
웨이브(wave) 공시	구단이 시즌 내 소속 선수와 계약을 해약하려 할 때 해약에 앞서 다른 구단에 대상 선수의 계약을 양도받을지를 공개적으로 묻는 절차
보스만 판결	스포츠선수의 직업선택의 자유를 인정한 대표적인 판결 [참고] 벨기에 축구선수 보스만이 이적을 반대하는 구단에 대응, EU 사법재판소에 소송을 제기하여 직업선택의 자유를 보장받았다. 국내에서는 1995년 서울중앙지방법원이 한국야구위원회의 신인 지명제도가 직업선택의 자유를 제한하고 있는 것으로 판결한 사례가 있다.
퀄리파잉 오퍼 qualifying offer	미국 MLB에서 자유계약선수 자격을 얻은 선수에게 1년간 재계약을 제안하되 연봉은 리그 상위 125명의 평균연봉을 조건으로 하는 방법 [참고] 2018년 FA 권리를 획득한 류현진 선수는 소속팀인 다저스의 QO를 제안받아 2019 시즌 약 200억 원으로 계약하였다.

2. 인도스먼트

1) 인도스먼트(endorsement)의 이해
① **인도스먼트의 개념** : 선수를 이용한 광고 또는 선수의 후원을 통해 그 이미지를 활용하는 기업의 판매 촉진 활동 또는 그 활동을 지원하는 역할을 의미한다. 선수 보증 광고라고도 한다.
② **인도스먼트의 특성**
    ㉠ 대중적 인기를 끄는 유명선수를 대상으로 한다.
    ㉡ 효과가 빠르게 나타날 수 있다.
    ㉢ 인도스먼트의 대상인 선수에게 큰 비용이 지급된다.

② 잠재적 위험부담이 크다.
◎ 판매 증진 효과가 크다.
③ 인도스먼트에 대한 기업의 기대 효과
　　㉠ 매체 노출 효과
　　㉡ 브랜드 인지도 제고
　　㉢ 선수 이미지 전이
　　㉣ 촉진 활동에 활용
　　㉤ 판매 증진

2) 인도스먼트 선수선정
① 선수선정의 일반적 요인 : 선수의 신뢰성, 소비자와의 적합성, 상품과의 적합성, 선수의 매력성
② 선수선정 기준
　　㉠ 스포츠 종목 : 개인종목의 선수가 단체종목보다 일반적으로 인도스먼트 기회가 많으며, 매체 노출이 많은 종목, 얼굴이 명확하게 노출되는 종목, 상품 이미지를 제고시켜 줄 수 있는 종목이 적합
　　㉡ 선수의 스타성 : 수려한 용모, 예절, 상황에 적합한 분위기 연출이나 연기, 특정적인 몸짓 또는 특별한 속성이 있으면 유리하다.
③ FRED 요인
　　㉠ FRED의 개념 : Dyson과 Turco가 인도스먼트 선수를 선정에 필요한 요인을 조사하여 발표하였다.
　　㉡ FRED의 요인
　　　　• 친숙도(familiarity) : 대중이 유명선수에게 느끼는 친숙도
　　　　• 관련성(relevance) : 유명선수와 기업 제품과의 관련성
　　　　• 존경심(esteem) : 유명선수에 대한 일반인의 존경심
　　　　• 차별성(differentiation) : 다른 선수와의 차별성

암기 인도스먼트 FRED 요인 : <FRED는 친관존차>이다. 친숙도, 관련성, 존경심, 차별성

제4과목

스포츠시설

 세 부 목 차

제1장 스포츠시설의 개요 … 146
1. 스포츠시설의 이해 … 146
2. 관람 스포츠시설과 참여 스포츠시설 … 148

제2장 스포츠시설의 환경 … 149
1. 스포츠시설의 경영 … 149
2. 스포츠시설의 입지와 배치 … 151
3. 스포츠시설의 효율적 활용 … 152

제3장 스포츠시설 관련 법령 … 154
1. 체육시설의 설치·운영에 관한 법률 … 154
2. 스포츠시설의 법률 사항 … 156
3. 체육시설업의 시설기준 … 158
4. 체육시설업의 안전·위생 기준 … 164
5. 체육시설업의 기타 기준 … 169

제4장 스포츠시설 관리 운영 … 177
1. 스포츠시설 관리 운영의 이해 … 177
2. 뉴스포츠 및 프로그램 개발 … 178
3. 스포츠시설 상해와 사고, 보험 … 180

제5장 참여 스포츠 시설사업 … 182
1. 지역 특성별 스포츠시설 관리 … 182
2. 고객 유치와 관리 … 183
3. 스포츠시설 홍보와 프로모션 … 186

제6장 관람 스포츠 시설사업 … 187
1. 관람 스포츠상품 … 187
2. 경기장 광고와 입장권 판매 … 187
4. 경기장 임대 및 부대사업 … 189

제1장 스포츠시설의 개요

1. 스포츠시설의 이해

가. 스포츠시설의 기초

1) 스포츠시설의 개념

① 스포츠시설의 개요
  ㉠ 스포츠 활동에 필요한 지리적, 물리적 조건을 갖추어 스포츠 활동에 제공되는 장소로, 부속시설과 부대시설을 포함
  ㉡ 스포츠 활동으로 건강과 즐거움을 추구하는 공간 역할
  ㉢ 스포츠 프로그램의 필수요건이며, 스포츠 생활화의 동기유발 기능

② 스포츠시설의 구분
  ㉠ 광의의 스포츠시설 : 스포츠 활동에 필요한 인공적 시설과 용구·용품을 포함한 조형물
  ㉡ 협의의 스포츠시설 : 스포츠 활동을 위해 제공되는 장소
  ㉢ 법률적 스포츠시설 : 체육활동에 지속적으로 이용되는 시설과 그 부대시설(체육시설의 설치·이용에 관한 법률 §2-1), 법 시행령 별표 1에 운동 종목에 따른 체육시설의 종류를 규정함으로써 법적 보호와 규제가 필요한 운동 종목과 체육시설의 종류를 정한다.

③ 부속 시설과 부대시설
  ㉠ 부속시설 : 스포츠와 직접 관련이 없지만, 스포츠 활동에 도움을 주는 시설로, 라커룸, 샤워장, 구내식당, 휴게실 등
  ㉡ 부대시설 : 스포츠시설과 직접 관련이 없더라도 스포츠시설의 기초가 되어 기능 유지를 위한 공간으로, 수영 풀장의 정화 장치, 온냉방용 시설 등

2) 스포츠시설의 역할

① 스포츠시설의 역할 : 건강 증진 공간, 여가활동 공간, 사회교육 공간, 문화 활동 공간, 지역공동체 공간, 비즈니스로서의 수익 창출 공간

② 좋은 스포츠시설
  ㉠ 사용자 요구가 많고, 사용자 수준에 맞는 시설
  ㉡ 안전하고 견고한 시설
  ㉢ 다목적과 다기능 시설
  ㉣ 저렴하고, 장기간 사용 가능한 시설
  ㉤ 관리가 쉬운 시설
  ㉥ 건강관리에 효과적인 시설

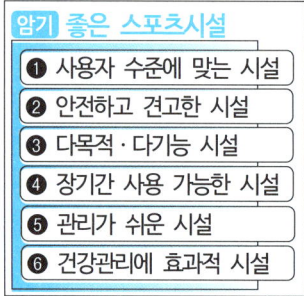

③ 스포츠시설의 특성
  ㉠ 초기 투자 비용이 많이 소요
  ㉡ 고정자산 의존성이 높다.
  ㉢ 서비스산업이면서 사회교육 기능 수행
  ㉣ 반복 구매와 고정고객이 많다.
  ㉤ 종업원 의존성이 높다.

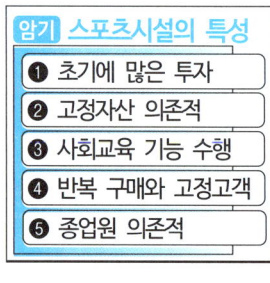

나. 스포츠시설의 분류

1) 스포츠시설의 일반적 분류
① **운영 주체 기준 분류** : 공공 체육시설, 민간체육시설, 직장 체육시설, 학교 체육시설
② **설치 목적 기준 분류** : 경기형 시설, 경주형 시설, 생활형 시설, 레저형 시설
③ **사회 영역 기준 분류** : 학교 체육 시설, 사회체육 시설, 장애인체육 시설
④ **입지 유형 기준 분류** : 도심형 시설, 주거지형 시설, 준주거지형 시설, 농어촌형 시설
⑤ **수요 범위 기준 분류**
　㉠ 근린권 시설 : 1개 동·읍·면역권으로 분류되는 학교와 공공시설
　㉡ 지역권 시설 : 약 1만~10만의 인구 규모를 대상으로 설치된 공공·민간시설
　㉢ 광역권 시설 : 전국규모의 대회가 가능한 종합체육시설 또는 복합적 대규모 시설
⑥ **생활권역 기준 분류** : 일상 생활권 시설, 비일상 생활권 시설(스키장 등)
⑦ **공간 위치 기준 분류** : 실내 시설, 실외 시설, 수상(중) 시설, 설상 시설, 공중 시설
⑧ **이용자 연령과 장애 여부 기준 분류** : 어린이용 시설, 청소년용 시설, 성인용 시설, 장애인 시설
⑨ **시설 형태 기준 분류** : 개별 시설, 복합형 시설, 종합형 시설
⑩ **회원 제도 기준 분류** : 회원 전용 시설, 대중형 시설, 복합형 시설(단 골프장업은 회원과 비회원시설로 구분)

2) 운영 주체에 따른 분류
① **공공 체육시설**
　㉠ 공공 체육시설의 개념 : 국가 또는 지자체 또는 직장의 장이 국민과 직장인의 적극적이고 건전한 스포츠 활동을 권장할 목적으로 건설·운영되는 스포츠시설
　㉡ 공공 체육시설의 역할 : 전문체육의 장려, 생활체육의 확산, 직장 체육의 권장, 사회교육의 공간, 지역공동체 공간, 체력단련의 공간, 주민복지증진의 공간
　㉢ 공공 체육시설의 구분
　　• 전문 체육시설 : 국내외 경기대회의 개최와 선수훈련 등에 필요한 운동장, 체육관 등(체시법 §5에 의해 정부와 지자체 설치 의무)
　　• 생활 체육시설 : 일반 주민이 쉽게 이용할 수 있도록 만들어진 체육시설
　　• 직장 체육시설 : 상시 근무자 500인 이상인 직장의 장은 스포츠 종목 2종 이상 설치 의무
　㉣ 공공 체육시설의 역할 : 스포츠 활동 공간, 건강과 체력관리의 공간, 스포츠 지도와 육성 공간, 주민의 상호교류 공간
② **민간체육시설**
　㉠ 민간체육시설의 개념 : 체육 단체, 사회복지단체, 종교단체, 민간단체 혹은 개인이 일반인의 스포츠 활동 또는 그 기관의 고유목적을 위해 설치·운영하는 모든 비영리 스포츠시설과 개인·영리 단체 또는 기업에서 영리 목적으로 설치 및 운영되는 모든 사업용 스포츠시설
　㉡ 민간체육시설의 구분
　　• 영리 체육시설과 일반인의 체육 혹은 조직 고유목적 수행을 위한 비영리 체육시설로 구분한다.
　　• 법상 체육시설업으로 규정하여 아래의 3. 체육시설업의 분류로 구분한다.
③ **직장 체육시설** : 상시근로자 500인 이상인 직장의 장은 체육시설 2종목 이상 설치·운영
④ **학교 체육시설**
　㉠ 학교 체육 진행 및 교내 체육활동을 효율적으로 운영하며 지역사회 주민의 스포츠 활동에 이바지하는 시설
　㉡ 학교 교육 방침과 일치, 학생 및 이용자의 안전과 건강 고려, 즐거운 학교를 만드는 데 이바지하며, 사회체육에 필요한 시설의 역할 수행

3) 체육시설업의 분류

① **등록 체육시설과 신고 체육시설**
  ㉠ 등록 체육시설(3종목) : 골프장업, 스키장업, 자동차경주장업
  ㉡ 신고 체육시설(17종목) : 요트장업, 조정장업, 카누장업, 빙상장업, 승마장업, 종합 체육시설업, 수영장업, 체육도장업, 골프연습장업, 체력단련장업, 당구장업, 썰매장업, 무도학원업, 무도장업, 야구장업※, 가상체험 체육시설업※, 체육교습업※ (※는 2021년 6월에 개정되어 추가되었다.)
  ㉢ 체육교습업이 아닌 체육시설업을 등록 또는 신고한 자는 체육교습업을 신고하지 않고 그 체육시설에서 교습할 수 있다.

  > **암기** 등록 체육시설과 신고 체육시설
  > 등록 체육시설은 설치비용이 신고 체육시설보다 많은 투자가 필요한 종목으로 생각하면 된다. 즉 골프장, 스키장, 자동차경주장 등 부지가 매우 큰 종목이다. 〈등록체육시설은 '등골스자'〉로 외우자!

  골프장   스키장   자동차경주장

② **회원제 체육시설과 대중체육시설**
  ㉠ 회원제 체육시설
    • 회원제 체육시설의 개념 : 회원모집을 통해 운영되는 체육시설
    • 회원제 체육시설의 특성 : 시설과 운영이 대부분 비중을 차지하며, 투자비 회수가 상대적으로 빠르고, 회원모집이 완료되면 수입원의 다양한 시도가 필요하다.
  ㉡ 대중 체육시설 : 회원모집 없이 대중을 대상으로 운영되는 체육시설
  ㉢ 골프장 : 회원제와 비회원제로 구분(2022년 11월부터 법 개정)

③ **운동 종목에 따른 체육시설(45개 종목 외)** : 골프장, 골프연습장, 궁도장, 게이트볼장, 농구장, 당구장, 라켓볼장, 럭비풋볼장, 롤러스케이트장, 배구장, 배드민턴장, 벨로드롬, 볼링장, 봅슬레이장, 빙상장, 사격장, 세팍타크로장, 수상스키장, 수영장, 무도학원, 무도장, 스쿼시장, 스키장, 승마장, 썰매장, 씨름장, 아이스하키장, 야구장, 양궁장, 역도장, 에어로빅장, 요트장, 육상장, 자동차경주장, 조정장, 체력단련장, 체육도장, 체조장, 축구장, 카누장, 탁구장, 테니스장, 펜싱장, 하키장, 핸드볼장, 인공암벽장※, 그 밖에 국내 또는 국제적으로 치러지는 운동 종목의 시설로서 문화체육관광부 장관이 정하는 종목의 시설(※는 2021년 6월에 개정되어 추가되었다.)

④ **시설 형태에 따른 분류** : 운동장, 체육관, 종합체육시설, 가상체험 체육시설
  > **참고** 가상체험 체육시설 : 시설 형태에 따른 분류이면서, 신고 체육시설업의 종목이다.

2. 관람 스포츠시설과 참여 스포츠시설

가. 참여 형태에 따른 스포츠시설의 분류
㉠ 관람 스포츠시설 : 스포츠선수가 경기에 참여하고, 소비자는 경기를 관람하거나 매체를 통하여 관람하는 스포츠시설
㉡ 참여 스포츠시설 : 스포츠조직이 제공하는 프로그램에 고객이 참여하여, 스포츠를 체험하도록 만들어진 스포츠시설

나. 관람 및 참여 스포츠시설의 특성 비교

구분	관람 스포츠시설	참여 스포츠시설
고객의 서비스 관여도	낮음	높음
고객과의 접촉	적음	많음
고객의 서비스 참여	응원 등 일정 역할 수행	직접 참여
고객 만족 요인	팀 성적, 선수 기량, 유명선수	시설, 프로그램, 지도자
부대 서비스	다양	적음

제2장 스포츠시설의 환경

1. 스포츠시설의 경영

가. 스포츠시설 운영 방법
① **직접 운영** : 소유자가 직접 운영
② **위탁 운영** : 소유자와 경영자가 다른 운영형태로, 일반적으로 정부 또는 지자체가 투자하여 소유하고, 운영은 다른 사람에게 장기간 위탁하는 형태로 운영된다.
③ **임대 운영** : 위탁 운영이 장기간임과 비교해 임대 운영은 1~10년 정도이다. 민간시설의 경우 1년 단위, 공공시설의 경우 3~5년으로 계약하는 경우가 많다. 임대 기간의 차이 이외에도 시설 보수 책임이 소유자에게 있는 경우가 대부분이다.
④ **매각** : 경영권을 넘기면 매각이라 하며, 공공스포츠시설을 매각하면 민영화라고 한다.

나. 공공스포츠시설의 운영
1) 공공스포츠시설의 설치
① **공공스포츠시설의 운영 목적** : 공공스포츠시설의 설치 목적은 주민 복지증진이 중요한 목적으로, 수익을 목적으로 하는 민간스포츠시설과 구분된다.
② **공공 경영과 민간 경영의 차이**

	공공 경영	민간 경영
운영 목적	주민복지향상	수익 발생
경영 원리	공공성 추구	이윤 추구
운영 방법	예산 배분 방식	기업회계방식
경영 수단	공공서비스의 제공	시장경제에 의한 자본조달

`암기` **공공스포츠시설의 중요 목표** : 공공성 추구를 우선으로 하며 수익성이 중요 목표가 아니다.

2) 공공스포츠시설의 위탁경영
① **위탁경영의 장점과 문제점**

구분	내용	
장점	• 운영과 시설 활용의 효율성 재고 • 전문가의 기술 활용 • 주민, 자원봉사자 등의 자주적 활동과 지역과의 연대 촉진	• 인건비 등 유지관리 비용 절감 • 공휴일 등 개장 시간의 탄력적 운영 • 행정 간소화
문제점	• 특정 주민에게 편중 이용될 가능성 • 서비스 저하를 초래할 우려 • 위탁을 명분으로 이권 개입 등 부정 발생 소지	• 사고 발생 시 책임소재 불명확 • 위탁기관이 잘못 운영하면 원망을 받는다.

② **위탁 운영 시 유의사항**
  ㉠ 책임과 권한의 소재 명확화가 필요
  ㉡ 설립 취지의 퇴색 방지책 마련
  ㉢ 시설 활용의 공평성 확보 방안 강구
  ㉣ 적절한 관리 운영을 위한 방안 마련
  ㉤ 필요하면 직원 파견

3) 공공스포츠시설의 운영
① 공공스포츠시설의 효율적 활용방안
  ㉠ 공익성을 고려한 경영
  ㉡ 합리적 운영시스템 구축
  ㉢ 지역 실정 고려
② 공공스포츠시설의 사업 전개 방향
  ㉠ 스포츠 진흥에 역점 둔 계획
  ㉡ 적극적 마케팅이 필요
  ㉢ 참가자 수준에 적합한 지도자 확보

다. 스포츠시설의 경영전략

1) 스포츠시설 경영전략의 개요 : 스포츠시설이 정한 목표를 달성하기 위한 일련의 활동과 이에 따른 보유 자원을 배분하고, 발전 방향을 설정하는 활동

2) 스포츠시설의 가격전략
① 스포츠시설 가격전략의 유형
  ㉠ 경쟁 지향 가격 : 경쟁자 가격을 조사하여 이에 대응하여 가격책정
  ㉡ 수요지향 가격 : 참가자가 인정하는 가치를 근거로 책정하며, 수요자 특성에 따라 차별화 가격이 가능(사례) 일반가격, 학생가격, 군경가격 등)
  ㉢ 비용계산 가격 : 실제 소요 비용을 계산하여 예상되는 참가자 수로 나누고, 여기에 기대수익을 더해서 가격 결정
  ㉣ 차별화 지향 가격 : 둘 이상의 대상을 수준 등의 차이를 두어 구별된 상태가 되도록 가격 결정
  ㉤ 스키밍 가격과 시장 침투 가격 : '제3과목 스포츠마케팅론〉 제3장 스포츠마케팅 전략〉 2. 마케팅 믹스〉 다. 가격'에 나오는 스키밍 가격과 시장 침투 가격 참조
② 스포츠시설 광고의 주요 내용 : ㉠ 프로그램 소개 ㉡ 시설 사진 ㉢ 이용가격

3) 스포츠시설의 경영진단
① 경영진단의 개념 : 경영상황을 알기 위해 조사·분석을 통해 문제를 파악하고, 해결방안과 발전방안을 수립하는 활동
② 경영진단 계수
  ㉠ 사업장 이용자 수 = 전체 이용자 수/전체 실시사업 단위 수
  ㉡ 시간당 이용자 수 = 총이용자 수/전체 운영시간
  ㉢ 직원당 이용자 수 = 전원 이용자 수/직원 수+파트타임직원 수
  ㉣ 운동장 면적당 이용자 수=전체 이용자 수/전체 운동장 면적

라. 스포츠시설의 제3 섹터 개발
① 제3 섹터 개발의 개요 : 공공부문(정부·지자체·단체)의 공공성과 민간 부분(기업)의 효율성을 결합하여 개발하는 방식
② 제3 섹터 개발의 장단점
  ㉠ 제3 섹터 개발의 장점 : 민간자본을 유치하므로 공공부문의 부담을 줄일 수 있고, 민간부문의 창의력과 활동성을 활용할 수 있어 효과적이다.
  ㉡ 제3 섹터 개발의 단점 : 수익성을 추구하므로 공공성이 약화할 수 있으며, 수익성이 낮으면 지역 개발에 필요하더라도 기피되는 현상 초래

2. 스포츠시설의 입지와 배치

가. 스포츠시설 입지

1) 스포츠시설 입지의 이해

① 스포츠시설 입지의 중요성
  ㉠ 스포츠시설의 입지는 경기장 건설 장소, 스포츠 센터의 위치를 결정하는 것으로, 다른 업무에 비해 우선적으로 결정되어야 할 사항이다.
  ㉡ 입지가 결정된 후 건설 및 시설에 필요한 많은 투자가 일어나기 때문에 입지를 결정하기 전에 많은 사항을 충분히 검토해야 한다.
  ㉢ 소비자 욕구와 시장 환경, 경쟁자 및 부대시설 등을 모두 고려해야 한다.

② 입지 선정 절차

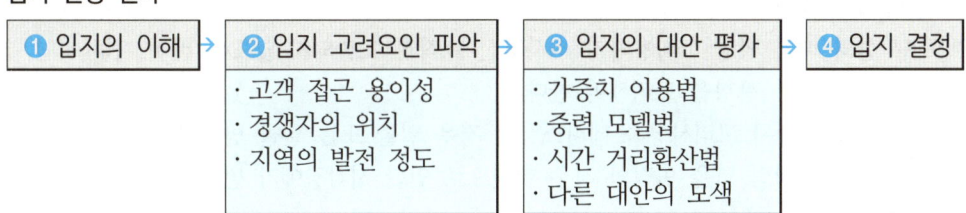

③ 입지 선정 시 고려사항
  ㉠ 소비자의 접근 용이성
  ㉡ 경쟁자 위치
  ㉢ 인력 수급 방법
  ㉣ 인구통계학적 특성
  ㉤ 해당 입지 개발에 따른 관련 법령
  ㉥ 판매촉진 및 마케팅 방향과 부합성

암기 입지 선정 고려사항
❶ 소비자 접근 용이성
❷ 경쟁자 위치
❸ 인력 수급 방법
❹ 인구통계학적 특성
❺ 관련 법령
❻ 마케팅전략과 부합성

2) 스포츠시설 입지 선정 방법

① 가중치 이용법
  ㉠ 입지 선정에 필요 요인을 정한 후 특정 기준에 따라 선별하고, 요인별 상대적 중요성에 따라 가중치를 두어 계산하는 방법이다.
  ㉡ 요인평가법이라고도 한다.

② 중력 모델법
  ㉠ 중력 모델법의 개요 : 거리가 늘어남에 따라 이동 비용도 증가한다는 가정에서 시설의 매력도는 규모와 이동에 따른 소요 시간과의 상관관계를 분석하는 방법이며, 계산은 본 공식을 보면 암기하기 어렵지만, 간편 적용 공식은 쉽게 이해할 수 있다.
  ㉡ 중력 모델법의 공식

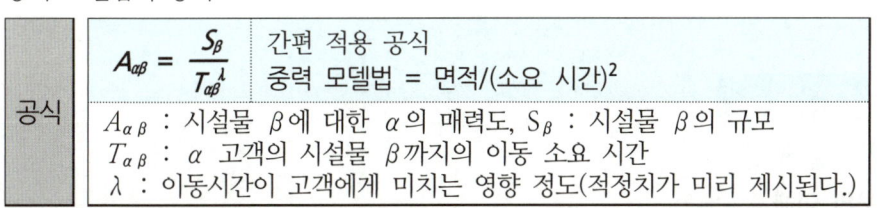

  [참고] **중력 모델법 공식** : 공식은 복잡하여 외우기가 어렵고, 아울러 출제된 일도 없다. 그러나 간편 적용 공식은 출제될 수 있다.

③ 시간 거리 환산법
  ㉠ 시간 거리 환산법 개요 : 스포츠시설까지의 소요 시간 또는 거리를 중심으로 예측 분석하는 방법
  ㉡ 시간 거리 환산법 적용 기준 : 직선거리, 이동 거리 및 이동 소요 시간 등

나. 스포츠시설의 배치와 규모

1) 스포츠시설의 배치

① **스포츠시설 배치의 개념** : 스포츠시설의 물리적 공간의 범위 내에서 각종 시설의 효율적인 배열을 위한 활동

② **스포츠시설 배치의 기본원칙**
- ㉠ 이용자의 편리성과 안전성
- ㉡ 효과적 투자를 통한 경제성
- ㉢ 업무처리의 효율성
- ㉣ 다양한 배치가 가능한 유연성
- ㉤ 전체적 미관

> [암기] 배치의 기본원칙
> ❶ 이용자 편의·안전성
> ❷ 효과적 투자의 경제성
> ❸ 업무처리 효율성
> ❹ 배치 유연성
> ❺ 전체적 미관

③ **실외 스포츠시설의 배치 방향**
- ㉠ 실외 스포츠시설의 배치 방향 : 사용자가 직사광선에 직접 노출되지 않도록 배치, 전체적인 부지 형태에 적합하도록 배치, 풍향을 고려해야 한다.
- ㉡ 종목별 스포츠시설의 배치 고려사항 : 테니스장의 경우 일출 또는 일몰 방향과 수직이 되는 경우가 좋고, 야구, 축구장처럼 넓은 면적의 경우 햇빛으로 인한 시각장애가 발생 시 않도록 고려해서 설계에 반영해야 한다.

2) 스포츠시설의 규모

① **스포츠시설의 규모 산정의 의미**
- ㉠ 스포츠시설 규모 산정의 필요성 : 스포츠시설의 규모가 수요에 비해 크면 초기 투자와 향후 유지 관리에 비용이 과다 발생하고, 적으면 이익을 얻을 기회를 상실할 수 있기 때문이다.
- ㉡ 규모 산정 방법 : 대표적으로 Decision Tree와 대기 행렬이론을 사용

② **디시젼 트리(decision tree)법**
- ㉠ decision tree법의 개념 : 의사결정을 위한 정보자료의 제공을 목적으로, 의사결정과정을 나무 형태의 그림으로 표현하는 방법
- ㉡ decision tree 기법의 구성 : node와 branch로 구성되며, node는 decision node와 change node로 구분

③ **대기 행렬이론**
- ㉠ 대기 행렬이론의 개념 : 고객이 대기하는 시간을 줄이기 위해 과학적 방법을 적용하는 이론
- ㉡ 대기 행렬이론의 목표 : 대기에 따른 기회비용과 시설 확충에 드는 비용 합계의 최소화를 목표로 해야 한다.
- ㉢ 대기 행렬이론의 적용 : 대기 행렬이론은 요구 서비스와 제공 서비스를 최적화를 위한 계량적 기법으로, 고속도로 톨게이트 수 결정, 은행 창구 수 결정 등에 사용되지만 그 내용을 모두 설명하기엔 제약이 많다.

3. 스포츠시설의 활용

가. 스포츠시설의 효율적 활용

1) 스포츠시설 활용의 이해

① **스포츠시설 활용의 개념** : 스포츠시설의 효율적 활용은 지역 특성과 지역의 경제적 수준 및 지역사회의 복지 차원에서 이해되어야 하고, 주민참여의 균등화, 대중화, 편리성 및 보편성을 갖춘 시설로 활용되어야 한다.

② **스포츠시설의 효율적 활용방안**
　㉠ 주민의 자유로운 이용
　㉡ 종합 스포츠 센터 건립
　㉢ 다양한 프로그램의 개발과 운영
　㉣ 접근이 쉬운 스포츠시설
　㉤ 스포츠시설의 설치지역 광역화
　㉥ 상시 이용이 가능한 시설
　㉦ 스포츠시설의 지원제도 구축
③ **스포츠시설의 매력성 관리**
　㉠ 이용자의 시설 이용에 불편함이 없도록 관리
　㉡ 적정 수준의 인원이 이용토록 관리
　㉢ 보기 좋도록 관리
　㉣ 접근이 수월하도록 관리

2) 스포츠시설 설치에 따른 효과
① **직접 효과** : 이용자의 건강 증진과 입장료 및 부대 수입 발생
② **간접 효과** : 지역발전에 기여, 지역민의 자긍심 향상, 사회적·정치적 파급 효과 기대

나. 스포츠시설 공간 효율화
① **스포츠시설 공간 효율화의 필요성** : 스포츠시설은 공간과 입지가 중요하므로 공간의 효율적 활용이 필요하다.
② **스포츠시설 공간 효율화의 기본 방향**
　㉠ 장기적 활용방안 수립
　㉡ 다용도 활용방안 수립
　㉢ 다양한 이벤트의 전개
　㉣ 종합 문화 공간화

암기 공간 효율화 기본 방향
❶ 장기적 활용방안
❷ 다용도 활용방안
❸ 다양한 이벤트
❹ 종합 문화 공간화

③ **스포츠시설의 효율적 공간 활용방안**
　㉠ 체육시설의 개·보수
　㉡ 공공 체육시설 통합정보제공 시스템 구축·운영
　㉢ 학교 체육 시설 개방 확대
　　경향 **필기시험 출제 경향** : 장애인 체육시설 이용료 감면은 스포츠시설의 효율적 활용방안이 아니고, 사회적 배려에 해당한다. 공간의 효율적 활용방안이 아닌 것을 찾을 때 오답 찾기의 정답이다.

제3장 스포츠시설 관련 법령

1. 체육시설의 설치·이용에 관한 법률

가. 체육시설의 설치·이용에 관한 법률 개요
① **연혁** : 1989.3.31 제정·공포, 2022.11.4 일부 개정 시행
② **목적** : 체육시설의 설치·이용을 장려하고, 체육시설업의 건전한 발전으로 국민 건강 증진과 여가 선용에 이바지함
③ **성격** : 공공 체육시설의 설치와 민간체육시설의 권리·의무에 관한 규정
④ **주요 내용**
　㉠ 공공 체육시설과 민간체육시설로 구분
　㉡ 민간체육시설은 등록 체육시설과 신고 체육시설로 구분
　㉢ 체육시설의 설치·운영에 관한 규정
　㉣ 체육지도자 배치 및 시설기준과 이용자 보호에 관한 규정
　㉤ 국가·지자체·직장의 장에게 설치 운영 의무 부과
　㉥ 지역주민을 위한 체육시설 개방 의무 부과
⑤ 체육시설의 설치·운영에 관한 법률 용어의 개념
　㉠ 체육시설 : 체육활동에 지속적으로 이용되는 시설로, 정보처리 기술이나 기계장치를 이용한 가상의 운동경기 환경에서 실제 운동경기를 하는 것처럼 체험하는 시설을 포함한다.
　㉡ 체육시설업 : 영리를 목적으로 체육시설을 설치·경영하거나 체육시설을 이용한 교습행위를 제공하는 업을 말한다.
　㉢ 체육시설업자 : 체육시설업을 등록 또는 신고한 사람
　㉣ 회원 : 체육시설업 시설 또는 시설을 이용한 교습행위를 일반 이용자보다 우선적으로 이용하거나 유리한 조건으로 이용하기로 체육시설업자와 약정한 자
　㉤ 일반 이용자 : 1년 미만의 일정 기간을 정하여 체육시설의 이용료나 그 시설을 이용한 교습행위의 교습비를 내고 이를 이용하기로 체육시설업자와 약정한 자
　　참고 회원과 일반 이용자의 구분 : '회원이란 1년 미만의 일정 기간을 정하여…'라고 하면 이는 잘못된 것이다. 체육시설의 설치·운영에 관한 법률에서는 이를 '일반 이용자'라 한다.

나. 체육시설의 설치·운영에 관한 법률 주요 내용

1) 국가와 지자체의 의무
　㉠ 국가와 지자체는 국민의 체육활동에 필요한 체육시설의 적정한 설치·운영과 체육시설업의 건전한 육성을 위하여 필요한 시책을 마련하고 적절한 지도와 지원
　㉡ 국가와 지자체는 체육시설의 안전을 위하여 필요한 제도적 장치를 마련하고 이에 필요한 재원을 확보하도록 노력
　㉢ 체육시설을 설치·운영하는 자 및 체육시설을 위탁받아 운영·관리하는 자는 해당 체육시설의 기능 및 안전성이 지속적으로 유지되도록 체육시설에 대한 유지·관리 의무

2) 체육시설 정보관리 종합시스템 운영
① **개요** : 체육시설 안전관리를 위하여 수립된 기본계획 및 관리계획의 업무 수행을 위하여 재난관리책임기관에 위임·위탁할 수 있다.

② 위탁업무 내용
  ㉠ 체육시설과 관련된 사고를 예방하기 위한 교육 및 홍보 활동
  ㉡ 체육시설 안전관리와 관련된 안전 점검
  ㉢ 체육시설 안전관리와 관련된 전산시스템의 구축 및 관리
  ㉣ 기타 문화체육관광부령으로 정한 사항 : 공공 체육시설의 현황, 등록 체육시설업의 사업계획의 승인 및 변경승인 현황과 사업계획 승인의 제한 현황, 체육시설업의 등록 및 변경등록 현황과 신고 및 변경 신고 현황, 체육지도자의 배치 현황, 보험 가입 현황, 휴업 및 폐업 현황, 시정명령 현황, 행정처분 현황, 과태료 부과 현황

3) 등록 체육시설업
① **등록 체육시설업의 사업계획 승인** : 시설을 설치하기 전에 체육시설업의 종류별 사업계획서를 만들어 시·도지사·특별자치도지사, 특별자치시장에게 승인을 받아야 하며, 경미한 사항을 제외한 사업계획의 변경도 동일
  > 참고 **경미한 사항** : 사업계획 승인 또는 등록한 시설별 면적의 30/100 이내의 증·개축
② **사업계획의 승인 제한** : 시·도지사 등은 필요한 경우 사업계획 및 변경에 승인 제한이 가능하며, 계획의 승인 취소 후 6개월이 지나지 않으면 같은 내용에 대해 승인 불가능
③ **시설 설치기간** : 등록 체육시설업 사업계획 승인을 받은 자는 승인 날로부터 4년 이내에 설치공사를 착수하여야 하며, 6년 이내에 설치공사를 준공하여야 한다.(천재지변이나 소송 진행 등의 사유로 설치공사를 착수하거나 준공할 수 없는 경우는 예외)
  > 참고 **등록 체육시설의 설치기간** : 사업승인 후 4년 이내 착공, 6년 이내 준공
④ **등록** : 영업 시작 전 시·도지사 또는 특별자치도지사·특별자치시장에게 등록하여야 한다.

4) 회원
① **회원모집** : 회원 모집일 15일 전까지 시·도지사 또는 특별자치도지사·시장, 시장·군수·구청장에게 회원의 종류, 회원 수, 모집 시기, 모집 방법, 모집 절차, 회원모집 총금액 및 회원 모집계획서 제출
② **회원의 보호** : 회원자격의 양도 및 양수, 입회금액의 반환, 회원증의 확인 및 발급, 회원 대표기구의 구성 및 역할 등에 대해 회원 권익 보호를 위한 규정을 준수

5) 체육시설업의 등록과 신고
① 등록 체육시설업의 등록
  ㉠ 등록 체육시설업의 사업계획 승인을 얻고자 할 때는 문화체육관광부령이 정하는 시설기준에 적합한 시설을 설치하기 전에 사업계획승인신청서에 관련 서류를 첨부하여 관할 시·도지사에게 제출하여 승인을 얻어야 한다.
  ㉡ 승인을 얻은 자가 규정에 따른 시설을 갖춘 때에는 영업 개시 전에 체육시설업 등록을 해야 한다.
② 신고 체육시설업의 신고
  ㉠ 신고 체육시설업의 신고 절차 : 시설기준에 적합한 시설을 갖추어 특별자치시장·특별자치도지사·시장·군수 또는 구청장에게 신고해야 하고, 변경할 때도 같다.
  ㉡ 신고 처리 절차 : 신고를 받은 행정기관의 장은 신고일로부터 7일 이내에, 변경 신고는 신고일로부터 5일 이내에 신고 수리 여부를 신고인에게 통지하여야 한다. 신고 수리 여부를 통지하지 않으면 그 기간이 끝난 날 다음 날에 신고를 수리한 것으로 본다.
  > 참고 **신고 수리 여부 미통지** : 신고 수리 여부의 통지가 없으면 기간이 끝난 날 다음 날에 신고가 수리된 것으로 본다. '끝난 날 수리 되었다.'라고 하면 틀린 것이다.

6) 체육시설의 사용료 경감
① 체육시설의 사용료 경감 개요 : 지자체장은 전문, 생활 체육시설의 사용 수수료를 감면할 수 있다.
② 체육시설의 사용료 경감 내용
　㉠ 전부 면제 : 국가나 다른 지자체 주최·주관 행사
　㉡ 일부 경감(80% 이내의 범위 안에서 조례로 결정)
　　• 대한체육회·대한장애인체육회 주최 행사
　　• 국가 유공자나 그 유족·가족을 위한 행사와 65세 이상의 노인·장애인·기초 생활 보장 수급자
　　• 학교 체육활동 관련 정규 수업 또는 방과 후 활동, 청소년지원센터의 체육활동과 자립 지원 활동
　　• 그 밖에 사용료 감경이 필요하여 조례로 정하는 행사 또는 활동

2. 스포츠시설의 법률 사항

가. 전문 체육시설

1) 전문 체육시설의 개요
㉠ 국가와 지자체는 국내·외 대회 개최와 선수훈련 등에 필요한 전문 체육시설 설치·운영
㉡ 전문 체육시설 중 체육관은 체육, 문화 및 청소년 활동 등 필요한 용도로 활용될 수 있도록 설치
㉢ 지자체는 전문 체육시설의 사용 촉진을 위해 사용료의 전부나 일부를 감면할 수 있다.
㉣ 대회 개최나 시설의 유지·관리에 지장이 없는 범위에서 지역주민이 이용할 수 있도록 개방

2) 전문 체육시설의 설치 운영
① 국가와 지자체의 설치 운영 전문 체육시설
　㉠ 국가·광역시·도·특별자치도(시) : 국제경기대회, 전국규모의 종합경기대회 개최 가능 시설
　㉡ 시·군·구 : 시·군·구 규모의 종합경기대회를 개최할 수 있는 체육시설
　㉢ 전문 체육시설의 종류 : 운동장, 체육관, 실내빙상장, 전국체육시설
② 시·도 단위 지자체의 전문 체육시설의 설치기준
　㉠ 종합운동장 : 대한육상경기연맹의 시설 관계 공인 규정에 따른 1종 공인경기장
　㉡ 체육관 : 바닥 면적이 1,056㎡(길이 44m, 폭 24m) 이상이고, 바닥에서 천정까지의 높이가 12.5m 이상의 관람석을 갖춘 체육관
　㉢ 수영장 : 대한수영연맹의 시설 관계 공인 규정에 따른 1급 공인수영장
　㉣ 기타 : 전국대회 개최 종목시설, 해당 종목 경기단체의 시설 규정에 따른다.

3) 시·군 전문 체육시설의 설치기준

		설치기준		
구분		① 혼합형	② 소도시형	③ 중도시형
적용 기준		군, 10만 미만 시	인구 10~15만 시	인구 15만 이상 시
운동장	경기장 규격	공인 제2종	공인 제2종	공인 제2종
	관람석 수	5,000석	10,000석	15,000석
	경기장 면적	20,640㎡	20,640㎡	20,640㎡
	스탠드 면적(㎡) 계	2,541㎡	3,011㎡	3,743㎡
	일반	1,822	3,526	6,178
	본부석	4개소	8개소	14개소

구분	설치기준		
	① 혼합형	② 소도시형	③ 중도시형
적용 기준	군, 10만 미만 시	인구 10~15만 시	인구 15만 이상 시
체육관 / 경기장 규격 (폭×길이×높이)	24m×46m×12.4m	24m×46m×12.8m	24m×46m×13.5m
체육관 / 부지 면적	6,109㎡	7,124㎡	8,236㎡
체육관 / 건축 면적	1,864㎡	2,196㎡	2,472㎡
체육관 / 연면적(㎡) / 계	2,541㎡	3,011㎡	3,743㎡
체육관 / 연면적(㎡) / 지하층	367	393	467
체육관 / 연면적(㎡) / 1층	1,811	1,926	2,213
체육관 / 연면적(㎡) / 2층	363	692	1,063
수영장 / 경기장 규격	3급 공인	3급 공인	2급 공인
수영장 / 수영조 규격 / 길이	50m 또는 25m	50m 또는 25m	50m
수영장 / 수영조 규격 / 폭	21~25m	21~25m	21~25m
수영장 / 수영조 규격 / 레인 수	8~10레인	8~10레인	8~10레인
수영장 / 관중석 수			300석
기타 시설	해당 종목별 경기단체의 시설 규정에 따른 시설		
비고	위 기준은 해당 시 군의 인구, 지형, 교통 등 여건을 감안 조정 가능		

나. 생활 체육시설

1) 국가와 지자체가 설치·운영해야 할 생활 체육시설

① 의무 규정 : 국민이 거주지와 가까운 곳에서 쉽게 이용할 수 있는 생활 체육시설을 설치·운영해야 한다.
② 생활 체육시설 확충을 위한 지자체 중점 추진사항 : 국민체육센터(지방 스포츠 센터) 확충, 농어민문화 체육센터 건립, 생활 체육공원 조성, 마을 단위 생활 체육시설 설치, 천연 잔디 구장과 잔디·우레탄 체육시설, 게이트볼 전용구장 설치, 난지도 대중골프장 조성 등의 시설 확충 지원

2) 생활 체육시설 설치기준

① 시·군·구 : 체육관, 수영장, 볼링장, 체력단련장, 테니스장, 에어로빅장, 탁구장, 골프연습장, 게이트볼장 등의 실내·외 체육시설 중 지역주민의 선호도, 입지 여건 등을 고려 설치
② 읍·면·동 : 테니스장, 배드민턴장, 운동장, 골프연습장, 게이트볼장, 롤러스케이트장, 체력단련장 등의 실외 체육시설 중 지역주민의 선호도·입지 여건 등을 고려하여 설치

다. 직장 체육시설

1) 직장 대표의 체육시설 설치 및 운영

① 설치 및 운영 의무와 기준 : 상시 근무자 500명 이상의 직장 대표는 직장인의 체육활동에 필요한 체육시설을 2종 이상 설치 및 운영해야 한다.
② 지도 감독 : 특별(광역)시장, 도지사, 특별자치도(시)와 군대는 국방부장관

암기 직장 체육시설
● 대상 : 상근자 500명 이상
● 미설치 가능 기관
❶ 학교
❷ 체육시설이 주업인 직장
❸ 도심지 부지확보 어려움
❹ 인근 시설 상시 이용
❺ 시·도지사 인정 직장

2) 직장 체육시설을 설치하지 않아도 되는 직장

㉠ 초·중등교육법, 고등교육법에 따른 학교
㉡ 체육시설의 설치·운영이 주 업무인 직장
㉢ 인구과밀지역 도심지에 위치하여 부지확보가 어려운 경우
㉣ 인근 직장 체육시설 또는 기타 체육시설을 상시 사용할 수 있는 경우
㉤ 특별(광역)시장·도지사가 부득이한 사유가 있다고 인정하는 직장

3. 체육시설업의 시설기준

가. 체육시설업의 종류별 범위
① **스키장업** : 눈·잔디 기타 천연 또는 인공의 재료로 된 슬로프를 갖춘 스키장 경영업
② **썰매장업** : 눈·잔디 기타 천연 또는 인공의 재료로 된 슬로프를 갖춘 썰매장(산림문화·휴양법에 따라 조성된 자연휴양림 안의 썰매장 제외)을 경영업
③ **요트장업** : 바람의 힘으로 추진되는 선박(보조 추진 장치로서 엔진을 부착한 선박을 포함)으로 체육활동을 위한 선박을 갖춘 요트장 경영업
④ **빙상장업** : 제빙시설을 갖춘 빙상장을 경영하는 업
⑤ **종합 체육시설업** : 신고 체육시설업의 시설 중 실내수영장을 포함한 2종 이상의 체육시설을 동일인이 한 장소에 설치하여 하나의 단위 체육시설로 경영업
⑥ **체육도장업** : 문화체육관광부령이 정한 종목의 체육도장을 경영하는 업
⑦ **무도장업** : 입장료를 받고 국제 표준 무도(볼룸댄스)를 할 수 있는 장소 제공업
⑧ **무도학원업** : 수강료를 받고 국제 표준 무도(볼룸댄스)를 교습하는 업(다른 법률에 따라 허가·등록·신고 등을 하고 교양강좌로 설치·운영하는 경우와 학원의 설립·운영 및 볼룸댄스 교습에 관한 법률에 따른 학원 제외)

나. 체육시설업의 시설기준
1) 공통기준
① **법체계** : 체육시설업자는 체육시설업 종류별로 시설기준에 적합한 시설을 설치·유지 관리해야 하며, 운동 종목별 시설기준이 설정되어 있다.
② **공통기준**

구분		내용
필수시설	편의시설	① 수용인원에 적정한 주차장(등록 체육시설업만), 화장실 구비, 다른 시설물과 동일 부지, 복합건물의 경우 공동 사용 가능 ② 수용인원에 적정한 탈의실과 급수시설 구비 다만 신고 체육시설업(수영장업 제외)과 자동차경주장업에는 탈의실 대신 세면실 설치 가능
	안전시설	① 체육시설(무도학원업과 무도장업 제외)의 조도는 산업표준화법의 조도 기준 적용 ② 부상자와 환자 구호를 위한 응급실 및 구급 약품 구비, 신고 체육시설업(수영장업은 제외)과 골프장업은 예외 ③ 적정한 환기 시설 구비
	관리시설	등록 체육시설업 매표소·사무실·휴게실 등 해당 체육시설의 유지·관리에 필요한 시설 구비, 복합 용도의 시설물 내 다른 시설물과 공동으로 사용할 때는 예외
임의시설	편의시설	① 관람석 설치가 가능하며, 체육용품의 판매·수선·대여점 설치 가능 ② 식당·목욕 시설·매점 등 편의시설 설치 가능(무도학원업과 무도장업 제외)
	운동시설	① 등록 체육시설업에는 그 시설을 이용하는 데 지장이 없는 범위에서 그 시설 이외의 다른 종목의 시설 설치 가능 ② 하나의 체육시설을 계절 또는 시간대에 따라 종목을 달리하여 운영하는 경우 각각의 시설기준에 적합해야 한다.

참고 체육시설업의 종목별 시설기준 공부 방법 : 체육시설업의 종목별 시설기준은 암기 사항이 많고, 구체적 수치를 외워야 하므로 공부하기 매우 까다로운 부분이다. 문제 중심으로 공부하는 것이 효과적이므로, 이를 권장한다.

2) 골프장업 필수시설

① 골프장업의 필수시설

구분	내용
운동 시설	**1) 골프장의 구분** • 회원제 골프장업 : 회원을 모집하여 경영하는 골프장업 • 비회원제 골프장업 : 회원을 모집하지 아니하고 경영하는 골프장업 • 대중형 골프장 : 문화체육관광부 장관이 비회원제 골프장 중 이용료 등의 요건을 충족하여 지정한 골프장
운동 시설	**2) 대중형 골프장 지정** • 지정기준 : 회원제골프장의 비회원 대상 이용료의 직전년도 평균 금액과 회원제골프장과 대중형 골프장 사이의 과세금액의 차이를 고려하여 문화체육관광부 장관이 매년 정하여 고시하는 금액보다 낮은 금액의 코스 이용료 책정 • 지정 절차 : 지정을 받으려면 골프장 이용약관과 비회원제 골프장업 등록증 사본을 제출해야 한다. • 대중형 골프장 지정 사유 : 국민체육 진흥과 골프 대중화 정책에 따라 대중형 골프장에 대해 지원을 강화하고자 함 [참고] **관련 법령 개정 시행** : 2022.11.5부터 시행 **4) 골프장의 시설기준** • 각 골프 코스의 사이 이용자의 안전사고 위험이 있는 곳은 20m 이상 간격 유지, 단 지형상 일부분이 20m 이상 간격을 두기 극히 곤란한 경우 안전망 대체 설치 • 각 골프 코스에는 티그라운드·페어웨이·그린·러프·장애물·홀컵 등 경기에 필요한 시설 구비 • 골프 코스 주변·러프 지역·절토지 및 성토지의 법면(=경사면) 등은 조경

② 회원제골프장의 대중골프장 병설

㉠ 회원제골프장을 운영하면 아래와 같이 비회원제(대중) 골프장을 병설·운영해야 한다.

구분	내용
18홀인 회원제골프장	6홀 이상의 대중골프장
18홀 초과 회원제골프장	6홀에 18홀을 초과하는 9홀마다 3홀을 추가하는 규모 이상의 비회원제 골프장

㉡ 대중골프장을 병설할 자가 사정으로 직접 대중골프장을 병설하기 곤란하다고 인정하면 대통령령으로 정하는 바에 따라 이에 상당하는 금액을 예치할 수 있다.

[경향] **필기시험 출제 경향** : 1) 회원제골프장의 비회원제 골프장 병설에 대해 자주 출제되고 있으며, 골프장 구분은 최근인 2022년 11월부터 변경 시행되었으므로 출제 가능 가능성이 크다.

[암기] **회원제골프장의 대중골프장 병설** : 18홀→6홀 이상, 18홀 초과→6홀+18홀 초과 9홀마다 3홀 이상 추가

③ 회원제골프장의 등록 절차 : 회원제 골프장업을 등록하려면 골프장의 토지 중 해당 토지 및 골프장 안의 건축물을 아래와 같이 구분하여 신청해야 한다.

㉠ 골프 코스(티그라운드·페어웨이·러프·해저드·그린 등을 포함)

㉡ 주차장 및 도로

㉢ 조정지(골프 코스와는 별도로 오수처리 등을 위하여 설치한 것은 제외)

㉣ 골프장의 운영 및 유지·관리에 활용되고 있는 조경지(골프장 조성을 위하여 산림 훼손, 농지전용 등으로 토지의 형질을 변경한 후 경관을 조성한 지역)

㉤ 관리시설(사무실·휴게시설·매점·창고와 그밖에 골프장 안의 모든 건축물을 포함, 수영장·테니스장·골프연습장·연수 시설·오수처리시설 및 태양열 이용설비 등 골프장의 용도에 직접 사용되지 아니하는 건축물은 제외) 및 그 부속 토지

㉥ 보수용 잔디와 묘목·화훼 재배지 등 골프장의 유지·관리를 위한 용도로 사용되는 토지

3) 스키장업 필수시설
① 운동 시설
  ㉠ 슬로프는 길이 300m 이상, 폭 30m 이상(지형적 여건상 부득이한 경우 제외)
  ㉡ 평균 경사도가 7도 이하인 초보자용 슬로프를 1면 이상 설치
  ㉢ 슬로프 이용에 필요한 리프트를 설치
② 안전시설
  ㉠ 슬로프 내 이용자의 안전사고 위험이 있는 곳에는 안전시설(안전망·안전 매트 등) 설치
  ㉡ 구급차와 긴급구조에 사용할 수 있는 설상차를 각 1대 이상 구비
  ㉢ 정전 시 이용자의 안전관리에 필요한 전력공급장치 구비
③ 관리시설 : 절토지 및 성토지의 법면에 조경하여야 한다.

4) 요트장업 필수시설
① 운동 시설 : 3척 이상의 요트 구비와 요트의 안전한 보관을 위한 계류장 또는 보관소 구비
② 안전시설 : 긴급 해난구조용 선박 1척 이상, 감시탑 구비와 요트 내 승선 인원에 적정한 구명대 비치

5) 조정장업 및 카누장업 필수시설
① 운동 시설 : 5척 이상의 조정(카누) 구비와 수면 폭 50~200m 이상, 수심은 1m 이상, 유속은 시간당 5㎞ 이하
② 안전시설 : 수용 능력에 적정한 구명대 및 1척 이상의 구조용 선박(모터보트)과 전체를 조망할 수 있는 감시탑 구비

6) 빙상장업 필수시설
① 안전시설 : 빙판 외곽에 높이 1m 이상의 견고한 울타리 설치와 유해 냉각 매체를 사용하지 않는 제빙시설 설치

7-1) 2륜 자동차경주장업 필수시설
① 운동 시설 : 트랙 길이 400m 이상, 폭 5m 이상과 트랙 바닥 면은 포장·비포장이 모두 가능
② 안전시설 : 트랙 양편에 폭 3m 이상의 안전지대 설치와 경주장 전체를 조망 가능한 통제소 설치
③ 관리시설 : 2륜 자동차를 수리할 수 있는 시설 구비

7-2) 4륜 자동차경주장업 필수시설
① 운동 시설
  ㉠ 트랙 길이 2㎞ 이상, 출발과 도착지점이 연결되는 순환 형태, 트랙 폭은 11m 이상 15m 이하이고, 출발지점에서 첫 곡선 시작 지점까지 250m 이상 직선 구간 필요
  ㉡ 트랙 전 구간 차량 제동거리를 고려 적정한 시계 확보
  ㉢ 트랙의 바닥 면은 포장 또는 비포장
  ㉣ 트랙 종단기울기(진행 방향의 경사면)는 오르막 20%, 내리막 10% 이하
  ㉤ 트랙의 횡단 기울기(진행 방향의 좌우 경사면)는 직선 구간은 1.5% 이상 3% 이하, 곡선 구간은 10% 이하
  ㉥ 트랙의 양편 가장자리는 폭 15㎝의 흰색 선 표시

② 안전시설
- ㉠ 출발지점을 제외한 트랙의 직선 부분은 트랙 좌우 흰색 선 바깥쪽으로 3m 이상 5m 이하의 안전지대를 두어야 하며, 곡선 부분은 다음 공식에 의한 안전지대를 두어야 한다. 다만 안전지대 바닥에 깊이 25㎝ 이상의 자갈을 까는 경우 안전지대의 폭은 직선 부분은 2m 이상, 곡선 부분은 공식에 의해 산출된 폭의 1/2 이상으로 가능
- ㉡ 안전지대의 폭(m)=(속도)^2/300 ※ 속도 단위는 km/h
- ㉢ 트랙 양편 안전지대 바깥쪽 경계선에는 차량이 트랙을 이탈했을 때 바깥쪽으로 벗어나지 않고 정지하도록 수직 보호벽(높이 69㎝ 이상)을 가드레일(2단 이상)을 설치하거나 콘크리트 벽 설치
- ㉣ 경주의 안전한 진행을 위해 종합통제소, 검차장 표시판, 신호기 등 구비
- ㉤ 관람객과 다른 시설물 등을 경주 중인 차량의 사고로부터 보호하고, 외부로부터 무단 접근을 방지할 수 있게 수직 보호벽 바깥쪽에 3m 내외의 간격을 두고 1.8m 이상의 견고한 철망, 울타리 등 설치
- ㉥ 감시탑은 트랙 전체를 조망할 수 있고, 경주 중인 차량이 잘 보이는 곳으로 트랙 여러 곳에 설치하되, 감시탑과의 간격은 500m 이하이고, 육안으로 연락이 가능해야 함
- ㉦ 견인차, 구급차, 소화기 탑재차 및 트랙의 이상 유무를 확인할 수 있는 통제차 각 1대 이상 배치
- ㉧ 긴급사고 발생 시 견인차, 구급차, 소화기 탑재차 등이 쉽게 접근할 수 있는 비상 도로 설치

8) 승마장업 필수시설
① 운동 시설
- ㉠ 마장면적은 500㎡ 이상(실내외 동일)
- ㉡ 실외 마장은 0.8m 이상의 목책 설치
- ㉢ 3마리 이상의 승마용 마필과 마필 관리용 마사 설치

9) 종합 체육시설업 필수시설
① **종합 체육시설업의 정의** : 신고 체육시설업의 시설 중 실내수영장을 포함한 2종 이상의 체육시설을 동일인이 한 장소에 설치하여 하나의 단위 체육시설로 경영하는 업
② **종합 체육시설업의 필수시설**
- ㉠ 해당 체육시설업의 임의 시설기준에 의한다.
- ㉡ 수영조 바닥 면적과 체력단련장 및 에어로빅장의 운동 전용면적을 합한 면적의 15% 이하의 규모로 체온관리실(온수조·냉수조·방한실) 설치 가능. 체온관리실은 종합 체육시설업의 시설 이용자만 이용해야 한다.

10) 체육도장업 필수시설
① **체육도장업의 운동 종목** : 권투, 레슬링, 태권도, 유도, 검도, 우슈

> **경향** **필기시험 출제 경향** : 체육도장업의 운동 종목이 아닌 것을 찾는 문제가 나올 수 있고, 위의 체육도장업 운동 종목에 명시되지 않은 합기도, 무에타이 등이 오답 찾기의 정답이다.

② **체육도장업의 필수 운동 시설**
- ㉠ 3.3㎡당 수용인원이 1인 이하
- ㉡ 바닥 면은 운동 중에 발생하는 충격 흡수가 가능하도록 설치
- ㉢ 해당 종목 운동에 필요한 기구와 설비 구비

11) 수영장업 필수시설

① 운동 시설
- ㉠ 물의 정화설비는 순환 여과 방식
- ㉡ 물 출입 관의 배관설비는 물이 계속 순환되도록 설치
- ㉢ 수영조 주변 통로 폭은 1.2m 이상(핸드 레일을 설치하면 1.2m 미만 가능)으로 하고, 수영조로부터 외부로 경사지도록 하거나 기타 수단으로 오수 등이 수영조로 침수할 수 없도록 설치

② 안전시설 : 이용자의 안전을 위하여 수영조 전체를 조망하는 감시탑 설치(호텔 등 일정 범위 내 이용자에게만 제공되는 수영장은 예외)

③ 임의 시설 : 편의시설-물 미끄럼대, 유아와 어린이용 수영조 설치 가능

12) 골프연습장업 필수시설

① 운동 시설
- ㉠ 실내 또는 실외에 연습에 필요한 타석 구비, 실외 연습에 필요한 2홀 이하의 골프 코스(각 홀의 부지 면적은 13㎡ 이하) 또는 18홀 이하의 피칭 연습용 코스(각 피칭 연습용 코스의 폭과 길이는 100m 이하) 구비(타구의 원리를 응용한 연습 또는 교습이 아닌 별도의 오락·게임 등을 할 수 있는 타석은 설치 불가)
- ㉡ 타석 간 간격이 2.5m 이상, 타석 주변에 골프채가 벽면·천장 또는 다른 설비 등에 부딪히지 않도록 충분한 공간 확보

② 안전시설 : 연습 중 타구에 의한 안전사고가 발생하지 않도록 그물·보호망 등 설치(단 실외연습장으로서 위치 및 지형상 안전사고 위험이 없으면 예외)

③ 임의 시설
- ㉠ 연습이나 교습에 필요한 기기 설치 가능
- ㉡ 2홀 이하의 퍼팅연습용 그린 설치 가능(퍼팅 원리를 응용하여 골프 연습이 아닌 별도의 오락·게임 등을 할 수 있는 그린 설치 불가능)

13) 체력단련장업 필수시설

① 운동 시설 : 바닥 면은 운동 중에 발생하는 충격 흡수가 가능하며, 신장기·체중계 등 필요한 기구 구비

14) 당구장업

① 운동 시설 : 당구대 1대당 16㎡ 이상의 면적 확보

15) 썰매장업 필수시설

① 운동 시설 : 슬로프 규모에 적정한 썰매와 제설기 또는 눈살포기(자연설을 이용할 수 있는 지역 한정) 구비

② 안전시설 : 슬로프 가장자리에 안전망과 안전 매트 설치

16) 무도학원업 및 무도장업 필수시설

① 운동 시설
- ㉠ 무도학원업은 바닥 면적이 66㎡ 이상, 무도장업은 특별시·광역시는 330㎡ 이상, 그 외 지역은 231㎡ 이상
  - **경향 필기시험 출제 경향** : 무도장업은 특별(광역)시 100평, 그 외 지역은 70평 이상으로 기억하면 암기가 쉽다.
- ㉡ 방음시설 설치로 소리가 밖으로 새어 나가지 않도록 조치
- ㉢ 바닥은 목재 마루로 하고 마루 밑에 받침을 두어 탄력성 있게 설치

② 무도학원업 및 무도장업으로 사용되고 있는 건축물의 용도가 건축물 용도 분류에 적합하여야 하고, 기타 관련 법 규정에 적합한 위치
③ 운동 시설은 사무실 등 다른 용도의 시설과 완전히 구획되어야 함
④ 업소 내 조도는 무도학원업은 100럭스 이상, 무도장업은 30럭스 이상, 조명 밝기 조절하는 장치 설치 불가능

17) 야구장업 필수시설
① 운동 시설
  ㉠ 투수석(투수 마운드), 타자석(타자 박스), 코치석(코치 박스), 충돌 경고 트랙, 포수 뒤 그물망, 선수대기석(더그아웃), 타자 시선 보호벽, 파울 기둥(파울폴), 대기자 공간(서클) 및 베이스 설치
  ㉡ 관람석이 있으면 의자와 계단은 결함 없이 안전하게 설치 관리
  ㉢ 경기장은 평탄하게 유지
② 안전시설
  ㉠ 타구로 인한 사고 예방을 위해 1루, 3루 및 홈플레이트 뒤에 안전장치(그물망 등)를 설치
  ㉡ 필요하면 외야 뒤쪽에도 안전장치 설치

18) 가상체험 체육시설업(골프 종목) 필수시설
① 운동 시설
  ㉠ 타석과 스크린(화면)과의 거리는 3m 이상, 타석부터 천장 높이는 2.8m 이상, 타석과 대기석 거리는 1.5m 이상
  ㉡ 이용자가 타석에서 휘두르는 골프채에 벽면, 천장, 다른 시설 등이 부딪히지 않도록 충분한 공간
② 안전시설
  ㉠ 타석과 스크린 사이의 벽면, 천장과 바닥은 충격 흡수 가능한 재질
  ㉡ 스크린은 타구에 의한 안전사고 예방을 위해 벽면 사이에 틈을 두고 평편하게 설치
  ㉢ 바닥은 미끄럽지 않은 재질 사용

19) 가상체험 체육시설업(야구 종목) 필수시설
① 운동 시설
  ㉠ 타석과 스크린(화면)과의 거리는 6m 이상, 타석부터 천장 높이는 2.4m 이상, 타석 중앙에 설치된 홈플레이트와 후면 벽체와의 거리는 1.5m 이상
  ㉡ 타석과 대기석을 구분하는 칸막이 설치, 칸막이는 철망, 강화유리 등 내구성 강한 재질 사용
② 안전시설
  ㉠ 모든 안전시설은 내구성 강한 재료 사용
  ㉡ 타석실 내 스크린 제외 모든 벽은 충격 흡수 재질 사용
  ㉢ 스크린은 타구에 의한 안전사고 예방을 위해 벽면과의 사이에 틈을 두고 평편하게 설치
  ㉣ 바닥은 미끄럽지 않은 재질 사용

20) 체육교습업 필수시설
① 운동 시설 : 해당 종목의 운동에 필요한 기구와 보조 장비 구비
② 안전시설
  ㉠ 이용자 안전을 위해 필요하면 운동 공간에 적절한 안전장치 구비
  ㉡ 빙상·수영 종목을 교습할 때는 기타 적용되는 안전·위생 기준이 준수된 시설에서만 교습
③ 기타 사항 : 체육교습업이 아닌 체육시설업을 등록 또는 신고한 자는 체육교습업을 신고하지 아니하고 그 체육시설에서 교습할 수 있다.

21) 인공암벽장업 필수시설
① 운동 시설 : 등반 벽 마감재와 받침 등은 구조부재와 튼튼하게 연결
② 안전시설
　　㉠ 볼더링 인공암벽은 충격을 충분히 흡수할 수 있는 매트리스를 암벽 추락 면에 설치
　　㉡ 실외 인공암벽장은 운영시간 외 외부인이 접근하지 못하도록 울타리, 경고 센서를 설치하는 등의 안전조치와 무단 이용 때 안전사고 발생할 수 있음을 알리는 안내문을 눈에 잘 띄는 곳에 게시
③ 관리시설
　　㉠ 실외 인공암벽장은 누수나 지반침하가 발생하지 않도록 설치
　　㉡ 실외 인공암벽장은 주변 옹벽과 석축 등이 쓰러지지 않도록 해야 한다.

4. 체육시설업의 안전·위생 기준

가. 체육시설업의 안전·위생 기준의 이해

1) 체육시설업의 안전·위생 기준의 개념 : 체육시설의 설치·운영에 관한 법률 §24, 같은 법 시행규칙 §23에 의거 스포츠시설의 안전관리 사항을 적용

2) 체육시설업의 안전·위생 공통기준
　　㉠ 체육시설 내에서 질서 유지
　　㉡ 이용자 체육활동에 제공되거나 이용자의 안전을 위한 각종 시설·설비·장비·기구 등은 안전·정상 이용될 수 있는 상태를 유지하도록 하고, 재난 및 안전관리 기본법에 따른 재난으로 인한 피해가 발생하지 아니하도록 노력
　　㉢ 재난으로 인해 이용자 안전을 해칠 우려가 있다고 판단될 때는 체육시설 이용 제한
　　㉣ 종목의 특성을 참작하여 음주 등 정상적 이용이 곤란할 경우 이용 제한
　　㉤ 정원 초과 금지
　　㉥ 화재 발생에 대비하여 소화기를 설치하고, 이용자가 쉽게 알아볼 수 있는 곳에 피난 안내도를 부착하거나 피난 방법에 대하여 고지
　　㉦ 체육시설 내에서 사망사고가 발생하면 해당 체육시설업을 등록(신고)한 지자체장에게 즉시 보고
　　㉧ 등록 체육시설업자는 자동 심장 충격기 등 심폐소생술 응급 장비 구비
　　㉨ 체육시설업자는 체육시설 안전·위생 관련 매뉴얼을 작성하고 전 직원 대상 매뉴얼 관련 교육을 반기별 1회 이상 실시
　　㉩ 체육시설업자는 체육시설 이용 안전 수칙을 작성하여 이용자가 쉽게 알아볼 수 있는 장소에 게시
　　㉪ 체육시설에 설치된 조명타워 또는 광고판 등의 부착물은 고정하중과 풍하중의 영향에 대해 안전하도록 설치되어야 하고, 조명 등의 변경 시 변경 무게에 대한 안전성 확인

나. 체육시설의 안전 점검

1) 안전관리에 관한 기본계획 수립
① 개념 : 문화체육관광부 장관은 체육시설(공공 체육시설 및 등록·신고 체육시설에 한정)의 안전한 이용과 체계적 관리를 위해 5년마다 체육시설 안전관리 기본계획을 수립·시행
② 기본계획 포함사항
　　㉠ 체육시설에 대한 중기·장기 안전관리 정책에 관한 사항
　　㉡ 체육시설 안전관리 제도 및 업무의 개선에 관한 사항
　　㉢ 체육시설과 관련된 사고를 예방하기 위한 교육·홍보 및 안전 점검에 관한 사항
　　㉣ 체육시설 안전관리와 관련된 전산시스템의 구축 및 관리
　　㉤ 기타 대통령령으로 정한 사항

③ 기타 대통령령으로 정한 사항
  ㉠ 체육시설 안전관리 전문기관의 육성·지원에 관한 사항
  ㉡ 체육시설의 안전관리에 필요한 기술의 연구·개발에 관한 사항
  ㉢ 체육시설 안전관리 표준안내서의 개발에 관한 사항
  ㉣ 그 밖에 문화체육관광부 장관이 체육시설의 안전관리를 위하여 필요하다고 인정하는 사항

2) 안전관리계획
  ㉠ 문화체육관광부 장관은 기본계획에 따라 매년 안전관리계획 수립·시행
  ㉡ 문화체육관광부 장관은 기본계획 및 관리계획의 수립·변경 또는 시행을 위하여 필요하면 관계 중앙행정기관의 장, 특별시장·광역시장·특별자치시장·도지사·특별자치도지사 또는 공공기관의 운영에 관한 법률에 따른 공공기관의 장에게 관련 자료의 제출이나 협력을 요청할 수 있고, 요청을 받은 자는 특별한 사유가 없으면 이에 따라야 한다.
  ㉢ 문화체육관광부 장관은 기본계획 및 관리계획을 수립 또는 변경하였으면 관계 중앙행정기관의 장, 시·도지사 및 공공기관(체육시설 안전에 관한 업무를 수행하는 공공기관 한정)의 장에게 통보하고, 인터넷 홈페이지 등을 통하여 공고하여야 한다.

3) 안전 점검
① 시설물
  ㉠ 실시 대상 : 공공 체육시설과 건물 등 시설물 연면적의 50% 이상을 사용하고 있는 등록 및 신고 체육시설업의 시설에 대하여 실시하되 시설물의 안전관리에 관한 특별법에 따른 안전 점검 또는 정밀안전진단을 받은 시설은 제외
  ㉡ 점검 항목
    • 기둥, 벽, 보, 마감재의 손상 균열 여부
    • 지반침하 등에 따른 구조물의 위험 여부
    • 절개지 및 낙석 위험지역 방지망 등의 안전시설 설치 여부
    • 노후 축대·옹벽 등 위험시설의 보수·보강 등의 조치 상태
    • 시설의 연결, 변형, 청결 상태
    • 부대시설의 파손 상태 및 위험물질의 존재 여부
② 소방시설
  ㉠ 실시 대상 : 공공 체육시설과 등록 및 신고 체육시설업의 시설에 대하여 실시하되 소방시설 설치·유지 및 안전관리에 관한 법률에 따라 최근 1년 이내에 소방특별조사를 받은 시설은 제외
  ㉡ 점검 항목
    • 화재경보기, 스프링클러 등의 정상 작동 여부
    • 소화기 등 방화 장비의 적정 보유 및 정상 작동 여부
    • 피난 안내도의 비치 또는 피난 안내 영상물의 상영 여부
    • 비상구 및 영업장 내부 피난 통로의 설치 여부
    • 누전차단기 등 전기시설의 정상 작동 여부
③ 체육시설의 설치·이용에 관한 법률 관련 규정 준수
  ㉠ 실시 대상 : 공공 체육시설과 등록 및 신고 체육시설업의 시설
  ㉡ 점검 항목
    • 법에 따른 안전 관련 시설기준 준수 여부
    • 체육지도자 배치 의무 준수 여부
    • 안전기준 준수 여부 ·보험 가입 의무 준수 여부

④ 기타 안전 점검 기준
  ⊙ 그 밖에 체육시설 안전을 위하여 필요한 항목을 문화체육관광부 장관이 정하여 고시할 수 있다.
  ⓒ 체육시설의 안전 점검을 하는 자는 안전 점검 결과를 체육시설 정보관리 종합시스템에 아래 기준을 적용하여 입력·관리해야 한다.
⑤ 점검 항목 결과 분류
  ⊙ 양호 : 이용자에게 위해·위험을 발생시킬 요소가 없는 상태
  ⓒ 수리 필요 : 이용자에게 위해·위험을 발생시킬 수는 있으나 경미한 사안으로 즉시 수리가 가능한 상태
  ⓒ 이용 제한 필요 : 이용자에게 위해·위험을 발생시킬 수 있는 수리가 가능한 요소가 있거나 시설물의 주요 부재에 결함이 발생하여 긴급한 보수·보강이 필요한 상태
  ⓔ 사용 중지 필요 : 이용자에게 위해가 발생하거나 주요 부재에 발생한 심각한 결함으로 인하여 체육시설의 안전에 위험이 있어 즉각 사용을 중지하고 보강 또는 개축하여야 하는 상태

> **참고** 안전 점검 결과 분류
> ① 양호 : 위해·위험 발생 요소가 없는 상태
> ② 수리 필요 : 위해·위험을 발생시킬 수는 있으나 경미한 사안으로 즉시 수리 가능 상태
> ③ 이용 제한 필요 : 위해·위험 발생 요소가 있거나, 시설물 주요 부재 결함으로 긴급 보수·보강 필요 상태
> ④ 사용 중지 필요 : 위해 발생 또는 주요 부재의 심각한 결함으로 안전에 위험이 있어 즉각 사용을 중지하고 보강 또는 개축해야 하는 상태

⑥ 점검 결과의 이행 : 안전 점검 결과를 통보받은 체육시설업자는 해당 체육시설에 중대한 결함이 있는 경우에는 통보를 받은 날부터 1년 이내에 그 결함에 대한 보수·보강 등 필요한 조치 착수, 특별한 사유가 없으면 착수한 날부터 2년 이내에 조치 완료
⑦ 안전관리에 대한 포상 : 공공 체육시설 부문과 체육시설업 부문으로 구분하여 실시

다. 체육시설업 종목별 안전·위생 기준
1) **골프장업** : 코스 관리 요원(골프장에서 잔디와 수목의 식재, 재배, 병해충방제, 체육활동에 적합하게 풀 베기, 농약의 안전 사용, 보관 및 오염방지 등에 관한 업무 종사자)을 18홀 이하 1인 이상, 18홀 초과 2인 이상 배치

2) **스키장업**
  ⊙ 스키 지도 요원(스키장에서 이용자에게 스키에 관한 지식, 타는 방법, 기술 및 안전에 관해 교습하는 업무 종사자)과 스키 구조 요원(슬로프를 순찰하여 이용자의 안전사고 예방과 사고 발생 인명구조 및 후송 등의 업무에 종사자로 스키장협회 실시 정기 안전교육을 받은 사람)을 배치하되 스키 지도 요원은 슬로프 면적 5만㎡당 1인 이상, 스키안전요원은 운영 중인 슬로프당 2인 이상 배치(단 슬로프 길이 1.5㎞ 이상 3명 이상)
  ⓒ 리프트 승차장 2명 이상 승자보조요원, 하차장 1명 이상 하차 보조요원 배치
  ⓒ 간호사 또는 응급구조사 1인 이상 배치
  ⓔ 스키장 이용에 관한 안전 수칙을 쉽게 볼 수 있도록 3개 이상의 장소에 게시
  ⓜ 이용자의 안전모 착용과 이용자가 이의 대여 요청 시 대여할 수 있는 충분한 수량 구비

3) **요트장업·조정장업·카누장업**
  ⊙ 이용자는 항상 구명대 착용 이용
  ⓒ 구조용 선박에 수상 안전요원(대한적십자사 실시 수상 인명구조 활동의 소정 과정 이수자, 해군 또는 해경에 복무 경험자 또는 그에 상당하는 자격자)을, 감시탑에는 감시 요원 1인 이상 배치

ⓒ 요트장업은 특별자치도지사(시장)·시장·군수 또는 구청장이 지형 여건 등을 참작하여 안전 수칙을 정하면 이를 준수해야 한다.

4) 자동차경주장업
㉠ 트랙을 이용하는 경주 및 일반주행차는 사전 점검 시행 후 참가
㉡ 사전 주행 능력 평가 후 부적격자는 트랙 이용 제한
㉢ 경주 진행 및 안전 등에 관한 규칙을 자체 제정하여 트랙 이용자에게 사전 교육 시행
㉣ 안전 진행에 필요한 통제소 요원·감시탑 요원·진행요원은 해당 분야 지식과 기술을 보유한 자로 규모에 따라 적정하게 배치
㉤ 관람자에게 사전 안전에 관한 안내 방송 시행
㉥ 경주 기간에는 의사와 간호사, 응급구조사 각 1인 이상, 그 외 운영 기간에는 간호사 또는 응급구조사 1인 이상 배치
㉦ 이용자 안전모 착용을 지도하고, 이용자가 이의 대여 요청 시 대여할 수 있는 충분한 수량 구비

5) 승마장업
㉠ 이용자는 항상 승마용 신발 착용 후 승마
㉡ 장애물 통과 승마자는 헬멧 착용
㉢ 말이 놀라 낙마 사고를 방지하기 위한 주변에 고성방가, 자동차 경적 사용을 금지하여야 한다.

6) 종합 체육시설업 : 구성 해당 체육시설업의 안전·위생 기준 준수

7) 수영장업
㉠ 수영조, 주변 공간, 부대시설 등의 규모를 고려하여 안전 및 위생에 지장이 없는 범위에서 특별자치도지사(시장)·시장·군수·구청장이 정한 입장 정원 준수
㉡ 동시 수영 인원은 도약대의 높이, 수심, 수영조 면적, 수상 안전시설의 구비 정도에 따라 시장·군수·구청장이 정한 인원을 초과하지 않고, 도약대 전면 돌출부의 최단 부분에서 반지름 3m 이내 수면에 5인 이상이 동시 수영 금지
㉢ 개장 중인 실외수영장에는 간호사, 간호조무사 또는 응급구조사 1인 이상 배치
㉣ 수영장 욕수는 1일 3회 이상 여과기 통과
㉤ 욕수 조절, 침전물의 유무, 사고의 여부 확인을 위해 1시간마다 수영조 안 수영자를 밖으로 나오도록 해서 수영조 점검
㉥ 욕수 수질 기준을 유지해야 하며, 수질검사 방법은 먹는 물 수질검사 기준에 따른 수질검사 방법을 적용(해수는 환경정책기본법시행령 제2조 및 별표 1 제3호 라목의 Ⅱ등급 기준을 적용)
  • 유리 잔류염소는 0.4~1.0mg/ℓ(잔류염소일 경우 1.0mg/ℓ) 유지, 오존 소독 등으로 사전 처리할 때는 유리 잔류염소는 0.2mg/ℓ 이상(잔류염소일 경우 0.5mg/ℓ 이상) 유지
  • 수소이온농도는 5.8 ~ 8.6 유지
  • 탁도는 1.5 NTU 이하
  • 과망간산 칼륨 소비량은 12mg/ℓ 이하
  • 대장균군은 10㎖들이 시험대상 욕수 5개 중 양성이 2개 이하
  • 비소 0.05mg/ℓ 이하, 수은 0.007mg/ℓ 이하, 알루미늄 0.5mg/ℓ 이하
㉦ 수영조 주위 적당한 곳에 정원, 욕수 순환 회수, 잔류염소량, 수소이온농도와 수영자 준수사항 게시
㉧ 미끄럼틀 설치하면 관리 요원을 배치 이용 상태를 항상 점검
㉨ 감시탑에는 수상 안전요원(대한적십자사, 수영장협회, 행정안전부 장관이 지정한 교육기관에서 수상 안전에 관한 교육을 마친 후 수상 안전에 관한 자격증 취득자)을 2명 이상 배치

8) 썰매장업
- ㉠ 출발지점과 도착지점에 1인 이상의 안전요원 배치
- ㉡ 슬로프 내 장애물이 없어야 하고, 슬로프 내 바닥 면을 평탄하게 유지·관리
- ㉢ 눈썰매장은 슬로프 가장자리(안전 매트 안쪽)를 모두 폭 1m 이상 높이 50㎝ 이상의 눈을 쌓거나 공기 매트 등 보호시설 설치
- ㉣ 슬로프의 바닥 면이 잔디, 기타 인공 재료이면 바닥 면의 물리적, 화학적 특성에 따라 이용자의 안전에 필요한 조치

9) 무도학원업 및 무도장업
- ㉠ 무도학원업은 3.3㎡당 동시 1인, 무도장업은 동시 2인을 초과 수용 금지
- ㉡ 냉난방시설은 보건위생상 적정한 것

10) 빙상장업
- ㉠ 이용자는 안전모, 보호 장갑 등 안전 장구 착용 지도
- ㉡ 이용자가 안전모 등의 대여 요청 시 대여할 수 있는 충분한 수량 구비

11) 체력단련장업 : 이용자 운동에 방해되지 않도록 운동기구 간 충분한 공간 확보

12) 야구장업 : 이용자가 안전모 및 안전 보호대 등 안전 장비 착용토록 지도

13) 가상체험 체육시설업(골프 종목) : 이용자 대여 골프채, 골프화 등 장비는 안전하고 위생적으로 관리

14) 가상체험 체육시설업(야구 종목)
- ㉠ 이용자가 안전모 등의 안전 장비를 착용하도록 지도하고, 대여하는 안전모·야구장갑 등 장비는 안전하고 위생적으로 관리
- ㉡ 타석에는 1명만 입장하도록 지도

15) 체육교습업
- ㉠ 이용자가 해당 종목 필요 안전 장비를 착용하도록 지도하고, 대여하는 안전 장비는 안전하고 위생적으로 관리
- ㉡ 운동 시설과 부대시설은 이용자 사용에 불편함이 없도록 안전하고, 위생적으로 관리

16) 인공암벽장업
- ㉠ 안전관리 요원 1명 이상 배치(운영자 또는 체육지도자가 안전관리 교육 이수자이면 겸임 가능)
- ㉡ 동반 진행 안전 등에 관한 규칙을 자체 제정하여 이용자에게 사전 교육
- ㉢ 안전관리 요원 또는 체육지도자는 이용자가 등반하기 전 안전벨트, 고리(카라비너), 확보기구, 암벽화 등 안전 장비 착용토록 지도
- ㉣ 운동 시설과 부대시설은 이용자 사용에 불편함이 없도록 안전하고, 위생적으로 관리
- ㉤ 이용자 대여 장비인 안전벨트, 고리, 밧줄, 퀵드로우, 확보기구 등은 안전하고 위생적으로 관리
- ㉥ 이용자 대여 장비는 반기마다 점검하고 결과 기록 점검 대장을 인공암벽장 내에 비치, 이상이 있는 장비는 즉시 수리 또는 교체
- ㉦ 홀드를 구조부재에 연결하면 움직이지 않도록 고정하고, 수시로 고정상태 확인
- ㉧ 홀드 내 먼지와 이물질 쌓이지 않도록 정기적 청소

5. 스포츠시설업의 기타 기준

가. 체육시설업의 시설물과 부지 면적 제한

1) 체육시설업의 시설물 설치 제한

① 설치 금지 시설물
- ㉠ 스키장업, 요트장업 제외 체육시설업 : 업소 내 숙박업 시설물을 설치 금지
- ㉡ 골프장업 : 골프장 내 숙박업 시설물 설치가 불가능하지만, 다음 요건에 적합하면 설치 가능
  - 골프장 사업 계획지가 환경정책기본법에 따른 특별 대책 지역, 수도권정비계획법에 따른 자연보전권역, 자연공원법에 따른 자연보전권역, 자연공원 지정 구역이 아닐 것
  - 골프장 사업 계획지가 광역상수원 보호구역으로부터 상류 방향으로 40km 이내 지역, 일반상수원 보호구역으로부터 상류 방향으로 20km 이내 지역, 취수장(공중 이용용)으로부터 상류 방향으로 30km, 그 하류 방향으로 1km 이내 지역이 아닐 것
  - 골프장 사업 계획지가 수질환경보전법 시행령에 따라 수질 기준 1등급으로 고시된 하천으로부터 상류 방향으로 20km 이내의 지역이 아닐 것
  - 숙박 시설 설치 예정 부지가 환경영향 평가 협의 시 녹지를 보전하도록 협의가 이뤄진 지역이 아닐 것(사업계획승인 당시 숙박 시설이 설치되지 아니한 골프장에 한정한다.)
  - 골프장 규모가 18홀 이상
  - 골프장 방류수 수질이 BOD 5mg/ℓ를 초과하지 않을 것
  - 숙박 시설과 수영장을 함께 설치할 때는 수영조의 바닥 면적이 200㎡(시·군은 100㎡)를 초과하지 않고, 숙박 시설과 눈썰매장을 함께 설치하면 슬로프 면적 1,800㎡를 초과하지 않을 것
  - 숙박 시설 건물의 층수는 5층을 초과하지 아니할 것

② 골프장업의 시설물 규모 제한 : 클럽하우스의 연건축면적 기준은 다음과 같으며, 초과 설치 불가능
- 9홀 미만 골프장 : 500㎡ 이하
- 9홀~18홀 미만의 골프장 : 600㎡ 이하
- 18홀 골프장 : 3,300㎡ 이하로 하되, 병설 대중골프장과 회원제골프장이 공동 사용하면 400㎡ 이내 추가 가능
- 18홀을 초과하는 골프장 : 3,300㎡에 18홀을 초과하는 9홀마다 600㎡를 추가한 면적 이하로 하되, 병설 대중골프장과 회원제골프장이 클럽하우스를 같이 사용할 때는 400㎡ 이내 추가 가능
- 2 이상의 골프장이 클럽하우스를 공동으로 사용할 때(병설 대중골프장과 회원제골프장이 클럽하우스를 같이 사용하는 경우 제외)는 (규정에 따라 각각의 골프장이 설치할 수 있는 클럽하우스의 연면적을 합한 면적 이하
- 비고 : '클럽하우스'는 골프장 용지 안의 건축물로, 화장실, 탈의실, 샤워실, 식당, 매점, 휴게실, 사무실, 복도, 계단 등 이용자의 편의 제공 또는 골프장의 관리·운영의 용도에 사용되는 건축물, 실내주차장, 수영장, 테니스장, 골프연습장, 연수 시설 등을 위한 건축물 제외

2) 부지 면적의 제한

① **자동차경주장업** : 자동차경주장의 부지 면적은 트랙 면적과 안전지대면적을 합한 면적의 6배 면적 초과 불가능
② **골프연습장업(실외 골프연습장업 한)** : 골프연습장의 부지 면적은 타석 면적과 보호망 설치 토지면적을 합한 면적의 2배 초과를 금지한다. 다만 골프 코스를 설치하는 경우 코스 1홀당 1만3천㎡, 피칭 및 퍼팅연습용 코스를 설치하면 해당하는 면적 추가 가능
③ **썰매장업** : 썰매장 부지 면적은 슬로프 면적의 3배 면적 초과 금지

나. 체육지도자 배치기준

구분		기준
골프장업	골프 코스 18홀 이상 36홀 이하	1인 이상
	골프 코스 36홀 초과	2인 이상
스키장업	슬로프 10면 이하	1인 이상
	슬로프 10면 초과	2인 이상
요트장업, 조정장업, 카누장업	요트(조정, 카누) 20척 이하	1인 이상
	요트(조정, 카누) 20척 초과	2인 이상
빙상장업	빙판 면적 1,500㎡ 이상 3,000㎡ 이하	1인 이상
	빙판 면적 3,000㎡ 초과	2인 이상
승마장업	말 20마리 이하	1인 이상
	말 20마리 초과	2인 이상
수영장업	수영조 바닥 면적이 400㎡ 이하인 실내수영장	1인 이상
	수영조 바닥 면적이 400㎡를 초과하는 실내수영장	2인 이상
체육도장업	운동 전용면적 300㎡ 이하	1인 이상
	운동 전용면적 300㎡ 초과	2인 이상
골프연습장업	20타석 이상 50타석 이하	1인 이상
	50타석 초과	2인 이상
체력단련장업	운동 전용면적 300㎡ 이하	1인 이상
	운동 전용면적 300㎡ 초과	2인 이상
체육교습업	동시 최대 교습 인원 30명 이하	1인 이상
	동시 최대 교습 인원 30명 초과	2인 이상
인공암벽장업	실내 인공암벽장	1인 이상
	실외 인공암벽장 운동 전용면적 600㎡ 이하	1인 이상
	실외 인공암벽장 운동 전용면적 600㎡ 이상	2인 이상

[참고] 1) 체육시설업자가 당해 종목 자격소지자로, 직접 지도하면 해당 인원수의 지도자를 배치하지 않아도 된다.
2) 종합 체육시설업의 경우 각각의 체육시설업의 해당 기준에 따라 배치
3) 요트, 카누, 조정장업은 각각 표기되어 있지만, 암기 편의를 위해 합쳐 놓은 것이다.

[암기] **체육지도자 2인 이상 배치기준 필기시험 출제유형**

체육지도자 배치기준은 시험에 자주 출제되고 있으므로 아래와 같이 요약해서 공부하면 수월하다. 아래 기준 이상이면 지도자를 2인 이상 배치해야 한다.

구분	골프	스키	요트, 조정, 카누	빙상	승마	수영	체육도장, 체력단련장	골프연습장
기준	36홀	10면	20척	3,000㎡	20두	400㎡	300㎡	50석

※ 골프연습장은 20타석 이상 50타석 이하는 1인이다.

다. 회원제 스포츠시설업

1) 회원모집

① **회원 모집계획서 제출** : 체육시설업자(사업계획 승인을 얻은 자 포함)는 회원을 모집할 수 있으며, 회원모집을 할 때는 개시일 15일 전까지 시장, 군수 또는 시도지사에게 회원모집계획서 제출
② **회원모집 시기** : 등록 체육시설업은 사업시설 설치공사 공정이 30% 이상 진행 후, 신고 체육시설업은 신고 후 회원모집
③ **회원모집 방법**
  ㉠ 문화체육관광부령에 따라 공개로 모집
  • 일간신문이나 인터넷신문에 게재
   • 등록 체육시설업 : 특별시·광역시·특별자치시·도의 인터넷 홈페이지에 게재
   • 신고 체육시설업 : 특별자치시·특별자치도·시·군·구의 인터넷 홈페이지에 게재

ⓛ 탈퇴 등의 결원 보충 혹은 정원 미달로 재모집 경우 비공개 가능
ⓒ 모집 인원을 초과하면 공정한 추첨으로 선정
② 회원자격을 제한할 때 자격 제한 기준을 미리 약관에 명시

④ **회원 모집계획서 내용**
 ㉠ 회원모집약관(모집 인원 포함)과 사업시설 설치 공정확인서(등록시설업 한)를 첨부하여 등록 체육시설업은 시·도지사·특별자치시장(도지사)에게, 신고의 경우 시장·군수에게 제출
 ㉡ 내용 변경 시 다시 제출
 ㉢ 제출받은 행정관서장은 검토 후 10일 이내 결과 통보
 ㉣ 회원모집이 완료될 때까지 모집상황을 매 분기 말일 기준 10일까지 행정관서장에게 보고

⑤ **공개모집 방법**
 ㉠ 특별한 사유가 없으면 일간신문에 모집공고 게재
 ㉡ 모집공고 전에 그 내용을 행정관서장에게 보고하고, 공고 후 3일 이내 내용이 기재된 신문 1부를 행정관서장에게 제출
 ㉢ 모집공고는 공고 후 3일이 지난날부터 신청할 수 있도록 하고, 신청 기간은 10일 이상
 ㉣ 모집공고에는 회원모집계획의 총인원 명시

⑥ **회원제 스포츠시설의 예탁금 제도**
 ㉠ 예탁금은 미리 맡겨 놓은 돈을 말한다.
 ㉡ 회원제골프장에서 회원권 예탁금 제도를 운용하는데 이는 회원의 자격이 상실되면 보관된 돈을 돌려주기 위함이다.

2) 회원 보호

① **회원자격의 양도·양수** : 회원이 자격을 다른 사람에게 양도하려면 양수자가 법령상 회원자격 제한 기준에 해당하지 않으면 제한할 수 없고, 자격 양수자로부터 회원자격의 양도·양수에 따른 비용을 징수할 때는 실비 기준 금액

② **연회원에 대한 입회금액 반환** : 연회원이 회원자격 존속 기한이 끝나 입회금 반환 요구 시 10일 이내에 반환해야 한다. 입회금 반환 여부 등에 관한 약정이 있으면 그 약정에 따른다.

③ **회원증 확인·발급** : 회원이 입회한 날부터 30일 이내 회원증을 확인·발급하여야 한다. 회원자격을 양수한 회원도 같다.

④ **회원 대표기구** : 회원이 회원을 대표하는 운영위원회를 구성할 것을 요구하면 회원 10명 이상으로 구성하게 해야 하고, 회원의 권익에 관한 사항은 그 운영위원회와 미리 협의하여야 한다.

3) 회원제골프장의 등록 절차 : 회원제 골프장업을 등록하면 골프장의 토지 중 해당 토지 및 골프장 안의 건축물을 구분하여 등록 신청해야 한다.

 ㉠ 골프 코스(티그라운드·페어웨이·러프·해저드·그린 등을 포함)
 ㉡ 주차장 및 도로
 ㉢ 조정지(골프 코스와는 별도로 오수처리 등을 위하여 설치한 것은 제외)
 ㉣ 골프장의 운영 및 유지·관리에 활용되고 있는 조경지(골프장 조성을 위하여 산림 훼손, 농지전용 등으로 토지의 형질을 변경한 후 경관을 조성한 지역)
 ㉤ 관리시설(사무실·휴게시설·매점·창고와 그밖에 골프장 안의 모든 건축물을 포함하되, 수영장·테니스장·골프연습장·연수 시설·오수처리시설 및 태양열 이용설비 등 골프장의 용도에 직접 사용되지 아니하는 건축물은 제외) 및 그 부속 토지
 ㉥ 보수용 잔디와 묘목·화훼 재배지 등 골프장의 유지·관리를 위한 용도로 사용되는 토지

라. 체육시설업자의 기타 준수사항

1) 등록 체육시설의 등록 방법
- ㉠ 등록 체육시설업의 사업계획 승인을 받으려면 문화체육관광부령이 정한 서류를 첨부하여 관할 행정관서장에게 제출해야 하며, 2개 이상의 행정구역에 걸쳐 있는 경우 각각 제출해야 한다.
- ㉡ 등록 체육시설업은 시설 설치 전에 사업계획서를 작성하여 특별시장, 광역시장, 도지사, 특별자치도지사(시장)의 승인을 득해야 한다. 2개 이상의 시도에 걸치는 경우 부지 면적 기준 넓은 부분에 신청
- ㉢ 시·도지사 등은 사업계획을 승인하면 관할 시장, 군수, 구청장에게 통보

2) 체육시설업자의 기타 준수사항
- ㉠ 소음·진동관리법 등 개별법의 규정을 초과하는 소음·진동으로 지역주민의 주거 환경침해 금지
- ㉡ 체육시설 업소 안에서 도박이나 그 밖의 사행 행위 조장 또는 묵인 금지
- ㉢ 이용약관 등 회원 및 일반 이용자와 약정 사항 준수

3) 이용료 반환
① 일반 이용자 사정으로 체육시설을 이용할 수 없게 된 경우
- ㉠ 이용 개시일 전 : 반환금액=이용료-위약금(이용료의 1/10 해당 금액, 이하 같음)
- ㉡ 이용 개시일 후
  - 이용 기간의 경우 : 반환금액=이용료-{이용료×(경과일수/계약일 수)}-위약금
  - 이용 횟수의 경우 : 반환금액=이용료-{이용료×(경과 횟수/계약 횟수)}-위약금

② 체육시설업의 폐업, 휴업 등으로 영업을 계속할 수 없는 경우
- ㉠ 이용 개시일 전 : 반환금액=이용료+위약금(이용료의 1/10 해당 금액, 이하 같음)
- ㉡ 이용 개시일 후
  - 이용 기간의 경우 : 반환금액=이용료-{이용료×(경과일수/계약일 수)}+위약금
  - 이용 횟수의 경우 : 반환금액=이용료-{이용료×(경과 횟수/계약 횟수)}+위약금

③ 기타 : 이용료는 일반 이용자가 체육시설업자에게 낸 총금액으로, 계약금·입회금·가입비·부대시설 이용료 등 모든 금액을 말하며, 보증금은 제외한다.

바. 법률 위반에 대한 조치

1) 벌칙
① 3년 이하의 징역 또는 3천만원 이하의 벌금 부과
- ㉠ 사업계획의 승인을 받지 아니하고 등록 체육시설업의 시설을 설치한 자
- ㉡ 등록하지 않고 체육시설업의 영업을 한 자(변경등록은 제외한다.)

② 1년 이하의 징역 또는 1천만원 이하의 벌금 부과
- ㉠ 신고하지 않고 체육시설업의 영업한 자, 단 문화체육관광부령으로 정하는 소규모 업종은 제외한다.
- ㉡ 안전·위생 기준을 위반한 자
- ㉢ 영업 폐쇄 명령 또는 정지 명령을 받고 그 체육시설업(제1호에 따라 문화체육관광부령으로 정하는 소규모 업종은 제외한다.)의 영업한 자

③ 병과 : 위 ①과 ②는 병과할 수 있다.

④ 양벌규정
- ㉠ 법인의 대표자나 법인 또는 개인의 대리인, 사용인, 그 밖의 종업원이 그 법인 또는 개인의 업무에 관하여 위 1)의 벌칙을 위반한 행위를 하면 그 행위자와 법인 또는 개인에게도 벌금형을 부과
- ㉡ 법인 또는 개인이 그 위반 행위를 방지하기 위하여 해당 업무에 관하여 상당한 주의와 감독을 게을리하지 아니한 경우에는 그러하지 아니하다.

2) 과태료

① 일반기준
  ㉠ 위반 행위의 횟수에 따른 과태료의 기준은 최근 1년간 같은 행위로 과태료를 받으면 적용하며, 위반 행위에 대하여 과태료 처분을 한 날과 다시 같은 위반 행위를 적발한 날을 각각 기준으로 하여 위반 횟수 계산
  ㉡ 질서위반행위규제법 시행령 제2조의2 제1항 각호에 해당하면, 위반 행위가 사소한 부주의나 오류로 인한 것으로 인정되는 경우, 법 위반상태를 바로잡거나 해소하기 위하여 노력한 것으로 인정되는 경우, 그 밖에 위반 행위의 정도, 위반 행위의 동기와 그 결과 등을 고려하여 감경할 필요가 있다고 인정되는 경우 과태료 액수의 1/2 범위에서 감경할 수 있지만, 과태료를 체납하고 있는 경우에는 불가능하다.

② 개별기준 (단위 : 만원)

위반 행위	과태료		
	1차 위반	2차 위반	3차 위반
• 등록(변경) 미이행 영업	25	50	100
• 체육지도자 미배치	25	50	100
• 보험 미가입	25	50	100
• 신고 미이행	13	25	50
• 영업 폐쇄 또는 정지 명령 수령 후 영업	25	50	100

③ 100만원 이하의 과태료 부과
  ㉠ 시설물의 보수·보강 등 필요한 조치에 대한 이행 및 시정명령을 준수하지 아니한 체육시설의 소유자와 체육시설업자
  ㉡ 변경등록을 하지 아니하고 영업을 한 자
  ㉢ 체육지도자를 배치하지 아니하거나 체육지도자 자격이 없는 자를 배치한 자
  ㉣ 보험에 가입하지 아니한 자
  ㉤ 신고 없이 신고 체육시설업 운영을 한 자
  ㉥ 영업 폐쇄 명령 또는 정지 명령을 받고 소규모 업종의 체육시설업 영업을 한 자

④ **과태료 부과 징수** : 시·도지사, 시장·군수 또는 구청장이 부과·징수한다.

3) 사업계획 승인 취소
  ㉠ 거짓이나 그 밖의 부정한 방법으로 사업계획의 승인 또는 변경승인을 받은 경우
  ㉡ 기간 내 사업시설의 설치공사를 착수·준공하지 아니한 경우(§16 제1항)
  ㉢ 등록하지 않고 영업을 시작한 경우(법 §19 제1항 또는 제2항)
  ㉣ 사업계획의 승인을 받은 날부터 6년 이내에 그 사업시설 설치공사를 착수·준공하지 아니한 경우

4) 등록취소

① **등록취소** : 시·도지사는 등록 조건을 정당한 이유 없이 이행하지 않으면 등록취소 가능
② **처벌 기준** : 시·도지사, 특별자치도지사(시장)·시장·군수·구청장은 아래의 경우 등록취소, 영업 폐쇄 명령, 또는 6월 이내의 영업정지 가능
  ㉠ 대중골프장 조성비 예치 의무 미준수자
  ㉡ 허위 또는 부정한 방법으로 등록 또는 신고한 때
  ㉢ 변경등록 또는 신고 미이행 또는 영업정지 중 영업한 때

5) 벌금 및 양벌규정
ⓐ 사업계획 승인을 얻지 않고 체육시설을 설치하거나, 등록하지 않고 영업 : 3년 이하의 징역 또는 1천만원 이하의 벌금
ⓑ 신고하지 않고 체육시설업 영업을 하거나, 안전 및 위생 기준을 위반한 경우, 영업 폐쇄 명령 또는 정지 명령을 받고 영업 : 1년 이하의 징역 또는 3백만원 이하
ⓒ 법인의 대표, 대리인, 사용인 및 기타 종업원이 위반하면 행위자 처벌 외에 법인 또는 개인에 대해 동조의 벌금형을 과한다.

6) 행정처분
① 일반기준
ⓐ 위반 행위가 2 이상이면 중한 처분기준(중한 처분이 같으면 그중 하나만)에 의하며, 2 이상의 처분기준이 동일한 영업정지일 경우 중한 처분기준의 1/2까지 가중 처분이 가능하지만 각 처분 기간의 합산 기간을 초과할 수 없다.
ⓑ 위반 행위의 회수에 따른 행정처분 기준은 최근 1년간 같은 위반 행위로 처분을 받으면 적용하며, 개별기준에 의한 경고 또는 영업정지를 할 때 처분권자가 일정 기한 내 개선 요구하였으나 개선되지 않으면 반복 위반한 것으로 본다.
ⓒ 1년 이내 같은 내용을 5차 이상 위반하면 처분기준은 4차 위반 시 처분기준 적용, 단 영업정지는 4차 위반 시 처분기준의 2배
ⓓ 다음에서 그 처분기준의 1/2 범위 내에서 감경 가능
  ⓐ 위반 내용이 가벼워 이용자에게 미치는 피해가 적다고 인정될 때
  ⓑ 위반 행위가 고의나 중대한 과실이 아닌 사소한 부주의나 오류로 인정될 때
  ⓒ 체육시설 안전관리 포상을 받은 자가 포상일 3년 이내 영업정지를 받은 때
ⓔ 아래 개별기준은 2021. 7. 1 일부 변경 시행된 것이다.

② 개별기준
ⓐ 등록 체육시설

위반 행위	행정처분 기준			
	1차 위반	2차 위반	3차 위반	4차 위반
1) 법§4-3, 3항 위반 시설물의 보수·보강 등 필요한 조치에 대한 이행 및 시정명령의 미준수	영업정지 6개월	등록취소 또는 폐쇄 명령		
2) 법§14(대중골프장의 병설) 위반				
가) 준공기한 연기를 받고 연기된 기간 내에 준공하지 않았을 때	영업정지 10일	영업정지 1개월	영업정지 2개월	등록취소
나) 대중골프장 조성비 예치기한의 연기를 받고 그 기한 내 예치하지 않을 때	영업정지 10일	영업정지 1개월	영업정지 2개월	등록취소
3) 법§19(체육시설업의 등록) 위반				
가) 경미한 사항을 부정으로 등록한 때	경고	영업정지 10일	영업정지 1개월	영업정지 2개월
나) 중대한 사항을 부정으로 등록한 때	등록취소			
다) 변경등록을 안 하고, 기록을 변경하여 영업할 때	경고	영업정지 10일	영업정지 1개월	영업정지 2개월
4) 법§32-2 영업정지 처분을 받고 그 기간에 영업을 한때	등록취소 또는 영업 폐쇄 명령			

위반 행위	행정처분 기준			
	1차 위반	2차 위반	3차 위반	4차 위반
5) 법§30(시정명령) 위반				
가) 법§11-1의 시설기준 위반의 시정명령을 받고 이를 이행하지 않을 경우	영업정지 3일	영업정지 10일	영업정지 20일	영업정지 1개월
나) 법§12의 사업계획 변경승인 없이 시설 설치로 시정명령을 받고 이행하지 않을 경우	영업정지 10일	영업정지 1개월	영업정지 3개월	등록취소
다) 법§17의 회원모집 사항을 위반하여 시정명령을 받고 이행하지 않을 경우				
① 회원모집계획서 제출하지 않고 회원을 모집한 경우	영업정지 3일	영업정지 10일	영업정지 20일	영업정지 1개월
② 사실과 다르게 회원모집계획서를 제출하고 회원을 모집한 경우				
③ 회원모집계획서대로 모집하지 않은 경우	영업정지 3일	영업정지 10일	영업정지 20일	영업정지 1개월
④ 회원의 모집 시기, 방법, 절차를 위반한 경우				
라) 법§18의 회원 보호에 관한 사항을 위반하여 시정명령을 받고 이행하지 않을 경우				
① 회원자격 제한 기준에 해당하지 않을 때도 양도, 양수를 제한한 경우	영업정지 3일	영업정지 10일	영업정지 20일	영업정지 1개월
② 회원자격의 양도, 양수 비용을 실비 수준 이상으로 징수할 경우				
③ 회원 탈퇴자에게 입회금을 반환하지 않을 때	영업정지 10일	영업정지 1개월	영업정지 2개월	영업정지 3개월
④ 회원증 발급하지 않거나 확인, 발급 방법을 준수하지 않을 때	영업정지 3일	영업정지 10일	영업정지 20일	영업정지 1개월
⑤ 회원이 요구함에도 운영위원회를 두지 않거나 회원 권익 사항을 운영위원회와 미리 협의하지 않을 때				
마) 법§21의 회원제골프장과 병설 대중골프장을 분리 운영하지 않아 시정명령을 받고 이행하지 않을 때	경고	영업정지 10일	영업정지 1개월	영업정지 2개월
바) 법§22-1-각항 체육시설업자의 준수사항 위반으로 시정명령을 받고 이행하지 않을 때	영업정지 3일	영업정지 10일	영업정지 20일	영업정지 1개월
사) 법§24-1의 안전·위생 기준을 위반하여 시정명령을 받고 이행하지 않을 때	영업정지 10일	영업정지 1개월	영업정지 2개월	등록취소 또는 영업 폐쇄
아) 법§26의 보험 가입을 하지 않아 시정명령을 받고 이행하지 않을 때	영업정지 3일	영업정지 10일	영업정지 20일	영업정지 1개월
6) 도로교통법§53-3 어린이 통학버스에 보호자 미탑승 운행 중에 발생한 사고로 어린이가 사망 또는 불구, 불치, 난치의 질병으로 중상해를 입은 경우	영업정지 6월	영업 폐쇄 명령		

ⓒ 신고 체육시설

위반 행위	행정처분 기준			
	1차 위반	2차 위반	3차 위반	4차 위반
1) 법§4-3, 3항 위반 시설물의 보수·보강 등 필요한 조치에 대한 이행 및 시정명령의 미준수	영업정지 6개월	등록취소 또는 폐쇄 명령		
2) 법§20(체육시설업의 신고) 위반				
가) 경미한 사항을 부정으로 신고한 때	경고	영업정지 10일	영업정지 1월	영업정지 2월

위반 행위	행정처분 기준			
	1차 위반	2차 위반	3차 위반	4차 위반
나) 중대한 사항을 부정으로 신고한 때	등록취소			
다) 변경 신고를 안 하고, 기록을 변경하여 영업할 때	경고	영업정지 3일	영업정지 10일	영업정지 20일
3) 법§32-2 영업정지 처분을 받고 그 기간에 영업을 한때	영업 폐쇄 명령			
4) 법§30(시정명령) 위반				
가) 법§11-1의 시설기준 위반의 시정명령을 받고 이를 이행하지 않을 경우	영업정지 3일	영업정지 10일	영업정지 20일	영업정지 1개월
나) 법§17의 회원모집 사항을 위반하여 시정명령을 받고 이행하지 않을 경우	영업정지 10일	영업정지 1개월	영업정지 3개월	등록취소
① 회원모집계획서를 제출하지 않고 회원을 모집한 경우	영업정지 10일	영업정지 1개월	영업정지 2개월	영업정지 3개월
② 사실과 다르게 회원모집계획서를 제출하고 회원을 모집한 경우				
③ 회원모집계획서대로 모집하지 않은 경우				
④ 회원의 모집 시기, 방법, 절차를 위반한 경우	영업정지 3일	영업정지 10일	영업정지 20일	영업정지 1개월
다) 법§18의 회원 보호에 관한 사항을 위반하여 시정명령을 받고 이행하지 않을 경우				
① 회원자격 제한 기준에 해당하지 않을 때도 양도, 양수를 제한한 경우	영업정지 3일	영업정지 10일	영업정지 20일	영업정지 1개월
② 회원자격의 양도, 양수 비용을 실비 수준 이상으로 징수할 경우		영업정지 1개월	영업정지 2개월	영업정지 3개월
③ 회원 탈퇴자에게 입회금을 반환하지 않을 때				
④ 회원증 발급하지 않거나 확인, 발급 방법을 준수하지 않을 때	영업정지 3일	영업정지 10일	영업정지 20일	영업정지 1개월
⑤ 회원이 요구함에도 운영위원회를 두지 않거나 회원 권익 사항을 운영위원회와 미리 협의하지 않을 때				

참고 행정처분의 개별기준을 공부하는 방법 : 표로 구성되어 있으며, 등록·신고 체육시설업으로 구분하여 공부해야 할 내용이 많고, 구체적 수치를 외워야 하므로 공부하기 매우 까다로운 부분이다. 실기시험의 출제 범위가 아니므로 필기시험에서만 출제된다. 많은 내용을 다 외우려는 방법보다는 뒤에 나오는 문제 중심으로 공부하는 것이 훨씬 효과적이다.

사. 체육시설업 협회

㉠ 체육시설업자는 체육시설의 건전한 발전을 위해 체육시설업의 종류별 협회 설립 가능
㉡ 협회는 법인으로 하고, 정관에 따라 지회 또는 분회 설치 가능
㉢ 이 법 규정 이외는 민법 중 사단법인 규정 준용

제4장 스포츠시설 관리 운영

1. 스포츠시설 관리 운영의 이해

가. 스포츠시설 관리 운영의 개요

1) 스포츠시설 관리 운영의 개념

① 스포츠시설 관리 운영의 목표
  ㉠ 스포츠시설의 활용 극대화와 소비자 만족도를 높이기 위해 물리적 시설의 기능 유지
  ㉡ 환경을 고려하여 스포츠시설의 기능을 최대로 발휘할 수 있도록 유지, 관리하는 활동

② 스포츠시설 관리 운영의 기본원칙
  ㉠ 우수한 시설관리자 확보
  ㉡ 담당자 간 긴밀한 협조
  ㉢ 시설의 적절한 활용
  ㉣ 미사용 기간에도 적절한 관리
  ㉤ 관리기술에 대한 지속적 투자와 연구

암기 스포츠시설 관리 원칙
1. 우수한 시설관리자 확보
2. 담당자 간 긴밀한 협조
3. 시설의 적절한 활용
4. 미사용 시에도 적정 관리
5. 관리기술의 투자와 연구

2) 스포츠시설 관리 운영의 영역

① 스포츠시설 관리 운영의 분류

구분	내용
물적 관리영역	토지, 설비, 건물, 운동장, 설비, 비품과 소모품 등에 관한 관리
안전 관리영역	화재 예방, 시설이나 설비의 안전, 시설 이용자의 사고 예방 등의 관리
위생관리영역	안전 관리영역에 포함하기도 한다.
기타 관리영역	환기, 조명, 바닥재 등은 물적 관리영역이지만, 때에 따라 기타 관리영역으로 구분

② 물적 관리의 주안점
  ㉠ 비품과 비품 대장의 일치
  ㉡ 절차에 따른 사용과 정리 정돈
  ㉢ 소음, 조명 등으로 인근 주민에게 피해가 발생하지 않도록 해야 한다.
  ㉣ 시설 내 환경 미화

③ 안전관리의 주안점
  ㉠ 시설이나 설비의 징기 안 전 검사와 결과에 대한 서류 보존
  ㉡ 안 전 검사 결과 결함 혹은 결함 징후 시 신속 조치
  ㉢ 안전 사항을 이용자에게 주지
  ㉣ 안전 담당 직원 배치
  ㉤ 유사시 응급조치 시스템 확립

  참고 안전관리의 주안점 : 제3장 스포츠시설 관련 법령〉 4. 체육시설업의 안전·위생 기준과 비슷하지만 여기서는 일반적 사항이고, 앞에서는 법령 사항으로 구분될 수 있다.

3) 설치 목적에 따른 관리 운영

① 공공스포츠시설 관리 운영 주안점

구분	경영 관리적	시설 관리적
내용	• 정기적 경영진단과 평가 • 지속적 홍보방안 강구 • 민간 위탁관리의 적합성 검토	• 지역사회의 스포츠 진흥 도모 • 지역사회의 네트워크화 • 국제·전국규모의 대회 유치 • 지도자 양성과 전문인력 양성 공간화

② 민간스포츠시설 관리 운영의 주안점

구분	경영 관리적	기능 개선적
내용	• 다양한 욕구의 충족 공간화 • 스포츠참여기회 제공 • 여가선용의 기회 제공	• 지역사회의 지원 방안 강구 • 많은 사람이 참여하는 대중화 실현 • 지역 실정에 맞는 시설 • 다양한 프로그램 개설

③ **직장 스포츠시설 관리 운영의 주안점** : ㉠ 다양한 욕구의 충족 공간화 ㉡ 직장인의 참여 기회 확대 ㉢ 종업원들 간 인간관계 형성의 기회 제공

④ **학교 스포츠시설 관리 운영의 주안점** : ㉠ 체육수업의 효과적 진행 ㉡ 자율 학습 활동 공간과 신체활동의 놀이 공간화 ㉢ 교내 혹은 학교 간 경기장으로 활용 ㉣ 지역주민의 스포츠 현장이며, 건강 증진과 화합을 위한 공간화

나. 기타 스포츠시설 운영 관련 사항

1) 잔디

① 원산지에 따른 분류
  ㉠ 난지형(남방계) : 한국 잔디, 버뮤다 그래스
  ㉡ 한지형(북방계) : 켄터키 블루그래스, 크리핑 벤트그래스, 톨훼스큐

② 생육 형태에 따른 분류
  ㉠ 주형 잔디 : 톨훼스큐, 퍼레니알 라이그래스
  ㉡ 땅속줄기 잔디 : 켄터키 블루그래스
  ㉢ 포복 지하경 잔디 : 한국 잔디, 버뮤다 그래스

> **참고** 한지형 잔디-켄터키 블루그래스 : 잔디 중 잎이 가늘고 연하고, 서늘한 기후에서 생육이 왕성하고, 회복력이 빨라 골프장의 티에 사용하는 한지형 잔디는 켄터키 블루그래스이다. 필기시험에서 잔디와 관련된 문제가 출제되면 대부분 정답이 켄터키 블루그래스라고 생각해도 된다.

2) 인공해수풀 시스템
수영장 물을 인체의 체액 염분농도와 비슷한 0.4~0.6%로 만들어 전기분해를 통해 복합 살균물질인 이산화염소와 차염소산 등을 발생시키는 시스템

3) 스포츠시설의 조도

① **조도 설계 시 고려사항** : ㉠ 경제성 ㉡ 사용 목적의 명확화 ㉢ 환경적 요소 고려

② **스포츠시설의 조도 기준** : 체육시설의 설치·이용에 관한 법률에서 체육시설 내의 조도는 산업표준화법에 따른 조도 기준을 적용한다.

2. 뉴스포츠와 스포츠 프로그램

가. 뉴스포츠

1) 뉴스포츠의 이해
① **뉴스포츠의 개념** : 기존 스포츠는 대부분 세계 전체가 동일한 규칙에 따라 운영되는 데 반해 뉴스포츠는 유연한 규칙과 간편한 경기방식 적용과 참가자 특성에 맞게 운영되는 참가자 지향의 스포츠를 말한다.
② **뉴스포츠의 특징**
　㉠ 기존의 형식에 얽매이지 않고, 참가자가 중심이 되는 형태
　㉡ 참가 대상, 지역 특성에 맞도록 규칙 변경이 가능
　㉢ 간단하고 쉽게 즐길 수 있다.
③ **뉴스포츠 보급 확대 방안**
　㉠ 프로모션 수단의 다각화
　㉡ 쉽고 간단한 장비로 즐길 수 있는 프로그램 개발
　㉢ 비용 절감을 위한 사용자 중심의 규칙
　㉣ 참가자 중심 또는 지역 특성에 맞는 규칙

2) 뉴스포츠의 분류
① **수입형** : 최근 외국에서 수입된 뉴스포츠(스킨스쿠버 다이빙, 윈드서핑, 번지점프 등)
② **개량형** : 기존 스포츠를 부분적으로 개량한 뉴스포츠(족구, 바켓볼, 텐바볼, T볼 등)
③ **개발형** : 개인 또는 단체가 자체적으로 개발한 뉴스포츠
　㉠ 커롤링 : 컬링과 비슷하며, 빙상 경기가 아니고, 바퀴 달린 스톤을 표적에 가까이 붙이는 방법의 운동장 경기
　㉡ 그라운드 골프 : 골프와 게이트볼의 혼합
　㉢ 타겟버드골프 : 골프공에 배드민턴의 셔틀콕을 붙인 형태의 공을 골프 클럽으로 쳐서 바구니에 넣는 경기

나. 스포츠 프로그램

1) 스포츠 프로그램의 이해
① **스포츠 프로그램의 개념** : 스포츠 활동을 구체화하는 데 필요한 내용과 조건, 절차 등을 체계적으로 편성한 프로그램을 말하며, 스포츠시설의 성과는 시설, 지도자와 프로그램의 3요소에 의해 좌우될 만큼 프로그램이 중요하다.
② **스포츠 프로그램에 포함될 요소** : 활동 내용, 목표, 활동 대상자, 과정, 방법, 장소, 시기, 조직

2) 스포츠 프로그램의 구분
① **경기형 프로그램** : 경기를 통해 참가자의 건강과 즐거움을 느끼도록 개발된 프로그램
② **학습형 프로그램** : 기술이나 방법 등의 학습 목적으로 개발된 프로그램
③ **트레이닝형 프로그램** : 연습이나 실습을 중심으로 개발된 프로그램
④ **레크레이션형 프로그램** : 참가자 피로 해소와 즐거움을 찾을 수 있도록 개발된 프로그램

3) 스포츠 프로그램 개발
① **스포츠 프로그램 개발 절차**

❶ 욕구 조사 및 계획 → ❷ 프로그램 개발 → ❸ 프로그램 실행 → ❹ 프로그램 평가

② 스포츠 프로그램 개발을 위한 사전 평가사항
　㉠ 건강진단 : 신체의 이상과 질환 유무 검사
　㉡ 운동 검사 : 운동 형태와 강도 등에 대한 검사
　㉢ 체력검사 : 실시할 운동이 체력에 미치는 영향에 대한 검사

4) **참여자의 스포츠 프로그램 선택 시 고려사항**
　㉠ 운동 효과
　㉡ 프로그램 목표 및 일관성
　㉢ 프로그램의 실현 가능성과 실용성
　㉣ 참여자의 건강 및 체력수준

5) **스포츠 프로그램 평가**
　㉠ 스포츠 프로그램 평가의 개념 : 스포츠 프로그램의 가치나 수준을 평가하는 활동
　㉡ 스포츠 프로그램 평가의 목적 : 프로그램 개발과 개선, 존속 또는 폐지를 결정

3. 스포츠시설의 상해와 사고, 보험

가. 스포츠와 상해

1) **스포츠 상해의 이해**
① 상해의 개념 : 스포츠 활동 중 무리 또는 외부 충격으로 심신에 상처를 입는 현상
② 상해의 분류
　㉠ 돌발 사고에 의한 상해 : 태권도 등의 격투기·축구·농구 등 신체적 충돌이 잦은 종목인 등산·스키·체조 등에서 잘 발생하며 흔히 골절, 탈골, 염좌, 좌상 등으로 발생한다. 시설이나 장비의 미비, 운동기술 부족, 체력 저하 등이 원인이다.
　㉡ 무리한 운동으로 인한 상해 : 근육이나 관절을 무리하게 사용하여 생기는 상해는 체력수준보다 운동 강도가 강하거나 운동량이 많아 발생하며 주로 건염, 관절염, 골절 등이 발생한다.
③ **스포츠 상해 발생의 주요 원인** : ㉠ 운동 과다 ㉡ 잘못된 운동 방법 ㉢ 미숙한 기술과 훈련 부족 ㉣ 준비운동 부족 ㉤ 운동기구 사용 미숙

2) **스포츠 상해의 예방** : ㉠ 사전 검진 ㉡ 사전·사후에 준비운동과 정리 운동의 철저 ㉢ 체력 강화 ㉣ 장비 및 시설관리의 철저한 점검 및 이행

> **참고** 스포츠 상해
> - 분류 : 돌발 사고에 의한 상해와 무리한 운동으로 인한 상해
> - 발생원인 : 운동 과다, 잘못된 운동 방법, 미숙한 기술, 훈련 부족, 준비운동 부족
> - 예방 방법 : 사전 검진, 준비운동과 정리 운동 철저, 체력 강화, 스포츠 장비 및 시설의 점검과 관리의 철저한 이행

나. 스포츠 사고

① **스포츠 사고의 개념** : 스포츠 활동 중 예상하지 못한 일로 입은 신체적, 물질적 위해를 말하며, 스포츠 시설을 운영하면 이러한 사고에 대한 구급 대책이 필요하다.
② **스포츠 사고 구급 대책** : 스포츠시설의 관리자가 예고 없이 발생하는 사고에 대하여 응급 처치와 그 이후의 적절한 처치를 위한 대책을 미리 수립해야 한다.

③ 구급 대책 방법
  ㉠ 양호실 또는 구호실 등에서 간호사 또는 구조원의 응급 처치 준비
  ㉡ 중대 사고에 대비한 다른 구호 기관과의 긴급연락망 구성
  ㉢ 스포츠 지도자에게 구급법에 대한 지식과 기능의 교육 훈련

다. 스포츠 보험과 스포츠시설 이용자 보험

1) 스포츠 보험
① **스포츠 보험의 실정** : 현재 스포츠 전문보험 상품은 개발되지 않았다. 다만 스포츠와 관련하여 경기 중 또는 관람 중 상해가 발생할 경우를 대비해 일반 보험의 상해보험이 이용되고 있다.
② **스포츠 보험의 기능**
  ㉠ 경기 중 또는 관람 중 상해에 대한 보상 ㉡ 가계 또는 스포츠조직의 경제 활동 촉진
  ㉢ 사회 자본 형성으로 국민경제 발전기여 ㉣ 재해 예방 ㉤ 가치 보장 ㉥ 신용도 증가

2) 스포츠시설의 이용자 보험
① 보험 가입 의무
  ㉠ 체육시설업자는 당해 체육시설의 설치·운영과 관련하여 발생한 피해 보상을 위한 보험 가입 의무가 있다.
  ㉡ 소규모 체육시설업은 보험 가입 의무 면제
  ㉢ 소규모 체육시설업 : 체육도장업·골프연습장업·체력단련장업, 당구장업, 가상체험 체육시설업, 체육교습업을 설치·경영하는 자

  [암기] 보험 가입 의무 면제 체육시설업 : 〈보험면제는 체골체당체가〉이다. 체육도장업·골프연습장업·체력단련장업, 당구장업, 체육교습업, 가상체험 체육시설업으로, 비교적 영세한 업종이다.

② 보험 가입과 증명 서류 제출
  ㉠ 체육시설업자는 체육시설업을 등록(신고)일로부터 10일 이내 '자동차손해배상 보장법 시행령'에 따른 금액 이상을 보장하는 손해보험에 가입하여야 한다.
  ㉡ 보험 가입은 단체 가입도 가능하다.
  ㉢ 가입 후 바로 사실을 증명하는 서류를 등록 체육시설업자는 시·도지사·특별자치도지사·특별자치시장에게, 신고 체육시설업자는 특별자치시장·시장·군수 또는 구청장에게 제출해야 한다.

제5장 참여 스포츠 시설사업

1. 지역 특성별 스포츠시설 관리

가. 지역 특성별 스포츠시설 관리의 이해

1) 지역 특성별 스포츠시설 설치 유의사항
- ㉠ 소비자 이용 시간대 고려
- ㉡ 지역 특성에 적합한 운동 종목 선택
- ㉢ 이용고객 예측에 따른 규모의 설정
- ㉣ 부대시설과 편의시설 적정 규모 산정
- ㉤ 고객 유치를 위한 프로그램 개발

2) 스포츠시설이 지역발전에 미치는 효과
① 직접 효과 : 입장료 수입, 광고 수입, 부대시설 운영 수입
② 간접 효과 : 지역주민의 스포츠 활동을 통한 건강 증진 효과, 지역주민의 자긍심 함양, 지역개발에 이바지하는 경제적 효과

나. 도심형 및 도심 주거지형과 농어촌형 스포츠시설 관리

1) 도심형 스포츠시설 관리

① 도심형 스포츠시설의 특성
- ㉠ 고객 확보가 비교적 쉬운 장점
- ㉡ 고객 특성이 직장 남성으로 비교적 고연령층(40~50대), 고소득층
- ㉢ 고객 특정 시간대 몰림 현상(출근 시간 전 혹은 퇴근 시간 후)
- ㉣ 고객 몰림 현상으로 인해 충분한 서비스 제공이 어렵다.
- ㉤ 고객 몰림 시간대 이외에는 한산
- ㉥ 운동복 보관과 세탁을 싫어하므로 운동복 대여

② 도심형 스포츠시설의 관리 주안점
- ㉠ 도시의 환경적 특성에 맞는 시설 계획과 설치
- ㉡ 도시인 특성에 맞는 스포츠 프로그램 개발
- ㉢ 어린이와 여성, 장애인 등 사회적 소외계층에 대한 배려

③ 도심 주거지형 스포츠시설의 관리 주안점
- ㉠ 고객 특성이 30~40대의 전업주부가 주류
- ㉡ 오전 시간(9시부터 12시)대 이용고객이 많다.
- ㉢ 부대시설에서 대화할 수 있는 공간 확보와 휴게시설의 확충 필요
- ㉣ 가격 비교가 쉬우므로 가격 경쟁력이 중요
- ㉤ 단체 수강이 많으므로 이를 위한 프로그램 개발 필요

2) 농어촌형 스포츠시설 관리

① 농어촌형 스포츠시설의 특성
- ㉠ 시장이 작아 상대적으로 경쟁이 약하다.
- ㉡ 농어촌인구 감소로 고객 확보가 어렵다.
- ㉢ 직업 다양성이 부족하다.
- ㉣ 노동시간과 여가시간의 구분이 쉽지 않고, 노동시간이 길다.
- ㉤ 육체노동이 많으므로 스포츠 활동의 호응도가 비교적 낮은 편이다.
- ㉥ 소득이 낮아 고객 확보가 어렵다.

② 농어촌형 스포츠시설의 관리 주안점
  ㉠ 지역 특성에 맞는 프로그램 개발
  ㉡ 육체적 피로를 덜 수 있는 지능형 스포츠 프로그램의 개발 필요
  ㉢ 주민의 자발적 참여를 유도할 수 있는 환경과 의식이 필요
③ 농어촌형 스포츠시설의 발전 방향
  ㉠ 생활 주변에서 스포츠시설 확충 필요
  ㉡ 마을 단위별 생활 스포츠시설 필요
  ㉢ 지역 특성에 적합한 프로그램의 개발과 보급

2. 고객 유치와 관리

가. 고객관리

1) 수요예측

① **수요예측의 개념** : 특정 산업의 수요가 질적·양적 경향과 상태를 과거와 현재의 자료를 기초로 하여 예측하는 활동

② **수요예측의 방법**

구분		내용
정성적 방법 (질적 예측)	시장조사법	시장조사를 통해 예측
	자료 유추법	비슷한 제품의 자료를 분석하고, 유추하여 예측
	델파이법	전문가들의 의견 취합 예측
	집단 의견법	관련 집단(예 : 임원회의) 의견 취합 예측
	의견 종합법	판매 현장의 직원 대상으로 지역 현황을 고려하여 의견 취합 예측
정량적 방법 (양적 예측)	시계열 예측법	시간적 흐름에 따라 관찰하여 변동 등을 예측(별도 아래에 보충설명)
	인과 예측법	원인과 결과의 관계가 있는 요인분석 예측
	회귀 분석법	종속변수와 독립변수의 방정식을 통해 예측

③ **시계열 예측법의 구분**
  ㉠ 이동평균법 : 과거 일정 기간의 자료를 평균하여 미래를 예측하는 기법으로, 단순 이동평균법과 최근 자료에 가점을 주어 평가하는 가중 이동평균법으로 구분
  ㉡ 지수평활법 : 가장 가까운 자료에 높은 가중치를 부여하여 과거로 갈수록 가중치가 지수적으로 감소하는 특징
  ㉢ 추세분석법 : 일정 기간의 변화 추세를 파악하여 분석하는 방법

2) 고객 만족(CS, customer satisfaction)

① **고객 만족의 개념** : 고객 만족을 궁극적 경영목표로 정하여, 시장변화에도 안정적 수익기반을 장기·지속적 확보하려는 경영혁신기법을 말하며, management를 붙여 CSM이라고도 한다.

② **고객만족도 향상 기대 효과** : 기존고객 충성도를 높일 수 있고, 경쟁자로부터 고객을 보호하며, 미래의 거래비용을 줄일 수 있을 뿐 아니라 고객 가격 민감도를 낮출 수 있다.

3) 고객 관계관리(CRM, customer relationship management)

① **고객 관계관리의 개념** : 데이터베이스를 활용하여 고객과의 관계를 더욱 강화하는 마케팅 활동

② **고객 관계관리의 특성**
  ㉠ 신규고객 창출보다는 기존고객 충성도 확보와 반복 구매 중시
  ㉡ 핵심고객에 대한 관리를 더욱 중시

ⓒ 마케팅 중심을 교환 기능보다는 상대적 관계의 관점
　　　ⓔ 개별 마케팅보다는 유기적 관계의 관점이며, 시너지 효과 지향
　　　ⓜ 단기성 이익보다는 장기적이고 지속적인 관점을 중시
　③ 고객 관계관리의 중요성
　　　㉠ 매출 80%를 20%의 단골에서 발생(※2:8 마케팅, 파레토의 법칙)
　　　ⓛ 이탈고객 5%의 감소는 25~85%까지의 이익 증가가 가능
　　　ⓒ 신규고객을 만족시키는데 기존고객보다 5배 이상 비용 소요
　　　ⓔ 고정고객은 반복 구매는 물론 호의적 구전효과 발생
　　　ⓜ 다품종소량생산 개념의 생산방식 지향
　④ 고객 관계관리의 발전 단계 : 고객 유치단계→관계 유지단계→관계 발전 단계→상호작용단계로 발전

4) 고객 유치 및 유지관리
　① 고객 유치에 영향을 미치는 요인
　　　㉠ 동기 요인 : 콘텐츠의 매력, 경쟁요인, 경제요인, 인구통계요인, 시설요인, 홍보요인
　　　ⓛ 상황 요인 : 날씨, 업무시간과의 중복 여부, 교통편 등 상황에 따라 영향을 받는다.
　② 기존고객의 유지
　　　㉠ 기존고객 유지의 중요성 : 신규고객의 유치에 따른 비용이 많이 소요되면 단기간에 수익을 내기 어렵지만, 기간이 길어지면 고객에 대한 이해 증가와 함께 수익성 향상이 가능
　　　ⓛ 기존고객 유지의 장점 : 반복 구매와 고정 고객화가 가능, 광고 및 홍보비 절감, 매출 증대, 기존고객은 가격에 비교적 관대, 구전효과 등을 통해 신고객 유치 가능
　③ 스포츠시설의 고객 유치 방법
　　　㉠ 고객층 다양화를 위한 노력
　　　ⓛ 새로운 프로그램의 개발·운영
　　　ⓒ 고객 지불 능력을 고려한 이용요금의 책정
　　　ⓔ 기존 이용자의 구전을 통한 고객 유치

5) 전환장벽(switching barrier)
　① 전환장벽의 개념
　　　㉠ 구매자가 기존 판매자와의 관계를 끊고 다른 판매자로 바꾸기 어렵게 하는 활동
　　　ⓛ 전환장벽이 높을수록 기존고객의 유지가 수월하며, 고객의 충성도도 높아진다.
　② 전환장벽의 종류
　　　㉠ 제품이나 서비스 탐색 또는 이용에 따른 습득 비용
　　　ⓛ 제품이나 서비스 이용에 다른 금전적 위험
　　　ⓒ 제품 또는 서비스 제공자가 고객 정보를 다른 용도로 사용할 위험
　　　ⓔ 바꾼 제품이나 서비스가 기대 수준에 못 미칠 위험 등
　③ 전환장벽 설치 방법
　　　㉠ 친밀한 인간관계 형성
　　　ⓛ 차별화된 서비스
　　　ⓒ 높은 전환비용
　　　ⓔ 대안의 매력도 감소

나. 고객 상담

1) 고객 상담의 이해
① **고객 상담의 개념** : 다양한 고객의 욕구를 파악하고, 불만을 해결하며, 이를 경영에 반영하여 고객을 만족시키는 활동
② **고객 상담의 필요성**
  ㉠ 고객의 욕구 파악, 불만 사항 해결, 피해에 대한 구제
  ㉡ 고객에게 유익한 정보 제공
  ㉢ 고객을 만족시켜 경영 수익성 향상에 기여

2) 고객 상담의 구분

구분	내용
직접 상담	• 소규모 시설에서 주로 활용 • 시설 운영자가 직접 고객을 상담 • 신속한 의사결정과 고객의 의견 경영 반영이 용이 • 즉흥 대응, 감정 이입 및 형평성 문제 야기 소지
간접 상담	• 대규모 시설, 프랜차이즈 시설, 복합적 시설 등에서 주로 활용 • 전담자 또는 협력업체 활용 • 고객 대응 능력이 높고, 합리적 대응이 가능 • 결정 권한이 약하므로 책임이 불명확하고 대응 지연될 소지

3) 고객 불평 행동유형
① **고객 불평 행동유형의 개념** : 고객이 제품이나 서비스에 대해 만족하지 못했을 때 나타내는 행동의 형태
② **고객 불평 행동유형의 사례**
  ㉠ 미표현 : 표현하지 않는 경우
  ㉡ 구입 또는 이용 중지(보이콧) : 구입 또는 이용하지 않고 다른 상표로 전환
  ㉢ 구전 불평 : 아는 사람들에게 불만을 토로하고, 구입과 이용 중지 권유
  ㉣ 직접 보상 요구 : 구입처에 보상을 요구(교환, 환급, 수리 요구)
  ㉤ 제삼자를 통한 보상 요구 : 소비자 단체, 기관 또는 법원에 보상 요구

다. 스포츠시설의 서비스

1) 스포츠시설의 서비스 내용
① **물적 서비스** : 장소의 크기, 넓이, 운동기구의 다양성, 청결성(청결함, 환기 정도, 수질), 주차장, 편의 시설(매점, 휴게실, 은행), 친목 공간, 조명 등
② **인적 서비스** : 지도자의 지도 방법과 능력, 적극성, 전문성, 직원의 친절도, 고객 접대 방법
③ **시스템 서비스** : 물적, 인적 서비스를 제외한 서비스로, 프로그램 내용, 시간대, 지도자의 수, 반 편성, 간편성, 가격 지급 방법, 셔틀버스, 접근 편의성, 기타 정보 제공

2) 스포츠시설 서비스의 특징
  ㉠ 고객의 욕구 충족을 목적으로 제공된다.
  ㉡ 물적, 인적, 시스템적 서비스의 결합으로 제공된다.
  ㉢ 상품을 제공하면서 부수적으로 제공되는 지원 서비스도 있다.

3. 스포츠시설 홍보와 프로모션

가. 스포츠시설의 홍보

1) 스포츠시설의 홍보 목표 : 관련 프로그램 등의 정보 제공과 지역사회 발전에 이바지하는 공중의 이해 강화하며, 지역사회 스포츠 발전을 촉진

2) 스포츠시설의 홍보와 광고 방법

① 대규모 시설업
  - ㉠ 홍보 방법 : 보도자료 제공, 이미지 제고 방안 모색, 종업원 친절성 제고
  - ㉡ 광고 방법 : 매스컴 광고, 팸플릿 제작 배포, 이정표 광고, 포스터 제작·부착, DM 광고, 이벤트 개최, 기념품 제작 배포

② 소규모 시설업
  - ㉠ 홍보 방법 : 기존회원의 구전효과, 지역행사 활용 홍보, 지도자의 신뢰성 구축, 종업원의 친절성 제고
  - ㉡ 광고 방법 : 신문 전단 삽입 광고, 팸플릿 제작 배포, 포스터 제작 부착, 셔틀버스 광고, 간판 광고, DM 광고, 기념품 배포, 이벤트 개최

3) 스포츠시설의 프로모션

① **스포츠시설 프로모션의 개념** : 판매촉진의 여러 이론과 기법을 스포츠시설업에서 적용하여 전개하는 것을 말한다.
② **프로모션의 방법** : 이벤트 개최, 참가비 할인, 무료 이용 기회 제공, 서비스 강화, 셔틀버스 제공

나. FCB 모델

1) FCB 모델의 개념
  - ㉠ 인간의 관념 속에 존재하는 소비 행동에 대한 인식과 상품 특성을 조합하여 체계화시킨 것이다.
  - ㉡ 고가의 제품을 사면 고관여/이성적 구매를 하므로, 광고 또한 이성적이고, 고관여적 측면에서 시행해야 한다는 것을 나타내고 있다. 고가의 골프장 회원권 구매 의사를 결정하면 이성/고관여 영역이므로 광고 방법은 구체적 정보를 제시하는 것이 좋다는 것을 알 수 있다.

  참고 FCB : Foote Cone & Belding, 미국의 유명 광고회사이다.

2) FCB 모델의 소비자 행동

	고관여	
이성적	**Ⅰ공간 : 이성/고관여** • 합리성과 정보를 생각하는 소비자 • 모델 : 인지→느낌→구매 • 광고 방법 : 구체적 정보 제시 • 소비자 행동 : 합리적 소비	**Ⅱ공간 : 감성/고관여** • 감성적 느낌을 중시하는 소비자 • 모델 : 느낌→인지→구매 • 광고 방법 : 제작상의 효과 강조 • 소비자 행동 : 충동적 소비	감성적
	Ⅲ공간 : 이성/저관여 • 습관적으로 행동하는 소비자 • 모델 : 구매→인지→느낌 • 광고 방법 : 상표 상기가 중요 • 소비자 행동 : 습관적 소비	**Ⅳ공간 : 감성/저관여** • 반응이 신속한 자기만족 소비자 • 모델 : 구매→느낌→인지 • 광고 방법 : 주의를 집중시키도록 • 소비자 행동 : 문화 순응 소비	
	저관여	

제6장 관람 스포츠 시설사업

1. 관람 스포츠상품

가. 관람 스포츠상품의 이해

1) 관람 스포츠상품의 내용 : 관람 스포츠 관련 상품은 입장권, 방송중계권, 스폰서십, 인도스먼트, 선수계약, 경기장 임대, 경기장 내 임대 및 부대사업 등으로 분류할 수 있다.

2) 관람 스포츠상품의 유통
① 관람 스포츠상품의 유통경로
  ㉠ 입장권 : 스포츠조직 → 티켓 판매사 → 관중
  ㉡ 방송중계권 : 스포츠조직 → 마케팅회사 → 방송사
  ㉢ 스폰서십·라이선싱 : 스포츠조직 → 마케팅회사 → 기업
  ㉣ 마케팅 : 스포츠조직 → 마케팅회사 → 기업, 관중
  ㉤ 인도스먼트 : 선수, 팀 → 에이전트 → 기업
  ㉥ 선수계약 : 선수, 구단 → 에이전트 → 구단, 선수
  ㉦ 경기장 임대사업 : 스포츠조직, 지자체 → 에이전트 → 스포츠조직, 팀, 개인
  ㉧ 경기장 내 시설의 부대사업 : 스포츠조직 → 위탁계약자, 관리대행자 → 관중
② 관람 의사결정의 영향 요소 : 경기의 매력성, 접근성, 사용 편의성, 쾌적성, 관람 비용, 팀 지지도, 관람 촉진 요인

2. 경기장 광고와 입장권 판매

가. 경기장 광고

1) 경기장 광고의 이해
① 경기장 광고의 노출 대상 : 경기관람 관중은 물론 TV 중계 시 시청자에게 노출
② 경기장 광고와 방송 광고의 차이

	장점	단점	실례
경기장 광고	• 표적 고객에게 집중 • 광고 기피 현상의 방지 • 상대적으로 가격이 저렴	• 표현방식이 단편적	
방송 광고	• 표현방식이 다양하다. • 노출 범위가 넓다.	• 상대적 고가 • 표적 고객 집중도 미약 • 광고 기피 현상 대책 미흡	

2) 경기장 광고의 형태
① 시설 중심 : 펜스(A보드) 광고, 전광판 광고, 전광판 내용 광고, 팸플릿 광고, 입장권 광고, 경기장 바닥 광고, 애드벌룬 광고, 비행선 광고

참고 A보드 광고

참고 A보드 광고 : 경기장과 관중석을 구분하기 위해 설치하는 분리대의 광고를 말한다. 설치 위치에 따라 광고비용의 차이가 있지만, 최근에는 전광 시설을 이용한 LED 광고는 전체가 흐름 형식으로 광고하여 위치 차이가 없어졌다.

② 사람 중심 : 유니폼 광고, 진행자 의복 광고, 백드럽 광고, 홍보 광고
  참고 백드럽(backdrop) 광고 : 선수, 감독 등이 경기 후 인터뷰 공간 뒷면에 광고판을 이용하여 브랜드 등을 노출하는 경기장 광고
③ 매체 중심 : 자막 삽입 광고, 휴식 시간 광고, 가상 광고
  참고 가상(virtual) 광고 : 스포츠 경기의 중계방송 때 컴퓨터 그래픽으로 가상 이미지를 화면에 삽입하는 형태의 TV 광고이다. 우리나라는 2012년 시작하였고, 광고 대상자는 간접관람고객인 시청자이다.

참고 백드럽 광고

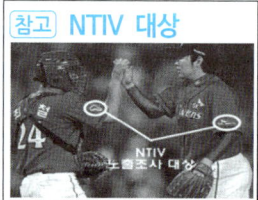
참고 가상 광고

3) **경기장 광고의 판매 방법** : 일괄 판매하는 방식과 개별 판매방식으로 구분

4) **NTIV(net television impression value)**
  ㉠ TV 중계방송에 나오는 특정 상품 광고의 노출 시간 전체를 측정하여 이를 동일한 시간대의 광고료 기준을 적용하여 계산한 금액을 나타내는 것으로, 광고 효과측정 및 경기장 광고의 가격 산정에 참고한다.
  ㉡ 전광판, A보드, 모자, 유니폼 등 다양한 형태로 노출되는 전체 시간을 적용한다.
  참고 NTIV : 이를 처음 시행한 미국 회사의 이름에서 유래되었다.

나. 입장권 판매
1) 입장권의 이해
① 입장권의 개념 : 경기관람을 위해 입장할 수 있도록 허락한 표권으로, 구단 수익의 원천이며, 경기관람 권리를 제공하며, 입장권을 광고 매체로도 활용한다.
② 입장권 종류
  ㉠ 일반 입장권 : 일반권, 시즌권, 단체권
  ㉡ 특별 입장권
    • club seat : 좌석을 업그레이드하여 안락한 관람 분위기 제공
    • suit : 벽을 설치하여 작은 공간으로 제공
    • PSL(permanent seat license, personal seat license) : 일정 기간 (주로 한 시즌) 지정석 제공

암기 **특별 입장권**
❶ Club Seat : 좌석 업그레이드
❷ Suit : 벽 설치된 작은 공간
❸ PSL : 일정 기간 지정석

2) 입장권 판매경로 다양화
① 입장권 판매방식 : 경기장 직접 판매, 예약 판매(인터넷 예매, 전화 예매, 일반 예매, 무인 예매)
② 입장권 판매경로 다양화
  ㉠ 스포츠조직의 이점 : 판매업무 효율화, 입장권 판매 증대, 판매 비용 절감
  ㉡ 구매자의 이점 : 구매 용이, 구매 소요 시간 단축, 구매 비용 절감

3) 입장권 유통 대행
① 입장권 유통 대행의 개념 : 입장권 판매를 생산자가 직접 하지 않고, 대행사에 위탁하여 운영하는 제도
② 입장권 유통대행사 선정 유의사항
  ㉠ 대행사 선정 협상 시 주도권 확보를 위해 2 이상의 대행사와 협상
  ㉡ 대행사의 대행 업무 수행에 대한 감사권 확보
  ㉢ 대행사가 소비자들에게 전가하는 비용에 대한 통제권 확보
  ㉣ 대행사 직원들이 대행 업무에 대한 이해 정도

③ 입장권 유통대행사 활용의 장단점
　㉠ 장점 : 관중의 데이터베이스 확보 가능, 입장권 판매소요 비용 경감, 관중은 원하는 좌석 지정
　㉡ 단점 : 입장료 원가 상승요인, 구단의 통제력이 약화

4) 입장권 프로모션
① 입장권 프로모션의 개념 : 입장권 판매를 촉진하기 위한 제반 활동
② 입장권 프로모션의 유형
　㉠ 가격 할인
　㉡ 경품 제공
　㉢ 콘테스트(관객의 능력 또는 기술에 따라 상품을 수여하는 형식으로, 농구의 3점 슛 게임, 축구의 페널티킥 콘테스트 등)
　㉣ 쿠폰 또는 보너스 팩 제공
③ 기타 입장권 프로모션 방법
　㉠ 팬 서비스 데이 지정
　㉡ 관계자 특별 판매
　㉢ 서포터즈 및 회원 특별 판매

5) 2차 티켓 시장
① 2차 티켓 시장의 개념 : 입장권을 예매로 보유하고 있지만 관람할 수 없는 상황이 되었을 때 다시 판매하는 것을 목적으로 형성된 시장
② 2차 티켓 시장의 특성
　㉠ 암표 거래를 방지할 수 있는 대안으로 주목받고 있다.
　㉡ 시즌 티켓 등 고가 티켓이 주요 상품이다.
　㉢ 재판매 가격은 최초 발매가격과 같지 않게 책정하는 것이 일반적이다.

다. 입장 수입의 정산과 배분
1) 정산 기준
① **경기장 사용료** : 시도별 조례에 따라 차이, 통상 15~25% 수준
② **용역비 지급** : 홍보, 안전 및 진행 등의 용역계약 후 비용 지불
③ **사용료 및 세금** : 청소, 전기, 세금 등의 실제 사용 경비 지불
④ **기타** : 시민구단일 경우 경기장 사용료 감면 혜택
　참고 **프로축구의 시민구단** : 대전시티즌, 대구FC, 인천유나이티드, 경남FC, 제주FC, 강원FC

2) 분배 기준
　㉠ 입장권 판매액 중 경기장 사용료 등 실경비 제한 나머지는 홈팀 수입
　㉡ 우리나라 프로야구는 특별하게 경비를 제한 나머지에서 원정팀에게 28%를 배정

4. 경기장 임대 및 부대사업
가. 임대사업
① **임대사업의 개념** : 스포츠시설 주체자가 수익성 향상 등을 목적으로 스포츠시설을 제삼자에게 대여하는 사업

② 임대 방법
  ㉠ 장기 임대 : 스포츠시설의 주체자가 비교적 장기간(통상 1년 이상) 제삼자에게 시설의 운영권을 임대하는 방법(프로스포츠는 구장을 대부분 장기 임대하여 사용하고 있다.)
  ㉡ 단기 임대 : 단기간(1회 사용, 1일 또는 수일간 사용) 임대하는 방법
③ 경기장 임대 시 고려사항 : 임대자의 생산원가, 임대자가 얻을 수 있는 무형의 이익, 발생 수익을 분배하는 방법

나. 부대사업

1) 부대사업의 개념
① 부대사업의 개념 : 경기장의 주목적은 경기개최이지만 수익성 향상 등을 목적으로 주된 사업에 덧붙여서 전개하는 사업
② 부대사업의 종류 : 음식점, 기념품 및 스포츠 활동 연관 제품 판매점, 주차장 관리 등은 물론 인근 상권 개발과 네이밍 라이트(Naming Rights) 등 수익성 향상을 목적으로 다양한 부대사업을 개발할 수 있다.

2) 부대사업 운영
① 부대사업 운영 방법
  ㉠ 직영방식 : 경기장 운영 주체가 직접 운영
  ㉡ 위탁 운영 방식
    • 위탁계약 방식 : 피위탁자의 명의로 운영
    • 관리대행 방식 : 시설 주체 명의(스포츠조직)로 운영하되 운영 수익에 대한 수수료 징구 방식
② 위탁계약과 관리대행의 구분
  ㉠ 위탁계약은 피위탁자 명의로 운영하고, 보증금 납부 형태로 운영된다. 관리대행은 시설 주체자 명의로 운영하되 판매에 따른 일정액의 수수료를 받는다.
  ㉡ 관리대행 방식의 수수료는 정액제와 정률제로 나눌 수 있으며, 정률제는 판매금액에 따라 일정 요율의 수수료를 받는다.
③ 관리대행 방식의 특성
  ㉠ 스포츠조직의 수익이 위탁계약방식보다 상대적으로 증가 예상
  ㉡ 부대사업 운영의 업무 간소화

다. 명칭 사용권

1) Naming Rights(명칭 사용권)의 개념
  ㉠ 특정 경기장 또는 구단 명칭을 장기적으로 임대하여 수익을 창출하는 방법
  ㉡ 경기장 등 공공스포츠시설을 중심으로 한 명칭 사용권 판매는 스포츠산업 선진국에 비하면 아직 진입 단계이며, 따라서 향후 발전 가능성이 매우 크다.

2) 국내 Naming Rights 사례
① SK 올림픽 핸드볼 경기장 : 2011년 3월 SK그룹이 핸드볼 경기장 리모델링 비용 약 430억 원을 투입하여 구장 명칭에 기업 이름을 올린 것이 국내 최초이다.
② 광주-기아 챔피언스 필드 : 2014년 1월 개장한 광주-기아 챔피언스 필드는 총공사비 994억 원 중 기아자동차(주)가 300억 원을 부담하는 대신 25년간 구장 명칭 사용권을 갖는 조건이다.
② DGB 대구은행 파크 : 2019년 3월 대구FC의 축구 전용구장이 대구광역시로부터 무상 사용권을 얻은 대구FC와 연간 15억원. 향후 10년간 연 단위로 갱신되는 구장 명칭 사용권을 얻었다.

③ **기타 여러 구장의 명칭 사용권** : 인천SK행복드림구장, KT위즈파크, 한화생명 이글스파크 등이 구장 명칭에 기업 이름을 넣었다.
④ **SK와이번스의 역명 부기권** : 프로야구 SK와이번스는 인천지하철을 운영하는 인천메트로와 계약하여 지하철 문학경기장역 이름에 'SK와이번스역' 부기 계약을 체결했다. 이는 스포츠조직(SK와이번스)이 비용을 지급한 사례이다.
⑤ **키움히어로즈의 구단 명칭 사용권** : 키움증권은 경기장이 아닌 프로야구 서울히어로즈구단 명칭을 5년간 총 500억 원에 구매하였다.

 **집필후기**

많은 분이 합격하여 스포츠경영이 더욱 발전하기를 빕니다.
필기와 실기 한꺼번에 합격하십시오.

스포츠경영의 발전 가능성은 매우 크다고 확신하면서, 이를 더욱 발전시켜 보겠다는 의무감으로 오랜 밤을 지새우고, 어려운 작업을 끝냈습니다. 교정을 볼 때마다 나오는 탈·오자는 10번 이상을 봤기에 어느 정도 자신을 갖습니다. 그러나 이런 일은 중요하지 않습니다. 아직 시험 칠 기간이 많이 남아있음에도 불구하고, 어떤 유형의 문제가, 어떤 형태로 출제될 것이라는 느낌을 만들어야 하고, 이를 책에 반영해야 하는 절차는 결코 수월하지 않았습니다.

쉽게 설명하고, 빨리 이해할 수 있도록 문제해설에 도식화·도표화를 하였고, 암기 사항을 정리하였습니다. 2005년부터 실시된 시험문제를 분석하여 해당되는 부분에 넣었기에 학습하면서 바로 출제유형을 이해하고, 출제될 예상 문제를 머릿속에 연상할 수 있도록 편집하는 등 열정을 담았습니다. 이 책의 80% 정도만 이해할 수 있다면 필기시험은 무난히 합격할 수 있을 것입니다. 다음은 실기시험의 합격입니다. 실기시험의 합격률이 저조하므로, 대부분 수험생이 겪어야 하는 애로사항이기도 합니다.

큰 노력에도 불구하고, 분량이 많은 책은 본의 아니게 오, 탈자가 나올 수 있고, 인쇄가 끝난 후 살펴보면 논리적 오류가 발생할 수 있습니다. 인쇄 후 오류가 발견되면 이를 알리는 방법은 다음카페의 스포츠경영관리사 도서 내용 수정에 이를 게시합니다. 다소 불편함이 있더라도 시험 전에 꼭 방문하여 확인하시기를 부탁드립니다.

필기시험의 합격은 물론 실기시험까지 합격하여 우리나라 스포츠의 발전과 이를 더욱 촉진하는 스포츠경영의 확산을 위해 함께 머리를 맞댈 기회가 있기를 기원합니다. 이 책으로 공부하신 많은 분의 합격 소식을 기다리겠습니다.

저자 **장승규** 드림

저자소개

장 승 규
- 동국대학교, 연세대학교 대학원, 명지대학교 대학원 졸업
- 경영학박사
- 한국경영컨설팅협동조합 이사장 근무
- 명지대학교, 서울벤처대학원대학교 교수 역임
- 현) 스포츠경영발전협의회 공동대표, 지식닷컴 집필인 대표
- 2005년 스포츠경영관리사 자격 취득
- 연락처 : 010-6291-1131 jisig@paran.com

스포츠경영관리사 합격 시리즈 ❷

2026
제21차 개정판

장 승 규 의
스포츠경영관리사
필기 문제은행

저자 경영학박사 장 승 규

수록과목
스포츠산업 · 스포츠경영 · 스포츠마케팅 · 스포츠시설

학습주안점
필기시험은 CBT(computer based test) 방식입니다.
CBT에서 높은 점수를 받는 방법은
많은 문제를 풀어보고,
문제를 풀면서 내용을 암기하는 것이
합격할 수 있는 제일 나은 방법입니다.

지 식 닷 컴
cafe.daum.net/sports31

필기와 실기 모두 70점 이상으로 합격하는

스포츠경영관리사 합격 시리즈 ❷
장승규의 스포츠경영관리사 필기 문제은행

저 자 : 장 승 규

발행 : 2025. 1. 1
인쇄 : 2025. 1. 1

발 행 인 : 손현숙
책임편집 : 정해동
편집진행 : 장인철 · 이해성 · 박찬호
발 행 사 : 지식닷컴
연 락 처 : 02-848-6865
팩   스 : 0303-0009-0000
카   페 : http://cafe.daum.net/sports31

스마트폰에서 스캐닝

국립중앙도서관
서지 정보

ISBN 979-11-91834-40-6   정가 **20,000**원
ISBN 979-11-91834-37-6(3권) 정가 **32,000**원

• 저작권법에 따라 무단으로 전재하거나 복제할 수 없습니다.
• 잘못된 책은 구입처에서 교환해 드립니다.

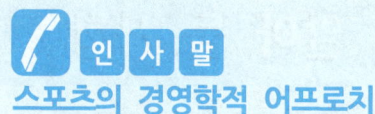
스포츠의 경영학적 어프로치

우리나라는 2018 평창동계올림픽을 비롯하여 1988 서울 하계올림픽, 2002 월드컵, 2011 대구 세계육상선수권대회 등을 이미 개최하였기에 세계적 스포츠 이벤트의 그랜드 슬램을 달성한 5번째 국가입니다. 문화와 언어가 다르고, 관습이 다르더라도 세계인들이 함께 관심을 갖고, 즐기는 것은 스포츠를 제외하고는 찾기 어려운 실정입니다. 한편 정부는 물론 지자체들도 스포츠를 통해 건강은 물론 사회적 통합과 경제 발전에 이바지하기 위해 큰 노력을 기울이고 있습니다. 이런 일들을 보다 효과적으로 전개하기 위해서는 스포츠에 경영학적 마인드의 적용이 필요합니다. 이러한 인식에서 정부도 2005년에 스포츠경영관리사 자격제도를 도입하였고, 21년이 지난 올해에도 예년과 같이 시험을 연간 3회 실시합니다.

더 많은 사람이 응시하고, 합격하여 우리나라 스포츠의 발전은 물론 스포츠경영의 확산을 통한 국가 경제 발전에 이바지한다는 마음으로 이 책을 씁니다. 첫 시험 때부터 발간된 〈스포츠경영관리사 합격 시리즈〉는 적중률이 높은 것으로, 실제보다 더 과장되어 입소문이 났습니다. 그러나 실제 자체 조사한 결과 2024년 제3회 실기시험은 20문제가 출제되었는데 모든 문제가 책에 똑같이 수록되어 있어 적중률 100%이었고, 합격률 또한 높은 수준을 달성하였습니다. 자랑을 늘어놓아 송구스러운 마음이지만 실제 책으로 공부한 후 시험을 치면 결코 과장된 것이 아니라는 것을 알 수 있을 것입니다. 응시하는 많은 사람이 합격하여 자격 취득과 더불어 스포츠경영의 확산에 이바지해 주시기 바랍니다.

이 책의 완성을 위해 많이 노력한 여러분께 감사의 말씀을 드립니다. 아울러 학습 도중에 질의 사항이 있으면 아래 연락처로 연락하십시오. 특히 다음카페에 저자가 운영하는 스포츠경영카페의 자유게시판을 이용하면 더욱 편리합니다. 공부하시는 많은 분이 합격하시길 빕니다.

2025년 1월 1일

저자 장승규 드림

바른 책의 선택이 합격의 결정적 요소

- 시리즈 제1권 스포츠경영관리사 기본 이론서 … 별책

- 시리즈 제2권 스포츠경영관리사 필기 문제은행
  - 필기 문제은행을 학습하기 전 미리 알아 두어야 할 사항 … 4
    - 1. 필기시험 간보기 … 4
    - 2. 효과적 학습법 … 5
    - 3. 책에서 사용한 기호 설명 … 6
    - 4. 장승규의 스포츠경영관리사 세트 도서 소개 … 6
  - 필기시험 과목별 문제 풀기 … 7
    - 제1과목 스포츠산업 … 7
    - 제2과목 스포츠경영 … 37
    - 제3과목 스포츠마케팅 … 73
    - 제4과목 스포츠시설 … 119

- 시리즈 제3권 스포츠경영관리사 실기 키포인트 … 별책

필기 문제은행을 학습하기 전 미리 알아 둘 사항

※ 이 내용은 시리즈 ❶의 〈기본 이론서〉에 실린 것으로, ❶의 수록 내용 중 필기 응시자를 위해 내용의 일부를 요약한 것입니다. 시리즈 ❷ 〈필기 문제은행〉만 구입하였으면 아래 URL 또는 QR 코드로 전체를 내려받아 활용하는 것이 좋습니다.
URL : https://cafe.daum.net/sports31/IQ27/1425

1. 필기시험 간보기

가. 필기시험 개요

① 필기시험의 방식
　㉠ 시험과목은 4개 과목으로, 4과목 모두 40점 이상 득점하고, 평균 60점 이상 득점해야 합격한다.
　㉡ 문제 수는 과목별 25문제에 1문제당 4점으로 계산하는 100점 만점의 4지선다형이다.
　㉢ CBT 방식은 인쇄된 시험지가 아닌 컴퓨터로 시험을 치며, 응시자 개인별 시험 일자·시간이 다르고, 출제 문항의 순서가 바뀌며, 답안을 제출하면 바로 점수를 알 수 있어, 합격 여부가 판명 난다.
　㉣ 필기시험에 합격하고 난 후의 실기시험은 PBT 방식으로, 인쇄된 시험지를 받아 답안을 적고, 제출하는 방식이다.

② 객관식 시험의 점수분포
　㉠ 스포츠경영관리사 자격시험을 포함한 절대평가 방식의 객관식 국가 자격시험 대부분은 응시자 70~80%가 커트라인 부근에 집중되는 정규분포를 이루고 있다.
　㉡ 많은 응시자가 1~2문제 또는 1~2점 차이에서 합격과 불합격이 결정되는 변수로 작용하고 있다.
　㉢ 객관식 시험의 일반적 출제유형을 이해하고, 이에 미리 대비하면 실력보다 10점을 더 받을 수 있고, 이는 합격 불합격을 결정하는 중요 요소로 작용한다.
　㉣ 공부가 충분하지 못하다고 생각될 때는 아는 문제도 더욱 신중하게 생각하여 답을 작성해야 한다.

나. 필기시험 출제유형

① **긴가민가형** : "긴가민가"란 참 또는 거짓이 분명치 않은 모양새를 나타내는 용어이다. 즉 바르게 설명된 것을 찾거나(긴가형), 틀린 것을 찾는(민가형) 유형의 문제를 말한다. "긴가형"은 '~에 대한 설명으로 옳은 것은?', '적합한 것은?', '적절한 것이 모두 묶인 것은?' 등이며, "민가형"은 '틀린 것은?', '거리가 먼 것은?', '잘못된 것이 묶인 것은?' 등이 대부분이다. 보기로 제시된 내용이 무슨 의미인지 또는 무엇을 설명하는 것인지 묻는 형태도 포함된다. 대부분 객관식 시험의 70% 정도가 이 범주에 속한다. 스포츠경영관리사 필기시험에서는 이 중 "민가형"이 60~65%, "긴가형"이 35~40% 내외로. "민가형" 문제가 오히려 더 많이 출제된다.

② **숨바꼭질형** : 핵심 용어나 숫자를 숨겨놓고, 적절한 용어 또는 수치 찾거나 혹은 적합한 현상을 찾는 유형이다. 요구하는 답을 정확하게 기억하지 못하면 헷갈리기 쉬운 지문이 제시되어 정답 찾기가 어렵다. ( ) 속에 적합한 용어 또는 숫자를 찾는 단일 형태와 (ㄱ), (ㄴ) 등 둘 이상의 지문을 보기로 제시하고 각각 적합한 용어 또는 숫자를 찾는 형태로 출제된다.

③ **기차놀이형** : 어떤 절차나 현상을 순서에 따라 바르게 나열한 것을 찾는 유형이다. 이 경우 한 가지만의 순서를 요구하기도 하고, 몇 가지 순서를 차례대로 바르게 연결된 것을 찾는 형태로도 출제된다. 이 또한 정확히 기억하지 못하면 헷갈리기 쉬운 지문이 제시된다.

④ **잡동사니형** : 잡다한 것이 뒤섞인 유형이다. 핵심 용어 또는 수치를 비틀어놓거나, 어떤 현상의 결과가 다른 요소에 미치는 영향을 찾거나, 서로 연관된 요소를 연결하는 등의 유형이다.

2. 효과적 학습법

가. 필기시험에서 능력보다 10점 더 받는 법

① **별도 노트 정리** : 공부하다 보면 반드시 암기해야 할 사항이 있기 마련이다. 이때 별도 노트에 기록하여 과목별·단원별로 정리하는 것이 좋다. 문제를 풀면서도 이를 보완하고, 정리된 노트는 시험이 임박해서 반복 학습할 때 매우 유용하게 활용할 수 있다.

② **"왜요?"와 "그렇구나!"** : 학습자들로부터 "왜 그렇지요?"라는 유형의 질문을 자주 받는다. 필기시험은 객관식으로, 주어진 지문 4개 중에서 가장 가까운 답을 찾는 방식이므로 학습 내용에 대한 이해가 어렵거나, 생각이 다르더라도 "그렇구나!"라는 긍정적 마음으로 암기하는 것이 필요하다. 어떤 경우는 정답을 암기하는 것도 효과적 방법이다.

③ **"긴가인가?", "민가인가?"** : 필기시험에서는 "긴가형"보다는 "민가형" 문제가 더 많이 출제되고 있다. 주의해야 할 사항은 "민가형" 문제를 "긴가형"으로 착각하거나, 그 반대의 경우가 발생하므로 "민가형" 문제는 잘 기억해 두어야 한다.

④ **정답을 찾기 어렵거나, 헷갈리는 문제** : 기억해 내기 쉽지 않거나, 정확한 답을 찾기 어렵거나, 헷갈리는 문제도 많이 있다. 이 경우 4개의 지문 중에서 가장 정답과 거리가 멀다고 생각되는 지문을 순서대로 제외해 나가면 나머지에서 답을 찾기가 훨씬 수월해진다.

⑤ **단정적 문장의 지문** : 단정적 표현(사례 '반드시 ~해야 한다.', '~만 그렇다.' 등) 또는 이질적 성격의 지문이 있으면 "민가형" 문제이면 정답일 가능성이 크고, "긴가형"에서는 비교적 합리적 내용이거나, 단정적 표현이 포함되지 않은 지문이 정답일 가능성이 크다.

⑥ **선택과 집중** : 모든 과목에서 높은 점수를 받을 수 있으면 좋겠지만 현실적으로 쉬운 일이 아니다. 그러므로 자신 있는 과목에서 높은 점수를 받으면 나머지 과목이 다소 부진하더라도 쉽게 합격할 수 있다. 그러므로 적합한 과목과 적합한 단원을 선택하고 집중해야 한다.

나. 필기시험의 효과적 학습법

① **공부를 처음 시작할 때** : 단원별 내용을 파악하면서 중요하다고 생각되는 부분에 대해 형광펜 등으로 표시를 한다. 완벽하게 암기하는 것보다 처음에는 전체적 흐름을 파악하는 것이 중요하다.

② **별도 노트 작성** : 기본 학습을 통해 새로운 지식을 습득하거나, 이미 알고 있는 내용이더라도 어떤 유형으로 출제되는지 알기 위해 별도 노트를 만들어 기록해야 하고, 수시로 보완해야 한다. 이는 시험이 임박했을 때 마지막 정리용으로 무척 유용하게 활용할 수 있다.

③ **문제 풀이** : 기본 이론 학습이 끝나면 제2권 필기 문제은행으로 문제를 풀어봐야 한다. 문제별로 이해되지 않는 부분이 있으면 다시 본문 내용을 찾아 이를 이해하고, 기억하도록 한다.

④ **반복 학습** : 위의 과정을 반복한다. 시험과목에 대한 기본 소양이 있으면 2번 정도, 다소 부족하면 3번 정도만 반복하면 처음 목표한 70점보다 약간 부진하더라도 충분히 합격할 수 있다.

다. 관련 자료 확인하기

① 스포츠경영관리사 자격시험 출제 기준 내려받기
  ㉠ 자료 출처 : 한국산업인력공단 홈페이지 자료실, 출제 기준
  ㉡ URL : https://vo.la/kPwOzi

② 필기시험 CBT 연습하기
  ㉠ 자료 출처 : 한국산업인력공단 CBT 안내
  ㉡ URL : https://vo.la/kPwOzi

③ 〈체육시설의 설치·운영에 관한 법률〉의 출제 다빈도 부분 암기 노트 내려받기
  ㉠ 자료 출처 : 스포츠자격시대카페
  ㉡ URL : https://vo.la/kPwOzi

④ 실기시험 기출문제로 공부하기
   ㉠ 자료 출치 : 스포츠자격시대카페
   ㉡ URL : https://cafe.daum.net/sports31/Spgv
⑤ 학점은행제 관련 내용
   ㉠ 자료 출처 : 국가평생교육진흥원
   ㉡ 학습은행제 대상 : 현재 대학 재학 중인 학생은 해당하지 않는다.
   ㉢ URL : https://www.cb.or.kr/creditbank/base/nMain.do

3. 책에서 사용한 기호 설명

기호	설명
참고 용어	내용을 이해하는데 도움을 주는 참고사항과 관련 용어에 대한 해설로, 시험에 직접 출제되지는 않지만, 내용을 이해하는 데 도움이 된다.
요점 요점	기억해야 할 이론의 요점을 정리한 것으로, 아래 그림과 같이 청색 바탕의 흰색 글씨 요점(그림 ①)은 중요한 부분이다. 회색 바탕의 검정 글씨 요점(그림 ②) 보다 출제 가능성이 높은 부분이다. 구분하는 기준은 요점 ①은 필기시험에서 자주 출제되었거나, 실기시험에도 출제되는 부분에 해당한다. 그림 ②의 요점은 필기시험에만 출제되는 내용이 대부분이다.
암기	암기해야 할 필요성이 있는 부분으로, 주로 단답이 요구되는 내용이 대부분을 차지한다.

요점 ①

고객 행동 변수와 고객 특성 변수	
고객 행동 변수	고객 특성 변수
추구하는 편익, 사용량, 상표 충성도, 가격 민감도, 사용 상황	인구 통계적 변수(나이, 가족 생활주기, 성, 소득, 직업, 교육 수준), 심리 분석적 변수(라이프스타일), 지리적 변수(지역, 도시, 인구밀도 등)

요점 ②

요점 소득 관련 스포츠 인기 종목
① 국민소득 2만불 시대 : 골프와 스키 성행
② 국민소득 3만불 시대 : 승마와 요트 성행

4. 장승규의 스포츠경영관리사 시리즈 도서 소개

가. 개별 도서

	❶ 기본 이론서	❷ 필기 문제은행	❸ 실기 키포인트
내용	스포츠경영관리사 필기와 실기의 모든 이론을 수록하였다. 쉽게 이해하고 오래 기억할 수 있다.	과목별로, 800여 문제가 실려, 출제될 수 있는 모든 문제를 수록하였다.	키포인트 방식으로 암기하기 수월하며, 2024년 3번의 시험 60문제 중 59문제가 똑같이 출제되었다.
정가	24,000원	20,000원	28,000원

나. 시리즈 도서

① 내용 : 위 3권의 책을 묶어 세트화한 것으로, 3권 모두 처음 시험이 시작된 2005년부터 올해까지 한 해도 거름 없이 개정되어 제21차 개정판입니다.
② 특장점
   ㉠ 가격은 시리즈로 구입하는 것이 훨씬 저렴합니다.
   ㉡ 필기와 실기의 기초 이론의 암기와 문제 풀이로 나누어 학습할 수 있어 효과가 매우 높습니다.
   ㉢ 특히 실기 키포인트는 실기시험 합격자 대부분이 활용한 책으로 명성이 자자합니다.
③ 시리즈 정가 : 32,000원

제1과목

스포츠산업

 세 부 목 차

제1장 스포츠산업의 개념 … 8
   1. 스포츠 제품 … 8
   2. 스포츠산업 … 11

제2장 스포츠산업의 환경 … 15
   1. 스포츠산업의 정책 … 15
   2. 스포츠산업 관련 법률 … 16
   3. 스포츠의 경제적 가치 … 21

제3장 스포츠 공급과 소비, 유통 … 22
   1. 스포츠 시장 … 22
   2. 지역사회와 스포츠 … 24
   3. 프로스포츠 … 25
   4. 스포츠 소비 … 28
   5. 스포츠 유통 … 34

제1장 스포츠산업의 개념

1. 스포츠 제품

01 관람 스포츠 제품을 구성하고 있는 요소와 가장 거리가 먼 것은?
① 선수의 능력　② 팀의 경기력
③ 팬서비스　　④ 관중

정답 ④ 해설 관중은 관람 스포츠 제품의 구성요소는 아니다.

02 스포츠 제품분류에 관한 설명으로 틀린 것은?
① Brooks의 분류에 따르면 유형의 제품, 스포츠 프로그램, 아이디어 혹은 기술 그리고 스포츠 경기로 나눠진다.
② Shank의 분류에 따르면 스포츠 이벤트, 스포츠 상품, 스포츠 스타, 스포츠산업으로 나눠진다.
③ 형태에 의한 분류는 무형의 제품과 유형의 제품으로 나눠진다.
④ 소비자의 행동에 따른 분류는 관람 스포츠 제품과 참여 스포츠 제품으로 나눠진다.

정답 ② 해설 Shank의 스포츠 제품분류는 스포츠 이벤트, 스포츠상품, 스포츠 트레이닝, 스포츠 정보로 구분하였다.

요점 **스포츠상품의 분류**
1) 학자들의 분류
① Brooks : 유형 제품, 스포츠 프로그램, 아이디어와 기술, 스포츠 경기
② Mullin : 선수 관련 상품, 팀 관련 상품, 조직 관련 상품, 시장 관련 상품
③ Shank : 스포츠 이벤트, 스포츠상품, 스포츠 트레이닝, 스포츠 정보
2) 형태에 따른 분류 : 유형상품, 무형상품
3) 소비자 참여 형태에 따른 분류 : 관람 스포츠상품, 참여 스포츠상품

요점 **관람·참여 스포츠상품의 비교**

	참여 형태	소비자 참여도	진입 장벽
관람 스포츠	관람 형태	낮다	높다
참여 스포츠	활동 형태	높다	낮다

03 참여스포츠산업과 관람스포츠산업의 비교설명으로 가장 적합한 것은?
① 소비자의 생산 관여 정도가 참여스포츠산업은 크고, 관람스포츠산업은 작다.
② 시장 형태는 두 시장이 모두 비경쟁 시장이다.
③ 고객의 구조에 있어서 참여 스포츠 시장은 복잡하지만, 관람 스포츠 시장은 단순하다.
④ 참여스포츠산업과 관람스포츠산업은 주체자에 따라 구분한다.

정답 ① 해설 참여 스포츠는 고객 관여도가 관람 스포츠에 비해 높다.

04 참여스포츠산업과 관람스포츠산업에 대한 설명으로 옳은 것은?
① 관람스포츠산업의 시장은 비경쟁 시장이다.
② 참여스포츠산업의 시장은 비경쟁 시장이다.
③ 고객 구조에 있어 참여스포츠산업 시장은 복잡하지만, 관람스포츠산업 시장은 단순하다.
④ 참여스포츠산업은 최대보다 최적 서비스 제공에 고객만족도가 높다.

정답 ④ 해설 참여 스포츠 고객은 최적의 서비스를 원한다.
참고 관람과 참여스포츠산업 모두 경쟁 시장이고, 고객 구조가 복잡하거나, 단순하지 않다.

05 관람 스포츠 시장의 특성에 대한 설명으로 틀린 것은?
① 관람 스포츠 시장의 최종 소비자는 스포츠팬을 의미한다.
② 프로구단은 관람 스포츠 시장의 공급자에 속한다.
③ 프로리그에서 팀의 승률은 관람수요를 자극하는 주요 요인으로 작용한다.
④ 일반기업은 관람 스포츠 시장의 구매집단이 아니다.

정답 ④ 해설 기업도 관람 스포츠의 고객이 될 수 있으며, 스폰서 등으로 참여하기도 한다.

06 스포츠상품에 대한 설명으로 틀린 것은?
① 스포츠상품은 여러 가격 변수들이 구성되는 경우가 많아 스포츠 수요를 제대로 분석하기 어려운 경우가 발생한다.
② 테니스라켓과 테니스공은 보완재이다.
③ 한 상품의 가격변화가 다른 상품의 수요에 영향을 미치지 않을 때는 대체재 관계이다.
④ 소비자의 소득수준이 변하더라도 수요량이 변하지 않는 재화를 중립재라고 한다.

[정답] ③ [해설] 한 재화의 가격이 상승함에 따라 다른 재화에 대한 수요가 증가하면 대체재 관계이다.

> **요점 대체재와 보완재**
> ① **대체재** : 한 재화의 가격이 변화하면 다른 재화의 수요가 변화하는 관계(야구경기 : 축구 경기)
> ② **보완재** : 같이 사용할 때 효용이 올라가는 관계 (탁구 라켓과 탁구공)

07 관람 및 참여 스포츠는 다양한 곳에서 소비되고 있다. 다음 유통경로 중 성격이 다른 것은?
① 월드컵 경기장   ② 세계육상대회 경기장
③ 회원제 스포츠 센터   ④ 프로야구 홈구장

[정답] ③ [해설] ③은 참여 스포츠 유통경로이고, 나머지는 관람 스포츠 유통경로이다.

08 스포츠소비자가 구매하는 주요 상품의 연결이 잘못된 것은?
① 팬-경기관람권
② TV 방송국-중계권
③ 기업-경기 명칭 사용권(스폰서십)
④ 스포츠 단체-로고 및 캐릭터 사용권(라이선싱)

[정답] ④ [해설] 로고와 캐릭터 사용권을 구단 또는 스포츠조직과 계약한 기업이 갖는다.

09 관람 스포츠 수요변화에 영향을 미치는 요인에 관한 설명으로 틀린 것은?
① 스포츠소비자의 소득과 여가시간은 수요변화를 일으키는 중요한 요인이다.
② 스포츠 이벤트의 수준은 관람수요의 변화에 영향을 미친다.
③ 프로리그의 팀 간 전력 차는 관람수요 변화에 영향을 미치지 않는다.
④ 유명선수의 유무는 관람수요 변화에 큰 영향을 미친다.

[정답] ③ [해설] 팀 간 전력의 차이는 관람수요에 영향을 미친다.

10 다음 전략은 스포츠 제품의 어떤 서비스적 특성을 반영한 것인가?

> - 서비스표준이 감시됨을 확신시킴
> - 사전패키지 서비스
> - 주문적인 특성의 강조
> - 품질관리를 위한 기계화 및 산업화 서비스의 고객 적응

① 무형성   ② 비분리성   ③ 이질성   ④ 소멸성

[정답] ③ [해설] 보기는 이질성의 특성이다.

> **요점 스포츠상품과 스포츠 서비스 상품의 특성**
> 1) **스포츠상품의 특성**
>   ① 유무형의 복합적 구조 ② 복합적 혜택
>   ③ 강한 주관성 ④ 세계시장 ⑤ 국위 선양
>   ⑥ 예측의 어려움 ⑦ 사회적 동질성의 표현
> 2) **스포츠 서비스 상품의 특성**
>   ① 무형성 ② 비분리성 ③ 이질성 ④ 소멸성
> ※ **스포츠상품과 서비스 상품의 차이** : 스포츠 서비스 상품은 무형상품으로, 경기와 강습 등
> [암기] 스포츠상품의 특성 : 복복주세국예동
> [암기] 스포츠 서비스 상품의 특성 : 무비이소

11 스포츠 제품의 특성이 아닌 것은?
① 무형성과 주관성   ② 비지속성과 비예측성
③ 비소멸성   ④ 생산과 소비의 동시성

[정답] ③ [해설] 스포츠 서비스 상품은 소멸성을 갖고 있다.

12 다음 전략은 스포츠 제품의 어떤 서비스적 특성을 반영한 것인가?

- 편익을 강조한다.
- 강력한 기업 이미지를 창출한다.
- 유형적 단서(tangible clues)를 강조한다.
- 상표명을 사용한다.

① 무형성 ② 비분리성 ③ 이질성 ④ 소멸성

정답 ① 해설 보기는 무형성에 대한 설명이다.

13 다음 사례는 스포츠 제품의 어떠한 특성을 고려한 전략인가?

스포츠 제품에 따라 시즌 티켓, 회원권, 예약제도 등의 전략을 사용해 수익을 창출하였다.

① 소멸성 ② 무형성 ③ 이질성 ④ 비분리성

정답 ① 해설 스포츠상품의 특성 중 소멸성을 고려하여 상품을 판매하는 전략이다.

14 스포츠산업에서 스포츠 서비스 제품의 특성과 가장 거리가 먼 것은?
① 무형성이다.
② 생산과 소비가 동시에 이루어진다.
③ 소멸성이다.
④ 생산자의 통제가 가능하다.

정답 ④ 해설 스포츠 서비스 상품은 생산자가 품질을 통제하기 어렵다.

15 스포츠산업의 생산물에 관한 설명으로 틀린 것은?
① 생산과 소비가 동시에 일어날 수 있다.
② 스포츠 정보가 포함된다.
③ 소멸성을 갖고 있다.
④ 확장제품은 경기이다.

정답 ④ 해설 스포츠 경기는 확장제품이 아니고, 핵심제품이다.

16 다음에서 설명하는 스포츠의 서비스적 특성은?

축구 경기를 관람하기 전에 경기가 어떻게 전개될지 알 수 없어서 그 경기에 참가하는 팀이나 선수가 과거에 어떻게 했었나를 생각하며 경기의 내용을 상상할 수밖에 없다.

① 무형성 ② 이질성 ③ 소멸성 ④ 비분리성

정답 ① 해설 서비스 상품은 형태가 없으므로(무형성) 서비스 내용을 추정할 수밖에 없다.

17 스포츠산업의 생산물에 관한 설명으로 틀린 것은?
① 생산과 소비가 동시에 일어날 수 있다.
② 스포츠 정보가 포함된다.
③ 소멸성을 갖고 있다.
④ 확장제품은 경기이다.

정답 ④ 해설 스포츠 경기는 확장제품이 아니고, 핵심제품이다.

18 스포츠 서비스의 특성 중 소멸성에 따른 전략이 아닌 것은?
① 예약 시스템의 도입
② 가격의 차별화
③ 시즌 티켓, 회원권의 판매
④ 새로운 서비스의 개발

정답 ④ 해설 ①, ②, ③은 상품 가치가 소멸하기 전에 판매하려는 전략이다.

19 다음 휴대폰과 축구 경기를 생산하는 과정을 비교하는 표에서 틀리게 분류한 것은?

		스마트폰	축구 경기
노동		근로자	선수, 심판
자본	중간재	칩셋, LCD	경기장
	자본재	공장, 조립 기계	축구공
생산 주체		제조회사	축구연맹, 구단
생산 동기		이윤 극대화	

① 노동 ② 자본 ③ 생산 주체 ④ 생산 동기

정답 ② 해설 축구 경기의 자본재는 경기이다.

20 스포츠 제품에 관한 설명으로 틀린 것은?
① 스포츠 제품은 유형의 재화와 무형의 서비스뿐만 아니라 아이디어, 사람 등도 포함한다.
② 특정 제품을 구매하는 고객은 제품 자체만을 구매하는 것이 아니라 그 제품이 제공하는 기본적 욕구 충족 또는 혜택을 구매하는 것이다.
③ 서비스의 특성을 보이는 경우 품질이 예측할 수 있고 일관성을 지닌다.
④ 스포츠 제품이란 경기력뿐 아니라 경기장시설, 팬서비스 등 확장제품을 포함한다.

[정답] ③ [해설] 스포츠상품의 특성은 복합성, 유행과 문화 창조, 세계시장 형성, 국위 선양, 강한 주관성, 예측의 어려움 등이다. 스포츠 서비스 상품은 예측이 어렵고, 품질이 일관적이지 않다.

2. 스포츠산업

01 다음 중 스포츠산업의 특성과 가장 거리가 먼 것은?
① 시간 소비형　② 사행성
③ 공간·입지 중시　④ 복합적 구조

[정답] ② [해설] 스포츠산업은 사행성이 아니다.

> **요점 스포츠산업의 특성**
> ① 복합적 구조　④ 소비자 접촉과 서비스
> ② 공간과 입지 중시　⑤ 감동과 건강 지향
> ③ 시간 소비산업
> [암기] 스포츠산업의 특성 : 복공시소감

02 스포츠산업의 특성 등에 관한 설명으로 틀린 것은?
① 스포츠산업진흥법에 스포츠산업의 의미를 명시하고 있다.
② 운동 및 경기용품 제조업은 3차 산업으로 분류할 수 있다.
③ 스포츠 참여 활동은 시설에 대한 의존도가 높다.
④ 스포츠산업은 소비자와 직접 접촉하는 산업이다.

[정답] ② [해설] 운동 및 경기용품 제조업은 2차 산업이다.

03 스포츠산업의 특성으로 올바르지 않은 것은?
① 스포츠용품제조업은 이차 산업으로 분류할 수 있으며, 스포츠시설운영업과 스포츠용품 유통업, 스포츠서비스업은 삼차 산업으로 분류할 수 있다.
② 시간 소비형 산업으로 스포츠 등에 소비하는 시간이 많이 늘어난 것에 기인한다.
③ 중간 소비재 및 판매 중시형 산업으로 소비자들에게 스포츠를 전달한다.
④ 감동과 건강을 주는 산업으로 스포츠에 참여함으로써 정신적 만족과 함께 육체적인 건강을 얻을 수 있다.

[정답] ③ [해설] 스포츠산업의 특성은 복합적 구조이며, 공간과 입지가 중요하며, 시간 소비형이고, 오락성과 건강을 지향하는 특성을 갖는다.

04 스포츠산업의 특징 및 구성요소에 대한 설명과 가장 거리가 먼 것은?
① 스포츠산업 진흥법상 스포츠산업은 스포츠와 관련된 재화와 서비스를 통하여 부가가치를 창출하는 산업을 말한다.
② 스포츠산업의 핵심제품은 스포츠용품을 의미한다.
③ 스포츠산업은 스포츠 정책대상으로 관리하기 적합하도록 스포츠시설업, 스포츠용품업, 스포츠서비스업으로 분류할 수 있다.
④ 스포츠산업은 참여 스포츠와 관람 스포츠로 구성된다.

[정답] ② [해설] 스포츠산업의 핵심제품은 스포츠 경기이다.

05 수요 측면의 스포츠산업 발전 배경과 가장 거리가 먼 것은?
① 건강에 관한 관심의 증대로 건강을 위해 아끼지 않는 투자
② 여가선용을 위한 스포츠시설 이용
③ 최첨단 최신 스포츠시설의 개발
④ 스포츠를 통한 친교 등 원만한 인간관계 유지

[정답] ③ [해설] 첨단 최신 스포츠시설의 개발은 스포츠산업 발전 배경과 거리가 멀다.

06 국민소득 수준 3만 달러 이상일 때, 참여 현상이 급격히 늘어나는 스포츠 종목은?
① 승마 및 요트　　② 복싱 및 볼링
③ 골프와 스키　　④ 등산 및 마라톤

정답 ① 해설 국민소득 3만 달러 시대에는 승마 및 요트 종목의 참여가 더욱 늘어난다. 승마와 요트 종목은 다른 종목보다 비용이 많이 소요되는 종목이다.

> 요점 **소득 관련 스포츠 인기 종목**
> ① 국민소득 2만불 시대 : 골프와 스키 성행
> ② 국민소득 3만불 시대 : 승마와 요트 성행

07 스포츠산업의 현황과 미래 트렌드에 관한 설명으로 틀린 것은?
① 한국 사회의 낮은 출산율은 스포츠산업의 성장에 장애 요인으로 작용할 것이다.
② 여가활동 기호의 변화는 새로운 스포츠의 등장에 영향을 미칠 것이다.
③ 한국 영화산업의 성장은 관람스포츠산업에 영향을 미치지 않는다.
④ IT산업과의 결합으로 스포츠산업의 수익모델 또한 새롭게 개발될 것으로 예상된다.

정답 ③ 해설 영화, 오락 등 엔터테인먼트 산업은 스포츠산업의 발전에 영향을 미친다.

08 스포츠 콘텐츠에 관한 설명으로 적합하지 않은 것은?
① 미디어 플랫폼이 다양화되고 발전된 기술의 새로운 미디어 환경이 조성될수록 스포츠 콘텐츠는 더욱 각광 받을 전망이다.
② 짧은 분량의 콘텐츠일수록 다양한 플랫폼의 공급에 적합하다.
③ 스포츠 콘텐츠는 다른 콘텐츠보다 맞춤형 가공이 어렵다.
④ 스포츠 콘텐츠는 뉴미디어 시대에 적합한 콘텐츠로 평가받고 있다.

정답 ③ 해설 스포츠 콘텐츠는 다른 콘텐츠보다 가공이 상대적으로 수월한 편이다.

09 한국표준산업분류에서 '스포츠 및 오락 관련 서비스업(91)에 해당하지 않는 것은?
① 스포츠서비스업
② 경기장 및 동물 경기장 운영업
③ 공연시설 운영업
④ 체력단련시설 운영업

정답 ③ 해설 공연시설 운영업은 스포츠 및 오락 관련 서비스업이 아니다.
참고 **특수산업분류** : 실기시험에도 출제되므로 다음 페이지에 나온 내용을 암기해야 한다.

10 스포츠산업의 특수분류에서 스포츠서비스업에 해당되는 업종은?
① 실내경기장 운영업　② 종합시설운영업
③ 스포츠 경기업　　　④ 낚시장 운영업

정답 ③ 해설 스포츠 경기업은 스포츠서비스업이다. 나머지는 스포츠시설업이다.

11 한국표준산업분류에서 다음이 공통적으로 해당하는 분류는?

| - 경륜장 | - 자동차경주장 |
| - 종합스포츠시설 운영업 | - 볼링장 운영업 |

① 레저 및 참여스포츠업　② 스포츠 오락업
③ 스포츠 지원업　　　　④ 스포츠서비스업

정답 ④ 해설 보기는 스포츠서비스업의 분류이다.

12 한국표준산업분류에서 골프장 및 스키장운영업에 해당하는 것을 모두 고른 것은?

> ㄱ. 골프연습장　ㄴ. 눈썰매장
> ㄷ. 숙박 시설과 결합된 스키장

① 해당 사항 없음　② ㄱ　③ ㄱ, ㄴ　④ ㄷ

정답 ① 해설 표준산업분류에서 골프장 및 스키장 운영업(9112)은 골프장 운영업(91121)과 스키장 운영업(91122)으로 나눈다. 그러므로 해당 사항이 없다.

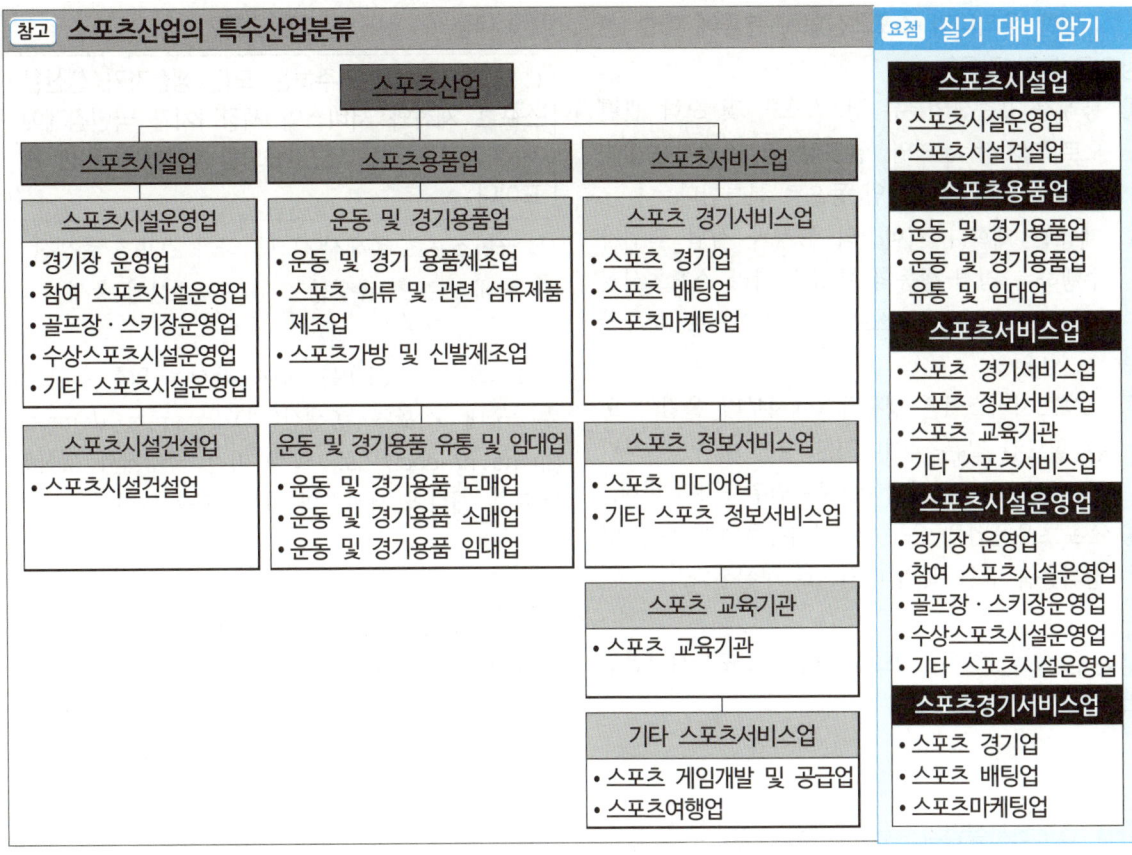

13 스포츠산업 특수분류 v3.0에서 대분류 스포츠서비스업의 중분류 항목에 해당하는 것을 모두 고른 것은?

| ㄱ. 스포츠시설 운영업 ㄴ. 스포츠 정보서비스업 |
| ㄷ. 운동 및 경기용품업 ㄹ. 스포츠 교육기관 |

① ㄱ, ㄷ ② ㄴ, ㄹ ③ ㄴ, ㄷ, ㄹ ④ ㄱ, ㄴ, ㄷ, ㄹ

[정답] ② [해설] ㄱ은 스포츠시설업, ㄷ은 스포츠용품업이다.

14 스포츠서비스업 중 스포츠 경기서비스업에 해당되는 것은?
① 스포츠 에이전트업   ② 스포츠여행업
③ 스포츠 교육기관   ④ 스포츠 신문발행업

[정답] ① [해설] 스포츠 에이전트업은 스포츠마케팅업이면서, 스포츠 경기서비스업이다.

15 구단, 경기연맹 등을 포함하는 경기업에 관한 설명으로 틀린 것은?
① 프로스포츠구단과 연맹은 생산 주체가 되어 관중 수입 증대, TV 중계료 수입 확대 등을 통해 이윤 극대화를 도모한다.
② 경기업은 스포츠산업 정책대상으로서 스포츠서비스업으로 분류된다.
③ 구단과 연맹이 생산한 프로야구경기나 프로축구 경기는 대체성이 없어 다른 산업으로 분류된다.
④ 경기업은 스포츠 제품을 생산하는 대표적 단위이다.

[정답] ③ [해설] 프로야구와 프로축구는 상호 대체성을 갖고 있다.

16 현행 우리나라 스포츠산업의 분류에 대한 설명으로 틀린 것은?
① 통계청 표준산업분류 상 스포츠 및 오락 관련으로 경기장 운영업, 골프장 및 스키장운영업, 기타 스포츠시설운영업 등으로 분류한다.
② 제공된 재화나 서비스의 특징과 사업 단위가 수행하는 경제 활동의 특성에 따라 스포츠시설업, 스포츠용품업, 스포츠서비스업으로 분류할 수 있다.
③ 스포츠서비스업은 생활체육에서부터 올림픽 또는 월드컵 같은 국제대회를 치를 수 있는 경기장 건설 및 운영업에 이르는 범위를 포함한다.
④ 스포츠용품업은 운동 및 경기용품업과 운동 및 경기용품 유통 및 임대업으로 구분된다.

[정답] ③ [해설] ③은 스포츠시설업〉스포츠시설건설업으로 분류한다.

17 스포츠시설업의 특징에 대한 설명으로 틀린 것은?
① 사업의 특성상 초기 투자비가 많음에도 불구하고 그 회수는 장기간 소요된다.
② 대규모 장치 사업으로 해당 시설이나 설비 등에 대한 지출 비중이 높다.
③ 개장 후 초기 시설계획이나 운영 컨셉의 오류 발생 시 쉽게 수정할 수 있으며, 다른 프로그램 운영을 위한 시설로의 변환이 용이하다.
④ 스포츠시설업은 초기 시설 운영에 있어서 오류가 발생하는 경우 이를 수정하기 위해 막대한 위험과 비용 지출이 수반된다.

[정답] ③ [해설] ③ 운영 컨셉 오류가 발생하면 쉽게 수정하기 어렵다.

18 다음 ( )에 알맞은 것은?

( )는 국내에 거주하는 모든 생산자가 생산한 스포츠 재화와 서비스의 시장가치가 국민경제에서 차지하고 있는 연간 규모를 파악하기 위한 지표이다.

① 국민스포츠 총생산   ② 국가 스포츠 총생산
③ 국내 스포츠 총생산   ④ 스포츠산업 총생산

[정답] ③ [해설] GDP는 국내총생산을 말한다. 보기는 국내 스포츠 총생산(GDSP, gross domestic sports product)으로, 일정 기간 국내에서 생산된 스포츠 재화와 서비스의 시장가치를 말한다.

19 다음 중 스포츠 혹은 스포츠 관련 산업에 해당하지 않는 것은?
① 피트니스클럽   ② 수영용품 만드는 회사
③ 프로축구 서포터스   ④ 골프연습장

[정답] ③ [해설] 프로축구 서포터스는 스포츠 또는 스포츠 관련 산업이 아니다.

제2장 스포츠산업의 환경

1. 스포츠산업의 정책

01 국내 스포츠용품업에 대한 정부의 지원정책에 해당하지 않는 것은?
① 스포츠용품 인증제도
② 체육시설 관련 규제 완화 등 제도개선
③ 스포츠산업박람회 개최
④ 우수체육 용구 생산업체 지정 및 기금융자 확대

[정답] ② [해설] ②는 체육시설업 지원정책이다.

02 현행 체육시설업체에 대한 기금융자 기준에 대한 설명으로 틀린 것은?
① 시설설치자금의 융자 이율은 4%이다.
② 테니스장의 신규시설 설치자금 융자한도액은 5억 원이다.
③ 수영장 개·보수자금 융자한도액은 3억원이다.
④ 회원제 등록 체육시설의 개·보수자금 융자 기간은 3년이다.

[정답] ④ [해설] 회원제 등록 체육시설은 융자 대상이 아니다.

03 다음 중 국내 스포츠용품 인증제도 사업의 구성 분야가 아닌 것은?
① 스포츠 제품의 과학적 시험을 위한 국가 공인 시험소의 설치·운영
② 스포츠산업체의 생산성 향상을 위한 ISO 인증기관 지정·운영
③ 스포츠산업 정보와 자료를 서비스하는 인증자료센터의 설립·운영
④ IT산업을 이용한 스포츠산업의 수익모델 개발·활용

[정답] ④ [해설] 스포츠용품 인증제도는 품질 인증제 운영, 시험소 운영, 해외인증 지원, 인증기준 개발 등으로 구성되어 있다.

04 정부가 추진하고 있는 생활 체육시설 조성지원사업 대상이 아닌 것은?
① 전국체전시설   ② 축구 인프라 구축
③ 생활 체육공원   ④ 국민체육센터

[정답] ① [해설] 정부가 추진하는 생활 체육시설 조성지원사업은 1) 국민체육센터 확충 2) 생활 체육공원 조성 3) 농어촌 복합체육시설 설치 4) 마을 단위 생활 체육시설 설치 5) 운동장 생활 체육시설(잔디·우레탄 체육시설) 6) 축구 인프라 구축사업 추진 7) 간이체육시설(농구장, 족구장) 8) 노인건강 체육시설 조성 등이다.

05 우리나라에서 추진 중인 체육 정책 중 '국민체력 100'에 관한 설명으로 틀린 것은?
① 체력상태를 과학적 방법으로 측정·평가하여 운동 상담 및 처방을 해주는 국민의 체육·복지 서비스이다.
② 국민체육진흥기금으로 시행되고 있다.
③ 남녀별, 나이별, 학력별로 구분하고, 각각 3개 등급의 국민 체력 인증단계가 개발되었다.
④ 신체 조성 건강 권장 범위를 청소년기, 성인기에는 체지방률과 BMI로 제시하나 노인기에는 적용되지 않는다.

[정답] ③ [해설] 성별, 나이별(청소년기, 성인기, 노인기)로 구분하지만, 학력별 구분은 하지 않는다.

06 대국민 스포츠 복지서비스인 '국민 체력 100'의 인증기준 중 청소년기의 건강 체력 항목을 모두 고른 것은?

ㄱ. 왕복 오래달리기(20m)
ㄴ. 일리노이
ㄷ. 윗몸 말아 올리기
ㄹ. 체공 시간 검사
ㅁ. 의자 앉아 3m 표적 돌아오기

① ㄱ, ㄷ ② ㄱ, ㄹ, ㅁ ③ ㄴ, ㄷ ④ ㄴ, ㄹ, ㅁ

정답 ① 해설 청소년기의 건강 체력 항목은 상대 악력, 윗몸 말아 올리기, 반복 점프, 왕복 오래달리기(20m), 트레드밀, 스텝 검사, 앉아 윗몸 앞으로 굽히기 등이다. 일리노이와 체공 시간 검사는 운동 체력 항목이다.

07 한국 스포츠산업 정책의 변천에 관한 설명으로 틀린 것은?
① 스포츠산업 정책의 본격적인 시작은 정부가 스포츠산업을 정책대상으로 파악하고, 지원한 1970년 초반부터이다.
② 1989년에는 '체육시설의 설치·이용에 관한 법률'이 제정되어 민간 체육시설업의 효율적인 관리와 체계적인 육성을 할 수 있는 기반이 마련되었다.
③ 2000년대 스포츠산업 정책은 스포츠산업 육성대책(2001), 스포츠산업 비전 2010(2005), 2009~2013 스포츠산업 중장기계획(2008)이 있다.
④ 제2차 국민체육진흥 5개년계획은 '스포츠산업'이라는 용어가 처음 사용됨으로써 스포츠를 산업적 시각에서 다룬다.

정답 ① 해설 스포츠산업을 육성하기 위한 정책은 1965년 전후에 시작하였다.

08 다음은 무엇에 관한 설명인가?

처음으로 스포츠산업이라는 용어를 사용함으로써 스포츠를 산업적 시각에서 다루었다. 민간체육시설을 적극적으로 지원하여 민간영역에서의 서비스 공급을 촉진함과 동시에 소비자를 보호하기 위한 정책 방향을 제시하였다.

① 제1차 국민체육진흥 5개년 계획
② 제2차 국민체육진흥 5개년 계획
③ 호돌이 계획
④ 스포츠산업육성 대책

정답 ② 해설 보기는 제2차 국민체육진흥 5개년 계획(1998~2002)을 말한다. 제2차 국민체육진흥 5개년 계획은 체육에서 스포츠로 바뀌고, 처음 스포츠산업이라는 용어를 사용하였다.

2. 스포츠산업 관련 법률

01 스포츠산업 진흥법상 스포츠산업진흥에 관한 기본적이고 종합적인 중·장기 기본계획에 포함되어야 할 사항이 아닌 것은?
① 해당 연도의 사업추진 방향
② 스포츠산업진흥의 기본적인 방향에 관한 사항
③ 스포츠산업 전문인력 양성에 관한 사항
④ 스포츠산업의 경쟁력 강화에 관한 사항

정답 ① 해설 스포츠산업진흥에 관한 기본계획에 해당연도 사업추진 방향은 포함되지 않는다.

02 스포츠산업 진흥법상 스포츠산업진흥에 관한 기본적이고 종합적인 중장기 진흥 기본계획에 포함되어야 하는 사항을 모두 고른 것은?

ㄱ. 스포츠산업 활성화를 위한 기반 조성에 관한 사항
ㄴ. 스포츠산업 전문인력 양성에 관한 사항
ㄷ. 스포츠산업진흥을 위한 재원확보에 관한 사항
ㄹ. 프로스포츠의 육성·지원에 관한 사항

① ㄱ, ㄴ ② ㄱ, ㄴ, ㄹ
③ ㄱ, ㄷ, ㄹ ④ ㄱ, ㄴ, ㄷ, ㄹ

정답 ④ 해설 위의 사항 모두가 포함된다.

03 스포츠산업 진흥법령 상 문화체육관광부 장관이 기본계획을 수립하기 위하여 실태조사를 시행해야 하는 범위에 해당하는 것을 모두 고른 것은?

> ㄱ. 스포츠산업 관련 사업체 수와 봉사자 수
> ㄴ. 스포츠산업의 매출액
> ㄷ. 스포츠산업의 사업 실적 및 경영 전망
> ㄹ. 스포츠산업의 인력 수급

① ㄴ, ㄹ　　② ㄱ, ㄴ, ㄷ
③ ㄱ, ㄴ, ㄹ　④ ㄱ, ㄴ, ㄷ, ㄹ

[정답] ④ [해설] 실태조사 범위는 보기 모두를 포함하며, 그 밖에 스포츠산업진흥을 위한 정책을 수립·시행하는 데 필요한 사항이 범위이다.

04 스포츠산업 진흥법령 상 (　)안에 들어갈 숫자가 옳은 것은?

> 문화체육관광부 장관은 스포츠산업진흥에 관한 기본적이고 종합적인 중장기 진흥 기본계획을 (　) 마다 수립·시행한다.

① 1년　② 3년　③ 5년　④ 10년

[정답] ③ [해설] 기본계획은 5년마다 수립·시행한다.

05 스포츠산업 진흥법령 상 문화체육관광부 장관이 스포츠산업과 관련된 연구개발을 추진하기 위한 지원·출연할 수 있는 대상으로 명시되지 않은 것은?
① 대학　　　② 지방자치단체 출연 연구원
③ 특정 연구기관　④ 정부출연 연구기관

[정답] ② [해설] 지방자치단체 출연 연구원은 지원·출연 대상이 아니다.

06 스포츠산업 진흥법상 다음은 무엇에 대한 설명인가?

> 공공 체육시설 안에 스포츠산업 관련 사업자와 그 지원시설 등을 집단으로 유치함으로써 스포츠산업을 활성화하기 위한 시설로 법률에 따라 지정된 시설물

① 스포츠산업진흥시설　② 스포츠 서비스 관련 시설
③ 스포츠용품 판매시설　④ 스포츠산업 부대시설

[정답] ① [해설] 주어진 지문은 스포츠산업진흥시설을 설명하고 있다.

07 스포츠산업 진흥법상 스포츠산업 지원센터로 지정할 수 있는 기관이 아닌 것은?
① 공공기관의 운영에 관한 법률에 따른 공공기관
② 특정연구기관 육성법에 따른 특정 연구기관
③ 고등교육법에 따른 대학
④ 국민체육진흥법에 따른 국민체육진흥공단

[정답] ① [해설] ① 공공기관은 스포츠산업 지원센터 지정 대상이 아니다.

08 스포츠산업진흥법 설명으로 틀린 것은?
① 국가 및 지방자치단체는 스포츠산업의 진흥을 위하여 필요한 시책을 수립·시행하여야 한다.
② 국가 및 지방자치단체는 스포츠산업의 진흥과 상호 협력 증진 등을 위하여 문화체육관광부 장관의 인가를 받아 업종별로 사업자단체를 설립할 수 있다.
③ 문화체육관광부 장관은 스포츠산업의 육성과 기술개발을 위하여 스포츠산업 관련 상품의 품질향상에 필요한 지원을 할 수 있다.
④ 문화체육관광부 장관은 선수의 권익을 보호하고, 스포츠산업의 건전한 발전을 위하여 공정한 영업 질서의 조성 등 필요한 시책을 세워야 한다.

[정답] ② [해설] 업종별 사업자단체는 국가 및 지방자치단체가 설립하는 것이 아니고, 스포츠산업 사업자가 문화체육관광부 장관의 인가를 받아 설립한다.

09 스포츠산업 진흥법령 상 스포츠산업 지원센터에 대한 설명으로 틀린 것은?
① 문화체육관광부 장관은 대학과 전문대학을 지원센터로 지정할 수 있다.
② 지원센터는 스포츠산업 발전을 위한 지방자치단체와의 협조에 관한 사항 등의 기능을 행한다.
③ 문화체육관광부 장관은 지원센터를 지정하려면 해당 지방자치단체의 장의 의견을 들어야 한다.
④ 문화체육관광부 장관은 스포츠 분야의 법인을 지원센터로 지정하려면 지방자치단체의 장의 의견을 들어야 한다.

정답 ④ 해설 스포츠 분야의 법인은 지정 대상이 아니다.

10 스포츠산업 진흥법령 상 스포츠산업 전문인력 양성기관의 지정기준을 모두 고른 것은?

ㄱ. 전문 교수요원을 확보하고 있을 것
ㄴ. 교육 시설 및 교육 장비를 적절하게 보유하고 있을 것
ㄷ. 운영경비 조달계획 및 지원금 사용계획이 타당할 것
ㄹ. 교육 대상별 교육과정 및 교육내용이 적절할 것

① ㄱ, ㄴ, ㄷ   ② ㄱ, ㄴ, ㄹ
③ ㄷ, ㄹ   ④ ㄱ, ㄴ, ㄷ, ㄹ

정답 ④ 해설 보기 모두가 필요하다.

11 스포츠산업 진흥법상 문화체육관광부 장관이 스포츠산업 전문인력 양성기관에 지원할 수 있는 사항이 아닌 것은?
① 전문인력 양성 교육 프로그램 운영 필요 비용
② 전문인력 양성 교육 홍보에 필요한 비용
③ 전문인력 양성 교육에 대한 조사 및 연구에 필요한 비용
④ 전문인력 양성 교육에 대한 교육자료의 개발 및 보급에 필요한 비용

정답 ② 해설 전문인력 양성 교육 홍보에 필요한 비용은 지원할 수 없으며, 주어진 지문 이외에 양성 교육 시설에 필요한 교육 장소 임대료 및 장비 구입비는 지원할 수 있다.

12 다음 ( )안에 들어갈 가장 알맞은 것은?

스포츠산업 진흥법령 상 스포츠산업진흥시설의 지정 요건으로 입주하는 스포츠사업자의 100분의 ( ) 이상이 중소기업기본법 제2조에 따른 중소기업자이어야 한다.

① 10   ② 20   ③ 30   ④ 40

정답 ③ 해설 자주 출제되므로 꼭 외워두어야 한다. 30% 이상이 중소기업자이어야 한다.

13 스포츠산업 진흥법령 상 지방자치단체의 장이 스포츠산업 전문인력 양성기관에 경비를 전부 또는 일부 보조할 수 있는 사항이 아닌 것은?
① 전문인력 양성기관 토지 구매 비용
② 교육자료의 개발 및 보급에 필요한 비용
③ 전문인력 양성 교육에 대한 조사·연구 비용
④ 전문인력 양성 교육 프로그램 운영 필요 비용

정답 ① 해설 양성기관 토지 구매 비용은 보조할 수 없다.

14 스포츠산업진흥법의 스포츠산업 지원센터의 지정, 해제에 관한 설명으로 틀린 것은?
① 스포츠산업 지원센터로 지정받으려는 기관은 문화체육관광부 장관에게 신청서를 제출하여야 한다.
② 스포츠산업 지원센터의 소재지를 변경하면 변경 지정을 받아야 한다.
③ 문화체육관광부 장관은 스포츠산업 지원센터를 지정하거나 지정을 해제하려면 미리 해당 지방자치단체장의 승인을 받아야 한다.
④ 문화체육관광부 장관은 스포츠산업 지원센터를 지정하거나 지정을 해제하였으면 이를 문화체육관광부의 인터넷 홈페이지에 공고하여야 한다.

정답 ③ 해설 문화체육관광부 장관은 지방자치단체장과 협의하여 지정 및 해제할 수 있다.

15 스포츠산업 진흥법령 상 사업자단체의 설립인가 요건은 '업종별 사업자가 ( ) 이상 참여할 것'에서 ( )에 알맞은 것은?
① 100분의 70　　② 100분의 50
③ 100분의 30　　④ 100분의 10

[정답] ② [해설] 사업자단체는 업종별 사업자가 100분의 50 이상 참여해야 한다.

16 스포츠산업 진흥법상 스포츠산업 사업자단체 설립인가신청을 하려는 자가 첨부해야 하는 서류가 아닌 것은?
① 회칙 또는 정관
② 가입 회원사 명부
③ 주요 사업계획서 및 수지계산서
④ 업무 수행에 필요한 시설, 설비, 전문인력 및 기술 능력에 관한 명세서

[정답] ④ [해설] 시설, 설비, 전문인력 및 기술 능력에 관한 명세서는 첨부하지 않는다.

17 스포츠산업진흥 법령상 사업자단체에 관한 설명으로 틀린 것은?
① 사업자단체의 설립 인가를 받으려는 자는 문화체육관광부 장관에게 설립 인가를 신청하여야 한다.
② 문화체육관광부 장관은 업종별 사업자가 100분의 25 이상 참여하였으면 설립을 인가한다.
③ 문화체육관광부 장관은 신청을 받은 날부터 30일 이내에 인가 여부를 결정하여 신청인에게 통보하여야 한다.
④ 문화체육관광부 장관은 사업자단체의 설립을 인가하였으면 문화체육관광부 인터넷 홈페이지에 그 사실을 공고하여야 한다.

[정답] ② [해설] 업종별 사업자가 100분의 50 이상 참여하였으면 설립을 인가한다.

18 스포츠산업 진흥법령 상 문화체육관광부 장관이 국내 스포츠산업의 경쟁력 강화와 스포츠산업 관련 상품의 해외시장 진출을 활성화하기 위한 지원사업을 대행하게 할 수 있는 기관 또는 단체가 아닌 것은?
① '국민체육진흥법'에 따른 서울올림픽기념국민체육진흥공단
② '한국산업인력공단법'에 따른 한국산업인력공단
③ '대한무역진흥공사법'에 따른 대한무역투자진흥공사
④ '스포츠산업진흥법'에 따른 사업자단체

[정답] ② [해설] 해외시장 진출 지원 등의 대상 기관은 서울올림픽기념국민체육진흥공단, 대한무역투자진흥공사, 사업자단체와 스포츠산업 지원센터 등이다.

19 스포츠산업 진흥법상 프로스포츠의 육성에 관한 설명으로 틀린 것은?
① 국가는 스포츠산업의 발전을 도모하고, 국민의 건전한 여가활동을 진행하기 위하여 프로스포츠 육성에 관해 필요한 시책을 강구한다.
② 지방자치단체는 공공 체육시설의 효율적인 활용과 프로스포츠의 활성화를 위하여 필요하다고 인정할 때는 공유재산을 30년 이내의 기간을 정하여 그 목적 또는 용도에 장애가 되지 아니하는 범위에서 사용·수익하게 할 수 있다.
③ 지방자치단체의 장은 공유재산을 사용·수익하게 하는 경우 해당 공유재산을 사용·수익하고자 하는 자와의 계약에 따라 사용료를 정할 수 있다.
④ 공유재산을 사용·수익하게 할 때는 해당 공유재산의 목적 또는 용도에 장애가 되지 아니하도록 사용·수익의 내용 및 조건을 부과하여야 한다.

[정답] ② [해설] ②에서 기간은 25년 이내로 정해져 있다.

20 스포츠산업 진흥법령 상 지방자치단체가 프로스포츠단 사업추진에 지원할 수 있는 경비로 명시되지 않은 것은?
① 프로스포츠단의 부대시설 구축을 위한 비용
② 각종 국내·국제 운동 경기대회의 개최비와 참가비
③ 선수양성 교육에 대한 조사·연구 비용
④ 유소년 클럽 및 스포츠 교실의 운영비

정답 ③ 해설 ③은 지원대상이 아니다.

21 스포츠산업 진흥법령 상 공유재산에 관한 설명으로 틀린 것은?
① 지방자치단체의 장은 프로스포츠단과 협의하였으면 사용·수익 허가 기간의 사용료 전부를 한꺼번에 징수할 수 있다.
② 연간 사용료는 시가를 반영한 해당 재산 평가액의 연 1만분의 20 이상의 범위에서 문화체육관광부 장관이 정한다.
③ 연간 사용료가 100만원을 초과하면 연 4회의 범위에서 나눠서 내게 할 수 있다.
④ 프로스포츠단이 해당 체육시설을 직접 수리하는 경우 사용료를 감경·면제할 수 있다.

정답 ② 해설 연간 사용료는 시가를 반영한 해당 재산 평가액의 연 1만분의 10 이상의 범위에서 문화체육관광부 장관이 정한다.

22 스포츠산업 진흥법령 상 다음 (   )에 들어갈 숫자로 옳은 것은?

> 지방자치단체의 장은 공유재산의 연간 사용료를 매년 징수한다. 지방자치단체의 장은 연간 사용료가 100만원을 초과하면 지방자치단체의 조례로 정하는 바에 따라 '공유재산 및 물품관리법'에 따른 이자를 부쳐 연 (   )회의 범위에서 나눠서 내게 할 수 있다.

① 2   ② 4   ③ 6   ④ 12

정답 ② 해설 연간 사용료가 100만원을 초과하면 지방자치단체의 조례에 따라 이자를 부쳐 연 4회의 범위에서 나눠서 내게 할 수 있다.

23 지방자치단체가 공공 체육시설의 효율적 활용과 프로스포츠의 활성화를 위해 공유재산을 25년 이내의 기간을 정하여 그 목적 또는 용도에 장애가 되지 아니하는 범위에서 사용·수익하게 할 수 있도록 한 법률은?
① 국민체육진흥법
② 체육시설의 설치·이용에 관한 법률
③ 스포츠산업진흥법
④ 공유재산 및 물품관리법

정답 ③ 해설 스포츠산업진흥법에 따라 25년 이내 임대 계약할 수 있다.

24 지방자치단체가 스포츠산업 진흥법령에 따라 프로스포츠단 사업추진에 지원할 수 있는 경비의 범위가 옳지 않은 것은?
① 유소년 클럽 및 스포츠 교실의 운영비
② 프로스포츠단의 부대시설 구축을 위한 비용
③ 각종 국내·국제 운동 경기대회의 개최비와 참가비
④ 프로스포츠단의 운영비(인건비는 제외한다.)

정답 ④ 해설 인건비를 포함한 운영비를 지원할 수 있다.

25 스포츠산업 진흥법령 상 지방자치단체 또는 공공기관이 프로스포츠단 사업추진에 지원할 수 있는 경비의 범위를 모두 고른 것은?

> ㄱ. 프로스포츠단의 운영비(인건비를 포함)
> ㄴ. 프로스포츠단의 부대시설 구축을 위한 비용
> ㄷ. 각종 국내·국제 운동 경기대회의 개최비와 참가비
> ㄹ. 유소년 클럽 및 스포츠 교실의 운영비

① ㄱ, ㄴ, ㄷ   ② ㄱ, ㄷ, ㄹ
③ ㄴ, ㄹ   ④ ㄱ, ㄴ, ㄷ, ㄹ

정답 ④ 해설 보기에 제시된 모든 내용을 지원할 수 있다. 여기서 유의할 사항은 인건비를 포함한 프로스포츠단의 운영비를 지원할 수 있다. 인건비를 제외한 운영비라고 출제되면 이는 잘못된 것이다.

26 다음 스포츠산업 관련 법령 중에서 제정일이 오래된 것에서 최근의 순서로 나열한 것은?

ㄱ. 국민체육진흥법　ㄴ. 스포츠산업진흥법
ㄷ. 생활체육진흥법　ㄹ. 바둑진흥법

① ㄱ→ㄴ→ㄷ→ㄹ　② ㄴ→ㄱ→ㄹ→ㄷ
③ ㄷ→ㄴ→ㄱ→ㄹ　④ ㄹ→ㄷ→ㄱ→ㄴ

[정답] ① [해설] 국민체육진흥법, 스포츠산업진흥법, 생활체육진흥법, 바둑진흥법 등으로 제정되었다.

[참고] 최근 스포츠 기본법이 2021.8.10 제정되어 2022.2.11부터 시행되고 있으며, 스포츠 클럽법이 2021.6.15 제정되어 2022.6.16부터 시행되고 있다.

27 스포츠 법의 기능으로 옳지 않은 것은?
① 계약당사자의 자유로운 의사에 의해 획득한 각종 권리를 보호
② 계약당사자의 실수로 인한 잘못된 계약을 보호
③ 계약당사자의 자유를 존중
④ 스포츠 환경의 모든 영역에 걸쳐 평등성 확보

[정답] ② [해설] ②를 제외한 나머지는 바르게 설명되어 있다.

28 스포츠 분야의 분쟁 해결을 촉진할 목적으로 CAS라고 명명한 중재 기관을 창설하고 CAS 앞에 당사자의 권리 보호와 CAS의 절대적인 독립을 보장할 목적으로 1994년 창립된 국제스포츠 중재기관은?
① 스포츠중재재판소　② 국제스포츠중재위원회
③ 세계스포츠분쟁처리기구　④ 국제사법재판소

[정답] ② [해설] Court of Arbitration Sport의 명칭을 묻는 문제이다. 국제스포츠중재위원회이다. 우리나라의 경우 한국스포츠중재위원회라고 한다.

3. 스포츠의 경제적 가치

01 스포츠 비즈니스 주체로서 선수가 참여하는 거래형태와 가장 거리가 먼 것은?
① 초상권　② 인도스먼트
③ 타이틀 스폰서　④ 라이선싱

[정답] ③ [해설] 타이틀 스폰서는 선수와 관련이 없다.

02 스포츠 이벤트에서 파생되는 마케팅 권리와 소유권자의 연결이 옳지 않게 짝지어진 것은?
① 방송중계권 - 팀 혹은 연맹
② 경기장 사업권 - 팀 혹은 경기장 소유자
③ 상품화 사업권 - 팀 혹은 연맹
④ 유니폼 광고권 - 선수 혹은 선수노동조합

[정답] ④ [해설] 유니폼 광고권은 팀의 권리이다.

03 스포츠조직의 자산 가치형성요인 중 시장 관련 요인에 해당하지 않는 것은?
① 감독, 선수, 팀 성적　② 팀의 연고 도시
③ 팬 지지도　④ 언론 보도 범위

[정답] ① [해설] 자산 가치 형성요인은 ① 팀 관련 요인 : 선수, 지도자, 성적 ② 조직 관련 요인 : 소속 리그, 스폰서 ③ 시장 관련 요인 : 연고지, 팬, 서포터, 언론 보도 등이다.

04 스포츠 자산(properties) 및 제품의 가치에 대한 설명으로 틀린 것은?
① 구단 가치를 결정하는 요인으로는 팀 관련 요인, 조직 관련 요인, 시장 관련 요인 등이 있다.
② 리그에 참가하는 구단 숫자가 늘어나면 선수 평균연봉이 감소한다.
③ 수요과점 시장에서 방송중계권의 가치는 종목의 인기도에 따라 가격 결정 주도권이 달라진다.
④ 마케팅 기회나 권리를 통합할 경우 가치가 올라갈 수 있다.

[정답] ② [해설] 리그의 구단 수가 늘어나면 선수의 평균연봉은 올라간다.

제3장 스포츠 공급과 소비

1. 스포츠 시장

01 참여스포츠산업의 소비시장 규모를 거시적으로 예측할 때 가장 관계가 적은 변인은?
① 1인당 소득   ② 대학진학률
③ 노동시간   ④ 고령화지수

[정답] ② [해설] 대학진학률은 참여스포츠산업의 소비시장과 관련성이 없다.

02 관람, 참여 스포츠 및 스포츠 제조품의 소매업에 있어서 고려해야 할 스포츠시설 위치의 주요 요소와 가장 거리가 먼 것은?
① 접근 가능성   ② 주차 용이성
③ 지리적 위치   ④ 기후 변화

[정답] ④ [해설] 스포츠시설의 입지 선정에 기후 변화는 관련성이 적다.

03 스포츠 시장에 제공되는 다음의 재화나 서비스 중 비즈니스 주체의 성격이 다른 하나는?
① TV 중계권   ② 선수 초상권
③ 골프장 회원권 ④ 경기관람권

[정답] ③ [해설] 골프장 회원권은 참여 스포츠이고, 나머지는 관람 스포츠로 운영된다.

04 소비자들이 스포츠 시장에 참여할 방법과 가장 거리가 먼 것은?
① 직접 스포츠에 참여하는 방법
② 경기장에 가서 스포츠를 관람하는 방법
③ 스포츠 이벤트를 텔레비전이나 라디오 등의 매체를 통해 접하는 방법
④ 스포츠용품회사를 직접 만드는 방법

[정답] ④ [해설] 거리가 먼 것은 스포츠용품회사를 설립하는 것이다.

05 관람 스포츠 시장에서 교환되는 마케팅 기회 및 권리에 관한 설명으로 틀린 것은?
① 상품화 사업권은 팀 로고를 새긴 기념품을 제조 및 유통할 수 있는 권리이다.
② 좌석 라이선스는 시즌 티켓을 구매할 수 있는 권리이며 기업과 개인이 구매한다.
③ 경기장 명칭 사용권의 주요 구매집단은 기업이다.
④ 가상 광고권은 관중 및 중계프로그램 시청자를 대상으로 노출되는 광고 권리이다.

[정답] ④ [해설] 가상 광고는 중계방송에서 그래픽으로 가상 이미지를 화면에 삽입하는 형태의 광고이다. 중계방송 시청자를 대상으로 하는 광고이다.

06 완전 경쟁적 시장모형을 전제할 때 시장균형은 스포츠 시장의 재화 간 관계에 따라 달라진다. 다음 중 재화 간의 관계가 다른 하나는?
① 테니스 코트 시장 - 풋살 코트 시장
② 배드민턴 코트 시장 - 배구코트 시장
③ 스크린골프 시장 - 골프연습장 시장
④ 요가 레슨 시장 - 필라테스 레슨 시장

[정답] ③ [해설] ③은 경쟁재, 나머지는 대체재이다.

07 스포츠 수요 결정요인을 모두 고른 것은?

| ㄱ. 스포츠 활동에 드는 비용 |
| ㄴ. 소비자의 소득수준 |
| ㄷ. 관련 재화 가격 |
| ㄹ. 소비자 취미와 선호 |

① ㄱ,ㄴ,ㄷ ② ㄱ,ㄴ,ㄹ ③ ㄴ,ㄹ ④ ㄱ,ㄴ,ㄷ,ㄹ

[정답] ④ [해설] 보기에 제시된 모두가 스포츠 수요의 결정요인에 해당한다.

08 경기장 사업의 가치사슬에 대한 설명과 가장 거리가 먼 것은?
① 경기장 사업 가치사슬에는 경기장의 단기 계약자는 포함되지 않는다.
② 경기장 사업의 가치는 기본적으로 관중 규모에서 비롯된다.
③ 스포츠 미디어는 경기장 사업 가치를 높이는 주요 요인으로 작용한다.
④ 후원 기업이나 광고주는 경기장 사업 가치사슬에 속한다.

정답 ① 해설 경기장의 단기 계약도 가치사슬에 포함된다.

요점 가치사슬
① 주된 활동 : 투입 물류, 제조조립, 산출 물류, 마케팅, A/S
② 지원 활동 : 인프라스트럭처, 인적자원관리, 기술개발, 요소 획득
③ 주된 활동 : 투입 물류, 제조조립, 산출 물류, 마케팅, A/S

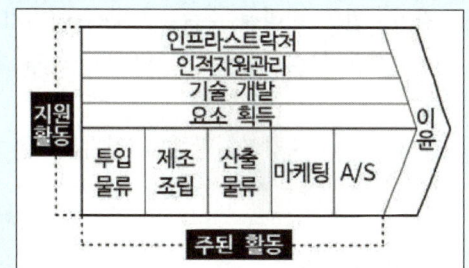

암기 가치사슬 지원 활동은 인인기요(인프라스트럭처, 인적자원관리, 기술 발, 요소 획득)이고, 주된 활동은 투제산마아(투입 물류, 제조조립, 산출 물류, 마케팅, A/S이다.

09 관람스포츠산업에서 경기장 사업의 가치사슬에 대한 설명과 가장 거리가 먼 것은?
① 팬과 관중 규모는 경기장 사업 가치사슬의 핵심이다.
② 미디어의 관심은 경기장 사업의 가치를 높일 수 있다.
③ 다용도 시설은 경기장 사업의 가치와는 무관하다.
④ 인구구단의 장기 이주는 경기장 사업의 가치를 높이는 역할을 한다.

정답 ③ 해설 다용도 시설도 경기장 사업의 가치사슬과 연관되어 있다.

10 포터(M. E. Porter)의 가치사슬 모형에서 기업의 본원적 활동이 아닌 것은?
① 원부자재 구매 활동 ② 서비스 활동
③ 인적자원관리 활동 ④ 물류 활동

정답 ③ 해설 인프라스트럭처, 인적자원관리, 기술개발, 요소 획득이 지원 활동이다.

11 가치사슬 측면에서 경기장 사업의 구조에 관한 설명으로 틀린 것은?
① 매점사업의 가치는 경기장을 찾는 관중 규모에 따라 정해진다.
② 경기장 광고의 가치는 중계방송 여부에 따라 달라지지 않는다.
③ 프로 경기를 생산하는 프로구단이 경기장 사업의 가치를 형성하는 핵심이다.
④ 경기장을 소유한 자치단체는 경기장 사업에서 발생하는 가치의 수혜자다.

정답 ② 해설 중계방송이 있으면 경기장 광고의 가치는 많이 늘어난다.

12 경기장시설의 가치는 경기장 가치사슬에 포함된 각 집단의 특성에 따라 달라진다. 경기장 사업의 가치사슬에 관한 설명으로 틀린 것은?
① 경기장에서 열리는 스포츠 이벤트 관중 수는 경기장 사업의 가치를 결정하는 중요한 요소이다.
② 경기장에 입주한 구단의 인기도는 경기장 사업의 가치를 결정하는 핵심 요소이다.
③ 단기 이벤트는 경기장 업의 가치사슬 선상에 있지 않다.
④ 미디어는 경기장 사업의 가치를 결정하는 중요한 요소이다.

정답 ③ 해설 가치사슬이란 조직이 부가가치를 생성하는 과정을 나타내는 것으로, 주된 활동과 지원 활동으로 구분한다. 단기 이벤트도 가치사슬에 포함된다.

13 경기장 사업의 가치사슬에 대한 설명과 가장 거리가 먼 것은?
① 팬과 관중 규모는 경기장 사업 가치사슬의 핵심이다.
② 인기구단의 장기 입주는 경기장 사업의 가치를 높이는 역할을 한다.
③ 다용도 시설은 경기장 사업 가치와 무관하다.
④ 미디어의 관심은 경기장 사업의 가치를 높일 수 있다.

[정답] ③ [해설] 다용도 시설도 가치사슬에 포함된다.

14 경기장 사업의 가치사슬에 대한 설명과 가장 거리가 먼 것은?
① 관람객 수가 경기장 광고 가격을 결정한다.
② 경기장 소유주와 총괄관리사업주는 분리될 수도 있고, 같을 수도 있다.
③ 매점사업자가 사업권의 구매가격을 결정할 때 가장 중요시하는 요인은 광고주와 기업고객이다.
④ 경기장의 장기 입주자인 프로구단의 명성은 경기장 사업의 가치 결정요인이 될 수 있다.

[정답] ③ [해설] 매점사업자 사업권 구매가격의 중요 요인은 관람객 수이다.

15 스포츠 제품 가치사슬의 사고방식에 대한 설명과 가장 거리가 먼 것은?
① 스포츠 제품의 가치사슬은 개별 사업에 대해서가 아니라 기업 전체에 대해서 정의된 것이다.
② 스포츠 제품의 가치사슬은 제품이나 서비스가 고객에게 제공될 때까지의 내부과정을 우위성 구축의 차원에서 생각한다.
③ 제품이나 재료의 구매에서부터 제조, 물류, 판매, 마케팅, 서비스에 부가가치가 더해진 것을 말한다.
④ 스포츠 제품의 가치사슬은 부가가치 활동의 관점으로부터 우위성 원천을 찾는 것이 필요하다.

[정답] ① [해설] 가치사슬 이론은 제품의 가치형성 과정을 설명하는 것으로, 기업 전체의 가치사슬을 파악하는 것이 아니다.

2. 지역사회와 스포츠

01 세계 각국의 정부와 자치단체가 스포츠 이벤트 유치에 적극적인 이유에 관한 설명으로 가장 적합하지 않은 것은?
① 지역경제 활성화가 주요 이유이다.
② 국가와 도시 이미지 제고에 기여하기 때문이다.
③ 개최도시 홍보로 인한 파급 효과를 기대하기 때문이다.
④ 지역주민의 심리적 소득만을 기대하기 때문이다.

[정답] ④ [해설] 문제에서 '~만을' 등을 사용한 한정적 지문이 정답일 가능성이 크다. 지방자치단체가 주민의 심리적 소득만을 기대하는 것은 아니다.

02 스포츠 비즈니스에서 경기장시설에 대한 투자자 역할을 하는 자치단체가 이를 통해 얻고자 하는 효용과 가장 거리가 먼 것은?
① 지역주민의 심리적 소득 ② 도시 이미지 강화
③ 지역경제 활성화 ④ 국가 균형 발전

[정답] ④ [해설] 지방자치단체의 경기장시설 투자의 기대 효과는 ④와 거리가 멀다.

03 지방자치단체가 경기장을 프로팀에게 저렴하게 임대하였다면 그 이유에 관한 설명으로 가장 적합한 것은?
① 향후 임대가격의 대폭 상승을 고려한 유인가격으로 사용한 것이다.
② 구단의 로비 때문에 지자체가 세금으로 프로스포츠팀을 보조한 것이다.
③ 프로팀의 경기개최로 발생하는 외부자금의 유입량이 경기장 건설비를 충당하고도 남기 때문이다.
④ 구단의 독점력을 억제하기 위해 개입한 것이다.

[정답] ③ [해설] 경기개최로 인해 발생하는 자금 유입이 경기장 건설비 및 관리비 등을 충당하고도 남기 때문이다.

04 프로스포츠와 지방자치단체와의 관련성에 대한 설명으로 옳지 않은 것은?
① 해당 지역 내에 프로스포츠 경기가 개최되면 외부로부터 관광 수입을 얻을 수 있다.
② 경제적 효과는 관중 입장 수입, 프로팀 지역 내 소비지출, 원정팀 소비지출 등이 있다.
③ 특정 지역에 기반을 둔 프로스포츠의 프랜차이즈 제도는 국내에서 실현되고 있지 않다.
④ 경제적인 효과 외에 비경제적인 효과로 지역 연대성 강화 효과가 있다.

[정답] ③ [해설] 특정 지역에 기반을 둔 프로스포츠 프랜차이즈 제도는 국내에 도입되어 있다.

05 골프연습장의 수요와 공급 곡선이 아래 그림과 같을 때의 설명으로 틀린 것은?(단위 : 천원)

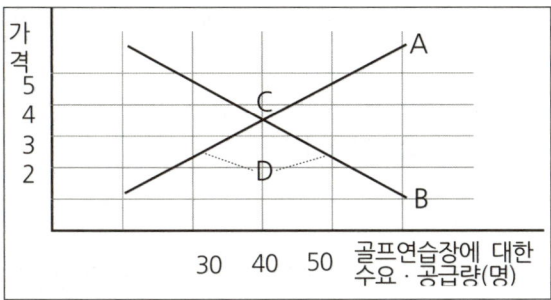

① A는 골프연습장의 공급 곡선이다.
② B는 골프연습장 소비자의 수요곡선이다.
③ C는 수요곡선과 공급 곡선이 만나는 균형점이며, 균형가격은 4,000원이다.
④ D는 초과공급을 나타내며 시간이 지남에 따라 가격은 균형가격 아래로 하락할 것을 알 수 있다.

[정답] ④ [해설] D는 초과수요와 초과공급을 나타내고 있다.

06 스포츠 시장에서 거래되는 X재에 대해 시장 균형가격보다 낮은 수준에서 가격 상한제를 시행하였다. 이로 인해 나타날 수 있는 일반적인 현상으로 옳은 것을 모두 고른 것은(단, 스포츠 시장은 완전 경쟁 시장이고, X재는 수요와 공급의 법칙을 따른다.)?

> ㄱ. X재의 품귀현상이 일어난다.
> ㄴ. X재의 암시장이 발생할 수 있다.
> ㄷ. X재의 공급과잉이 발생한다.
> ㄹ. X재의 품질이 좋아진다.

① ㄱ, ㄴ ② ㄴ, ㄷ ③ ㄷ, ㄹ ④ ㄱ, ㄴ, ㄷ, ㄹ

[정답] ① [해설] 가격 상한제를 시행하면 상품 품귀현상과 더불어 암시장이 형성될 수 있다.

3. 프로스포츠

01 프로스포츠 리그에 영향을 미치는 위협요인에 관한 설명으로 틀린 것은?
① 영화산업의 발전은 관람스포츠산업의 강력한 위협요인이 된다.
② 스포츠 콘텐츠 유통업체가 소수 기업에 의해 지배될 때 위협요인이 될 수 있다.
③ 리그 내 경쟁구단의 존재는 흥행사업의 강력한 위협요인으로 작용한다.
④ 스포츠마케팅 대상인 구매자의 힘이 위협요인으로 작용할 수 있다.

[정답] ③ [해설] 리그 내의 경쟁구단의 존재는 흥행의 기회 요인으로 작용한다.

02 스포츠구단이나 연맹이 소유한 권리와 재원의 교환에 관한 설명으로 틀린 것은?
① 간접수입에 해당하는 구단 자산 가치 상승으로 인한 수입은 구단매각 시 발생한다.
② 방송중계권 수입은 콘텐츠 수요에 좌우된다.
③ 식음료 판매 수입은 관중 수와 구매력이 좌우한다.
④ 직접 수입원에 속하는 광고 수입은 미디어 노출과는 무관하다.

[정답] ④ [해설] 광고 수입은 미디어 노출 여부에 따라 많은 영향을 받는다.

03 다음 중 국내 프로야구단이 다음 시즌의 경영환경 분석을 위해 구단경영에 영향을 미치는 요인 분석 결과로 적합하지 않은 판단은?
① 팀 간 전력 차이가 심해 흥행에 차질이 생길 수 있다.
② 신규구단의 증설로 리그 소속 선수의 평균연봉이 낮아질 가능성이 있다.
③ 경기회복으로 스폰서십 수입이 증가할 수 있다.
④ 연맹이 FA 제도 도입을 결정해 선수연봉 인상이 우려된다.

[정답] ② [해설] 프로야구단의 경영환경분석에서 구단의 신설로 인한 리그 소속 선수의 평균연봉이 낮아질 가능성은 적다. 구단 신설은 평균 선수연봉이 높아진다.

04 프로리그에서 연맹과 구단의 관계와 리그사업의 특성에 대한 설명으로 틀린 것은?
① 프로리그 사업은 일종의 프랜차이즈 사업 유형이다.
② 프로연맹의 의사결정은 구단 최고경영자로 구성된 기구를 거친다.
③ 선수 평가 업무는 구단 고유 업무에 속하지만, 연맹 차원의 제도에 영향을 받는다.
④ 프로구단의 연고지 변경은 연맹의 제약 없이 구단이 독자적으로 결정한다.

[정답] ④ [해설] 구단이 임의로 연고지를 변경하지는 못한다.

05 프로 경기의 생산에 영향을 미치는 요인에 관한 설명으로 틀린 것은?
① 국내 선수의 외국 리그 진출 규제 완화는 국내 프로구단의 비용증가를 유발한다.
② 보류시스템은 선수 시장을 통제하는 리그 차원의 제도이다.
③ 리그 소속 수의 제한은 연봉 인상을 유발하는 요인이 될 수 있다.
④ 경쟁리그의 등장은 수요공급의 전체적으로 선수연봉 인상의 요인으로 작용할 수 있다.

[정답] ③ [해설] 리그 소속 수의 제한은 연봉 인상을 유발하는 요인이 아니다.

06 선수 시장에 영향을 미치는 요인에 관한 설명으로 틀린 것은?
① 선수에이전트의 진입 장벽 완화는 선수 가치를 올리는 계기가 된다.
② 유소년 스포츠 인구의 증가는 프로선수의 공급량 감소로 이어질 수 있다.
③ 동일 종목에서 경쟁리그의 등장은 선수연봉 인상을 일으킨다.
④ 종목 간의 선수 평균연봉 격차는 선수 피라미드의 하부에 영향을 미친다.

[정답] ② [해설] 유소년 스포츠 인구의 증가는 프로선수 공급이 증가할 수 있다.

07 프로스포츠 생산의 기본요소 중 가장 중심이 되는 요인은?
① 경기 ② 연맹 행정 ③ 기업 후원 ④ 자원봉사자

[정답] ① [해설] 프로스포츠 생산의 가장 기본이 되는 요소는 경기이다.

08 프로스포츠에서 스타 플레이어에게 고액의 연봉을 지급하는 이유와 가장 거리가 먼 것은?
① 스타 플레이어의 대체재가 없으므로
② 스타 플레이어로 인해 규모의 경제가 실현되기 때문에
③ 스타 플레이어가 팀 수입에 기여하는 한계수입 생산이 높기 때문에
④ 스타 플레이어가 제공하는 사회적 가치가 다른 직업보다 높게 평가되기 때문에

[정답] ④ [해설] ④ 사회적 가치가 다른 직업보다 높게 평가되는 것은 이유가 아니다.

09 프로리그가 안정적으로 운영되기 위한 적정 구단 수를 판단하는 기준과 가장 거리가 먼 것은?
① 일정 규모 이상의 주민이 거주하는 연고지를 기준으로 결정되어야 한다.
② 아마추어 선수의 저변을 고려해 결정해야 한다.
③ 지리적으로 균등하게 분포시키는 방안이 고려되어야 한다.
④ 최소인구의 연고지에서 흑자 운영되는 도시가 기준이 되어야 한다.

[정답] ④ [해설] ④번은 옳은 설명이 아니다.

> [요점] **프로스포츠의 적정 구단 산정 기준**
> ① 일정 규모 이상 주민 거주의 연고지
> ② 아마추어 선수의 저변
> ③ 지리적 균등 분포 고려

10 일반적으로 프로리그 연맹은 리그에 가입하는 회원구단의 숫자를 제한하는 경향이 있다. 그 이유와 가장 거리가 먼 것은?
① 구단의 희소성을 유지하여 리그 가치를 높이기 위해 신규구단의 가입을 제한한다.
② 리그 수입의 분배금을 기존 구단들이 많이 배당받기 위해 제한한다.
③ 선수 확보를 용이하게 하기 위해서 구단 숫자를 제한한다.
④ 리그의 효율적인 프로모션을 위해 제한한다.

[정답] ④ [해설] 리그의 효율적 프로모션을 위해 제한하는 것은 아니다.

11 이윤 극대화를 추구하는 프로리그에서 새로운 팀의 진입이나 적정 팀 수를 결정할 때 고려하는 요인이 아닌 것은?
① 입장 수입을 포함한 경기장 수입 등 구단 유지에 필요한 수입 확보 가능성
② 프로급 선수공급 가능성
③ 연고지의 인구 규모
④ 현재 구단의 지역별 구단 안배 비율

[정답] ④ [해설] ④도 고려사항으로 볼 수 있지만 주어진 지문에서 가장 거리가 멀다.

12 다음 중 국내 프로스포츠산업 환경이라 볼 수 없는 것은?
① 프로스포츠 육성을 위한 정부 정책이 스포츠산업진흥법으로 규정되어 있다.
② 프로야구는 올림픽 금메달에 힘입어 관람 스포츠 인구가 증가하고 있다.
③ 미국 스포츠 세계화 정책에 의해 국내 스포츠가 위협받고 있다.
④ 프로구단의 연고지별 경기장 임대가 1, 2년 단기에 묶어 시설투자가 어렵다.

[정답] ④ [해설] 프로구단의 경기장은 스포츠산업진흥법에 따라 임대 기간이 25년 이내로 정해져 있으므로 단기간이 아니다.

13 프로야구가 흑자전환을 위해서는 관중 증대가 우선 사업이라 할 수 있다. 아래의 사업 중 관중 증대를 위한 사업과 가장 거리가 먼 것은?
① 마케팅 권리의 통합화   ② 프로모션
③ 서비스 갭(Gap) 개선   ④ 시설확보

[정답] ① [해설] 프로모션, 서비스의 갭 개선, 시설확보 등은 관중 증대에 영향을 미친다.

14 프로리그에서 신생팀이 리그에 새로 가입하면 창단 가입금을 받는 이유와 가장 거리가 먼 것은?
① 기존 팀의 입장 수입 감소를 초래할 수 있기 때문이다.
② 방송중계권 수입의 분배금액이 줄어들기 때문이다.
③ 구단이 늘어나면 경기장 수요가 늘어 자치단체와의 임대 협상에서 불리해지기 때문이다.
④ 리그의 가치 훼손 위험에 대한 대가이다.

[정답] ④ [해설] ④를 제외한 나머지는 바르게 설명되었다.
[참고] 비슷한 유형으로, '리그 소속 구단들이 많아지면 전력 차가 확대되어 관중의 흥미도가 떨어지기 때문이다.'라는 오답이 출제될 수도 있다.

15 선수 시장에서 프로선수의 몸값에 영향을 미치는 요인을 모두 고른 것은?

> ㄱ. 동일 종목의 경쟁리그
> ㄴ. 아마추어 선수의 저변
> ㄷ. 프로구단의 수
> ㄹ. 리그가 채택한 선수 영입 관련 제도
> ㅁ. 선수 개인의 차별성(경기력, 외모 등)

① ㄱ, ㄴ, ㄷ
② ㄴ, ㄹ, ㅁ
③ ㄱ, ㄷ, ㄹ, ㅁ
④ ㄱ, ㄴ, ㄷ, ㄹ, ㅁ

[정답] ④ [해설] 보기에 제시된 내용은 모두 영향요인에 해당한다.

16 스포츠 비즈니스 관점에서 볼 때 한국 및 미국 프로야구리그가 채택하고 있는 포스트 시즌 제도와 유럽축구에서 채택하고 있는 승강제도가 가진 공통점은?
① 흥행을 위해 팀 간 전력 균형을 유지하는 역할
② 구단 간의 빈부격차를 줄여 주는 역할
③ 선수 시장의 안정을 위한 역할
④ 리그 종반 이탈하기 쉬운 팬들의 관심을 유지하는 역할

[정답] ④ [해설] 승강제는 리그가 장기간 지속하면서 관중의 관심이 이완되는 현상을 예방하며, 하위 팀에게 마지막까지 최선을 다하도록 강구하는 역할을 한다. 포스트 시즌 제도 또한 같은 역할을 한다.

17 2018 러시아 월드컵 경기에 도입된 VAR에 대한 설명으로 틀린 것은?
① 주심의 판단보다 우선시 된다.
② 감독이나 선수는 판독을 요청할 수 없다.
③ 득점 장면, PK 선언 등 한정적 경우에만 판독을 요청할 수 있다.
④ 심판의 판정시비 논란을 줄여 경기 몰입도를 높이기 위해 도입되었다.

[정답] ① [해설] ①은 주심의 판단이 우선시 된다.
[참고] ② 국내 프로야구는 감독이 심판에게 VAR을 신청할 수 있지만, FIFA의 VAR은 그렇지 않고, 주심의 재량으로 판단한다.

4. 스포츠 소비

01 스포츠소비자의 개인적 특성을 나타내는 기준이 아닌 것은?
① 인구통계학적 요인
② 심리 묘사적 요인
③ 행동 분석적 요인
④ 정신분석적 요인

[정답] ④ [해설] 스포츠소비자의 개인적 특성 분류에 정신분석적 요인으로 분류하지 않는다.

02 스포츠 소비의 특성에 관한 설명으로 틀린 것은?
① 스포츠 소비는 운동용품 소비, 스포츠시설 서비스 지출, 운동경기 관람료 등으로 나누어 볼 수 있다.
② 스포츠 소비의 내부 구성 중 스포츠용품과 시설 서비스 교섭은 직접 스포츠참가로 파생된 소비이다.
③ 관람료는 간접적 스포츠 참여에 대응되는 소비이다.
④ 스포츠시설 서비스 이용료와 운동경기 관람료는 재화의 구입에 든 비용이다.

[정답] ④ [해설] 서비스 이용료와 관람료는 재화의 구입이 아니고, 서비스를 이용한 지출이다.

03 다음 중 스포츠 소비에 대한 정의로 가장 옳은 것은?
① 스포츠에 관한 관심과 욕구와 관계된 국가 경제 계획
② 스포츠에 대한 욕구를 만족시키기 위한 관련 상품 또는 서비스의 소모
③ 스포츠에 대한 욕구를 만족시키기 위한 관련 상품 또는 서비스의 창출, 교환 과정
④ 스포츠에 대한 욕구를 만족시키기 위한 관련 상품 또는 서비스의 전달

[정답] ② [해설] 스포츠 소비는 스포츠와 관련된 욕구를 충족시키는 제품이나 서비스를 구입 혹은 이용하기 위해 재화를 소모하는 경제적 활동이다.

04 스포츠소비자를 참여 형태에 따라 분류할 때 그 유형이 아닌 것은?
① 참여 스포츠소비자 ② 매체 스포츠소비자
③ 다량 스포츠소비자 ④ 관람 스포츠소비자

[정답] ③ [해설] 다량 스포츠소비자는 참여 형태에 따른 분류 방법이 아니다.

05 스포츠 시장에서 생산 주체로부터 소비자가 구입하는 상품을 바르게 연결한 것은?
① 팬-로고 및 캐릭터 사용권
② 기업-경기 명칭 사용권
③ TV 방송국-스폰서십
④ 경기연맹-경기(입장권)

[정답] ② [해설] ① 로고와 캐릭터 사용권은 기업 ③ 방송국은 중계권 ④ 입장권은 구단 권한이다.

06 스포츠소비자의 스포츠 참여 형태에 포함되지 않는 것은?
① 인지적 참여 ② 정서적 참여
③ 창조적 참여 ④ 행동적 참여

[정답] ③ [해설] 스포츠 참여 형태는 행동적, 인지적, 정서적 참여 등이다.

07 스포츠소비자의 구매 의사결정과정에 포함되지 않는 것은?
① 정보탐색   ② 대안 평가와 탐색
③ 구매   ④ 보증성

[정답] ④ [해설] 구매 의사결정과정은 문제 인식→정보탐색→대안 평가와 선택→구매→구매 후 행동이다.

08 다음 중 스포츠소비자의 일반적인 구매 의사결정과정을 바르게 나열한 것은?

> ㄱ. 문제 인식 ㄴ. 정보탐색 ㄷ. 구매 후 행동
> ㄹ. 대안에 대한 평가와 선택 ㅁ. 구매

① ㄱ→ㄴ→ㄹ→ㅁ→ㄷ ② ㄴ→ㄱ→ㅁ→ㄷ→ㄹ
③ ㅁ→ㄷ→ㄱ→ㄴ→ㄹ ④ ㄱ→ㄴ→ㅁ→ㄷ→ㄹ

[정답] ① [해설] 구매 의사결정과정은 문제 인식→정보탐색→대안 평가와 선택→구매→구매 후 행동이다.

09 관람 스포츠소비자의 관람(구매) 의사결정과정에 관한 설명으로 틀린 것은?
① 각 구단 홈페이지를 검색하는 것은 정보탐색 과정이다.
② 다음 시즌의 시즌 티켓을 미리 구매하는 것은 구매 후 행동으로 볼 수 있다.
③ 프로농구와 프로배구의 입장권 가격을 비교하는 것은 대체안의 평가이다.
④ 신문 TV 방송프로그램 면에서 중계방송 시간을 검색하는 것은 구매 행동으로 볼 수 없다.

[정답] ④ [해설] 관람 스포츠소비자란 경기관람을 통해 스포츠에 참여하는 소비자를 말한다. 정보를 검색하는 것도 구매 행동이다.

10 관람 스포츠소비자 행동 중 재관람 의사에 영향을 주는 요인과 가장 거리가 먼 것은?
① 경기장시설 ② 팀 지지도
③ 관람 비용   ④ 사회 공익성

[정답] ④ [해설] 재관람 의사결정에 영향을 주는 요인은 경기장시설, 경기의 품질, 팀 또는 선수에 대한 지지도, 관람 비용, 관람 편의성 등이다.

요점 소비자 구매 의사결정과정
❶ 문제 인식
↓
❷ 정보탐색
↓
❸ 대안 평가와 탐색
↓
❹ 구매
↓
❺ 구매 후 행동

11 관람 스포츠 수요변화에 영향을 미치는 요인에 관한 설명과 가장 거리가 먼 것은?
① 스포츠소비자의 소득과 여가시간은 수요변화를 야기하는 중요한 요인이다.
② 스포츠 이벤트의 수준은 관람수요 변화에 영향을 미친다.
③ 프로리그의 팀 간 전력 차는 관람수요 변화에 영향을 미치지 않는다.
④ 스타 플레이어의 유무는 관람수요 변화에 큰 영향을 미친다.

정답 ③ 해설 팀 간의 전력 차이는 관람수요에 영향을 미친다.

12 구매 후 부조화를 발생시키는 상황과 가장 거리가 먼 것은?
① 구매 결정을 취소할 수 없을 때
② 선택하지 않은 대안이 단종 되었을 때
③ 선택하고 싶은 대안들이 여러 개 있을 때
④ 구매자가 심리적 중요성을 갖고, 그 결정에 개입했을 때

정답 ② 해설 선택하지 않은 대안이 단종될 때 구매 부조화 현상은 일어나지 않는다.

13 다음 ( ) 안에 알맞은 것은?

> 스포츠소비자가 구매한 제품에 대해 확신이 없거나 불만이 있어 생기는 심리적 갈등상태를 ( )이러고 한다.

① 심리적 부조화   ② 재구매 의사 보류
③ 소비자 불매운동 ④ 심리적 혼돈 상태

정답 ① 해설 보기는 심리적 부조화 이론이다.

14 잠재고객들이 제품을 구입하기까지의 과정을 모형화한 AIDA 모델의 단계에 포함되지 않는 것은?
① 주의 ② 욕구 ③ 행동 ④ 평가

정답 ④ 해설 AIDA 모델은 관심→흥미→욕구→행동이다. 관심은 주의와 같은 의미이다.

15 소비자의 구매 후 행동을 가장 일반적으로 설명할 수 있는 이론으로 소비자의 만족과 불만족은 소비자의 주관적 판단에 따라 결정된다고 하는 이론은?
① 매슬로우의 욕구 이론   ② 프로이트의 이론
③ 기대 불일치모델 이론   ④ 허츠버그 이론

정답 ③ 해설 지문은 기대 불일치모델 이론이다.

16 '살기가 좋아지면 스포츠에 대한 수요도 많이 늘어날 것이다'를 증명할 수 있는 예로 스포츠 관람과 PC방 출입의 선택에 대한 소비자 만족을 표시할 수 있는 경제학적 방법은?
① 무차별곡선   ② 한계효용의 법칙
③ 가격 차별화 곡선 ④ 수요 공급 곡선

정답 ① 해설 2가지의 재화나 서비스의 만족도를 파악할 때 사용하는 경제학 이론인 무차별곡선 이론이다.

17 소비자의 지각과정 순서로 옳은 것은?
① 주의→노출→해설→수용
② 주의→노출→수용→해석
③ 노출→주의→해석→수용
④ 노출→해석→주의→수용

정답 ③ 해설 소비자 지각이론의 절차는 노출→주의→해석→수용이다.

18 소비자 행동 모델 중 AIDMA 모델의 발생 순서를 바르게 나열한 것은?
① 행동(Action)-관여(Involvement)-개발(Development)-기억(Memory)-주의(Attention)
② 주의(Attention)-투입(Input)-욕구(Desire)-기억(Memory)-성취(Achievement)
③ 성취(Achievement)-관여(Involvement)-결정(Decision)-기억(Memory)-주의(Attention)
④ 주의(Attention)-흥미(Interest)-욕구(Desire)-기억(Memory)-행동(Action)

정답 ④ 해설 AIDMA 모델은 광고 효과의 심리적 단계를 나타내는 것이다.

19 다음의 표는 A, B, C, D 스포츠 센터의 제품 속성을 나타낸 것이다. X는 시설의 편의성 30%, 지도자의 친절성 40%, 프로그램의 다양성 20%, 가격에 10%의 가중치를 부여하였다. 기대가치 모델(Expectancy Value Model)에 따른 X의 선택은?

	시설의 편의성	지도자의 친절성	프로그램의 다양성	가격
A	10	8	6	4
B	9	8	6	5
C	7	7	7	7
D	4	6	8	10

① A ② B ③ C ④ D

[정답] ① [해설] 기대가치 모델에 따라 점수와 가중치를 곱하여 모두 더하는 방식으로 계산하면 A=780, B=760, C=700, D=620이다.

> [요점] **다속성 기대가치 모델 계산법**
> ① 항목별 주어진 점수와 가중치를 곱하고
> ② 모두 더한 후
> ③ 가장 많은 점수를 받은 안을 채택

20 스포츠소비자 행동의 환경적 영향요인이 아닌 것은?
① 사회계층과 문화   ② 가족
③ 라이프스타일   ④ 준거집단

[정답] ③ [해설] 라이프스타일은 내적 요인이면서, 개인적 요인이다.

> [요점] **소비자 행동에 영향을 미치는 요인**
>
> | 구분 | | 내용 |
> |---|---|---|
> | 내적 요인 (개인적 요인) | 개인적 요인 | 나이, 직업, 라이프스타일, 개성, 자아 |
> | | 심리적 요인 | 동기부여, 지각, 학습, 신념, 태도, 기억 |
> | 외적 요인 (환경적 요인) | 문화적 요인 | 문화, 사회계층 |
> | | 사회적 요인 | 준거집단, 가족, 역할과 지위 |

21 소비자 행동에 영향을 미치는 일반적인 요인을 바르게 짝지어진 것은?
① 문화적 요인-준거집단, 가족, 역할과 지위
② 심리적 요인-문화, 하위문화, 사회계층
③ 개인적 요인-연령, 생활방식, 직업, 개성, 경제적 수준
④ 사회적 요인-동기부여, 지각, 학습, 신념과 태도

[정답] ③ [해설] ① 문화적 요인은 문화, 사회계층이며, ② 심리적 요인은 동기부여, 지각, 학습, 신념, 태도, 기억이며, ④ 사회적 요인은 준거집단, 가족, 역할과 지위이다.

22 스포츠소비자의 정보탐색 활동 중 내적 탐색 원천은?
① 가족   ② 친구   ③ 기억   ④ 대중매체

[정답] ③ [해설] 내적 탐색 요인은 태도, 동기, 자아관, 학습과 라이프스타일 등이다. 기억은 내적 요인이고, 나머지는 외적 요인이다.

23 다음 중 스포츠소비자의 행동에 미치는 개인적인 영향요인이 아닌 것은?
① 태도   ② 동기   ③ 가족   ④ 자아

[정답] ③ [해설] 개인적 영향요인은 태도, 동기, 자아관, 학습, 라이프스타일 등이다.

24 스포츠 제품 시장을 세분화하는 데 사용하는 기준으로서 인구 통계적 변수에 해당하지 않는 것은?
① 소득   ② 교육 수준
③ 가족 규모 및 형태 ④ 라이프스타일

[정답] ④ [해설] 라이프스타일은 심리 분석적 변수이다.

25 관람 스포츠소비자의 의사결정 영향요인에 관한 설명으로 틀린 것은?
① 경기 매력성 : 개인 기술, 팀 성적, 신기록 수립, 치열한 경쟁, 특별 이벤트
② 사회경제학적 특성 : 입장권 가격, 촉진, 수입, 여가의 대체 형태
③ 사회인구학적 특성 : 지역의 인구, 연령, 성, 인종, 직업, 교육 수준, 지리학적 요인
④ 참여적 요인 : 동기부여, 지각, 학습, 구매 욕구

정답 ④ 해설 ④는 참여적 요인이 아니고 심리적 요인이다.

26 소비자 충성도에서 심리적 애착이 강하지만 여러 제약요인으로 인해 참가가 낮은 상태를 의미하는 것은?
① 무충성도(no loyalty)
② 잠재적 충성도(latent loyalty)
③ 진정한 충성도(true loyalty)
④ 거짓 충성도(spurious loyalty)

정답 ② 해설 지문은 잠재적 충성도를 설명하고 있다.

27 소비자가 상품 구입에 있어서 인식하는 리스크 중 상품이 조잡하거나 기대에 미치지 못하는 기능에 대한 리스크는?
① 신체적 인지 리스크 ② 사회적 인지 리스크
③ 기능적 인지 리스크 ④ 경제적 인지 리스크

정답 ③ 해설 문제에 기능에 대한 리스크가 나오므로 기능적 인지 리스크가 정답이다.

28 제품이나 활동에 대한 개인적 관련성이 높은 경우에 발생하며, 구매와 상관없이 평상시에도 발생하는 소비자 관여도 유형은?
① 행동적 관여도   ② 정서적 관여도
③ 지속적 관여도   ④ 상황적 관여도

정답 ③ 해설 평상시에도 발생하는 관여도는 지속적 관여도이다.

29 소비자 관여도에 관한 설명으로 옳은 것은?
① 고관여 제품은 낮은 수준의 지각된 위험을 수반한다.
② 고관여도 제품은 비교적 구매 주기가 짧다.
③ 관여도는 특정 소비자가 주어진 상황에서 지각하는 관련성 혹은 중요성을 말한다.
④ 관여도는 상황에 따라 변할 수 있으므로 지속적 관여도는 존재하지 않는다.

정답 ③ 해설 관여도는 주어진 조건에서 특정 상품에 대한 개인의 관심이나 관련성 정도를 말한다.

30 다음 사례의 소비자 관여도 유형으로 가장 적합한 것은?

> 월드컵에 대한 관여 정도가 낮았으나 입장권 판매 시점에 월드컵축구에 대한 국민적 분위기가 고조됨에 따라 경기 입장권을 구매하려는 생각이 드는 경우

① 행동적 관여도   ② 정서적 관여도
③ 지속적 관여도   ④ 상황적 관여도

정답 ④ 해설 특별한 상황에서 나타나는 상황적 관여도이다.

31 스포츠 제품에 대한 소비자의 관여도가 높은 수준으로 발생하는 경우와 가장 거리가 먼 것은?
① 지각된 위험이 낮을 때
② 감성적으로 팔리는 제품일 때
③ 지속적으로 관심을 두는 제품일 때
④ 제품이 자신의 자아개념과 관련이 있을 때

정답 ① 해설 지각된 위험이 낮으면 저관여도에 해당한다.

32 소비자 관여도에 관한 설명과 가장 거리가 먼 것은?
① 상황적 관여도 : 구매와 관련 없이 계속적이며, 평상시에도 관여도가 발생한다.
② 인지적 관여도 : 실용적 동기에 의한 것으로 제품이나 서비스의 기능적 성과에 관심을 두기 때문에 발생한다.
③ 정서적 관여도 : 가치 표현적 동기에 의한 것으로 제품이나 서비스를 사용함으로써 자기 이미지를 전달하는 데 관심을 두기 때문에 발생한다.
④ 행동적 관여도 : 스포츠 제품의 생산자나 소비자의 역할을 의미한다.

정답 ① 해설 상황적 관여도는 특별한 상황에 부닥쳤을 때 발생한다.

33 스포츠소비자의 저관여 구매 행동 특징과 가장 거리가 먼 것은?
① 복잡한 의사결정   ② 다양성 추구
③ 충동 구매   ④ 관성적 구매

정답 ① 해설 저관여 구매 행동은 습관적 구매 행동, 다양성 추구 구매 행동, 시험적 구매 행동(=충동적 구매 행동) 등이 있다. 고관여 상품구매는 복잡한 의사결정을 한다.

34 스포츠소비자의 구매 의사결정과정에 영향을 미치는 관여도에 대한 설명으로 틀린 것은?
① 관여도의 크기에 따라 고관여도와 저관여도로 구분할 수 있다.
② 소비자의 제품에 대한 관여도의 크기는 상대적이지만 개인별, 제품별, 상황별로는 절대적인 개념이 적용된다.
③ 여러 대안에 대한 구체적인 평가를 거치지 않고 과거의 구매 대안을 반복적으로 구매하는 것은 일상적 문제해결 과정(저관여)에 해당한다.
④ 일반적으로 같은 가격대의 제품이라도 소비자의 소득수준에 따라 관여도는 달라진다.

정답 ② 해설 관여도는 절대적 개념이 적용되지 않고, 상대적 개념에서 작용한다.

35 다음 중 제품이 고가이며, 구매 후 리스크가 있고 구매 주기가 길어 브랜드에 관여되어 있지만, 브랜드 간의 차이가 별로 없는 경우의 스포츠소비자 구매 행동유형은?
① 저관여 구매 행동   ② 습관적 구매 행동
③ 복합적 구매 행동   ④ 부조화 감소 구매 행동

정답 ① 해설 관여도가 높고, 고가이면서 구매 결과에 대한 리스크가 크면 부조화 감소 구매 행동으로 이어진다.

36 관람 스포츠소비자의 구매 행동 영향요인에 대한 설명으로 옳은 것을 모두 고른 것은?

| ㄱ. 관중 선호도 요인 : 경기 일정, 접근의 편리성, 경기장시설, 편의시설 |
| ㄴ. 경기 매력성 : 개인기 술, 팀 성적, 신기록 수립, 치열한 경쟁, 특별 이벤트 |
| ㄷ. 사회경제학적 특성 : 입장권 가격, 촉진, 수입, 여가의 대체 형태 |
| ㄹ. 사회인구통계학적 요인 : 지역 인구, 연령, 성, 인종, 직업, 교육 수준은 지리학적 요인 |

① ㄱ, ㄴ ② ㄷ, ㄹ ③ ㄱ, ㄴ, ㄷ ④ ㄱ, ㄴ, ㄷ, ㄹ

정답 ④ 해설 제시된 내용 모두가 구매 행동에 영향을 미친다.

37 스포츠 소비 집단에 적용한 파레토의 법칙(Pareto principle)에 관한 설명으로 가장 적합한 것은?
① 30%의 소비자가 70%의 매출을 구성한다.
② 40%의 열성 팬이 전체 티켓 판매량의 70%를 구성한다.
③ 20%의 열성 팬이 전체 티켓 판매량의 70%를 구성한다.
④ 20%의 열성 소비자가 전체 매출의 80%를 구성한다.

정답 ④ 해설 파레토의 법칙은 20%의 열성 소비자가 전체 매출의 80%를 구성한다는 원리이다.

5. 스포츠 유통

01 다음 중 스포츠 콘텐츠 유통경로의 다양화와 가장 밀접한 관계가 있는 것은?
① 경기장 건설기술의 발전 ② 광고 기법의 발전
③ 선수 경기력의 향상 ④ 정보 통신기술의 발전

[정답] ④ [해설] 정보통신기술의 발전에 따라 스포츠 콘텐츠 유통경로가 다양화되었다.

02 다음 중 스포츠 콘텐츠의 개념을 틀리게 설명한 것은?
① 인터넷 사용의 확산이 스포츠 콘텐츠 시장의 발전에 기여하고 있다.
② 매스미디어의 기술적 발전이 스포츠 콘텐츠 시장을 확대하고 있다.
③ 유료로 제공되는 정보는 스포츠 콘텐츠에 포함되지 않는다.
④ 제작물과 중계방송도 스포츠 콘텐츠의 일종이다.

[정답] ③ [해설] 유료 정보도 콘텐츠에 포함된다.

03 미디어와 관련하여 스포츠 제품의 유통경로 관리 시 유의할 사항과 가장 거리가 먼 것은?
① 스포츠 제품 소유자(스포츠 단체)와 구매자(미디어) 간 권리 매매의 범위의 명확한 제시
② 스포츠 제품 생산자 간의 카르텔 구조 유지
③ 신기술 동향에 대한 파악
④ 유통경로의 주도자로서의 위치 인식과 전문지식에 의한 관리

[정답] ② [해설] 스포츠 제품 생산자 간의 카르텔 구조는 유통경로 관리의 유의사항이 아니다.

04 스포츠 콘텐츠에 관한 설명으로 적절하지 않은 것은?
① 미디어 플랫폼이 다양화되고 발전된 기술의 새로운 미디어 환경이 조성될수록 스포츠 콘텐츠는 더욱 각광 받을 전망이다.
② 짧은 분량의 콘텐츠일수록 다양한 플랫폼의 공급에 적합하다.
③ 스포츠 콘텐츠는 다른 콘텐츠보다 맞춤형 가공이 어렵다.
④ 스포츠 콘텐츠는 뉴미디어 시대의 적합한 콘텐츠로 평가받고 있다.

[정답] ③ [해설] 스포츠 콘텐츠는 다른 콘텐츠에 비해 가공이 수월한 편이다.

05 2000년대 들어 스포츠 콘텐츠는 과거보다 다양한 경로를 통해 소비자에게 전달되고 있다. 스포츠 콘텐츠 유통경로의 다양화를 촉진한 결정적인 요인은?
① 건설기술의 발전 ② 선수 기량 증가
③ 정보통신기술의 발전 ④ 프로구단 숫자의 증가

[정답] ③ [해설] 스포츠 콘텐츠는 정보통신 기술의 발달로 유통경로가 다양화되었다.

06 스포츠 제품과 서비스가 생산자로부터 소비자에게 옮겨가는 경로에 대한 설명과 가장 거리가 먼 것은?
① 보편적 시청권은 콘텐츠 유통채널 간의 경쟁과 연관이 있다.
② 마케팅 권리도 다단계 채널로 이루어질 수 있다.
③ 방송중계권의 유통은 이벤트생산자와 방송사의 직거래로만 이루어진다.
④ 스포츠 이벤트는 0단계 유통경로이다.

[정답] ③ [해설] 방송중계권 유통도 에이전시에 의한 거래가 가능하다.

07 스포츠산업체의 정보화를 실현하기 위해 전략 수립 시 검토되어야 할 사항이 아닌 것은?
① 스포츠산업체의 실정과 업무환경을 중심으로 한 전략이 필요하다.
② 스포츠산업체 내 기업별 고유의 솔루션이 도입되어야 한다.
③ 스포츠산업체 간의 네트워크를 구축하는 방향으로 전략이 수립되어야 한다.
④ 스포츠산업체의 정보화 계획은 단계적인 접근이어야 한다.

정답 ② 해설 스포츠산업체의 정보화는 기업별 솔루션보다 공동 솔루션이 필요하다.

08 다음 중 스포츠 제품을 가공된 형태로 구매하는 비용 지불의 경우는?
① 입장료
② 타이틀 스폰서 비용
③ 중계료
④ 시청료

정답 ④ 해설 스포츠 제품을 가공된 형태로 구매하는 비용은 시청료이다.

09 스포츠산업에서 시장 정보를 통해 파악해야 할 사항으로 거리가 먼 것은?
① 제품인지도 및 고객의 인지도 조사
② 경기 결과
③ 경쟁사 분석
④ 신기술 동향

정답 ② 해설 시장 정보를 통해 파악하는 사항은 1) 상품인지도 2) 고객만족도 3) 경쟁사 동향 4) 신기술 및 신시장 동향 등이다.

10 다음 중 스포츠 정보 산업 발전의 직접적인 영향요인이 아닌 것은?
① 스포츠 신문 용지의 질적 개선
② 스포츠 경기 결과에 관한 관심 증대
③ 인터넷의 초고속화
④ 인터넷과 TV 방송 기술의 결합

정답 ① 해설 신문 용지의 질적 개선은 스포츠 정보 산업 발전의 직접적 요인이 아니다.

11 스포츠 비즈니스 구조상 골프장 회원권 판매대행사가 수행하는 역할은?
① 관람 스포츠 상품 유통
② 참여 스포츠 관련 상품 유통
③ 관람 스포츠마케팅 대행
④ 참여 스포츠 생산

정답 ② 해설 골프장의 회원권은 일반인들이 참여 스포츠를 즐기기 위한 것으로, 참여 스포츠 관련 상품의 유통에 해당한다.

12 스포츠용품 유통에 관한 설명으로 가장 적합한 것은?
① 스포츠용품의 경우 유통경로가 단순하다.
② 제품 단가가 낮고 구매빈도가 높은 편의품의 경우 유통경로가 복잡하다.
③ 생산자가 소비자에게 직접 판매하는 유통경로는 유니폼 등의 용품이 대표적이다.
④ 유통은 마케팅 요소로써 제품이나 서비스의 가격만큼 쉽게 변한다.

정답 ① 해설 ② 편의품의 경우 유통경로가 비교적 단순하다. ③ 직접 유통경로는 입장권이 대표적이다. ④ 가격은 변경이 쉽지만, 유통 등은 변경하기가 어렵다.

13 참여형 스포츠 제품의 유통에 관한 설명으로 옳은 것은?
① 대부분 직접 유통경로를 갖고 있다.
② 스포츠상품은 중간상을 거치지 않고 직접 고객에게 서비스를 제공하는 경우가 대부분이다.
③ 직접적인 인간의 접촉을 통해서가 아니라, 전자매체를 통해서 전달될 수도 있다.
④ 골프장 등의 회원권은 참여 스포츠의 유통이나 판매대행사가 수행하면 관람 스포츠 제품 유통으로 분류한다.

정답 ② 해설 참여형 스포츠 제품의 유통은 스포츠 강습 등을 말하며, 직접 고객에게 서비스를 제공하는 경우가 대부분이다.

14 스포츠용품 유통경로 중 프랜차이징 시스템을 이용하는 프랜차이즈 가맹점에 대한 설명으로 틀린 것은?

① 가맹점은 다른 가맹점을 통제할 수 있다.
② 가맹점 운영과 관련하여 본부의 통제를 받아야 한다.
③ 가맹점은 프랜차이즈 본부의 유명세로 광고·마케팅 비용을 절감할 수 있다.
④ 가맹점은 특정 지역 내에서는 독점영업권이 부여되는 이점이 있다.

[정답] ① [해설] 가맹점은 프랜차이즈 본부로부터 경영통제를 받는다.

제2과목

스포츠경영

세부목차

제1장 스포츠경영 환경 ⋯ 38
1. 스포츠경영의 개념 ⋯ 38
2. 스포츠 비즈니스의 환경 ⋯ 40

제2장 스포츠 경영전략 ⋯ 43
1. 스포츠 경영전략의 개념 ⋯ 43
2. 스포츠 경영전략 수립 ⋯ 43

제3장 스포츠 조직관리 ⋯ 48
1. 스포츠 조직구조 ⋯ 48
2. 스포츠 인적자원관리 ⋯ 51
3. 스포츠조직 역량 강화 ⋯ 55

제4장 스포츠 재무관리 ⋯ 59
1. 스포츠 재무관리 ⋯ 59
2. 스포츠 재무분석 ⋯ 60
3. 투자 결정 및 자본조달 ⋯ 64

제5장 스포츠 이벤트와 생산관리 ⋯ 68
1. 스포츠 이벤트 ⋯ 68
2. 스포츠 생산관리 ⋯ 69
3. 스포츠 경영정보시스템 ⋯ 70

제1장 스포츠 경영환경

1. 스포츠경영의 개념

01 Chelladurai는 스포츠경영을 스포츠 서비스의 생산과 마케팅을 위한 여러 요소의 협조적 결합이라고 정의하였다. 이 요소들에 해당되지 않는 것은?
① 인적자원 ② 기술 ③ 의사결정 ④ 환경적 요인

[정답] ③ [해설] Chelladurai는 스포츠경영이란 인적자원, 기술, 지원부서, 환경적 요인 등의 요소로 구성된 스포츠 서비스의 생산과 마케팅이라고 정의하였다. 의사결정은 포함되지 않는다.

> [요점] **스포츠경영에 대한 학자의 정의**
> ① Mullin : 스포츠 관련 상품 제공 목적의 효율적 계획·조직·지휘·통제하는 일연의 과정
> ② Chelladurai : 인적자원, 기술, 지원부서, 환경적 요인의 요소로 구성

02 스포츠경영에 대한 설명으로 틀린 것은?
① 스포츠경영의 지도 원리에는 수익성과 생산성이 있다.
② 스포츠경영은 효과성을 추구하는데 이는 조직의 목표 달성과 관련된다.
③ 스포츠경영은 계획, 실행, 평가라는 일련의 단속적 활동이다.
④ 스포츠경영은 효율성을 추구하는데 이는 자원 비용의 최소화와 관련된다.

[정답] ③ [해설] 계획, 실행, 평가의 단속적 활동이 아니고, 연속적 활동이다.

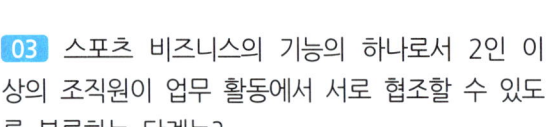

> [요점] **PDSA cycle**

03 스포츠 비즈니스의 기능의 하나로서 2인 이상의 조직원이 업무 활동에서 서로 협조할 수 있도록 분류하는 단계는?
① 기획 ② 조직 ③ 지휘 ④ 조정

[정답] ② [해설] 조직이란 조직의 목표를 달성하기 위해 인적·물적 자원을 배치하고, 서로 협조토록 하는 활동을 말한다.

04 비즈니스 시스템의 속성에 관한 설명으로 틀린 것은?
① 모든 비즈니스 시스템은 자신의 고유한 목표를 지니고 있다.
② 현대 비즈니스 시스템은 외부로부터 격리되어 외부의 영향을 받지 않는다.
③ 전체로서의 비즈니스 시스템은 여러 하위 시스템들로 구성된다.
④ 비즈니스 시스템은 투입-변환-산출 과정과 피드백 기능을 포함한다.

[정답] ② [해설] 비즈니스는 외부의 영향을 받는다.

05 스포츠경영자원에 대한 설명과 가장 거리가 먼 것은?
① 스포츠경영에는 물적 자원뿐 아니라 인적자원도 필요하다.
② 오늘날 급격한 환경변화로 인해 정보 자원의 중요성이 커지고 있다.
③ 스포츠 경영자원이 충분히 확보된다면 자원에 대한 조정 활동은 필요 없다.
④ 스포츠경영에서 자원은 제한적이기 때문에 효율적으로 관리해야 한다.

[정답] ③ [해설] 경영자원이 충분히 확보되어도 조정 활동은 필요하다.

06 스포츠경영을 과정 측면에서 보는 관점에 관한 설명과 가장 거리가 먼 것은?
① 계획이란 경영목표를 세우고 이를 달성하기 위한 최선의 방안을 찾는 활동이다.
② 조직화란 인적, 물적 자원을 배분하는 활동이다.
③ 지휘란 사람들이 높은 성과를 달성할 수 있도록 이끄는 활동이다.
④ 통제란 원활한 의사소통을 하는 활동이다.

[정답] ④ [해설] 통제란 달성된 성과를 점검하고 문제 발생 시 그 대책을 만드는 활동이다.
[참고] 다음 페이지 경영순환 과정 요점 참고

> **요점** 경영순환 과정
> ① 계획 : 기준에 의해 목표를 설정하고 이를 달성 방법을 결정하는 활동
> ② 조직 : 계획 달성을 위해 인적·물적 자원 배치와 협조 활동
> ③ 지휘 : 구성원의 성과를 위해 노력을 끌어내는 활동
> ④ 통제 : 목표 달성에 대한 점검과 문제 발생 시 대책 수립 활동

07 스포츠경영 과정상 효율적인 통제의 원칙에 관한 설명으로 틀린 것은?
① 예방적 통제보다는 피드백을 통한 사후적 통제에 중점을 두어야 한다.
② 권한을 가진 경영자에게 통제의 책임이 있어야 한다.
③ 통제를 통한 이익보다 통제 비용이 더 많아서는 안 된다.
④ 경영상의 계획과 직접 상관있는 성과와 비교한 차이에 대한 통제가 이루어져야 한다.

[정답] ① [해설] 통제의 원칙은 예방적 통제, 권한과 함께 통제의 책임, 통제에 필요한 비용보다 더 많은 통제 이익, 경영계획과 상관있는 성과와 비교한 차이에 대한 통제 등이다.

08 기업이 장기목표 및 자원 배분과 관련되어 기업 전체에 영향을 미치는 활동에 대한 의사결정으로, 최고경영자 층에서 이루어지는 의사결정은?
① 업무적 의사결정 ② 전략적 의사결정
③ 관리적 의사결정 ④ 기능적 의사결정

[정답] ② [해설] 조직의 임무, 목표, 자원분배 등에 관한 의사결정 계획은 전략적 계획이다.

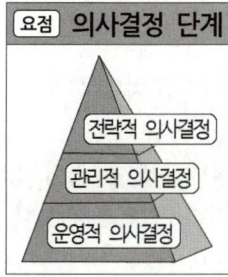
문제 12 관련

> **요점** 경영자의 역할
> ① 인간관계 역할
> ② 정보 관련 역할
> ③ 의사결정 역할

09 다음 중 경영자 계층에 따른 의사결정과 필요 능력을 바르게 짝지은 것은?
① 중간관리층 : 업무적 의사결정-인간적 능력
② 하위경영층 : 관리적 의사결정-기술적 능력
③ 중간관리층 : 전략적 의사결정-개념적 능력
④ 최고경영층 : 전략적 의사결정-개념적 능력

[정답] ④ [해설] ④ 외 나머지는 잘못 설명되었다.

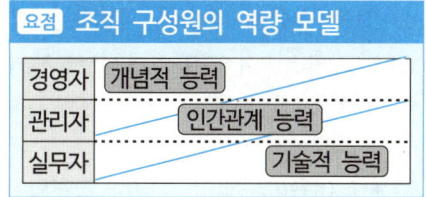

10 카츠(Kastz)가 제시한 경영자의 자질 중 최고경영자에게 가장 중요한 자질은?
① 기술적 자질   ② 인간 관계적 자질
③ 개념적 자질   ④ 업무적 자질

[정답] ③ [해설] 카츠는 경영자에게 개념적 능력이 중요하다고 주장하였다.

11 경영자의 역할에 대한 민츠버그의 설명으로 틀린 것은?
① 분쟁조정자, 자원분배자 및 교섭자와 같은 의사결정 역할
② 대표자, 지도자 및 연락자와 같은 대인관계 역할
③ 청취자, 전파자 및 대변자와 같은 정보관리 역할
④ 조직 구성원의 자주적 단결권, 단체교섭권 및 단체행동 개발자 역할

[정답] ④ [해설] 단결권, 단체교섭권 등은 노동조합의 역할이다.

12 민츠버그의 경영자 역할 중 의사결정 역할의 범주에 속하지 않는 것은?
① 연락자 ② 기업가 ③ 문제해결자 ④ 자원분배자

[정답] ① [해설] 민츠버그의 경영자 역할은 1) 인간관계 역할 2) 정보 관련 역할 3) 의사결정 역할로 나눈다.

13 페이욜(Feyol)이 제시한 조직의 일반적인 경영관리 과정이 바르게 나열된 것은?
① 계획→조직→지휘→조정→통제
② 조직→계획→조정→통제→지휘
③ 지휘→계획→조직→통제→조정
④ 조정→통제→조직→계획→지휘

[정답] ① [해설] 페이욜의 경영관리과정에서 비즈니스 접근 방법에 나오는 내용과는 약간의 차이가 있다. 계획→조직→지휘→조정→통제이다.

14 페이욜(Fayol)이 주장한 경영활동과 관련하여 연결이 옳은 것은?
① 기술 활동 – 생산, 제조, 가공
② 상업 활동 – 계획, 조직, 지휘, 조정, 통제
③ 회계 활동 – 구매, 판매, 교환
④ 관리 활동 – 재화와 종업원 보호

[정답] ① [해설] 페이욜의 6대 직능에서 바르게 연결된 것은 ①번이다.

15 페이욜(Fayol)이 제시한 관리 원칙에 해당하지 않는 것은?
① 분권화의 원칙   ② 지휘 일원화의 원칙
③ 분업화의 원칙   ④ 표준화의 원칙

[정답] ① [해설] 페이욜은 기업의 관리 14개 원칙에 분권화의 원칙은 포함되지 않는다.

2. 스포츠 비즈니스의 환경

01 최근에 변화하고 있는 스포츠 비즈니스 환경이 아닌 것은?
① 프로스포츠의 발전   ② 생활체육의 확산
③ 엘리트 스포츠의 확산 ④ 스포츠경영의 글로벌화

[정답] ③ [해설] 엘리트 스포츠란 소수정예의 선수를 집중적으로 육성하는 제도를 말한다. 엘리트 스포츠의 확산이 비즈니스 환경은 아니다.

02 경영환경에 대한 설명으로 틀린 것은?
① 경영환경이란 기업 외부에서 기업의 경영활동에 영향을 미치는 요인에 한정된다.
② 경영환경은 일반환경과 과업환경으로 구분할 수 있다.
③ 환경의 복잡성이 높고 변화의 정도가 크면 불확실성이 높아진다.
④ 환경에 대한 분석 시 환경의 기회 요인과 위협 요인을 모두 분석해야 한다.

[정답] ① [해설] 경영환경이란 경영에 영향을 미치는 내·외부의 모든 요인을 말한다.

03 스포츠경영환경의 유형에서 일반환경에 포함되지 않는 것은?
① 인구통계 환경   ② 경제적 환경
③ 유통업자   ④ 자연환경

[정답] ③ [해설] 일반환경은 정치적 환경, 경제적 환경, 사회적 환경, 기술적 환경, 인구 통계적 환경 등이다. 유통업자는 일반환경이 아니다.

04 다음 ( )에 알맞은 것은?

> 스포츠 경영환경을 조직에 대한 영향력이 직접적인가 간접적인가에 따라 (ㄱ)과 (ㄴ)으로 분류한다. (ㄱ)은 특정 조직에 따라 직접적으로 영향을 미치는 환경으로 조직에 따라 상의하게 나타날 수 있다. 이에 반해 (ㄴ)은 개별 조직 단위에 직접적인 영향을 미치기보다는 사회의 모든 조직에 영향을 미치는 것으로 그 범위가 넓고 경영에 미치는 영향이 간접적이다.

① ㄱ : 일반환경, ㄴ : 과업환경
② ㄱ : 과업환경, ㄴ : 일반환경
③ ㄱ : 조직환경, ㄴ : 경제적 여건
④ ㄱ : 경제적 여건, ㄴ : 조직환경

[정답] ② [해설] 특정 조직의 과업에 직접 영향을 미치는 환경은 과업환경이며, 일반환경은 대부분 조직에 보편적인 영향을 미친다.

05 스포츠 경영환경 유형 중 특정 조직에서 직접적으로 영향을 미치는 환경으로 조직에 따라 다르게 나타날 수 있으며 구체적 환경이라고도 하는 것은?
① 과업환경 ② 일반 전략 환경
③ 거시환경 ④ 자연 자본 환경

정답 ① 해설 특정 조직에 직접 영향을 미치는 환경은 과업환경이다. 조직에 따라 다르게 나타나는 특징을 갖고 있다.

06 스포츠경영의 일반환경 중 과업환경 요소끼리 바르게 짝지어진 것은?
① 소비자, 공급업자, 유통업자, 경쟁자, 금융기관
② 소비자, 소득, 학력, 공급업자, 경쟁자
③ 직업, 학력, 연령 구조, 인구수
④ 공급업자, 유통업자, 소득, 금융기관

정답 ① 해설 과업환경 요소는 소비자, 공급업자, 유통업자, 경쟁자, 관계자 등이다.

07 SWOT 분석을 통한 마케팅전략 수립을 위해 수집한 다음 요인 중 동일한 범주에 포함할 수 없는 것은?

ㄱ. 스포츠산업 정책 변화
ㄴ. 생활비 증가
ㄷ. 조직 내 마케팅 예산의 변화
ㄹ. 경기의 변화

① ㄱ ② ㄴ ③ ㄷ ④ ㄹ

정답 ③ 해설 ㄷ만 내부환경이다.

08 우리나라의 스포츠경영 환경변화로 가장 적합한 것은?
① 프로스포츠의 퇴보
② 고령화 속도의 완화
③ 전문체육 위주의 체육 정책
④ 생활체육 참가율의 증대

정답 ④ 해설 생활체육 참가율의 증대가 스포츠경영 환경변화의 가장 큰 요인이다.

09 SWOT 분석에서 사용하는 SWOT를 바르게 나열한 것은?
① strength-wellness-opportunity-tactics
② strength-weakness-opportunity-threat
③ strength-weakness-opportunity-tactics
④ strength-wellness-opportunity-threat

정답 ② 해설 tactics는 전술, 작전 등을 의미하며, wellness는 건강 등을 말한다.

요점 SWOT 분석
• 개념 : 외부환경의 기회와 위협요인, 내부의 강점과 약점을 파악하여 조직에 적합한 전략 방향을 설정

S 강점	W 약점
기회 O	위협 T

10 환경분석에 사용되는 SWOT 분석 요인을 바르게 짝지은 것은?
① 내부환경 : S-T ② 외부환경 : S-W
③ 내부환경 : W-O ④ 외부환경 : O-T

정답 ④ 해설 SWOT 분석에서 내부환경은 SW(강점, 약점), 외부환경은 O-T(기회, 위협)이다.

11 스포츠의 SWOT 분석에서 강점(Strength)에 포함되지 않는 것은?
① 스포츠 행사 협찬 비용에 대한 세제 혜택을 받을 수 있다.
② 스포츠는 종업원의 사기진작 및 생산성 향상을 가져올 수 있다.
③ 주5일 근무 확대에 따라 스포츠 참여인구가 증가하고 있다.
④ 스포츠 후원은 기업의 제품 이미지를 제고시킬 수 있다.

정답 ③ 해설 ③은 기회 요인이다.

12 스포츠조직이 외부의 위협요인과 내부의 약점을 최소화하기 위해 SWOT 분석을 통해 도출하는 전략은?
① WT 전략 ② WO 전략 ③ ST 전략 ④ SO 전략

정답 ① 해설 SWOT에서 위협과 약점을 최소화하기 위해서는 WT 전략이 필요하다.

13 다음 중 SWOT 구성요소가 맞게 짝지어진 것은?
① 자사의 강점, 자사의 약점, 시장에서의 기회 요인, 시장에서의 위협요인
② 자사의 강점, 자사의 약점, 시장에서의 성공 요인, 시장에서의 위협요인
③ 타사의 강점, 타사의 약점, 시장에서의 기회 요인, 시장에서의 위협요인
④ 타사의 강점, 타사의 약점, 시장에서의 성공 요인, 시장에서의 위협요인

[정답] ① [해설] SWOT의 개념에 관한 문제이다.

14 스포츠의 SWOT 분석에서 강점(strength)에 대한 설명으로 옳지 않은 것은?
① 스포츠 행사 협찬 비용에 대한 세제 혜택을 받을 수 있다.
② 스포츠는 종업원의 사기진작 및 생산성 향상을 가져올 수 있다.
③ 경제 회복기에는 스포츠 활동 인구의 증가로 인해 스포츠산업의 미래는 낙관적이다.
④ 스포츠 후원은 기업의 제품 이미지를 제고시킬 수 있다.

[정답] ③ [해설] 스포츠 활동 인구 증가로 스포츠산업의 미래가 낙관적으로 보는 것은 스포츠의 SWOT 분석에서 기회 요인에 해당한다.

15 SWOT에 의한 전략 중 외부의 환경에서 불리한 요인을 회피하기 위해 경쟁자와 비교하여 소비자들로부터 강점으로 인식되는 요인을 사용하여 창출하는 마케팅전략은?
① 공격전략　　　② 방어전략
③ 안정전략　　　④ 다각화전략

[정답] ④ [해설] 위협을 회피하기 위해 강점을 사용하는 전략이 필요한 경우 다각화전략이며, S-T 전략이다.

16 국내 스포츠 경영환경변화를 SWOT 분석할 때 강점과 가장 거리가 먼 것은?
① IT 기술의 발달
② 올림픽, 월드컵 등 메가 이벤트 개최
③ 박지성, 김연아 등 세계적 선수 발굴
④ 프로구단 창단에 대한 세제 혜택

[정답] ① [해설] IT 기술발달은 기회 요인이다.

17 스포츠산업의 SWOT 분석의 예로 헬스클럽이 노년층을 대상으로 한 프로그램을 신설하려 할 때 기회의 요인으로 가장 적절한 것은?
① 지역 내에서 주민들에 대한 높은 인지도
② 지역 내에서 가장 규모가 큰 시설
③ 지역 내에서 노인 인구층의 증가
④ 다양한 경험과 능력을 갖춘 트레이너의 고용

[정답] ③ [해설] SWOT 분석에서 기회는 외부환경에서 유리하게 작용하는 요인을 말한다.

18 마일즈(R. Miles)와 스노우(C. Snow)가 제시한 환경 적합적 대응전략을 모두 고른 것은?

ㄱ. 공격형 전략　ㄴ. 방어형 전략　ㄷ. 반응형 전략

① ㄱ, ㄴ　　　② ㄱ, ㄷ
③ ㄴ, ㄷ　　　④ ㄱ, ㄴ, ㄷ

[정답] ④ [해설] 마일즈와 스노우의 환경 적합적 대응전략은 공격형 전략·방어형 전략·반응형 전략·분석형 전략 등 4가지로 분류한다.

제2장 스포츠 경영전략

1. 스포츠 경영전략의 개념

01 경영전략의 수준에 관한 설명으로 틀린 것은?
① 경영전략은 조직 규모에 따라 차이가 있으나 일반적으로 기업 차원의 전략, 사업부 단위 전략, 기능별 전략으로 구분된다.
② 성장, 유지, 축소, 철수 매각, 새로운 사업 진출 등에 관한 전략적 의사결정은 기업 차원의 전략경영에 포함된다.
③ 사업부 단위 전략은 각 사업영역과 제품 분야에서 어떻게 경쟁우위를 획득하고 유지해 나갈 것인지를 결정하는 전략을 말한다.
④ 기능별 전략은 사업 단위 간의 시너지효과를 높이는 데 초점을 둔다.

[정답] ④ [해설] 기능별 전략은 기능 자체의 발전 전략으로, 기능 간 시너지효과 상승에 초점을 맞추는 것이 아니다.

02 다음은 어떤 비즈니스 전략에 관한 설명인가?

- 경쟁 관계에 있는 기업 사이에 특정 사업 및 업무 분야에 걸쳐 협력관계를 맺는 것
- 기업 간의 상호 보완적인 제품, 시설, 기능, 기술을 공유하고자 하는 것

① 전략적 제휴　② 아웃소싱
③ 사업 계열화　④ 기업 전문화

[정답] ① [해설] 기업 간 상호협력관계를 유지하여 다른 기업에 대하여 경쟁적 우위를 확보하려는 경영전략은 전략적 제휴이다.

03 다음 ( )에 알맞은 것은?

기업의 사명에 '혼'을 불어넣는 역할을 하는 ( )은/는 "기업이 미래에 달성하고자 하는 기업상"이다. 즉, 미래에 기업이 달성하고자 하는 모습을 이미지화하여 앞으로 기업은 어떤 모습이어야 하며, 이를 위해서는 어떻게 해야 할 것인가에 대한 기업구성원의 공감대라고 할 수 있다.

① 미션　② 비전　③ 사업 포트폴리오　④ 성장 벡터

[정답] ② [해설] 보기는 비전을 말하며, 비전은 성장 전략을 통해 미래에 달성하고자 하는 조직의 상을 나타낸다. 미션은 조직의 존재 목적을 말한다.

> **요점** 미션과 비전
> ❶ 미션 : 조직의 존재 목적
> ❷ 비전 : 미래 달성하고자 하는 조직의 상

2. 스포츠 경영전략 수립

01 스포츠 경영전략계획의 하나로 기업의 환경위험을 분석해서 이에 적용할 수 있도록 기업 잠재능력의 개발을 위하여 고안된 전략은?
① 포트폴리오 전략　② 경쟁우위 전략
③ 신제품 개발전략　④ 다각화전략

[정답] ① [해설] 지문은 포트폴리오 전략을 설명하고 있다.

02 스포츠 기업의 형태 중 단일사업기업의 특징과 가장 거리가 먼 것은?
① 낮은 기회비용
② 경쟁우위의 축적
③ 자원과 에너지의 집중
④ 해당 산업의 성장 둔화 시 높은 위협

[정답] ① [해설] 단일구조 기업의 특징은 1) 경쟁우위의 축적 2) 자원과 에너지의 집중 3) 해당 산업의 성장 둔화 시 높은 위협 4) 경영성과의 급격한 변화 가능성이 큼 등이다.

03 BCG 매트릭스에서 사업구조를 분석하기 위해 사용하는 2가지 차원은?
① 시장성장률과 시장수익률
② 상대적 시장점유율과 시장의 규모
③ 시장성장률과 상대적 시장점유율
④ 시장의 규모와 시장수익률

[정답] ③ [해설] BCG 매트릭스는 시장성장률과 상대적 시장점유율을 사용한다.

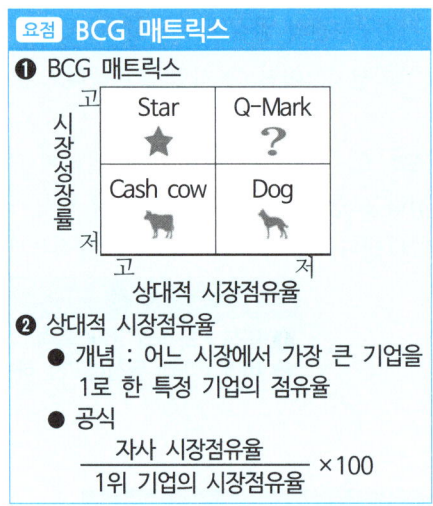

요점 **BCG 매트릭스**
❶ BCG 매트릭스
❷ 상대적 시장점유율
 ● 개념 : 어느 시장에서 가장 큰 기업을 1로 한 특정 기업의 점유율
 ● 공식
 $\dfrac{\text{자사 시장점유율}}{\text{1위 기업의 시장점유율}} \times 100$

04 포트폴리오 분석 방법 중에서 BCG 매트릭스에서 물음표(question mark)에 해당하는 사업부는?
① 높은 성장률-높은 시장점유율
② 높은 성장률-낮은 시장점유율
③ 낮은 성장률-높은 시장점유율
④ 낮은 성장률-낮은 시장점유율

[정답] ② [해설] BCG 매트릭스의 question mark 사업부는 높은 성장률과 낮은 시장점유율이다.

05 BCG의 시장성장률-점유율 매트릭스에서 '고성장 고점유율 사업으로서 고성장을 지원하기 위하여 대규모 투자가 소요되는 경우가 많은 위치'에 해당하는 것은?
① 물음표(question mark) ② 별(star)
③ 자금 젖소(cash cow) ④ 개(dog)

[정답] ② [해설] BCG 매트릭스에서 star 사업부를 설명하고 있다.

06 BCG 매트릭스의 성장률과 점유율에 따른 4가지 영역 중 어디에 해당하는가?

- 낮은 시장성장률과 높은 시장점유율을 보임
- 견고한 시장 기반을 바탕으로 많은 현금을 창출함
- 저성장 시장에서는 판매나 시장점유율을 더 이상 증대하기 어려우므로 더 투자하지 말아야 함

① Star ② Cash Cow
③ Question Mark ④ Dog

[정답] ② [해설] cash cow는 성장률이 낮지만 높은 상대적 시장점유율 부분이다.

07 BCG 매트릭스에 대한 설명으로 틀린 것은?
① 횡축은 상대적 시장점유율이고, 종축은 시장성장률이다.
② 상대적 시장점유율이 낮고, 시장성장률이 높은 영역은 물음표(question marks) 영역이다.
③ 별(stars) 영역의 경우 많은 현금을 창출하므로 투자를 최소화해야 한다.
④ 상대적 시장점유율이 높고, 시장성장률이 낮은 영역은 현금 젖소(cash cows) 영역이다.

[정답] ③ [해설] BCG 매트릭스에서 star 사업부는 현금을 창출하므로 투자를 계속해야 한다.

08 사업 포트폴리오 분석 방법의 BCG 매트릭스에 관한 설명으로 옳은 것은?
① Question mark는 시장성장률이 높고, 상대적 시장점유율은 낮아 계속된 투자가 필요하다.
② 현금이 가장 많이 유입되는 영역은 Dog이다.
③ Star는 시장성장률이 낮고, 상대적 시장점유율은 높아 현상 유지를 해야 한다.
④ Cash Cow에 속하는 사업 단위에 가장 적합한 전략은 확대전략이다.

[정답] ① [해설] Question mark는 시장성장률이 높고, 상대적 시장점유율은 낮다.

09 BCG 매트릭스에 관한 설명으로 가장 적합한 것은?
① 물음표 영역은 시장성장률이 높고, 상대적 시장점유율은 낮아 계속된 투자가 필요하다.
② 별 영역은 시장성장률이 낮고, 상대적 시장점유율은 낮아 많은 투자가 필요하다.
③ 자금 젖소 영역은 현금 창출이 많지만, 상대적 시장점유율이 낮아 많은 투자가 필요하다.
④ 개 영역은 시장지배적인 위치를 구축하여 성숙기에 접어든 경우이다.

[정답] ① [해설] 시장성장률이 높지만, 상대적 시장점유율이 낮은 것은 question mark이다.

10 BCG 매트릭스에서 개(dog)에 대한 설명으로 옳은 것은?
① 높은 시장성장률-높은 상대적 시장점유율
② 높은 시장성장률-낮은 상대적 시장점유율
③ 낮은 시장성장률-높은 상대적 시장점유율
④ 낮은 시장성장률-낮은 상대적 시장점유율

[정답] ④ [해설] 개(dog)는 낮은 시장성장률과 낮은 상대적 시장점유율 영역이다.

11 BCG 매트릭스 기법에 관한 설명으로 틀린 것은?
① 별 사업은 시장이 커지고 있어서 성장전략이 요구된다.
② 물음표 사업은 시장이 성장하고 있지만, 추가 투자에는 위험이 존재한다.
③ 현금 젖소 사업은 시장이 더는 커지지 않으므로 시장에서 철수할 준비를 한다.
④ 개 사업은 시장이 커질 가능성도 적고, 수익도 거의 나지 않는다.

[정답] ③ [해설] cash cow는 선도적 지위를 구축하고 있으며, 많은 이익을 내는 영역이다.

12 BCG 매트릭스에서 question mark 사업 단위에 적합한 전략 유형을 모두 고른 것은?

| ㄱ. 유지전략(hold) | ㄴ. 증대전략(build) |
| ㄷ. 수확전략(harvest) | ㄹ. 철수전략(divest) |

① ㄱ ② ㄱ, ㄷ ③ ㄴ, ㄷ ④ ㄴ, ㄷ, ㄹ

[정답] ④ [해설] question mark SBU 전략은 확대, 수확, 철수 등이다.

[요점] **BCG 매트릭스 영역별 전략**
- ❶ star ★ → 유지·확대전략
- ❷ question ? → 확대·수확·철수
- ❸ cash cow → 유지전략
- ❹ dog → 수확·철수전략

13 BCG 매트릭스의 4가지 영역과 주요 전략의 연결이 틀린 것은?
① Star-유지전략, 육성전략
② Cash cow-유지전략
③ Question mark-육성전략, 회수전략, 철수전략
④ Dog-회수전략, 육성전략

[정답] ④ [해설] BCG 매트릭스에서 Dog는 수확 또는 철수하는 전략이 필요하다.

14 맥킨지가 개발한 GE 매트릭스의 종축이 나타내는 것은?
① 시장점유율 ② 모방 가능성
③ 시장 매력도 ④ 사업의 장점

[정답] ③ [해설] 맥킨지 매트릭스는 가로축에 경쟁적 지위, 세로축에 산업매력도로 구성된다.

15 제품-시장 매트릭스에서 기존제품을 가지고 기존시장에서 성장을 도모하는 것으로 경쟁업자의 시장점유율을 빼앗아 성장하고자 하는 전략은?
① 시장침투전략 ② 다각화전략
③ 집중화 전략 ④ 시장개발전략

[정답] ① [해설] 기존시장에 기존제품으로 경쟁하는 것은 시장침투전략이다.

16 다음 성장 벡터 매트릭스의 ( ) 안에 알맞은 전략은?

제품＼시장	기존시장	신시장
기존제품	(ㄱ)	(ㄴ)
신제품	제품개발	(ㄷ)

① ㄱ 시장침투, ㄴ 시장 개발, ㄷ 다각화
② ㄱ 시장 개발, ㄴ 시장침투, ㄷ 다각화
③ ㄱ 다각화, ㄴ 시장 개발, ㄷ 시장침투
④ ㄱ 시장침투, ㄴ 다각화, ㄷ 시장 개발

[정답] ① [해설] (ㄱ)은 시장침투, (ㄴ)은 시장 개발, (ㄷ)은 경영다각화전략이다.

[요점] 시장 제품 매트릭스

	시장	
	기존시장	신시장
제품 기존제품	시장침투전략	시장개발전략
신제품	신제품개발전략	경영다각화전략

17 다음에서 설명하는 성장전략은?

> 기존시장에서 기존제품으로 시장점유율을 증대시키는 전략이다. 이를 위해 자사 소비자에게 제품을 더 많이 사용하도록 하며, 경쟁 상표를 사용하는 소비자는 자사 상표를 구매하도록 유도하고, 자사 상표나 경쟁사의 상표를 사용하지 않는 소비자에게는 그 제품을 사용하도록 유도하는 방법이 있다.

① 시장침투전략   ② 신제품 개발전략
③ 신시장개발 전략 ④ 다각화전략

[정답] ① [해설] 보기는 시장침투전략 설명이다.

18 스포츠의 성장전략을 성장 벡터에 의해 구분할 때 현재의 사업과 직접적인 관련이 없는 다른 분야에서 새로운 성장 기회를 발견하는 것은?
① 다각화전략   ② 시장침투전략
③ 제품개발전략 ④ 시장개발전략

[정답] ① [해설] 신제품으로 새로운 시장에 진출하는 것은 경영다각화전략이다.

19 포터(Porter)의 본원적 경쟁전략을 바르게 나열한 것은?
① 사업부 전략, 전사전략, 경쟁전략
② 비용 우위 전략, 경쟁전략, 집중화 전략
③ 성장전략, 차별화전략, 경쟁전략
④ 비용 우위 전략, 차별화전략, 집중화 전략

[정답] ④ [해설] 본원적 경쟁전략은 차별화전략, 원가우위전략, 집중전략 등이다.

20 Porter가 제시한 산업구조를 결정하는 경쟁요인이 아닌 것은?
① 신규진입의 위협   ② 구매자와의 교섭력
③ 최고경영자의 리더십 ④ 기존 기업 간 경쟁 관계

[정답] ③ [해설] 최고경영자의 리더십은 경쟁요인에 해당하지 않는다.

21 다음은 Porter의 본원적 경쟁전략의 차이점을 나타낸 것이다. ( )안에 알맞은 전략은?

구분		전략적 우위	
		낮은 비용	제품의 고유성
전략적 목표	산업 전체	(A)	(B)
	산업의 특정 부분	(C)	

① A : 비용 우위, B : 차별화, C : 집중화
② A : 차별화, B : 비용 우위, C : 집중화
③ A : 비용 우위, B : 집중화, C : 차별화
④ A : 집중화, B : 차별화, C : 비용 우위

[정답] ① [해설] 경쟁 범위를 특정 산업으로 볼 때 원가 우위 집중전략과 차별화 우위 집중전략으로 구분할 수 있지만 이를 합쳐 집중전략이라고도 한다.

[요점] 경쟁우위

		경쟁우위	
		원가 우위	차별화 우위
경쟁 범위	산업 전체	원가우위전략	차별화전략
	특정 산업	원가 우위 집중전략	차별화 우위 집중전략

22 Porter가 제시한 경쟁우위 전략에 관한 설명으로 가장 거리가 먼 것은?
① 차별화 우위 전략은 경쟁사들이 모방하기 힘든 차별화된 제품을 만들어 경쟁사들보다 비싼 가격으로 판매하는 방법이다.
② 비용 우위 전략은 동일한 품질의 제품을 경쟁사들보다 낮은 비용에 생산하여 저렴하게 판매하는 것을 말한다.
③ 집중화 전략은 비용 우위에 토대를 두거나 혹은 차별화 우위에 토대를 둘 수 있다.
④ Porter는 기업이 성공하기 위해서는 한 제품을 통하여 비용 우위 전략과 차별화전략 등 두 가지 이상의 전략을 동시에 추구해야 한다고 보았다.

[정답] ④ [해설] 원가우위전략과 차별화전략을 동시에 추구해야 하는 것은 아니다.

23 본원적 경쟁우위 전략 중 스포츠산업 전체에서 다른 제품이나 서비스와 구별되는 그 기업 고유의 제품 특성을 고객에게 인식시키는 전략은?
① 차별화전략   ② 집중화 전략
③ 다각화전략   ④ 비용 우위 전략

[정답] ① [해설] 차별화전략은 경쟁상품과 비교하여 구별되는 특징을 갖는다.

24 Porter의 본원적 경쟁전략 중 한정된 특정 시장을 목표로 하는 전략은?
① 제품수명주기 전략   ② 포트폴리오 전략
③ 집중화 전략   ④ 차별화전략

[정답] ③ [해설] 특정 집단. 특정 상품, 특정 지역 등 제한된 시장을 집중적으로 공략하는 것은 집중화 전략이다.

25 Poter가 제시한 산업 환경의 경쟁 강도에 영향을 미치는 요소에 해당하지 않는 것은?
① 대체재의 위협   ② 신규진입 위협
③ 구매자의 교섭력 ④ 노조와의 교섭력

[정답] ④ [해설] 마이클 포터의 5가지 경쟁요인은 기존 경쟁자와의 경쟁, 신규진입의 위협, 대체품의 위협, 공급자의 교섭력, 구매자의 교섭력 등이다. 노조와의 교섭력은 아니다.
[참고] 같은 문제로 오답 찾기의 정답이 '원가 구조'라고 출제될 수도 있다.

26 정보시스템 활동 중 일부분을 아웃소싱하는 이유에 해당하지 않는 것은?
① IT와 경영지식을 겸비한 자체 인력 양성
② 적은 노력으로 전문지식과 경험 확보
③ 외부인력 활용을 통한 비용 절감
④ 일정 수준의 품질 보장을 통한 리스크 감소

[정답] ① [해설] 자체 인력 양성을 목적으로 아웃소싱하지 않는다.

27 제품의 디자인에서 생산에 이르기까지 각 과정의 설계 작업을 동시에 수행함으로써 생산 리드 타임을 획기적으로 단축하는 기법은?
① 리엔지니어링(reengineering)
② 다운사이징 (downsizing)
③ 리스트럭처링(restructuring)
④ 컨커런트 엔지니어링(concurrent engineering)

[정답] ④ [해설] 컨커런트 엔지니어링은 제품설계와 제조, 지원 요소 등을 동시에 고려하여 제품을 개발하는 것으로, 동시 공학이라고도 한다.

제3장 스포츠 조직관리

1. 스포츠조직의 구조

01 국내 SK 스포츠단과 같이 스포츠조직이 사업 단위들을 독립적으로 운영하는 것보다는 다각화된 사업들을 통합하여 운영하면 사업 단위별 성과를 단순히 합한 것 이상의 효과를 얻을 수 있는 것을 무엇이라고 하는가?
① 집중화 효과 ② 시너지 효과
③ 성장 벡터 효과 ④ 매트릭스 효과

[정답] ② [해설] 시너지 효과란 각 기능이 상호 작용을 통해 성과의 상승 작용을 말한다. 스포츠조직인 SK 스포츠단이 와이번스 프로야구단 등을 함께 운영하는 것은 시너지 효과 상승을 목적으로 한 것이다.

02 조직화의 원칙 중 통제의 범위를 결정하는 요인이 아닌 것은?
① 경영자의 의지 ② 감독자와 종업원 간의 관계
③ 수행되는 일의 종류 ④ 감독자의 능력과 전문성

[정답] ① [해설] 통제의 범위를 결정하는 요소는 1) 수행 업무의 종류 2) 관리자의 능력과 전문성 3) 관리자와 피관리자 사이의 관계 등이다.

03 스포츠조직이 조직화를 할 때 기본적 원칙과 가장 거리가 먼 것은?
① 명령 일원화의 원칙 ② 조정의 원칙
③ 일사부재리의 원칙 ④ 전문화의 원칙

[정답] ③ [해설] 스포츠조직의 일반적 경영원칙은 명령 일원화, 감독 범위의 한계화, 계층 단축화, 전문화, 권한과 책임, 조정 등의 원칙 등이 있다.

04 조직에서 시간이 지남에 따라 업무량과 무관하게 구성원 수가 증가하는 경향을 나타내는 법칙은?
① 파킨슨 법칙 ② 파레토 법칙
③ 세이 법칙 ④ 하인리히 법칙

[정답] ① [해설] 업무량과 무관하게 구성원 수가 증가하는 경향은 파킨슨의 법칙이다.

05 조직원들이 수직적 계열로 형성된 원래 조직의 구성원으로 있으면서 동시에 수평적 성격의 프로젝트 조직의 일원으로도 아울러 임무를 수행하게 되어 있는 조직구조는?
① 프로젝트 조직 ② 위원회 조직
③ 라인과 스텝 조직 ④ 매트릭스 조직

[정답] ④ [해설] 수직적 조직과 수평적 성격의 프로젝트 조직의 일원으로도 동시에 수행하는 조직구조를 매트릭스 조직이라고 한다. 매트릭스 조직은 기능별 조직과 프로젝트 조직의 장점을 합한 형태이다.

06 Blau와 Scott의 스포츠조직을 조직의 수혜자를 변수로 하여 분류한 유형이 아닌 것은?
① 호혜조직 ② 성취조직 ③ 봉사조직 ④ 공익조직

[정답] ② [해설] Blau와 Scott는 조직의 수혜자를 변수로 하여 스포츠조직을 분류하는 것으로, 호혜조직, 사업조직, 봉사조직, 공익조직 등으로 나누었다.

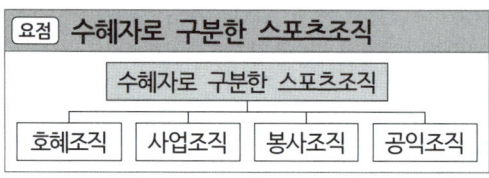

07 생산, 판매, 회계, 인사, 총무 등의 부서를 만들고 관련 과업을 할당하는 조직구조는?
① 사업부 조직   ② 매트릭스 조직
③ 기능별 조직   ④ 네트워크 조직

정답 ③ 해설 생산·판매·등 업무 기능을 중심으로 분장하는 것은 기능별 조직이다.

08 매트릭스 조직의 장점이 아닌 것은?
① 인적자원을 융통성 있게 활용할 수 있다.
② 프로젝트의 효과적인 수행을 위해 전문지식, 경험을 공평하게 활용할 수 있다.
③ 프로젝트에 대한 관리를 일관성 있게 수행할 수 있다.
④ 기능식 구조와 프로젝트 구조가 혼합되어 있으므로 갈등이 발생할 우려가 없다.

정답 ④ 해설 매트릭스 조직은 기능식 구조와 프로젝트 구조가 혼합되어 있으므로 갈등이 발생할 소지가 많은 단점을 갖고 있다.

09 매트릭스 조직구조의 장점과 가장 거리가 먼 것은?
① 의사결정의 책임소재를 명확히 할 수 있다.
② 전문지식과 기술 활용을 극대화할 수 있다.
③ 분야별 전문성을 살릴 수 있다.
④ 조직의 인력을 신축적으로 활용할 수 있다.

정답 ① 해설 매트릭스 조직은 의사결정의 책임소재가 불명확한 단점을 갖고 있다.

10 다음 중 조직 내의 직무가 표준화되어 있는 정도를 의미하는 것으로 조직 구성원이 언제 무엇을 어떻게 해야 하는지를 규정하고 명시하는 조직구조의 구성요소는?
① 집권화   ② 공식화   ③ 분권화   ④ 복잡성

정답 ② 해설 공식화의 개념은 조직 내 직무가 표준화되어 있을 때 적합하다.

11 조직구조를 형성하고 있는 핵심적인 차원 또는 조직화의 기본적 변수에 해당하지 않는 것은?
① 복잡성 ② 목표 지향성 ③ 집권화 ④ 공식화

정답 ② 해설 조직구조의 핵심적 구성요소는 복잡성, 공식화, 집권화이다.

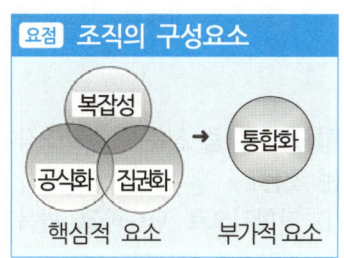
요점 조직의 구성요소

12 Mintzberg에 의한 조직구조유형 분류가 아닌 것은?
① 단순 구조조직   ② 기술적 관료조직
③ 전문적 관료조직   ④ 비공식적 조직

정답 ④ 해설 공식 조직, 비공식조직은 민츠버그의 조직구조 유형에 포함되지 않는다.

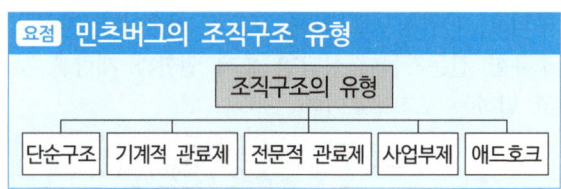
요점 민츠버그의 조직구조 유형

13 기업의 조직 형태 중 기계적 조직의 특징과 가장 거리가 먼 것은?
① 고정적이고 전문화된 업무
② 비공식적인 상호의사소통
③ 엄격한 위계질서
④ 중앙집권적 의사결정 구조

정답 ② 해설 기계적 관료제 구조의 특징은 1) 대규모 조직에서 발생 2) 업무 세분화 3) 반복적, 연속적 작업 4) 많은 규정과 통제 5) 라인과 스텝 조직 6) 공식적 커뮤니케이션 수단 활용 등이다.

요점 기계적 관료제의 특징
① 대규모 조직   ④ 많은 규정과 통제
② 업무 세분화   ⑤ 라인과 스텝 조직
③ 반복·연속 업무   ⑥ 공식 커뮤니케이션 수단 활용

14 민츠버그의 조직구조 유형 중 대규모 조직에서 흔히 볼 수 있으며 조직의 작업이 철저하게 세분화되어 있는 구조는?
① 전문적 관료제 구조   ② 애드호크러시
③ 기계적 관료제 구조   ④ 단순구조

정답 ③ 해설 기계적 관료제 구조를 설명하고 있다.

15 다음 중 전문적 관료조직에 대한 설명으로 맞는 것은?
① 전형적으로 단순하고 반복되는 환경에 적합한 조직구조 형태이다.
② 분권화를 가능케 하는 조정 메커니즘으로 조직 구성원의 행동을 표준화한다.
③ 권위자임을 자부하는 전문가들 사이의 조정이 쉽다.
④ 고도로 숙련된 전문가에게 자율권이 부여되지 않으며 구성원들에게도 재량권이 제공되지 않는다.

정답 ② 해설 전문적 관료제 조직은 전문성이 요구되고, 복잡성으로 인해 고도의 기술이나 지식을 소유한 전문가들이 상당한 통제 권한과 재량을 갖고 일하는 조직구조이다.

요점 전문적 관료제의 특징	
① 전문성 조직	④ 스텝은 일상적 지원
② 실무자의 많은 권한	⑤ 안정적 업무
③ 업무부서가 핵심	⑥ 수평·수직적 분권화

16 스포츠 조직구조의 유형 중 사업부제 조직구조에 대한 설명으로 옳은 것은?
① 조정 수단은 직접 감독이다.
② 중간관리층이 조직의 핵심 부문이다.
③ 완전히 집권화된 조직이다.
④ 소규모조직에 적합하다.

정답 ② 해설 지문의 ①, ③, ④는 단순구조에 대한 설명이다.

요점 사업부제의 장단점	
1) 장점	2) 단점
① 자원의 효율적 배분	① 통제기능 약화
② 위험 분산	② 본부 권한 침범 우려
③ 환경변화 능동 대응	

17 동일한 제품이나 지역, 고객, 업무 과정을 중심으로 조직을 분화하여 만든 부문별 조직(사업부제 조직)의 장점이 아닌 것은?
① 기능부서 간의 조정이 더 쉽다.
② 환경변화에 대해 유연하게 대처할 수 있다.
③ 특정한 제품, 지역, 고객에게 특화된 영업을 할 수 있다.
④ 자원 활용으로 규모의 경제를 기할 수 있다.

정답 ④ 해설 ④는 사업부제 조직의 장점이 아니다.

18 스포츠 조직구조 중 사업부제 구조에 관한 설명으로 옳지 않은 것은?
① 각 사업부에 대해 독자적 생산, 영업, 관리 권한을 부여한다.
② 사업부제 조직에서는 제품, 고객, 지역 등에 대한 전문성 확보가 어렵다.
③ 사업부의 생산통제시스템이 사업부 관리자의 혁신 능력에 대한 장애 요인으로 작용할 수 있다
④ 자원의 효율적 배분이 가능하고 사업부를 통한 위험의 분산과 환경변화에 대한 전략적 대응이 가능하다.

정답 ② 해설 사업부제는 제품, 고객, 지역 등에 대한 전문성 확보가 수월하다.

19 조직구조 유형에서 스포츠 이벤트의 기획을 위해 Taskforce를 구성한 뒤 임무가 완수되면 해산되는 임시 조직을 의미하는 구조유형은?
① 애드호크러시   ② 기계적 관료제 구조
③ 전문적 관료제 구조   ④ 사업부제 구조

정답 ① 해설 지문은 애드호크러시를 말한다.

20 스포츠조직들이 팀제를 도입했을 때 나타나는 일반적인 특성이 아닌 것은?
① 기능 중심에서 과제 중심으로 조직구조가 변한다.
② 관리업무가 강화된다.
③ 의사결정이 신속해진다.
④ 자율권과 책임이 강화된다.

정답 ② 해설 팀제를 도입하면 관리업무가 상대적으로 약화한다.

21 A 회사에서 운동화를 만들 경우, 생산라인에 있는 노동자처럼 최종 생산물을 만들기 위한 기본적인 업무에 종사하는 근로자들을 무슨 조직이라고 하는가?
① 테크노스트럭처 ② 업무핵심층
③ 전략상층부   ④ 중간관리자

정답 ② 해설 최종 생산물을 만들기 위한 조직은 업무핵심층이다.

요점 조직 구성의 5가지 부문

22 다음 중 조직설계의 영향요인에 해당하지 않는 것은?
① 환경, 전략   ② 전략, 규모와 라이프사이클
③ 기술, 사람   ④ 동기부여, 인원

정답 ④ 해설 ④의 동기부여와 인원은 조직설계의 영향요인이 아니다.

2. 스포츠 인적자원관리

01 스포츠조직의 인적자원관리에서 사람을 보는 관점으로 가장 적합한 것은?
① 비용 요소   ② 투자자산
③ 생산요소   ④ 경쟁 관계

정답 ② 해설 인적자원관리에서는 인적자원을 투자자산의 관점으로 양성하고자 한다.

02 스포츠 인적자원관리의 내용에 해당하지 않는 것은?
① 조직설계   ② 선발과 채용
③ 훈련과 개발   ④ 교체와 이직 관리

정답 ① 해설 조직설계는 인적자원관리에 포함되지 않는다.

03 다음의 ( )안에 들어갈 가장 알맞은 것은?

인적자원의 계획 → (A) → 선발 → 유인과 지향(오리엔테이션) → (B) → (C) → 보상, 승진, 이동 → 퇴직

① A-교육 훈련과 개발, B-모집, C-업적의 평가
② A-업적의 평가, B-모집, C-교육 훈련과 개발
③ A-모집, B-교육 훈련과 개발, C-업적의 평가
④ A-모집, B-업적의 평가, C-교육 훈련과 개발

정답 ③ 해설 인적자원관리의 절차는 인적자원관리 계획수립→모집→선발→확보(유인)→교육 훈련→평가관리→승진, 이동, 보상→퇴직 관리 순이다.

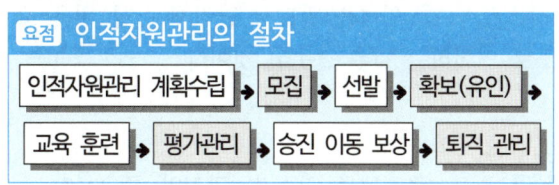
요점 인적자원관리의 절차

04 스포츠 인적자원관리에 대한 설명으로 틀린 것은?
① 인사관리 업무의 주요 내용은 조직 구성원의 확보와 개발, 보상, 유지와 관련된 것이다.
② 인사에 관련된 의사결정은 매우 중요한 것이면서 복잡하고 어렵다.
③ 인적자원은 타 기업이 쉽게 모방할 수 있고, 그 효과가 단기적 경쟁우위의 원천이다.
④ 인사관리의 기본 목표는 개인 목표와 조직 목표의 통합에 있다.

정답 ③ 해설 인적자원관리의 효과는 단기적 경쟁우위가 아니다.

05 스포츠 경영체의 인적자원 통제에서 사전 통제에 해당하는 것은?
① 선발   ② 업적평가
③ 직원의 혜택 및 서비스 ④ 면직(Separation)

정답 ① 해설 사전 통제란 예상되는 문제점을 사전에 발견하고 조처하는 것이다. 업적평가, 직원의 혜택 및 서비스, 면직 등은 사후 통제의 수단이다. 선발은 사전 통제이다.

06 스포츠조직의 인적자원관리에 관한 내용으로 옳지 않은 것은?
① 조직에서는 인력을 투자자산이 아닌 반드시 관리하여야 할 비용 요소로 인식한다.
② 목표는 개인의 목표와 조직의 목표가 동시에 달성되는 목표의 통합에 있다고 할 수 있다.
③ 인적자원관리 전략에는 업무 수행력과 환경변화에 적응할 수 있는 인력 고용이 포함된다.
④ 필요한 인력을 확보하고 이들의 능력을 개발하여 조직의 목표를 달성하고, 개인의 성장과 발전을 위한 관리 활동을 말한다.

정답 ① 해설 인력을 반드시 관리해야 할 비용 요소로 인식하는 것은 잘못된 것이다.

07 스포츠조직에서 인적자원관리의 중요성이 강조되는 이유가 아닌 것은?
① 법적, 제도적 요소의 개입 가능성 감소
② 고용주의 피고용자에 대한 사회적 책임 증가
③ 인적자원관리를 통한 경쟁우위 확보
④ 인적자원관리와 고객 만족 간의 연계성 강화

정답 ① 해설 인적자원관리를 통해 경쟁우위의 확보가 가능하며, 고용주의 피고용에 대한 사회적 책임이 강화되고, 내부 종업원 만족을 통한 고객 만족의 실현이 가능하여 조직의 목표 달성에 접근할 수 있다.

08 복수의 평가자가 적성검사, 심층 면접, 시뮬레이션, 사례연구, 역할연기 등의 평가 방법을 활용하여 지원자의 행동을 관찰 후 평가·선발하는 방법은?
① 다면 평가법　② 행동평가법
③ 종합평가제도　④ 개별면접법

정답 ③ 해설 문제 지문은 종합평가제도를 설명하고 있다.

09 인사고과의 방법 중 상대평가 기법과 가장 거리가 먼 것은?
① 평정 척도법　② 단순 서열법
③ 강제할당법　④ 쌍대비교법

정답 ① 해설 상대평가법은 서열법, 쌍대비교법, 할당법 등이 있고, ①은 절대 평가법이다.

요점 **절대평가와 상대평가**
1) 절대평가 : 평정 척도법, 체크리스트법, 중요사건기록법, 강제선택법. 자유 기술법, 목표설정법
2) 상대평가 : 서열법, 쌍대비교법, 할당법

10 다음 설명에 해당하는 직무설계는?

- 직무성과가 경제적 보상보다는 개인의 심리적 만족에 있다고 전제한다.
- 종업원에게 직무 정체성과 중요성을 높여주고 일의 보람과 성취감을 느끼게 한다.
- 종업원에게 많은 자율성과 책임을 부여하여 직무 경험의 기회를 제공한다.

① 직무 순환　② 직무 전문화
③ 직무 특성화　④ 직무 충실화

정답 ③ 해설 보기는 직무 특성화를 설명하고 있다. 직무설계의 원칙은 직무 특성화, 직무 확대화, 직무 전문화 등이다.

11 다음 설명에 해당하는 것은?

조직이 요구하는 일의 내용 또는 요건을 체계적으로 정리·분석하는 과정이며, 그 결과로 과업 요건에 초점을 두는 직무기술서와 인적 요건에 초점을 두는 직무명세서가 작성된다.

① 직무분석　② 직무평가
③ 블라인드 채용　④ 조직설계

정답 ① 해설 보기는 직무분석을 설명하고 있다.

요점 **직무분석**
1) 개념 : 특정 직무의 내용과 요건을 분석하는 활동
2) 방법 : 면접법, 관찰법, 워크샘플링법, 중요사건화법

12 각각의 직무 요소에 직무수행 상 각 요소가 차지하는 중요성에 따라 수량적 가치를 부여하여 직무의 가치를 평가하는 직무평가 방법은?
① 서열법 ② 분류법 ③ 점수법 ④ 요인 비교법

정답 ③ 해설 주어진 지문은 점수법이다.

13 다음 중 직무분석의 목적과 가장 거리가 먼 것은?
① 채용, 배치, 이동, 승진 등의 기초 자료를 제공한다.
② 업무개선의 기초가 된다.
③ 구성원의 훈련 및 개발의 기준이 된다.
④ 직장 상사와 종업원의 관계 개선을 증진한다.

정답 ④ 해설 직무분석은 상사와 부하 간의 인간관계 개선을 목적으로 시행하지 않는다.

14 직무분석에 관한 설명으로 옳지 않은 것은?
① 직무분석은 직무와 관련된 정보를 수집·정리하는 활동이다.
② 직무분석을 통해 직무기술서와 직무명세서가 작성된다.
③ 직무기술서는 직무를 수행하는데 필요한 인적 요건을 중심으로 작성된다.
④ 직무평가는 직무분석을 기초로 이루어진다.

정답 ③ 해설 직무명세서는 직무수행에 필요한 인적자원의 능력, 지식, 경력, 기술 등을 기술한다.

15 다음 설명에 가장 적합한 직무평가 방법은?

> 직무기술서와 직무명세서를 사용하여 중요 직종으로 분류한 다음, 평가 요소 중심으로 등급을 설계하여 등급 기술서를 작성·분류하여 임금을 정하는 방법이다.

① 서열법 ② 분류법 ③ 점수법 ④ 요소비교법

정답 ② 해설 주어진 지문은 분류법이다.

요점 **직무평가**
1) 개념 : 직무 중요도, 위험도 등을 평가하여 직무별 상대적 가치를 평가하는 활동
2) 방법 : 점수법, 요소비교법, 서열법, 분류법

16 직무분석의 설명으로 가장 거리가 먼 것은?
① 직무분석의 방법으로는 면접법과 관찰법 및 질문지법 등이 있다.
② 직무분석은 각 직무의 중요도, 위험도 등을 평가하여 직무의 상대적 가치를 결정한다.
③ 직무분석 결과 과업 요건에 초점을 두는 직무기술서가 작성되게 된다.
④ 직무분석 결과 인적 요건에 초점을 두는 직무명세서가 작성된다.

정답 ② 해설 직무의 중요도, 위험도 등을 평가하여 직무의 상대적 가치 결정은 직무평가이다.

17 인적자원관리 활동 중 효과적인 업무 수행을 위해 필요한 구체적인 기술이나 지식을 습득하도록 하는 것은?
① 직무분석 ② 교육 훈련 ③ 선발 ④ 보상

정답 ② 해설 교육 훈련을 통해 직무수행을 원활하게 할 수 있다.

요점 **인적자원개발**
1) 개념 : 최대 능력을 발휘할 수 있도록 기술·기능·업무 지식 등을 향상시키는 활동
2) 방법 : 강의법, 토의법, 역할 연기법, 사례연구법, 비즈니스게임, 인바스켓 훈련

18 관리자나 감독층을 대상으로 인간관계에 대한 태도 개선 및 인간관계기술을 제고시키기 위해 당면한 문제를 미리 체험해 보는 교육 훈련 방법으로 가장 적합한 것은?
① 인 바스켓 훈련   ② 비즈니스게임
③ 역할 연기법   ④ 사례연구

정답 ③ 해설 지문은 역할 연기법이다.

19 구체적인 성과목표를 부하와 상사가 함께 작성하고, 그 목표의 달성 정도에 따라 보상이 이루어지는 인사평가 방법은 무엇인가?
① 목표에 의한 관리법   ② 인적평정 센터법
③ 행위 기준 고과법   ④ 다면 평가법

정답 ① 해설 목표에 의한 관리법(MBO)은 구체적 성과목표를 상사와 부하가 함께 결정하고, 목표 달성이 정기적으로 점검되며, 이에 따른 보상이 결정되는 시스템이다.

20 목표관리(MBO)에 대한 설명으로 틀린 것은?
① 단기 목표를 강조하는 경향이 있다.
② 결과에 의한 평가가 이루어진다.
③ 사기와 같은 직무의 무형적인 측면을 중시한다.
④ 종업원들의 역량에 비해 더 쉬운 목표를 설정하려는 경향이 있다.

정답 ③ 해설 MBO는 직무의 무형적 측면을 중시하는 것이 아니다.
용어 MBO : management by objectives로, '목표에 의한 관리'이다.

21 스포츠조직에서 인적자원에 대한 평가의 중요성을 틀리게 설명한 것은?
① 동기부여, 커뮤니케이션, 리더십 등 다른 조직 행위를 바람직하게 개발할 수 있게 한다.
② 조직 구성원의 개인적 환경을 이해하여 상황에 따른 탄력적 주관적 보상체계를 구축하게 한다.
③ 평가 결과를 중심으로 사람과 업무를 적합하게 결합하여 능력을 발휘할 수 있도록 하고 성공적인 경력개발을 촉진한다.
④ 경영자가 인적자원의 질을 향상시키고 효과적으로 활용할 수 있도록 한다.

정답 ② 해설 인적자원 평가에서 주관적 보상은 바람직스럽지 못하다.

22 다음은 인사평가 오류 유형 중 무엇에 관한 설명인가?

- 어느 한 평가 요소가 피평가자의 다른 평가에 영향을 미치는 오류
- 성실성을 높게 받는 사람은 그 성실성이 높으므로 책임감도 높게 평가받는 것

① 유사 오류   ② 현혹 효과
③ 대조 효과   ④ 논리적 오류

정답 ② 해설 보기는 후광 효과로, 평가자가 피평가자의 어느 한 면을 기준으로 다른 면도 함께 평가하는 경향을 말한다. 현혹 효과라고도 한다.

요점 인적자원 평가의 발생 오류
① 후광 효과   ④ 관대화 경향
② 시간적 오류   ⑤ 중심화 경향
③ 객관성 결여

23 스포츠조직의 인사평가에 관련된 설명으로 틀린 것은?
① 평가대상자를 며칠간 합숙시키면서 각종 게임 및 토의, 심리검사 등을 통해 평가하는 방법은 주요 사건 서술법이다.
② 현혹 효과 또는 후광 효과는 평가자가 평가대상자의 어느 한 면을 기준으로 다른 것까지도 함께 평가해버리는 경향을 말한다.
③ 행동 기준평가법(BARS)에서는 평가대상자의 능력이나 성과를 구체적으로 나타내는 중요 사건의 결정 과정에 평가대상자를 참여시킨다.
④ 목표에 의한 관리(MBO)는 참여의 과정을 통해 조직의 목표를 설정함으로써 관리의 효율화를 기하려는 관리방식이다.

정답 ① 해설 ①은 인적평정 센터법이다.

24 프로선수들이 노동조건을 유지·개선하기 위하여 단결하고 그 단결력을 최대로 발휘하여 노사가 대등한 입장에서 교섭하는 행위를 의미하며, 이런 교섭의 결과를 협약으로 체결할 것을 목적으로 하는 노동권은?
① 단결권 ② 투표권 ③ 단체교섭권 ④ 단체행동권

정답 ③ 해설 주어진 지문은 단체교섭권을 설명하고 있다.

25 노동조합에 가입하지 않거나 탈퇴할 것을 고용조건으로 하거나 특정 노동조합의 일원이 될 것을 고용조건으로 하는 부당노동행위는?
① 보복적 불이익 대우   ② 단체교섭 거부
③ 황견계약   ④ 체크 오프 시스템

정답 ③ 해설 노동조합에 가입하지 않거나 탈퇴할 것을 고용조건으로 하거나 특정 노동조합 가입을 조건으로 하는 부당노동행위를 황견 계약(황견계약)이라 한다.
용어 황견 계약(黃犬 契約)
1) yellow dog contract를 번역한 것으로, 직역하면 개똥 계약이라는 의미이다.
2) 노동조합에 가입하지 않거나, 특정 노동조합에 가입하는 것을 전제 조건으로 하는 고용계약

26 부당노동행위에 속하지 않는 것은?
① 지배, 개입 및 경비원조   ② 횡견 계약
③ 단체교섭 거부   ④ 오픈 숍

정답 ④ 해설 오픈 숍이란 노동조합 가입을 자유의사로 결정하는 방법으로, 부당노동행위가 아니다.

27 조직 구성원들의 경영 참여와 가장 거리가 먼 것은?
① 제안제도   ② 성과배분제도
③ 종업원지주제도   ④ 전문경영인제도

정답 ④ 해설 전문경영인제도는 조직 구성원의 경영 참여 제도가 아니다.

요점 **조직 구성원 경영 참여**
① 노동조합   ④ 종업원지주제
② 제안제도   ⑤ 청년 중역 회의
③ 성과배분제도

3. 스포츠조직의 역량 강화

01 스포츠조직의 조직 활성화에 필요한 요인과 가장 거리가 먼 것은?
① 감독의 리더십
② 목표 달성을 위한 동기부여
③ 성과증대를 위한 커뮤니케이션
④ 전문화를 수직적 조직

정답 ④ 해설 조직 활성화 중요 요인은 리더십, 모티베이션, 커뮤니케이션 등이다.

02 리더십에 대한 설명으로 가장 적합한 것은?
① 바람직한 리더는 경영 능력보다 리더십을 갖추고 있어야 한다.
② 리더십은 권력이 있어야만 발휘될 수 있다.
③ 리더십은 최고경영자에게만 필요한 역량이다.
④ 기업의 상황에 따라 선호되는 리더십의 유형이 다를 수 있다.

정답 ④ 해설 리더십의 상황이론에 따라 조직이 요구하는 리더십 유형은 조직의 현재 상황에 따라 선호하는 유형이 달라진다.

03 전통적 리더십 이론(leadership theory)의 발전 과정을 바르게 나열한 것은?
① 상황이론→행동이론→특성이론
② 특성이론→행동이론→상황이론
③ 상황이론→특성이론→행동이론
④ 행동이론→상황이론→특성이론

정답 ② 해설 리더십 이론은 특성이론→행동이론→상황이론 순으로 발전하였다.

요점 **리더십 이론의 발달 단계**
① 특성이론 → ② 행동이론 → ③ 상황이론

암기 리더십 이론은 〈특행상〉으로 발전, 특성이론, 행동이론, 상황이론

04 경로 목표이론(path-goal theory)의 리더십 형태에 관한 설명으로 틀린 것은?
① 민주적 리더십-도전적인 작업목표를 설정하고 성과개선을 강조하며 하급자들의 능력 발휘에 대해 높은 기대를 설정하는 형태
② 참여적 리더십-하급자들에게 자문하고, 그들의 제안을 끌어내어 이를 진지하게 고려하며 하급자들과 정보를 공유하는 형태
③ 지원적 리더십-하급자들의 복지와 안락에 관심을 가지며 구성원들 간에 상호 만족스러운 인간관계 발전을 강조하는 형태
④ 지시적 리더십-구체적 지침과 표준을 제공하고 규정을 마련하여 하급자들로 하여금 그들에게 기대되는 것을 알게 해주는 형태

정답 ① 해설 경로 목표이론의 리더십 형태는 지시적 리더, 지원적 리더, 참여적 리더, 성취 지향적 리더로 나뉜다. ①은 민주적 리더가 아니고, 성취 지향적 리더에 대한 설명이다.

요점 **경로 목표이론의 리더십 유형**
① 지원적 리더   ③ 참여적 리더
② 지시적 리더   ④ 성취 지향적 리더

암기 경로 목표이론은 〈지지참성〉이다. 지원적 리더, 지시적 리더, 참여적 리더, 성취 지향적 리더

05 다음 중 리더십 이론에 관한 설명으로 옳은 것은?
① 특성이론(Trait Theory)에 의하면, 리더는 리더십 행사에서 상황의 영향을 받을 수 있음을 제시한다.
② 관리 격자 이론에 의하면 중간관리자에게 가장 적절한 리더십 유형은 중간형(5.5)이다.
③ 피들러(Fiedler)의 상황이론에서는 리더십의 상황 요인으로 리더-구성원 관계, 과업 구조, 리더의 직위 권한을 제시하고 있다.
④ 경로-목표 이론(Path-Goal Theory)에서는 의사결정 상황에 따라 리더의 의사결정 유형을 달리하는 의사결정 나무(decision tree)를 제시하고 있다.

정답 ③ 해설 ① 리더십 행사에 상황의 영향을 받는 것은 상황이론이며, ② 관리 격자 이론에서 관리자의 가장 이상적인 유형은 9.9형이다. ④ 경로 목표이론에서 리더의 스타일은 지시적 리더, 지원적 리더, 참여적 리더, 성취 지향적 리더로 구분한다.

요점 managireal grid 이론(관리 격자 이론)

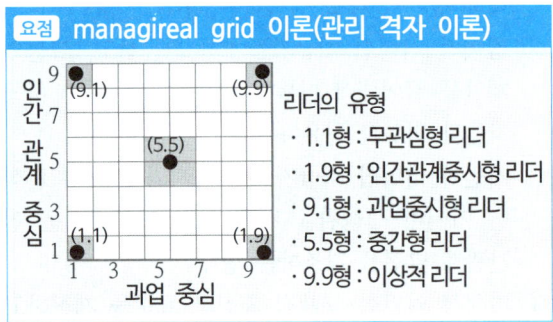

06 피들러(Fiedler)의 리더십 상황이론에 관한 설명으로 가장 거리가 먼 것은?
① 집단의 작업수행 성과는 리더십 스타일과 상황 변수의 상호 작용으로 결정된다고 가정한다.
② 리더십 스타일은 지시적, 후원적, 참여적, 성취 지향적으로 구분한다.
③ 상황 변수는 '리더와 부하와의 관계', '과업 구조', '직위 권력'이다.
④ 상황 변수가 복잡하고 그 크기를 측정하기 힘들다는 한계점이 있다.

정답 ② 해설 ②의 리더 스타일은 경로-목표이론에서 리더를 분류하는 방법이다

07 동기부여의 과정이론에 해당하는 것은?
① 매슬로우(Maslow)의 욕구 계층이론
② 알더퍼(Alderfer)의 ERG 이론
③ 허츠버크(Herzberg)의 동기-위생이론
④ 브롬(Vroom)의 기대이론

정답 ④ 해설 동기부여의 내용 이론은 욕구 단계이론, ERG 이론, 2요인 이론 등이며, 과정이론은 기대이론과 공정성 이론이다.

요점 동기부여 이론의 구분

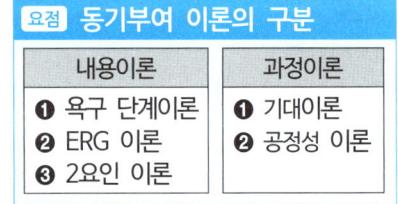

암기 동기부여 이론은 〈내욕이~ 과기공〉이다. 내용이론은 욕구 단계·ERG·2요인 이론이며, 과정이론은 기대·공정성 이론이다.

08 동기부여 이론에 관한 설명으로 틀린 것은?
① 동기부여 이론은 동기유발 요인이 무엇인가를 밝히는 내용 이론과 동기유발 과정에 초점을 둔 과정이론으로 구분될 수 있다.
② Herzberg의 2 요인이론은 내용 이론에 속한다.
③ Adams의 공정성 이론은 Maslow의 욕구 단계 이론의 한계성의 대안으로 제시된 것이다.
④ Vroom의 기대이론은 과정이론에 속한다.

정답 ③ 해설 Maslow의 욕구 단계이론의 한계성을 극복하기 대안으로 제시된 것은 ERG 이론이다.
참고 앨더퍼의 ERG 이론 : 이 이론은 매슬로우의 욕구 5단계 이론을 발전시킨 것이다. 다음 페이지 문제 10, 13 참조

요점 욕구 5단계 이론과 ERG 이론

09 동기부여 관점에서 매슬로우의 욕구 단계이론에 대한 설명으로 틀린 것은?
① 동기부여 이론 중 내용 이론에 해당한다.
② 각 욕구는 피라미드 형태로 구성된다.
③ 피라미드 형태의 하위 욕구와 상관없이 상위계층의 욕구를 충족할 수 있다.
④ 최상위의 욕구는 자아실현의 욕구이다.

정답 ③ 해설 욕구 단계이론에서 하위의 욕구가 충족되었을 때 상위의 욕구가 나타난다.

10 동기부여의 내용 이론에 해당하지 않는 것은?
① 2 요인이론
② ERG 이론
③ 욕구 단계이론
④ 공정성 이론

정답 ④ 해설 과정이론은 기대이론, 공정성 이론이다.

요점 **동기부여의 2요인 이론**

동기 요인
동기를 크게 높이는 요인으로, 성취감 · 책임감 · 목표 달성 의욕 등
위생요인
동기유발 정도가 동기 요인보다 낮으며, 인간관계 · 작업환경 · 급여 등

11 허시-블랜차드의 상황적 리더십에서 리더십 유형에 포함되지 않는 것은?
① 위임형 리더
② 참여형 리더
③ 설득형 리더
④ 지원형 리더

정답 ④ 해설 허시-블랜차드의 상황적 리더십에서 리더십 유형은 위임형, 참여형, 설득형, 지시형 리더이다.

암기 허쉬-블랜차드의 상황적 리더십 : 〈허쉬는 지설참위〉(지시 · 설득 · 참여 · 위임형)이다.

요점 **상황적 리더십 이론**

12 동기부여 이론 중 브룸(Vroom)의 기대이론을 구성하고 있는 기본 변수의 개념에 해당되지 않은 것은?
① 기대감   ② 유의성   ③ 수단성   ④ 피드백

정답 ④ 해설 기대이론의 변인은 가치, 수단, 기대 등이다. 가치는 유의성으로 표현되었다. 피드백은 기본 변수가 아니다.

요점 **기대이론의 기본 변수**
① 가치(유의성) ② 수단 ③ 기대

13 동기부여 이론에 관한 설명으로 옳은 것은?
① 매슬로우(Maslow)의 요구계층이론에 의하면 하위 욕구가 충족되지 않아도 상위욕구를 충족할 수 있다.
② 알더퍼(Alderfer)의 ERG 이론에 의하면 존재는 가장 상위의 욕구에 해당한다.
③ 허츠버그(Herzzberg)의 동기-위생이론에 의하면 위생요인이 충족되더라도 만족의 증가를 가져오지 않는다.
④ 애덤스(Adams)의 형평성 이론에 의하면 투입과 산출 측면에서 타인과의 비교가 아닌 자기 자신의 주관적 판단에 따라 형평성을 인식한다.

정답 ③ 해설 ① 매슬로우의 욕구 5단계 이론은 하위 욕구가 충족되었을 때 상위욕구가 발생한다. ② 알더퍼의 ERG 이론은 성장 욕구가 가장 상위의 욕구이다. ④ 애덤스의 형평성(공정성) 이론은 공정성이 보장될 때 동기가 더욱 높아진다는 이론이다.

14 매슬로우(Maslow)의 욕구 5단계 이론 중 자기 자신에 대해 긍정적으로 평가할 수 있기를 바라며 다른 사람들로부터 인정받길 원하는 욕구 단계는?
① 생리적 욕구
② 자아실현의 욕구
③ 소속에 대한 욕구
④ 존경에 대한 욕구

정답 ④ 해설 타인으로부터 긍정적 평가와 인정받길 원하는 욕구는 존경의 욕구이다.

15 Hackman과 Oldham이 주장한 직무특성이론에서 핵심 직무 차원에 포함되지 않는 것은?
① 과업 자율성(autonomy)
② 과업 정체성(task Identity)
③ 기능 다양성(skill variety)
④ 성장 욕구(growth and need strength)

정답 ④ 해설 직무특성이론은 수행직무가 성장 욕구에 부합할 때 긍정적인 동기유발 효과를 초래하게 된다는 것으로, 핵심 직무의 수준은 기술 다양성, 직무 정체성, 직무 중요성, 과업 자율성, 피드백 등의 5가지가 핵심을 이루고 있다.

16 프렌치와 레이븐(French & Raven)이 제시한 조직 내 권력(power) 유형에 포함되지 않는 것은?
① 보상적 권력(reward power)
② 사회적 권력(social power)
③ 강압적 권력(coercive power)
④ 합법적 권력(legitimate power)

정답 ② 해설 프렌치(French)와 레이븐(Raven)의 권력의 다섯 가지 형태는 1) 보상적 권력 2) 강압적 권력 3) 합법적 권력 4) 준거적 권력 5) 전문적 권력 등이 있다.
암기 권력의 형태 : 〈권력은 보강합준전〉(보상적·강압적·합법적·준거적·전문적 권력)이다.

요점 **권력의 5가지 형태**
① 보상적 권력 ④ 준거적 권력
② 강압적 권력 ⑤ 전문적 권력
③ 합법적 권력

17 다음 중 스포츠조직의 조직역량 강화를 위한 커뮤니케이션의 주요 구성요소와 가장 거리가 먼 것은?
① 동기화
② 메시지 화
③ 커뮤니케이션 경로선택
④ 피드백

정답 ① 해설 커뮤니케이션의 구성요소는 메시지, 경로선택, 피드백 등이다.

18 다음 중 스포츠조직의 역량 강화를 위해 제공자가 전달하고자 한 정보를 수신자가 어떻게 받아들였는지를 알려주는 반응으로 정확한 메시지가 전달되었는지 확인할 수 있는 커뮤니케이션의 구성요소는?
① 메시지화
② 커뮤니케이션 경로선택
③ 메시지 해석
④ 피드백

정답 ④ 해설 메시지 전달 반응 파악은 피드백이다.

19 다음 중 커뮤니케이션의 장애 현상과 대응 방안이 잘못 연결된 것은?
① 지리적으로 멀리 떨어짐-비공식적인 채널 양성
② 제공자와 수신자의 경험 차이-커뮤니케이션 스킬 교육
③ 관료적, 위계적 조직구조-조직구조의 플랫화
④ 경직적 문화를 가진 조직-참여 주의 문화 구축

정답 ① 해설 지리적 장애는 정보기술의 활용이 필요하다.

제4장 스포츠 재무관리

1. 스포츠 재무관리

01 스포츠 재무관리의 궁극적인 목표로 올바른 것은?
① 스포츠조직 가치의 극대화
② 스포츠조직 가치의 유지
③ 스포츠조직 자본의 안정적 투자
④ 스포츠조직 자본의 유지

[정답] ① [해설] 재무관리의 목표는 조직 가치 극대화이다.

02 재무 정보의 질적 특성이 아닌 것은?
① 비교 가능성   ② 발생주의
③ 적시성   ④ 이해 가능성

[정답] ② [해설] 재무 정보의 질적 특성은 1) 비교 가능성 2) 검정 가능성 3) 적시성 4) 이해 가능성 등이다. 발생주의는 질적 특성이 아니다.

03 다음 ( ) 안에 들어갈 알맞은 말은?

> 화폐의 ( )에 대한 개념은 재무관리 전반에 걸쳐 적용되는 기초개념이다. 이것은 동일한 금액이라도 어느 시점에서 평가하느냐에 따라 가치가 달라지는 것을 의미한다.

① 미래가치   ② 시간적 가치
③ 단계적 가치   ④ 과거 가치

[정답] ② [해설] 화폐의 시간적 가치이다.

[요점] 화폐의 시간적 가치

현재가치	화폐의 현재가치 : $P_o = P_n(1+R)^{-n} = \dfrac{P_o}{(1+R)^n}$ 미래의 현금 P_n는 n 기간 동안 R의 이자율로 계산한 현재가치 P_o
미래가치	화폐의 미래가치 : $P_n = P_o(1+R)^n$ 현재의 현금 P_o를 n 간 동안 R의 이자율로 계산한 미래가치 P_n

04 다음 중 골프 대회에 출전한 선수에게 주어지는 보상 옵션으로 선수가 선택할 수 있다면 재무관리 측면에서 가장 바람직한 것은?(단, 이자율은 연 10%, 복리 계산하며, 주어진 조건 외에는 고려하지 않는다.)
① 현재 1,000만원 받기
② 1년 후 1,150만원 받기
③ 2년 후 1,200만원 받기
④ 현재 300만원, 1년 후 300만원, 2년 후 300만원 받기

[정답] ② [해설] 각각의 현재가치는 ① 1,000만원 ② $1,150/(1.1)^1 = 1,045$만원 ③ $1,200/(1.1)^2 = 992$만원 ④ $300 + 300/(1.1)^1 + 300/(1.1)^2 = 821$만원이다.

05 스포츠용품을 판매하는 A 회사는 1년 후에 10,000원의 수익을 실현할 것으로 예상한다. 매 기간의 이자율이 10%라고 할 때, 2년 후에 실현되는 10,000원의 대략적인 현재가치는?
① 6,780원 ② 8,264원 ③ 9,345원 ④ 1,111원

[정답] ② [해설] 공식 $P_0 = P_n/(1+R)^n$을 적용하면 $P_0 = 10,000/(1+0.1)^2 = 8,264$원이다.

06 어느 유도선수가 3년 동안 매년 200만원씩 받는 연금이 있을 때 이 연금을 현재 시점에서 일시금으로 받는다면 약 얼마를 받을 수 있는가?(단, 할인율은 매년 10%를 적용)
① 432만원 ② 497만원 ③ 507만원 ④ 578만원

[정답] ② [해설] $P_0 = 200/(1+0.1)^1 + 200/(1+0.1)^2 + 200/(1+0.1)^3 = 200/1.1 + 200/1.21 + 200/1.331 = 182 + 165 + 150 = 497$만원이다.

07 골프장을 건설하는데 현재 100억원이 소요되지만, 골프장이 완성되는 1년 후에 B 기업에 120억원에 매각하기로 하였다. 이 투자안의 순현재가치는?(시장이자율은 연 4%)
① 약 6억 2천만원   ② 약 11억 5천만원
③ 약 15억 4천만원 ④ 약 20억원

[정답] ③ [해설] {120억원$(1+0.04)^{-1}$}−100억원=(120억원÷1.04)−100억원이다. 이를 계산하면 15억 4천만원이다.

08 A선수는 매년 약 4,000명 정도의 관중을 동원할 수 있으며, 또한 모기업에도 적지 않은 광고효과를 가져다주는데 이를 돈으로 환산하면 3,000만원 정도로 평가된다. 이 선수가 향후 3년간 계약하려고 할 때 적절한 계약금은?(단, 은행 이자는 연 10%)
① 약 7,500만원   ② 약 8,500만원
③ 약 9,500만원   ④ 약 1억500만원

[정답] ① [해설] 선수의 계약금 적정액은 3,000만원×3년이다. 여기서 3,000만원은 연도별 미래가치이므로, 계약 시점에서 현재가치로 환산해야 한다. 3년간 가치를 연도별로 보면 {3,000만원/$(1+0.1)^1$}+{3,000만원/$(1+0.1)^2$}+{3,000만원/$(1+0.1)^3$}=2,727만원+2,479만원+2,254만원=7,450만원이 된다.

09 A 프로농구 구단이 매년 벌어들이는 영업이익이 5억 원이라고 가정하고, 매년 2억원을 부채에 대한 이자로 지급하고 순이익은 나머지 3억원이다. 지급 이자에 대한 할인율은 10%, 순이익에 대한 할인율은 20%라고 하면 A 프로농구 구단의 가치는 얼마인가?
① 20억원 ② 25억원 ③ 30억원 ④ 35억원

[정답] ④ [해설] A 구단의 현재가치 P_0=2억원/0.1+3억원/0.2=20억원+15억원=35억원이다.

10 매년 말 200만원을 영원히 받는 영구연금의 현재가치는?(단, 연간이자율은 10%)
① 1,400만원   ② 1,600만원
③ 1,800만원   ④ 2,000만원

[정답] ④ [해설] 200만원/0.1=2,000만원이다.
[참고] 영구연금의 현재가치 계산 공식

> [요점] **영구연금의 현재가치 계산 공식**
> ● 공식 : 영구연금의 현재가치=매년 지급액/이자율

11 다음 중 기회비용을 계산할 때 적용해야 하는 것은?
① 자산적 비용   ② 암묵적 비용
③ 부채 비용   ④ 자본잠식 비용

[정답] ② [해설] 기회비용은 암묵적 비용과 명시적 비용으로 계산한다.

2. 스포츠 재무분석

01 재무제표에 관한 설명으로 틀린 것은?
① 재무상태표-일정 기간 재무 상태를 나타낸다.
② 손익계산서-일정 기간의 경영성과는 나타낸다.
③ 현금흐름표-일정 기간의 현금흐름의 변동내용을 나타낸다.
④ 이익잉여금처분계산서-일정 기간 이익잉여금의 처분에 관한 사항을 나타낸다.

[정답] ① [해설] 재무상태표는 특정 시점의 재무 상태를 나타낸다. 일정 기간의 경영성과를 나타내는 손익계산서와의 차이를 명확하게 기억해야 한다.
[참고] **이익잉여금 처분계산서** : 이익이 발생할 때이며, 손실이 발생하면 손실금 처분계산서를 만든다.

> [요점] **재무제표**
> ❶ 재무상태표   ❸ 이익잉여금 처분계산서
> ❷ 손익계산서   ❹ 현금흐름표

02 다음 ( ) 안에 들어갈 알맞은 것은?

> 스포츠시설 운영 및 사업성 분석을 위한 재무제표 중 ( )은/는 일정 시점에 시설의 재무 상태를 나타내는 보고서로써 정보 이용자들이 재무적 탄력성, 수익성과 위험성 등을 평가하는데 유용한 정보를 제공한다.

① 재무상태표 ② 금융확인서
③ 현금흐름표 ④ 포괄 손익계산서

[정답] ① [해설] 일정 시점의 재무 상태를 나타내면 재무상태표이다.

요점 재무상태표와 손익계산서

재무상태표	손익계산서
특정 시점 재무 상태를 나타내는 재무제표	일정 기간 이익·손해를 나타내는 재무제표

03 재무제표에 관한 설명으로 틀린 것은?
① 재무상태표 - 일정 시점의 재무 상태를 나타낸다.
② 손익계산서 - 일정 기간 경영 상태를 나타낸다.
③ 이익잉여금처분계산서 - 일정 시점의 이익잉여금 처분에 관한 사항을 나타낸다.
④ 현금흐름표 - 일정 기간의 현금흐름의 변동내용을 나타낸다.

[정답] ③ [해설] 이익잉여금처분계산서는 한 해의 수익을 이익잉여금으로 분배하여 기록한다.

04 스포츠조직의 자본 설명으로 틀린 것은?
① 자본비용은 크게 타인 자본비용과 자기자본 비용으로 구분할 수 있다.
② 직접금융을 통한 외부 자본조달 방법에는 은행차입, 매입채무, 기업어음 등이 있다.
③ 스포츠조직의 입장에서 자본비용은 보통 가중평균 자본비용을 의미한다.
④ 스포츠용품 업체는 은행차입이나 회사채 발행 등을 통해 자본을 조달할 수 있다.

[정답] ② [해설] 은행차입, 매입채무, 기업어음 등은 간접금융이다.

05 다음 중 프로야구단의 재무제표에 나타나지 않는 내용은?
① 입장권이나 스폰서십 수입
② 무형의 브랜드 자산
③ 투자유치에 따른 투자금
④ 팀이나 구단의 시설물 등으로 사용한 비용

[정답] ② [해설] 무형자산은 재무제표상에 나타나지 않는다. 브랜드 자산은 무형자산이다.

06 다음 중 손익계산서상에서 매출총이익을 계산하는 데에 고려되지 않는 항목은?
① 기초 상품 재고액 ② 당기 매입액
③ 매출액 ④ 산업 평균 시장가

[정답] ④ [해설] 시장 평균 가격은 손익계산서에 나타나지 않는다.

07 다음 재무 상태를 토대로 계산한 자본은?

> 비유동자산 6,000,   유동부채 5,000,
> 유동자산 5,000,   비유동부채 2,000

① 3,000 ② 4,000 ③ 5,000 ④ 6,000

[정답] ② [해설] 재무상태표의 공식은 자산=부채+자본이다. 5,000+6,000=5,000+2,000+X이다. ∴ 4,000이다.

요점 재무상태표의 구성

차변	대변
유동자산 고정자산	유동부채 고정부채 자본
자산합계	부채와 자본합계

08 다음 중 스포츠 재무관리에서 고정부채로 분류되는 항목은?
① 미지급금 ② 매입채무
③ 예수금 ④ 퇴직급여충당금

[정답] ④ [해설] 유동부채는 고정사채, 장기차입금, 장기 부채성 충당금, 장기매입채무, 이연법인세, 퇴직급여 충당금 등이다. 퇴직급여충당금은 고정부채이다.

09 조직이 자산을 얼마나 효율적으로 활용하고 있는가를 나타내는 비율이며, 일반적으로 매출액에 대한 주요 자산의 회전율로 나타내는 것은?
① 유동성 비율 ② 레버리지 비율
③ 활동성 비율 ④ 생산성 비율

[정답] ③ [해설] 주어진 지문은 활동성 비율이다.

> **요점 비율분석의 종류**
> ❶ 유동성 비율   ❹ 수익성 비율
> ❷ 레버리지 비율 ❺ 생산성 비율
> ❸ 활동성 비율

10 스포츠조직의 재무비율 분석의 예가 틀리게 짝지어진 것은?
① 유동성 비율 - 당좌비율
② 레버리지 비율 - 이자보상비율
③ 생산성 비율 - 재고자산회전율
④ 수익성 비율 - 자기자본순이익률

[정답] ③ [해설] ③ 생산성 비율은 노동 생산성, 자본 생산성으로 구분한다. 재고자산회전율은 활동성 비율을 계산할 때 필요하다.

11 스포츠조직의 타인자본 의존도를 파악하는 비율은?
① 유동성 비율 ② 레버리지 비율
③ 활동성 비율 ④ 수익성 비율

[정답] ② [해설] 레버리지 비율은 조직이 조달한 자본 중 타인자본 의존도를 나타낸다.

12 재무비율 계산 공식으로 틀린 것은?
① 유동비율=(유동자산/유동부채)×100
② 노동 생산성(원)=부가가치/종업원 수
③ 재고자산 회전율=재고자산/매출액
④ 매출액 순이익률=(당기순이익/매출액)×100

[정답] ③ [해설] 재고자산 회전율=(매출액/재고자산)×100이다.

13 스포츠조직의 성과를 측정할 수 있는 재무비율에 관한 설명으로 틀린 것은?
① 유동성 비율-조직이 단기 부채를 상환할 수 있는 능력을 나타내 주는 것으로 유동자산을 조달할 수 있는 능력을 말한다.
② 레버리지 비율-채무자들에게 채무 상환 능력의 정도를 나타낸다.
③ 활동성 비율-조직이 자산을 얼마나 효과적으로 활용하고 있는가를 나타내는 비율이다.
④ 수익성 비율-전반적으로 조직이 얼마나 효과적으로 관리되고 있는지, 즉 조직이 얼마만큼의 이익을 달성했는가를 측정한다.

[정답] ② [해설] 레버리지 비율은 전체자본 중 타인자본이 차지하는 비율을 나타낸다.

14 A 스포츠 센터의 총자산은 15억원이며, 이중 유동자산 합계가 5억원, 고정자산 합계가 10억원이다. 유동부채 합계가 5억원, 고정부채 합계가 5억원일 때 자본총계는?
① 5억 ② 10억 ③ 15억 ④ 20억

[정답] ① [해설] 공식은 '자산=자본+부채' 15억=자본+(유동부채 5억+고정부채 5억) ∴ 5억원이다.

15 유동비율을 구하는 공식으로 옳은 것은?
① 유동비율(%)=유동자산/유동부채×100
② 유동비율(%)=유동부채/유동자산×100
③ 유동비율(%)=유동자산/유동부채×200
④ 유동비율(%)=유동부채/유동자산×200

[정답] ① [해설] 유동비율은 유동자산/유동부채×100이다. 분모가 유동부채이다.

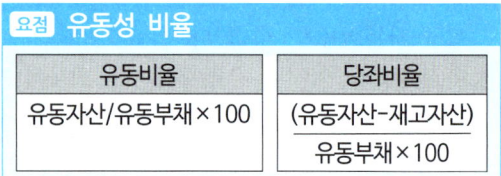

유동비율	당좌비율
유동자산/유동부채×100	(유동자산-재고자산)/유동부채×100

[암기] 유동비율 : 부채가 분모이다. 〈탤런트 유동근이 아들(자)을 무등 태워 가고 있다.〉

16 유동자산이 213,225원, 유동부채 85,290원, 총자산 843,469원, 당기순이익 109,264원일 때 유동비율은 얼마인가?
① 150% ② 200% ③ 250% ④ 350%

[정답] ③ [해설] 유동비율은 유동자산/유동부채이다. 213,225원÷85,290원X100=250%이다.

17 A 사의 유동자산이 500만원인데 이 중 재고자산이 200만원이다. 유동부채가 200만원일 경우 당좌비율은?
① 100% ② 150% ③ 250% ④ 350%

[정답] ② [해설] 당좌비율의 공식은 (유동자산-재고자산)/유동부채×100이다. ∴ {(500−200)/ 200}만원×100=150%

18 어떤 프로야구 구단의 자기자본이 1,000억원이고, 연간 순이익이 100억원이라면 자기자본순이익률(ROE)은?
① 10% ② 0.1% ③ 1,000% ④ 1%

[정답] ① [해설] 자기자본순이익률(ROE) 공식은 순이익을 자기자본으로 나눈 값이다. 즉 당기순이익/자기자본×100이다. 그러므로 {(당기순이익 100억원/자기자본 1,000억원)×100}을 계산하면 10%이다.

19 재고자산회전율=(   )/재고자산이다. (   ) 속에 들어가야 하는 것으로 옳은 것은?
① 매출액 ② 단기 총이익 ③ 총자산 ④ 유동부채

[정답] ① [해설] 재고자산회전율=매출액/재고자산

20 조직이 조달한 전체자본 중 어느 정도가 타인자본에 의존하고 있는가를 나타내는 비율은?
① 유동성 비율   ② 레버리지 비율
③ 활동성 비율   ④ 생산성 비율

[정답] ② [해설] 보기는 레버리지 비율 설명이다.

21 A 프로농구 구단의 총자본이 1,000억원이고, 당기순이익이 200억원이라면 이 구단의 총자본 순이익율(ROI)은?
① 200% ② 500% ③ 5% ④ 20%

[정답] ④ [해설] 총자본수익률(ROI)은 당기순이익/총자본×100이다.

22 다음의 재무구조를 가진 스포츠 센터의 자기자본순이익률(ROE)은?

- 자기자본 : 45억 6천만원,
- 수익 : 76억 3천만원,
- 사업(영업)이익 : 13억 8천만원,
- 경상이익 : 9억 7천만원,
- 당기순이익 : 7억 8천 6백만원

① 9% ② 14% ③ 17% ④ 21%

[정답] ③ [해설] 자기자본이익률(ROE)의 공식은 당기순이익/평균 자기자본×100이다. 이를 적용하여 계산하면 786백만원/4,560백만원×100 =17.2%이다.

23 총자본회전율의 계산식으로 옳은 것은?
① 총자산/매출액   ② 매출액/총자산
③ 순이익/자기자본 ④ 자기자본/순이익

[정답] ② [해설] 총자본회전율은 매출액을 총자산으로 나눈 값이다.

24 매출액 순이익률이 2%이고 총자본회전율이 5인 스포츠 기업의 총자본 순이익률은?
① 1% ② 2.5% ③ 5% ④ 10%

[정답] ④ [해설] 공식은 매출액 순이익률=순이익/매출액, 총자본회전율=매출/총자본, 총자본 순이익률=순이익/총자본이다.
매출액을 100으로 가정하여 주어진 조건을 적용하면 매출액 순이익률=(2/100)×100=2, 총자본회전율=100/20=5, 총자본 순이익률=(2/20×100)=10%

25 스포츠조직의 단위 사업에서 수익과 비용이 일치하는 상태의 매출액(채산점)을 의미하고 매출, 비용, 이익의 관계를 나타내는 것을 무엇이라고 하는가?
① 손익분기점 ② 재무제표
③ 당기순이익 ④ 종합매출표

정답 ① 해설 주어진 지문은 손익분기점(BEP)을 말한다.

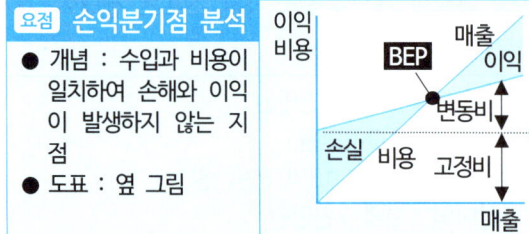

용어 BEP : break even point로, 손익분기점을 말한다.

26 다음 ( )에 알맞은 것은?
( )은 영업이익이 0원이 될 때의 판매량 또는 생산량을 말한다.

① 손익분기점 ② 자본조달분기점
③ 목표판매량 ④ 경제적 주문량

정답 ① 해설 수익과 비용이 일치하여 이익도 손해도 발생하지 않는 상태는 손익분기점이다.

27 어느 스포츠 제품의 단가가 9,000원, 변동비가 6,000원, 고정비가 1,350,000원일 경우 목표이익을 450,000원으로 설정한다면 손익분기점(BEP) 매출량은?
① 450개 ② 500개 ③ 550개 ④ 600개

정답 ④ 해설 손익분기점 공식을 적용해서 나타내면 $6,000x + 1,350,000 + 450,000 = 9,000x$ 이다. 이를 계산하면 $x = 600$개이다.

28 축구공을 생산하는 A 회사의 고정비용이 10,000,000원이고, 공 한 개에 변동비용이 10,000원 일 때 4,000개 생산수준에서 판매량 역시 4,000개라면 A 회사의 입장에서 손익분기점을 달성하기 위한 축구공 한 개의 최소가격은?
① 10,000원 ② 12,500원
③ 15,000원 ④ 20,000원

정답 ② 해설 고정비와 변동비의 합계가 매출액과 같아지는 지점이 손익분기점(BEP)이며, 이를 공식을 적용하면 $10,000,000원 + (10,000원 × 4,000개) = 4,000 × x$ 이다. ∴ $x = 12,500$원

29 다음 자료를 이용하여 계산한 손익분기점의 판매량(ㄱ)과 매출액(ㄴ)은?

- 총 고정비용 20,000,000원
- 단위당 가격 50,000원
- 단위당 변동비용 10,000원

① ㄱ : 400개, ㄴ : 20,000,000원
② ㄱ : 500개, ㄴ : 25,000,000원
③ ㄱ : 600개, ㄴ : 30,000,000원
④ ㄱ : 700개, ㄴ : 35,000,000원

정답 ② 해설 손익분기점(BEP)은 판매와 비용이 일치하는 점을 말한다. 즉 고정비+변동비=매출액이다. $20,000,000원 + x × 10,000 = x × 50,000$이다. $x × 40,000 = 20,000,000$원이다. ∴ 생산량은 500개이고, 이때 매출액은 25,000,000원이다.

3. 투자 결정과 자본조달

01 자본조달 방법 중 직접금융이 아닌 것은?
① 주식발행 ② 채권발행 ③ 민자 유치 ④ 은행차입

정답 ④ 해설 직접금융은 주식과 채권발행, 회원권 판매, 스폰서십, 민자 유치, 기금 지원 등이고, 간접금융은 은행차입, 매입채무, 기업어음 등이다.

요점 자본조달

직접금융		간접금융
❶ 주식발행 ❷ 채권발행 ❸ 회원권 판매	❹ 스폰서십 ❺ 민자 유치 ❻ 기금 지원	❶ 은행차입 ❷ 매입채무 ❸ 기업어음

02 현금 유입의 현재가치와 현금유출의 현재가치를 일치시켜 투자안의 순현가를 0으로 하는 수익률을 구한 후 이를 요구수익률(자본비용)과 비교하여 투자를 결정하는 방법은?
① 내부수익률법 ② 회수 기간법
③ 순현가법 ④ 회계적 이익률법

[정답] ① [해설] 지문은 내부수익률법(IRR)을 설명하고 있다.

> **요점 투자 결정기법**
>
> **확실성 하의 투자 결정기법**
>
> | 시간적 가치 고려 | 시간적 가치 미고려 |
> |---|---|
> | ❶ 순현재가치법
❷ 수익성 지수법
❸ 내부수익률법 | ❹ 자본회수기간법
❺ 회계적 이익률법 |
>
> **불확실성 하의 투자 결정기법**
> ❶ 위험조정할인율법 ❷ 확실성 등가법

03 스포츠조직이 자본을 조달하는 방법 중 직접금융을 통한 자본조달 방법이 아닌 것은?
① 골프장 및 스포츠 센터 운영자들이 연회비나 평생 회비 등을 통해 재원을 확보하였다.
② 스포츠구단이나 협회가 스폰서십을 통해 자본을 조달하였다.
③ 특정 스포츠조직이 전자어음을 발행하여 자금을 조달하였다.
④ 스포츠 용품업체가 회사채를 발행하여 자금을 조달하였다.

[정답] ③ [해설] 직접금융의 방법은 1) 주식발행 2) 채권발행 3) 회원권 판매 4) 스폰서십 5) 민자 유치 6) 기금 지원 등이고, 간접금융의 방법은 1) 은행차입 2) 기업어음 3) 매입채무 등이다.

04 투자안의 경제성 평가에 이용되는 자료 중 현금 유입의 현재가치에서 현금유출의 현재가치를 차감한 것은?
① 내부수익률 ② 순현재가치
③ 회수 기간 ④ 수익성 지수

[정답] ② [해설] 현금 유입에서 현금유출을 빼면 순현재가치이다.

05 스포츠조직의 자본에 관한 설명과 가장 거리가 먼 것은?
① 자본비용은 크게 타인 자본비용과 자기자본 비용으로 구분할 수 있다.
② 직접금융을 통한 외부 자본조달 방법에는 매입채무, 기업어음 등이 있다.
③ 스포츠조직의 입장에서 자본비용은 일반적으로 가중평균 자본비용을 의미한다.
④ 스포츠용품 업체는 은행차입이나 회사채 발행 등을 통해 자본을 조달할 수 있다.

[정답] ② [해설] 매입채무, 기업어음 등은 간접금융을 통한 조달 방법이다. ④ 전자어음 발행은 간접금융이다.

06 투자안의 경제성 평가 방법에 대한 설명으로 옳은 것은?
① 독립적인 투자안의 경우 순현재가치법과 내부수익률법은 경제성 평가 결과가 동일하다.
② 회계적 이익률법은 평균 이익률법이라고도 하며, 현금흐름에 기초하여 경제성을 평가한다.
③ 순현가법은 독립적 투자안의 경우 현금유입액의 현재가치가 0보다 크면 경제성이 있다.
④ 내부수익률법에서 내부수익률이 투자수익률보다 크면 경제성이 있다.

[정답] ① [해설] 순현재가치법과 내부수익률법은 결과는 동일하다. 내부수익률법은 계산 결과가 미리 정해진 내부수익률과의 차이를 비교하여 결정하는 절차로 차이가 있다.

07 투자안에 대한 현금흐름 측정 시 지켜야 할 기본원칙에 대한 설명으로 틀린 것은?
① 현금흐름은 납세 후 기준으로 측정해야 한다.
② 이자 비용과 배당금은 현금유출에 포함해서는 안 된다.
③ 감가상각비는 현금유출에 포함된다.
④ 현금흐름은 증분 기준으로 측정하여야 한다.

[정답] ③ [해설] 감가상각비는 현금유출이 아니다.

08 투자안의 경제성 평가 방법에 관한 설명으로 옳은 것은?
① 회계적 이익률법은 화폐의 시간적 가치를 고려한다.
② 회수기 간 법은 회수 기간 이후의 현금흐름을 고려한다.
③ 순현재가치법에서는 가치의 가산 원리가 적용된다.
④ 내부수익률법은 내부수익률이 자본비용보다 낮으면 투자안을 채택한다.

정답 ③ 해설 ① 회계적 이익률법은 화폐의 시간적 가치를 고려하지 않으며 ② 회수기 간 법은 회수 이후에 일어날 현금흐름을 고려하지 못하며 ④ 내부수익률법은 내부수익률이 자본비용보다 많이 들면 투자해야 한다.

09 현금 유입이 1년 후에는 500만원, 2년 후에는 800만원, 3년 후에는 900만원이 예상되는 투자안이 있다. 할인율이 연 20%라고 할 때 이 투자안의 현재가치는?
① 1,293만원　　② 1,393만원
③ 1,493만원　　④ 1,550만원

정답 ③ 해설 화폐의 현재가치 공식은 $P_0=P_n(1+r)^{-n}=P_n/(1+r)^n$이다. 미래의 현금 가치 P_n는 n 기간 동안 r의 이자율로 계산한 현재가치는 P_0이다. 공식을 적용하면 $P_0=\{P_1/(1+0.2)^1\}+\{P_2/(1+0.2)^2\}+\{P_3/(1+0.2)^3\}$이다. P_0=500만원/(1.2)+800만원/(1.2)^2+900만원/(1.2)^3=416.7만원+555.6만원+520.8만원=1,493만원이다.

10 이상적인 투자 결정기법의 4가지 조건에 속하지 않는 것은?
① 측정된 모든 현금흐름이 고려되어야 한다.
② 최고의 할인율을 사용하여 화폐의 시간가치는 고려할 필요가 없다.
③ 가치의 가산 원칙을 따라야 한다.
④ 기업의 가치를 극대화할 수 있는 투자안을 선택할 수 있어야 한다.

정답 ② 해설 이상적 투자 결정기법에서 화폐의 시간적 가치를 반영해야 한다.

11 투자안의 평가 방법에 관한 설명으로 틀린 것은?
① 순현재가치(NPV)법에서 투자안의 NPV가 0보다 크면 투자안을 채택한다.
② 내부수익률(IRR)법에서 투자안의 IRR이 자본비용보다 작으면 투자안을 채택한다.
③ 회계적 이익률법에서 투자안의 회계이익률이 목표 회계이익률보다 크면 투자안을 채택한다.
④ 회수 기간법에서 투자안의 회수 기간이 목표 회수 기간보다 짧으면 투자안을 채택한다.

정답 ② 해설 IRR이 내부수익률보다 높게 나타나면 투자를 결정한다.

12 투자로 인해 발생하는 현금 유입의 현재가치와 현금유출의 현재가치를 일치시키는 할인율은?
① 회계적 이익률　　② 자기자본이익률
③ 총자본이익률　　④ 내부수익률

정답 ④ 해설 주어진 지문은 내부수익률법을 설명하고 있다.

13 투자로 인하여 발생할 미래의 모든 현금흐름을 적절한 할인율로 할인하여 산출한 현재가치로 투자안을 평가하는 방법은?
① 내부수익률법　　② 회수 기간법
③ 순현가법　　④ 회계적 이익율법

정답 ③ 해설 지문은 순현재가치법이다.

14 다음 조건을 모두 만족하는 투자 결정기법은?
- 측정된 모든 현금흐름이 고려되어야 한다.
- 적절한 할인율을 사용하여 화폐의 시간적 가치를 반영시켜야 한다.
- 가치의 가산 원칙을 따라야 한다.
- 조직의 가치를 극대화할 수 있는 투자안을 선택할 수 있어야 한다.

① 회수기 간 법　　② 회계적 이익률법
③ 내부수익률법　　④ 순현가법

정답 ④ 해설 보기는 순현재가치법이다.

15 4,000만원을 투자하여 현금이 1년 후에는 1,000만원, 2년 후에는 3,000만원, 3년 후에는 5,000만원이 들어오는 경우 이 투자안의 순현재가치는? (단, 할인율은 10%이며, 복리 계산한다.)
① 약 2,145만원   ② 약 3,145만원
③ 약 4,145만원   ④ 약 7,145만원

정답 ② 해설 {1000만원/$(1+10\%)^1$+3000만원/$(1+10\%)^2$+5000만원/$(1+10\%)^3$}−4000만원
={1000만원/$(1.1)^1$+3000만원/$(1.1)^2$+5000만원/$(1.1)^3$}−4000만원=3,145만원

16 투자안의 평가 방법 중 회수 기간법의 장점으로 가장 거리가 먼 것은?
① 회수 기간의 계산이 간편하다.
② 회수 기간 이후의 현금흐름까지 고려한다.
③ 회수 기간이 짧은 투자안을 선택하게 함으로써 기업의 유동성을 향상시킨다.
④ 회수지표로서의 정보를 제공한다.

정답 ② 해설 회수기간 법의 장점은 1) 평가 방법이 간단하고, 이해하기 쉽다. 2) 회수 기간 계산이 간편하다. 3) 회수지표의 정보를 제공한다. 단점은 1) 회수 기간 이후에 일어날 현금흐름을 고려하지 못한다. 2) 독립된 투자안을 결정할 때 회수 기간을 주관적으로 결정하기 때문에 정확한 근거가 되는 객관적 기준을 정하기 어렵다.

17 스키장을 건설하는데 현재 100억원이 소요되지만, 스키장이 완성되는 1년 후 A 기업에 120억원에 매각하기로 하였다. 이 투자안의 순현재가치는?(단 시장이자율은 연 4%)
① 약 6억 2천만원   ② 약 11억 5천만원
③ 약 15억 4천만원   ④ 약 20억원

정답 ③ 해설 NPV={120억원/$(1+0.04)^1$}−100억원=15.4억원이다.

18 다음 스포츠시설 관련 투자안(A, B, C)에 대하여 수익성 지수(PI)법을 통한 투자순위를 바르게 나열한 것은?

1. 투자안 A : 투자 비용 200만원, 순현재가치 410만원
2. 투자안 B : 투자 비용 150만원, 순현재가치 300만원
3. 투자안 C : 투자 비용 100만원, 순현재가치 210만원

① A>B>C   ② A>C>B   ③ B>A>C   ④ C>A>B

정답 ④ 해설 수익성 지수 법은 투자비 1에 대한 현금 유입을 계산하는 방법이다. 공식은 현금 유입의 현재가치/현금유출의 현재가치이다. 수익성 지수를 계산하면 A=2.05, B=2, C=2.1이다.

제5장 스포츠 이벤트와 생산관리

1. 스포츠 이벤트

01 스포츠 이벤트의 특성에 대한 설명과 가장 거리가 먼 것은?
① 상업성 : 스포츠를 통한 수익 확보가 궁극적인 목적이다.
② 체험성 : 체험을 통한 감각적 자극을 획득한다.
③ 상호 교류성 : 쌍방향 커뮤니케이션을 통해 신뢰와 교류를 형성한다.
④ 통합성 : 사회, 문화 등 각 영역을 넘어서는 주제로 통합할 수 있다.

정답 ① 해설 스포츠 이벤트의 특성은 현장성, 체험성, 상호 교류성, 감성, 통합성 등이다.

02 스포츠 이벤트에서 파생되는 각종 권리와 소유 주체에 관한 설명으로 틀린 것은?
① 매점사업, 주차사업 등을 포함한 경기장 사업의 권리는 시설소유자와 이벤트 주최 측이 공동으로 행사하는 것이 일반적이다.
② 프로리그의 선수 유니폼 광고 권리는 선수가 행사한다.
③ 경기장 명칭 사용권은 자치단체와 입주구단이 공동으로 행사할 수 있다.
④ 스포츠 이벤트의 방송중계권은 구단이나 연맹이 행사한다.

정답 ② 해설 프로구단 소속 선수의 유니폼 광고 권리는 구단이 갖는다.

03 스포츠 이벤트에서 발생하는 수입을 직접 수입과 간접수입으로 구분할 때 간접수입에 해당하는 것은?
① 입장 수입　　　　② 방송중계권 수입
③ 구단 자산 가치의 상승분　④ 경기장 광고 수입

정답 ③ 해설 구단 자산 가치의 상승은 직접 수입이 아니다.

04 국내외 기업들이 올림픽, 월드컵 등의 스포츠 이벤트에 적극적으로 투자하는 이유와 가장 거리가 먼 것은?
① 스포츠가 지닌 긍정적인 이미지를 활용하기 위해서이다.
② 올림픽 및 월드컵 중계방송의 시청자에게 접근하기 위해서이다.
③ 기업 이익을 사회에 환원하는 자선사업의 수단이기 때문이다.
④ 기업인지도 제고를 위한 유력한 수단이기 때문이다.

정답 ③ 해설 자선사업 참여는 수단을 목적으로 하는 것이 아니다.

05 정부나 자치단체가 스포츠 이벤트 유치를 위한 정책적인 지원을 하는 이유와 가장 거리가 먼 것은?
① 지역경제 활성화
② 개최도시 홍보를 통한 도시 인지도 제고
③ 자국 선수의 입상
④ 국민과 지역주민에게 자긍심 고취

정답 ③ 해설 자국 선수의 입상은 스포츠 이벤트 유치와 가장 거리가 멀다.

06 관람 스포츠시설에서 이벤트 개발 시 고려해야 할 사항과 가장 거리가 먼 것은?
① 이벤트의 주체 등이 관련자에게 감동이 일어나도록 기획되어야 한다.
② 이벤트의 참가자들로부터 충분한 공감을 끌어낼 수 있어야 한다.
③ 참가자들의 관심 유발을 위한 오락적 요소가 포함되어야 한다.
④ 참가자들의 주의집중과 상관없이 빠르게 진행되어야 한다.

정답 ④ 해설 ④는 바른 설명이 아니다.

2. 스포츠 생산관리

01 스포츠용품 제조업체에서 생산관리의 전형적 목표와 가장 거리가 먼 것은?
① 촉진 강화 ② 품질향상
③ 납기 준수 ④ 원가절감

[정답] ① [해설] 촉진 활동은 마케팅 활동이다.

요점 생산관리

목표	원칙(3S)
❶ 원가절감	❶ 표준화(Standardization)
❷ 품질향상	❷ 전문화(Specialization)
❸ 납기 준수	❸ 단순화(Simplification)

02 효율적인 생산관리의 기본원칙인 3S 원칙의 내용으로 맞는 것은?
① 표준화, 복잡화, 일반화
② 표준화, 단순화, 전문화
③ 다양화, 단순화, 일반화
④ 다양화, 복잡화, 전문화

[정답] ② [해설] 생산관리의 3S는 표준화, 전문화, 단순화이다.

03 호오손 실험(Hawthorne experiment)의 주요 결과에 관한 설명으로 틀린 것은?
① 개인은 경제적 요인뿐만 아니라 사회·심리적 요인에 의해서 동기화될 수 있다.
② 권위적인 리더십보다는 민주적인 리더십이 효과적이다.
③ 생산성 향상에 있어 공식적 조직의 중요성이 다시 한번 확인되었다.
④ 조직의 유효성을 높이기 위해서는 종업원을 만족시켜야 한다.

[정답] ③ [해설] 호오손 실험을 통해 비공식조직의 중요성이 입증되었다.
[용어] **호오손** : 미국 Westing House사의 호오손 지역 공장 이름에서 유래되었다.

04 테일러(F. Taylor)의 과학적 관리의 특징과 가장 거리가 먼 것은?
① 과업관리 ② 작업 지도표 제도
③ 컨베이어 시스템 ④ 차별적 성과급제

[정답] ③ [해설] 컨베이어 시스템은 테일러의 과학적 관리법과 관련이 없다.

05 테일러(F. Taylor)의 과학적 관리법에 관한 설명으로 틀린 것은?
① 작업방식의 과학적 연구
② 과학적인 근로자 선발 및 훈련
③ 합리적 경제 안을 가정
④ 관리 활동의 통합

[정답] ④ [해설] 과학적 관리법에서 관리 활동의 통합과 관련된 내용은 없다.

06 대규모 경기장, 스포츠 센터 등과 같은 프로젝트들은 상호 관련된 수많은 직업으로 구성되어 있어 규모가 클수록, 설립하고자 하는 시설이 복잡할수록 적절한 관리가 필요하다. 복잡하고 규모가 큰 프로젝트의 일정계획 및 통제를 위해 개발된 대표적인 일정 관리기법은?
① 간트도표 ② PERT/CPM ③ TQM ④ ERM

[정답] ② [해설] PERT(Program Evaluation & Review Technique), CPM(Critical Path Method)는 대규모 건설공사의 일정 관리기법이다. PERT/CPM과 비교되는 것이 간트차트이며, 이는 소규모 건설공사 등에 적합하고, 막대그래프 형태로 나타낸다. TQM은 전사적 품질관리기법이며, ERM은 전사적 위험관리기법이다.

[참고] **PERT/CPM**
개념 : 프로젝트 관리기술의 한 분야로, 건설공정에서 사용하는 공정관리기법

07 스포츠 제품의 효율적 생산과정 설계 시 고려해야 할 사항과 가장 거리가 먼 것은?
① 경쟁기업과 차별화되는 실행전략을 수립해야 한다.
② 생산이 완료된 후에 소비자를 참여시켜야 한다.
③ 해당 스포츠 제품의 생산 특성을 반영해야 한다.
④ 기업의 인적, 물적 자원을 복합적으로 고려해야 한다.

[정답] ② [해설] 생산 설계에 있어 소비자의 의견을 미리 반영하여야 한다.

08 스포츠 제품이 계획 기간 내에 변화하는 수요를 가장 경제적으로 충족시킬 수 있도록 기업이 보유한 생산 능력의 범위 내에서 생산수준, 고용수준, 재고수준, 하청 수준 등을 결정하는 것은?
① 기준생산계획   ② 총괄생산계획
③ 능력 소요계획   ④ 생산 일정계획

[정답] ② [해설] 지문은 총괄생산계획을 설명하고 있다.

09 스포츠 제품 모듈화(modularization) 생산의 목적으로 옳지 않은 것은?
① 다양한 고객의 요구 충족
② 조립 시간 단축을 통한 원가절감
③ 생산성 향상
④ 제품개발 기간의 단축

[정답] ① [해설] 모듈화 생산은 생산시간 단축, 원가 절감, 생산성 향상 등에 기여한다. 다양한 고객 요구 충족과는 거리가 멀다.

10 경기장 입장 지연 분석을 위한 인과관계나 경기관람 과정 중 잘못된 결과가 발생하면 그 문제의 원인 찾아서 해결방안을 모색하는 인과관계 도표를 무엇이라 하는가?
① 피쉬본 다이어그램   ② MOT 관리
③ 청사진 기법   ④ 대기 관리시스템

[정답] ① [해설] 피쉬본(fish bone) 다이어그램은 물고기 뼈 형태의 그림으로 만들어지며, 인과관계를 파악하는 데 활용할 수 있다. 요인/효과 다이어그램이라고도 한다.

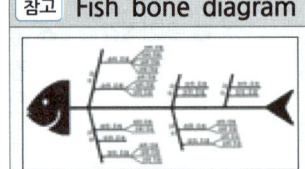
[참고] Fish bone diagram

11 파라슈라만(Parasuraman)이 제시한 서비스 품질관리를 결정짓는 5가지 주요차원에 해당하지 않는 것은?
① 정통성 ② 신뢰성 ③ 응답성 ④ 확신성

[정답] ① [해설] 파라슈라만의 서비스 품질관리를 결정요인은 1) 신뢰성 2) 응답성 3) 공감성 4) 확신성 5) 유형성 등이다.

[용어] **서브퀄(SERVQUAL)** : 파라슈라만은 서비스 품질관리 5가지 요인을 서브퀄(SERVQUAL, service quality measures의 약어) 척도라고 하였다.

[요점] **서브퀄 척도**
❶ 신뢰성 ❷ 응답성 ❸ 공감성 ❹ 확신성 ❺ 유형성

[암기] 서브퀄 척도는 〈신응공확유〉이다.

3. 스포츠 경영정보시스템

01 독립적으로 운영되어 온 생산, 유통, 재무, 인사 등의 기능영역별 정보시스템을 전사적 차원에서 단일 플랫폼으로 통합하는 정보시스템의 명칭은?
① DSS ② SIS ③ KMS ④ ERP

[정답] ④ [해설] 전사적 자원관리 ERP(Enterprise Resource Planning)를 설명하고 있다. DSS는 의사결정지원시스템, SIS는 전략정보시스템, KMS는 지식경영시스템을 말한다.

02 조직의 제반 업무 기능영역을 포괄적으로 통합하여 하나의 솔루션으로 지원하는 정보시스템 유형은?
① ERP 시스템　② CRM 시스템
③ SCM 시스템　④ Expert 시스템

[정답] ① [해설] 주어진 지문은 Enterprise Resources Planning 전사적 자원관리를 말한다.

03 ERP(enterprise resources planning) 시스템에 관한 설명으로 틀린 것은?
① ERP 시스템은 기능영역 정보시스템 사이의 커뮤니케이션 결여를 바로 잡고자 하는 것이다.
② ERP 시스템은 기능영역에 걸친 기업성과에 대한 기업정보를 제공하여 관리자의 의사결정 능력을 향상시킬 수 있다.
③ ERP 시스템은 비즈니스 프로세스를 통합하여 고객서비스를 개선할 수 있다.
④ ERP 시스템을 구축·실행하는 데 초기비용이 적게 소요된다.

[정답] ④ [해설] ERP 시스템을 구축·실행하는 데 초기비용이 많이 든다.

04 동일한 목표를 달성하고 가치 창출을 위해 공급업체들의 자원 및 정보를 협력하여 하나의 기업처럼 움직이는 생산 시스템은?
① 공급사슬관리(SCM)　② 적시생산시스템(JIT)
③ 자재소요계획(MRP)　④ 컴퓨터통합시스템(CIM)

[정답] ① [해설] 주어진 문제는 공급사슬관리(SCM, supply chain management)를 말한다.

05 기업이 공급 사슬관리(SCM)를 수행해야 할 필요성과 가장 거리가 먼 것은?
① 글로벌화의 진전　② 운송비의 지속적 감소
③ 아웃소싱의 증가　④ 전자상거래 도입의 증가

[정답] ② [해설] SCM은 생산·유통 등 모든 공급망 단계를 최적화해 수요자가 원하는 제품을 원하는 시간과 장소에 제공하는 역할을 한다. 인터넷 거래 활성화로 인해 운송비는 지속적으로 증가하고 있으므로 SCM 수행이 필요하다.

06 다음은 어떤 경영정보시스템에 관한 설명인가?

> 정보시스템을 이용하여 경쟁사보다 정보 우위와 경쟁우위를 달성하는 자원으로서의 정보의 역할이 중요시되는 시스템이다.

① TPS(transaction processing system)
② DSS(decision support system)
③ SIS(strategic information system)
④ EIS(executive information system)

[정답] ③ [해설] SIS는 전략적 정보시스템을 말하며, 경쟁기업에 경쟁적 우위를 갖기 위해 전략적으로 구축하는 정보시스템이다.

07 U-스타디움에 접목 가능한 IT 기술 중 IC칩과 무선을 통해 작품, 동물, 사물 등 다양한 개체의 정보를 관리할 수 있는 차세대 인식 기술로서 판독 및 해독 기능을 하는 판독기와 정보를 제공하는 태그로 구성된 것은?
① RFID　② ad hoc network
③ 모바일　④ 센서 컴퓨팅

[정답] ① [해설] RFID(Radio Frequency Identification) 시스템은 상품에 IC칩을 심어 계산대에서 별도 스캔하지 않고, 특정 지역을 지나가기만 하면 전체 가격이 계산되는 방식의 기술로, 향후 활용이 급격히 증가할 것으로 예상한다. 현재 주차장의 차량 출입관리 시스템, 고속도로 하이패스도 이 기술을 이용한 것이다.

08 조직의 가치 창출을 위해 지식을 생성, 저장, 공유, 활용하는 일련의 활동은?
① 공급망관리　　② 고객 관계관리
③ 전사적 품질경영　④ 지식경영

정답 ④　해설 지식의 생성·저장·공유·활용하는 활동은 지식경영이다.

09 적시 생산 시스템(JIT)에 관한 설명으로 틀린 것은?
① 공간 절약을 통해 비용을 절감하고자 함
② 재고를 최소화하고자 함
③ 유럽의 자동차회사에서부터 시작되었음
④ 대량의 반복 생산체제에 적합함

정답 ③　해설 JIT는 just in time의 약어로, 재고를 최소화하여 적재 공간을 줄일 수도 있다. 일본 토요타 생산방식으로, 일본에서 처음 시작하였다.

10 공급사슬 내에서 소비자로부터 생산자로 갈수록 수요변동 폭이 확대되는 것은?
① 채찍 효과(bullwhip effect)
② 크로스 도킹(cross docking)
③ 동기화(synchronization)
④ 순환변동(cyclical movement)

정답 ①　해설 고객 주문 정보가 판매자로부터 제조자에게 전달되면서 정보가 왜곡(주로 확대)되는 현상을 채찍 효과라고 한다. 이는 채찍을 잡은 손의 운동 크기는 작지만, 채찍 끝에서 일어나는 운동은 큰 것을 인용한 것이다.

11 최고경영자 층의 의사결정을 지원하기 위한 목적으로 개발된 경영정보시스템은?
① EDI　② POS　③ EIS　④ TPS

정답 ③　해설 EIS(executive information system, 최고경영자 경영정보시스템)는 최고경영자의 의사결정을 지원하기 위한 시스템을 말한다.

12 다음은 어떤 생산 시스템에 관한 설명인가?
- 원재료·부품·반제품 등과 같은 종속적 수요의 재고에 대한 주문 및 생산계획을 처리하도록 만들어진 정보시스템
- 재고관리 및 일정계획과 통제의 두 가지 기능을 동시에 수행하는 기법

① 공급사슬관리(SCM)　② 자재소요계획(MRP)
③ 적시생산시스템(JIT)　④ 컴퓨터통합생산(CIM)

정답 ②　해설 지문은 생산계획에 따라 필요한 원재료·부품·반제품과 같은 재고에 대한 주문 또는 생산계획의 흐름을 IT 기술을 활용하여 종합적으로 관리하는 자재관리시스템(MRP, material requirement planning)을 말한다.

13 제품개발과정에서 설계, 기술, 제조, 구매, 마케팅, 서비스 등의 담당자 등이 하나의 팀을 구성하여 각 부분이 서로 제품개발에 대한 정보를 교환하면서 제품개발과정으로 단축하는 방식은?
① 적시 생산(JIT, just in time)
② 동시 공학(concurrent engineering)
③ 리엔지니어링(re-engineering)
④ 6시그마(6 sigma)

정답 ②　해설 제품설계와 제조, 지원 요소들을 동시에 고려하여 제품을 개발하는 공학은 동시 공학이다.

14 스포츠조직에서 공식적으로 주어진 임무 외의 업무를 자발적으로 수행하는 것은?
① 조직 시민 행동　② 집단사고
③ 직무 만족　　　④ 직무몰입

정답 ①　해설 직무 범위를 넘어 조직을 위해 과업 외의 업무를 자발적으로 행하는 행위를 조직 시민 행동(OCG, organizational citizenship behavior)이라고 한다.

제3과목

스포츠마케팅

 세 부 목 차

제1장 스포츠마케팅 … 74
   1. 스포츠마케팅의 개념 … 74
   3. 스포츠마케팅 환경분석 … 75

제2장 스포츠마케팅 조사 … 76
   1. 스포츠마케팅 조사의 이해 … 76
   2. 통계분석과 활용 … 82

제3장 스포츠마케팅 전략 … 84
   1. 마케팅 프로세스 … 84
   2. 마케팅믹스 … 86
   3. 마케팅전략 … 97

제4장 스포츠 브랜드 … 99
   1. 브랜드의 개념 … 99
   2. 브랜드 확장 및 강화 … 101

제5장 스포츠 스폰서십 … 102
   1. 스포츠 스폰서십의 개념 … 102
   2. 앰부시 마케팅 … 107
   3. 스포츠조직의 스폰서십 … 108

제6장 매체 관리와 라이선싱 … 109
   1. 스포츠와 미디어 … 109
   2. 스포츠 라이선싱 … 112

제8장 스포츠 에이전트 … 116
   1. 스포츠 에이전트 … 116
   2. 인도스먼트 … 118

제1장 스포츠마케팅

1. 스포츠마케팅의 개념

01 스포츠마케팅의 정의와 가장 거리가 먼 것은?
① 스포츠 제품을 매개로 하는 활동
② 스포츠소비자의 욕구 충족
③ 스포츠 관련 조직의 목적 달성
④ 소비적 활동

[정답] ④ [해설] 스포츠마케팅은 소비적 활동이 아니다.

02 다음 중 스포츠마케팅의 개념에 관한 설명으로 틀린 것은?
① 스포츠마케팅은 스포츠소비자들의 욕구를 충족시킬 수 있는 제품을 생산하여 스포츠조직의 효율성을 극대화하는 경영활동이다.
② 프로스포츠팀과 상업 스포츠 센터에서 관중이나 회원 확보를 위해 행하는 마케팅 활동은 스포츠를 통한 마케팅으로 분류할 수 있다.
③ 스포츠조직 측면에서 스포츠는 재정확보를 위한 핵심제품이지만 기업이 행하는 스포츠마케팅 활동에서는 스포츠는 기업의 커뮤니케이션 목표를 달성하는 수단이다.
④ 스포츠조직 및 기업이 행하는 마케팅 활동은 스포츠 시장에서 일어나는 연속적이며, 상호 동반자적 마케팅 과정이다.

[정답] ② [해설] ②는 스포츠의 마케팅이다.

03 스포츠마케팅을 스포츠의 마케팅과 스포츠를 이용한 마케팅으로 구분할 때, '스포츠의 마케팅' 주체와 가장 거리가 먼 것은?
① 선수   ② 기업   ③ 팀/구단   ④ 스포츠조직

[정답] ② [해설] 기업은 스포츠의 마케팅과 관련이 없다.

04 스포츠마케팅의 속성에 대한 설명으로 가장 거리가 먼 것은?
① 스포츠상품을 매개로 한다.
② 스포츠소비자의 욕구를 충족시킨다.
③ 스포츠 관련 조직의 목표를 달성한다.
④ 스포츠 시장에서는 소수의 혜택을 제공한다.

[정답] ④ [해설] ④는 논리적으로 옳지 않다

05 스포츠를 이용한 마케팅(marketing through sports)에 관한 설명으로 틀린 것은?
① 스포츠를 이용한 마케팅은 관람 스포츠 분야와 참여 스포츠 분야 모두 가능하다.
② 스포츠를 이용한 마케팅은 스포츠 가치를 극대화하기 위한 기업의 마케팅 노력이다.
③ 스포츠를 이용한 마케팅의 주체는 스포츠 권리를 가지고 있는 스포츠주관자와 스폰서의 두 주체이다.
④ 스포츠를 이용한 마케팅은 기업 측면에서 스폰서십이라고도 할 수 있다.

[정답] ② [해설] ② 스포츠 가치 극대화는 스포츠의 마케팅이다.

06 스포츠를 통한 마케팅의 설명으로 틀린 것은?
① 스포츠는 기업 커뮤니케이션의 도구이다.
② 기업 촉진 전략의 하나로 수행되어 진다.
③ 스포츠소비자와 직접적인 관계를 갖는다.
④ 수익증대를 위해 기업을 활용하는 방법이다.

[정답] ③ [해설] ③ 스포츠의 마케팅이 스포츠소비자와 직접적인 관계를 갖는다.

07 스포츠마케팅은 스포츠소비자들의 필요와 욕구를 만족시키기 위해 고안된 모든 활동으로 정의할 수 있는데, 이것의 기본이 되는 과정은?
① PR 과정　　　　② 교환 과정
③ 수입 창출 과정　④ 판매과정

[정답] ② [해설] 마케팅의 목적은 고객과의 교환행위 고도화를 지향하는 교환 과정이다.

2. 스포츠마케팅 환경분석

01 마케팅 환경을 미시적으로 분석할 때 사용하는 3C에 포함되지 않는 것은?
① Customer　　　② Correction
③ Competitor　　 ④ Company

[정답] ② [해설] 3C는 고객(customer), 자사(company), 경쟁자(competitor) 등이다.

> **요점 3C 분석**
> 고객(customer), 자사(company), 경쟁자(competitor) 등으로 분석

02 PESTEL 분석 기법이 아닌 것은?
① Political　　　　② Economic
③ Environmental　 ④ Special

[정답] ④ [해설] PESTEL분석은 정치적(political), 경제적(economic), 사회적(social), 기술적(technological), 환경적(environmental), 법적(legal) 등을 분석한다.

> **요점 PESTEL 분석**
> 정치적(political), 경제적(economic), 사회적(social), 기술적(technological), 환경적(environmental), 법적(legal)

03 마케팅 거시환경 분석 중 소득수준, 경기변동, 경상수지 등은 어떤 요인에 해당하는가?
① 인구 통계적 요인　② 기술적 요인
③ 정치 사회적 요인　④ 경제적 요인

[정답] ④ [해설] 거시환경 분석은 PESTEL분석을 주로 활용하는데, 보기의 지문은 경제적 요인을 설명하고 있다.

04 경쟁자 분석에서 경쟁자의 추세를 파악하려는 방법으로 적합하지 않은 것은?
① 정확한 관련 정보지를 탐독
② 경쟁자의 지역을 자주 방문
③ 경쟁자의 위기 상황 관찰 및 분석
④ 경쟁제품(상품)을 구입

[정답] ③ [해설] 경쟁자의 위기 상황 관찰과 분석은 경쟁자 추세 파악 방법으로 적합하지 않다.

05 참여스포츠산업의 소비시장 규모를 거시적으로 예측할 때 가장 관계가 적은 변인은?
① 1인당 소득　　　② 대학진학률
③ 노동시간　　　　④ 고령화지수

[정답] ② [해설] 대학진학률이 가장 관련이 적은 변인이다.

06 마케팅 근시안(Marketing myopia)에 관한 설명으로 가장 적합한 것은?
① 소비자들이 원하는 것을 찾아 해결해 주는 것이다.
② 소비자들이 세분화된 욕구를 구분하여 마케팅을 실현하는 것을 말한다.
③ 소비자들의 일반적인 욕구를 충족시키지 못하는 것이다.
④ 소비자들의 본원적인 욕구를 간파해 내지 못하는 것이다.

[정답] ④ [해설] 마케팅 마이오피아(Marketing myopia)는 미래를 예상하지 못하고, 바로 앞에 닥친 상황만 고려하여 소비자의 욕구를 간파하지 못하는 것을 의미한다.

[용어] **marketing myopia** : 레빗(Thoore Levitt) 하버드대 교수가 하버드 비즈니스 리뷰에 발표한 동명의 논문에서 제시한 개념으로, 마케팅 근시안을 의미한다.

제2장 스포츠마케팅 조사

1. 스포츠마케팅 조사의 이해

01 마케팅전략 수립을 위해 일정 시점에 연령, 교육 수준은, 소득수준, 인종 등이 다른 인구집단을 조사하는 방법에 해당하는 것은?
① 횡단 조사   ② 종단조사
③ 코호트 조사   ④ 경향 조사

정답 ① 해설 일정 시점에서 행하는 것으로, 특정 집단을 대표할 수 있는 연령, 교육 수준은, 소득수준 등의 표본을 추출하여 조사하는 방법은 횡단조사이다.

02 A 스포츠 회사의 마케팅담당자는 최근 개발한 신제품 매출의 극대화를 위해 고객 지향적 판매가격을 책정하려고 한다. 이때 가장 적합한 마케팅 조사 방법은?
① 대체상품의 시장가격에 대한 조사
② 제품의 원재료 가격에 대한 조사
③ 경쟁제품의 시장가격에 대한 조사
④ 판매가격대별 시장수요 예측에 관한 조사

정답 ④ 해설 고객지향 가격은 시장수요 예측에 따라 가격을 결정한다.

03 마케팅 조사 방법 중 기술조사에 해당하며 프로농구 연도별 관람객의 추이를 조사하는 것처럼 일정 기간을 정해 놓고 반복적으로 조사하는 방법은?
① 종단조사   ② 사례조사
③ 횡단 조사   ④ 전문가조사

정답 ① 해설 일정 기간을 정해 놓고 반복적으로 조사하는 방법은 종단조사이다.

04 기술조사에 해당하지 않는 것은?
① 횡단 조사 ② 종단조사 ③ 패널조사 ④ 사례조사

정답 ④ 해설 기술조사는 횡단 조사, 종단조사 등으로 구분한다. ③ 패널조사는 조사대상을 고정해 놓은 상태에서 반복 조사하지만, 기술조사의 한 방법이다. ④ 사례조사는 기술조사가 아니다. 기술이란 한자어 記述이다.

05 한 명의 진행자가 소수의 응답자를 한 장소에 모아놓고 조사주제와 관련해 자유로운 대화나 토론을 통해 자료를 수집하는 조사 방법은?
① 서베이 조사   ② 사례조사
③ 포커스 그룹 조사   ④ 패널조사

정답 ③ 해설 사회자가 특정 표적 집단을 대상으로 자유롭게 의견을 발표할 수 있도록 하며, 대상자의 정보, 태도, 의견 등을 조사하는 방법은 포커스 그룹 조사 방법이다.

06 스포츠마케팅 조사 방법 중 패널조사의 단점이 아닌 것은?
① 다른 조사 방법보다 변화를 감지할 가능성이 비교적 낮다.
② 장기간의 조사과정으로 조사자와 친밀해져서 부정확한 자료를 제공할 수 있다.
③ 반복되는 조사를 통하여 응답자가 조사의 의도를 파악하여 결과가 왜곡될 수 있다.
④ 원조가 대상이 이사하여 패널 소멸이 일어날 때 결과가 왜곡될 수 있다.

정답 ① 해설 패널조사는 동일한 사항에 대해 조사대상을 패널로 고정해 놓고 반복적으로 진행하는 조사를 말한다. 조사대상의 변화를 감지하는데 쉽다.

07 다음 사례의 조사유형으로 옳은 것은?

> 2002년 월드컵 4강 진출을 경험한 20명의 고등학생을 선정하여 시간 경과에 따른 축구 경기에 관한 관심의 변화를 매년 반복 조사했다.

① 횡단 조사 ② 추세조사
③ 코호트 조사 ④ 패널조사

[정답] ④ [해설] 패널조사는 동일한 사항에 대해 조사대상을 패널로 고정해 놓고 반복적으로 진행하는 조사를 말한다. 조사대상의 변화를 감지하는데 쉽다.

08 다음 중 탐색적 조사 방법이 아닌 것은?
① 인과조사 ② 문헌 조사
③ 사례조사 ④ 전문가조사

[정답] ① [해설] 탐색 조사는 해결 방법을 모색하기 위한 조사이다. 문헌 조사, 경험자 면접, 사례조사, 전문가조사 등이 탐색 조사의 방법이다.

09 스포츠마케팅 조사내용에 해당하는 것을 모두 고른 것은?

> ㄱ. 시장의 잠재력 측정 ㄴ. 시장의 수요 예측
> ㄷ. 광고의 효과 평가 ㄹ. 가격변화의 효과 평가
> ㅁ. 소비자의 욕구 파악

① ㄱ, ㄴ ② ㄴ, ㄷ, ㄹ, ㅁ
③ ㄱ, ㄷ, ㄹ, ㅁ ④ ㄱ, ㄴ, ㄷ, ㄹ, ㅁ

[정답] ④ [해설] 보기 모두 마케팅 조사내용에 해당한다.

10 스포츠 센터 고객 성향을 분석하기 위한 표본추출 방법 중 확률표본추출 방법이 아닌 것은?
① 단순 무작위 표집 ② 층화 표집
③ 군집 표집 ④ 눈덩이 표집

[정답] ④ [해설] 확률표본추출법은 1) 단순무작위추출법 2) 등간격 추출법 3) 층화추출법 4) 집락추출법 등이 있다. 군집은 집락과 같은 의미이다.

11 일반적인 표본추출과정을 바르게 나열한 것은?

> ㄱ. 표본 크기 결정 ㄴ. 표본추출 방법 결정
> ㄷ. 표본 프레임 결정 ㄹ. 표본추출
> ㅁ. 모집단 확정

① ㄱ-ㄴ-ㄷ-ㄹ-ㅁ ② ㄱ-ㄴ-ㄷ-ㅁ-ㄹ
③ ㅁ-ㄱ-ㄷ-ㄴ-ㄹ ④ ㅁ-ㄷ-ㄱ-ㄴ-ㄹ

[정답] ④ [해설] 표본추출과정은 1) 모집단 확정 → 2) 표본 프레임 결정 → 3) 표본 크기 결정 → 4) 표본추출 방법 결정 → 5) 표본추출의 순이다.

12 다음 중 확률표본 추출 방법에 해당하지 않는 것은?
① 단순 무작위 표본추출 방법
② 편의표본 추출 방법
③ 체계적 표본추출 방법
④ 층화 표본추출 방법

[정답] ② [해설] 확률표본추출법은 단순무작위추출법, 등간격 추출법, 층화추출법, 집락추출법 등이고, 비확률표본추출법은 편의표본추출법, 할당추출법, 판단추출법 등이다.

[요점] **표본추출법 구분**
표본추출법에서 '비확률추출법'이 아닌 것을 찾는 유형으로 자주 출제되므로 외워두어야 한다.

[암기] 표본추출법 : 〈표본추출은 비편할판〉 (비확률 표본추출법은 편의·할당·판단추출법)이다.

13 표본추출법에 대한 설명으로 옳은 것은?
① 조사자의 편의상 표본을 선정하는 방법이 단순 무작위 표본 추출 방법이다.
② 세분 집단별 개인을 조사대상으로 선정하는 것이 다단계 표본추출 방법이다.
③ 세분 집단별 동일 수의 대상을 선정하는 것이 바람직하다.
④ 집단을 추출하고 구성원을 선정하는 방법이 확률표본추출법에 속한다.

[정답] ④ [해설] ①의 경우 확률적 표본추출법 중에서 임의추출 방법을 설명하고 있다.

14 스포츠마케팅 조사를 위한 표본추출 방법 중 그 의미가 다른 하나는?
① 편의추출법　② 단순무작위추출법
③ 판단추출법　④ 할당추출법

정답 ② 해설 ②의 경우 확률적 표본추출법이다. 표본추출법에서 '비확률추출법', '확률추출법'이 아닌 것을 찾는 유형으로 자주 출제되므로 외워두어야 한다.

15 표본추출법에 대한 설명으로 틀린 것은?
① 일반적으로 확률표본추출 방법은 비확률 표본추출 방법보다 모집단에 대한 대표성이 높다.
② 비확률 표본 추출 방법은 각 표본추출단위가 표본으로 추출될 확률이 사전에 알려지지 않았다.
③ 층화표본추출법은 모집단을 다수의 상호 독립된 동질적 소그룹으로 구분하여 추출한다.
④ 군집표본추출법은 모집단이 여러 개의 소그룹으로 구성되어 있을 때, 각각의 그룹에서 편의적으로 표본을 추출한다.

정답 ④ 해설 군집표본추출법(집락표본추출법)은 집단 구성요소를 여러 개의 집락으로 구분한 다음 구분된 집락을 무작위로 선정하여 그 단위를 전수 조사하는 방법이다.

16 확률표본추출법으로 최초의 표본 단위만을 무작위로 추출하고 나머지는 일정한 간격을 유지하며 추출하는 것은?
① 층화 무작위 표본추출　② 체계적 표본추출
③ 군집 표본추출　④ 다단계 표본추출

정답 ② 해설 문제 지문은 체계적 표본추출법을 설명하고 있다.

17 다음에 적용할 수 있는 표본추출법은?

> 대학생들의 프로스포츠 종목별 선호도를 조사하기 위해 전국에서 몇 개의 대학을 무작위로 선정하고 이들로부터 다시 몇 개의 학과와 학년을 무작위로 선정하여 그에 해당하는 학생들을 대상으로 자료를 수집하려고 한다.

① 할당표본 추출법　② 군집 표본추출법
③ 층화표본추출법　④ 판단 표본추출법

정답 ② 해설 모집단 구성요소를 여러 개의 집락으로 구분한 다음 구분된 집락을 무작위로 선정하여 그 단위를 전수 조사하는 방법으로, 집락추출법 또는 군집추출법이라고 한다.

18 자기 기입식 설문 조사와 비교할 때 면접 설문 조사의 장점으로 옳은 것은?
① 자료 입력이 편리하다.
② 응답의 결측치를 최소화한다.
③ 조사대상 1인당 비용이 저렴하다.
④ 폐쇄형 질문에 유리하다.

정답 ② 해설 설문 조사 면접법은 응답 결측치를 최소화할 수 있다.

19 인터넷을 활용한 마케팅 조사에 관한 설명으로 옳지 않은 것은?
① 표본이 인터넷 사용자를 중심으로 편향되어 있다.
② 조건부 질문(contingency question)을 하기 어렵다.
③ 자료 수집에 따른 비용이 적게 든다.
④ 면접오류나 면접자 오류가 개입되지 않는다.

정답 ② 해설 인터넷 조사는 조건부 질문이 어렵지 않다.

20 스포츠마케팅 조사법 중 면접 조사법의 장점이 아닌 것은?
① 조사목적에 접근된 결과를 도출할 수 있다.
② 인력과 비용이 많이 들지 않는다.
③ 충실하고 다양한 자료를 수집할 수 있다.
④ 피면접자의 진술에 따라 진위를 더 정확하게 판단할 수 있다.

정답 ② 해설 면접 조사는 인력과 비용이 많이 소요된다.

21 스포츠마케팅 조사의 1차, 2차 자료에 대한 설명으로 옳은 것은?
① 1차 자료는 2차 자료보다 시간과 비용이 적게 든다.
② 1차 자료는 당면한 조사목적을 위하여 조사자가 직접 조사한 자료를 의미한다.
③ 2차 자료에서 상업용으로 제작된 자료는 제외한다.
④ 1차 자료는 상업용으로 제작된 것을 말한다.

정답 ② 해설 1차 자료는 당면한 조사목적을 위하여 조사자가 직접 조사한 자료를 말한다.

참고 **1차 자료와 2차 자료** : 스포츠마케팅 조사에서 실기시험에 출제될 수 있는 유일한 부분이다.

요점 1차 자료와 2차 자료	
1차 자료	2차 자료
조사를 위해 새로 수집해야 할 자료로, 시장조사보고서 등	다른 목적으로 이미 조사된 자료로, 정부 발행 인구조사보고서 등

22 스포츠 시장 기회분석을 위한 1차 자료 수집 방법에 해당하지 않는 것은?
① 관찰법 ② 설문법 ③ 실험법 ④ 문헌 조사법

정답 ④ 해설 1차 자료 수집 방법은 관찰법, 실험법, 설문법, 표본추출법 등이다. 문헌 조사법은 2차 자료 수집 방법이다.

23 스포츠마케팅 조사에서 수집된 자료 중 2차 자료에 관한 설명으로 옳은 것은?
① 스포츠조직 외부에서만 얻을 수 있다.
② 1차 자료를 얻는 것보다 비용이 더 소요된다.
③ 1차 자료보다 비교적 빨리 얻을 수 있다.
④ 과거 조사의 결과는 2차 자료가 아니다.

정답 ③ 해설 2차 자료의 장점은 자료 수집을 위한 시간, 비용 등의 절감 할 수 있다. 단점은 조사하고자 하는 내용이 꼭 필요한 자료가 아니거나, 효용성이 부족한 경우가 많다.

24 스포츠마케팅 조사에서 1차 자료를 수집하려는 방법과 가장 거리가 먼 것은?
① 현재의 여러 현상을 관찰함으로써 정보를 수집한다.
② 신속하고 경제적으로 정보를 이용하기 위해 정부의 통계나 언론매체 등의 자료를 수집한다.
③ 여러 가지 변수의 조건화를 통한 결과의 차이를 분석한다.
④ 조사목적에 적합한 여러 유형의 질문이 포함되도록 질문지를 만들어 조사한다.

정답 ② 해설 ②는 2차 자료 조사 방법이다.

25 매출액, 광고비, 무게, 소득 등 모두를 측정하여 사칙연산이 가능한 척도는?
① 비율척도 ② 등간척도 ③ 서열척도 ④ 명목척도

정답 ① 해설 비율척도는 각 범주 사이에 일정한 비율을 적용하는 척도이다. 이때 숫자는 가감승제의 사칙연산이 가능하다. 소득수준 등을 조사하는 데 이용된다. 척도 종류를 요약하면 표와 같다.

요점 척도의 종류
❶ 명목척도 : 단순히 순서만 나타내는 숫자 표기 척도
❷ 서열척도 : 대, 중, 소 등의 서열이 나타난 척도
❸ 등간척도 : 나이 등 일정 간격의 척도, +, −는 가능
❹ 비율척도 : 일정 비율 적용 척도, +, −×, ÷ 가능

26 척도의 유형 중 무엇에 대한 설명인가?

- 관찰대상을 상호 배타적인 범주로 구분하기 위하여 사용하는 척도
- 축구선수의 등 번호는 선수들을 구분하기 위한 것이지 우열을 표시한 것이 아니다.

① 명목척도 ② 서열척도 ③ 비율척도 ④ 등간척도

정답 ① **해설** 범주에 숫자를 부여하는 방법으로, 숫자는 단순히 순서만 나타내는 성별, 종교, 선수의 번호 등에 사용하는 것은 명목척도이다.

27 다음은 무엇에 관한 설명인가?

- 서로 개념이 다른 속성들에 대해 응답자가 서술형의 질문에 찬성의 정도와 반대의 정도를 표시하도록 하는 방법
- 연구대상에 관한 일련의 긍정적이거나 부정적 진술들로 구성된 5점이나 7점의 정해진 선택항목 중에서 하나의 답을 선택하게 하는 강제적인 방법

① 등급 척도   ② 의미분별척도
③ 리커트 척도 ④ 스타펠척도

정답 ③ **해설** 리커드 척도는 서로 개념이 다른 속성에 대해 응답자가 서술형 질문에 그 상태를 표시하는 방법이다.

28 스포츠 스타를 활용한 마케팅 조사를 하려고 한다. 다음 자료에서 측정의 수준이 바르게 짝지어진 것은?

ㄱ. 교육 수준 - 중졸 이하, 고졸, 대졸 이상
ㄴ. 교육연수 - 정규교육을 받은 기간(년)
ㄷ. 출신 고등학교 지역

① ㄱ:명목측정, ㄴ:서열측정, ㄷ:등간측정
② ㄱ:서열측정, ㄴ:비율측정, ㄷ:명목측정
③ ㄱ:등간측정, ㄴ:서열측정, ㄷ:비율측정
④ ㄱ:서열측정, ㄴ:등간측정, ㄷ:명목측정

정답 ② **해설** ㄱ. 교육 수준은 범주 간 비교가 가능하도록 서열로 부여하는 서열척도이고, ㄴ. 교육연수는 범주 사이의 일정한 비율을 적용하는 비율척도이고, ㄷ. 출신 고등학교 지역은 단순히 순서만 나타내는 명목척도이다.

29 다음은 무엇에 관한 설명인가?

대상을 묘사하는 양극적 형용 어구로 구성한 7점 척도로서 응답자들이 대상에 대한 자신의 태도를 나타내는 위치를 표시하도록 요구한다.

① 등급 척도   ② 의미분별척도
③ 리 카드 척도 ④ 스타펠척도

정답 ② **해설** 의미분별척도란 단어와 개념의 정서적 의미를 끌어내기 위해 다양한 형용사 짝을 주의 깊게 선정하여 구성한 측정 도구이다.

> **요점** 척도화 방법
> ❶ 리커드척도 : 서술형 질문에 그 상태를 표시하는 방법
> ❷ 어의분별척도 : 다른 의미의 용어를 배열하여 응답자의 상태를 표시하는 방법
> ❸ 어의차이척도 : 반대 용어를 척도의 양 끝에 두고 상태를 표시하는 방법
> ❹ 다중응답척도 : 하나 이상의 응답을 요구하는 방법
> ❺ 스타펠척도 : 척도 중간에 수식어를 넣어 긍정과 부정의 정도를 파악하는 방법

30 마케팅 조사의 내적 타당도를 저해하는 요소가 아닌 것은?
① 특정 사건의 영향 ② 조사대상의 변화
③ 반작용 효과   ④ 사전검사의 영향

정답 ③ **해설** '내적 타당도 저해 요소가 아닌 것?'은 '반작용 효과'로 외워두자.

31 여러 개의 측정항목 중에서 신뢰도를 저해하는 항목을 찾아내어 측정항목을 제외함으로써 측정도구의 신뢰성을 높이고자 할 때 사용되는 것은?
① 반분법(split-half reliability)
② 동형검사 신뢰도(parallel reliability)
③ 재검사법(test-retest reliability)
④ 내적 일관성(internal consistency reliability)

정답 ④ **해설** 내적 일관도법은 동일한 개념을 측정하기 위해 여러 개의 항목을 이용하는 경우 신뢰도를 저해하는 항목을 찾아내어 측정 도구에서 제외해 측정 도구의 신뢰도를 높이는 방법이다.

32 동일한 개념을 측정하기 위해 여러 개의 항목을 이용하는 경우 신뢰성을 저해하는 항목을 찾아내어 측정용 도구에서 제외함으로써 측정 도구의 신뢰성을 높이려는 방법으로 사용되는 것은?
① 내적 일관성 법 ② 동형검사 신뢰도
③ 복수 양식법 ④ 다중화 회귀 분석법

정답 ① 해설 동일한 개념을 측정하기 위해 여러 개의 항목을 이용하는 경우 신뢰성을 저해하는 항목을 찾아내어 측정 도구에서 제외하는 방법은 내적 일관도법이다.

33 설문지의 신뢰도를 향상시키는 방법이 아닌 것은?
① 문항 수를 최소화한다.
② 답례품을 증정하여 성실한 응답을 유도한다.
③ 자료코딩과 자료 입력 시 오류를 방지한다.
④ 신뢰도가 높은 기존 조사 도구를 활용한다.

정답 ① 해설 문항 수가 적거나 많다고 해서 신뢰도 자체에 영향을 주지 않는다.

34 마케팅 조사를 위한 설문지 구성 시 질문의 배열에 관한 설명으로 틀린 것은?
① 시작하는 질문은 응답자의 흥미를 유발하는 것으로 쉽게 대답할 수 있는 것으로 한다.
② 개인의 사생활에 대한 것이라든가 민감한 질문은 가급적 설문지의 뒤로 배열한다.
③ 질문은 자연스러우면서도 논리적인 순서에 따라 배열한다.
④ 특수한 것을 먼저 묻고 그다음에 일반적인 것을 질문하도록 한다.

정답 ④ 해설 질문 배열은 1) 일반사항 2) 특수한 것을 나중에 질문하는 방법이 옳다.

35 다음 중 설문지 작성 시 유의할 사항으로 틀린 것은?
① 조사목적에 관련이 있는 질문만을 설문지에 포함한다.
② 어느 한 방향으로 대답을 유도하거나 혹은 편견이 들어 있는 질문은 피한다.
③ 조사 대상자가 대답하기 어려운 질문은 피한다.
④ 문항 하나에 두 가지 이상의 질문을 포함하는 것이 효율적이다.

정답 ④ 해설 문항 하나에 두 가지 이상의 질문을 포함하는 것이 타당하지 않다.

36 스포츠마케팅 조사에서 선정된 표본 중 응답을 얻어내지 못해 생기는 오류는?
① 무응답 오류 ② 불포함 오류
③ 조사 현장의 오류 ④ 표본 오류

정답 ① 해설 주어진 지문은 무응답 오류를 말하고 있다.

37 스포츠마케팅 조사 중 설문지 제작 방법과 가장 거리가 먼 것은?
① 가능한 전문적인 용어를 사용하며, 심도 있는 질문을 한다.
② 주로 항목선택형 질문으로 작성한다.
③ 예상되는 답에 따른 분석 방법을 결정하는 것이 좋다.
④ 설문을 통해 알고자 하는 문제만을 질문한다.

정답 ① 해설 전문용어 사용을 하지 않아야 한다.

38 스포츠마케팅 조사할 때 설문지 작성 방법으로 옳지 않은 것은?
① 어렵거나 민감한 질문은 앞에 위치시킨다.
② 가급적 쉽게 질문한다.
③ 응답 항목들이 상호 배타적이어야 한다.
④ 유도성 질문은 피해야 한다.

정답 ① 해설 어렵거나 민감한 질문은 가능한 한 뒤에 배치하는 것이 좋다.

39 스포츠마케팅 조사를 위한 설문지 작성 시 폐쇄형 질문과 비교한 개방형 질문에 대한 설명으로 틀린 것은?
① 자료처리에 많은 시간과 노력이 든다.
② 개인 생활과 관련되거나 민감한 질문일수록 적합하다.
③ 조사자가 알지 못했던 정보나 문제점을 발견하는 데 유용하다.
④ 응답자에게 자기표현의 기회를 줌으로써 응답자의 의견을 존중하는 느낌을 준다.

[정답] ② [해설] 개인의 사생활과 관련된 사항은 폐쇄형 질문이 적합하다.

참고	개방형 질문과 폐쇄형 질문
개방형 질문	폐쇄형 질문
답변 항목을 미리 제시하지 않는 주관식 질문 방법	미리 제시된 항목들 가운데서 답을 선택하도록 하는 객관식 질문 방법

2. 통계분석과 활용

01 프로축구, 프로야구 및 프로농구 관중 집단이 생각하는 충성도에 차이가 있는지를 규명하고자 할 때 가장 적합한 통계분석 방법은?
① 판별분석 ② 분산분석 ③ 회귀분석 ④ 상관분석

[정답] ② [해설] 3개 이상의 독립변수의 평균값이 1개의 종속변수에 미치는 영향은 어떤 차이가 있는지를 찾고자 하는 경우 분산분석을 활용한다.

02 스포츠팬들의 성별에 따라 리커트 척도로 표기한 제품 만족도의 차이를 분석하고자 할 때 가장 적합한 통계분석 방법은?
① 빈도분석(frequency analysis)
② 단순 회귀분석(simple regression analysis)
③ 카이검증(chi-square test)
④ 일원 분산분석(one-way an ova)

[정답] ④ [해설] 일원 분산분석은 3개 이상의 독립변수의 평균값이 1개의 종속변수에 미치는 영향에 어떤 차이가 있는지를 찾고자 하는 경우 사용되는 분석 방법이다.

03 스포츠마케팅 조사법에서 통계분석 및 검증방법의 연결이 틀린 것은?
① t-검증 : 두 변수 간에 차이가 있는지 없는지를 검증하는 방법이다.
② 분산분석(ANOVA) : 둘 이상 집단의 평균값을 비교하는 방법이다.
③ 상관관계분석 : 두 개 이상의 변인을 검증하는 방법이다.
④ 요인분석 : 여러 번을 측정해도 일관성 있는 결과를 나타내는지 검증하는 방법이다.

[정답] ④ [해설] 요인분석이란 변수들의 상관관계를 이용하여 요인을 구하고, 이를 이용하여 변수들을 분류하고 그룹에 적절한 의미를 부여하는 분석 방법이다. 여러 번 측정해도 일관성 있는 결과를 검증하는 것은 신뢰도 측정이다.

04 통계분석에서 변수 간의 관계가 존재함을 검증할 목적으로 기각하고자 하는 가설은?
① 관계가설 ② 귀무가설 ③ 귀납가설 ④ 연역가설

[정답] ② [해설] 귀무가설은 통계적 기각을 목적으로 사용하며, 한편 귀무가설의 대립 개념인 대립가설은 연구가설이 사실이라는 것의 입증이 필요할 때 사용한다.

05 운동화 A 모델의 월평균 매출액 증가율이 전국 5대 도시에서 통계학적으로 유의미한 차이가 있는지를 알고자 할 때 적합한 통계분석 방법은?
① t 검정
② 교차분석(CROSS TAB)
③ 크론바흐(Cronbach) 알파(α) 분석
④ 분산분석(ANOVA)

[정답] ④ [해설] 분산분석(ANOVA)은 3개 이상의 독립변수의 평균값이 1개의 종속변수에 미치는 영향은 어떤 차이가 있는지를 찾을 때 분석 방법이다.

06 20명의 스포츠댄스 회원들이 한 달간 댄스 프로그램에 참여하여 프로그램 시작 전 체중과 한 달 후 체중의 차이를 알아보려고 할 때 적합한 검정 방법은?

① 대응 표본 t-검정   ② 독립표본 t-검정
③ z-검정   ④ F-검정

정답 ① 해설 t-검정이란 두 집단 간 평균을 비교하는 통계분석기법으로, 두 집단 간 평균 차이에 대한 통계적 유의성을 검증하는 방법이다. t-검정은 대응 표본 t-검정과 독립표본 t-검정으로 구분한다. 독립표본 t-검정은 두 집단 이상과 비교하는 방법으로, 예를 들면 1반과 2반의 100m 달리기 평균을 비교할 때 사용하고, 대응 표본 t-검정은 한 집단의 두 개의 변수를 비교하는 방법으로, 예를 들면 특정 집단의 운동 시작 전 체중과 일정 기간 경과 후의 체중을 비교할 때 사용한다. 문제는 운동 시작 전후의 체중 차이를 알아보려면 한 집단의 두 개의 변수를 비교하는 대응 표본 t-검정을 활용해야 한다.

제3장 마케팅믹스와 마케팅전략

1. 마케팅 프로세스

01 스포츠마케팅 전략(STP 전략)의 기본단계를 바르게 나열한 것은?
① 목표시정 선정→포지셔닝→시장세분화
② 목표시정 선정→시장세분화→포지셔닝
③ 시장세분화→목표시장 선정→포지셔닝
④ 마케팅믹스→목표시장 선정→시장세분화

[정답] ③ [해설] STP는 시장세분화, 표적 시장 선정, 포지셔닝 등이다.

> [요점] **STP**
> ❶ 시장세분화(segmentation)
> ❷ 표적 시장 선정(targeting)
> ❸ 포지셔닝(positioning)

02 라이프스타일, 성격 등은 시장세분화 기준 중 무엇에 해당하는가?
① 구매 행동적 기준   ② 인구 동태적 기준
③ 지리적 기준   ④ 심리 형태별 기준

[정답] ④ [해설] 라이프스타일, 성격 등은 심리적 기준이다.

03 다음 중 스포츠 시장세분화 조건에 대한 설명으로 틀린 것은?
① 다양한 스포츠소비자의 특성에 관한 정보가 존재하고 있어 세분된 시장의 규모와 실제 구매력을 측정할 수 있어야 한다.
② 표적 시장으로 선택한 스포츠 세분 시장에 마케팅 노력을 집중시킬 수 있어야 한다.
③ 세분된 스포츠 시장은 스포츠조직에 충분한 수익성을 보장해 줄 수 있을 정도의 적정한 규모이어야 한다.
④ 특정 스포츠 세분 시장은 다른 세분화된 시장과 비교해서 마케팅 활동에 대한 반응에서 차이가 없어야 한다.

[정답] ④ [해설] 시장세분화의 조건은 실행 가능성, 측정 가능성, 접근 가능성, 실체성 등이다.

04 다음 사례와 관련된 시장세분화 기준은?

> 어떤 소비자는 높은 실용성을 지닌 조깅화를 선호하고, 어떤 소비자는 패션 감각이 높은 조깅화를 원하기 때문에 이를 고려하여 각각의 상품을 제조하였다.

① 심리학적 기준   ② 행위적 기준
③ 사회경제학적 기준 ④ 소비자 편익 기준

[정답] ④ [해설] 지문은 소비자 편익 기준 시장세분화를 설명하고 있다.

05 스포츠 시장의 효과적인 세분화를 위해 갖추어야 할 요건이 아닌 것은?
① 신뢰성(Reliability)
② 측정 가능성(mensurability)
③ 접근 가능성(Accessibility)
④ 유지 가능성(Substantiality)

[정답] ① [해설] 시장세분화의 요건은 1) 실행 가능성 2) 측정 가능성 3) 접근 가능성 4) 실체성이다. 유지 가능성은 실행 가능성을 달리 표현한 것이다. 신뢰성은 포함되지 않는다.

> [요점] **시장세분화 요건**
> ❶ 실행 가능성 ❷ 측정 가능성 ❸ 접근 가능성 ❹ 실체성

06 시장세분화에 대한 설명으로 옳지 않은 것은?
① 각 세분 시장에 대한 접근 가능성을 평가해야 한다.
② 두 개 이상의 기준을 동시에 적용하여 시장을 세분화할 수 있다.
③ 각 세분 시장을 위해 적합한 마케팅믹스를 조정해야 한다.
④ 세분 시장 내 소비자의 마케팅믹스에 대한 반응은 유사하다.

[정답] ③ [해설] 시장세분화는 1) 실행 가능성 2) 측정 가능성 3) 접근 가능성 4) 실체성 등을 갖추어야 한다. 각 세분 시장을 위해 마케팅믹스를 조정해야 하는 것은 아니다.

07 시장세분화에 관한 설명으로 옳은 것은?
① 인구 통계적 세분화는 나이, 성별, 가족 규모, 소득, 직업, 종교, 교육 수준은 등을 바탕으로 시장을 나눈다.
② 사회 심리적 세분화는 추구하는 편익, 사용량, 상표 애호도, 사용 여부 등을 바탕으로 시장을 나눈다.
③ 행동적 세분화는 구매자의 사회적 위치, 생활 습관, 개인 성격 등을 바탕으로 시장을 나눈다.
④ 시장 포지셔닝은 세분화된 시장의 좋은 점을 분석한 후 진입할 세분 시장을 선택하는 것이다.

정답 ① 해설 ①을 제외한 나머지는 잘못 설명되었다. ② 심리적 세분화는 소비자의 생활양식, 개인적 특성 등으로 나누고, ③ 행동적 세분화는 소비자 행동의 특성을 기초로 세분화한다. ④ 포지셔닝은 경쟁상품과 비교하여 소비자의 마음속에 차별화되도록 위치시키는 노력이다.

08 시장세분화의 기준과 가장 거리가 먼 것은?
① 인구통계학적 기준 ② 유통시장 기준
③ 지리적 기준   ④ 심리적 기준

정답 ② 해설 시장세분화의 기준은 인구통계학적, 지리적, 심리적, 행위적, 편익, 시간대별 세분화 등이다.

요점 시장세분화 기준
❶ 인구통계학적 세분화 ❹ 편익 세분화
❷ 지리적 세분화   ❺ 시간대별 세분화
❸ 행위적 세분화

09 스포츠 서비스의 가격 세분화 기준에 관한 설명으로 틀린 것은?
① 세분 시장이 충분히 커야 한다.
② 다른 세분 시장의 고객들은 가격의 변화에 대해 같이 반응해야 한다.
③ 세분 시장을 확인할 수 있어야 하고, 차별적 가격책정을 할 수 있는 수단이 마련되어야 한다.
④ 특정 세분 시장에서 저가격에 상품 또는 서비스를 구매한 고객이 다른 세분 시장의 고객에게 동일한 서비스를 판매할 기회를 주어서는 안 된다.

정답 ② 해설 다른 세분 시장에서 가격변화에 대해 동일한 반응을 기대하기 어렵다.

10 시장세분화 변수 중 고객 특성 변수가 아닌 것은?
① 행동 분석적 변수 ② 인구 통계적 변수
③ 지리적 변수   ④ 심리 묘사적 변수

정답 ① 해설 시장세분화 변수란 세분 시장으로 나누기 위해 사용되는 개인 또는 집단의 특성을 말하는 것으로, 고객 행동 변수와 고객 특성 변수로 나눈다. 고객 특성 변수는 인구 통계적 변수, 심리 분석적 변수, 지리적 변수 등을 말한다. 행동 분석적 변수는 고객 행동 변수이다.

요점 고객 행동 변수와 고객 특성 변수

고객 행동 변수	고객 특성 변수
추구하는 편익, 사용량, 상표 충성도, 가격 민감도, 사용 상황	인구 통계적 변수(나이, 가족 생활주기, 성, 소득, 직업, 교육 수준), 심리 분석적 변수(라이프스타일), 지리적 변수(지역, 도시, 인구밀도 등)

11 다음 중 시장세분화의 행동 변수적 기준에 가장 적합한 것은?
① 가족수명주기   ② 교육 수준
③ 사회계층   ④ 추구하는 편익

정답 ④ 해설 시장세분화의 변수는 고객 행동 변수와 고객 특성 변수로 나눈다. 이 중 고객 행동 변수는 1) 추구하는 편익 2) 사용량 3) 상표 충성도 4) 가격 민감도 5) 사용 상황 등이다. 같은 내용으로 '고객 행동 변수가 아닌 것을 찾는 유형'으로 출제될 수 있다.

12 스포츠마케팅 과정상 표적화(targeting)에 관한 설명으로 옳은 것은?
① 한 개의 세분 시장만을 선정해야 한다.
② 인구가 가장 큰 세분 시장을 선정해야 한다.
③ 모든 세분 시장을 선정해야 한다.
④ 경쟁력이 있는 세분 시장을 표적 해야 한다.

정답 ④ 해설 시장의 특성에 따라 나누어진 세(細)시장에 제품이나 서비스를 구매할만한 고객집단을 찾아내는 활동을 타게팅이라고 한다.

13 표적 시장 내 소비자들에게 경쟁제품과 비교하여 차별화된 포인트를 마음속에 위치하도록 하는 활동은?
① 포지셔닝 ② 시장세분화 ③ 집중화 ④ 타게팅

정답 ① 해설 포지셔닝이란 상품이 경쟁상품과 비교하여 소비자의 마음속에 차별화되도록 위치시키려는 노력을 말한다.

2. 마케팅믹스

가. 마케팅믹스의 이해

01 스포츠마케팅 요소 설명으로 틀린 것은?
① 스포츠 제품(product)은 축구공, 테니스라켓, 야구글러브, 각종 운동복 등과 선수, 프로그램뿐만 아니라 각종 운동지식 및 선수 개인의 기술을 포함한다.
② 스포츠 제품가격(price) 유형에는 입장료, 회원권, 대여료, 연봉, 등록비, 방송중계권료 등을 포함한다.
③ 스포츠마케팅에서의 장소(place)는 시설의 위치, 배치, 이미지 등을 포함하며, 입장권의 유통체계도 포함한다.
④ 스포츠마케팅에서의 촉진(promotion)은 시설의 위치와 유통방법을 포함한다.

정답 ④ 해설 촉진은 제품 판매를 촉진하기 위해 판매자와 고객과의 커뮤니케이션 수단을 말하는 것으로, 시설 위치와 유통방법과는 관련이 없다.

02 마케팅믹스 전략에 관한 설명으로 옳은 것은?
① 스포츠소비자는 제품의 가격을 생각할 때 제품에 대한 촉진이나 장소 요인을 고려하지 않는다.
② 모든 마케팅믹스 요인들은 동시에 스포츠소비자의 구매 행동에 영향을 미친다.
③ 제품 특성에 따라 적합한 촉진 매체가 결정되나 촉진 믹스는 제품 위치를 결정하지 못한다.
④ 매체 보도로부터 얻은 제품의 신뢰성은 다른 촉진 믹스 전략을 통해 쉽게 획득할 수 있다.

정답 ② 해설 마케팅믹스는 소비자의 구매 행동에 동시에 영향을 미친다.

03 스포츠 서비스마케팅 믹스에서 7P에 해당되지 않는 것은?
① 프로그램 ② 가격 ③ 구성원 ④ 과정

정답 ① 해설 마케팅 7p란 4p와 프로세스(process), 시설물(physical surroundings), 인적자원(people) 등이다.

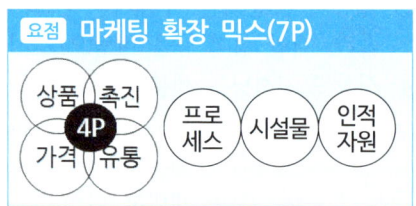

04 다음 중 스포츠상품의 핵심제품에 대한 설명으로 틀린 것은?
① 스포츠선수 개개인의 경기력을 의미한다.
② 이벤트 경험 가치를 증진시키는 제품 요소이다.
③ 확장제품 선택을 통해 가치가 증대될 수 있다.
④ 확장제품을 통해 부진함이 만회될 수도 있다.

정답 ② 해설 핵심제품이란 소비자가 궁극적으로 얻고자 하는 핵심적 이익이나 혜택을 말한다.

나. 상품

05 다음 중 유형 제품에 해당하는 것은?
① 보증 ② A/S ③ 상표명 ④ 배달

정답 ③ 해설 유형 상품이란 상표, 선수 등과 같이 소비자가 실제 느끼는 물리적 형태를 말한다. ③을 제외한 나머지는 무형상품이다.

06 제품은 그 특성에 따라 물리적 특성, 사용 목적, 구매과정이라는 3가지 방법으로 분류된다. 물리적 특성에 의한 분류가 아닌 것은?
① 소비재 ② 내구재 ③ 비내구재 ④ 서비스

정답 ① 해설 제품은 물리적 특성에 따라 내구재, 비내구재, 서비스 등으로 구분한다. 소비재, 비소비재로 구분하는 것은 사용 목적에 따른 분류이다.

07 다음 스포츠 제품 중 핵심제품 및 실제 제품이 아닌 것은?
① 스타 플레이어
② 경기 자체의 특성
③ 경기의 상표 혹은 프로그램 명칭
④ 편리한 주차시설

정답 ④ 해설 경기장시설 서비스인 주차장, 화장실, 매점 등은 확장제품이다.

08 스포츠 제품의 생산요소를 핵심제품, 실제 제품, 확장제품으로 구분할 때 이에 대한 설명과 가장 거리가 먼 것은?
① 확장제품 : 주차시설, 공연
② 실제 제품 : 상표, 선수
③ 핵심제품 : 경기, 프로그램
④ 확장제품 : 치어리더, 응원, 매장

정답 ③ 해설 경기, 프로그램 등은 실제 제품이다.

09 Kotler가 제시한 5가지 제품 차원과 스포츠 제품의 예시가 바르게 짝지어진 것은?
① 기대제품(expected product)-쾌적한 관람 시설
② 확장제품(augmented product)-스포츠용품 판매
③ 잠재제품(potential product)-편리한 주차시설
④ 기본제품(basic product)-경기관람을 통한 대리 경험

정답 ① 해설 Kotler의 5가지 제품 차원은 1) 핵심편익 2) 기본제품 3) 기대제품 4) 확장제품 5) 잠재제품 등이다. 쾌적한 관람 시설은 기대제품이다.

10 다음은 스포츠 제품의 수명주기 중 어느 단계에 관한 설명인가?

- 판매량이 급속도로 증가한다.
- 기업은 수익성을 감안하기 시작한다.
- 경쟁자들이 시장에 등장하게 되고, 경쟁이 증가하기 시작한다.

① 도입기 ② 성장기 ③ 성숙기 ④ 쇠퇴기

정답 ② 해설 보기는 성장기에 대한 설명이다.

11 상품수명주기에서 잠재고객에게 신상품을 알리고 이용을 유도하는데 높은 수준의 촉진 활동이 요구되기 때문에 매출액 대비 촉진 비용이 가장 높은 단계는?
① 성장기 ② 성숙기 ③ 쇠퇴기 ④ 도입기

정답 ④ 해설 도입기에는 시장점유율을 높이는데 필요한 촉진 비용이 많이 발생한다.
용어 PLC : product life cycle, 상품수명주기

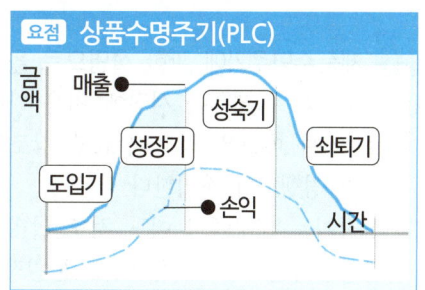

12 제품수명주기에 관한 설명으로 옳지 않은 것은?
① 시간의 경과에 따라 제품의 수명을 도입기, 성장기, 성숙기, 쇠퇴기로 나눈 것이다.
② 성숙기에는 시장점유율을 확보하려고 노력하여 매출이 급상승한다.
③ 선진국에서 이미 쇠퇴한 제품이라도 후진국에서는 성장기의 제품이 될 수도 있다.
④ 쇠퇴기에는 과거 투자에 대한 회수를 극대화하고자 한다.

정답 ② 해설 성숙기는 수요 신장이 둔화 또는 멈춤으로 이익 극대화에 주력해야 한다.

13 제품수명주기에 관한 설명으로 옳지 않은 것은?
① 판매이익은 쇠퇴기에 감소한다.
② 일반적으로 제품수명주기는 짧아지는 추세에 있다.
③ 시장저항이 가장 강한 시기는 도입기이다.
④ 경쟁자 수가 가장 많은 시기는 성장기이다.

정답 ④ 해설 일반적으로 경쟁자 수는 성숙기에 가장 많다.

14 제품수명주기 중 도입기에 대한 설명으로 가장 적합한 것은?
① 유사 상품이 등장하는 시기이다.
② 제품개선이 필요한 시기이다.
③ 저가격책정이 필요한 시기이다.
④ 판매촉진이 필요한 시기이다.

정답 ④ 해설 도입기는 판매촉진이 필요한 시점이다.

15 제품수명주기에 관한 설명으로 옳은 것은?
① 도입기는 신제품이 시장에 처음 나타나는 시기로 이때 매출은 적고 상표를 강조하는 광고를 하며 경쟁자가 진입한다.
② 성장기는 시장에서 어느 정도 알려져서 매출이 급상승하는 시기이며, 이때 본원적 수요를 자극하기 위한 광고를 하며, 상품을 알리는 데 주력해야 한다.
③ 성숙기는 매출이 최고조에 달하는 시기이며 이때 경쟁이 심하고 상표의 차별성을 강조하며 마케팅전략의 수정이 필요하다.
④ 쇠퇴기에는 새로운 신상품이 나타나지만, 매출이 줄지 않고 이익이 계속 발생하므로 이를 유지하는 전략을 구사하는 것이 필요하다.

정답 ③ 해설 ① 경쟁자는 성장기에 출현하기 시작한다. ② 본원적 수요를 창출하는 광고는 도입기에 필요하다. ④ 쇠퇴기에는 매출이 줄기 시작한다.

16 제품의 수명주기 상 이익의 극대화와 시장점유율 방어를 마케팅의 목적으로 하는 단계는?
① 도입기 ② 성장기 ③ 성숙기 ④ 쇠퇴기

정답 ③ 해설 성숙기에는 수요 신장이 둔화하므로 이익 극대화에 주력해야 하고, 기존 유통망을 보호 유지하여 시장점유율을 방어해야 한다.

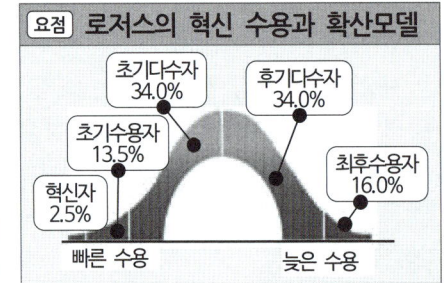
참고 문제 19 관련

17 스포츠 관련 신제품 개발 프로세스가 옳은 것은?

ㄱ. 제품 콘셉트 개발	ㄹ. 아이디어 창출
ㄴ. 예비설계	ㅁ. 사업 타당성 분석
ㄷ. 시장시험 생산	

① ㄹ→ㄱ→ㅁ→ㄴ→ㄷ ② ㄹ→ㄴ→ㅁ→ㄱ→ㄷ
③ ㅁ→ㄹ→ㄱ→ㄴ→ㄷ ④ ㅁ→ㄱ→ㄷ→ㄴ→ㄹ

정답 ① 해설 신제품 개발 5단계는 아래와 같다.

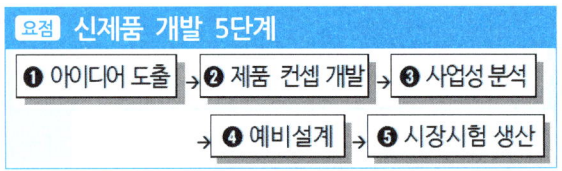

18 신제품 개발과정 중 아이디어 창출 단계에서 사용하는 기법과 가장 거리가 먼 것은?
① 속성열거법(attribute listing)
② 강제적 결합법(forced relationships)
③ 브레인스토밍법(brainstorming)
④ 결합분석법(conjoint analysis)

정답 ④ 해설 아이디어 도출방법은 브레인스토밍법, SCAMPER법, 연꽃기법, 마인드맵, 강제연결법(문제에서는 강제적 결합법으로 표기), 속성열거법 등이 있다.

19 로저스(Rogers)가 제시한 혁신의 수용과 확산모형에서 신제품을 수용하는 소비자의 분포 비율로 틀린 것은?
① 혁신자(innovators)-2.5%
② 조기 수용자(early adopters)-16%
③ 조기다 수자(early majorities)-34%
④ 최후수용자(laggards)-16%

정답 ② 해설 로저스의 혁신 수용과 확산모델 곡선의 소비자 분포는 옆의 그림과 같다.

다. 가격

20 상업 스포츠 센터 등에서 이용이 적거나 비수기에 해당 시설이나 서비스를 이용하는 소비자에게 할인된 가격을 적용하거나 나이 또는 성별에 따라 다양한 가격을 제시하는 전략은?
① 묶음 가격전략   ② 신상품가격전략
③ 가격차별화전략   ④ 원가기준가격전략

[정답] ③ [해설] 가격 차별화전략은 2 이상의 세분 시장을 목표로 하되 각각의 시장을 특성에 따라 다른 마케팅전략을 사용하는 경우로, 소비자의 요구에 따라 다양한 가격과 형태로 제공되어 고객을 많이 확보할 수 있는 장점을 갖고 있다.

21 영업 중인 볼링장, 상업 스포츠 센터 등에서 상대적으로 이용이 뜸한 낮에는 해당 시설이나 서비스를 이용하는 소비자에게 할인된 가격을 적용하거나, 경기장 입장 등에 있어서 나이 또는 성별에 따라 다양한 가격을 제시하는 가격전략은?
① 묶음 가격전략   ② 신상품가격전략
③ 가격차별화전략   ④ 원가기준가격전략

[정답] ③ [해설] 문제 20의 해설과 같다.

22 스포츠 이벤트의 입장권 가격을 2,000원에서 3,000원으로 인상할 경우, 관람자 수가 4,000명에서 3,000명으로 감소한다면 수요의 탄력성은?
① 탄력적이다.   ② 단위 탄력적이다.
③ 비탄력적이다.   ④ 알 수 없다.

[정답] ③ [해설] 수요의 가격 탄력성은 수요량의 변화율/가격의 변화율로 계산한다. 수요의 가격 탄력성={(4,000명-3,000명)÷3,000명}/{(3,000원-2,000원)÷2,000원}이다. 이를 계산하면 0.5가 된다.
∴ 정답은 비탄력적이다.

23 다음 중 스포츠 제품 수요의 가격 탄력성이 가장 높은 경우는?
① 대체재나 경쟁자가 거의 없을 때
② 구매자들이 구매습관을 바꾸기 어려울 때
③ 구매자들이 대체품의 가격을 쉽게 비교할 수 있을 때
④ 구매자들이 높은 가격이 그만한 이유가 있다고 생각할 때

[정답] ③ [해설] 탄력성이란 한 변수가 다른 변수에 의해 변동되는 정도를 나타낸다. 소비자들이 대체품의 가격을 쉽게 비교할 수 있으면 가격 변수에 따라 수요가 크게 변한다.

24 다음 (　) 안에 들어갈 알맞은 것은?

> 가격 결정 정책을 수립할 때 판매자는 반드시 활용 가능한 가격책정의 조건들을 모두 고려해야만 한다. 고객의 수요에 대한 고려는 (　)이 된다.

① 변동비   ② 원가 경쟁
③ 가격의 범위   ④ 가격 상한선

[정답] ④ [해설] 가격책정에서 고객의 수요에 대한 고려는 가격의 상한선이 된다.

25 유형의 스포츠 제품에 대한 도입기의 가격전략은 대체로 고가정책을 추구한다. 그 이유로 올바르지 않은 것은?
① 경쟁자가 다수이기 때문이다.
② 생산원가가 높기 때문이다.
③ 높은 촉진 비용을 충당하여야 하기 때문이다.
④ 신제품을 조기에 구매하는 사람들은 대체로 고소득층이기 때문이다.

[정답] ① [해설] 도입기는 경쟁자가 없거나, 미약한 상태이므로, 대부분의 상품이 높은 가격을 책정한다. 이를 skimming 전략이라고 한다. skim이란 물 위에 떠있는 기름처럼 뜬 상태를 말한다. 반대의 경우는 penetration 전략이라고 하며, 초기 진입 때 가격을 낮게 책정하는 방법이다. 문제 38번 해설을 참고하는 것이 좋다.

26 스포츠 마케팅믹스 중 제품의 가격에 관한 일반적인 특성과 가장 거리가 먼 것은?
① 스포츠 제품가격은 수요가 탄력적인 시장에서 매우 쉽게 변경될 수 있다.
② 스포츠 제품가격은 가장 강력한 경쟁 도구이다.
③ 스포츠 제품가격은 정형화된 일정한 체계를 구축하는 것이 쉽다.
④ 스포츠 제품가격은 상대적 관계 때문에 결정된다.

[정답] ③ [해설] 가격은 탄력적 시장에서 쉽게 변경할 수 있으므로 정형화된 체계를 유지하거나 구축하기 상대적으로 어렵다.

27 다음 중 스포츠 제품가격의 일반적 특징이 아닌 것은?
① 수요가 탄력적인 시장 상황에서 매우 쉽게 변경될 수 없다.
② 마케팅믹스 중 가장 강력한 경쟁 도구이다.
③ 정형화된 일정한 체계를 구축하기가 어렵다.
④ 스포츠 제품의 가격은 상대적 관계 때문에 결정된다.

[정답] ① [해설] 스포츠 제품의 가격은 수요가 탄력적이기 때문에 쉽게 변경할 수 있다.

> **요점 가격의 특성**
> ❶ 변경이 비교적 수월
> ❷ 강력한 경쟁 도구
> ❸ M/S와 손익에 큰 영향
> ❹ 비교적 큰 변동 폭
> ❺ 상황에 영향을 많이 받는다.
> ❻ 상대적 관계로 결정

28 비교적 작은 변화로도 판매량의 증감에 쉽게 영향을 미칠 수 있는 스포츠 마케팅믹스는?
① 제품 ② 가격 ③ 장소 ④ 촉진

[정답] ② [해설] 가격은 작은 변화로도 판매량에 큰 영향을 미친다.

29 제품으로서 스포츠 서비스 이용의 수요 탄력성에 관한 설명으로 틀린 것은?
① 필수재 성격을 갖는 스포츠 제품의 수요는 사치재 성격을 갖는 스포츠 제품의 수요보다 탄력적이다.
② 일정한 대체재가 존재하는 스포츠 제품의 수요는 가격에 대해 탄력적이다.
③ A와 B라는 제품의 입장료가 동시에 내렸을 때 A 제품보다 B 제품의 수요가 더 늘어나면 B는 A보다 탄력적이라는 의미이다.
④ 기간에 따른 수요의 가격 탄력성은 가격 인상에 대하여 시간이 장기적으로 흐를수록 이탈하는 경우가 많아지므로 이는 단기에 비해 장기가 더 탄력적임을 의미한다.

[정답] ① [해설] 사치품은 생필품보다 수요의 가격 탄력성이 높다.

30 스포츠 제품의 가격유형에 대한 설명으로 틀린 것은?
① 회원권은 스포츠시설을 장기적으로 이용하기 위해 지불하는 비용을 말한다.
② 입찰가는 특정한 행사나 용역에 대해서 일을 수행하려는 업체들이 주관단체에 제시하는 액수를 말한다.
③ 리그 가입금은 스포츠 리그를 구성하는 하나의 팀으로 인정받기 위해서 연맹에 지불하는 비용을 말한다.
④ 라이선싱비는 특정 스포츠 관련 물품을 생산, 판매하기 위해 지불하는 비용을 말한다.

[정답] ④ [해설] 라이선싱비는 팀의 로고 등의 사용하는 대가로 지불하는 것이다.

31 가격 결정에 영향을 미치는 요인 중 내부적 요인이 아닌 것은?
① 목표시장 점유율 ② 마케팅믹스 전략
③ 사회적 분위기 ④ 마케팅 목표

[정답] ③ [해설] 사회적 분위기는 외부적 요인이다.

32 스포츠 제품가격의 일반적 특성이 아닌 것은?
① 스포츠 제품가격은 수요가 탄력적인 시장 상황에서 매우 쉽게 변경될 수 있다.
② 가격은 다른 어떤 요인보다 시장 상황에 즉각적으로 대응하여 가격전략을 수립하여 경쟁제품을 압도할 수 있는 강력한 마케팅 도구이다.
③ 스포츠 제품의 가격은 비교적 변동 폭이 작다.
④ 스포츠 제품가격은 정형화된 일정한 체계를 구축하기 어렵다.

[정답] ③ [해설] 스포츠상품 가격은 일반상품보다 가격 변동이 심한 편이다.

33 가격 결정 영향요인을 내·외부로 구분할 때 내적 요인에 해당하는 것은?
① 경제 환경   ② 정부 규제
③ 소비자 반응 ④ 원가 구조

[정답] ④ [해설] 가격 결정 영향요인은 외적 요인과 내적 요인으로 구분한다. 내적 요인은 경영전략, 마케팅전략, 조직 특성, 원가 구조 등이다.

34 소비자 심리에 근거한 가격 결정 방법에 해당하지 않는 것은?
① 종속가격 ② 단수가격 ③ 긍지 가격 ④ 관습가격

[정답] ① [해설] 종속가격이란 본체와 부속품 모두 갖추어야 제품의 온전한 기능을 유지할 수 있을 때 본체의 가격은 낮게 책정하여 구매를 유도한 후 부속품의 가격은 높게 책정하는 방법이다. 이는 소비자 심리와 연관이 없다.

요점 소비자 심리 이용 가격

구분	내용
단수가격	제품가격의 끝자리를 단수로 표시하여 제품이 저렴하다는 인식을 주는 가격
긍지 가격	가격으로 품질을 평가하는 심리를 이용하는 방법으로, 가격을 높게 책정한다.
유인가격	특정 제품의 가격을 낮게 책정하여 다른 제품도 함께 구매하도록 유인하는 방법
관습가격	장기간 고정된 가격으로, 이를 벗어나면 소비자의 저항이 발생한다.
현금 가격	카드 결제 시 가격을 높게 책정하여 현금 구매를 유도할 때의 가격

35 다음 표의 가격과 품질 전략에 관한 설명으로 옳은 것은?

가격 품질	저	중	고
고	1. 특제품 전략	2. 고품질 전략	3. 초특매 전략
중	4. 특매전략	5. 평균전략	6. 과대 가격 전략
저	7. 절약전략	8. 기만적 절약전략	9. 사기 전략

① 1, 5, 9의 전략은 여러 가지 제품이 동일한 시장에서 공존할 수 있음을 나타내는 전략이다.
② 2, 3, 6의 전략은 시장에서 우위를 확보하기 위해 이득을 최대화하는 전략이다.
③ 4, 7, 8의 전략은 과다한 가격책정이나 지속적인 시장 점유가 가능한 전략이다.
④ 3, 5, 7의 전략은 최대의 수익을 위한 전략이다.

[정답] ① [해설] 표의 중앙에 표시된 1, 5, 9는 동일 시장에서 공존할 수 있는 전략이다.

36 다음 사례에 해당하는 가격 결정 방법은?

> 스포츠용품 제조회사 A는 특별한 규격의 양궁 활을 제작하여 저렴한 가격을 책정하고, 그 양궁 규격에 맞는 활을 비싼 가격으로 결정하여 판매한다.

① 종속제품 가격 결정(captive product pricing)
② 묶음 가격 결정(bundle price)
③ 침투 가격 결정(penetration pricing)
④ 스키밍 가격 결정(skimming pricing)

[정답] ① [해설] 본체와 부속품 모두 갖추어져야 제품의 기능이 발휘될 때 본체 가격은 낮게 책정한 후 부속품의 가격은 높게 책정해 이윤을 창출하는 방법은 종속제품 가격전략이다. 예를 들면 양궁의 활 가격은 비교적 낮게 하고, 화살 가격은 높게 책정하는 방법이다.

37 스포츠시설 가격정책 중 초기에 매우 낮은 가격을 책정하고 시간이 흐름에 따라 점차 가격을 높여 단기적 이익을 희생하여도 장기적으로 이를 상쇄하고도 남을 정도의 이익을 얻기 위해 사용하는 것은?
① 침투가격정책   ② 지각된 가치 기준 가격 정책
③ 원가 기준 가격정책   ④ 고소득 흡수가격정책

정답 ① 해설 침투가격정책을 설명하고 있다.

38 시장침투 가격 결정에 관한 설명으로 틀린 것은?
① 경쟁자의 진입을 방지하고자 할 때 효과적인 방식이다.
② 가격에 민감하지 않은 혁신소비자층을 대상으로 하는 것이 적절하다.
③ 대체로 소비자들이 가격에 민감할 때 적합한 방식이다.
④ 단위당 이익이 낮더라도 대량 판매를 통해 높은 총이익을 얻을 수 있을 때 활용하는 방식이다.

정답 ② 해설 고객이 가격에 민감하지 않으면 고가인 스키밍전략이 필요하다.

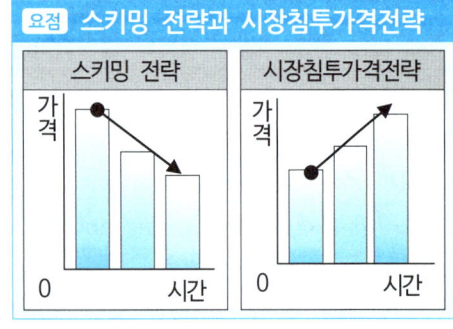

라. 유통

39 스포츠용품의 특정 판매지역이나 판매처를 한정하여 독점판매권을 부여하는 대신 다른 회사 제품의 취급을 제한하는 유통정책은?
① 개방적 유통정책   ② 선택적 유통정책
③ 배타적 유통정책   ④ 직판 정책

정답 ③ 해설 소매상에게 독점판매권을 부여하는 경우 배타적 유통이다.

40 유통경로 설계과정을 바르게 나열한 것은?

A. 경로 대안 평가   B. 유통경로의 목표설정
C. 주요 경로 대안의 식별 D. 고객 욕구 분석

① A→B→C→D   ② B→C→A→D
③ C→B→D→A   ④ D→B→C→A

정답 ④ 해설 유통경로 설계 절차는 고객 욕구 파악→경로 목표설정→경로 커버리지 결정→경로 길이 결정 등이다.

41 다음 중 스포츠 제품의 일반적인 유통경로 유형이 다른 하나는?
① 스포츠 센터 수영 프로그램 등록
② 플레이오프 1차전 경기관람
③ N 브랜드의 스포츠용품 구매
④ 스키장 시즌권 구매

정답 ③ 해설 ③은 스포츠용품의 유통경로이다. 나머지는 스포츠 서비스의 유통경로이다.

42 다음 사례에 나타난 스포츠 제품 유통경로 전략으로 가장 적합한 것은?

A 태권도장은 저녁 7시 이후에는 택견 도장으로 이용되고, B 발레 교습장은 에어로빅 교육장으로 이용된다.

① 복수 상품·복수 목표시장 전략
② 복수 목표시장 전략
③ 복수 사업장·복수 상품전략
④ 전체 혼합전략

정답 ① 해설 주어진 지문은 복수 상품·복수 목표시장 전략을 설명하고 있다.

43 직접 유통경로 또는 유통단계의 축소를 선택하는 경우가 아닌 것은?
① 제품의 기술적 복잡성이 클수록
② 경쟁의 차별화를 시도할수록
③ 제품이 표준화되어 있을수록
④ 소비자의 지리적 분산 정도가 낮을수록

정답 ③ 해설 제품이 표준화되어 있으면 유통경로의 단축 필요성은 약화된다.

44 다음 중 일반적으로 스포츠 제품 유통경로의 단계 수가 증가하는 경우는?
① 고객의 최소 판매 단위에 대한 유통 서비스 요구가 높을 때
② 고객이 대형 유통업체를 선호할 때
③ 고객의 공간적 편의성에 대한 유통 서비스 요구가 낮을 때
④ 고객의 배달 기간에 대한 유통 서비스 요구가 낮을 때

정답 ① 해설 유통 서비스에 대한 소비자 요구가 증가하면 유통경로도 증가한다.

45 생산자와 소비자 간의 스포츠용품 거래에서 유통업자 개입의 필요성에 대한 설명으로 가장 거리가 먼 것은?
① 불필요한 거래비용의 감소
② 스포츠용품 품질향상
③ 마케팅의 효과적 실행
④ 시장거래의 촉진

정답 ② 해설 유통업자가 개입하므로 거래비용이 줄어든다. 실제 반대인 것처럼 생각될 수 있지만, 유통업자로 인해 거래 수와 비용을 감소시키고 있다. 품질향상은 유통업자와 관련이 없다.

46 스포츠 제품의 유통과정에서 중간상의 역할과 가장 거리가 먼 것은?
① 정보탐색 비용 등 거래비용을 줄인다.
② 생산자에게 적정 이윤을 보장하는 역할을 한다.
③ 생산자와 소비자 사이의 접속 횟수를 줄이는 역할을 한다.
④ 생산자와 소비자 사이의 교환 과정을 촉진하는 역할을 한다.

정답 ② 해설 중간상은 생산자에게 적정 이윤을 보장하는 역할은 수행하지 않는다. ③에서 중간상이 있으므로 접속 횟수가 늘어나는 것처럼 느낄 수 있지만, 실제로는 중간상이 있으므로 접속 횟수가 줄어든다.

> **요점 중간상의 역할**
> ❶ 효율적 거래 지원과 거래비용 감소
> ❷ 생산과 소비의 거리 단축과 정보 유통
> ❸ 외상 등 신용거래로 금융기능 역할 수행
> ❹ 마케팅의 효과적 실행
> ❺ 생산자 재고 비용 감소

47 참여 스포츠의 유통채널을 설명하는 내용으로 가장 거리가 먼 것은?
① 자치단체에서 개최하는 마라톤 대회의 코스는 0단계 유통채널이다.
② 골프 연습용 비디오 프로그램의 통신판매는 참여 스포츠의 유통채널이다.
③ 특정 대학의 이름을 표기한 태권도 도장의 개설은 참여 스포츠의 선택적 유통정책이다.
④ 스포츠 센터의 입소문을 통한 홍보는 중요한 유통전략이다.

정답 ④ 해설 0단계 유통채널은 중간상이 없이 생산자로부터 소비자에게 직접 유통되는 것을 말한다. 예외가 있을 수 있지만, 스포츠 이벤트는 0단계 유통채널이다. ④의 구전 마케팅은 유통전략이 아니고, 마케팅전략 또는 촉진, 홍보에 해당한다.

48 수직적 마케팅 시스템(VMS)에 관한 설명으로 틀린 것은?
① 중앙에서 계획된 프로그램으로 경로 구성원들을 전문적으로 관리·통제하는 경로 조직 형태이다.
② 경로 구성원들의 구속력 정도에 따라 기업형, 계약형, 관리형 VMS로 나누어진다.
③ 계약형 VMS는 경로 구성원들이 수행해야 할 기능들을 계약으로 합의함으로 공식적인 경로 관계를 형성하는 시스템이다.
④ 프랜차이즈, 소매상 협동조합은 관리형 VMS에 해당한다.

정답 ④ 해설 계약에 의한 시스템으로, 도매상 후원 자발적 연쇄점·소매상 협동조합·프랜차이즈 등은 계약형 VMS이다.

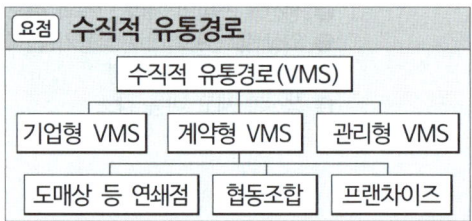

용어 VMS : vertical marketing system로, 수직적 유통경로 시스템을 말한다.

마. 판매촉진

49 판매촉진이 다른 커뮤니케이션 수단에 의해 더 큰 비중을 차지하는 이유에 관한 설명으로 틀린 것은?
① 광고와 달리 판매촉진은 매출에 즉각적인 영향을 미치기 때문이다.
② 상표의 종류가 많아지고 기업 간의 등가성이 증가하고 있기 때문이다.
③ 많은 광고에 노출된 소비자들은 각각의 광고를 기억하기가 어렵기 때문이다.
④ 판매촉진은 구매 관련 위험을 줄이는 가장 효율적인 수단이기 때문이다.

정답 ④ 해설 판매촉진을 통해 구매 위험을 감소시킬 수도 있지만 가장 효율적 방법으로 단정할 수는 없다.

50 마케팅 요인 중 잠재고객을 향한 제품이나 서비스에 관한 메시지 전달로 홍보, 광고 및 기타 소통을 하는 수단을 의미하는 것은?
① 서비스 ② 프로모션 ③ 사람 ④ 여론

정답 ② 해설 문제 지문은 프로모션 즉 촉진을 설명하고 있다.

51 영화나 드라마 속에 소품으로 등장하는 상품을 일컫는 것으로 브랜드명이 보이는 상품뿐만 아니라 이미지, 명칭 등을 노출시켜 관객들에게 홍보하는 일종의 광고 마케팅전략은?
① PR(public-relations) ② campaign
③ PPL(product placement) ④ sponsorship

정답 ③ 해설 PPL(product placement)은 영화나 드라마 속에 소품으로 노출시켜 관객들에게 홍보하는 마케팅전략을 말한다.

52 스포츠를 이용한 광고의 가치에 관한 설명으로 틀린 것은?
① 스포츠에 대한 대중들의 관심으로 가치 있는 스포츠 이벤트나 선수들을 광고에 이용하면 많은 매체 노출을 기대할 수 있다.
② 불특정 다수에 대한 일방적이고 무차별적인 커뮤니케이션 도구인 일반광고에 비해 비용 효과성이 낮다는 한계를 지닌다.
③ 스포츠가 갖는 긍정적 이미지를 기업이나 제품 이미지에 투영시켜 전달할 수 있다.
④ 새로운 커뮤니케이션 수단으로 자사 제품을 효과적으로 알릴 수 있다는 사실이 기업들에 인식되고 있다.

정답 ② 해설 스포츠를 이용한 광고의 비용 효과는 일반광고보다 높은 것이 일반적이다.

53 관계마케팅의 등장 배경과 가장 거리가 먼 것은?
① 정보통신기술의 급격한 발전
② 구매자 중심시장에서 판매자 중심시장으로 전환
③ 고객 욕구 다양화로 고객 만족이 더욱 어려워짐
④ 시장 규제 완화로 신시장 진입 기회 증가에 따른 경쟁자의 증가

정답 ② 해설 구매자 중심시장으로 바뀌기 때문에 관계마케팅이 더욱 필요하다.

54 스포츠마케팅의 촉진(promotion)에 관한 설명으로 틀린 것은?
① 촉진은 스포츠마케터가 다른 마케팅믹스 요인에 대한 정보를 제공하여 소비자가 제품을 구매하도록 하는 마케팅전략이다.
② 촉진은 스포츠 제품과 제품이 이미지를 소비자들에게 위치화 시키는 중요한 요인이다.
③ 촉진은 제품의 인지, 태도 변화, 구매를 유도하는 마케팅전략이다.
④ 특정 제품의 촉진에 있어 광고, 홍보, 대인판매 그리고 판매촉진 중 가장 효과적인 촉진 방법만을 활용해야 한다.

정답 ④ 해설 촉진은 다양한 방법을 단독적 또는 복합적으로 활용할 수 있다.

55 광고 매체 유형별 특성에 관한 설명으로 틀린 것은?
① TV-노출 시간이 짧다.
② 회전식 A보드 광고-위치에 따른 노출 편차를 줄일 수 있다.
③ 옥외광고-광고 대상 집단 선별성이 높다.
④ 라디오-청각에 의존한다.

정답 ③ 해설 옥외광고는 특정 집단의 선별성이 다른 유형에 비해 낮은 편이다.

56 마케팅 요인 중 잠재적 고객을 향한 제품이나 서비스에 관한 메시지 전달로 홍보, 광고 및 기타 의사 소통을 의미하는 것은?
① 서비스(Service)　② 프로모션(Promotion)
③ 사람(People)　④ 여론(Public Opinion)

정답 ② 해설 프로모션이란 소비자와 기업 간 커뮤니케이션의 모든 방법을 말한다.

57 구매 시점에서 소비자에게 전달하는 마지막 광고로서 소비자를 최종적으로 유인하는 촉진(promotion) 믹스에 해당하는 것은?
① DM 광고　② 텔레마케팅
③ POP 광고　④ 옥외광고

정답 ③ 해설 POP 광고는 구매시점광고를 말한다.
용어 POP : point of purchase로, 대형 상점 등에 가면 판매대 바로 앞에서의 광고를 말한다.

58 프로구단의 대면(face to face) 마케팅에 관한 설명으로 가장 적합하지 않은 것은?
① 다수의 어린이 회원모집에 효율적이다.
② 고가의 연간 시즌권 판매에 적합하다.
③ 제품의 장단점에 대한 정보전달이 용이하다.
④ 시즌 회원들의 피드백을 쉽게 받을 수 있다.

정답 ① 해설 대면 마케팅이란 인적판매를 의미하는 것으로, 프로구단의 경우 고가의 시즌권 등을 판매할 때 적합하다.

59 다음 중 인터넷 광고(프로모션)의 장점이 아닌 것은?
① 시간적 공간적 제약이 없음
② 일방적 커뮤니케이션
③ 표적 시장에 대한 접근용이
④ 저렴한 광고비

정답 ② 해설 인터넷 광고의 장점은 two way 커뮤니케이션이다.

제3장 마케팅믹스와 마케팅전략

60 광고 매체의 선택과 기획에서 '상대적으로 적은 비용, 반복, 지리적 선택성, 훌륭한 재생산에 의한 높은 효과 달성'의 특징을 가진 매체는?
① 인명부 광고   ② 옥외광고 매체
③ 다이렉트 메일   ④ 온라인 광고

정답 ② 해설 옥외광고의 장점을 설명하고 있다.

61 다음은 무엇에 관한 설명인가?
> 스포츠시설 담당자는 신규회원권 판매 시 퍼스널 트레이닝 혹은 단체운동(GX)의 효과성을 강조하여 추가로 해당 상품을 판매하였다.

① 릴레이션십 셀링(relationship selling)
② 바이럴 마케팅(viral marketing)
③ 크로스 셀링(cross selling)
④ 인터널 마케팅(internal marketing)

정답 ③ 해설 기존 상품 구입 고객에게 연관성 있는 상품의 구매로 이어질 수 있도록 하는 마케팅 방법은 크로스 셀링 즉 교차판매이다. 수영 수강권을 산 사람에게 수영모를 권장하여 판매하는 방법을 말한다.

62 처음에는 중요 부분을 감추어 두며, 소비자의 호기심을 자극한 후 점차 전체의 모습을 명확히 해 가는 광고 형태는?
① 네거티브 광고   ② 서브리미널 광고
③ 티저 광고   ④ 리버스 광고

정답 ③ 해설 상품이나 서비스에 대한 정보를 자세히 드러내지 않아 소비자의 호기심을 자극한 후 점차 전체를 명확하게 하는 기법의 광고는 티저 광고이다.
용어 티저(teaser) : '애태우다'라는 의미의 'tease'에서 비롯된 말로, 신제품 출시 때 소비자의 관심을 불러 모으기 위한 전략으로 자주 사용된다.

63 스포츠 입장권 수익의 일정 비율을 비영리적 단체에 기부하여, 스포츠구단의 이미지 제고를 통한 가치 창출을 도모하는 활동으로 가장 적합한 것은?
① 사회 지향적 마케팅   ② 사회적 마케팅
③ 자선 기부활동   ④ 공익 연계 마케팅

정답 ④ 해설 주어진 지문은 공익 연계 마케팅에 관한 설명이다.

64 뉴스 가치가 있는 사항을 무료로 TV나 신문 등의 매체 측의 계획에 따라 소개하면서 자연스럽게 기업 이미지나 상품을 알리는 효과를 얻는 홍보의 수단은?
① 퍼블리시티   ② PPL(product placement)
③ 스폰서십   ④ PSL(personal seat license)

정답 ① 해설 제시된 문제 지문은 퍼블리시티를 설명하고 있다.

65 공중관계(PR) 방법에 관한 설명으로 틀린 것은?
① 로비활동 : 의사결정 권한을 가지고 있는 사람과 관계를 맺거나 정보를 제공함으로써 영향력을 행사하는 방법이다.
② 판매촉진 : 판매를 촉진하기 위해 소비자에게 직접 제품을 알리는 공중관계 방법이다.
③ 보도자료 : 인쇄된 형태의 자료와 같은 기삿거리를 만들어 각 언론사에 배포하는 형식의 공중관계 방법이다.
④ 기사 독점 : 표적 시장과 관련된 대중매체에 제한적으로 자료를 제공하는 방법이다.

정답 ② 해설 판매촉진은 공중관계(PR)가 아니다.

66 다음 중 PR(public relations)의 기능으로 옳은 것을 모두 고른 것은?

> ㄱ. 지역사회와의 관계 개선의 기능
> ㄴ. 조직 구성원의 결속력 강화 기능
> ㄷ. 이미지 제고의 기능
> ㄹ. 조직과 프로그램에 대한 정보 제공 기능

① ㄱ, ㄴ ② ㄷ, ㄹ ③ ㄱ, ㄴ, ㄷ ④ ㄱ, ㄴ, ㄷ, ㄹ

[정답] ④ [해설] 보기에 제시된 모든 내용이 PR의 기능에 해당한다.

67 스포츠조직이 지역사회와의 관계 개선을 위해 지역사회를 대상으로 하는 홍보(PR) 활동의 목적과 가장 거리가 먼 것은?
① 제품정보를 포함한 경영활동에 대한 정보를 제공한다.
② 스포츠조직은 단기간의 촉진 효과만을 목표로 한다.
③ 스포츠조직에 대한 지역주민들의 호의적인 태도를 유도한다.
④ 스포츠조직에 대한 지역주민들의 조언, 관심, 참여를 유도한다.

[정답] ② [해설] PR은 단기간의 효과보다는 장기적 효과를 목표로 해야 한다.

68 스포츠 기업에서 수행하는 PR(public relations)에 해당하는 것을 모두 고른 것은?

> ㄱ. 제품 홍보 ㄴ. 교차 촉진 ㄷ. 언론 관계

① ㄱ, ㄴ ② ㄱ, ㄷ ③ ㄴ, ㄷ ④ ㄱ, ㄴ, ㄷ

[정답] ② [해설] 교차 촉진은 PR과 관련이 없다. 교차 촉진은 축구 유니폼을 구입하는 사람에게 관련 상품인 축구공을 구매하도록 하는 권유하는 촉진 방법이다.

3. 마케팅전략

01 스포츠 이벤트의 통합마케팅 요소가 아닌 것은?
① 스폰서십(sponsorship)
② 자원봉사자(volunteer)
③ 머천다이징(merchandising)
④ 접대(hospitality)

[정답] ④ [해설] 통합마케팅 커뮤니케이션(IMC)은 기업 또는 제품의 이미지 통합을 통해 마케팅 활동의 시너지 효과를 극대화하기 위한 조직의 커뮤니케이션 활동을 말한다.

02 세분 시장을 선정하는 방법에 해당하지 않는 것은?
① 무차별 마케팅 ② 인적 마케팅
③ 차별적 마케팅 ④ 집중적 마케팅

[정답] ② [해설] 세분 시장 선정 방법은 1) 차별화전략 2) 비차별화 전략 3) 집중전략 등이다.

03 다음이 설명하는 시장 커버리지 전략은?

> 큰 시장에서 낮은 점유율을 유지하는 대신에 자신에게 가장 알맞은 하나 혹은 몇 개의 시장을 선택한 후 이 시장에 집중함으로써 보다 높은 점유율을 확보하는데 유용한 전략이다.

① 비차별화 마케팅 ② 차별화 마케팅
③ 집중화 마케팅 ④ 순차적 마케팅

[정답] ③ [해설] 지문에 주어진 전략은 집중전략이다. 집중전략은 소유한 자원이 제한적일 때 하나 또는 몇 개의 시장을 선택해서 집중화하는 전략이다.

04 다음이 설명하는 시장 커버리지 전략은?

2개 또는 그 이상의 세분 시장을 표적 시장으로 선정하고 각각의 세분 시장에 적합한 제품과 마케팅 프로그램을 개발하여 공급하는 전략

① 비차별화 전략 ② 차별화전략
③ 집중화 전략   ④ 확장 전략

정답 ② 해설 주어진 지문은 차별화전략을 설명하고 있다.

05 다음 중 목표시장 선정에서 비차별화전략의 장점은?
① 규모의 경제를 실현함으로써 마케팅 비용 절감의 효과를 얻을 수 있다.
② 스포츠소비자의 필요와 요구에 따라 상품과 서비스를 다양한 가격과 형태로 제공하여 많은 소비자를 확보할 수 있다.
③ 특정 시장의 욕구와 필요를 경쟁자보다 잘 알 수 있다.
④ 소비자 충성도를 높일 수 있다.

정답 ① 해설 비차별화 전략은 1) 상품 표준화를 통한 원가절감 2) 대량유통에 의한 규모의 경제 실현 등의 장점이 있다.

06 스포츠 서비스에 대한 시장기회분석과 세분시장을 파악한 후 적절한 목표시장 선정 전략을 개발하여야 한다. 목표시장 선정을 위한 3가지 전략이 아닌 것은?
① 표적마케팅   ② 무차별 마케팅
③ 차별적 마케팅 ④ 집중적 마케팅

정답 ① 해설 차별화전략, 비차별화전략, 집중전략 등이 약간 변형되어 출제되었다.

07 다음 중 일반적인 시장 선도기업(market leader)이 활용하는 전략과 거리가 먼 것은?
① 시장 총수요 증대전략 ② 틈새시장 집중화전략
③ 시장점유율 확대전략 ④ 시장점유율 유지전략

정답 ② 해설 틈새시장 집중화 전략은 시장선도기업의 전략이 아니다.

08 마케팅 활동과 관련된 푸시(push) 및 풀(pull) 전략에 관한 설명으로 틀린 것은?
① 푸시 전략은 생산자가 유통경로를 통하여 소비자에게 제품을 밀어 넣는 방법이다.
② 풀 전략은 생산자가 소비자를 대상으로 마케팅 활동을 펼쳐, 이들이 제품을 구매하도록 유도하는 방식이다.
③ 풀 전략이 효과적으로 작용하게 되면, 소비자들은 중간상에 가서 자발적으로 구매하게 된다.
④ A 기업이 소비자들을 대상으로 광고를 하여 소비자들이 점포에서 A 기업 제품을 주문하도록 유인한다면 이는 푸시 전략의 사례에 해당된다.

정답 ④ 해설 ④의 경우 A 기업은 풀 전략을 사용하고 있다.

09 스포츠마케팅의 마지막 단계인 마케팅 평가에 사용되는 평가 방법과 가장 거리가 먼 것은?
① 사회문화적 효과 분석 ② 판매 분석
③ 시장점유율 분석   ④ 효율성 비율분석

정답 ① 해설 마케팅전략의 평가 방법은 1) 판매 실적 평가 2) 시장점유율 평가 3) 효율성 평가 등이다. 사회문화적 효과 분석은 아니다.

제4장 스포츠 브랜드

1. 스포츠 브랜드의 이해

01 스포츠 브랜드 목표설정 시 고려해야 하는 사항과 가장 거리가 먼 것은?
① 가용자원 ② 마케팅 요구 조건
③ 캐릭터 개발 ④ 세분 시장의 성격

[정답] ③ [해설] 캐릭터 개발이 가장 거리가 멀다.

02 상표가 소비자에게 부여하는 기능과 가장 거리가 먼 것은?
① 철저한 애프터 서비스를 보장한다.
② 구매를 원하는 상품을 식별할 수 있게 한다.
③ 쇼핑 시간과 노력을 단축시킨다.
④ 구매 시 심리적 부담을 감소시킨다.

[정답] ① [해설] 가장 거리가 먼 것을 질문한 것으로, AS가 가장 부적합한 편이다.

03 상표명을 선정하기 위하여 갖춰야 할 요건과 가장 거리가 먼 것은?
① 제품의 혜택이나 특성을 제시할 수 있어야 한다.
② 발음과 식별 및 기억이 쉬워야 한다.
③ 상표명은 등록하여 법적 보호를 받을 수 있어야 한다.
④ 평이한 이름이어야 한다.

[정답] ④ [해설] 좋은 브랜드명은 기억이 쉽고, 경쟁자의 브랜드 명칭과 구별되어야 하고, 상품의 편익을 암시할 수 있으며, 법적 보호를 받을 수 있어야 한다. 평범한 이름은 부적합하다.

04 브랜드의 구성요소를 모두 고른 것은?

ㄱ. 캐릭터 ㄴ. 슬로건 ㄷ. 심벌 ㄹ. 로고 ㅁ. 라벨

① ㄱ, ㄴ, ㅁ   ② ㄱ, ㄴ, ㄷ, ㄹ
③ ㄱ, ㄴ, ㄷ, ㅁ   ④ ㄱ, ㄴ, ㄷ

[정답] ② [해설] 브랜드 구성요소는 1) 브랜드 네임 2) 심벌과 로고 3) 캐릭터 4) 슬로건 5) 패키지 6) 레이블(label) 7) 등록상표 등이다. 그러므로 보기 모두가 포함된다. 보기에서 라벨이라고 하였지만 외래어 표기법 상 레이블이 옳다.

05 스포츠 브랜드 가치를 형성하는 요인에 대한 설명으로 틀린 것은?
① 팀 성적 및 선수 등의 팀 관련 요인은 프로구단의 브랜드 가치 형성에 영향을 미친다.
② 프로구단의 연고 도시 및 팬 지지도는 프로구단의 브랜드 가치 형성에 영향을 미친다.
③ 리그의 수준은 구단 및 이벤트의 브랜드 가치에 영향을 미치지 않는다.
④ 스포츠 이벤트가 열리는 시설은 브랜드 가치에 영향을 미친다.

[정답] ③ [해설] 리그 수준은 구단 및 이벤트의 브랜드 가치에 영향을 미친다.

06 브랜드에 대한 설명으로 틀린 것은?
① 자산으로서의 가치를 가질 수 있다.
② 소비자의 충성도를 높이는 중요한 요소이다.
③ 기업이 실행하는 유통, 촉진 등 마케팅 활동의 대상이 된다.
④ 소비자가 구매의 대상이 되는 상품들을 평가하는 사고 비용을 증가시킨다.

[정답] ④ [해설] 브랜드는 소비자의 사고 비용을 감소시킨다.

[용어] **사고 비용** : thinking cost를 말하며, 구입에 따른 시간·노력 등의 비용을 일컫는다.

07 팀이나 구단의 스포츠 브랜드 고급화 전략의 요소와 가장 거리가 먼 것은?
① 스폰서십
② 스포츠팀의 이름이나 상표
③ 선수나 감독의 행동 및 태도
④ 구단의 구조적인 외형

정답 ① 해설 스포츠 브랜드 고급화 전략 요소와 스폰서십과는 거리가 멀다.

08 라이선싱 사업에서 소비자와 기업에 미치는 브랜드 효과에 관한 설명으로 틀린 것은?
① 법적 보호를 받을 수 있고 경쟁기업과 차별화 할 수 있는 상표권을 설정할 수 있다.
② 유통채널이 판매 리스크를 줄이기 위해 적극적 으로 취급하려고 한다.
③ 프로모션 의존도가 커질 수 있어서 높은 이윤 의 실현이 어려울 수 있다.
④ 브랜드 정보에 의해 구매 결정이 신속해질 수 있다.

정답 ③ 해설 프로모션 의존도가 커질 수 있으며, 아울러 높은 중간이윤의 실현도 가능하다.

09 스포츠 제품 판매 기업의 상표와 관련된 마케팅 노력은 소비자를 단계적으로 유도하는 과정으로 설명될 수 있다. 상표자산 구축과정 순서로 가장 적합한 것은?
① 상표 이미지→상표인지→상표 충성도→상표자산
② 상표인지→상표 이미지→상표자산→상표 충성도
③ 상표인지→상표 이미지→상표 충성도→상표자산
④ 상표 이미지→상표인지→상표자산→상표 충성도

정답 ② 해설 브랜드 자산 발전단계는 브랜드 인지단계→이미지 구축단계→자산가치화단계→로열티 형성단계이다. 약간 변형되었다.

요점 **브랜드 자산 발전단계**
❶ 브랜드 인지 단계
❷ 이미지 구축 단계
❸ 자산 가치화 단계
❹ 로열티 형성 단계

10 상표 가치를 높이려는 방법과 가장 거리가 먼 것은?
① 소비자 욕구 파악 ② 다양한 하위 브랜드 보유
③ 새로운 상품 개발 ④ 빈번한 브랜드 변경

정답 ④ 해설 빈번한 브랜드 변경은 브랜드 가치를 낮추는 결과를 초래한다.

11 다음의 사례는 브랜드 자산 평가에서 어떠한 측면을 고려한 것인가?

> NBA 마이클 조던의 슬램덩크 능력을 발견한 나이키는 조던의 네이밍을 통해서 나이키 운동화(에어조던)를 개발해 하나의 사회적 심볼로 변형시켰다.

① 브랜드 형성 모멘트 ② 브랜드 가치
③ 브랜드 시너지   ④ 브랜드 이미지

정답 ① 해설 지문은 브랜드 형성 모멘트를 설명하고 있다.

12 브랜드 인지도를 수준별로 나눌 때 해당되지 않는 것은?
① 브랜드 재인   ② 브랜드 회상
③ 최초 상기 인지도 ④ 선호 수준

정답 ④ 해설 브랜드 인지도는 보조인지, 비보조상기, 최초 상기 수준과 브랜드 재인, 브랜드 회상 등이다.

13 스포츠 브랜드의 충성도에 관한 설명으로 옳은 것은?
① 특정 스포츠팀을 일관되게 선호하고 반복해서 구매하는 팬은 충성도가 낮은 것이다.
② 여러 구단을 비교 분석하며 복잡한 의사결정을 하는 팬은 충성도 낮은 팬이다.
③ 특정 구단만을 선호하는 팬은 충성도가 낮은 팬이다.
④ 구단 마케터는 복잡하고 신중한 의사결정을 하는 팬들을 선호한다.

정답 ② 해설 여러 구단을 비교 분석하며 복잡한 의사결정을 하는 팬은 충성도가 낮다.

14 Aaker가 제시한 브랜드 자산 구성요소 중 다음은 무엇에 해당하는가?

> 소비자에게 품질이 높게 인식될수록 재구매 가능성이 커지며 브랜드 충성도에 긍정적 영향을 미친다.

① 브랜드 충성도   ② 브랜드 인지도
③ 지각된 품질   ④ 브랜드 연상 이미지

정답 ③ 해설 지문은 아이커의 브랜드 자산의 구성요소 중 지각된 품질에 대한 설명이다.

2. 브랜드 확장과 강화

01 스포츠 제품의 상표전략 중 계열 확장(line extension)에 관한 설명으로 옳은 것은?
① 기존의 상표명을 기존의 제품 범주의 새로운 형태, 크기 등에 확대한다.
② 기존의 상표명을 새로운 제품 범주로 확대한다.
③ 새로운 상표명을 동일한 제품 범주에 도입한다.
④ 신제품 범주에 새로운 상표명을 부여한다.

정답 ① 해설 라인 확장(Line extension)은 이미 사용하고 있는 제품군 안에 있는 신시장을 목표로 하는 신제품에 브랜드를 적용하는 것이다.

요점 브랜드 확장과 브랜드 강화

브랜드 확장	브랜드 강화
기존 브랜드와 다른 상품군에 속하는 신제품에 기존 브랜드를 사용하여 소비자에게 브랜드 연관성을 갖도록 한다.	소비자의 마음속에 존재하는 기존 브랜드에 대한 인식을 더 호의적이거나 독특하게 인식시키려는 활동

02 브랜드를 확장했을 때 얻을 수 있는 이점과 거리가 먼 것은?
① 기존 브랜드의 강점을 활용하여 더욱 쉽게 신규시장에 진출할 수 있다.
② 신규 브랜드 진출에 따른 초기비용을 절감한다.
③ 새로운 브랜드 개발에 필요한 시간과 비용의 절감시킬 수 있다.
④ 국가 또는 지방자치단체의 발전에 기여하는 기회를 얻을 수 있다.

정답 ④ 해설 브랜드 확장과 국가 또는 지방자치단체의 발전에 기여하는 기회 참여는 연관이 없다.

03 브랜드 확장에 대한 설명으로 틀린 것은?
① 잘못된 브랜드 확장은 기존 상표 정체성의 희석화를 초래할 수 있다.
② 확장된 하나의 제품군에서 브랜드 리스크가 발생했을 경우, 모 브랜드의 커버리지 전체에 영향을 줄 수 있다.
③ 브랜드 확장은 유통업자의 저항이 없어 시장진입 자체가 쉬워질 수 있다.
④ 브랜드 확장이 성공해도 그 브랜드의 이미지나 특정 제품군에서의 대표성이 희석될 수 있다.

정답 ③ 해설 브랜드 확장은 유통업자의 저항에 직면할 수 있다.

요점 브랜드 확장의 장단점

장점
❶ 기존 브랜드 강점 활용으로 신규시장 진출 수월
❷ 신규 브랜드 개발과 런칭 비용·시간 절감
❸ 규모의 경제 효과와 전시적 효과
❹ 확장이 성공하면 원 브랜드의 이미지가 강화

단점
❶ 원 브랜드의 이미지 희석 또는 타격
❷ 유통업자의 저항
❸ 소비자 혼란으로 원 브랜드 이미지 추락 가능
❹ 리스크 발생 시 원 브랜드 이미지에 타격

04 A 스포츠용품 기업에서 축구용품으로 성공한 XX 상표를 야구용품과 골프용품에도 사용하려고 하는 전략은?
① 메가 상표(mega brand)
② 개별상표(individual brand)
③ 복수 상표(multi brand)
④ 상표확장(brand extension)

정답 ④ 해설 기존 브랜드와 다른 상품군에 속하는 신제품에 기존 브랜드 혹은 유사한 브랜드를 사용하여 소비자로부터 브랜드의 연관성을 갖도록 하는 것은 브랜드 확장이다.

제5장 스포츠 스폰서십

1. 스포츠 스폰서십의 이해

01 다음 중 스포츠 스폰서십에 대한 설명으로 틀린 것은?
① 전통적 광고보다 노출 효과를 극대화할 수 있다.
② 기업은 스폰서십을 통해 다양한 방법으로 표적집단에 도달할 수 있다.
③ 기업은 스포츠 이벤트 또는 유명한 운동선수의 긍정적인 특성을 기업과 접목해 제품, 서비스 또는 상표 인지도를 향상시킬 수 있다.
④ 직접적 매출 효과를 기대하는 것은 불가능하다.

정답 ④ 해설 스포츠 스폰서십을 통해 직접적인 매출 상승효과도 있다.

02 스포츠 스폰서십이 성장하게 된 외부요인에 해당되지 않는 것은?
① 광고 메시지가 범람하여 광고 효과가 감소했기 때문
② 컬러 TV의 등장으로 스포츠의 생동감이 생생하게 전해졌기 때문
③ 스포츠의 상업화가 점점 가속화되었기 때문
④ 기업의 자선활동이 보편화되었기 때문

정답 ④ 해설 스포츠 스폰서십은 기업이 자신의 이익을 얻기 위해 발전되었다.

03 스포츠 스폰서를 참여하는 유형에 따라 분류했을 때 그 성격이 다른 하나는?
① 공식 스폰서   ② 타이틀 스폰서
③ 공식공급업체   ④ 공식상품화권자

정답 ② 해설 재화 제공 형태에 따른 스폰서십은 1) 공식 스폰서 2) 공식공급업자 3) 공식상품화권자이다. ②는 스폰서십의 명칭 사용에 따른 분류 방법이다.

04 그림은 스폰서십의 4 주체 관계도이다. 그림의 주체 순서를 바르게 나열한 것은?
① 1. 스포츠 단체 2. 대중매체 3. 스폰서 4. 스포츠마케팅대행사
② 1. 스포츠 단체 2. 방송국 3. 이벤트 4. 스포츠마케팅대행사
③ 1. 스포츠마케팅대행사 2. 스포츠 단체 3. 스폰서 4. 대중매체
④ 1. 스포츠마케팅대행사 2. 스포츠 단체 3. 이벤트 4. 스폰서

정답 ① 해설 1은 스포츠 단체이고, 2는 대중매체, 3은 스폰서, 4, 마케팅대행사를 나타낸다.

05 스폰서 유형 중 일정한 금액을 지불하고 개최국 내에서만 대회를 기념하는 각종 기념품에 로고를 부착하여 제조, 생산, 판매를 할 수 있는 영업권리를 부여하는 기업은?
① 공식 스폰서   ② 공식 기념품 상품화권자
③ 공식공급업체   ④ 해외 상품화권자

정답 ② 해설 공식상품화권자는 개최국 국내에서만 한정적으로 사용할 수 있다.

06 스포츠 스폰서십의 분류에서 스폰서 하는 대상에 따른 분류가 아닌 것은?
① 제품 부문 스폰서십   ② 선수 스폰서십
③ 팀 스폰서십   ④ 스포츠 이벤트 스폰서십

정답 ① 해설 스포츠 스폰서십의 대상에 따라 분류하면 선수, 팀, 단체, 이벤트 스폰서십 등으로 구분하고 있다. 제품 부문 스폰서십으로 분류하지 않는다.

07 광고 효과와 스포츠 스폰서십 효과에 관한 비교설명으로 틀린 것은?
① 광고 효과는 스포츠 스폰서십 효과 중의 일부분이다.
② 스포츠 스폰서십 효과는 자연발생적인 매체 노출이 차지하는 비중이 작다.
③ 광고 효과는 광고주의 의지적인 매체 선택 때문에 발생하지만, 스포츠 스폰서십 효과는 매체에 의한 임의적 특성의 비중이 크다.
④ 광고는 소비자들의 시선을 집중시킬 수 있는 소구에 승부를 걸지만, 스포츠 스폰서십은 이미 시선이 집중된 스포츠팬들에게 메시지를 전달하는 데 관심을 기울인다.

정답 ② 해설 스폰서십의 효과는 TV 중계 등으로 자연발생적인 매체 노출 비중이 높다.

08 다음에서 설명하고 있는 것은?

| 각종 대회 등의 공식 명칭에 기업명 또는 브랜드명을 넣는 권한 획득 |

① 공식 스폰서　　② 공식상품화권자
③ 타이틀 스폰서　④ 이벤트 스폰서십

정답 ③ 해설 2024년 국내 프로야구대회의 공식 명칭은 '2022 신한은행 MY CAR 프로야구선수권대회'이다. 이는 신한은행이 타이틀 스폰서를 취득한 것이다.

09 스폰서십에서 스포츠 이벤트(대회) 후원사의 일반적인 마케팅 권리가 아닌 것은?
① 명칭이나 마크 사용권　② 선수 활용권
③ 입장권 광고　　　　　④ 미디어 활용

정답 ② 해설 스폰서십에 참여한다고 해서 선수 활용권을 확보하는 것은 아니다.

10 다음 중 스폰서로서 참여하는 기업 입장에서 스포츠 스폰서십의 중요성이 아닌 것은?
① 세계시장으로의 진출을 용이하게 한다.
② 타 매체보다 커뮤니케이션의 효과를 높일 수 있다.
③ 스포츠조직의 존속, 유지, 확대를 위한 재정확보의 중요한 수단이다.
④ 기업의 이미지 개선과 판매 증진을 기대할 수 있다.

정답 ③ 해설 스포츠조직의 존속, 유지, 확대를 위한 재정확보의 중요한 수단은 기업의 입장으로 볼 수 없다.

11 명품 브랜드를 보유한 기업이 혈통 좋은 승용마가 출전하는 전통 깊은 승마대회의 스폰서십을 선택했다. 스포츠 스폰서십을 마케팅 수단으로 활용하는 기준으로 볼 때 기업이 추구하는 목표로 가장 적합한 것은?
① 승마연맹과 우호적인 관계 구축
② 경쟁기업과의 차별화
③ 고급스포츠와 이미지 부합
④ 승마 활성화를 통한 매출 증대

정답 ③ 해설 기업의 명품 브랜드와 고급스포츠의 이미지 부합을 목적으로 스폰서십에 참여한 것이다.

12 기업의 스포츠 스폰서십 참여기준을 스포츠 이벤트 자체의 가치 관련 기준과 기업 내부 기준으로 구분할 때 기업 내부 기준에 해당하는 것은?
① 매체 노출 효과　② 계절성
③ 대중의 선호도　　④ 스폰서십 참여 비율

정답 ④ 해설 대내적 기준은 스폰서십의 수행 능력, 스폰서십 참여 비율, 소요 비용 등이다.

13 기업의 스폰서십 참여를 스포츠 단체와의 관련성에 따라 직접 참여와 간접 참여 형태로 구분할 때 직접 참여 형태와 가장 거리가 먼 것은?
① 스포츠 이벤트 스폰서십
② 라이선싱/머천다이징
③ 스포츠 단체 스폰서십
④ 스포츠 방송 스폰서십

정답 ④ 해설 방송의 스폰서십 참여는 간접 참여 형태이다.

14 기업이 스포츠 스폰서십 투자를 함으로써 추구하는 이익과 가장 거리가 먼 것은?
① 인지도 향상
② 이미지 강화
③ 조직 구성원 자긍심 고취
④ 콘텐츠 확보

정답 ④ 해설 기업의 스폰서십 참여와 콘텐츠 확보는 연관성이 없다. 아울러 같은 유형의 문제로 '경기력 향상'이 오답 찾기의 정답으로 출제될 수 있다.

15 기업이 스포츠 이벤트의 스폰서십에 투자하는 이유 및 이벤트 선정과정에 관한 설명으로 틀린 것은?
① 기업이 스포츠 스폰서십에 투자하는 가장 중요한 이유는 매출 증대에 있다.
② 투자기업 중에는 이미지 개선을 목적으로 하는 기업도 있다.
③ 스포츠 이벤트의 미디어 노출 빈도는 중시하지만, 제품과 종목의 이미지 부합 여부는 무관하다.
④ 스포츠 이벤트가 보유한 팬 집단과 기업이 표적으로 삼는 집단의 일치 여부가 중요하다.

정답 ③ 해설 미디어 노출과 더불어 제품과 종목의 인지도를 높이기 위함이다.

16 스폰서십 효과 증진 방법 중 공동마케팅을 효과적으로 수행하기 위한 기본적인 조건과 가장 거리가 먼 것은?
① 공동마케팅 기업 간 비경쟁적 관계
② 공동마케팅 기업 간 상호이익 교환
③ 공동마케팅 기업 간 다른 표적 소비자
④ 공동마케팅 기업 간 유사한 이미지

정답 ③ 해설 스포츠 스폰서십에 참여한 기업이 공동으로 마케팅을 전개할 때 공동마케팅 기업 간의 표적 집단이 유사할 경우 효과를 높일 수 있다.

17 스포츠 스폰서 참여를 통한 기업의 기대 효과와 가장 거리가 먼 것은?
① 매체 노출을 통한 인지도 고양
② 판매촉진 기회
③ 기술발달 효과
④ 기술력 과시 및 기업 이미지 제고

정답 ③ 해설 스폰서십 참여가 기술발달에 직접적으로 연관되지 않는다.

18 스폰서가 커뮤니케이션 효과를 높이기 위해 적용하는 원칙에 대한 설명으로 틀린 것은?
① 독점성의 원칙 : 스포츠 단체가 공식 스폰서를 제외하고 다른 어떤 기업도 스포츠 단체의 보유자산을 활용할 수 없도록 제한하는 것이다.
② 통일성의 원칙 : 기업 이미지 통합 차원에서 브랜드와 로고, 슬로건 등을 통합하여 대중들에게 강한 인상을 주도록 하는 것이다.
③ 전문성의 원칙 : 스폰서십 업무를 정확하게 수행하기 위해 전문가가 업무를 담당해야 한다는 원칙이다.
④ 보완성의 원칙 : 정기적인 스포츠 이벤트면 최소 3년 혹은 3년 이상 지속적인 참여를 해야 효과를 얻을 수 있다는 것이다.

정답 ④ 해설 보완성은 스폰서십에 미포함된 광고 등의 우선권을 확보하는 원칙을 말한다.

19 기업이 스포츠 이벤트에 대한 스폰서십 투자를 통해 얻고자 하는 혜택과 가장 거리가 먼 것은?
① 제품 판매 기회의 확보
② 기업 이미지의 변화
③ 기업 인지도의 제고
④ 민관합작을 통한 사업 다각화

정답 ④ 해설 기업이 스폰서십에 참여하는 것은 사업 다각화 목적과 연관성이 약하다.

20 스포츠 스폰서십에 참여하는 기업에 제공하는 혜택 중에서 경쟁사의 접근을 차단해 주는 스폰서십 혜택은?
① 로고 사용권
② 제품영역별 독점권
③ 보드 광고권
④ TV 광고 우선권

정답 ② 해설 경쟁사의 접근을 차단해 주는 혜택은 제품영역별 독점권이다. 독점권 이외에도 로고, 마크, 캐릭터 등의 사용권과 경기장 및 관련 광고의 권한을 받는 광고권 등이 있다.

21 스포츠 단체가 스폰서 선택 시 고려해야 하는 사항과 가장 거리가 먼 것은?
① 항상 장기계약을 체결하여 수익 증대전략을 꾀해야 한다.
② 스폰서가 대중매체에 노출되는 정도를 고려해서 스폰서를 선정해야 한다.
③ 스폰서십 비용보다는 스포츠 이벤트의 스폰서 이미지와의 일치 여부를 고려하여 스폰서를 선정해야 한다.
④ 스포츠팬들의 스폰서에 대한 호의적인 태도를 유발할 수 있는가를 고려해서 스폰서를 선정해야 한다.

정답 ① 해설 '항상' 등 한정적 용어가 사용된 지문이 정답일 가능성이 크다.

22 스포츠 단체가 스폰서 선택 시 참여하는 기업의 목표 달성 기회를 제공할 수 있는지 고려해야 하는 사항을 모두 고른 것은?

> ㄱ. 주요 관중의 인구통계학적 특성은 어떤가?
> ㄴ. 이벤트 기간 스포츠 이벤트가 미치는 시장 범위는 어느 정도인가?
> ㄷ. 대중들의 스폰서에 대한 인지도는 얼마나 향상될 것인가?
> ㄹ. 스폰서 제품에 대한 대중들의 구매 행동에는 어떠한 영향을 미칠 것인가?

① ㄱ, ㄴ
② ㄱ, ㄷ, ㄹ
③ ㄴ, ㄷ, ㄹ
④ ㄱ, ㄴ, ㄷ, ㄹ

정답 ④ 해설 주어진 지문 모두를 고려해야 한다.

23 스포츠 단체가 스폰서십 프로그램을 잠재적 스폰서에게 판매하기 위해 흥미 유발 방법과 가장 거리가 먼 것은?
① 스포츠 이벤트에 관심 있는 매체의 목록을 제시한다.
② 제품영역별로 한 기업에만 권리를 부여하여 독점성을 높여준다.
③ 대회의 로고와 마스코트 등의 사용에 대한 제약을 강화한다.
④ 관련 법적 요건을 준수하고 독립성을 보장하며 정당한 이익을 제공하는 등 철저한 계약이행을 약속한다.

정답 ③ 해설 대회 로고와 마스코트 등의 사용에 대한 제약을 강화하면 기업의 스폰서십 참여 가능성이 줄어든다.

24 스포츠 스폰서십의 효과측정 방법을 모두 고른 것은?

| ㄱ. 매체 노출량 측정 | ㄴ. 소비자 태도 변화 측정 |
| ㄷ. 스포츠 경기 성적 측정 | ㄹ. 매출액 변화 측정 |

① ㄱ, ㄴ, ㄷ ② ㄱ, ㄴ, ㄹ
③ ㄱ, ㄷ, ㄹ ④ ㄴ, ㄷ, ㄹ

[정답] ② [해설] 스폰서십 효과측정 방법은 미디어 노출량 측정, 고객 인지도 측정, 상품 판매량 측정, 고객의 피드백, 비용에 따른 효과 등이다. 경기 성적 측정은 해당하지 않는다.

25 일반적인 스폰서십 효과성 평가단계를 바르게 나열한 것은?

| A. 제품 판매 | B. 이미지/태도 변화 |
| C. 스폰서십 노출 | D. 스폰서십인지 |

① A→B→C→D ② B→A→D→C
③ C→D→B→A ④ D→C→A→B

[정답] ③ [해설] 스폰서십 효과 평가는 1) 스폰서십 노출에 따라 2) 스폰서십의 인지도 측정 3) 이미지/태도 변화 측정 4) 제품 판매량 측정 등의 절차이다.

26 스포츠 스폰서십의 6가지 P's 중 소비자가 제품선택에 있어서 어느 곳에서나 쉽게 접할 수 있는 접근의 용이성, 획득의 용이성 그리고 사용자의 편리성을 의미하는 것은?

① 플랫폼(Platform) ② 연합(Partnership)
③ 편재(Presence) ④ 선호(Preference)

[정답] ③ [해설] 접근과 획득의 용이성, 사용자의 편리성 등은 편재를 의미한다.
[암기] 6P는 〈파플편선구보〉이다.

[요점] 스폰서십 6P
❶ 파트너십 ❸ 편재 ❺ 구매
❷ 플랫폼 ❹ 선호 ❻ 보호

27 그레이(Gray)가 설명한 스포츠 스폰서십의 6P's가 아닌 것은?

① 공동협력 ② 대중 ③ 플랫폼 ④ 선호

[정답] ② [해설] 그래이의 6P 요인은 플랫폼, 연합, 편재, 선호, 구매, 보호 등이다. 주어진 지문에서 연합을 공동협력으로 표현한 것이다.

28 다음은 스포츠 스폰서십의 6P's 중 무엇에 관한 설명인가?

- 스폰서의 커뮤니케이션 발판이며 방향을 제시해 주는 기본이 되는 기능
- 사명, 비전, 가치 세 요인으로 구성

① 연합 ② 편재 ③ 플랫폼 ④ 보호

[정답] ③ [해설] 스포츠 스폰서십에서 커뮤니케이션 활동의 도구로써 뿐만 아니라 기본 방향을 제시하는 매우 중요한 기능은 플랫폼이다.

29 다음에서 설명하는 스포츠 스폰서십의 요소는?

스포츠 단체와 기업이 상호이익의 교환이라는 기본적 입장을 초월해 서로의 욕구를 최대로 만족시키기 위한 동반자적 관계를 형성하는 것

① 구매 ② 존재감 ③ 플랫폼 ④ 공동협력

[정답] ④ [해설] 보기는 스폰서십의 6p 중 연합 즉 공동협력을 말한다.

30 다음은 스포츠 스폰서십의 6P's 중 무엇에 관한 설명인가?

스포츠 단체와 스폰서가 상호이익의 교환이라는 기본적 입장을 초월해 서로의 욕구를 최대한 만족시키기 위해 동반자적인 관계를 형성하는 것

① 플랫폼 ② 연합 ③ 편재 ④ 선호

[정답] ② [해설] 보기는 스포츠 단체와 스폰서가 상호이익의 교환이라는 기본적 입장을 초월해 서로의 이익을 위해 동반자적인 관계를 형성하는 연합을 말한다.

2. 앰부시 마케팅

01 매복마케팅(Ambush marketing)의 특징이 아닌 것은?
① 경쟁 관계에 있는 공식 스폰서에 못지않은 비용을 투입한다.
② 사전에 철저하게 계획되거나 의도된 활동이다.
③ 공식 스폰서가 얻을 수 있는 효과를 상대적으로 강화시킨다.
④ 특정 제품이나 기업의 촉진을 목적으로 한다.

[정답] ③ [해설] 공식 스폰서가 얻을 수 있는 효과를 상대적으로 약화시킨다.

02 매복마케팅(ambush marketing)에 관한 설명과 가장 거리가 먼 것은?
① 매복마케팅은 공식 스폰서가 얻을 수 있는 효과를 상대적으로 약화시킨다.
② 매복마케팅은 효과가 있다고 판단되면 일반기업도 해야 한다.
③ 매복마케팅은 상황을 적절히 포착하면 사전에 큰 준비 없이 수행할 수 있다.
④ 매복마케팅은 법의 범주 안에서 지능적으로 자신을 보호한다.

[정답] ③ [해설] 매복마케팅도 사전에 철저한 준비가 필요하다.

03 매복마케팅에 관한 설명으로 틀린 것은?
① 사전 준비된 의도적 활동이다.
② 공식 스폰서 못지않게 소요 비용이 발생한다.
③ 특정 상품의 판매촉진은 목적에 포함되지 않는다.
④ 공식 스폰서의 효과를 약화시킨다.

[정답] ③ [해설] 특정 상품 판매촉진을 위해 매복마케팅을 실행하기도 한다.

04 올림픽이나 월드컵 등 빅 이벤트에서 성행하는 앰부시 마케팅에 대한 설명으로 가장 적합한 것은?
① 표적 집단을 대상으로 하는 맞춤형 스폰서십을 의미한다.
② 낮은 등급의 스폰서로 참여하는 마케팅을 의미한다.
③ 공식 스폰서가 아니면서 그렇게 보이게끔 하는 활동을 의미한다.
④ 스폰서 지위를 보호하는 활동을 의미한다.

[정답] ③ [해설] 공식 스폰서가 아닌 기업이 공식 스폰서인 것처럼 소비자를 현상하는 것이 앰부시 마케팅이다.

05 월드컵이나 올림픽 같은 세계적인 이벤트에서 흔히 행해지는 매복마케팅에 관한 설명으로 옳은 것은?
① 공식 스폰서가 계획에 없던 프로그램을 기습적으로 펼치는 마케팅 활동을 의미한다.
② 해당 대회조직위원회의 수입 증대를 위해 권장하고 있는 새로운 마케팅 기법의 종류이다.
③ 주로 공식 스폰서의 경쟁사에서 시도하는 경향이 있다.
④ 비영리법인이 스포츠를 이용하여 펼치는 마케팅을 의미한다.

[정답] ③ [해설] ③의 설명이 바르게 되었다.

06 공식 스폰서가 아님에도 마치 공식 스폰서인 것 같은 인상을 줘서 고객의 시선을 끌어모으는 앰부시 마케팅에 속하지 않는 유형은?
① 관련 대회 중계방송의 광고에 참여
② 대회에 참석하는 선수와 스폰서 계약체결
③ 대회가 개최되는 경기장 내 광고에 참여
④ 대회와 연관 지어 경품, 복권, 캠페인 등의 이벤트 시행

[정답] ③ [해설] 앰부시 마케팅 유형은 1) 경기 중계방송에 광고 참여 2) 복권, 경품 등의 이벤트 개최 3) 단체경기에 참여하는 선수와 스폰서 계약체결 4) 경기장 주변 광고 등이다. ③ 경기장 내 광고는 앰부시 마케팅이 아니다.

3. 스포츠조직의 스폰서십

01 IOC가 대행사를 통해서 주요 사업영역별로 세계적 대표기업과 계약을 체결하고 올림픽에 대한 재정적·기술적 지원을 받는 대신, 그 대가로 해당 기업에 올림픽을 전 세계적인 홍보, 광고, 마케팅 수단으로 활용할 수 있는 권한을 부여하는 제도는?
① TMP(The Marketing Program)
② TSP(The Sponsorship Partner)
③ TOP(The Olympic Partner)
④ TTP(The Title Program)

정답 ③ 해설 문제는 TOP를 설명하고 있다.

02 월드컵의 마케팅은 FIFA, 대행사인 ISL 그리고 개최국의 대회 조직위원회에 의해서 결정된다. 이들에 의해서 결정되는 주요 마케팅 수익과 가장 거리가 먼 것은?
① 퍼블리시티   ② 방송중계권
③ 스폰서십   ④ 입장권

정답 ① 해설 ① 퍼블리시티는 홍보를 말하는 것으로, 마케팅 수익과는 관련이 약하다.

03 국제축구연맹(FIFA)의 스폰서십 프로그램과 거리가 먼 것은?
① 월드컵 스폰서   ② FIFA 파트너
③ 내셔널 서포터   ④ 공식상품화권자

정답 ④ 해설 FIFA는 FIFA 파트너, 월드컵 스폰서, 내셔널 서포터 등으로 스폰서십을 구성한다. 공식상품화권자는 올림픽 스폰서십에서 사용한다.

제6장 매체 관리와 라이선싱

1. 스포츠와 미디어

01 다음 중 미디어 역할과 가장 거리가 먼 것은?
① 조정의 역할 ② 경제 통합적 역할
③ 정치적 안정 역할 ④ 사회적 규범 강화 역할

[정답] ② [해설] 일반적 미디어의 역할에 관련된 문제로, 미디어는 경제 통합적 역할은 아니다.

02 스포츠가 TV에 미치는 영향에 관한 설명으로 틀린 것은?
① 스포츠는 TV 미디어의 수익 창출에 도움을 준다.
② 스포츠는 광고주의 유치를 용이하게 해준다.
③ 일반 프로그램보다 비용 효과가 떨어진다.
④ 스포츠는 방송프로그램 편성을 용이하게 해준다.

[정답] ③ [해설] 스포츠를 이용한 프로그램은 일반 프로그램보다 비용 효과성이 높다.

03 스포츠와 미디어의 관계에 대한 설명으로 옳지 않은 것은?
① 미디어는 스포츠에 대한 정보를 대중들에게 제공한다.
② 미디어가 스포츠 쪽에 더 많이 의존하고 있다.
③ 미디어는 스포츠 단체에 재정적인 도움을 제공한다.
④ 스포츠와 미디어는 공생관계를 형성하고 있다.

[정답] ② [해설] 미디어와 스포츠는 상호 공존 관계이다.

04 매스미디어와 스포츠의 관계에 대한 설명으로 틀린 것은?
① 스포츠 경기의 경기 시간은 미디어의 방송 편성 스케줄에 적합하도록 변화됐다.
② 매스미디어는 스포츠 상업화에 영향을 미쳤으나 대중화에는 큰 영향을 미치지 못하였다.
③ 매스미디어는 선수들의 복장이나 용품 등에 단순한 디자인에서 탈피하여 시청자나 관중의 눈에 더욱더 잘 띄도록 화려하게 제작하는 데 큰 영향을 미쳤다.
④ 매스미디어는 스포츠조직의 안정적 재원 조달의 기초가 되게 하였다.

[정답] ② [해설] 매스미디어는 스포츠의 상업화와 대중화 양쪽 모두 영향을 끼쳤다.

05 매스미디어가 스포츠에 미치는 영향 및 관계에 대한 설명 중 틀린 것은?
① 매스미디어는 스포츠의 상품화에 기여한다.
② 매스미디어는 스포츠의 규칙 변화에도 영향을 미친다.
③ 매스미디어는 스포츠 경기 일정에도 영향을 미친다.
④ 매스미디어와 스포츠는 매스미디어가 우위에 있는 종속적인 관계이다.

[정답] ④ [해설] 미디어와 스포츠는 상호 보완관계이지 종속적 관계는 아니다.

06 스포츠와 미디어는 상호 보완적인 기능이 존재한다. 스포츠가 미디어에 제공하는 구체적인 기능과 가장 거리가 먼 것은?
① 인지도 상승 ② 광고 수익
③ 콘텐츠 제공 ④ 스포츠 활동 촉진

[정답] ④ [해설] 스포츠는 미디어에게 콘텐츠 제공, 광고 수익, 인지도 상승 등으로 기여한다.

07 미디어에 의한 경기환경 변화와 가장 거리가 먼 것은?
① 경기 스폰서 변경 ② 경기 규칙 변경
③ 경기 일정 변경   ④ 경기용품 및 경기복 변경

정답 ① 해설 경기 규칙, 일정, 경기용품과 경기복 등은 미디어의 영향으로 변경되고 있다.

08 스포츠와 관련된 미디어의 기능에 관한 설명으로 틀린 것은?
① 방송사는 메가 스포츠 이벤트 중계를 통해서 수익을 발생시킬 수 있다.
② 미디어는 특성상 저작권과 무관하게 스포츠 관련 저작물을 마음대로 활용할 수 있다.
③ 인쇄 매체는 스포츠 보도를 통해서 독자들에게 관련 정보를 제공한다.
④ 인터넷을 통해서 스포츠 중계를 접하는 기회가 점차적으로 확대되고 있다.

정답 ② 해설 스포츠 관련 저작물도 저작권의 영향을 받는다.

09 다음 중 전통적인 미디어와 차별되는 뉴미디어 가장 큰 특징은?
① 양방향성 ② 다양성 ③ 신속성 ④ 전문성

정답 ① 해설 뉴미디어의 특성은 양방향성, 탈대중화, 전자기술의 활용, 비동시성 등이다.

10 스포츠 이벤트의 방송중계로 인한 방송사의 기대 효과와 가장 거리가 먼 것은?
① 방송프로그램 편성의 용이성
② 시청률 사전 예측의 용이성
③ 방송중계 기술력 인정
④ 스포츠 이벤트 스폰서십의 가치 증진

정답 ④ 해설 방송중계의 방송사 기대 효과는 광고 수입, 시청료 수입, 기술력 과시, 대외 이미지 제고, 프로그램 다양화와 제작 용이성, 시청률의 예측용이 등을 들 수 있다.

11 다음 중 스포츠와 미디어의 관계에서 그 유형이 다른 하나는?
① 대중에게 스포츠를 접할 기회를 증대시켜 스포츠를 즐기고 참여하는 인구증가를 견인했다.
② 스포츠에 대중 관심을 집중시켜 스포츠선수들의 동기 증대와 기술발전을 유도해 선수 저변 확대와 경기력 수준을 향상시켰다.
③ 스포츠 미디어 기술개발과 스포츠 미디어 종사들의 직업 전문화 향상에 기여했다.
④ 선수들의 페어플레이와 감동적인 인간승리의 스토리를 소개하여 선수들의 도덕적 자질향상과 건강한 사회구현에 이바지했다.

정답 ③ 해설 ③을 제외한 나머지는 미디어가 스포츠에 미치는 영향이다.

12 방송사의 스포츠 이벤트 TV 중계권 구매와 중계에 따른 기대 효과와 가장 거리가 먼 것은?
① 해당 스포츠 이벤트 방송에 따른 광고 수입의 증대
② 이벤트의 성공적 운영을 위한 자금 확보
③ 유료 시청 수입의 증대
④ 방송사의 중계방송 기술력에 대한 입증

정답 ② 해설 이벤트의 성공적 운영을 위한 자금 확보는 주체자와 관련된 사항이다.

13 스포츠 경기의 방송중계 기대 효과에 대한 설명으로 틀린 것은?
① 스포츠 단체는 방송중계를 통해서 안정적인 재정확보를 기대할 수 있다.
② 스포츠 이벤트의 방송중계권료가 상승하는 만큼 스폰서십 비용이 비례해서 상승하는 경향이 있다.
③ 스포츠 방송중계는 방송프로그램 편성을 용이하게 하며 제작비도 상대적으로 저렴하다.
④ 스포츠 방송중계를 하면 시청률에 대한 사전예측이 어렵다.

정답 ④ 해설 스포츠 중계방송은 시청률 예측이 다른 프로그램에 비해 비교적 수월하다.

14 스포츠와 미디어, 그리고 광고주와의 관계에 대한 설명으로 틀린 것은?
① 스포츠 단체와 TV 미디어는 중계권 등의 직접적인 비용 관계를 갖는다.
② 스포츠 단체와 광고주는 광고비와 같은 직접적인 비용 관계를 갖는다.
③ TV와 광고주는 광고 효과라는 직접적인 비용 관계를 갖는다.
④ 스포츠 단체와 광고주는 광고 효과라는 간접적인 비용 관계를 갖는다.

정답 ② 해설 방송중계권은 방송국, 스포츠조직, 광고주 등으로 구성되어 삼각관계를 형성하고 있다. 스포츠조직은 광고주와 직접적 관계가 성립되지 않는다.

15 올림픽과 TV 방송에 관한 설명으로 틀린 것은?
① 1936년 베를린 올림픽에서 처음으로 TV 실험 중계방송을 하였다.
② IOC는 1960년 로마올림픽에서 처음으로 TV 방송중계권을 판매하였다.
③ 1984년 LA 올림픽에서 방송중계권 프로그램은 LA 올림픽을 흑자 올림픽으로 이끄는 데 이바지했으며, TOP 프로그램의 핵심적인 부분을 차지하고 있다.
④ 1972년 뮌헨 올림픽에서 처음으로 컬러로 방송되었다.

정답 ④ 해설 올림픽이 컬러 TV로 중계되기 시작한 것은 1964년 도쿄올림픽이다.

16 스포츠를 이용한 마케팅의 발달과정에서 올림픽 기업 마케팅의 효시로 대회 엠블렘을 사용하여 수익을 창출한 대회는?
① 1972년 뮌헨 올림픽
② 1976년 몬트리올 올림픽
③ 1980년 모스크바 올림픽
④ 1984년 LA 올림픽

정답 ② 해설 1976년 몬트리올 올림픽 때 752개 기업이 스폰서에 참가하였으며, 대회 엠블렘을 제작하여 사용 특허를 얻었다.

17 스폰서십 유치 프로그램을 통한 재원확보로 상업적으로 성공한 최초의 흑자 올림픽은?
① 1980년 모스크바 올림픽
② 1984년 LA 올림픽
③ 1988년 서울올림픽
④ 1992년 바르셀로나 올림픽

정답 ② 해설 올림픽에서 상업적으로 성공한 경우는 LA 올림픽이 처음이고, 이를 계기로 TOP가 계획되었으며, TOP가 최초 적용된 올림픽은 서울올림픽이다.

18 올림픽의 장기적인 재원을 확보하는 데 큰 역할을 한 TOP(The Olympic Partner) 프로그램이 처음 시행된 올림픽은?
① 84년 LA 올림픽
② 88년 서울올림픽
③ 92년 Barcelona 올림픽
④ 96년 Atlanta 올림픽

정답 ② 해설 TOP를 처음 시행한 것은 1988 서울올림픽이다.

19 다음은 중계료의 협상 시의 예이다. 설명이 맞는 것은?
① 방송사들이 서로 경쟁할 때는 경매를 하게 되어 생산자 측은 큰 손해를 보게 된다.
② 방송사들이 담합을 하더라도 중계료는 경기의 희소성 때문에 방송사들은 실제로 별로 이득이 없다.
③ 방송사 A사, B사 중 만일 A사가 높은 가격을 제시하면 A사를 우선협상자로 지정할 수 있다.
④ 방송사 A사, B사 중 A사가 높은 가격을 제시하여 원한다고 하더라도 생산자 측은 윤리적 문제로 더 높은 가격을 받아내기 힘들어진다.

정답 ③ 해설 특정 방송사가 높은 가격을 제시하면 우선협상자로 지정할 수 있다.

20 월드컵 TV 방송프로그램의 구조에 관한 설명으로 틀린 것은?
① FIFA는 방송중계권료를 받는 대신 중계권을 제공한다.
② 방송사는 스폰서로부터 광고비를 받고 광고 효과를 제공한다.
③ 공식 스폰서는 FIFA에 비용을 지불하고, FIFA는 방송사에 공식 스폰서의 광고 계약을 한다.
④ 기업은 촉진 효과를 기대하고 FIFA에 스폰서십 비용을 지불한다.

[정답] ③ [해설] 방송사의 광고 계약은 FIFA가 관여하지 않는다.

21 국민적 관심이 높은 스포츠에 대한 TV 시청 권리를 보장하는 제도는?
① Broadcasting Right ② Universal Access Right
③ Naming Right ④ Media Right

[정답] ② [해설] Universal Access Right를 보편적 시청권이라고 하며, 국민적 관심이 높은 스포츠 경기는 특정 방송사가 독점 중계할 수 없도록 하는 규정을 말한다.

22 다음 중 스포츠 PR 목적으로 거리가 먼 것은?
① 해당 스포츠조직에 대한 정보를 제공한다.
② 스포츠에 대한 가치와 중요성을 교육하는 것이다.
③ 제품의 수명주기를 연장하기 위함이다.
④ 스포츠조직에 대한 잘못된 인식이나 태도를 변화시키는 것이다.

[정답] ③ [해설] 스포츠 PR의 역할은 제품의 수명주기(PLC)를 연장하는 목적이 아니다.

2. 스포츠 라이선싱

01 스포츠 단체, 팀 또는 개인의 로고나 마스코트를 후원하는 기업의 상품에 부착하여 판매할 수 있는 권리는?
① 스폰서십 ② 라이선싱
③ 머천다이징 ④ 인도스먼트

[정답] ② [해설] 라이선싱이란 다른 사람 또는 조직이 개발하였거나 소유한 상품의 제조기술, 노하우, 상표, 마크 등을 소유자의 허가를 받아 생산 판매하는 활동을 말한다.

02 라이선서인 스포츠 단체가 라이선싱 프로그램의 기대 효과와 가장 거리가 먼 것은?
① 방송중계 시간의 확대
② 라이선싱 수수료 수입의 증대
③ 새로운 제품영역 확장 및 관련 상품 판매 증진을 통한 부가가치 창출
④ 기업과의 우호적 관계 형성을 통한 스포츠 이벤트에 관한 관심 유도

[정답] ① [해설] 라이선싱과 ①은 관련이 없다.

03 올림픽 스포츠 라이선싱을 통해서 기업이 기대하는 효과에 관한 설명으로 틀린 것은?
① 판매 증진 : IOC와 관련을 맺으며 제품 판매 증진 효과를 얻을 수 있다.
② 신뢰 획득 : IOC가 가지고 있는 높은 명성이나 신뢰에 편승하여 신용 혜택을 얻을 수 있다.
③ 광고 권리 획득 : IOC와 라이선싱 계약을 하였기 때문에 월드컵 중계 시 TV 광고 우선권을 획득할 수 있다.
④ 마케팅 채널 이용 : IOC가 구축한 마케팅 채널을 활용하여 기업의 이미지를 제고시킬 수 있다.

[정답] ③ [해설] ③은 올림픽과 월드컵의 관련 없는 스포츠 이벤트를 서로 연계시켜 놓았다.

04 다음 중 라이선싱의 기대 효과에 대한 설명으로 틀린 것은?
① 기업이 라이선싱 프로그램에 참여하는 가장 큰 이유는 라이선싱 수수료 수입을 증대시키는 것이다.
② 스포츠 단체는 라이선싱 프로그램을 통해 더 많은 기업과 파트너 관계를 형성할 수 있다.
③ 기업의 브랜드 가치가 낮더라도 라이선서가 가진 높은 명성이나 신용에 편승하여 상업적 신용 혜택을 얻을 수 있다.
④ 기업은 IOC나 FIFA와 같은 스포츠 단체가 구축한 마케팅 채널을 이용할 수 있다

[정답] ① [해설] 기업은 라이선싱 수수료를 지불하는 것으로, 수수료 수입 증대와 관련이 없다.

05 스포츠 라이선싱에 관한 설명으로 틀린 것은?
① 라이선싱은 상표 등록된 재산권을 가지고 있는 개인 혹은 단체가 타인에게 대가를 받고 재산권을 사용할 수 있도록 권리를 부여하는 계약이다.
② 라이선시(licensee)는 대가를 받기 위하여 경제적 가치가 있는 특허권, 노하우 및 상표권 등 자산의 사용을 라이선서(licensor)에게 허락하는 법률적 계약이다.
③ 라이선싱은 소비자가 구매할 것으로 판단되는 모든 제품에 선수, 팀 이벤트명 및 로고를 부착하여 판매를 증진시키는 것이다.
④ 라이선싱은 한정된 기간 제품과 관련하여 다른 사람에게 소유권을 사용할 권리를 부여하는 프로그램이다.

[정답] ④ [해설] ④를 제외한 나머지는 바르게 설명되어 있다.

06 스포츠 라이선싱 사업의 성공 요건과 가장 거리가 먼 것은?
① 협업체제 구축   ② 법률적 보호 장치
③ 기업의 지리적 특성   ④ 원활한 커뮤니케이션

[정답] ③ [해설] 제시된 지문 중에 기업의 지리적 특성이 가장 거리가 멀다.

07 스포츠 라이선싱 사업의 목적과 가장 거리가 먼 것은?
① 스포츠 프로퍼티 개최 운영에 필요한 재정의 안정적 확보
② 브랜드 가치 상승과 구단 및 기업 브랜드 이미지 제고
③ 경쟁기업과 차별화된 마케팅 활용 기회 제공
④ 팀 구조 개선을 위한 승리 구축 기회 제공

[정답] ④ [해설] 스포츠 라이선싱은 승리 구축 기회 제공과 관련이 없다.

08 다음에서 업체가 연맹에 지불해야 하는 금액 및 시기에 관한 설명으로 옳은 것은?

> 한 프로연맹의 라이선스 상품 독점유통 권리를 취득한 용품 유통업체가 연맹과 체결한 계약조건은 독점권 행사의 대가는 총매출의 5%를 러닝 로열티로 지불하며, 총매출액의 5%를 미리 보장하는 조건이다. 그런데 연맹과 유통업체가 동의한 예상 매출은 100억원이었고, 실제 발생한 매출은 60억원이었다.

① 3억원을 계약과 동시에 지불한다.
② 5억원을 계약과 동시에 지불하고 계약 기간 종료 후 3억원을 지불한다.
③ 계약 종료 후 3억원을 지불한다.
④ 5억원을 계약과 동시에 지불하고, 계약 기간 종료 후 지불할 금액은 없다.

[정답] ④ [해설] 예상 매출을 100억원으로 동의하고 5%의 러닝 로열티를 사전 보장 조건이었기 때문에 계약과 동시에 5억원을 지불하고 과다 지급된 2억원은 돌려받지 못한다.

09 A 기업과 B 프로야구단이 관객용 응원 용품에 대한 라이선싱 계약을 하려고 한다. 법률적으로 보호받는 데 필요한 일반적 계약조항들과 가장 거리가 먼 것은?
① A 기업의 사업영역과 독점권에 관한 권리 양도 가능성
② A 기업이 제조한 응원 용품에 대한 품질관리와 품질인증 절차
③ 한국야구위원회(KBO)의 응원 용품 라이선싱에 대한 권리
④ 소비자 및 제삼자에 대한 책임보험과 손해배상

[정답] ③ [해설] A 기업과 B 프로야구단의 계약에 KBO의 응원 용품 라이선싱에 대한 권리가 가장 거리가 멀다.

10 스포츠 라이선싱에 관한 설명으로 틀린 것은?
① 스포츠 라이선싱에는 촉진 라이선싱과 판매 라이선싱이 있다.
② 라이선싱은 구조적으로 불법 복제와 저작권 침해, 암거래 문제와 현지에서의 마케팅 및 포장 비용 문제를 안고 있다.
③ 라이선서는 라이선싱을 통하여 상표의 상업적 이용에 대한 권리를 지닌 사람이다.
④ 라이선싱을 통해서 스포츠 단체는 재정적 이익을 기대할 수 있다.

[정답] ③ [해설] 상업적 이용 권리를 가진 사람은 일반 기업인 라이선시이고, 권리 소유자는 스포츠조직인 라이선서이다.

11 다음에서 사업자가 연맹에 지불해야 하는 금액 및 시기에 관한 설명으로 옳은 것은?

> A 스포츠 연맹이 B 상품화사업자에게 독점유통권리를 부여하는 조건으로 체결한 계약서에 '독점권의 대가로 총매출의 10%를 정률 기술료로 지불키로 하며, 예상 매출액의 10%는 미리 보장하는 조항이 있다. 연맹과 유통업체가 동의한 예상 매출은 50억 원이었고, 계약 기간에 실제 발생한 매출은 80억 원이었다.

① 5억 원은 미리 지불하고 계약 기간 종료와 함께 8억 원을 추가로 지불한다.
② 5억 원은 미리 지불하고 계약 기간 종료와 함께 3억 원을 되돌려 받는다.
③ 8억 원은 미리 지불하고 계약 기간 종료와 함께 3억 원을 추가로 지불한다.
④ 5억 원은 미리 지불하고 계약 기간 종료와 함께 3억 원을 추가로 지불한다.

[정답] ④ [해설] 예상 매출액의 10%인 5억원은 미리 지불하고 계약 기간 종료와 함께 실제 매출액에서 예상 매출액을 제한 금액인 30억원의 로열티 10%를 3억원을 추가 지불한다.

12 스포츠 라이선스 사업에서 통용되는 러닝 로열티에 대한 설명으로 옳은 것은?
① 프로구단의 로고 사용권을 획득하기 위해 미리 지불하는 보증금이다.
② 프로구단의 선수 초상권을 취득하기 위해 사전에 추정하는 예상 매출액이다.
③ 프로구단의 로고를 사용한 제품의 매출액에 따라 사용권 취득자가 지급하는 수수료이다.
④ 프로구단의 로고를 독점적으로 사용할 수 있는 권리이다.

[정답] ③ [해설] 러닝 로열티는 매출액 비율에 따라 지급하는 수수료이다.

13 라이선서와 라이선시 간에 체결하는 계약방식 중 러닝 로열티(running royalty) 지불방식에 대한 설명으로 옳은 것은?
① 트레이드 마크의 독점적인 사용에 관한 계약을 의미한다.
② 예상되는 매출액 일부를 미리 지불하는 방식을 의미한다.
③ 매출액에 따라 일정 비율을 지불하는 방식을 의미한다.
④ 앞으로 출시될 제품의 판권을 미리 확보하는 계약을 의미한다.

정답 ③ 해설 Running Loyalty는 정률제로, 미리 정한 비율로 로열티로 받는 방법이다.

14 국내 프로스포츠 라이선싱 프로그램에 관한 설명으로 가장 거리가 먼 것은?
① 제품 판매를 목적으로 하지 않는 라이선싱 제품이 있다.
② 구단은 구단 제품의 판매량에 비례하는 수입을 갖는다.
③ 구단이 라이선싱 프로그램을 직접 관리할 수 있다.
④ 라이선싱 제품은 연고 지역에서만 판매할 수 있다.

정답 ④ 해설 딱히 정해져 있지 않으면 판매지역 제한을 하지 않는다.

15 다음 중 프로스포츠 제품 구매와 관련하여 비용을 지불하는 주체가 다른 하나는?
① 스폰서십(Sponsorship)
② 프랜차이즈(Franchise)
③ 라이선싱(Licensing)
④ 머천다이징(Merchandising)

정답 ② 해설 ②는 프로스포츠 제품 구매와 관련되어 연관성이 적고, 기업이 비용 지불의 주체가 아니다.

16 기업이 스포츠 라이선싱에 참여할 때의 기대효과와 가장 거리가 먼 것은?
① 고객 커뮤니케이션 향상
② 신뢰 획득
③ 종업원 동기부여
④ 매출 증대

정답 ③ 해설 종업원 동기부여가 라이선싱과 가장 거리가 멀다.

17 스포츠 이벤트에서 파생되는 마케팅 권리와 소유권자의 연결이 옳지 않게 짝지어진 것은?
① 방송중계권 - 팀 혹은 연맹
② 경기장 사업권 - 팀 혹은 경기장 소유자
③ 상품화 사업권 - 팀 혹은 연맹
④ 유니폼 광고권 - 선수 혹은 선수노동조합

정답 ④ 해설 유니폼 광고권은 팀의 권리이다.

18 후원하는 대회, 팀, 선수의 마스코트, 로고, 선수 캐릭터 등을 활용해 기념품 등 기타 제품을 만들어 직접 판매할 수 있는 권리는?
① 스폰서십
② 라이선싱
③ 인도스먼트
④ 머천다이징

정답 ④ 해설 특정한 조직, 팀, 선수의 캐릭터, 로고, 마크 등을 상품화하는 활동은 머천다이징이다. 사례는 농구선수 마이클 조던의 나이키 에어조던 농구화 등이 있다.

19 스포츠용품 제조회사 A사는 촉진 활동을 강화할 목적으로 대한축구협회와 라이선싱 계약을 체결하였다. A사와 대한축구협회의 라이선싱 계약은 다음 중 어느 것인가?
① 단독 라이선싱
② 공동 라이선싱
③ 촉진 라이선싱
④ 판매 라이선싱

정답 ③ 해설 촉진을 강화하기 위한 라이선싱은 촉진 라이선싱이다.

제7장 스포츠 에이전트

1. 스포츠 에이전트

01 다음에서 설명하는 것은?

> 올림픽이나 월드컵축구대회와 같이 전 세계적인 관심을 끄는 스포츠 이벤트의 마케팅을 대행하는 등 스포츠마케팅 분야에서 국제적으로 활동하는 에이전시로, 스위스의 ISL, 미국의 IMC 등이 이에 해당한다.

① 선수 관리에이전시
② 광고 스폰서 에이전시
③ 국제스포츠 마케팅 에이전시
④ 라이선싱과 머천다이징 에이전시

[정답] ③ [해설] 보기는 국제스포츠 마케팅 에이전시를 말한다.

02 스포츠 에이전트가 선수들에게 제공하는 고유 업무가 아닌 것은?

① 선수들의 경기력 향상을 위해 적절한 트레이닝을 시킨다.
② 선수들이 운동에만 전념할 수 있도록 다른 필요한 일을 대행한다.
③ 선수들의 자산을 효과적으로 관리한다.
④ 팬들이 호의적인 태도를 형성할 수 있도록 이미지를 관리한다.

[정답] ① [해설] 트레이닝은 코치의 역할이다.

03 선수와 구단과의 신뢰 관계를 유지하면서 적정한 연봉계약을 달성하는 스포츠 에이전트의 역할은?

① 계약 협상 역할
② 경력관리와 은퇴 이후 관리 역할
③ 재무관리 역할
④ 법적 자문 역할

[정답] ① [해설] 연봉계약은 계약 협상 임무를 수행하는 것이다.

04 스포츠 단체, 특정 대회의 조직위원회 또는 주최 측 또는 스폰서 등에 대해 주 고객인 운동선수의 이익을 위해 선수를 대신해서 활동하는 에이전시는?

① 국제스포츠 마케팅 에이전시
② 선수 관리에이전시
③ 광고 스포츠 에이전시
④ 라이선싱과 머천다이징 전문 에이전시

[정답] ② [해설] 문제 지문은 선수 관리에이전시를 설명하고 있다.

05 스포츠 에이전트가 선수의 시장가치 증진을 위한 행동으로 적절하지 않은 것은?

① 선수가 운동에만 전념하게 하여 경기력을 최대한 향상하도록 한다.
② 선수를 대신하여 대리연봉협상에 임한다.
③ 선수의 보증 광고 가치를 증진하게 시킨다.
④ 축적된 선수의 재산을 효과적으로 관리한다.

[정답] ④ [해설] 선수의 재산관리는 시장가치 증진과 거리가 멀다.

06 스포츠 에이전시 종류 중 스포츠 단체 또는 대회의 로고, 마스코트 등을 사용하고 상품화할 수 있는 권리를 전문적으로 대행하는 것은?

① 광고 스포츠 에이전시
② 풀 서비스 에이전시
③ 선수 관리에이전시
④ 라이선싱과 머천다이징 전문 에이전시

[정답] ④ [해설] 문제 지문은 라이선싱과 머천다이징 전문 에이전시이다.

07 선수-에이전트 계약에 대한 설명으로 틀린 것은?
① 선수들은 에이전트의 제안내용에 대하여 수정 제안을 요청할 수 있다.
② 선수-에이전트 간의 계약서에는 계약당사자와 계약 기간이 명시되어 있다.
③ 에이전트가 선수로부터 받는 수수료의 책정방식은 정률제로 정해져 있다.
④ 에이전트가 선수에게 제공하는 서비스의 종류를 분명히 해야 한다.

[정답] ③ [해설] 수수료 지급 방법은 정액제, 정률제, 시간급제, 도급제, 혼합제 등이 있다.

08 선수와 에이전트 간의 계약이 법적인 효력을 가지려면 일반계약과 마찬가지로 기본적인 조건이 계약 내용에 반드시 포함되어야 한다. 다음 중 이 조건에 해당되지 않는 것은?
① 이해 상충 조항   ② 계약당사자
③ 계약이행 시기   ④ 계약금액

[정답] ① [해설] 선수와 에이전트 간의 계약이 법적 효력을 가지려면 반드시 계약 내용에 포함되어야 할 사항은 ① 계약당사자 ② 계약 안건 ③ 계약이행 시기 ④ 계약금액 등이다. ①의 이해 상충 조항은 필요하면 포함된다.

09 연봉 총 상한제(salary cap)에 관한 설명으로 틀린 것은?
① 재정이 풍부한 구단의 무분별한 스카우트를 억제하는 제도이다.
② 경기 능력이 탁월한 선수들의 연봉을 최대한 보장해주는 제도이다.
③ 경제력이 약한 구단의 재정난을 보완해주기 위한 제도이다.
④ 특정 구단 소속 선수연봉의 합계가 일정액을 초과하지 못하게 하는 제도이다.

[정답] ② [해설] ②는 샐러리캡과 비교되는 래리버드 룰에 대한 설명이다. 미국의 보스턴 셀틱스 농구팀의 래리버드 선수를 구제하기 위한 규정이었다.

10 연봉 상한제로써 소속 선수 연봉합계가 일정액을 초과할 수 없게 되어 있는 제도는?
① 팜시스템   ② 샐러리캡
③ 드래프트제도   ④ 자유계약 제도

[정답] ② [해설] 문제는 샐러리캡을 설명하고 있다.

11 다음은 무엇에 관한 설명인가?

> 미국의 메이저리그와 같이 트리플A, 더블A, 싱글A, 루키리그 등의 단계를 두고 유망주를 발굴하여 빅리그에 우수선수를 공급하는 인적 관리 제도

① 보스만 시스템   ② 시장 개발 시스템
③ 메이저 시스템   ④ 팜시스템

[정답] ④ [해설] 팜시스템이란 유소년팀, 세미프로 등 하위리그에서 자체 선수를 양성하며, 선발하는 제도이다.

12 스포츠선수가 특정 구단과 계약을 맺고 나면 그 선수가 은퇴할 때까지 선수에 대한 모든 권리를 구단이 독점적으로 행사할 수 있다는 내용을 포함한 것은?
① 보류조항(player reserve clause)
② 자유 계약제(free agent)
③ 연봉 상한제(salary caps)
④ 드래프트(the draft)

[정답] ① [해설] 선수보류조항은 구단이 선수의 다음 시즌 계약 우선권을 갖도록 하며, 아울러 선수들에게 계약 기간 보수를 보장해주는 제도를 말한다. 구단에게 유리하면서도 한편으로는 선수의 보호막이 되기도 하는 양면성을 갖고 있다. 보류조항이 폐지되면 스타플레이어의 몸값은 크게 오르고, 반면 주전급이 아니면 신분이 불안해질 수 있다.

13 일정 자격요건을 갖춘 선수를 프로연맹 등 스포츠 단체의 주관 아래 성적역순 등의 방법으로 구단에게 지명권을 부여하여 선수를 선발하는 제도는?

① 구단전속계약 ② 드래프트
③ 자유계약 ④ 트레이드

[정답] ② [해설] 스포츠 단체가 주관하여 일정 요건을 갖춘 선수를 특정 팀에게 성적순 등으로 지명권을 부여하여 선발하는 제도는 드래프트이다.

14 구단이 소속 선수의 보유권을 상실하거나 포기하여 다른 구단과 자유롭게 계약을 맺을 수 있는 제도는?

① 구단전속계약제도 ② 자유계약 제도
③ 임의탈퇴선수제도 ④ 트레이드 제도

[정답] ② [해설] 구단이 보유권을 포기하여 다른 구단과 계약을 맺을 수 있는 제도는 FA 제도이다.

15 프로리그가 채택하고 있는 제도 중 선수연봉 급등을 억제하기 위한 제도가 아닌 것은?

① 신인 선수드래프트 ② 연봉 상한제
③ 자유계약(FA) 제도 ④ 웨이버 공시

[정답] ③ [해설] ③을 제외하고는 선수연봉 급등을 억제하기 위해 사용하고 있다. FA 제도는 선수연봉 급등 요인이다.

2. 인도스먼트

01 스포츠산업에서 벌어지는 사업 중 선수가 사업의 주체가 되는 것은?

① 좌석 라이선스 사업 ② 인도스먼트 사업
③ 경기장 광고 사업 ④ 방송중계권 사업

[정답] ② [해설] 인도스먼트란 스포츠 스타들을 이용하여 소비자들에게 상품이나 서비스를 구매하도록 유도하는 것으로, 선수 보증 광고이다.

02 스포츠 스타의 몸값에 관한 설명으로 가장 적합한 것은?

① 스포츠 스타의 몸값은 스포츠 종목뿐 아니라 선수의 활용 가치와 관련이 있다.
② 스포츠 스타의 총수입은 연봉을 제외한 수입의 총액이다.
③ 단체종목 선수는 개인종목 선수보다 몸값이 높은 경향이 있다.
④ 스포츠 스타의 선수 보증 광고 가격 결정은 선수가 직접 하는 것이 유리하다.

[정답] ① [해설] 스타 선수의 몸값은 종목뿐 아니라 선수의 활용 가치와 관련이 된다.

03 선수나 팀의 이미지를 기업과 제품 이미지를 향상시키는 데 활용하기 위해 선수나 팀을 후원하여 그들을 자사 제품경기 중에 착용하거나 사용하도록 하는 권리는?

① 머천다이징 ② 인도스먼트
③ 스폰서십 ④ 라이선싱

[정답] ② [해설] 인도스먼트는 기업 혹은 제품 이미지 상승을 위해 선수 혹은 팀을 광고에 등장시키거나, 유니폼 등에 부착 혹은 사용하게 하는 것을 말한다.

04 성공적인 선수 보증 광고를 위한 선수선정 요인을 4가지로 분류한 FRED 요인에 해당하지 않는 것은?

① 친숙도(familiarity) ② 관련설(relevance)
③ 존경(esteem) ④ 선정난이도(difficulty)

[정답] ④ [해설] FRED 요인은 1) 친숙도(familiarity) 2) 관련성(relevance) 3) 존경(esteem) 4) 차별화(differentiation) 등이다. 선정난이도는 해당하지 않는다.

[요점] **인도스먼트 유의사항(FRED 요인)**
❶ 친숙도(familiarity) ❸ 존경(esteem)
❷ 관련성(relevance) ❹ 차별화(differentiation)

[암기] **인도스먼트** : 〈인도스먼트는 친관종차〉이다. 친숙도, 관련성, 존경, 차별화이다.

제4과목

스포츠시설

 세부목차

제1장 스포츠시설의 개요 … 120
　1. 스포츠시설의 구분 … 120
　2. 관람·참여 스포츠시설 … 122

제2장 스포츠시설 경영 효율화 … 123
　1. 스포츠시설의 경영 … 123
　2. 스포츠시설의 입지와 배치 … 124
　3. 스포츠시설의 활용 … 127

제3장 스포츠시설 관련 법령 … 128
　1. 스포츠시설 관련 법령 체계 … 128
　2. 체육시설업의 시설기준 … 131
　3. 체육시설업의 안전·위생과 기타 기준 … 138

제4장 스포츠시설 관리 운영 …145
　1. 스포츠시설 관리 운영의 개요 … 145
　2. 뉴스포츠 … 147
　3. 프로그램 개발 … 148
　5. 스포츠시설 상해와 사고, 보험 … 149
　6. 스포츠시설의 안전관리 … 150

제5장 참여·관람 스포츠시설 사업 … 151
　1. 지역 특성별 스포츠시설 관리 … 151
　2. 고객 유치와 관리 … 152
　3. 스포츠시설 홍보 및 프로모션 … 155
　4. 관람 스포츠상품 … 156
　5. 경기장 임대 및 부대사업 … 158

제1장 스포츠시설의 개요

1. 스포츠시설의 구분

01 다음 중 스포츠시설의 직접적인 역할과 가장 거리가 먼 것은?
① 건강 증진의 공간　② 여가활동의 공간
③ 문화 활동의 공간　④ 생산성의 공간

정답 ④　해설 스포츠시설은 생산성의 공간이 아니다.

02 전문 체육시설에 대한 설명으로 틀린 것은?
① 국가와 지방자치단체는 국내·외 경기대회의 개최와 선수훈련 등에 필요한 전문 체육시설을 설치·운영하여야 한다.
② 전문 체육시설 중 체육관은 체육, 문화 및 청소년 활동 등 필요한 용도로 활용될 수 있도록 설치되어야 한다.
③ 지방자치단체는 전문 체육시설의 사용 촉진을 위해 사용료의 전부나 일부를 감면할 수 있다.
④ 경기대회 개최나 시설의 유지관리에 우선하여 지역주민이 이용할 수 있도록 개방되어야 한다.

정답 ④　해설 전문 체육시설은 경기대회 개최나 시설의 유지·관리 등에 지장이 없는 범위에서 지역주민이 이용할 수 있도록 개방되어야 한다.

03 스포츠시설업의 사업상 특성과 가장 거리가 먼 것은?
① 초기 시설 투자와 고정자산에 대한 의존성 및 고정비용이 높은 산업이다.
② 특정 서비스산업이면서 사회 교육적 기능을 갖는 사업이다.
③ 반복 구매력 및 고정고객 산출 기능이 유효한 편이다.
④ 종업원에 대한 의존성이 매우 낮다.

정답 ④　해설 스포츠시설업은 다른 산업에 비해 종업원 의존도가 상대적으로 높다.

04 다음 중 체육시설의 유형 구분으로 올바른 것은?
① 경기형, 레저형, 생활형, 수련형
② 경주형, 레저형, 모험형, 수련형
③ 레저형, 생활형, 수련형, 경주형
④ 생활형, 경주형, 경기형, 레저형

정답 ④　해설 체육시설의 유형을 설치 목적에 따라 분류하면 경기형, 경주형, 생활형, 레저형으로 구분한다.

05 국내 스포츠시설 분류 기준에서 시설의 주체에 의한 분류에 해당하지 않는 것은?
① 비영리시설　　　② 광역생활권역 시설
③ 영리시설　　　　④ 공공시설

정답 ②　해설 스포츠시설의 주체라는 것은 운영자가 누구인가를 묻는 문제이다. 광역생활 권역 시설은 운영 주체에 따른 분류가 아니다.

06 스포츠 센터를 운영형태에 따라 회원전용, 대중제, 복합형으로 구분할 때 회원전용 스포츠 센터의 특징과 가장 거리가 먼 것은?
① 상품력 대부분의 비중을 시설 측면과 운영 측면이 차지한다.
② 회원모집이 완료된 시점에서 수입원의 다양한 시도가 요구된다.
③ 투자비 회수가 빠른 편이다.
④ 수입 대부분은 종목별 강습료 수입이 차지한다.

정답 ④　해설 회원전용 시설은 종목별 강습료 수입이 큰 비중을 차지하지 않고, 회원 가입비 등이 큰 비중을 차지한다.

07 다음 중 공공스포츠시설에 대한 일반적인 설명으로 가장 적합하지 않은 것은?
① 일반 대중의 이용도를 높이기 위해 이용자의 요구에 부응하는 시설이다.
② 공공성을 최대한 보장한다는 의미에서 일반 대중에게 위치선정, 사용 기간 등에 있어 균등한 혜택을 부여한다.
③ 수익의 극대화에 우선순위를 둔 복합 스포츠문화 공간이다.
④ 사회구성원의 적극적이고 건전한 스포츠 활동을 장려하기 위해 일반 대중들을 대상으로 설치하는 시설을 의미한다.

정답 ③ 해설 공공스포츠시설은 국민 또는 소속 직장인의 스포츠 활동 공간으로, 국가, 지자체 및 직장 대표가 각자의 예산으로 건설, 운영되는 스포츠시설이다. 수익의 극대화에 우선순위를 둔 복합 스포츠문화 공간은 아니다.

08 체육시설의 설치·이용에 관한 법령상 직장 체육시설에 관한 설명으로 틀린 것은?
① 군부대 직장 체육시설의 설치·운영에 관하여는 국방부 장관이 지도·감독한다.
② 인구과밀지역인 도심지에 위치하여 직장 체육시설의 부지를 확보하기 어려운 직장은 직장 체육시설의 전부 또는 일부를 설치·운영하지 않을 수 있다.
③ 직장 체육시설을 설치·운영하여야 하는 직장은 상시 근무하는 인원이 500명 이상인 직장으로 한다.
④ '초·중등교육법'에 따른 학교는 반드시 직장 체육시설을 설치·운영해야 한다.

정답 ④ 해설 학교, 체육시설업이 주 업무인 경우, 인근 체육시설을 상시 사용할 수 있는 경우 등은 설치하지 않아도 된다.

09 체육시설의 설치·이용에 관한 법률상 공공 체육시설의 분류에 해당하지 않는 것은?
① 전문 체육시설   ② 생활 체육시설
③ 직장 체육시설   ④ 학교 체육시설

정답 ④ 해설 공공 체육시설은 전문·생활·직장 체육시설로 구분한다. 같은 내용의 다른 예는 '근린 체육시설'이 오답 찾기의 정답으로 출제될 수 있다.

10 다음 설명에 해당하는 대상 권역별 분류는?

> 지역의 연합체를 대상으로 하는 시설로 전국대회가 가능한 종합체육시설 및 대규모의 복합시설 등이 포함된다.

① 광역권형 시설   ② 근린권형 시설
③ 지구권형 시설   ④ 지역권형 시설

정답 ① 해설 광역권형은 전국대회가 가능한 종합체육시설 및 대규모 복합시설이다.

11 체육시설의 설치·이용에 관한 법령상 체육시설 중 시설 형태에 따른 구분이 아닌 것은?
① 운동장   ② 체육관
③ 종합 체육시설   ④ 골프장

정답 ④ 해설 체육시설을 시설 형태로 분류하면 운동장, 체육관, 종합 체육시설, 가상체험 체육시설 등이다.

12 체육시설의 설치·이용에 관한 법령상 운동 종목에 따른 체육시설의 종류에 해당하지 않는 것은?
① 골프장   ② 세팍타크로장
③ 가상체험 체육시설 ④ 인공암벽장

정답 ③ 해설 가상체험 체육시설은 운동 종목 분류이면서 아울러 시설 형태에 따른 분류 모두에 해당한다. 그러므로 정확하게 정답이 없는 상태이다. 이 문제가 다시 출제된다면 ③을 선택하는 것이 옳겠다.

13 다음 중 신고 체육시설로만 짝지어진 것은?
① 승마장, 스키장, 당구장
② 수영장, 골프장, 골프연습장
③ 카누장, 요트장, 자동차경주장
④ 헬스클럽, 태권도장, 실내스케이트장

정답 ④ 해설 골프장, 스키장, 자동차경주장은 등록 체육시설이다.

> 요점 **등록 체육시설**
> ● 등록 체육시설은 〈등골스자〉이다. 골프장, 스키장, 자동차경주장 등이다.
> ● 등록 체육시설만 외우면 나머지는 신고 체육시설이다.

골프장 스키장 자동차경주장

암기 **등록체육시설** : 〈등록은 골스자〉이다. 골프장, 스키장, 자동차경주장이다. 등록이 아니면 신고체육시설이다.

14 체육시설의 설치·이용에 관한 법령상 직장 체육시설의 설치·운영 기준으로 옳은 것은?
① 직원 300인 이상 ② 직원 500인 이상
③ 직원 700인 이상 ④ 직원 1,000인 이상

정답 ② 해설 직원 500명 이상이 근무하는 직장은 체육시설을 2종 이상 설치·운영해야 한다.

15 체육시설의 설치·운영에 관한 법률상 직장 체육시설의 설치 예외 대상이 아닌 것은?
① 체육시설의 설치·운영을 주 업무로 하는 직장
② 구청장이 직장 체육시설을 설치할 수 없는 부득이한 사유가 있다고 인정하는 직장
③ 인구과밀지역인 도심지에 위치하여 직장 체육시설의 부지를 확보하기 어려운 직장
④ 가까운 직장 체육시설이나 그 밖의 체육시설을 항상 사용할 수 있는 직장

정답 ② 해설 ②는 구청장이 아니고, 특별·광역시장, 도지사가 인정해야 한다.

2. 관람·참여 스포츠시설

01 관람 스포츠의 분류 형태와 가장 거리가 먼 것은?
① 프로스포츠   ② 전국체전
③ 직장 체육대회   ④ 경마

정답 ③ 해설 직장 체육대회는 참여 스포츠이고, 나머지는 관람 스포츠이다.

02 관람 스포츠시설의 특징과 가장 거리가 먼 것은?
① 제공되는 부대시설이 다양하다.
② 시설 자체가 고객 유인에 미치는 영향이 크다.
③ 고객이 전체 서비스의 일정 역할을 담당한다.
④ 스타 선수가 중요한 고객 유인의 동기가 된다.

정답 ② 해설 시설 자체가 고객 유인에 미치는 영향이 큰 편은 아니다.

03 참여 스포츠 시설업의 특징에 대한 설명으로 틀린 것은?
① 사업의 특성상 초기 투자비가 많음에도 불구하고 그 회수는 장기간 소요된다.
② 대규모 장치 사업으로 타 사업보다 해당 시설 및 설비 등과 관련된 하드웨어에 대한 지출 비중이 높다.
③ 개장 후 초기 시설계획이나 운영 컨셉의 오류 발생 시 쉽게 이를 수정할 수 있으며, 다른 프로그램 운영을 위한 시설로의 변환이 용이하다.
④ 스포츠 시설업은 초기 시설 운영에 있어서 오류가 발생하는 경우 이를 수정하기 위해 막대한 위험과 비용 지출이 수반된다.

정답 ③ 해설 참여 스포츠시설은 초기 시설 운영에 오류가 발생하면 이를 수정하기 위해 많은 위험과 비용 지출이 수반된다.

제2장 스포츠시설의 경영 효율화

1. 스포츠시설의 경영

01 소유자와 경영자가 다른 간접경영 형태를 말하며, 일반적으로 정부 또는 지방자치단체가 투자하여 소유하고, 경영은 다른 사람에게 위탁하므로 투자자는 직접경영에 참여하지 않는 형태의 경영 방법은?
① 직접경영 ② 위탁경영 ③ 임대경영 ④ 제3경영

정답 ② 해설 문제는 위탁경영을 설명하고 있다.

02 공공 체육시설을 효율적으로 활용하려는 방안과 가장 거리가 먼 것은?
① 공공 체육시설의 수익성 제고
② 합리적 운영시스템 구축
③ 다양한 프로그램의 개발 및 운영
④ 지역 실정을 감안한 시설의 설치

정답 ① 해설 공공 체육시설은 수익성 제고가 목적이 되어서는 안 된다.

03 스포츠시설 경영 효율성을 검토하기 위해 사용하는 진단계수 산출 방법으로 적합하지 않은 것은?
① 사업장 이용자 수=총이용자 수/총 실시사업 단위 수
② 시간당 이용자 수=총이용자 수/시설 공용면적
③ 직원당 이용자 수=총이용자 수/전문 직원 수+파트 타임 직원 수
④ 운동장 면적당 이용자 수=총이용자 수/총 운동장 면적

정답 ② 해설 시간당 이용자 수는 총이용자 수/총 운영시간으로 계산한다.

04 공공 스포츠시설 위탁 운영의 장점이 아닌 것은?
① 인건비 등 유지관리를 위한 경비가 절감될 수 있다.
② 행정기관 측의 시설 운영 방안 등을 직접 주민에게 전하는데 수월하다.
③ 이른 아침, 야간, 휴일 개관 등 업무의 탄력적인 운영으로 시설 설비의 효율적 이용을 할 수 있다.
④ 유경험자나 전문가가 갖는 뛰어난 지식이나 기술을 활용하기 쉽다.

정답 ② 해설 ② 직접 주민에게 전달할 사항 등을 알리는 데는 불편하다.

05 다음 중 위탁경영의 장점이 아닌 것은?
① 사고 발생 시 책임소재가 명확하다.
② 인건비, 유지관리비 등 비용 절감이 가능하다.
③ 전문가의 노하우로 운영될 수 있다.
④ 공휴일 등 개장 시간의 탄력적 운영이 가능하다.

정답 ① 해설 위탁경영의 경우 사고 발생 시 책임소재가 불명확한 단점을 갖고 있다.

요점 위탁경영의 장단점
장점
❶ 경영과 시설 활용 효율성 재고
❷ 유지관리 비용 절감
❸ 전문가 기술 활용
❹ 공휴일 등 개장 시간의 탄력적 운영
❺ 주민의 자주적 활동과 지역과의 연대 촉진
단점
❶ 특정 주민에게 편중 이용될 가능성
❷ 사고 발생 시 책임소재 불명확
❸ 서비스 저하 초래 가능성
❹ 위탁 기관의 운영 잘못으로 원망 가능성
❺ 위탁 명분으로 이권 개입 등의 부정 발생

06 공공스포츠시설의 위탁경영 시 예상되는 문제점과 가장 거리가 먼 것은?
① 특정 주민들에게 편중되어 이용될 가능성이 있다.
② 사고가 발생하면 책임소재가 불명확할 수 있다.
③ 공휴일 등 개장 시간의 탄력적 운영이 불가능하다.
④ 전반적 서비스 수준의 저하를 초래할 수 있다.

정답 ③ 해설 공휴일 등 개장 시간의 탄력적 운영이 수월하다.

07 스포츠 센터의 효율적 회원 관리 및 확보를 위해 고객들을 인구 통계적, 이용 특성별로 구분해 전개하는 마케팅전략은 무엇인가?
① 차별화전략　　② 세분화 전략
③ 집중화 전략　　④ 경쟁우위 전략

정답 ② 해설 인구 통계적, 이용 특성별로 구분하는 마케팅전략은 세분화 전략이다.

08 다음 중 스포츠시설 경영전략에 대한 설명으로 틀린 것은?
① 경쟁자의 가격을 조사 후 이에 대응하여 가격을 책정하는 경영전략은 원가계산전략이다.
② 다양한 경영환경의 변화로 인해 경쟁력 상실이 우려되는 경영전략은 원가우위전략이다.
③ 한정된 시장 내에서 목표시장의 축소 및 소멸될 위험이 있는 경영전략은 집중전략이다.
④ 고객 로열티 형성이 쉽고 전략 요구 시 비교적 다양한 경영전략은 차별화전략이다.

정답 ① 해설 ①은 경쟁 지향 가격전략이다.

09 스포츠시설업 가격정책 중 단기적 이익을 목적으로 고가격으로 고소득층을 대상으로 가격을 결정하고 차후에 가격을 내리는 것은?
① 흡수가격정책　　② 침투가격정책
③ 차별화 가격정책　　④ 시장가격정책

정답 ① 해설 단기적 이익을 목적으로, 처음에 높은 가격을 책정하여 고소득층을 공략하고, 차후 점차 가격을 인하하는 방법은 흡수가격정책이다.

10 스포츠시설 가격정책 유형 중 참가자가 인정하는 가치를 근거로 하는 가격책정은?
① 경쟁 지향 가격　　② 비용계산 가격
③ 수요지향 가격　　④ 원가 우위 가격

정답 ③ 해설 수요자가 인정하는 가치를 근거로 한 가격책정은 수요지향 가격이다.

11 스포츠시설 가격정책 중 초기에 매우 낮은 가격을 책정하고 시간이 흐름에 따라 점차 가격을 높여 단기적 이익을 희생하여도 장기적으로 이를 상쇄하고도 남을 정도의 이익을 얻기 위해 사용하는 것은?
① 침투가격정책
② 고소득 흡수가격정책
③ 원가 기준가격정책
④ 지각된 가치 기준 가격정책

정답 ① 해설 처음 낮은 가격을 책정하여 시장점유율을 높이고 난 후 점차 가격을 인상해가는 방법은 침투가격정책이다.

2. 스포츠시설의 입지와 배치

01 새로운 종합체육 스포츠시설을 설립하기 위해 부지 선정 시 고려하여야 하는 요인과 가장 거리가 먼 것은?
① 해당 부지 주변의 미래 개발 관련 계획
② 해당 부지의 개발 관련 법률 사항
③ 사용 용도
④ 개발 허가기관과의 인적 관계성

정답 ④ 해설 ④ 인간관계는 고려 대상이 아니다.

02 스포츠시설의 입지 선정 시 고려 대상과 가장 거리가 먼 것은?
① 소비자의 접근 용이성
② 판매촉진 및 마케팅 방향 설정
③ 한국표준산업분류 상의 분류특성
④ 시설 종사자 수급의 용이성

정답 ③ 해설 입지 선정 고려사항은 1) 소비자의 접근 용이성 2) 경쟁자 위치 3) 인력 수급 방법 4) 인구통계학적 특성 5) 해당 입지 개발에 따른 법령 사항 6) 마케팅전략 방향과 부합성 등이다.

요점 **입지 선정 고려사항**
❶ 소비자 접근 용이성   ❹ 인구통계학적 특성
❷ 경쟁자 위치   ❺ 개발 관련 법령
❸ 인력 수급 방법   ❻ 마케팅전략 방향 부합성

03 스포츠시설업 경영 시 입지에 대한 설명으로 가장 적합하지 않은 것은?
① 입지 결정은 스포츠 사업에 진출하는 순간 가장 우선적으로 해야 할 요소이다.
② 소비자의 필요와 수요 예측을 고려하여 선정한다.
③ 스포츠시설의 입지 및 규모가 결정되면 다음은 시설물 내 설비배치를 해야 한다.
④ 공공스포츠시설과 가까운 장소를 물색한다.

정답 ④ 해설 입지 선정에서 공공스포츠시설과의 관계는 고려 대상이 아니다.

04 최적의 스포츠시설 입지 선정을 위한 고려사항과 가장 거리가 먼 것은?
① 시설물의 유연성
② 소비자의 접근 용이성
③ 주변 지역에서 경쟁자의 위치
④ 주변 지역주민들의 인구통계학적 특성

정답 ① 해설 입지 선정 시 시설물 유연성은 고려 대상이 아니다.

05 스포츠시설 입지의 고려요인과 가장 거리가 먼 것은?
① 소비자의 접근 용이성
② 조직 구성원의 임파워먼트
③ 경쟁자의 위치
④ 인력과 지역사회 발전 정도

정답 ② 해설 임파워먼트란 조직에서 권한 이양을 의미한다. 입지 선정과는 관련이 없다.

06 스포츠시설 입지 결정기법 중 요인평가법이라고도 불리는 간단하여, 이해하기 쉬운 입지 결정기법은?
① 가중치 이용법   ② 중력 모델법
③ 의사결정 나무   ④ 확실성 등가법

정답 ① 해설 가중치 이용법은 필요 요인을 정한 후 선정하므로 요인평가법이라고도 한다.

07 다음 중 스포츠시설 설치 시 고려사항과 가장 거리가 먼 것은?
① 건강의 유지 및 증진을 위한 프로그램 활용 가치를 고려해야 한다.
② 스포츠시설 설치에 있어 예술적, 심미적 감각은 배제한다.
③ 스포츠시설은 '유익함, 편리함, 흥미'와 같은 요소를 지녀야 한다.
④ 스포츠시설의 설치 시에는 실용성, 가치성, 독특성을 충분히 고려해야 한다.

정답 ② 해설 스포츠시설 설치에 있어 예술적, 심미적 감각도 고려해야 한다.

08 스포츠시설의 입지 선정 시 고려해야 할 사항과 가장 거리가 먼 것은?
① 특정한 제한 및 정부 규제
② 소비자들의 접근성 및 편의성
③ 센터의 오픈 및 마감 시간
④ 인구통계학적인 특성

정답 ③ 해설 입지 선정 시 센터의 오픈과 마감 시간은 고려 요소가 아니다.

09 스포츠시설의 입지 결정을 평가하는 방법 중 시설물의 규모와 시설물까지의 이동 거리의 계산으로 최적 지역을 찾아내는 방법은?
① 가중치 이용법   ② 중력 모델법
③ 요인평가법   ④ 의사결정 나무기법

정답 ② 해설 중력 모델법을 설명하고 있다.

요점 **입지 결정 평가법**
❶ 가중치 이용법 ❷ 중력 모델법 ❸ 요인평가법

10 4개의 장소 중 가중치 이용법을 적용하였을 때 가장 우수한 조건의 입지는?

입지요인	가중치	A입지	B입지	C입지	D입지
접근성	0.5	80	90	60	70
유동인구	0.4	70	80	70	60
상권형성	0.3	60	80	70	50
교통환경	0.2	50	90	90	80
주변 인구	0.1	60	50	80	90

① A입지   ② B입지   ③ C입지   ④ D입지

정답 ② 해설 가중치 이용법을 적용하여 계산하면 아래와 같다.
A입지
$0.5 \times 80 + 0.4 \times 70 + 0.3 \times 60 + 0.2 \times 50 + 0.1 \times 60 = 102$
B입지
$0.5 \times 90 + 0.4 \times 80 + 0.3 \times 80 + 0.2 \times 90 + 0.1 \times 50 = 124$
C입지
$0.5 \times 60 + 0.4 \times 70 + 0.3 \times 70 + 0.2 \times 90 + 0.1 \times 80 = 105$
D입지
$0.5 \times 70 + 0.4 \times 60 + 0.3 \times 50 + 0.2 \times 80 + 0.1 \times 90 = 99$

요점 **가중치 이용법 계산 방법**
입지별 점수에 가중치를 곱한 후 다 더해서 가장 점수가 높은 것을 선택

11 스포츠 센터를 중력 모델법을 이용하여 평가할 때 매력도가 가장 높은 것은?
① A 스포츠 센터-200평의 규모, 20분 거리
② B 스포츠 센터-180평의 규모, 15분 거리
③ C 스포츠 센터-300평의 규모, 30분 거리
④ D 스포츠 센터-250평의 규모, 25분 거리

정답 ② 해설 중력 모델법에서 매력도는 시설물 규모/(이동 소요 시간)^{2}을 적용한다.
A 스포츠 센터 $200/20^2 = 200/400 = 0.5$,
B 스포츠 센터 $180/15^2 = 180/225 = 0.8$
C 스포츠 센터 $300/30^2 = 300/900 = 0.33$,
D 스포츠 센터 $250/25^2 = 250/625 = 0.4$이다.
∴ B 스포츠 센터가 가장 매력적이다.

요점 **중력 모델법 계산 공식**

간단 적용 공식	면적/(소요 시간)^2

12 스포츠시설 배치의 기본원칙과 가장 거리가 먼 것은?
① 이용자의 편리성
② 창의적 공간배치를 통한 창조성
③ 효과적인 투자를 통한 경제성
④ 업무처리의 효율성

정답 ② 해설 배치의 기본원칙은 이용자 편리성과 안전성, 경제성, 효율성, 유연성, 미관 등이다.

요점 **스포츠시설의 배치 원칙**
❶ 편리성   ❹ 효율성
❷ 안전성   ❺ 유연성
❸ 경제성   ❻ 미관

13 도착률과 서비스율은 포아송 분포, 도착 간격과 서비스 시간은 지수분포를 이룬다고 가정하여 A 수영장의 어느 샤워부스에 시간당 평균 고객 수는 12명이고, 이 샤워부스의 시간당 평균 서비스 처리능력은 16명이다. 고객이 샤워부스에 도착하여 샤워하고 떠날 때까지의 평균 소요 시간은?
① 15분 ② 20분 ③ 25분 ④ 30분

정답 ① 해설 1) 대기 행렬이론에서 서비스 평균 소요 시간 계산 공식은 $W_s=1/(\mu-\lambda)$이다. W_s : 시스템 내에서 평균 서비스 시간, μ : 평균 서비스 처리능력, λ : 단위 시간당 도착 고객 수를 나타낸다. 공식에 맞게 수치를 적용하면 $W_s=1/(\mu-\lambda)$=60분/(16명-12명)=15분이다. 2) 대기 행렬이론은 요구 서비스와 제공 서비스를 최적화를 위한 계량적 기법으로, 고속도로 톨게이트 수 결정, 은행 창구 수 결정 등에 사용되지만 그 내용을 모두 설명하기엔 제약이 많다. 그냥 이 문제의 답은 15분이라고 기억하는 것이 좋을 것이다.

3. 스포츠시설의 활용

01 스포츠시설의 활용도를 높이는 방안으로 옳지 않은 것은?
① 스포츠시설 공간 확보와 부대시설의 개선
② 스포츠시설 설치기준 강화와 환경친화적 설계
③ 다목적으로 이용 가능한 시설 및 설비의 도입과 설치
④ 홍보 활동 강화와 고객 유치를 위한 경영체제 도입 촉진

정답 ① 해설 스포츠시설의 활용도 증대 방안은 1) 주민이 자유롭게 이용할 수 있도록 2) 다양한 프로그램의 개발과 운영 3) 접근 용이성 4) 스포츠시설의 설치지역 광역화 5) 상시 이용이 가능하게 해야 한다.

02 스포츠시설의 공간 효율화 기본원칙과 가장 거리가 먼 것은?
① 장기적 활용방안 수립
② 다용도 활용방안 수립
③ 다양한 이벤트의 전개
④ 전문스포츠 시설화 유도

정답 ④ 해설 전문스포츠 시설화 유도는 공간 효율화 기본원칙이 아니다.

03 다음 중 체육활동 공간의 효율적 활용방안과 가장 거리가 먼 것은?
① 지방 체육시설의 개·보수
② 공공 체육시설 통합정보제공 시스템 구축·운영
③ 학교 체육 시설 개방 확대
④ 소외계층과 장애인 공공 체육시설 이용료 면제

정답 ④ 해설 ④ 소외계층과 장애인의 공공 체육시설 이용료 면제는 체육시설의 효율적 활용방안이 아니고, 사회적 배려에 해당한다.

제3장 스포츠시설 관련 법령

1. 스포츠시설 관련 법령 개요

01 체육시설의 설치·이용에 관한 법률상 체육시설 등에 관한 용어설명으로 틀린 것은?
① '회원'이란 1년 미만의 일정 기간을 정하여 체육시설의 이용료를 지불하고 그 시설을 이용하기로 체육시설업자와 약정한 자를 말한다.
② '체육시설'이란 체육활동에 지속적으로 이용되는 시설과 그 부대시설을 말한다.
③ '체육시설업'이란 영리를 목적으로 체육시설을 설치·경영하는 업을 말한다.
④ '체육시설업자'란 체육시설업을 등록하거나 신고한 자를 말한다.

[정답] ① [해설] ①은 일반 이용자라고 한다.

02 다음 ( )에 알맞은 자격을 모두 고른 것은?

국민체육진흥법상 체육지도자란 학교·직장·지역사회 또는 체육 단체 등에서 체육을 지도할 수 있도록 ( ) 자격을 취득한 사람을 말한다.
ㄱ. 스포츠지도사, ㄴ. 건강운동관리사,
ㄷ. 장애인스포츠지도사, ㄹ. 유소년스포츠지도사,
ㅁ. 노인스포츠지도사

① ㄱ, ㄴ, ㄷ, ㄹ ② ㄱ, ㄷ, ㄹ, ㅁ
③ ㄱ, ㄴ, ㄷ, ㅁ ④ ㄱ, ㄴ, ㄷ, ㄹ, ㅁ

[정답] ④

> **요점 국민체육진흥법상 체육지도자**
> 체육지도자는 학교·직장·지역사회 또는 체육 단체 등에서 체육을 지도할 수 있도록 해당 자격 취득자로, 스포츠지도사(전문, 생활), 유소년스포츠지도사, 노인스포츠지도사, 장애인스포츠지도사와 건강운동관리사 등이다.

03 다음 중 체육시설의 설치·이용에 관한 법률에서 정의한 체육시설이란?
① 체육활동에 지속적으로 이용되는 시설과 그 부대시설
② 체육활동의 터전으로써 운동을 통해 건강과 즐거움을 추구하는 공간
③ 운동에 필요한 물적인 여러 가지 조건을 인공적으로 정비한 시설과 용기구
④ 운동학습을 위한 각종 운동 공간

[정답] ① [해설] 체육시설이란 체육활동에 지속적으로 이용되는 시설과 그 부대시설이다.

04 한국 스포츠산업의 정책 재원으로 활용되고 있는 스포츠토토 사업의 발행과 사업의 위탁, 수익금의 사용 등을 규정한 관련 법령은?
① 스포츠산업진흥법
② 국민체육진흥법
③ 게임산업진흥에 관한 법률
④ 사행산업통합감독위원회법

[정답] ② [해설] 국민체육진흥법 제24조에 스포츠토토 사업을 할 수 있도록 규정되어 있다.

05 체육시설의 설치·이용에 관한 법규상 병설 대중골프장 준공기한의 연기를 받고 그 연기된 기한 내에 준공하지 아니한 경우의 행정처분 기준으로 틀린 것은?
① 1차 위반-영업정지 10일
② 2차 위반-영업정지 1개월
③ 3차 위반-영업정지 2개월
④ 4차 위반-영업정지 3개월

[정답] ④ [해설] 4차 위반의 경우 등록취소이다.

06 다음 ( ) 안에 들어갈 알맞은 것은?

> 체육시설의 설치·이용에 관한 법령상 위반 행위의 횟수에 따른 과태료 기준의 최근 ( )간 같은 행위로 과태료를 받으면 적용한다.

① 6개월 ② 1년 ③ 1년 6개월 ④ 3년

[정답] ② [해설] 위반 행위의 횟수에 따른 과태료는 최근 1년간을 기준으로 한다.

07 체육시설의 설치·이용에 관한 법령상 체육시설업의 신고에 관한 설명으로 틀린 것은?

① 가상체험 체육시설업을 하려는 자는 시설을 갖추어 특별자치시장·특별자치도지사·시장·군수 또는 구청장에게 신고하여야 한다.
② 특별자치시장·특별자치도지사·시장·군수 또는 구청장은 신고를 받으면 신고를 받은 날부터 7일 이내에 신고 수리 여부를 신고인에게 통지하여야 한다.
③ 체육시설업의 변경 신고를 할 때는 변경내용을 증명할 수 있는 서류만을 첨부한다.
④ 특별자치시장·특별자치도지사·시장·군수 또는 구청장이 정한 기간 내에 신고 수리 여부를 신고인에게 통지하지 아니하면 그 기간이 끝난 날에 신고를 수리한 것으로 본다.

[정답] ④ [해설] ④에서 그 기간이 끝난 날의 다음 날에 신고를 수리한 것으로 본다.

08 다음 ( ) 안에 들어갈 내용은?

> 체육시설업자 또는 사업계획의 승인을 받은 자는 회원을 모집할 수 있으며, 회원을 모집하려면 회원모집을 시작하는 날 ( ) 전까지 시·도지사, 특별자치도지사·시장·군수 또는 구청장에게 회원 모집계획서를 작성·제출하여야 한다.

① 10일 ② 15일 ③ 20일 ④ 30일

[정답] ② [해설] 회원모집은 모집일 15일 전까지 회원 모집계획서를 제출해야 한다.

09 등록 체육시설업의 행정처분기준 중 1차 위반 때 등록취소를 해야 하는 경우는?

① 병설 대중골프장 준공기한의 연기를 받고 그 연기된 기한 내에 준공하지 아니한 경우
② 시설물의 보수·보강 등 필요한 조치에 대한 이행 및 시정 명령을 준수하지 아니한 경우
③ 변경등록을 하지 아니하고 등록 사항을 변경하여 영업한 경우
④ 중대한 사항을 거짓으로 등록한 경우

[정답] ④ [해설] 중대한 사항을 부정으로 등록하면 1차 위반 시 등록취소이다.

[오답해설] ①은 영업정지 10일, ②는 영업정지 6개월, ③은 경고이다.

10 다음 ( )에 알맞은 것은?

> 체육시설의 설치·이용에 관한 법률상 등록 체육시설업에 대한 사업계획의 승인을 받은 자는 그 사업계획의 승인을 받은 날부터 (ㄱ) 이내에 그 사업시설 설치공사를 착수해야 하며, 그 사업계획의 승인을 받은 날부터 (ㄴ) 이내에 그 사업시설 설치공사를 준공하여야 한다.

① ㄱ: 1년, ㄴ: 3년 ② ㄱ: 2년, ㄴ: 3년
③ ㄱ: 3년, ㄴ: 6년 ④ ㄱ: 4년, ㄴ: 6년

[정답] ④ [해설] 등록 체육시설업은 사업 승인일로부터 4년 이내 착공, 6년 이내 준공해야 한다. 이는 부동산 가격 상승을 바라면서 투기 목적 투자를 배척하기 위한 제도이다.

[요점] **등록 체육시설업의 착공과 준공**
사업 승인일로부터 4년 이내 착공, 6년 이내 준공

11 체육시설의 설치·이용에 관한 법령상 체육시설업자가 경미한 사항을 거짓으로 등록하면 행정처분기준으로 옳은 것은(단 1차 위반인 경우이며 감경 사유는 고려하지 않는다.)?

① 경고 ② 등록취소
③ 영업정지 10일 ④ 영업정지 1개월

[정답] ① [해설] 체육시설업자가 경미한 사항을 부정으로 등록하면 처분은 경고이다.

12 체육시설업 변경 신고를 하지 않고 신고사항을 변경하여 영업을 한때 행정처분기준으로 틀린 것은?
① 1차-경고
② 2차-영업정지 7일
③ 3차-영업정지 10일
④ 4차-영업정지 20일

정답 ② 해설 체육시설의 설치·이용에 관한 법률 시행규칙 §34에 의하면 변경 신고를 하지 아니하고 신고사항을 변경하여 영업한 때의 행정처분기준은 1차 위반 경고, 2차 위반 영업정지 3일, 3차 위반 영업정지 10일, 4차 위반 영업정지 20일이다.

13 체육시설의 설치·이용에 관한 법규상 위반행위에 대한 행정처분 대상이 아닌 것은?
① 병설 대중골프장 준공기한의 연기를 받고 그 연기된 기한 내에 준공하지 아니한 경우
② 회원모집에 관한 사항을 위반하였지만, 시정 명령을 받고 이를 이행한 경우
③ 회원제 골프장업과 병설 대중골프장업을 분리하여 운영하지 아니하여 시정 명령을 받고 이를 이행하지 아니한 경우
④ 대중골프장 조성비 예치기한의 연기를 받고 그 연기된 기한 내에 예치하지 아니한 경우

정답 ② 해설 시정 명령을 받고 이행하면 행정처분 대상이 아니다.

14 체육시설의 설치·이용에 관한 법률상 체육시설업협회에 관한 설명으로 틀린 것은?
① 체육시설업자는 체육시설업의 건전한 발전을 위하여 체육시설업의 종류별로 협회를 설치할 수 있다.
② 협회는 법인으로 한다.
③ 협회는 정관으로 정하는 바에 따라 지회 또는 분회를 둘 수 없다.
④ 협회에 관하여는 이 법에서 규정한 것 외에는 '민법' 중 사단법인에 관한 규정을 준용한다.

정답 ③ 해설 협회는 지회 또는 분회를 설치할 수 있도록 정해져 있다.

15 체육시설의 설치·운영에 관한 법률상 벌칙에 대한 설명으로 옳은 것은?
① 사업승인 없이 신고 체육시설업의 시설을 설치한 자는 3년 이하의 징역 또는 1천만원 이하의 벌금을 물린다.
② 등록하지 아니하고 등록 체육시설업 영업을 한 자는 2년 이하의 징역 또는 500만원 이하의 벌금을 물린다.
③ 안전·위생 기준을 위반한 자는 1년 이하의 징역 또는 300만원 이하의 벌금을 물린다.
④ 영업 폐쇄 명령 또는 정지 명령을 받고 그 체육시설업의 영업을 한 자는 3년 이하의 징역 또는 1천만원 이하의 벌금을 물린다.

정답 ③ 해설 ① 신고하지 않고 체육시설을 영업하였으면 1년 이하의 징역 또는 3백만원 이하의 벌금 ② 등록을 하지 않고 체육시설을 영업하였으면 3년 이하의 징역 또는 1천만원 이하의 벌금을 물리며 ④ 영업 폐쇄 또는 정지 명령 수령 후 영업하였으면 1년 이하의 징역 또는 3백만원 이하의 벌금을 부과할 수 있다.

16 다음 (   )에 알맞은 것은?

> 체육시설의 설치·이용에 관한 법규상 전문 체육시설의 설치기준 중 특별시, 광역시 및 도의 체육관은 바닥에서 천정까지의 높이가 (   )m 이상인 관람석을 갖추어야 한다.

① 8   ② 10   ③ 11.5   ④ 12.5

정답 ④ 해설 시도 전문 체육시설 중의 체육관은 바닥 면적이 1,056㎡(길이 44m×폭 24m) 이상이고, 바닥에서 천정까지의 높이가 12.5m 이상의 관람석을 갖추어야 한다.

17 체육시설의 설치·이용에 관한 법률상 과태료에 관한 설명으로 틀린 것은?
① 과태료는 시·도지사, 특별자치도지사·시장·군수 또는 구청장이 부과·징수한다.
② 과태료 액수는 위반 행위 정도 및 횟수를 고려하여 해당 금액의 2분의 1의 범위에서 이를 낮추거나 가중할 수 있다.
③ 과태료를 부과하는 때에는 7일 이상의 기간을 정하여 처분대상자에게 전자문서를 포함한 서면으로 의견을 진술할 기회를 주어야 한다.
④ 과태료를 부과할 때는 해당 위반 행위를 조사·확인한 후 위반 사실과 과태료 액수를 서면으로 명시하여 처분대상자에게 통지하여야 한다.

[정답] ③ [해설] 과태료는 시·도지사, 특별자치도지사·시장·군수·구청장이 부과할 수 있으며, 과태료 처분에 불복할 때 30일 이내 이의 제기할 수 있고, 이 경우 시·도지사, 특별자치도지사·시장·군수·구청장은 바로 관할 법원에 사실을 통보하고, 과태료를 내지 않으면 지방세 체납 처분에 따르게 되어 있다.

18 체육시설의 설치·운영에 관한 법률상 체육시설업에 대한 사업계획 승인을 취소할 수 있는 경우가 아닌 것은?
① 시정 명령을 받고 이를 이행하지 아니한 경우
② 거짓이나 그 밖의 부정한 방법으로 사업계획의 승인 또는 변경승인을 받은 경우
③ 사업계획의 승인 후 6년 이내에 사업시설의 설치공사를 착수·준공하지 아니한 경우
④ 동법 제19조에 따른 등록을 하지 아니하고 영업을 시작한 경우

[정답] ① [해설] 사업계획의 승인 취소는 등록취소와 구분된다. 시·도지사가 사업계획의 승인을 취소할 수 있는 경우는 거짓이나 그 밖의 부정한 방법으로 사업계획의 승인 또는 변경승인을 받은 경우, 기간 내에 사업시설의 설치공사를 착수·준공하지 아니한 경우, 등록하지 아니하고 영업을 시작한 경우, 사업계획의 승인을 받은 날부터 6년 이내에 그 사업시설 설치공사를 착수·준공하지 아니한 경우 등이다.

19 체육시설의 설치·이용에 관한 법규상 전문체육시설의 설치기준 중 시·군·소도시형 운동장 관람석 수는?
① 5,000석 ② 10,000석 ③ 15,000석 ④ 20,000석

[정답] ② [해설] 인구 10~15만을 기준으로 이를 소도시형이라 하고, 인구가 10만 미만일 경우 혼합형, 15만 이상일 경우 중도시형이라고 정해 놓았다. 관람석 수는 10,000명이다.

2. 체육시설업의 시설기준

가. 공통기준

01 등록 체육시설업의 필수시설로 설치되어야 하는 것이 아닌 것은?
① 수용인원에 적합한 주차장
② 수용인원에 적합한 관람석
③ 매표소·사무실·휴게실
④ 수용인원에 적합한 탈의실 및 급수시설

[정답] ② [해설] 관람석은 등록 체육시설업의 필수시설이 아니고 임의 시설이다.

02 체육시설의 설치·이용에 관한 법령상 체육시설업의 시설기준 중 필수시설에 관한 설명으로 틀린 것은?(단 기타는 고려하지 않음)
① 수용인원에 적합한 주차장(등록 체육시설업만 해당한다.) 및 화장실을 갖추어야 한다.
② 골프장업에는 응급실을 갖추지 아니할 수 있다.
③ 체육시설 내의 조도는 '산업표준화법'에 따른 조도 기준에 맞아야 한다.
④ 수영장업은 탈의실을 대신하여 세면실을 설치할 수 있다.

[정답] ④ [해설] 체육시설업자는 수용인원에 적정한 탈의실과 급수시설을 갖춰야 한다. 신고 체육시설업(수영장업 제외)과 자동차경주장업은 탈의실 대신 세면실 설치가 가능하다.

03 체육시설의 설치·이용에 관한 법령상 체육시설업의 공통기준으로서 제시된 등록 체육시설업의 필수시설로 설치되어야 하는 것이 아닌 것은?
① 적절한 환기 시설
② 매표소, 사무실, 휴게실
③ 수용인원에 적합한 주차장
④ 수용인원에 적합한 관람석 및 응급실

정답 ④ 해설 응급실은 필수시설이지만 관람석은 임의 시설이다.

04 체육시설의 설치·이용에 관한 법령상 체육시설업의 시설기준에서 공통기준에 포함되는 필수시설에 대한 설명으로 틀린 것은?
① 자동차경주장업에는 탈의실을 대신하여 세면실을 설치할 수 있다.
② 적절한 환기 시설을 갖추어야 한다.
③ 무도학원업의 조도는 '산업표준화법'에 따른 조도 기준에 맞아야 한다.
④ 골프장업에는 응급실을 갖추지 아니할 수 있다.

정답 ③ 해설 무도학원업과 무도장업은 별도 조도기준이 있다.
참고 **조도** : 무도학원업은 100럭스 이상, 무도장업은 30럭스 이상, 조명 밝기 조절 장치는 설치 불가

나. 골프장업

05 체육시설의 설치·이용에 관한 법령상 18홀의 회원제골프장의 대중골프장 병설기준으로 옳은 것은?
① 3홀 이상의 대중골프장
② 6홀 이상의 대중골프장
③ 9홀 이상의 대중골프장
④ 18홀 이상의 대중골프장

정답 ② 해설 18홀 회원제골프장은 6홀 이상의 대중골프장을 병설, 18홀을 초과하는 회원제골프장은 6홀을 초과하는 9홀마다 3홀을 추가하는 대중골프장을 병설해야 한다.

06 골프장업의 필수 시설기준으로 옳지 않은 것은?
① 회원제 골프장업은 3홀 이상, 정규 대중골프장업은 18홀 이상 골프 코스를 갖추어야 한다.
② 대중골프장업은 9홀 이상 18홀 미만, 간이 골프장업은 6홀 이상 9홀 미만의 골프 코스를 갖추어야 한다.
③ 각 골프 코스 사이에 이용자의 안전사고를 당할 위험이 있는 곳은 20m 이상의 간격을 두어야 한다.
④ 각 골프 코스에는 티그라운드·페어웨이·그린·러프·장애물·홀컵 등 경기에 필요한 시설을 갖추어야 한다.

정답 ② 해설 ②에서 간이골프장은 3홀 이상 9홀 미만의 골프 코스를 갖춰야 한다.

07 체육시설의 설치·이용에 관한 법규상 일반 대중골프장업의 골프 코스 시설기준은?
① 3홀 이상
② 18홀 이상
③ 9홀 이상 18홀 미만
④ 3홀 이상 9홀 미만

정답 ③ 해설 일반 대중골프장은 9홀 이상 18홀 미만이다.

다. 스키장업

08 체육시설의 설치·이용에 관한 법규상 스키장업의 필수 시설기준으로 틀린 것은?
① 평균 경사도가 7도 이하인 초보자용 슬로프를 1면 이상 설치하여야 한다.
② 슬로프 이용에 필요한 리프트를 설치하여야 한다.
③ 슬로프 내 이용자가 안전사고를 당할 위험이 있는 곳에는 안전시설(안전망·안전 매트 등)을 설치하여야 한다.
④ 구급차와 긴급구조에 사용할 수 있는 설상차를 각 2대 이상 갖추어야 한다.

정답 ④ 해설 구급차와 긴급구조에 사용할 수 있는 설상차를 각 1대 이상 갖춰야 한다.

라. 요트장업

09 참여 스포츠 필수시설에 관한 설명으로 틀린 것은?
① 스키장업 : 평균 경사도가 7도 이하인 초보자용 슬로프를 1면 이상 설치하여야 한다.
② 요트장업 : 10척 이상의 요트를 갖추어야 한다.
③ 조정장업 및 카누장업 : 5척 이상이 조정(카누)을 갖추어야 한다.
④ 빙상장업 : 빙판 외곽에 높이 1m 이상의 울타리를 견고하게 설치하여야 한다.

[정답] ② [해설] 요트장은 3척 이상 갖춰야 한다.

10 체육시설업의 종류별 시설기준으로 옳지 않은 것은?
① 정규 대중골프장업은 18홀 이상의 골프 코스를 갖추어야 한다.
② 스키장업의 슬로프는 길이 300m, 폭 30m 이상을 갖추어야 한다.
③ 요트장업은 5척 이상의 요트를 갖추어야 한다.
④ 조정장 및 카누장업은 5척 이상의 조정(카누)을 갖추어야 한다.

[정답] ③ [해설] 요트장업은 3척 이상, 조정장 및 카누장업은 5척 이상 갖춰야 한다.

11 체육시설의 설치·이용에 관한 법령상 체육시설업의 영업 범위가 틀린 것은?
① 빙상장업 : 제빙시설을 갖춘 빙상장을 경영하는 업
② 무도장업 : 입장료를 받고 국제 표준 무도(볼룸댄스)를 할 수 있는 장소를 제공하는 업
③ 스키장업 : 눈, 잔디 또는 인공 재료로 된 슬로프를 갖춘 스키장을 경영하는 업
④ 요트장업 : 보조 추진 장치로 엔진을 부착하지 않고 바람의 힘으로만 추진하는 선박으로서 체육 활동을 위한 선박을 갖춘 요트장을 경영하는 업

[정답] ④ [해설] 요트장업은 보조 추진 장치로서 엔진 부착한 선박도 가능하다.

마. 조정장 및 카누장업

12 체육시설의 설치·운영에 관한 법률상 조정장업의 시설기준으로 틀린 것은?
① 5척 이상의 조정장을 갖추어야 한다.
② 수면은 폭 50m 이상, 길이 200m 이상이어야 하고, 수심은 1m 이상이어야 하며, 유속은 시간당 5km 이하하여야 한다.
③ 조정장의 수용 능력에 적정한 구명대 및 1척 이상의 구조용 선박(모터보트)과 조정장 전체를 조망할 수 있는 감시탑을 갖추어야 한다.
④ 조정을 안전하게 보관할 수 있는 보관소를 갖추어야 한다.

[정답] ④ [해설] 지문 중 ④를 제외한 나머지는 규정된 내용이다. 보관소 설치는 기준에 없다.

바. 빙상장업

13 체육시설의 설치·이용에 관한 법규상 빙상장업의 시설기준으로 옳은 것은?
① 빙판 면적은 900㎡ 이상이어야 한다.
② 빙판 외벽에 높이 1.2m 이상의 울타리를 견고하게 설치하여야 한다.
③ 유해 냉각 매체를 사용하지 않는 제빙시설을 설치하여야 한다.
④ 빙상장 전체를 조망할 수 있는 감시탑을 갖추어야 한다.

[정답] ③ [해설] 빙상장업은 빙판 외벽에 높이 1m 이상의 울타리를 견고하게 설치하여야 하고, 유해 냉각 매체를 사용하지 않는 제빙시설을 설치해야 한다.

사. 자동차(2륜 · 4륜) 경주장업

14 자동차경주장(2륜)의 시설기준으로 틀린 것은?
① 트랙은 길이 400m 이상, 폭 5m 이상이어야 한다.
② 트랙의 바닥 면은 포장하지 아니한 곳이 없어야 한다.
③ 트랙의 양면에는 폭 3m 이상의 안전지대를 설치해야 한다.
④ 경주장 전체를 조망할 수 있는 통제소를 설치해야 한다.

정답 ② 해설 자동차경주장업(2륜 자동차)의 트랙 바닥 면은 포장 또는 비포장이다.

15 체육시설의 설치·이용에 관한 법규상 4륜 자동차경주장업의 시설기준으로 틀린 것은?
① 트랙은 길이 2km 이상으로서 출발지점과 도착지점이 연결되는 순환 형태여야 한다.
② 트랙 폭은 11m 이상 15m 이하이어야 한다.
③ 출발지점에서 첫 번째 곡선 부분 시작 지점까지는 250m 이상의 직선 구간이어야 한다.
④ 트랙 바닥 면은 반드시 포장이어야 한다.

정답 ④ 해설 자동차경주장업(4륜 자동차)의 트랙 바닥 면은 포장 또는 비포장이다.

16 체육시설의 설치·이용에 관한 법령상 다음 ( )에 알맞은 것은?

> 자동차경주장의 부지 면적은 트랙 면적과 안전지대면적을 합한 면적의 ( )를 초과할 수 없다.

① 2배 ② 4배 ③ 5배 ④ 6배

정답 ④ 해설 자동차경주장의 부지 면적은 트랙 면적과 안전지대면적을 합한 면적의 6배의 면적을 초과할 수 없다.

아. 승마장업

17 체육시설의 설치·운영에 관한 법규상 승마장업의 시설기준으로 틀린 것은?
① 실내마장의 면적은 300㎡ 이상이어야 한다.
② 말의 관리에 필요한 마사를 설치하여야 한다.
③ 실외 마장은 0.8m 이상의 목책을 설치하여야 한다.
④ 3마리 이상의 승마용 말을 배치하여야 한다.

정답 ① 해설 실내마장 면적은 500㎡ 이상이어야 한다. 실내외 마장이 모두 같다.

18 체육시설의 설치·이용에 관한 법률상 생활체육시설의 시설기준으로 틀린 것은?
① 요트장은 3척 이상의 요트를 갖추어야 한다.
② 스키장은 평균 경사도가 7도 이하인 초보자용 슬로프를 1면 이상 설치해야 한다.
③ 조정장은 5척 이상의 조정을 갖추어야 한다.
④ 승마장의 실외 마장은 0.5m 이상의 목책을 설치하여야 한다.

정답 ④ 해설 실외 마장은 0.8m 이상의 목책을 설치하여야 한다.

자. 종합 체육시설업

19 체육시설의 설치·이용에 관한 법령상 종합 체육시설업에 대한 정의로 가장 적합한 것은?
① 두 종류 이상의 단위 체육시설을 같은 사람이 한 장소에 설치하여 하나의 단위 체육시설로 경영하는 업
② 3종류 이상의 단위 체육시설을 같은 사람이 한 장소에 설치하여 하나의 단위 체육시설로 경영하는 업
③ 실내수영장을 포함한 두 종류 이상의 신고 체육시설을 같은 사람이 한 장소에 설치하여 하나의 단위 체육시설로 경영하는 업
④ 트랙을 포함한 두 종류 이상의 단위 체육시설을 같은 사람이 한 장소에 설치하여 하나의 단위 체육시설로 경영하는 업

[정답] ③ [해설] 종합 체육시설업이란 실내수영장을 포함한 두 종류 이상의 신고 체육시설을 같은 사람이 한 장소에 설치하여 하나의 단위 체육시설로 경영하는 업을 말한다.

차. 수영장업

20 체육시설의 설치·이용에 관한 법률상 수영장업에 대한 시설기준으로 틀린 것은?
① 도약대를 설치하면 도약대 돌출부의 하단 부분으로부터 3m 이내의 수영조의 수심은 2.5m 이상으로 하여야 한다.
② 도약대로부터 천장까지의 간격이 스프링보드 도약대와 높이 7.5m 이상의 플랫폼 도약대이면 5m 이상, 높이 7.5m 이하의 플랫폼 도약대이면 3.4m 이상이어야 한다.
③ 물의 정화설비는 순환 여과 방식으로 하여야 한다.
④ 수영조 주변 통로의 폭은 1.8m 이상(핸드 레일을 설치할 때는 1.8m 미만으로 할 수 있다.)으로 하고, 수영조로부터 외부로 경사지도록 하거나 그 밖의 방법을 마련하여 오수 등이 수영조로 새어들 수 없도록 하여야 한다.

[정답] ④ [해설] 수영조 주변 통로의 폭은 1.2m 이상이다.

21 수영장 물의 깊이에 대한 관련 법규의 시설기준으로 맞는 것은?
① 0.9m 이상 2.7m 이하 ② 1.0m 이상 2.5m 이하
③ 1.0m 이상 2.0m 이하 ④ 0.9m 이상 1.5m 이하

[정답] ① [해설] 수영장 물의 깊이는 0.9m 이상 2.7m 이하로 규정되어 있다.

카. 체육도장업

22 체육도장업의 시설기준으로 틀린 것은?
① 운동 전용면적 3.3㎡당 수용인원은 1명 이하가 되도록 하여야 한다.
② 바닥 면은 운동 중에 발생하는 충격의 흡수가 가능하게 하여야 한다.
③ 해당 종목의 운동에 필요한 기구와 설비를 갖추어야 한다.
④ 신장기, 체중계 등 필요 기구를 갖추어야 한다.

[정답] ④ [해설] 체육도장의 필수시설에 신장기, 체중계의 구비는 규정되어 있지 않다.

23 다음 중 체육시설업의 종류별 필수 운동 시설의 시설기준이 아닌 것은?
① 골프장업과 관련해서 회원제 골프장업은 3홀 이상, 정규 대중골프장은 18홀 이상, 일반 대중골프장업은 9홀 이상 18홀 미만의 골프 코스를 갖추어야 한다.
② 요트장업은 3척 이상의 요트를 갖추어야 하며, 요트를 안전하게 보관할 수 있는 계류장 또는 요트보관소를 설치하여야 한다.
③ 수영장업의 수영조 물의 깊이는 0.9m 이상 2.7m 이하로 하여야 한다.
④ 체육도장업의 운동 전용면적은 96㎡ 이상으로 하되, 3.3㎡당 수용인원이 3인 이하가 되어야 한다.

[정답] ④ [해설] 체육도장업은 운동 전용면적은 66㎡ 이상, 3.3㎡당 수용인원이 1인 이하이다.

24 체육시설의 설치·이용에 관한 법률상 체육도장업의 운동 종목에 해당되지 않는 것은?
① 태권도 ② 합기도 ③ 권투 ④ 우슈

정답 ② 해설 체육도장업 종목은 권투·레슬링·태권도·유도·검도·우슈 등을 말한다.

타. 골프연습장업

25 골프연습장의 타석 간의 간격 기준은?
① 1.5m 이상 ② 2m 이상
③ 2.5m 이상 ④ 3m 이상

정답 ③ 해설 골프연습장은 타석 간 간격이 2.5m 이상이어야 한다.

파. 썰매장업

26 체육시설의 설치·이용에 관한 법률상 썰매장업의 시설기준으로 틀린 것은?
① 슬로프 규모와 관계없이 제설기 또는 눈살포기 등을 갖추어야 한다.
② 썰매장의 부지 면적은 슬로프 면적의 3배를 초과할 수 없다.
③ 슬로프의 가장자리에는 안전망과 안전 매트를 설치해야 한다.
④ 슬로프 규모에 적합한 썰매와 제설기를 갖추어야 한다.

정답 ① 해설 슬로프 규모에 적절한 제설기 또는 눈살포기를 갖춰야 한다.

하. 체력단련장업

27 체육시설의 설치·이용에 관한 법규상 체력단련장업의 설치기준으로 바르게 설명된 것은?
① 운동 전용면적은 50㎡ 이상이어야 한다.
② 기초체력단련기구 5종 이상을 갖추어야 한다.
③ 연습 용구 10개 이상을 갖추어야 한다.
④ 신장기·체중계 등 필요 기구를 갖추어야 한다.

정답 ④ 해설 체력단련장업은 바닥 면은 운동 중에 발생하는 충격 흡수가 가능해야 하며, 신장기·체중계 등 필요한 기구를 갖춰야 한다.

거. 무도학원 및 무도장업

28 무도학원업 및 무도장업 시설기준에 관한 설명으로 옳은 것은?
① 바닥은 목제 마루로 하고 마루 밑에 받침을 두어 탄력성 있게 하여야 한다.
② 무도학원업은 바닥 면적이 86㎡ 이상이어야 하며, 무도장업은 특별시 및 광역시의 경우 231㎡ 이상이어야 한다.
③ 소음방지를 위한 방음시설은 설치하지 않아도 무방하다.
④ 업소 내의 조도는 무도학원업의 경우 30룩스 이상이어야 하며, 조명의 밝기를 조절하는 장치를 설치하여야 한다.

정답 ① 해설 무도학원업 및 무도장업 시설기준은 1) 무도학원업은 바닥 면적이 66㎡ 이상, 무도장업은 특별시 및 광역시 330㎡ 이상, 그 외의 지역 231㎡ 이상 2) 바닥은 목제 마루로 하고, 마루 밑에 받침을 두어 탄력성이 있게 해야 하며 3) 조도는 무도학원업은 100룩스 이상, 무도장업은 30룩스 이상, 조명 밝기를 조절하는 장치는 설치 불가

29 체육시설의 설치·이용에 관한 법령상 무도학원업자가 준수해야 할 사항으로 해당하지 않는 것은?
① '소음·진동관리법' 등 개별법의 규정을 초과하는 소음·진동으로 지역주민의 주거 환경을 해치지 아니하도록 할 것
② 식품위생 법령상 식품 제조·가공업의 등록을 한 자가 제조·가공한 음료수를 판매하지 아니할 것
③ 이용약관 등 회원 및 일반 이용자와 약정한 사항을 지킬 것
④ 체육시설 업소 안에서 하는 도박이나 그 밖의 사행 행위를 조장하지 아니할 것

정답 ② 해설 무도학원업자는 업소에서 주류 또는 음식물을 판매하거나 제공하지 않아야 한다. 다만 식품위생법 시행령에 따라 식품 제조·가공업의 등록을 한 자가 제조·가공한 음료수와 자동판매기기에 의한 음료수 판매는 가능하다.

30 체육시설의 설치·이용에 관한 법률상 체육시설업자 중 무도학원업자·무도장업자의 필수시설이 아닌 것은?

① 무도장업자는 소음·진동으로 지역주민의 주거환경을 해치지 아니하도록 할 것
② 업소 내의 조명 밝기 조절 장치를 설치하지 않을 것
③ 무도학원업자는 공연이나 무대 연주를 위한 시설을 설치하지 아니할 것
④ 무도학원업자는 바닥 면적이 66㎡ 이상일 것

정답 ③ 해설 공연이나 무대 연주를 위한 시설 설치에 대한 규제는 없다.

너. 가상체험 체육시설업

31 체육시설의 설치·이용에 관한 법령상 가상체험 체육시설업 중 야구 종목의 시설기준으로 틀린 것은?

① 타석과 스크린과의 거리는 10m 이상이어야 한다.
② 타석으로부터 천장까지의 높이는 2.4m 이상이어야 한다.
③ 타석 중앙에 설치된 홈플레이트와 후면 벽체와의 거리는 1.5m 이상이어야 한다.
④ 타석실 내 스크린을 제외한 모든 벽은 충격을 흡수할 수 있는 재질이어야 한다.

정답 ① 해설 ① 타석과 스크린과의 거리는 6m 이상이다.

> **요점** 가상체험 체육시설업(야구)의 시설기준
> ① 타석과 스크린(화면)과의 거리는 6m 이상
> ② 타석부터 천장 높이는 2.4m 이상
> ③ 타석 중앙에 설치된 홈플레이트와 후면 벽체와의 거리는 1.5m 이상
> ④ 타석과 대기석 구분 칸막이 설치, 칸막이 철망·강화유리 등 내구성 강한 재질 사용

32 체육시설의 설치·이용에 관한 법령상 가상체험 체육시설업 중 골프 종목의 시설기준으로 틀린 것은?

① 타석과 스크린과의 거리는 5m 이상이어야 한다.
② 타석으로부터 천장까지의 높이는 2.8m 이상이어야 한다.
③ 타석과 대기석 거리는 1.5m 이상이어야 한다.
④ 타석과 스크린 사이의 벽면, 천장과 바닥은 충격 흡수 가능한 재질이어야 한다.

정답 ① 해설 ① 타석과 스크린과의 거리는 3m 이상이다.

> **요점** 가상체험 체육시설업(골프)의 시설기준
> ① 타석과 스크린(화면)과의 거리는 3m 이상
> ② 타석부터 천장 높이는 2.8m 이상
> ③ 타석 중앙에 설치된 홈플레이트와 후면 벽체와의 거리는 1.5m 이상
> ④ 타석과 대기석 구분 칸막이 설치, 칸막이 철망·강화유리 등 내구성 강한 재질 사용

더. 인공암벽장업

33 체육시설의 설치·이용에 관한 법령상 인공암벽장업의 시설기준으로 틀린 것은?

① 실외 인공암벽장은 운영시간 외 외부인이 접근하지 못하도록 울타리, 경고 센서를 설치해야 한다.
② 등반 벽 마감재와 홀더 등은 구조부재와 튼튼하게 연결해야 한다.
③ 실외 인공암벽장은 누수나 지반침하가 발생하지 않도록 설치해야 한다.
④ 볼더링 인공암벽은 충격을 충분히 흡수할 수 있는 매트리스를 암벽 상단에 설치해야 한다.

정답 ④ 해설 충격 흡수용 매트리스를 암벽 추락면에 설치해야 한다.

3. 체육시설업의 안전·위생과 기타 기준

가. 안전·위생 공통기준

01 체육시설의 설치·이용에 관한 법규상 체육시설업의 안전시설에 대한 공통기준으로 틀린 것은?
① 신고 체육시설업은 반드시 응급실을 갖추어야 한다.
② 체육시설 내의 조도는「산업표준화법」에 따른 조도 기준에 맞아야 한다.
③ 적정한 환기 시설을 갖추어야 한다.
④ 부상자와 환자의 구호를 위한 응급실 및 구급약품을 갖추어야 한다.

[정답] ① [해설] 신고 체육시설 중 수영장을 제외하고는 응급실을 갖추지 않아도 된다.

02 다음 ( )에 알맞은 것은?

> 체육시설의 설치·이용에 관한 법령상 체육시설의 안전점검 결과를 통보받은 체육시설의 소유자와 체육시설업자는 해당 체육시설에 중대한 결함이 있는 경우에는 통보를 받은 날부터 (ㄱ) 이내에 그 결함에 대한 보수·보강 등 필요한 조치에 착수하여야 하며, 특별한 사유가 없으면 착수한 날부터 (ㄴ) 이내에 그 조치를 완료하여야 한다.

① ㄱ : 3개월, ㄴ : 6개월
② ㄱ : 1년, ㄴ : 2년
③ ㄱ : 1년 6개월, ㄴ : 3년
④ ㄱ : 2년, ㄴ : 5년

[정답] ② [해설] 안전점검 결과를 통보받은 체육시설의 소유자와 체육시설업자는 해당 체육시설에 중대한 결함이 있는 경우에는 통보를 받은 날부터 1년 이내에 그 결함에 대한 보수·보강 등 필요한 조치 착수하고, 특별한 사유가 없으면 착수한 날부터 2년 이내에 조치 완료해야 한다.

03 체육시설의 설치·이용에 관한 법률상 문화체육관광부 장관은 공공 체육시설 및 등록·신고 체육시설의 시설 안전관리에 관한 기본계획을 몇 년마다 수립·시행하여야 하는가?
① 1   ② 3   ③ 5   ④ 7

[정답] ③ [해설] 문화체육관광부 장관은 5년마다 수립·시행해야 한다.

04 체육시설의 설치·이용에 관한 법령상 체육시설업의 안전점검 기준에 대한 설명으로 옳은 것은?
① 양호 : 체육시설의 이용자에게 위해·위험을 발생시킬 수는 있으나 경미한 사안으로 즉시 수리가 가능한 상태
② 수리 필요 : 체육시설의 이용자에게 위해·위험을 발생시킬 수 있는 수리가 가능한 요소가 있는 상태
③ 이용 제한 필요 : 체육시설의 이용자에게 위해가 발생한 상태
④ 사용 중지 필요 : 주요 부재에 발생한 심각한 결함으로 인하여 체육시설의 안전에 위험이 있어 즉각 사용을 중지하고 보강 또는 개축하여야 하는 상태

[정답] ④ [오답해설] ① 양호는 위해·위험 발생 요소가 없는 상태이다. ② 수리 필요는 위해·위험 발생 요소가 있지만 경미한 사안으로 즉시 수리가 가능한 상태이다. ③ 이용 제한 필요는 위해·위험 발생 요소가 있거나, 시설물의 주요 부재 경함으로 긴급히 보수·보강이 필요한 상태이다.

[요점] **체육시설업 안전점검 결과 분류**
① 양호 : 위해·위험 발생 요소가 없는 상태
② 수리 필요 : 위해·위험을 발생시킬 수는 있으나 경미한 사안으로 즉시 수리 가능 상태
③ 이용 제한 필요 : 위해·위험 발생 요소가 있거나, 시설물 주요 부재 결함으로 긴급 보수·보강 필요 상태
④ 사용 중지 필요 : 위해 발생 또는 주요 부재의 심각한 결함으로 안전에 위험이 있어 즉각 사용을 중지하고 보강 또는 개축해야 하는 상태

05 체육시설의 설치·이용에 관한 법령상 체육시설 안전관리에 관한 기본계획(이하 "기본계획"이라 한다)에 관한 설명으로 틀린 것은?
① 문화체육관광부 장관은 5년마다 기본계획을 수립·시행하여야 한다.
② 기본계획에는 체육시설 안전관리와 관련된 전산시스템의 구축 및 관리에 관한 사항이 포함되어야 한다.
③ 시·도지사는 기본계획에 따라 매년 안전관리계획을 수립·시행하여야 한다.
④ 문화체육관광부 장관은 기본계획을 변경하였으면 인터넷 홈페이지 등을 통하여 공고하여야 한다.

정답 ③ 해설 안전관리를 위한 기본계획에 시·도지사는 매년 안전관리계획을 수립·시행하여야 한다는 규정은 없다.

06 체력단련장의 운동기구 배치에 있어서 가장 먼저 고려하여야 할 사항은?
① 운동기구의 수량과 유형
② 이용자의 접근 용이성
③ 안전 완충 및 확보 공간
④ 시설 이용자 수의 규모

정답 ③ 해설 안전 완충 및 확보 공간의 확보가 먼저 고려되어야 한다.

07 체육시설의 설치·이용에 관한 법규상 안전시설로 응급실을 갖추지 아니할 수 있는 체육시설업은?
① 스키장업   ② 자동차경주장업
③ 수영장업   ④ 체육도장업

정답 ④ 해설 수영장을 제외한 신고 체육시설은 응급실 및 구급 약품을 준비하지 않아도 된다.

08 체육시설의 설치·이용에 관한 법규상 수영장 안전기준으로 틀린 것은?
① 수영조의 욕수는 1일 2회 이상 여과기를 통과하도록 하여야 한다.
② 수소이온농도는 5.8부터 8.6까지 되도록 하여야 한다.
③ 탁도는 2.8 NTU 이하로 하여야 한다.
④ 대장균군은 10mL들이 시험대상 욕수 5개 중 양성이 2개 이하 이여야 한다.

정답 ① 해설 욕수는 1일 3회 이상 여과기를 통과시켜야 한다.

09 체육시설의 설치·이용에 관한 법규상 수영조의 욕수 수질 기준으로 틀린 것은?
① 유리 잔류염소 농도는 0.4에서 1.0mg/ℓ를 유지하도록 하여야 한다.
② 수소이온농도는 5.8 내지 8.6이 되도록 하여야 한다.
③ 탁도는 2.8 NTU 이하로 하여야 한다.
④ 과망가니즈산 칼륨의 소비량은 20mg/ℓ 이하로 하여야 한다.

정답 ④ 해설 수영장 욕수 수질 기준은 유리 잔류염소는 0.4~1.0mg/ℓ(잔류염소일 경우 1.0mg/ℓ) 유지 다만 오존 소독 등으로 사전 처리하면 유리 잔류염소는 0.2mg/ℓ 이상(잔류염소일 경우 0.5mg/ℓ 이상) 유지, 수소이온농도는 5.8~8.6 유지, 탁도는 2.8 NTU 이하, 과망가니즈산 칼륨의 소비량은 12mg/ℓ 이하, 대장균군은 10㎖들이 시험대상 욕수 5개 중 양성이 2개 이하이다.

10 체육시설의 설치·이용에 관한 법규상 스키장업의 안전·위생 기준으로 틀린 것은?
① '의료법'에 따른 간호사 및 '응급의료에 관한 법률'에 따른 응급구조사를 각각 1명 이상 배치하여야 한다.
② 각 리프트의 승차장에는 2명 이상의 승차 보조 요원과 하차장에는 1명 이상의 하차 보조요원을 배치하여야 한다.
③ 스키장 시설 이용에 관한 안전 수칙을 이용자가 쉽게 알아볼 수 있도록 셋 이상의 장소에 게시하여야 한다.
④ 이용자가 안전모를 착용하도록 지도하여야 하며, 이용자가 안전모의 대여를 요청할 때 대여할 수 있는 충분한 수량을 갖추어야 한다.

정답 ① 해설 스키장의 안전·위생 기준은 간호사 또는 응급구조사를 1명 이상 배치해야 한다.

11 체육시설의 설치·이용에 관한 법규상 체육시설업의 종류별 안전기준에 관한 설명으로 틀린 것은?
① 골프장업은 코스 관리 요원을 18홀 이하면 1인 이상을 배치하여야 한다.
② 스키장업은 스키 지도 요원을 슬로프 면적 5만㎡당 1인 이상 배치하여야 한다.
③ 썰매장업은 출발지점과 도착지점에 각 1인 이상의 안전요원을 배치하여야 한다.
④ 무도학원업은 3.3㎡당 동시에 2인을 초과하여 수용하여서는 안 된다.

정답 ④ 해설 ④ 무도학원업의 경우 3.3㎡당 동시에 1인을 초과하면 안 된다. 무도장업의 경우 3.3㎡당 동시에 2인을 초과하면 안 된다.

12 체육시설의 종류별 안전기준에 틀린 것은?
① 18홀 이하인 골프장에는 코스 관리 요원을 1인 이상 배치해야 한다.
② 스키장에는 스키 지도 요원은 슬로프 면적 5만㎡당 1인 이상, 스키 구조 요원은 운영 중인 슬로프별로 1인 이상을 각각 배치해야 한다.
③ 요트·조정·카누장의 구조용 선박에는 수상 안전요원을, 감시탑에는 감시 요원을 각 1인 이상을 배치해야 한다.
④ 개장 중인 실외수영장에는 의료법에 따른 간호사 또는 간호조무사 1인 이상을 배치해야 한다.

정답 ② 해설 스키장은 운영 중인 슬로프별 스키 지도 요원을 2인 이상 배치해야 한다.

나. 시설물과 부지 면적 제한

13 체육시설의 설치·이용에 관한 법령상 체육시설업 부지 면적의 제한 사항으로 옳지 않은 것은?
① 썰매장업 : 썰매장의 부지 면적은 슬로프 면적의 3배를 초과할 수 없다.
② 골프연습장업(실내 골프연습장업) : 골프연습장의 부지 면적은 타석 면적과 보호망을 설치한 토지면적을 합한 면적의 1.5배의 면적을 초과할 수 없다.
③ 골프연습장업(실외 골프연습장업) : 골프연습장의 부지 면적은 타석 면적과 보호망을 설치한 토지면적을 합한 면적의 2배의 면적을 초과할 수 없다.
④ 자동차경주장업 : 자동차경주장의 부지 면적은 트랙 면적과 안전지대면적을 합한 면적의 6배를 초과할 수 없다.

정답 ② 해설 체육시설업의 부지 면적 제한에서 실내 골프연습장업은 제한하지 않는다.

14 체육시설의 설치·이용에 관한 법령상 체육시설업 시설물의 설치 및 부지 면적의 제한 사항에 관한 설명으로 틀린 것은?
① 원칙적으로 골프장 안에는 '공중위생관리법'에 따른 숙박업의 시설물을 설치할 수 없다.
② 실외 골프연습장에 골프 코스를 설치할 때는 골프 코스 1홀마다 15,000㎡를 추가할 수 있다.
③ 자동차경주장 부지 면적은 트랙 면적과 안전지대면적을 합한 면적의 6배를 초과할 수 없다.
④ 썰매장의 부지 면적은 슬로프 면적의 3배를 초과할 수 없다.

[정답] ② [해설] 실외 골프연습장에 골프 코스를 설치할 때 골프 코스 1홀마다 13,000㎡를 추가할 수 있다.

15 다음 ( ) 안에 알맞은 것은?

> 체육시설의 설치·이용에 관한 법령상 썰매장의 부지 면적은 슬로프 면적의 ( )배의 면적을 초과할 수 없다.

① 2 ② 3 ③ 4 ④ 5

[정답] ② [해설] 썰매장의 부지 면적은 슬로프 면적의 3배를 초과할 수 없다.

다. 체육지도자 배치기준

16 체육시설의 설치·이용에 관한 법규상 반드시 2명 이상의 체육지도자를 배치해야 하는 체육시설업 규모에 해당하는 것은?
① 45타석의 골프연습장
② 운동 전용면적 350㎡인 체육도장
③ 말 15마리 규모의 승마장
④ 카누 15척 규모의 카누장

[정답] ② [해설] 2인 이상의 체육지도자 배치는 골프연습장업은 50타석 초과 시, 체육도장업은 운동 전용면적 300㎡ 초과, 승마장은 20마리 이상, 카누장은 20척 이상이다.

[요점] **체육지도자 2인 이상 배치기준**

체육지도자 배치기준은 시험에 자주 출제되고 있다. 아래와 같이 요약해서 공부하면 수월하다. 즉 아래 기준 이상이면 지도자를 2인 이상을 배치해야 한다.

구분	골프	스키	요트, 조정, 카누	빙상
기준	36홀	10면	20척	3,000㎡
승마	수영	체육도장, 체력단련장		골프연습장
20두	400㎡	300㎡		50석

※ 골프연습장은 20타석 이상 50타석 이하는 1인이다. 그러므로 19타석까지는 지도자 배치가 필요치 않다.

17 체육시설의 설치·운영에 관한 법률상 체육지도자 배치기준으로 옳은 것은?
① 골프장업은 골프 코스 18홀 이상 36홀 이하는 1인 이상, 골프 코스 36홀 초과는 3인 이상 배치
② 수영장업은 수영조 바닥 면적이 400㎡ 이하인 실내수영장은 2인 이상, 수영조 바닥 면적이 400㎡를 초과하는 실내수영장은 3인 이상 배치
③ 조정장은 조정 20척 이하는 1명 이상, 조정 20척 초과는 2명 이상 배치
④ 스키장은 스키 슬로프 10면 이하는 2인 이상, 슬로프 10면 초과는 3인 이상 배치

[정답] ③ [해설] 체육지도자 배치기준은 3인 이상으로 규정된 종목은 없다.

18 체육시설의 설치·이용에 관한 법규상 체육지도자 배치기준으로 틀린 것은?
① 골프연습장 코트 60타석 이하 : 1인 이상
② 골프 코스 18홀 이상 36홀 이하 : 1인 이상
③ 체육도장업의 운동 전용면적 300㎡ 초과 : 2인 이상
④ 수영조 바닥 면적이 400㎡ 초과하는 실내수영장 : 2인 이상

[정답] ① [해설] 골프연습장은 50타석 초과할 때 2인 이상 배치해야 한다.

19 체육지도자를 배치하여야 할 체육시설업의 규모와 그 배치 인원으로 틀린 것은?
① 골프 코스 18홀 이상 36홀 이하 골프장업 – 1명 이상
② 슬로프 10면 초과 스키장업 – 2명 이상
③ 말 20마리 초과 승마장업 – 1명 이상
④ 요트 20척 이하 요트장업 – 1명 이상

정답 ③ 해설 승마는 말 20마리 초과할 때 2명 이상 배치해야 한다.

20 체육시설의 설치·이용에 관한 법률상 체육시설의 종류에 따른 체육지도자 배치기준으로 틀린 것은?
① 골프장업의 경우 골프 코스 18홀 이상 36홀 이하는 1명 이상, 36홀을 초과할 경우는 2명 이상 배치하여야 한다.
② 스키장업은 슬로프 10면 이하는 1명 이상, 10면을 초과하면 2명 이상 배치하여야 한다.
③ 수영장업의 경우 수영조 바닥 면적이 400㎡ 이하인 실내수영장의 경우 1명 이상, 400㎡를 초과하는 실내수영장의 경우는 2명 이상 배치하여야 한다.
④ 골프연습장업의 경우 10타석 이상 50타석 이하는 1명 이상, 50타석 초과는 3명 이상을 배치하여야 한다.

정답 ④ 해설 체육지도자 배치기준에서 골프연습장의 경우 20타석 이상 50타석 이하 1인 이상, 50타석 이상은 2인 이상 배치해야 한다. 3인 이상의 배치는 없다.

라. 회원제 체육시설업

21 체육시설의 설치·이용에 관한 법령상 등록 체육시설업의 회원모집 시기로 옳은 것은?
① 해당 체육시설업의 시설 설치공사의 공정이 10% 이상 진행된 경우
② 해당 체육시설업의 시설 설치공사의 공정이 30% 이상 진행된 경우
③ 해당 체육시설업의 시설 설치공사의 공정이 완료된 직후
④ 등록 이후 즉시

정답 ② 해설 회원모집 시기는 등록 체육시설업의 경우 사업시설 설치공사의 공정이 30% 이상 진행 후에 가능하며, 신고 체육시설업의 경우 신고 후 가능하다.

22 체육시설의 설치·이용에 관한 법령상 등록 체육시설업자가 회원을 모집하는 시기와 방법 및 절차로서 틀린 것은?
① 등록 체육시설업자는 사업시설의 설치공사 공정이 50% 이상 진행된 후 회원을 모집한다.
② 회원의 자격을 제한하고자 할 때는 구체적인 자격 제한 기준을 미리 약관에 명시한다.
③ 회원을 신청한 자가 모집하고자 하는 인원을 초과하면 공정한 추첨을 통하여 회원을 선정한다.
④ 회원은 문화체육관광부령이 정하는 바에 따라 공개로 모집하여야 하되, 회원 탈퇴 등으로 결원된 회원을 보충하거나 공개모집 후 정원에 미달된 회원을 재모집할 때는 비공개로 모집할 수 있다.

정답 ① 해설 회원모집 시기는 등록 체육시설업의 경우 사업시설 설치공사의 공정이 30% 이상 진행 후에 가능하며, 신고 체육시설업의 경우 신고 후 가능하다.

23 체육시설업자의 회원모집에 대한 설명으로 틀린 것은?
① 등록 체육시설업의 회원모집 시기는 시설설치공사의 공정이 30% 이상 진행된 이후이다.
② 회원 탈퇴 등으로 결원을 보충하는 회원모집의 경우에는 비공개로 모집할 수 없다.
③ 회원을 신청한 자가 모집하려는 인원을 초과하면 공정한 추첨을 통하여 회원을 선정해야 한다.
④ 회원의 자격을 제한하려는 경우에는 구체적인 자격 제한 기준을 미리 약관에 명시해야 한다.

[정답] ② [해설] 탈퇴 등의 결원 보충 혹은 정원 미달로 재모집하면 비공개할 수 있다.

24 체육시설의 회원을 보호하기 위한 규정으로 틀린 것은?
① 회원자격의 양도·양수 : 회원이 그 자격을 다른 사람에게 양도하려는 경우에는 양수하려는 자가 법령상 회원의 자격 제한 기준에 해당하는 경우 외에는 이를 제한하여서는 아니 되며, 회원자격을 양수하는 자로부터 회원자격의 양도·양수에 따른 일체의 비용을 징수하는 경우 실비를 기준으로 한 금액이어야 한다.
② 연회원에 대한 입회금액의 반환 : 연회원이 회원자격의 존속 기한이 끝나 입회금의 반환을 요구할 때는 요구한 날부터 10일 이내에 반환하여야 한다. 다만 입회금의 반환 여부 등에 관한 약정이 있는 경우에는 그 약정에 따른다.
③ 회원증의 확인·발급 : 회원이 입회한 날부터 10일 이내에 회원증을 작성하여 문화체육관광부령으로 정하는 바에 따라 회원에게 확인·발급하여야 한다. 회원자격을 양수한 회원도 또한 같다.
④ 회원 대표기구 : 회원이 회원을 대표하는 운영위원회를 구성할 것을 요구하는 경우 회원 10명 이상으로 구성하게 하여야 하고, 회원의 권익에 관한 사항은 그 운영위원회와 미리 협의하여야 한다.

[정답] ③ [해설] 회원증의 확인·발급은 30일 이내에 발급하여야 한다.

25 체육시설의 설치·이용에 관한 법령상 체육시설업자 또는 사업계획 승인을 받은 자의 회원모집에 관한 설명으로 틀린 것은?
① 등록 체육시설업의 회원모집 시기는 해당 체육시설업의 시설설치공사의 공정이 30% 이상 진행된 이후이다.
② 회원의 모집 후 정원에 미달된 회원을 재모집할 때는 공개로 모집해야 한다.
③ 회원을 신청한 자가 모집하려는 인원을 초과하면 공정한 추첨을 통하여 회원을 선정해야 한다.
④ 회원자격을 제한할 때는 구체적 자격 제한 기준을 미리 약관에 명시해야 한다.

[정답] ② [해설] 결원 보충 혹은 정원 미달로 재모집할 때는 비공개로 할 수 있다.

26 다음 중 스포츠시설의 회원 보호에 대한 설명으로 올바른 것은?
① 사업계획의 승인을 얻은 자라 해도 회원을 모집할 수는 없으며, 회원모집개시일 30일 전까지 시·도지사 및 시장·구청장에게 회원모집계획서를 작성 제출하여야 한다.
② 회원의 종류, 회원 수, 모집 시기, 모집 방법 및 절차, 회원모집 총금액 등에 관하여 필요한 사항은 문화체육관광부령으로 정한다.
③ 스포츠시설업자 및 사업계획의 승인을 얻은 자는 회원자격의 양도 양수 및 입회금액의 반환 등에 있어 회원의 권익 보호를 위해 대통령령이 정한 사항을 준수해야 한다.
④ 회원모집에 앞서 시설업자나 사업자는 그 시설 안에서 발생한 피해에 대한 보상을 위해 보험에 가입하여야 하며 소규모 시설업자도 예외가 될 수 없다.

[정답] ③ [해설] ①의 경우 15일 전까지 제출해야 하며, ②의 경우 대통령령으로 정하고, ④의 경우 소규모 시설업자는 예외가 적용된다.

27 체육시설의 설치·이용에 관한 법령상 회원의 보호에 관한 규정이다. 다음 ( )에 들어갈 숫자를 순서대로 나열한 것은?

> 1. 연회원에 대한 입회금액의 반환 : 연회원이 회원자격의 존속 기한이 끝나 입회금의 반환을 요구할 때는 요구한 날로부터 ( )일 이내에 반환하여야 한다.
> 2. 회원증의 확인·발급 : 회원이 입회한 날부터 ( )일 이내에 회원증을 작성하여 회원에게 확인·발급하여야 한다.

① 10, 30 ② 10, 20 ③ 15, 20 ④ 15, 30

[정답] ① [해설] 1) 연회원이 회원자격 존속 기한이 끝나 입회금 반환 요구 시 10일 이내에 반환하여야 한다. 2) 회원이 입회한 날부터 30일 이내에 회원증을 작성하여 회원에게 확인·발급하여야 한다.

28 체육시설의 설치·이용에 관한 법령상 다음 사례에 대한 이용료 반환금액은?

> 일반 이용자 A 씨가 이용료 30만원을 지불하고, 이용 개시일 전 본인의 사정상 체육시설을 이용할 수 없게 되었다. 단 이용료 반환 사유 및 반환금액에 관하여 별도 약정은 없었다.

① 0원 ② 24만원 ③ 27만원 ④ 30만원

[정답] ③ [해설] 이용 개시일 전이면 반환금액=이용료-위약금(이용료의 1/10 해당 금액)이므로 30만원-3만원=27만원이다.

마. 법률 위반에 대한 조치

29 체육시설의 설치·이용에 관한 법령상 사업계획의 승인을 받지 아니하고 등록 체육시설업의 시설을 설치한 자의 벌칙 기준은?
① 1년 이하의 징역 또는 500만원 이하의 벌금
② 1년 이하의 징역 또는 1천만원 이하의 벌금
③ 2년 이하의 징역 또는 2천만원 이하의 벌금
④ 3년 이하의 징역 또는 3천만원 이하의 벌금

[정답] ④ [해설] 사업계획의 승인을 받지 않고 등록 체육시설을 설치하거나, 등록하지 않고 영업을 하면 3년 이하의 징역 또는 3천만원 이하의 벌금을 물린다.

30 체육시설의 설치·운영에 관한 법률상 벌칙에 관한 내용으로 틀린 것은?
① 사업계획의 승인을 받지 아니하고 등록 체육시설업의 시설을 설치한 자는 3년 이하의 징역 또는 1천만원 이하의 벌금을 물린다.
② 등록 체육시설업을 등록하지 아니하고 체육시설의 영업을 한 자는 1년 이하의 징역 또는 3천만원 이하의 벌금을 물린다.
③ 신고 체육시설을 신고하지 아니하고 체육시설업(문화체육관광부령으로 정하는 소규모 업종은 제외한다.)의 영업을 한 자는 1년 이하의 징역 또는 300만원 이하의 벌금을 물린다.
④ 안전·위생 기준을 위반한 자는 1년 이하의 징역 또는 300만원 이하의 벌금을 물린다.

[정답] ② [해설] 미등록 영업일 경우 3년 이하의 징역 또는 1천만원 이하의 벌금을 물린다.

31 체육시설의 설치·이용에 관한 법령상 100만원 이하의 과태료 부과 대상에 해당하지 않는 것은?
① 변경등록을 하지 아니하고 영업을 한 자
② 체육지도자를 배치하지 아니하거나 체육지도자 자격이 없는 자를 배치한 자
③ 시설물의 보수 등 필요한 조치에 대한 이행 명령을 준수하지 아니한 체육시설의 소유자
④ 안전·위생 기준을 위반한 자

[정답] ④ [해설] 안전·위생 기준을 위반한 자는 1년 이하의 징역 또는 1천만원 이하의 벌금을 부과한다.

제4장 스포츠시설 관리 운영

1. 스포츠시설 관리 운영 개요

01 효율적인 이용과 활용에 기본을 둔 스포츠시설 관리 운영의 기본원칙으로 틀린 것은?
① 능력 있는 관리인을 확보해야 한다.
② 스포츠시설 관리기술 향상에 대한 끊임없는 노력이 필요하다.
③ 철저한 시설관리는 해당 시설이 사용되는 기간으로 한정한다.
④ 스포츠시설의 바람직한 관리 운영의 실천은 관리자 측의 노력만으로는 불가능하기에, 행정가와 시설관리자와의 긴밀한 인간관계의 유지가 필요하다.

정답 ③ 해설 스포츠시설 관리의 기본 원리는 1) 시설관리자와 행정담당자의 긴밀한 관계 유지 2) 능력 있는 관리자 확보 3) 시설의 적절한 활용 4) 미사용 기간에도 적절한 관리 5) 관리기술에 대한 투자와 연구가 필요 등이다.

02 스포츠시설 관리 운영에 있어서 지켜야 할 원칙과 거리가 먼 것은?
① 우수한 시설관리자의 확보
② 각 담당자 간의 긴밀한 협조체계 구축
③ 시설의 투자 확대
④ 시설관리기술에 대한 지속적 능력 배양 및 투자

정답 ③ 해설 시설의 투자 확대는 원칙이 아니다.

03 스포츠시설 관리의 성공 요건이 아닌 것은?
① 시설이나 설비에 대한 정기 안전 검사와 신속한 개·보수
② 시설, 설비, 용기구의 절차에 따른 사용과 정리정돈
③ 시설관리 실무자와 행정 및 경영자의 긴밀한 관계 유지
④ 이용자의 요구에 따른 휴게실 등의 편의시설 확장과 시설 및 용기구 배치의 빈번한 변경

정답 ④ 해설 빈번한 변경은 스포츠시설 관리의 성공 요건이 아니다.

04 다음 중 체육시설업 운영 시 고려할 사항이 아닌 것은?
① 대중 이용의 효율성을 제공한다.
② 기본 이용시설에 대한 무료시설과 사용자 부담 시설을 운영한다.
③ 회원시설과 복합시설을 단일화하여 운영하는 것이 바람직하다.
④ 이용자를 세분화하여 형평성을 유지하고 차별화를 시도한다.

정답 ③ 해설 회원시설과 복합시설을 분리하여 차별화를 두어 운영하는 것이 좋다.

05 다음 중 스포츠시설 소비자의 욕구와 해당 시설 이용고객의 만족을 위해 고려해야 할 요소가 아닌 것은?
① 시설 제공자와 프로그램 공급자 위주의 가격책정과 적용
② 이용 공간의 충분한 확보
③ 이용고객의 목적에 따른 프로그램과 지도자 배치
④ 다양한 운동 시설의 구비

정답 ① 해설 시설 제공자와 프로그램 공급자 위주는 잘못되었다.

06 스포츠시설 운영방침 수립 시 유의해야 할 사항과 가장 거리가 먼 것은?
① 운영방침은 경영자 관점에서 수익을 고려하여 수립되어야 한다.
② 일부 이용자들의 전유물이 되지 않도록 하여야 한다.
③ 시설의 기능이 충분히 발휘될 수 있도록 해야 한다.
④ 이용요금 및 이용 시간이 이용자 중심에 맞도록 적절하여야 한다.

정답 ① 해설 운영방침에서 경영자 관점에서 수익을 고려하는 것은 잘못된 것이다.

07 스포츠 시설물 관리 시 안전 관리상 주의해야 할 사항으로 적절하지 못한 것은?
① 운동장의 넓이와 이용 인원의 밸런스를 잃지 않아야 한다.
② 사고가 발생했을 때의 처리대책을 미리 마련해야 한다.
③ 항상 이용자의 활동 사항을 감지하고 사고를 미리 방지할 수 있도록 주의한다.
④ 트레이닝 용구나 기계류를 사용할 때는 지도자가 참석하지 않는다.

정답 ④ 해설 트레이닝 용구나 기계류를 사용할 때는 지도자가 있어야 한다.

08 공공스포츠시설의 경영 관리적 측면에서 관리 운영 주안점이 아닌 것은?
① 정기적 경영진단과 평가
② 지속적 홍보방안 강구
③ 민간 위탁관리의 적합성 검토
④ 지역사회의 네트워크화

정답 ④ 해설 지역사회의 네트워크화는 관리 운영 주안점이 아니다.

09 공공스포츠시설을 관리 운영할 때 경영관리 측면에서 주안점을 두어야 할 사항과 가장 거리가 먼 것은?
① 다양한 욕구의 충족 공간화
② 민간 위탁관리의 적합성 검토
③ 정기적 경영진단과 평가
④ 지속적 홍보방안 강구

정답 ① 해설 다양한 욕구를 충족하는 공간을 구축하기는 어렵다.

10 직장 스포츠시설의 관리 운영 주안점이 아닌 것은?
① 직장인의 욕구를 충족시킬 수 있는 공간
② 지역주민의 화합 공간
③ 직장인의 커뮤니케이션 형성 공간
④ 직장인의 건강 증진 공간

정답 ② 해설 직장 스포츠시설은 지역주민의 화합 공간이 아니다.

11 인공적으로 기존 수영장 물을 인체의 체액 내 염분농도와 비슷하게 만들어 이를 전기로 분해해 차염, 오존 산소 등의 물질을 화학적 반응으로 만드는 시스템은?
① 고전압 방식 시스템　② 인공해수풀 시스템
③ 인공 오존 풀 시스템　④ 저전압 방식 시스템

정답 ② 해설 수영장의 물을 인체의 체액 염분농도와 비슷한 0.4~0.6%로 만들어 전기분해를 통해 이산화염소와 차염소산 등을 발생시키는 시스템은 인공 해수 풀 시스템이다.

12 다음 중 실내스포츠 시설의 조명시설 설계 시 고려사항이 아닌 것은?
① 경제성을 고려해야 한다.
② 환기성을 고려해야 한다.
③ 사용 목적이 명확해야 한다.
④ 환경적 요소를 고려해야 한다.

정답 ② 해설 조명시설의 설계와 환기성의 고려가 가장 거리가 멀다.

13 잎이 가늘고 연하여 한지형 잔디 중 가장 널리 이용되며 서늘한 기후에서 생육이 왕성하고 회복력이 빨라 골프장의 TEE에 주로 사용하는 잔디 품종은?
① 켄터키 블루그라스　② 크리핑 벤트 그라스
③ 버뮤다 그라스　　　④ 금잔디(중지)

[정답] ① [해설] 한지형 잔디로는 크리핑 벤트그래스, 켄터키 블루그라스, 톨훼스큐, 퍼레니알 라이그래스 등이 있다. 문제 지문은 켄터키 블루그라스를 설명하고 있다.

14 체육관 바닥 재질을 단풍나무로 시공한 경우에 관한 설명으로 틀린 것은?
① 고가의 시설비가 소요된다.
② 바닥표면 보호에 어려움이 있다.
③ 개별보수가 매우 용이하다.
④ 품위 있고, 고품격스럽고, 면적이 넓어 보인다.

[정답] ③ [해설] 단풍나무는 결이 일정하여 고급건축물의 바닥재로 많이 사용된다. 볼링장의 바닥재는 대부분 단풍나무이다. 한편 단풍나무는 보수가 어려운 단점을 갖고 있다.

2. 뉴스포츠

01 참가자 지향형 뉴스포츠에 대한 설명으로 틀린 것은?
① 새로 신설되는 국제 규칙에 따른 스포츠이다.
② 뉴스포츠는 수입형, 개량형, 개발형으로 구분할 수 있다.
③ 고령자의 참가가 쉽고 누구나 간단하고 쉽게 즐길 수 있도록 개발한다.
④ 관광 상품화가 가능하게 하려는 목적으로 뉴스포츠 프로그램을 개발한다.

[정답] ① [해설] 국제 규칙에 따라 새로 신설되는 스포츠는 뉴스포츠라 하지 않는다.

02 다음 중 뉴스포츠의 특성과 가장 거리가 먼 것은?
① 형식의 자유로움
② 참가자 지향의 스포츠
③ 간편한 경기 운영 방식
④ 통일된 경기 규칙 적용

[정답] ④ [해설] 뉴스포츠는 참가 대상, 지역 특성에 맞도록 규칙 변경이 가능하다.

03 새로운 스포츠(New sports)의 특징 및 기능과 가장 거리가 먼 것은?
① 비용 절감을 위한 운영자 중심의 규칙
② 자연과의 조화를 통한 삶의 질 향상
③ 개인적인 성향 유지와 도전적 모험
④ 형식보다는 사람이 중심이 되는 형태

[정답] ① [해설] 뉴스포츠는 참가자 중심으로 운영된다.

04 뉴스포츠에 대한 설명으로 틀린 것은?
① 뉴스포츠는 수입형, 개량형, 개발형으로 구분할 수 있다.
② 수입형은 최근 외국에서 수입된 뉴스포츠로서 스킨 스쿠버다이빙, 윈드서핑 등이 있다.
③ 개량형은 기존 스포츠를 부분적으로 개량한 뉴스포츠로서 족구, 바켓볼, 제트스키 등이 있다.
④ 개발형은 개인 또는 단체가 자체적으로 개발한 뉴스포츠로서 커롤링이나 타켓 버드 골프 등이 있다.

[정답] ③ [해설] 제트스키는 수입형으로 본다. 답을 찾기 어려운 문제이다. 수입형, 개량형, 개발형이 명확히 구분되지 않기 때문이다.

3. 프로그램 개발

01 스포츠시설의 프로그램에 대한 평가의 목적과 가장 거리가 먼 것은?
① 프로그램의 개선
② 프로그램의 기획과 개발
③ 프로그램의 판매
④ 프로그램 존속과 폐지 결정

정답 ③ 해설 프로그램 평가는 판매 목적이 아니다.

02 스포츠시설 프로그램 개발단계를 순서대로 올바르게 나열한 것은?

ㄱ. 요구조사	ㄴ. 프로그램 실시
ㄷ. 프로그램 평가	ㄹ. 프로그램 계획

① ㄱ→ㄴ→ㄷ→ㄹ
② ㄱ→ㄹ→ㄴ→ㄷ
③ ㄹ→ㄱ→ㄴ→ㄷ
④ ㄹ→ㄱ→ㄷ→ㄴ

정답 ② 해설 요구조사가 가장 먼저이고, 다음 계획, 실시, 평가의 순으로 전개된다.

03 스포츠시설의 스포츠 프로그램 개발과정이 바르게 나열된 것은?
① 계획→조직→수행→평가
② 조직→계획→수행→평가
③ 조직→수행→계획→평가
④ 수행→평가→계획→조직

정답 ① 해설 스포츠 프로그램 전개 절차는 욕구조사 및 계획→프로그램 개발→프로그램 실행→프로그램 평가 순으로 이루어진다. 설명된 내용과 가장 근접한 것이 ①이다.

04 새로운 스포츠의 개발 및 보급을 위해 고려해야 할 사항과 가장 거리가 먼 것은?
① 프로모션 수단의 다각화 가능성
② 쉽고 간단한 장비로 즐길 수 있는 프로그램
③ 비용 절감을 위한 운영자 중심의 규칙
④ 참가 대상이나 지역 특성에 맞는 규칙

정답 ③ 해설 뉴스포츠는 참가자 중심의 규칙을 만들어야 한다.

05 다음 중 스포츠 프로그램 참가자의 프로그램 개발 및 선택을 위한 사전 평가항목이 아닌 것은?
① 건강 상태 검사
② 운동 수준 검사
③ 의학 검사
④ 체력수준 검사

정답 ③ 해설 건강검사, 운동 검사, 체력검사 등이 사전 평가사항이다.

4. 집기와 비품 관리

01 소모성 자재를 관리하는 MRO에 해당하지 않는 것은?.
① 관리 ② 보수 ③ 유지 ④ 운영

정답 ① 해설 MRO는 유지, 보수, 운영이다.

> **요점 MRO**
> maintenance(유지), repair(보수), operation(운영)의 약자로, 기업에서 제품생산에 필수 원자재를 제외한 소모성 자재와 간접 자재의 관리 또는 담당 조직

암기 MRO : 〈MRO는 유보운〉이다. 유지, 보수, 운영이다.

02 집기와 비품 관리의 기본원칙에 해당하지 않는 것은?
① 경제성 유지
② 적극적 활용
③ 새로운 제품개발
④ 소비 절약과 재활용

정답 ③ 해설 집기와 비품 관리의 원칙은 1) 경제성을 유지하며 2) 적극적 활용 3) 소비 절약 4) 재활용 5) 신중한 관리 등이다.

> **요점 집기와 비품 관리 기본원칙**
> ① 경제성 유지 ④ 재활용
> ② 적극적 활용 ⑤ 신중한 관리
> ③ 소비 절약

5. 스포츠시설의 상해와 사고, 보험

가. 스포츠 상해와 사고

01 스포츠시설 내에서 환자 발생 시 조치사항으로 적합하지 않은 것은?
① 골절, 탈구 외상 등을 판단한다.
② 인근 주변 병원으로 이동 조치한다.
③ 안전관리계획에 따른 보고를 한다.
④ 개인의 부주의인지 아닌지를 판단한다.

[정답] ④ [해설] 사고 원인 판단은 응급조치 후 판단해야 한다.

02 운동 상해의 원인과 가장 거리가 먼 것은?
① 지나친 훈련　　② 잘못된 훈련 방법
③ 준비운동의 부족　④ 스트레칭 시행

[정답] ④ [해설] 스트레칭은 스포츠 상해 예방에 도움이 된다.

03 스포츠 상해 발생 원인을 내적, 외적 요인으로 구분할 때 외적 요인에 해당하는 것은?
① 지도자의 무리한 요구
② 지나친 훈련으로 인한 피로 누적
③ 주의집중 부족
④ 불완전한 회복훈련으로 인한 재부상

[정답] ① [해설] ①을 제외한 나머지는 상해 발생의 내적 요인이다.

04 스포츠 사고의 긴급 대책에 해당하지 않는 것은?
① 양호실 또는 구호실 등에서 간호사 또는 구조원의 응급 처치 준비
② 중대 사고에 대비한 다른 구호 기관과의 긴급 연락망 구성
③ 스포츠 지도자에게 구급법에 대한 지식과 기능의 교육 훈련
④ 사고 발생 시 외부에 알려지지 않도록 직원 또는 지도자의 사전 교육

[정답] ④ [해설] ④는 잘못된 방식이다.

나. 스포츠시설의 이용자 보험

05 손해보험에 가입한 등록 체육시설업자는 손해보험 가입 사실을 증명하는 서류를 누구에게 제출해야 하는가?
① 군수　② 시장　③ 구청장　④ 시·도지사

[정답] ④ [해설] 등록 체육시설업자는 시·도지사·특별자치도지사, 특별자치시장에게 제출한다.

[요점] **손해보험 가입 서류 제출처**
① 등록 체육시설 : 시·도지사, 특별자치시장
② 신고 체육시설 : 시장·군수

06 체육시설의 설치·이용에 관한 법규상 체육시설업자는 체육시설업을 등록 또는 신고한 날로부터 며칠 이내에 손해보험에 가입해야 하는가?
① 5일　② 10일　③ 15일　④ 30일

[정답] ② [해설] 체육시설업을 등록 또는 신고한 날부터 10일 이내에 손해보험에 가입해야 한다.

07 체육시설의 설치·운영과 관련되거나 체육시설 안에서 발생한 피해를 보상하기 위해 손해보험에 반드시 가입해야 하는 자는?
① 체육도장업을 설치·경영하는 자
② 승마장업을 설치·경영하는 자
③ 골프연습장업을 설치·경영하는 자
④ 당구장업을 설치·경영하는 자

정답 ② 해설 보기에서 비교적 소규모 체육시설업은 보험 가입 의무가 면제된다.

요점 **보험 가입 의무 면제 체육시설업**
① 보험 가입 의무 면제 소규모 체육시설업은 체육도장업·골프연습장업·체력단련장업, 당구장업, 가상체험 체육시설업, 체육교습업
② 암기 방법 : 〈보험면제는 체골체당체가〉이다.

6. 스포츠시설의 안전관리

01 스포츠시설이 안전관리와 거리가 먼 것은?
① 시설과 설비의 정기 안전 검사를 시행하고, 그 결과를 서류로 보존해야 한다.
② 검사 결과 결함과 결함 징후를 발견하면 신속히 조치해야 한다.
③ 안전관리 사항을 이용자에게 주지시켜야 한다.
④ 감사부서는 정기적으로 안전관리에 대한 감사를 시행해야 한다.

정답 ④ 해설 ④는 잘못된 방식이다.

02 각종 재난에 해당하는 않는 것은?
① 자연재난 ② 인적재난 ③ 환경재난 ④ 사회재난

정답 ③

요점 **재난의 분류**
❶ 자연재난 ❷ 인적재난 ❸ 사회재난

03 라이프가드의 역할과 거리가 먼 것은?
① 익수자 구조
② 장내 순찰과 관망대에서 사고 여부를 관찰한다.
③ 성 소수자를 보호한다.
④ 시설물 안전 상태를 점검한다.

정답 ③ 해설 성 소수자 보호는 라이프가드의 역할이 아니다.

04 수상 인명구조 장비가 아닌 것은?
① 레스큐 큐브 ② 래스큐 캔
③ 링부이 ④ 사다리

정답 ④ 해설 ④는 인명구조 장비가 아니다.

요점 **수상 인명구조 기구**
레스큐 큐브, 래스큐 캔, 링부이, 히빙 라인

제5장 참여·관람 스포츠 시설사업

1. 지역 특성별 스포츠시설 관리

01 스포츠시설 사업이 지역발전에 미치는 간접 효과가 아닌 것은?
① 입장료 수입, 광고 수입, 부대 수입의 효과
② 지역민의 자긍심과 연결되는 상징적 효과
③ 개최도시에 생기는 새로운 역량인 사회·정치적인 효과
④ 지역개발이 효과적으로 이루어지는 경제적인 효과

정답 ① 해설 스포츠시설 사업이 지역발전에 미치는 효과는 직접 효과와 간접 효과로 나눌 수 있다. 직접 효과는 입장료 수입, 광고 수입, 부대 수입의 효과이다.

02 지역 특성별 스포츠시설 설치 시 고려해야 할 사항이 아닌 것은?
① 지역 특성에 적합한 운동 종목 선택
② 고정적인 가격정책으로 이용자의 신뢰 확보
③ 이용고객 예측에 따른 규모의 설정
④ 소비자의 이용 시간대 및 선호 프로그램 조사

정답 ② 해설 스포츠시설 설치 때 고정적 가격정책은 고려사항이 아니다.

03 지역 특성별 스포츠시설의 설치 시 유의해야 할 사항과 가장 거리가 먼 것은?
① 이용자들의 이용 시간대를 고려해야 한다.
② 부대시설과 편의시설의 종류를 적정하게 선정해야 한다.
③ 이용고객의 예측에 따른 적정한 규모의 설정이 필요하다.
④ 지역의 특성을 고려했으므로 고객 유치 프로그램은 중요하지 않다.

정답 ④ 해설 고객 유치 프로그램은 시설 설치 때 유의해야 할 사항이다.

04 도시지역 스포츠시설에 관한 설명으로 옳은 것은?
① 일정한 시간대에 수요가 밀집된다.
② 운동 및 야외 휴식 공간을 함께 제공하기 용이하다.
③ 이용자 수요 증가에 따른 공간 확충이 용이하다.
④ 실내보다 야외 스포츠시설 설립이 적합하다.

정답 ① 해설 도시지역 스포츠시설은 출근 시간 전 또는 퇴근 시간 후 고객수요가 밀집된다.

05 도심 주거지형 스포츠시설의 관리상 고려할 점과 가장 거리가 먼 것은?
① 주 고객층은 30~40대 전업주부이다.
② 고객 몰림 현상으로 인해 충분한 서비스 제공이 어렵다.
③ 단체수강이 많으므로 이를 위한 다양한 프로그램의 개발이 필요하다.
④ 대화나 휴식을 위한 부대시설의 공간 확보 및 확충이 필요하다.

정답 ② 해설 고객 몰림 현상은 도심형 스포츠시설의 특성이다.

06 농촌 스포츠시설 특성과 가장 거리가 먼 것은?
① 도시보다 상대적으로 경제 소득이 낮아 경제적인 어려움이 존재한다.
② 농촌은 생활이 단조로우며 지역적 연대성이 약한 편이다.
③ 직장과 주거지의 개념 차이가 나지 않는다.
④ 육체노동이 많아 스포츠 활동의 필요성을 못 느끼는 편이다.

정답 ② 해설 농어촌 지역은 지역 연대성이 도시에 비해 강하다.

07 농어촌형 스포츠시설의 특성과 가장 거리가 먼 것은?
① 시장이 좁으므로 상대적으로 경쟁이 약하다.
② 인구 유출로 인한 고객 확보의 어려움이 있다.
③ 여가시간이 많아 스포츠 활동의 호응도가 높다.
④ 소득이 낮고 노동시간이 길어 고객 유치가 어렵다.

정답 ③ 해설 농어촌은 여가시간이 많지 않아 스포츠 활동 호응도가 약하다.

2. 고객 유치와 관리

01 다음 수요 예측기법 중 시계열분석 기법과 가장 거리가 먼 것은?
① 이동평균법 ② 지수평활법
③ 추세분석법 ④ 선도지표법

정답 ④ 해설 시계열 예측법은 정량적 방법으로, 이동평균법, 지수평활법, 추세분석법 등이 있다.

02 수요 예측기법 중 정성적 기법으로 틀린 것은?
① 시계열분석 ② 시장조사법
③ 델파이법 ④ 자료 유추법

정답 ① 해설 수요 예측의 정성적 방법은 시장조사법, 자료 유추법, 델파이법 등이다.

03 사회체육시설이나 문화 복지시설과 같은 도시 공공시설의 일반적인 공급 및 수요 분석 방법 중 이용자와 시설 간 거리에 따른 이용률 분석을 통한 이용권역 분석 방법과 가장 거리가 먼 것은?
① 곡선거리에 의한 방법 ② 직선거리에 의한 방법
③ 중력모형에 의한 방법 ④ 시간개념에 의한 방법

정답 ① 해설 스포츠시설의 수요를 예측할 때 사용되는 기법은 요인평가법, 중력 모델법, 직선거리 산정법, 시간 거리 환산법 등을 적용한다. 곡선 거리 산정법은 사용하지 않는다.

04 야구공을 생산하는 회사의 다음 자료를 이용하여 최근 3개월 자료로 가중 이동평균법을 적용할 때 5월의 예측생산량은? (단, 가중치는 0.5, 0.3, 0.2를 적용한다.)

구분	1월	2월	3월	4월
생산량(개)	50만	70만	90만	100만

① 87만개 ② 90만개 ③ 92만개 ④ 93만개

정답 ④ 해설 5월 예측생산량은 {(70만×0.2)+(90만×0.3)+(100만×0.5)}=93만개이다.

05 다음 중 스포츠시설 고객 유지관리의 발전 방향을 바르게 나열한 것은?

| A. 고객 유치단계 | B. 상호작용단계 |
| C. 관계 유지단계 | D. 관계 발전단계 |

① A→B→C→D ② B→A→D→C
③ B→C→A→D ④ A→C→D→B

정답 ④ 해설 고객 관계는 유치단계→유지단계→관계 발전단계→상호작용단계이다.

06 CRM(customer relationship management)의 특성과 가장 거리가 먼 것은?
① 기존고객보다는 신규고객 창출을 통한 구매를 중시한다.
② 개별 마케팅보다는 관계 유지의 관점으로 시너지 효과를 지향한다.
③ 핵심고객에 대한 관리를 더욱 중시한다.
④ 단기성보다는 장기적이고 지속적인 관계를 중시한다.

정답 ① 해설 고객 관계관리(CRM)는 기존고객과의 관계 강화에 역점을 둔다.

07 다음 중 기존고객 유지의 특성과 가장 거리가 먼 것은?
① 구전효과를 통해 새로운 고객 유치 가능
② 광고비용의 절감 가능
③ 고정 고객화 가능
④ 가격 인상 가능

[정답] ④ [해설] 제시된 지문 중 ④가 가장 거리가 멀다.

08 스포츠시설의 고객관리에 대한 설명과 가장 거리가 먼 것은?
① 스포츠시설업의 주 수입원은 고객이 낸 시설 이용료이기 때문에 확보된 고객의 수는 경영에 직접적인 영향을 미친다.
② 스포츠시설업의 고객이 되었다고 할지라도 시설관리 및 제반 서비스 등의 만족도에 따라 향후 등록에 대한 변동이 일어날 수 있으므로, 고객 이탈을 사전에 방지할 수 있는 관리가 필요하다.
③ 고객의 수에 따라 수입의 증감이 좌우되므로 경영의 안정을 위해서는 다수의 고객을 확보해야만 한다.
④ 스포츠시설 이용자 특성상 한번 확보된 고객은 이탈 가능성이 많으나, 비용적인 측면에서 신규고객의 창출에만 노력해야 한다.

[정답] ④ [해설] 비용적 측면에서 기존고객의 유지가 신규고객 유치보다 훨씬 유리하다.

09 다음 중 고객 관계관리(CRM)의 중요성과 가장 거리가 먼 것은?
① 신규고객을 만족시키기 위해서는 기존고객보다 더 큰 비용이 소요된다.
② 장기적 이익보다는 단기적 이익에서 큰 효과를 볼 수 있다.
③ 고정고객은 반복 구매는 물론 호의적 구전효과를 기대할 수 있다.
④ 매출 80%는 20%의 단골손님에게서 발생한다.

[정답] ② [해설] CRM은 단기적 이익보다 장기적이고, 지속적인 관점을 중시한다.

10 스포츠시설의 고객만족도 향상으로 기대할 수 있는 효과와 가장 거리가 먼 것은?
① 기존고객의 충성도를 높인다.
② 가격 민감도를 높인다.
③ 경쟁적 노력으로부터 기존고객을 보호한다.
④ 미래 거래비용을 낮춘다.

[정답] ② [해설] 가격 민감도란 가격에 대한 구매자의 반응 또는 영향을 말한다. 고객이 만족하면 가격에 대한 민감도가 낮아진다.

11 다음 중 스포츠시설 소비자의 욕구와 해당 시설 이용고객의 만족을 위해 고려해야 할 요소가 아닌 것은?
① 시설 제공자나 프로그램 공급자 위주의 가격책정과 적용
② 이용 공간의 충분한 확보
③ 이용고객의 목적에 따른 프로그램이나 지도자 배치
④ 다양한 운동 시설의 구비

[정답] ① [해설] ①은 공급자 중심, ②~④의 경우 소비자 중심을 설명하고 있다.

12 스포츠시설에서 높은 고객만족도 유지로 기대할 수 있는 효과와 가장 거리가 먼 것은?
① 기존고객의 충성도를 높인다.
② 가격 민감도를 높인다.
③ 경쟁적 노력으로부터 기존고객을 보호한다.
④ 미래 거래비용을 낮춘다.

[정답] ② [해설] 고객이 만족하면 기존고객의 충성도를 높이고, 기존고객을 보호하며, 미래의 거래비용을 낮추는 효과가 나타난다. 가격 민감도를 낮추는 효과가 나타난다.

13 스포츠시설에서, 많은 회원 수를 유지하기 위한 전략과 가장 거리가 먼 것은?
① 회원권을 공매한다.
② 기존회원과 신규 회원을 서로 소개해준다.
③ 클럽을 깨끗하게 정리 정돈한다.
④ 회원들과 직원들의 관계를 돈독히 한다.

정답 ① 해설 회원권 공매는 회원 수 확보와 거리가 멀다.

14 참여 스포츠시설 운영에서 고객 유치에 관한 설명과 가장 거리가 먼 것은?
① 고객층 다양화와 뉴스포츠 수요 증대는 새로운 프로그램의 개발을 요구한다.
② 고객 유치를 위해 지불 능력을 고려하여 입장료나 월별이용료를 결정할 필요가 있다.
③ 초기 단계의 홍보나 고객 상담은 구전을 통한 고객 유치에 기여한다.
④ 고객 유치를 위해 시설환경보다 고객의 인구통계학적 요소를 가장 먼저 고려해야 한다.

정답 ③ 해설 초기 단계의 고객 유치 방법으로 구전이 적합하지 않다.

15 고객 유치에 영향을 주는 요인과 가장 거리가 먼 것은?
① 정치요인   ② 인구통계학 요인
③ 상황 요인   ④ 동기 요인

정답 ① 해설 고객 유치에 정치요인은 영향이 거의 없다.

16 고객 유치에 영향을 주는 요인 중 날씨, 업무시간과의 중복, 이동에 따른 교통편 등에 영향을 미치는 요인은?
① 동기 요인   ② 경제요인
③ 홍보요인   ④ 상황 요인

정답 ④ 해설 주어진 지문은 상황 요인에 해당한다.

17 다음 중 고객 유지를 위한 전환장벽의 작용과 가장 거리가 먼 것은?
① 친밀한 인간관계   ② 낮은 전환비용
③ 차별화된 서비스   ④ 대안의 매력도 감소

정답 ② 해설 전환장벽이란 고객이 거래처를 바꾸지 못하도록 만드는 여러 활동을 일컫는다.

18 다음은 무엇에 관한 설명인가?

> 수요를 예측하기 어려운 경우에 관람 스포츠시설의 경우와 같이, 특정 경기에 관중이 많이 몰리면 자원봉사자나 임시고용 안내원을 활용하여 관중에 대한 서비스를 높이는 것을 말한다.

① 가용능력을 균형 있게 운영하는 전략
② 수요조절전략
③ 수요 재고화 전략
④ 수요 적응전략

정답 ④ 해설 수요 예측이 어려운 경우 자원봉사자나 임시인력을 활용하여 서비스를 향상시키는 전략은 수요 적응전략이다. 그냥 답을 외어버리는 것이 좋다.

19 불평 고객의 관리에서 제품, 점포, 상표, 제조업자에 대해서 재구매를 포기하는 것과 같은 고객 불평 행동유형은?
① 개인적 보이콧   ② 불평
③ 보상 추구   ④ 사법적 행동

정답 ① 해설 재구매를 포기하는 경우는 개인적 보이콧이다.

20 다음 중 스포츠시설에서 이용자에게 제공하는 서비스와 가장 거리가 먼 것은?
① 경영 서비스   ② 상담 서비스
③ 지도 서비스   ④ 프로그램 서비스

정답 ① 해설 경영 서비스는 이용자에게 제공되는 서비스가 아니다.

21 스포츠시설의 선택 요인과 가장 거리가 먼 것은?
① 물적 서비스 ② 재원 서비스
③ 인적 서비스 ④ 시스템적 서비스

[정답] ② [해설] 스포츠시설의 서비스는 물적, 인적, 시스템적 서비스 등이다.

22 다음 중 저항성 근력 운동기구와 가장 거리가 먼 것은?
① 웨이트 머신(Weight Machine)
② 일립티컬 머신(Elliptical Machine)
③ 프리웨이트(Free Weight)
④ 플레이트로디드머신(Plated Loaded Machine)

[정답] ② [해설] 일립티컬 머신은 유산소운동기구이므로, 근력운동과 거리가 멀다.

3. 스포츠시설 홍보와 프로모션

01 스포츠 활성화를 위한 스포츠 사업 홍보의 목표가 아닌 것은?
① 스포츠 관련 신설 프로그램, 시설 확충, 비용, 계절별 프로그램 일정 등의 정보를 제공한다.
② 스포츠 활동을 통한 사회적 공헌을 고무시킴으로써 모든 계층이 스포츠 프로그램에 적극적으로 참여하도록 한다.
③ 생활 만족과 지역사회 발전에 미치는 스포츠의 기여도에 대한 공중의 이해를 강화한다.
④ 스포츠동호인 모임의 결성을 권장하여 직장 및 지역사회 스포츠의 발전을 촉진한다.

[정답] ② [해설] 스포츠시설의 홍보 목표는 1) 관련 프로그램 등의 정보 제공 2) 지역사회 발전에 이바지하는 PR 강화 3) 지역사회 스포츠 발전 촉진 등이다.

02 스포츠시설에 대한 적합한 홍보 및 광고 방법을 모두 고른 것은?

| ㄱ. 보도자료 제공 ㄴ. 종업원의 친절성 제고 |
| ㄷ. 포스터 제작·부착 ㄹ. 이벤트 개최 |
| ㅁ. 셔틀버스 광고 및 운영 |

① ㄱ, ㄴ, ㄹ ② ㄷ, ㄹ, ㅁ
③ ㄱ, ㄴ, ㄷ, ㅁ ④ ㄱ, ㄴ, ㄷ, ㄹ, ㅁ

[정답] ④ [해설] 보기 모두가 방법이다.

03 스포츠 센터의 판매촉진(SP) 수단으로 적합하지 않은 것은?
① 오픈 캠페인 입회비 할인 ② 이벤트 개최
③ 무료 이용 기회 제공 ④ 인적판매

[정답] ④ [해설] 인적판매는 판매촉진이 아니다.

05 다음 중 FCB Grid 모델에서 엄격히 회원 관리가 이루어지는 고가의 골프장 회원권 등이 해당하는 공간은?
① 고관여/이성 공간 ② 고관여/감성 공간
③ 저관여/이성 공간 ④ 저관여/감성 공간

[정답] ① [해설] 고가의 골프장 회원권의 구매는 이성/고관여 영역이다.
[참고] FCB 모델 : 다음 페이지 참조

04 스포츠시설의 FCB(Foote Cone & Belding) Grid 모델에 대한 설명으로 틀린 것은?
① FCB Grid 모델은 4개의 공간으로 구성된다.
② 제1 공간은 고관여-이성 공간으로 이곳에 속하는 제품은 소비자들이 구매 시 많은 정보를 탐색하는 특징을 보여준다.
③ 제2 공간은 고관여-감성 공간으로 담배, 술, 청량음료, 영화 등이 해당된다.
④ 제3공간은 저관여-이성 공간으로 브랜드 충성도가 습관을 형성하게 된다.

[정답] ③ [해설] 제2 공간은 느낌을 중시하므로, 고급 브랜드, 고가품 등에 해당한다.

요점 FCB 모델

1) 모델

	이성 중시	감성 중시
고관여	**제Ⅰ공간 : 이성/고관여** • 합리성과 정보를 생각하는 소비자 • 모델 : 인지→느낌→구매 • 광고 방법 : 구체적 정보 제시 • 소비자 행동 : 합리적 소비	**제Ⅱ공간 : 감성/고관여** • 감성적 느낌을 중시하는 소비자 • 모델 : 느낌→인지→구매 • 광고 방법 : 제작상의 효과 강조 • 소비자 행동 : 충동적 소비
저관여	**제Ⅲ공간 : 이성/저관여** • 습관적으로 행동하는 소비자 • 모델 : 구매→인지→느낌 • 광고 방법 : 상표 상기가 중요 • 소비자 행동 : 습관적 소비	**제Ⅳ공간 : 감성/저관여** • 반응이 신속한 자기만족 소비자 • 모델 : 구매→느낌→인지 • 광고 방법 : 주의를 집중시키도록 • 소비자 행동 : 문화 순응 소비

2) 설명
FCB는 Foote Cone & Belding의 약어로, 미국의 유명 광고회사 이름에서 유래되었다. 인간의 관념에 존재하는 소비 행동에 대한 인식과 상품의 특성을 조합하여 체계화시킨 모델이다.

---

4. 관람 스포츠상품

01 스포츠소비자가 구입하는 주요 상품의 연결이 잘못된 것은?
① 팬 – 경기관람권
② TV 방송국 – 중계권
③ 기업 – 경기 명칭 사용권
④ 스포츠 단체 – 로고와 캐릭터 사용권(라이선싱)

[정답] ④ [해설] 라이선싱은 기업이 구입하는 상품이다.

02 관람 의사결정에 영향을 미치는 요소로 거리가 먼 것은?
① 접근성 ② 사용 편의성 ③ 쾌적성 ④ 유희성

[정답] ④ [해설] 관람 의사결정에 영향을 미치는 요소는 ① 접근성 ② 사용 편의성 ③ 쾌적성 ④ 관람 비용 ⑤ 팀 지지도 ⑥ 관람 촉진 요인 등이다. 같은 내용으로 '타이틀 스폰서'가 오답 찾기의 정답으로 출제될 수 있다.

03 관람 스포츠 경기장 안팎의 공간을 이용해 펼칠 수 있는 사업 중 그 성격이 다른 것은?
① 경기장 내 상업 시설 공간 ② 펜스 공간
③ 경기장 외벽 공간   ④ 선수 유니폼

[정답] ① [해설] ①을 제외한 나머지는 경기와 관련된 공간이다.

04 광고 효과 측정 및 경기장 광고 가격 산정에 활용되는 NTIV(Net TV Impression Value)란 무엇인가?
① TV 중계프로그램의 도달 범위를 감안한 광고 가치
② 시청률을 감안한 광고 가치
③ 시청인구를 감안한 광고 가치
④ TV 노출을 광고료로 환산한 가치

[정답] ④ [해설] NTIV는 TV 중계방송에 나오는 특정 상품의 노출 시간 전체를 측정하여 이를 동일한 시간대의 광고료와 비교하여 계산한 금액을 나타내는 것으로, 광고 효과측정 및 경기장 광고의 가격 산정에 참고한다. 전광판, A보드, 모자, 유니폼 등 다양한 형태의 로고가 노출되는 전체 시간을 적용한다.

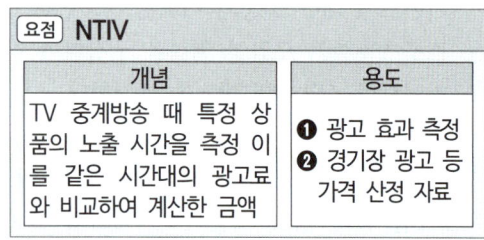

개념	용도
TV 중계방송 때 특정 상품의 노출 시간을 측정 이를 같은 시간대의 광고료와 비교하여 계산한 금액	❶ 광고 효과 측정 ❷ 경기장 광고 등 가격 산정 자료

[용어] **NTIV** : Net Television Impression Value로, 처음 시작한 미국 광고회사 이름이 NTIV이었다.

05 국내 프로구단의 경기장 내 수입원과 가장 거리가 먼 것은?
① 입장 수입
② PSL(Personal Seat Licensing) 판매 수입
③ 식음료 판매 수입
④ 라이선싱 및 머천다이징 판매 수입

정답 ④ 해설 ④는 경기장 수입이 아니다.

06 국내 프로야구 경기장 내 수입원과 가장 거리가 먼 것은?
① 입장 수입   ② 중계권 판매
③ 식음료 판매 ④ 기념품 판매

정답 ② 해설 중계권은 경기장 수입원이 아니다.

07 경기장 광고에 대한 설명으로 틀린 것은?
① 경기장 광고의 주요노출 대상은 경기장의 관중과 중계 시 노출될 TV 시청자들이다.
② 경기장 광고는 관중들보다 시청자들에게 노출 효과가 큰 것으로 보고되고 있다.
③ 경기장 광고는 방송 광고보다 상대적으로 가격이 저렴하고 표현 방식이 다양하다.
④ 광고주 입장에서 실정에 맞게 경기장 광고와 방송 광고를 적절히 활용할 수 있어야 한다.

정답 ③ 해설 경기장 광고는 방송 광고보다 가격은 저렴하지만, 표현 방식은 한정적이다.

08 경기장 광고 형태 중 시설 중심 광고가 아닌 것은?
① 전광판 광고   ② A보드 광고
③ 경기 스태프 의복 광고 ④ 경기장 바닥 광고

정답 ③ 해설 스태프 의복 광고는 시설 중심의 광고가 아니다.

09 경기장 내 A보드 광고에 대한 설명으로 틀린 것은?
① 경기장 입장 관객뿐만 아니라 TV 중계 시청자에게 광고 효과를 기대할 수 있다.
② 경기장 외측 면을 따라 설치된다.
③ 광고 효과 제고를 위해 LED 등을 활용하기도 한다.
④ 설치 위치에 따른 광고비용의 차이가 없는 장점을 지닌다.

정답 ④ 해설 A보드 광고는 경기장과 관중석을 구분하기 위해 설치하는 광고판을 말한다. 설치 위치에 따라 광고비용의 차이가 있다.
참고 최근 LED를 사용한 광고는 순환방식을 적용하여 설치 위치를 순환시키기도 한다.

10 스포츠 이벤트 종료 후 주요 선수들의 인터뷰 공간 뒷면에 광고판을 이용하여 후원 브랜드 등을 노출시키는 경기장 광고 형태는?
① 백드럽(backdrop) 광고 ② 가상(virtual) 광고
③ A보드 광고   ④ 인도스먼트 광고

정답 ① 해설 경기 후 감독이나 선수 인터뷰 공간 뒷면 광고는 백드럽 광고이다.

참고 백드럽 광고와 90도 광고

참고 90도 광고 : 골라인에 세워진 광고판은 입간판으로 보이지만 축구장 바닥 면에 제작된 단면 광고이고, 이를 90도 광고라고 한다.

11 A 구단의 입장권 가격은 특석 1만원, 일반석 5,000원, 군경 할인 3,000원으로 3종류이다. 오늘 경기에서 A 구단은 특석 1,000장, 일반석 1만장, 군경 할인 1,000장을 판매하였다. A 구단의 오늘 평균 입장료는 얼마인가?
① 6,000원 ② 5,000원 ③ 5,250원 ④ 4,500원

정답 ③ 해설 평균 입장료는 전체 입장료 판매금액을 판매 입장권 매수로 나눈다.

12 스포츠 입장권 가격의 일반적 특성과 가장 거리가 먼 것은?
① 스포츠 입장권 가격은 수요가 탄력적인 시장 상황에서 매우 쉽게 변경될 수 있다.
② 스포츠 입장권 가격은 가장 강력한 경쟁 도구로 시장 상황에 즉각적으로 대응할 수 있다.
③ 스포츠 입장권 가격은 소비자에게 매우 빠르게 전달되어 인식을 변화시킨다.
④ 스포츠 입장권 가격은 정형화된 체계를 구축하기 용이하다.

정답 ④ 해설 스포츠 입장권 가격은 정형화된 체계를 구축하기 어렵다.

13 스포츠조직이 재원을 확보하기 위한 좌석 라이선스(PSL)에 관한 설명으로 옳은 것은?
① 경기장 건설 사업체가 좌석 사업권을 취득하기 위해 부담하는 비용이다.
② 개인이나 사업체가 좌석에 이름을 각인하는 대가로 부담하는 비용이다.
③ 특정 좌석의 시즌 티켓을 구매할 수 있는 권리를 취득하는 대가로 지불하는 비용이다.
④ 경기장의 모든 좌석을 구매할 때 할인을 받을 수 있는 권리를 취득하는 대가로 지불하는 비용이다.

정답 ③ 해설 PSL은 permanent seat license로 기간 좌석 지정권을 말한다.

14 한 시즌 동안 좌석을 개인에게 지정하여 경기 관람이 가능한 입장권은?
① PSL ② Suit ③ Club Seat ④ Group Ticket

정답 ① 해설 시즌 동안 좌석 지정권은 PSL(permanent seat license)이다.

15 다음 경기에서 홈팀의 입장권 수입은?

경기의 입장권 수익 배분율은 홈팀 72%, 원정팀 28%이고 입장권 가격은 지정석 8,000원, 일반석 6,000원이다. 이날 경기에 관중이 1만명(지정석 5,000명, 일반석 5,000명)이 입장했다.

① 7,000,000원 ② 19,000,000원
③ 50,400,000원 ④ 70,000,000원

정답 ③ 해설 실제 입장권 판매금액을 계산해 홈팀의 수익 배분율로 나누면 된다. {(5,000명×8,000원)+(5,000명×6,000원)}×0.72=50,400,000원이다.

5. 경기장 임대 및 부대사업

01 스포츠시설의 임대 시 고려해야 할 사항과 가장 거리가 먼 것은?
① 임대주의 무형 이익
② 수익의 분배 방법
③ 임대자의 생산원가
④ 스포츠시설 내 설치되는 기구 브랜드

정답 ④ 해설 스포츠시설의 임대 시 설치되는 기구의 브랜드는 거리가 멀다.

02 경기장 임대 시 고려해야 할 사항과 가장 거리가 먼 것은?
① 임대자의 무형 이익 ② 발생 수익의 분배 방법
③ 임대자의 지역적 연고 ④ 임대자의 생산원가

정답 ③ 해설 임대자의 지역적 연고는 고려사항이 아니다.

03 경기장 매점에서 창출할 수 있는 수입의 규모 요인과 가장 거리가 먼 것은?
① 초기 투자 규모 ② 관중 수
③ 이벤트의 유형 ④ 구장의 크기

정답 ④ 해설 구장의 크기에 수입 규모가 받는 영향은 상대적으로 적은 편이다.

04 경기장 임대와 관련된 내용으로 틀린 것은?
① 임대사업의 1차 목표는 경기장의 수익성 제고라 할 수 있다.
② 장기 임대는 제삼자에게 시설의 운영권을 임대하는 방법이다.
③ 임대 시 임대자의 생산원가와 발생 수익의 분배 방법을 반드시 고려한다.
④ 임대주의 무형 이익은 경기장 임대 시 고려할 사항이 아니다.

정답 ④ 해설 임대주의 무형 이익은 경기장 임대 시 고려할 사항이다.

05 프로구단의 매점사업 계약 유형을 전통적인 위탁계약과 관리대행 수수료 계약으로 구분할 때 관리대행 수수료 계약의 장단점으로 옳은 것은?
① 구장 측의 재정적인 부담을 덜게 된다.
② 매점 운영에 대한 감사업무가 단순해진다.
③ 구장 측의 수입이 늘어날 가능성이 있다.
④ 구장 측이 일일 운영계획을 할 필요가 없다.

정답 ③ 해설 관리대행 수수료 방식은 위탁경영 방식보다 관리가 상대적으로 복잡하지만, 수입이 늘어날 가능성이 있다.

06 다음 중 경기장 부대사업에 관한 내용으로 옳지 않은 것은?
① 명칭 사용권(Naming Rights)은 부대사업을 통한 수익성 제고에 도움이 된다.
② 부대사업의 위탁 운영 방식에는 크게 위탁계약 방식과 관리대행 방식이 있다.
③ 위탁계약 방식으로 부대사업을 운영하면 스포츠조직의 수익증대 효과가 있다.
④ 위탁계약 방식은 피위탁자의 명의로, 보증금 납부 형태로 운영되는 것이 일반적이다.

정답 ③ 해설 위탁계약 방식은 관리대행 수수료 방식보다 수입이 늘어날 가능성이 작다.

07 다음 중 Naming Rights를 올바르게 설명한 것은?
① 일정 기간의 대회 명칭 사용권이다.
② 스포츠조직이 라이선시의 특정 브랜드명을 스포츠 PR에 활용하는 권한이다.
③ 일정 기간의 구장 명칭 사용권이다.
④ 기업의 브랜드 프로퍼티 권한이다.

정답 ③ 해설 Naming rights는 구장 명칭 사용권이다.

08 구장 명칭 사용권(Naming Rights)이 가장 활성화된 나라는?
① 스페인 ② 한국 ③ 미국 ④ 러시아

정답 ③ 해설 Naming rights가 가장 활성화된 나라는 미국이다.

09 자치단체가 소유하고 있는 경기장에 기업이 자신의 이름을 사용할 수 있는 권리는?
① 구장 명칭 사용권 ② 구단 명칭 사용권
③ 네이밍 라이선스권 ④ 경기장 스폰서십권

정답 ① 해설 문제는 구장 명칭 사용권을 설명하고 있다.

10 국내 프로스포츠구단 중 구장 명칭권 활용의 하나로 역명 부기권을 계약하여 사용한 최초의 구단은?
① 롯데자이언츠 ② LG트윈스
③ SK와이번스 ④ FC서울

정답 ③ 해설 프로야구 SK와이번스는 지하철을 운영하는 인천메트로와 계약을 체결하여 인천지하철 문학경기장역 이름에 SK와이번스역이라는 명칭을 부기하는 계약을 체결하였다.

 **편집후기**

많은 분이 합격하여 스포츠경영이 더욱 발전하기를 빕니다.
필기는 물론 실기까지 꼭 합격하십시오.

스포츠경영의 발전 가능성은 매우 크다고 확신하면서, 이를 더욱 발전시켜 보겠다는 의무감으로 오랜 밤을 지새우고, 어려운 작업을 끝냈습니다. 교정을 볼 때마다 나오는 탈·오자는 10번 이상을 봤기에 어느 정도 자신을 갖습니다. 그러나 이런 일은 중요하지 않습니다. 아직 시험 칠 기간이 많이 남아있음에도 불구하고, 어떤 유형의 문제가, 어떤 형태로 출제될 것이라는 느낌을 만들어야 하고, 이를 책에 반영해야 하는 절차는 결코 수월한 일이 아니었습니다.

쉽게 설명하고, 빨리 이해할 수 있도록 문제해설에 도식화·도표화를 하였고, 암기 사항을 정리하였습니다. 2005년부터 실시된 시험문제를 분석하여 해당되는 부분에 넣었기에 학습하면서 바로 출제유형을 이해하고, 출제될 예상문제를 머릿속에 연상할 수 있도록 편집하는 등 열정을 담았습니다. 이 책의 80% 정도만 이해할 수 있다면 필기시험은 무난히 합격할 수 있을 것입니다. 다음은 실기시험의 합격입니다. 실기시험은 합격률이 낮으므로, 필기시험처럼 준비해서는 어렵습니다.

큰 노력에도 불구하고, 분량이 많은 책은 본의 아니게 오, 탈자가 나올 수 있고, 인쇄가 끝난 후 살펴보면 논리적 오류가 발생할 수 있습니다. 인쇄 후 오류가 발견되면 이를 알리는 방법은 다음카페의 스포츠경영관리사 도서 내용 수정에 이를 게시합니다. 다소 불편함이 있더라도 시험 전에 꼭 방문하여 확인하시기를 부탁드립니다.

필기시험의 합격은 물론 실기시험까지 합격하여 우리나라 스포츠의 발전과 이를 더욱 촉진하는 스포츠경영의 확산을 위해 함께 머리를 맞댈 기회가 있기를 기원합니다. 이 책으로 공부하신 많은 분의 합격 소식을 기다리겠습니다.

저자 **장승규** 드림

 **저자소개**

장 승 규
- 동국대학교, 연세대학교 대학원, 명지대학교 대학원 졸업
- 경영학박사
- 한국능률협회, 롯데제과(주) 근무
- 한국경영컨설팅협동조합 이사장 역임
- 명지대학교, 서울벤처대학원대학교 교수 역임
- 현) 스포츠경영발전협의회 공동대표, 지식닷컴 집필인 대표
- 2005년 스포츠경영관리사 자격 취득
- 연락처 : 010-6291-1131 jisig@paran.com

스포츠경영관리사 합격 시리즈 ❸

2025 제21차 개정판

장승규의
스포츠경영관리사
실기 키포인트

저자 경영학박사 장승규

수록과목
스포츠산업 · 스포츠경영 · 스포츠마케팅 · 스포츠시설

cafe.daum.net/sports31

스마트폰에서 스캐닝

필기와 실기 모두 70점 이상으로 합격하는
스포츠경영관리사 합격 시리즈 ❸
장승규의 스포츠경영관리사 실기 키포인트

저자 장 승 규

발행 : 2025. 1. 1
인쇄 : 2025. 1. 1

발 행 인 : 손현숙
책임편집 : 정해동
편집진행 : 장인철·이해성·박찬호
발 행 사 : 지식닷컴
연 락 처 : 02-848-6865
팩   스 : 0303-0009-0000
카   페 : http://cafe.daum.net/sports31

국립중앙도서관
서지 정보

ISBN 979-11-91834-39-0   정가 **28,000원**
ISBN 979-11-91834-37-6(3권)   정가 **32,000원**

· 저작권법에 따라 무단으로 전재하거나 복제할 수 없습니다.
· 잘못된 책은 구입처에서 교환해 드립니다.

올바른 책의 선택이 합격의 결정적 요소입니다.

스포츠경영관리사 실기시험은 필기시험에 합격한 사람이 응시하므로 필기시험을 공부하면서 시험 개요 등에 대해서는 이해하고 있을 것입니다. 시험이 시행된 지난 20년간 합격률을 살펴보면 필기시험은 60~70%에 이르지만, 실기시험은 상대적으로 저조하여 약 30~40%에 이르고 있습니다. 필기시험은 조금만 공부해도 합격할 수 있지만, 실기시험은 그렇지 않습니다. 출제방식이 객관식에서 주관식으로 바뀌기 때문에 공부를 많이 한 사람과 그렇지 못한 사람들 간에는 차이가 크게 나타납니다. 실기시험은 필기시험에서 통할 수 있는 벼락치기 학습으로는 합격하기 어렵습니다.

처음 시험이 시작된 2005년부터 출간하여, 한 해도 거름 없이 출판된 장승규의 스포츠경영관리사 시리즈는 올해 제21차 개정판을 출판합니다. 책은 시험 과목을 이론편과 문제편으로 나누고, 문제편은 다시 필기와 실기로 구분하여 3권의 책으로 시리즈화 하였습니다. 특히 실기시험은 2024년 3번의 시험에서 출제된 60개 문제가 모두 이 책에 수록된 문제와 똑 같았습니다. 자랑을 늘어놓아 송구스러운 마음이지만 실제 책으로 공부한 후 시험을 치면 결코 과장된 것이 아니라는 것을 알 수 있을 것입니다. 응시하는 많은 사람이 합격하여 자격 취득과 더불어 스포츠경영의 확산에 이바지해 주시기 바랍니다.

이 책의 완성을 위해 많이 노력한 여러분께 감사의 말씀을 드립니다. 아울러 학습 도중에 질의 사항이 있으면 마지막 페이지에 나와 있는 연락처로 연락하십시오. 특히 다음카페에 저자가 운영하는 스포츠경영카페의 자유게시판을 이용하면 더욱 편리합니다. 공부하시는 많은 분이 합격하시길 빕니다.

2025년 1월 1일

저자 **장승규** 드림

- ■ 시리즈 제1권 스포츠경영관리사 기본 이론서 … 별책

- ■ 시리즈 제2권 스포츠경영관리사 필기 문제은행 … 별책

- ■ 시리즈 제3권 스포츠경영관리사 실기 키포인트
  - ■ 실기 키포인트를 학습하기 전 미리 알아 둘 사항 … 4
  - ■ 실기시험 과목별 문제 풀기 … 7
    - ● 제1과목 스포츠산업 … 7
    - ● 제2과목 스포츠경영 … 51
    - ● 제3과목 스포츠마케팅 … 87
    - ● 제4과목 스포츠시설 … 107

실기 키포인트를 학습하기 전 미리 알아 둘 사항

※ 이 내용은 시리즈 ❶의 〈기본 이론서〉에 실린 것으로, ❶의 수록 내용 중 실기 응시자를 위해 내용 일부를 요약한 것입니다. 시리즈 3권 전체를 구입하였으면 내려받을 필요가 없지만, 시리즈 ❸ 〈실기 키포인트〉만 구입하였으면 아래 URL 또는 QR 코드로 전체를 내려받아 활용하는 것이 좋습니다.
URL : https://cafe.daum.net/sports31/IQ27/1425

1. 스포츠경영관리사 실기시험 간보기

1) 실기시험 개요

① 시험 일정(2025년)

구분	필기시험			실기시험		
	원서접수	시험	발표	원서접수	시험	발표
제1회	1/10(화)~13(금)	2/13(월)~28(화)	3/21(화)	3/28(화)~31(금)	4/23(일)	6/9(금)
제2회	4/17(월)~20(목)	5/13(토)~6/4(일)	6/14(수)	6/27(화)~30(금)	7/22(토)	9/1(금)
제3회	8/7(월)~10(목)	9/2(토)~17(일)	9/22(금)	10/10(화)~13(금)	11/5(일)	12/13(수)

② 시험 방식

구분	필기시험				실기시험			
	시험 방법	시험 과목	문제 수	시험시간	시험 방법	시험 과목	문제 수	시험시간
내용	객관식, CBT	4과목	100문제	2시간 30분	주관식, PBT	1과목	15~24문제	3시간

2) 필기시험과 실기시험의 차이

① 시험 과목

구분	필기시험	실기시험
과목	스포츠산업, 스포츠경영, 스포츠마케팅, 스포츠시설 (4과목)	스포츠마케팅 및 스포츠시설경영 실무 (1과목)

② 시험 형식
  ㉠ 필기시험은 CBT(computer based test) 방식이지만, 실기시험은 PBT(printer based test) 방식이다.
  ㉡ 필기시험과는 달리 응시자가 같은 시간과 장소의 집합 상태에서 프린트물로 시행된다.
  ㉢ 필기시험은 답안을 컴퓨터에 제출하면 과목별 점수와 합격 여부가 바로 판정되지만, 실기시험은 답안지에 제출하면 채점과정을 거쳐 약 40~45일 이후에 합격자가 발표된다.
  ㉣ 반드시 흑색 볼펜을 사용하여 답을 작성한다. 필기시험은 컴퓨터에서 계산기를 사용할 수 있었지만, 실기시험은 개인별로 계산기를 지참하는 것이 좋다.

3) 필기시험 합격자의 실기시험 응시 기한

① 응시 기한 : 필기시험에 합격하고 난 후 실기시험에 응시하지 않았거나, 합격하지 못하면 필기시험 합격자 발표일로부터 2년간 시행되는 실기시험에 응시하면 된다.
② 날짜 계산 : 실기시험 원서접수 마감일이 필기시험 합격자 발표일로부터 2년 이내면 응시 자격이 있다.

2. 실기시험 70점 받아 합격하기

1) 실기시험 유의사항
① 출제 문제 수와 문제별 배점
　㉠ 출제 문제 수 : 15~24문제가 출제되도록 정해져 있고, 매회 20±2문제가 출제되고 있다. 최근 3년간 9번 시험에서 8번은 20문제, 1번은 18문제가 출제되었다.
　㉡ 문제별 배점 : 문제별로 중요도 또는 난이도에 따라 배점이 다르다. 대부분 1문제당 3~6점으로 배점되고 있다. 문제 마지막에 배점이 표시되어 있다.
② 복수의 답이 요구되는 문제의 채점 방법
　㉠ 몇 가지 답이 요구되는 문제는 요구한 수준만큼 채점에 반영하고, 나머지는 채점하지 않는다. '~에 대하여 3가지를 쓰시오.'라는 문제에 4가지를 적었으면 3번째까지만 채점하고, 4번째부터는 채점에 반영하지 않는다.
　㉡ 3가지 중 2개는 정답이고, 1개가 오답이면 2개만 정답으로 채점하여 부분 점수를 적용한다.
　㉢ 한 항목에 여러 가지를 기재하더라도 한 가지로 보며, 그중 정답과 오답이 함께 있으면 오답으로 처리한다.
③ 시험지 구성과 필기구 : 문제지에는 답안을 적는 공간이 있으며, 계산 등은 시험지 아래의 계산란을 이용할 수 있다. 사용 필기구는 검정색 볼펜으로 한정되고, 사인펜이나 기타 필기구 사용할 수 없다.

2) 실기시험 출제유형
① **단답형** : 간단한 용어의 답을 요구하는 유형으로, 1가지만 요구하기도 하지만 여러 가지를 함께 요구하는 유형이 대부분을 차지한다.(사례 스포츠조직의 투자 결정 기법 종류를 3가지를 쓰시오.)
② **서술형** : 원리, 용어 또는 현상 등에 관한 내용을 기술하는 형태의 문제 유형이다. (사례 상품과 서비스를 포지셔닝할 때 일반적으로 고려해야 하는 사항 4가지를 쓰시오.)
③ **혼합형** : 단답형과 서술형이 혼합형태로 출제되는 유형으로, 비교적 높은 점수가 배점되는 특징을 갖고 있다. (사례 마케팅믹스의 개념을 설명하고, 마케팅믹스 요소 4가지를 쓰시오.)
④ **계산형** : 계산과정을 포함하는 형태이다. 공식을 암기해야 하고, 수작업으로 계산하기에는 복잡하므로 시험장에 계산기를 지참하는 것이 좋다. 계산기는 공학용 계산기는 사용할 수 없지만, 개인이 소지한 대부분 계산기는 사용할 수 있다.(사례 A 회사가 생산하는 X 제품 한 개의 판매가격은 500원이고, 단위당 변동비는 250원이다. 고정 영업비가 100만원이라면 손익분기점에 해당되는 매출액은 얼마인가? 단 계산과정을 적어야 한다.)
⑤ **형태별 출제 비율** : 정확한 통계는 없지만 대략 단답형·서술형·절충형이 각각 30% 내외로 출제되고, 계산문제가 1문제 내외로 출제되고 있다.

3) 실기시험의 출제 다빈도 과목
① 실제 시험과목 : 실기시험은 명목상 1과목(스포츠마케팅 및 스포츠시설경영 실무)이지만, 실제는 필기시험과 같이 4과목으로 구분할 수 있고, 과목별 출제 비율은 크게 차이가 난다.
② 출제 다빈도 과목
　㉠ 출제 문제의 과목별 분포 : 최근 3년간 총 9회에 걸친 시험에서 스포츠마케팅이 약 44%, 스포츠경영에서 34% 정도이며, 이 둘을 합치면 78% 수준으로 전체의 75% 이상이다.
　㉡ 배점 기준 : 옆 표는 최근 3년간 시행된 실기시험의 배점 기준 출제 비율이다.
　㉢ 선택과 집중 : 출제 다빈도 과목에 시간과 노력을 많이 투자해야 한다.

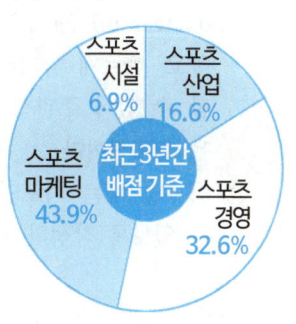

3. 책의 활용법

1) 사용 기호 설명
① 일반적 기호 설명

기호	설명
KP KP	키포인트이다. 시험 준비는 키포인트로 요점만 외우고, 시험장에서는 이를 바탕으로 적절한 조사나 형용사를 보태 문장을 완성하는 것이 좋다. 채점자의 관점에서 볼 때 답안의 핵심 용어의 포함 여부와 함께 문장 구성도 고려할 것으로 판단된다. 청색 바탕이 대부분이지만 회색 바탕은 출제 가능성이 거의 없고, 내용 이해에 도움을 주기 위함이다.
암기	꼭 암기해야 할 내용으로, 주로 단답형 문제로 구성되며, 출제 가능성이 높은 부분이다.
보충	보충은 문제와 관련하여 추가로 알고 있어야 하는 내용이다.
경향	출제되는 경향을 나타낸 부분이다.
인명	인명은 내용 이해에 도움이 될 수 있도록 사람 이름과 간단한 경력을 수록한 부분이다.
용어	사용 용어를 설명하는 부분이다.
참고 참고	출제 가능성이 없지만, 내용 이해에 도움이 되는 부분이다. 실제 '~를 3가지 쓰시오.'라는 단답형 문제에서 답안 내용의 이해를 돕기 위한 설명으로, 대부분 암기의 필요성이 없다.

② 문제 번호의 구분

번호	중요도	설명	비고
01	매우 중요	출제 가능성이 높아 당연히 암기해야 하는 사항이다.	문제를 구분하는 것은 응시자의 시간과 노력의 적정 배분을 목적으로, 20년 이상 경험을 바탕으로 구성하였다.
02	중요	출제 가능성이 있어 암기하는 것이 좋다.	
03	보통	출제 가능성이 거의 희박한 문제이다.	

③ 책의 장점
  ㉠ 스포츠경영관리사 자격시험이 시행된 2005년부터 이제까지 21년 동안 출제 경향을 분석하고, 공부하면서 쉽게 이해하고, 오래 기억할 수 있도록 만들어진 책이다.
  ㉡ 출제 예상문제의 키포인트를 만들어 요점을 이해하고, 오래 기억할 수 있도록 하였으며, 많은 부분을 도식화하여 쉽게 이해와 오래 기억할 수 있도록 만들었다.
  ㉢ 꼭 기억해야 할 내용은 암기 기호를 사용하여 학습에 도움이 되도록 만들었다.

나. 키포인트로 외우자
  ㉠ 실제 문제의 모범 답안은 문장이 길고, 형식을 갖춰 체계적으로 설명되어야 하지만, 한두 개의 단어로 요약하여 문제 전체를 연상할 수 있도록 만들어진 압축 문장이 키포인트이다.
  ㉡ 키포인트는 그림(picture)과 전보(telegram) 형태의 짧은 문장(text)으로 만들어진 픽트그램(pictegram) 방식으로, 쉽게 이해하고, 빠르게 암기하며, 오래 기억할 수 있어 주관식 시험공부에 매우 효과적이다.

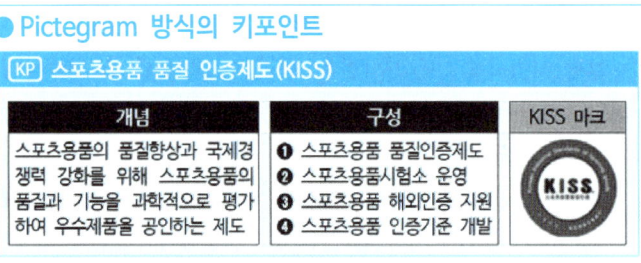

  ㉢ 공부할 때는 키포인트를 활용하지만, 실제 시험에서는 조사 등을 추가하여 체계적인 문장이 될 수 있도록 작성하는 것이 점수를 받는 데 유리하다.

제1과목 스포츠경영

세부목차

제1장 스포츠 비즈니스 전략 ··· 8
1. 스포츠 비즈니스 전략 ··· 8
2. 사업 구조 분석 ··· 9
3. 성장전략 ··· 13
4. 경쟁전략 ··· 14
5. 최고경영자 ··· 16

제2장 스포츠 조직 활성화 ··· 18
1. 스포츠 조직의 구조 ··· 18
2. 인적자원관리 ··· 21
3. 조직 활성화 ··· 26

제3장 스포츠 파이낸싱 ··· 32
1. 재무관리 ··· 32
2. 원가계산 ··· 35
3. 재무성과 평가 ··· 37
4. 손익분기점 분석 ··· 40
5. 자본 조달 ··· 47
6. 투자 결정 ··· 42

제4장 스포츠 이벤트 및 생산관리 ··· 46
1. 스포츠 이벤트 ··· 46
2. 스포츠 생산관리 ··· 47
3. 경영정보시스템 ··· 49

제1장 스포츠 비즈니스 전략

1. 스포츠 비즈니스 전략

01 스포츠 조직이 경영전략을 수립할 때 고려해야 할 사항을 쓰시오.

답안 스포츠 조직의 경영전략 수립 고려사항은 내부환경과 외부환경으로 구분하여, 내부환경에서는 강점과 약점, 외부환경은 기회 요인과 위협 요인을 고려해야 한다.

보충 SWOT 분석 : 옆 표는 경영전략의 전체적 흐름을 알 수 있을 뿐 아니라 '제3과목 스포츠산업 이해하기'에서 다루는 'SWOT 분석'의 기초가 된다. 본래 SWOT 분석은 '제1과목 스포츠경영 이해하기'에서 다루어야 하지만 중복을 피하려고 '제3과목'에만 게재되어 있다.

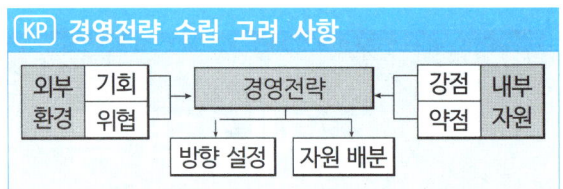

KP 경영전략 수립 고려 사항

02 스포츠 조직이 경영전략을 수립할 때 조직의 규모와 업종 전체적 조직구조 형태를 고려해야 하는데, 이때 적용하는 계층적 전략 수립과정을 3단계로 구분하여 쓰고, 각각 설명하시오.

답안 1) 전사적 전략 : 기업 전체의 목표 달성을 위한 전략
2) 사업부 전략 : 특정 사업 부분에서의 전략
3) 기능별 전략 : 상위 전략의 실행 수단 역할을 하며, 기능별 자원분배와 효율성 향상을 목표로 하는 전략

KP 전략 수립

개념	계층별
조직 목표 달성을 위해 수행 방향을 정하는 것으로, 지속적 경쟁우위 확보, 장기적 활동 방향과 자원 활용 방법을 제시하는 활동계획	❶ 전사적 전략 ❷ 사업부 전략 ❸ 기능별 전략

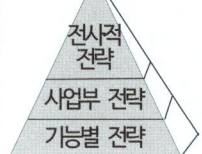

03 스포츠 조직의 전략사업단위의 개념을 설명하고, 전략사업단위가 될 수 있는 요건 3가지를 쓰시오.

답안 1) 전략사업단위란 비즈니스 전략을 수립하고, 집행하고, 통제하는 기본 단위를 말한다.
2) 전략사업단위의 요건은 ① 다른 전략사업단위와 구분할 수 있는 독자적 사업과 분명한 목표가 있어야 하며 ② 시장에서 경쟁자와 경쟁 관계가 성립되어야 하고 ③ 생산, 마케팅, 자금 등의 독자적 통제 능력을 갖추어야 한다.

KP 전략사업단위(SBU)

개념
비즈니스 전략을 수립·집행·통제하는 기본 단위

SBU 성립 요건
❶ 다른 SBU와 구분되는 독자적 사업영역과 목표
❷ 시장에서 경쟁자와 경쟁 관계 성립
❸ 생산·마케팅·자금 등 기능별 독자적 통제 능력

보충 전략적 계획(strategic plan) : 전략적 계획이란 전략사업단위와 연관된 개념으로, 조직의 임무, 목표, 자원분배 등에 관한 의사결정을 수립하는 계획이다.

용어 SBU : strategic business unit의 약어로, 전략적 사업단위를 뜻한다.

04 스포츠 조직의 경영전략은 조직의 미션과 비전을 바탕으로 한다. 미션과 비전의 개념을 설명하시오.

답안 1) 미션이란 조직의 존재 목적과 사회적 사명을 말하고
2) 비전이란 조직의 지속적 성장을 통해 미래에 달성하고자 하는 조직의 상을 의미한다.

KP 미션과 비전

미션(mission)
❶ 개념 : 조직 존재 목적과 사회적 사명
❷ 내용 : 미션 달성을 위해 조직이 존재하며, 미션에 따라 전략의 구체화가 가능

비전(vision)
❶ 개념 : 성장전략을 통해 미래에 달성하고자 하는 조직의 상
❷ 내용 : 비전을 구체화하면 조직 목적 설정과 발전 방향이 수립되고, 비전은 구성원에게 발전 방향을 제시하고, 조직에 활력 부여

2. 사업구조분석

01 스포츠 경영전략 중 포트폴리오 전략의 의미를 설명하고, 그 특징과 대표적인 전략모형을 2가지 쓰시오.

답안 1) 포트폴리오 전략은 기업이 부분별로 전개되는 사업의 환경을 분석하고 이에 대응할 수 있을 전략을 개발하거나 최적의 투자 방법을 결정하는 활동을 말한다.
2) 포트폴리오 전략의 특징은 첫째 다양한 여러 사업부의 현재와 미래의 사업에 대한 환경분석을 통해 향후 전략을 수립할 수 있으며, 둘째 자원 배분, 전략 수립, 목표설정, 평가 등에 사용할 수 있다.
3) BCG 매트릭스와 GE/맥킨지 매트릭스가 포트폴리오 전략의 대표적 모형이다.

KP 포트폴리오(portfolio) 전략

개념
조직은 다양한 사업을 전개하므로, 사업별 환경분석으로, 적응 전략을 개발하거나, 최적 투자 방법 결정 활동

특징	대표적 모형
❶ 사업 환경분석으로 전략 수립 목적 ❷ 자원 배분, 전략 수립, 목표설정, 평가 등에 사용	❶ BCG 매트릭스 ❷ GE/맥킨지 매트릭스

암기 포트폴리오 : 〈포트폴리오는 빅맥이다〉이다. BCG 매트릭스, 맥킨지 매트릭스
경향 포트폴리오 전략 출제 경향 : 포트폴리오 전략 중 BCG 매트릭스에서는 많은 문제가 출제되고 있지만, GE/맥킨지 매트릭스에서는 상대적으로 적다. GE/맥킨지 매트릭스는 사업의 강점과 산업 매력도의 2가지를 강·중·약의 9개 영역으로 구분하고 있다는 것을 기억하면 된다.
용어 BCG : 보스턴컨설팅그룹을 뜻한다.

02 BCG 매트릭스는 성장률과 점유율을 기준으로 4가지 영역으로 구분한다. BCG 매트릭스의 개념과 4가지 영역을 설명하시오.

답안 1) BCG 매트릭스의 개념 : 보스턴컨설팅그룹이 개발한 기법으로, 시장성장률과 상대적 시장점유율로 구성되어 있다. 시장성장률은 사업부가 속한 시장의 성장률을 나타내며, 구분은 경제성장률 등을 기준으로 한다. 상대적 시장점유율은 해당 시장에서 점유율이 가장 높은 기업에 대한 자사를 비교하여 결정한다.
2) 4가지 영역은 Star, Question Mark, Cash Cow, Dog으로 구분한다.
경향 BCG 매트릭스 출제 경향 : 경영전략을 논할 때 가장 먼저 BCG 매트릭스가 거론된다. 시험에도 자주 출제되는 출제 다빈도 부분이다. 다음 페이지의 각 매트릭스와 분면별 특징의 암기는 물론 BCG 성장주기 또한 기억해야 한다.

KP BCG 매트릭스

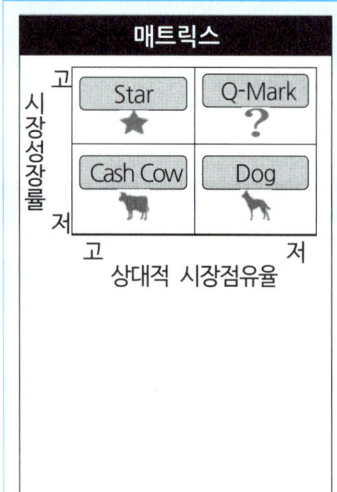

구분	특징
Star	• 높은 시장점유율과 시장성장률 • 현금의 많은 소비와 창출 • 향후 주력사업으로 성장 가능 • 지속 성장을 위한 집중 투자 필요
Q-mark	• 낮은 시장점유율과 높은 시장성장률 • 시장 성장 가능성이 크다. 시장점유율 증대가 필요 • 시장점유율 상승을 위한 노력이 요구
Cash cow	• 낮은 시장성장률과 높은 시장점유율 • 많은 현금 창출로 다른 부분에 투자자금 제공 • 성장률이 낮으므로 투자 억제
Dog	• 낮은 시장점유율과 시장성장률 • 시장 위치가 불안하며, 현금 창출·점유율 상승이 어렵다. • 현금 유입보다 유출이 많고, 철수·규모 축소 검토 필요

03 옆 표는 보스턴컨설팅그룹이 제시한 BCG 매트릭스이다. 표 속의 (가), (나)에 적합한 용어를 쓰시오.

답안 가) 시장성장률 나) 상대적 시장점유율
보충 상대적 시장점유율 : BCG 매트릭스에서는 시장점유율(M/S)이 아니고, 상대적 시장점유율(RMS)을 적용한다.

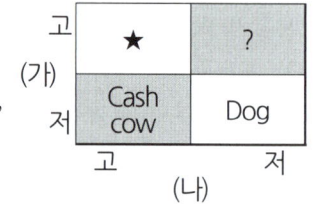

04 상대적 시장점유율의 개념과 계산 공식을 설명하시오.

답안 1) 상대적 시장점유율의 개념 : 어느 시장에서 1위 기업을 1로 하여 특정 기업의 점유율을 말한다.
2) 상대적 시장점유율의 계산 공식 : (어느 시장에서 특정 기업의 시장점유율/어느 시장에서 가장 큰 기업의 시장점유율)×100
보충 상대적 시장점유율(RMS, relative market share) : 시장점유율(M/S, market share)은 시장 전체에서 자사 점유율을 계산하지만, 상대적 시장점유율은 특정 시장에서 시장점유율 1위와 비교한 자사의 비율을 나타낸다.

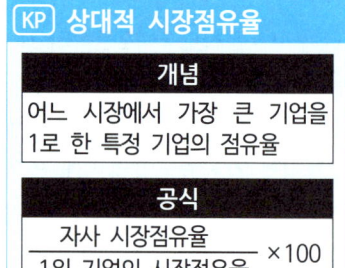

KP 상대적 시장점유율

개념
어느 시장에서 가장 큰 기업을 1로 한 특정 기업의 점유율

공식
$\dfrac{\text{자사 시장점유율}}{\text{1위 기업의 시장점유율}} \times 100$

05 BCG 매트릭스에서 일반적으로 사용하는 분면별 성장주기를 순서대로 쓰시오.

답안 BCG 매트릭스의 일반적 성장주기는 Question Mark → Star → Cash Cow → Dog이다.
보충 BCG 성장주기 : 성장주기는 위 문제 02의 분면별 특징을 설명과 비슷하여 헷갈리기 쉽다. 성장주기는 다른 유형이다.
암기 BCG 성장주기 : 〈BCG가 어느 날 갑자기 나타나 스타가 되더니 다음엔 소가 되고, 개가 된다〉이다. Question Mark→Star→Cash Cow→Dog으로 성장한다.

06 BCG 매트릭스에서 영역별 추구 전략유형을 쓰시오.

답안 1) Star 사업부 : 유지전략, 확대전략
2) Question Mark 사업부 : 확대전략, 수확전략, 철수전략
3) Cash Cow 사업부 : 유지전략
4) Dog 사업부 : 수확전략, 철수전략

07 BCG 매트릭스에서 Star 사업부의 특징 4가지와 주요 전략유형 2가지를 쓰시오.

답안 1) Star 사업부의 특징은 첫째 높은 시장점유율과 시장성장률을 갖고 있으며, 둘째 현금이 많이 소요되고 한편으로 현금이 많이 창출되기도 한다. 셋째 향후 주력사업 부분으로 성장 가능성이 크고, 넷째 집중 투자가 필요하다.
2) 주요 전략유형은 유지전략과 확대전략의 2가지 유형이 있다.

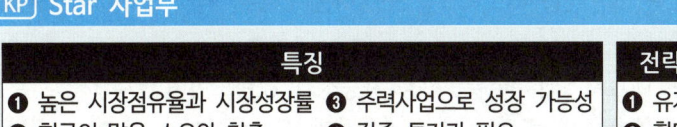

08 BCG 매트릭스에서 Cash Cow 사업부의 분면 위치와 이 사업부가 중요한 이유 3가지를 쓰시오.

답안 1) Cash Cow 사업부의 특징은 시장점유율은 높지만, 시장성장률은 낮은 분면이다.
2) Cash Cow 사업부가 중요한 이유는 첫째 현금이 많이 유입되며, 둘째 수익성이 높고, 셋째 이로 인해 다른 사업에 대해 투자가 가능하다.

09 BCG 매트릭스에서 star 사업부와 question mark 사업부의 특징과 분면별 전략을 쓰시오.

답안 1) Star 사업부 : 시장성장률과 상대적 시장점유율이 높은 분면으로, 유지전략 또는 확대전략이 필요하다.
2) Question Mark 사업부 : 시장성장률은 높지만, 상대적 시장점유율은 낮은 분면으로, 확대·수확·철수전략이 필요하다.

10 갭 분석의 개념을 설명하고, 갭 분석 5단계를 쓰시오.

답안 1) 갭 분석의 개념 : 맥킨지의 경영분석 기법으로, 현재 상태와 목표 상태 사이의 차이를 분석하고, 이를 해결하는 전략을 수립하는 방법이다.
2) 갭 분석의 5단계 : ① 목표(objective) ② 현재 상태(current state) ③ 차이 분석(gap description) ④ 미래 상태(future state) ⑤ 해결 방안(remedy)

[11] GE/맥킨지 매트릭스는 (A)와 (B)를 각각 X, Y축에 놓고, (C) 영역에서 분석한다. ( ) 속에 적합한 용어를 순서대로 쓰시오.

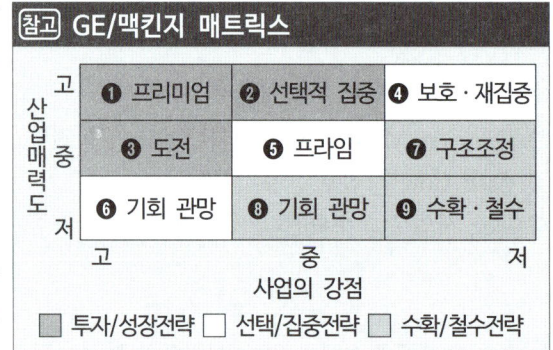

답안 (A) 사업의 강점, (B) 산업 매력도, (C) 9개

보충 GE/맥킨지 매트릭스 : 9개 영역을 외울 필요는 없다. 〈산업매력도〉, 〈사업의 강점〉, 〈9개 영역〉으로 구분한다는 것을 기억하면 된다.

[12] 시장을 분석할 때 기회 매트릭스와 위협 매트릭스를 통해 기회 요인과 위협 요인을 찾는다. 기회 매트릭스와 위협 매트릭스를 구성하는 변수를 각각 2가지씩 쓰시오.

답안 기회 매트릭스의 변수는 성공 가능성과 매력도이며
2) 위협 매트릭스의 변수는 발생 가능성과 심각성이다.

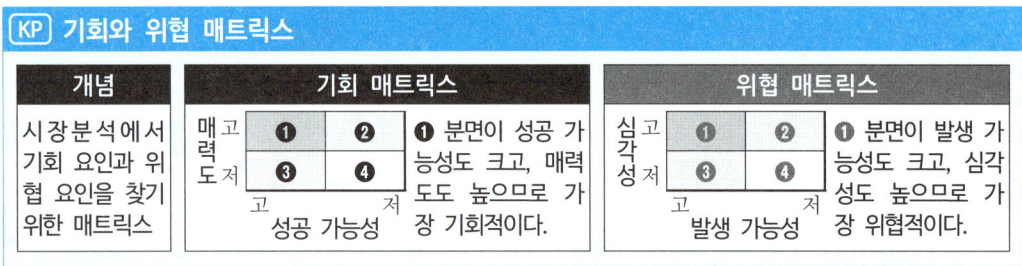

암기 기회와 위협 매트릭스의 변수
1) 기회 매트릭스 : 매력도와 성공 가능성
2) 위협 매트릭스 : 심각성과 발생 가능성

경향 기회와 위협 매트릭스의 출제 가능성 : 기회 매트릭스는 아래 문제 12와 같이 1번 출제된 일이 있지만, 위협 매트릭스는 출제된 일이 없고, 출제 가능성도 희박하다.

[13] 스포츠 조직의 모든 관리자는 조직이 직면하고 있는 기회를 식별하는 데 모든 노력을 기울여야 한다. 예를 들어 KBL에서 다음과 같은 기회 요인을 가졌으며, 이러한 기회 요인의 기회를 매트릭스로 평가한다면 ( ) 속에 들어갈 A, B의 2가지 평가 기준을 쓰고, 이 기회 요인은 매트릭스 영역 가~라 중 어느 영역에 해당하는 그 이유를 설명하시오.

KBL은 최근 참여 스포츠 이용자가 늘어남에 따라 그들을 위한 새로운 리그를 도입하기로 하였다.

	(B) 고	저
(A) 고	(가)	(나)
저	(다)	(라)

답안 1) 매트릭스의 완성 : (A) 매력도 (B) 성공 가능성
2) 영역은 (가) 영역이며, 그 이유는 참여 스포츠 이용자가 늘어나기 때문에 새로운 리그를 창설하면 성공 가능성과 매력도가 높기 때문이다.

3. 성장전략

01 앤소프(Ansoff)가 제시한 성장 벡터에 의한 성장전략의 유형 4가지를 쓰고, 설명하시오.

답안 1) 시장침투전략은 기존제품을 기존시장에서 더 많이 팔 수 있도록 하는 전략
2) 시장개발전략은 기존제품을 새로운 시장에서 팔 수 있도록 하는 전략
3) 신제품개발전략은 기존시장에 새로운 제품을 개발하는 전략
4) 경영다각화전략은 현재 사업과 다른 분야에서 성장 기회를 발견하는 전략

인명 앤소프(Ignore Ansoff) : 수학을 전공한 러시아계 미국인으로, 경영전략 전문가이다. 시장제품 매트릭스로 크게 유명해졌다.

참고 제품-시장 매트릭스 : 성장 벡터라고도 한다.

KP 성장전략

제품-시장 매트릭스

		시장	
		기존시장	신시장
제품	기존 제품	시장침투전략	시장개발전략
	신제품	신제품개발전략	경영다각화전략

성장전략의 유형

구분	내용
시장침투전략	시장점유율 증대전략, 미사용자와 경쟁품 사용자에게 자사 상품 사용 권유
시장개발전략	신시장 개척하는 전략, 잠재고객 발굴로 기존제품으로 욕구 충족
신제품개발전략	잠재수요를 충족하는 신제품 개발전략
경영다각화전략	현재 사업과 다른 분야에서 성장 기회를 발견하는 전략

02 다음은 앤소프의 제품-시장 매트릭스이다. ( ) 속에 적합한 용어를 쓰시오.

		시장	
		기존시장	신시장
제품	신제품	(A)	(C)
	기존제품	(B)	(D)

답안 A) 시장침투전략, B) 신제품개발전략, C) 시장개발전략, D) 경영다각화전략

03 경영 다각화의 개념을 설명하고, 다각화의 종류 3가지를 쓰시오.

답안 경영 다각화란 현재와 다른 분야에서 새로운 시장과 상품을 찾는 전략으로 경영 다각화의 종류는 집중적 다각화, 수평적 다각화, 복합적 다각화로 구분한다.

암기 경영 다각화 종류 : 〈다각화는 집수복〉이다. 집중적, 수평적, 복합적 다각화

참고 경영 다각화의 종류별 설명

구분	내용
집중적 다각화	보유하고 있는 기술이나 마케팅기법을 집중적으로 활용할 수 있는 다각화
수평적 다각화	현재 사업과 관련이 없더라도 현재의 고객이 소구할 수 있는 다각화
복합적 다각화	현재의 기술 및 시장과 관련이 없는 다각화

KP 경영 다각화

개념
현재와 다른 분야에서, 새로운 시장과 상품을 찾는 전략

종류
❶ 집중적 다각화
❷ 수평적 다각화
❸ 복합적 다각화

04 시장침투전략의 개념을 적고, 시장침투전략의 유형 3가지를 쓰시오.

[답안] 1) 시장침투전략의 개념 : 시장점유율을 확대하기 위해 기존시장에 기존제품을 더 많이 팔 수 있도록 하는 전략
2) 중요한 전략유형
① 시장점유율 증대
② 경쟁품 사용자를 고객화
③ 미사용 고객에게 사용 권유

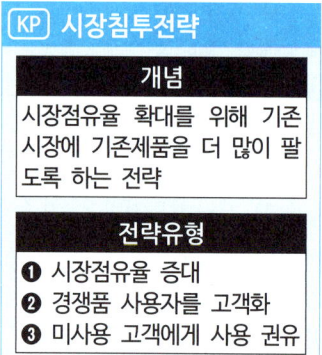

05 기업의 성장전략 중 신제품개발전략의 의미를 쓰고, 스포츠를 예를 들어 설명하시오.

[답안] 1) 신제품개발전략이란 기존시장에 새로운 제품을 개발하는 것으로,
2) 스포츠의 예는 국내 프로축구 K리그가 클래식과 챌린지로 구분되어 운영되고 있다. 이는 기존시장을 대상으로 하여 새로운 상품을 개발한 것이다.
[참고] K리그의 분류 : K리그는 2022년부터 K리그-1, K리그-2로 호칭하고 있지만, 이전부터 사용하던 클래식과 챌린지라는 용어도 함께 사용하고 있다.

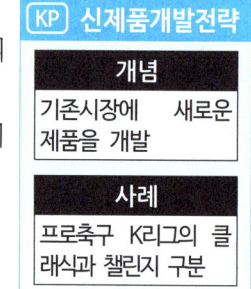

4. 경쟁전략

01 마이클 포터의 경쟁우위의 개념을 설명하고, 경쟁우위 요소 2가지를 쓰시오.

[답안] 1) 경쟁우위란 경쟁자에 비해 상대적 우위를 나타내는 것으로, 경쟁자보다 높은 성과를 실현하거나, 실현할 수 있는 잠재력을 갖추는 것을 말한다.
2) 경쟁우위의 요소는 원가 우위와 차별화 우위이다.

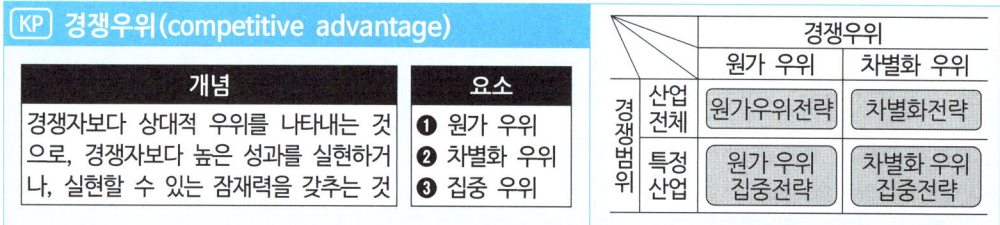

[보충] 경쟁우위의 요소 : 경쟁우위의 요소는 원가 우위와 차별화 우위 2가지이다. 그러나 경쟁전략에서는 이를 바탕으로 집중우위가 포함되어 3가지가 된다. 본원적 경쟁전략에서는 집중우위를 다시 원가 우위 집중, 차별화 우위 집중으로 분리하여, 전체 4가지 전략유형으로 나타난다.
[인명] 마이클 포터(Michael Porter) : 경영전략의 세계 최고 권위자다. 피터 드러커, 톰 피터스와 함께 세계 3대 경영 석학으로 평가받고 있다. 저서 중 '경쟁전략', '경쟁우위', '국가 경쟁우위' 등으로 유명하다.

02 경영전략의 주요 목적은 경쟁우위를 획득하고 이를 지속적으로 유지하는 것이다. Porter가 제시한 경쟁우위 3가지 범주를 설명하시오.

답안 1) 원가 우위 : 원가에 영향을 미치는 여러 요인을 통제하여 더욱 저렴한 가격으로 경쟁우위를 획득
2) 차별화 우위 : 경쟁상품과 비교하여 구별되는 특징을 갖고 경쟁우위를 획득
3) 집중우위 : 특정 집단, 특정 상품, 특정 지역 등 제한된 시장을 집중적으로 공략하여 우위를 획득

경향 **본원적 경쟁전략 출제 경향** : 같은 답이 요구되는 유형으로, '마이클 포터의 본원적 경쟁전략 3가지를 쓰시오'라는 문제가 출제될 수 있다.

KP 본원적 경쟁전략

원가우위전략		
원가에 영향을 미치는 여러 요인을 통제하여, 저가격으로 경쟁우위를 지키려는 전략		
차별화전략		집중전략
경쟁상품과 비교하여 구별될 수 있는 특징을 갖는 전략		제한된 시장을 집중적으로 공략하여 우위를 갖는 전략

03 다음의 사례에서 A 헬스장의 전략을 쓰고, 그 개념을 설명하시오.

> A, B 헬스장은 가까운 근처에 인접하고 있으며, 시설 수준이 거의 비슷하여 치열한 경쟁을 할 수밖에 없었다. 그러나 A 헬스장은 본사와 같이 있어 관리비 부담이 적어 B 헬스장보다 월 사용료를 1만원 정도 저렴해 이용자가 많은 편이다.

답안 1) 전략 : 원가우위전략
2) 개념 : 원가에 영향을 미치는 여러 요인을 통제하여 더 저렴한 가격으로 경쟁우위를 획득하는 전략

04 다음 사례에 적용된 경영전략을 쓰고, 그 개념을 설명하시오.

> 국내골프장 코스와 운영은 거의 비슷하였다. 1990년대 이후 국내 코스에 큰 변화가 일어나기 시작했는데, 제주의 A 골프장은 자연을 그대로 살리는 링크스 스타일이 도입되었으며, 일반적으로 투 그린을 원 그린으로 바꾸고, 조랑말 캐디를 도입해 내국인과 일본 골퍼들의 인기를 끌었다.

답안 1) 차별화전략
2) 상품의 외형, 성능, 서비스 등이 경쟁자와 차별화되는 것을 말한다.
참고 **핀크스 골프클럽** : 문제는 제주 핀크스 골프클럽에서 조랑말 캐디를 사용한 사례이다.

05 다음 사례에 적용된 경영전략을 쓰고, 그 개념을 설명하시오.

> 1960년대 미국에서는 새로운 소매상이 등장하기 시작하였다. 월마트를 창업한 샘 월튼은 경쟁자가 신경 쓰지 않는 작은 시골에 새로운 마트를 개점하는 것으로 시작하였다. 가까운 큰 도시까지 3~4시간 차를 타고 가야 하는 작은 마을을 주목하였고, 월마트가 선택한 지역은 대부분 시장규모가 작아 대형 상점이 들어오지 않으리라 생각하였고, 주민들이 멀리 차를 타고 나가지 않고 마을에서 생필품을 구매할 것이라는 확신이 있었다.

답안 차별화전략으로, 상품의 외형, 성능, 가격, 품질, 서비스 등이 경쟁자와 차별화되는 것을 말한다.

06 기업의 수익성은 산업계의 경쟁력만으로 결정되지 않고, 산업 자체의 수익성도 고려해야 한다. 마이클 포터가 제시한 산업구조를 결정하는 5가지 경쟁요인을 쓰시오.

답안 기존 경쟁자와의 경쟁, 공급자와의 교섭력, 구매자와의 교섭력, 잠재적 진입자의 신규진입 위협, 대체재의 위협

보충 5가지 경쟁요인 : 마이클 포터의 이론으로, 포터의 5가지 경쟁요인이라고 통용하고 있다.

암기 5가지 경쟁요인 : 〈5가지 경쟁요인은 기공구신대〉이다. 기존 경쟁자, 공급자, 구매자, 잠재적 진입자, 대체재의 위협

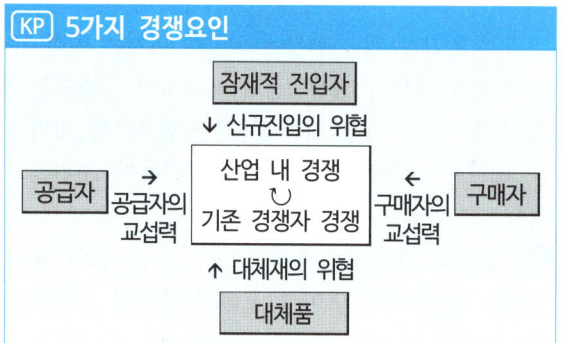

5. 최고경영자

01 경영전략의 수립·시행과 관련하여 최고경영자의 역할 5가지를 쓰시오.

답안 전략적 리더십, 발상의 전환주도, 전략 경영을 위한 관리자 선정, 조직의 사회적 책무 수행, 자원 배분의 우선순위 결정

KP 최고경영자의 역할
❶ 전략적 리더십
❷ 발상의 전환주도
❸ 전략경영을 위한 관리자 선정
❹ 조직의 사회적 책무 수행
❺ 자원 배분의 우선순위 결정

02 민츠버그가 주창한 최고경영자의 역할 3가지를 쓰고, 이를 설명하시오.

답안 1) 인간관계 역할 : 인간관계를 통해 조직을 운영하는 역할로, 대표자의 역할, 리더의 역할, 연락자 역할 등의 수행
2) 정보관리 역할 : 필요 정보를 수집·활용하며, 정보를 모니터하고, 전파하며, 대변자 역할을 수행
3) 의사결정 역할 : 기업가의 역할, 협상자의 역할, 문제해결자의 역할, 자원 배분자 역할 수행

KP 민츠버그의 최고경영자의 역할
❶ 인간관계 역할 : 인간관계로 조직을 운영하는 역할로, 대표자의 역할, 리더의 역할 수행
❷ 정보관리 역할 : 필요 정보의 수집과 활용, 정보 모니터링과 전파, 대변자 역할
❸ 의사결정 역할 : 기업가·협상자·문제해결자의 역할, 자원 배분자 역할

03 카츠의 조직 구성원 역량 모델에서 구성원이 갖춰야 할 능력 3가지를 들고, 이 중 최고경영자에게 가장 중요한 능력을 쓰시오.

답안 1) 조직 구성원의 능력은 개념적 능력, 인간 관계적 능력, 기술적 능력으로 나누며
2) 최고경영자는 개념적 능력이 가장 중요하다.

KP 조직 구성원의 역량 모델
❶ 개념적 능력 : 추상적 상황에 대해 이해하고 개념화할 수 있는 능력
❷ 인간관계 능력 : 타인에 대한 이해와 동기 부여, 함께 일할 수 있는 능력
❸ 기술적 능력 : 업무 수행에 필요한 기술·기능·지식의 활용 능력

경영자		개념적 능력
관리자	인간관계 능력	
실무자	기술적 능력	

인명 카츠(D Katz) : 미국의 조직심리학자로, 경영자 역량 모델 개발로 많이 알려진 학자이다.

04 최고경영자는 자원 배분 등에 있어 우선순위를 결정해야 한다. 우선순위 결정의 개념을 적고, 우선순위 결정 방법 3가지를 쓰시오.

KP 우선순위 결정
개념
자원 제약 극복, 이해 당사자 간 혼선 방지, 사업의 원활한 진행 등을 위해 여러 대안 중에서 안을 선택하는 활동
결정 방법
❶ 단순결정법 ❷ 대표집단 결정법 ❸ 기초 우선순위 평정법

답안 1) 우선순위 결정은 자원 제약의 극복과 이해 당사자 간 혼선을 방지하여 사업을 원활히 진행하기 위해 여러 대안 중 어떤 안을 선택할 것인가를 결정하는 활동을 말한다.
2) 우선순위 결정 방법은 단순결정법, 대표집단 결정법, 기초 우선순위 평정법 등이 있다.

암기 **우선순위 결정법** : 〈우선순위는 단대기〉이다. 단순결정법, 대표집단 결정법, 기초 우선순위 평정법

참고 **우선순위 결정법**

구분	설명
단순결정법	도출 사업에 대한 의사결정 집단 의사결정 방법으로, 점수를 정하여 득점순에 따른 우선순위로 결정
대표집단 결정법	전문지식을 가진 의사결정 집단을 구성하여 토론을 통해 우선순위 결정
기초 우선순위 평정법(BPRS)	공식에 따라 비중 크기, 상황 심각도, 사업 추정 효과 등의 점수를 부여하여 공식에 적용하는 방법 공식: BPRS = (A + 2B) × C A : 비중 크기, B : 상황의 심각도, C : 사업 추정 효과

용어 BPRS : basic priority rating system

제2장 스포츠 조직 활성화

1. 스포츠 조직의 구조

01 스포츠 조직이 다른 조직과 비교될 수 있는 특성 4가지를 쓰시오.

답안
1) 스포츠산업과의 연관성을 갖고 있으며
2) 목표 지향적 사회적 조직
3) 구조적 활동을 하고 있으며
4) 구성원과 비구성원의 구분이 비교적 유연한 편이다.

> **KP 스포츠 조직의 특성**
> ① 스포츠산업과 연관성
> ② 목표 지향적 사회적 조직
> ③ 구조적 활동
> ④ 구성원·비구성원의 유연한 구분

02 조직구조를 형성하는 핵심적인 3가지 요소를 들고, 이를 설명하시오.

답안 1) 복잡성이란 조직의 분화상태를 알 수 있고, 권위의 계층화를 알 수 있는 요소이며, 분화가 심화되면 복잡성은 증대된다.
2) 공식화란 조직 내 직무가 표준화되어 있는 정도를 나타내며, 구성원들의 행위와 태도를 규제한다.
3) 집권화란 조직의 의사결정 권한의 배분 정도를 나타낸다.

> **KP 조직의 구성 요소**
>
> | 구분 | | 내용 |
> |---|---|---|
> | 핵심적 요소 | 복잡성 | 조직 분화 지향 |
> | | 공식화 | 직무 표준화 지향 |
> | | 집권화 | 의사결정 권한 정도 지향 |
> | 부가적 요소 | 통합화 | 조직 활동의 조정과 통합 |
>
>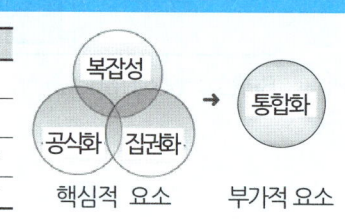

03 조직구조의 구성 요소란 조직화의 기본적인 변수로 복잡성, 공식화, 집권화가 기본 요소이다. 다음 사례의 조직구조 구성 요소를 쓰고 그에 관해 설명하시오.

> 나이키(Nike)와 같은 다국적 네트워크 조직의 경우 운동화 디자인은 미국에서, 제조는 아시아에서 이루어지며 전 세계 판매망을 통해 판매되고 있다.

답안 복잡성을 말하며, 복잡성이란 조직의 분화상태를 알 수 있고, 권력 계층을 알 수 있는 요소이다. 분화가 심화하면 복잡성은 더욱 증대한다.

04 민츠버그가 주장한 조직을 구성하는 5가지 부문을 쓰시오.

답안 경영층, 중간라인, 업무핵심층, 테크노스트럭처, 지원 스텝
인명 민츠버그(Henry Mintzberg) : 캐나다 맥길대학교 경영학 교수로, 국제 경영학에서 높은 평가를 받고, 조직과 관련된 여러 이론을 주창하였다.
암기 조직 구성의 5부문 : 〈조직 구성 부문은 경중핵테지〉이다. 경영층, 중간라인, 업무핵심층, 테크노스트럭처, 지원 스텝

> **KP 조직의 5가지 부문**
>
>

05 조직구조의 형태 5가지를 쓰시오.

답안 단순구조, 기계적 관료제 구조, 전문적 관료제 구조, 사업부제 구조, 애드호크러시

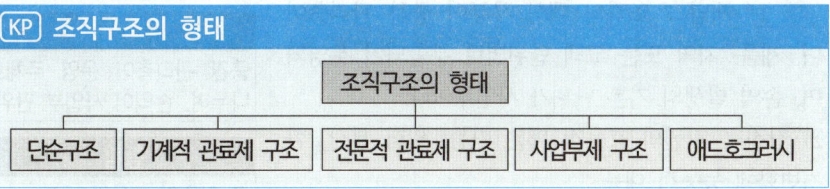

06 민츠버그가 주장한 조직구조의 형태와 관련된 조직의 핵심 부분을 서로 연결하시오.

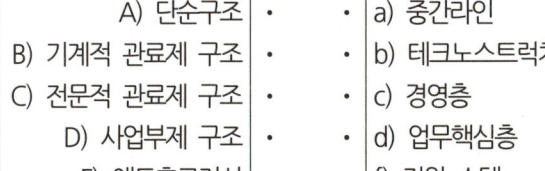

답안 A) 단순구조 – c) 경영층
B) 기계적 관료제 구조 – b) 테크노스트럭처
C) 전문적 관료제 구조 – d) 업무핵심층
D) 사업부제 구조 – a) 중간라인
E) 애드호크러시 – f) 지원 스텝

보충 **조직 구성 요소와 조직 형태의 연관성** : 민츠버그의 조직 구성 5요소와 조직의 5형태는 서로 연관성을 갖고 있다. 아울러 둘은 모두 민츠버그가 주창하였다.

07 조직구조의 유형 중 기계적 관료제의 특징 6가지를 쓰시오.

답안 1) 대규모 조직에서 발생하며
2) 업무가 세분되어 있고
3) 반복적, 연속적 업무가 계속되며
4) 규정과 통제가 많고
5) 라인과 스텝 조직으로 편재
6) 효율성과 합리성 추구

KP 기계적 관료제의 특성
❶ 대규모 조직에서 발생 ❹ 많은 규정과 통제
❷ 업무 세분화 ❺ 라인과 스텝 조직
❸ 반복적·연속적 업무 ❻ 효율성과 합리성 추구

08 전문적 관료제의 특징 5가지를 설명하시오.

답안 1) 전문성 필요 조직에 적합
2) 기술·지식 실무 전문가에게 상당한 통제권한과 재량 부여
3) 업무부서가 핵심적 역할 수행
4) 스텝은 일상적 지원업무 담당
5) 복잡하지만, 안정적 업무에 적합
6) 수평적·수직적으로 분권화

KP 전문적 관료제의 특성
❶ 전문성 필요 조직에 적합
❷ 실무자에게 많은 재량 부여
❸ 업무부서가 핵심적 역할
❹ 스텝은 일상적 지원업무
❺ 안정적 업무에 적합
❻ 수평적·수직적으로 분권화

09 스포츠 조직 구조의 형태 중 사업부제 구조의 개념과 장단점을 각각 2가지를 쓰시오.

답안 1) 개념 : 조직의 핵심 부분이 중간 관리층이며, 제품, 지역 또는 고객 단위별로 분할되어 운영되며, 손익 발생의 기본 단위가 사업부이다.
2) 장점 : 자원의 효율적 배분 가능, 위험 분산, 환경변화에 능동적 대응
3) 단점 : 통제기능 약화, 본부가 사업부 권한을 침범할 우려가 존재한다.

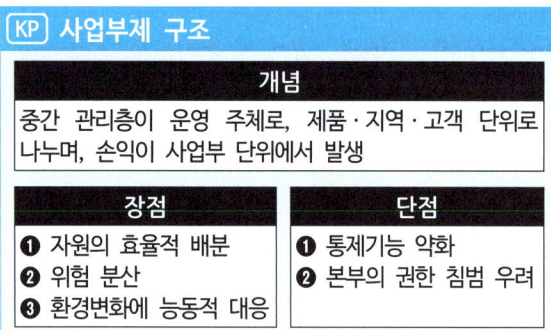

10 애드호크러시의 개념과 특징 3가지를 쓰시오.

답안 1) 개념 : task force로 구성되어, 임무가 완수되면 해산되는 임시조직이다.
2) 특징
① 수평적 직무 전문화가 이루어지며
② 프로젝트 중심으로 운영되며
③ 구성원의 능력 발휘가 수월하여 혁신성이 강하다.

용어 애드호크러시(adhocracy) : 제2차 세계대전 때 미국의 특수임무를 수행했던 기동타격대 애드혹팀(adhoc team)에서 유래되었고, 임무가 완수되면 해산 후 새로운 임무가 주어지면 다시 구성되는 임시조직이다.

11 조직구조 설계의 개념을 적고, 조직구조의 기본적 활동 2가지를 들고 이를 설명하시오.

답안 1) 개념 : 조직의 목표 달성을 위해 조직구조를 구축하거나, 기존의 구조를 변경하는 활동을 말한다.
2) 기본적 활동
① 분화 : 전체 과업을 작은 과업 단위로 세분화하는 활동
② 부문화 : 분화된 단위를 효율성 향상을 위해 연관 부분을 결합하는 활동

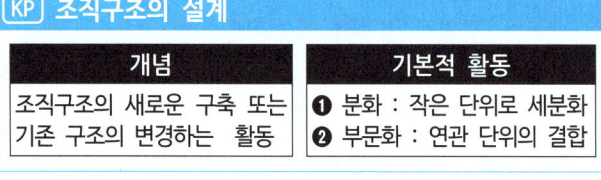

암기 조직구조 설계의 기본 활동 : ⟨조직구조 설계는 분부⟩이다. 분화와 부문화이다.

2. 인적자원관리

가. 인적자원관리의 이해

01 인적자원관리의 목표를 4가지 쓰고, 인적자원관리가 중요한 이유 2가지를 쓰시오.

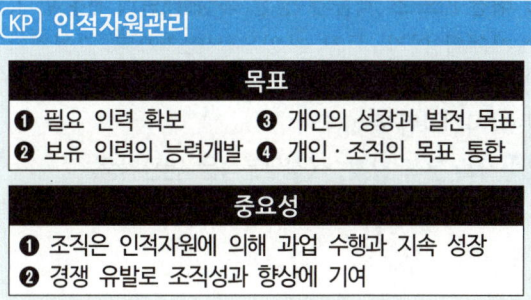

답안 1) 인적자원관리의 목표 : ① 필요 인력의 확보 ② 보유 인력의 능력개발로 조직 목표 달성 ③ 개인의 성장과 발전을 위한 관리 ④ 개인과 조직의 목표 통합
2) 인적자원관리의 중요성 : ① 조직 목표는 인적자원에 의해 달성되고, 지속 성장을 추구하며 ② 인적자원 간의 경쟁심을 유발로, 조직 전체의 성과 향상에 기여한다.

[KP] 인적자원관리

목표
❶ 필요 인력 확보 ❸ 개인의 성장과 발전 목표
❷ 보유 인력의 능력개발 ❹ 개인·조직의 목표 통합

중요성
❶ 조직은 인적자원에 의해 과업 수행과 지속 성장
❷ 경쟁 유발로 조직성과 향상에 기여

02 다음은 스포츠 기업의 인적자원관리 절차이다. 인력 배치 → (1) → (2) → 능력개발 ( ) 속에 들어갈 적당한 용어를 쓰시오.

답안 1) 교육 훈련 2) 평가관리

보충 **인적자원관리 절차** : 인적자원관리를 위 문제처럼 단순화하는 것은 적절치 못하다. 인적자원관리의 일반적 절차는 아래와 같고, 이를 기억하면 절차에서 ( ) 속의 적정 용어를 찾을 수 있다.

[KP] 인적자원관리 절차

인적자원관리 계획수립 → 모집 → 선발 → 확보(유인) → 교육 훈련 → 평가관리 → 승진, 이동, 보상 → 퇴직 관리

03 인력 운영계획의 개념을 적고, 인력운영 계획의 중요한 내용 4가지를 쓰시오.

답안 1) 인력 운영계획의 개념 : 조직의 미래 인적자원 요구사항을 예측하고, 이를 충족하는 방법을 결정하는 활동이다.
2) 인력 운영계획의 중요 내용 : 현재 인력 분석, 미래 인력 요구사항 예측, 갭 분석, 솔루션 개발, 행동 계획, 실행 모니터링 등이다.

[KP] 인력 운영계획

개념
조직의 미래 인적자원 요구사항을 예측하고, 이를 충족하는 방법 결정 활동

내용
❶ 현재 인력 분석 ❹ 솔루션 개발
❷ 미래 인력 요구사항 예측 ❺ 행동 계획
❸ 갭 분석 ❻ 이미지 제고

나. 직무분석과 직무평가

01 인적자원관리에서 사용되는 직무분석과 직무평가에 대하여 각각 설명하시오.

답안 1) 직무분석 : 조직에 필요한 특정 직무의 내용과 요건을 분석하는 활동
2) 직무평가 : 직무의 중요도, 위험도 등을 평가하여 다른 직무와 비교하여 직무의 상대적 가치를 결정하는 활동

[KP] 직무분석과 직무평가

직무분석
특정 직무의 내용·요건 등의 분석 활동

직무평가
❶ 직무 중요도, 위험도 등을 평가
❷ 직무별 상대적 가치 결정 활동

02 직무분석의 목적과 직무분석 방법 3가지를 각각 쓰시오.

답안 1) 직무분석의 목적 : ① 업무의 양과 범위를 적절히 조정하고, ② 책임과 통제 관계를 형성하여 조직 합리화 기초로 활용하며, ③ 업무개선과 인사고과의 기초로 활용한다.
2) 직무분석의 방법 : 면접법, 관찰법, 워크샘플링법, 중요 사건화법 등이다.
암기 직무분석 방법 : 〈직무분석은 면관워중〉이다. 면접법, 관찰법, 워크샘플링법, 중요 사건화법

KP 직무분석

목적
❶ 업무의 양과 범위의 조정
❷ 조직 합리화의 기초로 활용
❸ 업무개선과 인사고과에 활용

방법
❶ 면접법 : 면접으로 자료 획득
❷ 관찰법 : 직무 활동을 관찰하여 자료 획득
❸ 워크샘플링법 : 여러 번에 걸친 관찰로 자료 획득
❹ 중요 사건화법 : 중요 업무를 사건화하여 자료 획득

03 직무평가의 방법 3가지를 쓰시오.

답안 1) 점수법 2) 요소비교법 3) 서열법 4) 분류법
암기 직무평가 방법 : 〈직무평가는 점요서분〉이다. 점수법, 요소비교법, 서열법, 분류법

KP 직무평가 방법

❶ 점수법 ❷ 요소비교법 ❸ 서열법 ❹ 분류법

다. 인력 채용과 배치

01 인력 산정의 개념을 설명하고, 인력을 산정하는 방법 2가지를 적고, 이를 설명하시오.

답안 1) 인력 산정은 필요한 인력 수를 산정하는 것으로, 조직의 목표와 전략, 업무 수행에 필요한 역량 등을 고려하여 인력 수를 결정한다.
2) 인력 산정의 접근 방법은 거시적 접근 방법과 미시적 접근 방법으로 나눈다.
3) 거시적 접근 방법은 경영 성과, 인건비 등을 고려하여 전사적 인력을 산정하며, 미시적 접근 방법은 직무분석 등으로 직무 단위별 인력 수를 산정한다.

KP 인력 산정

개념
조직 필요한 인원을 산정하는 것으로, 조직 목표와 전략, 업무 수행에 필요한 역량 등을 고려하여 인력 수를 결정

방법
❶ 거시적 접근 방법 : 경영 성과, 인건비 등 고려하여 전사적 인력 산정
❷ 미시적 접근 방법 : 직무분석 등으로 직무 단위별 인력 산정

02 인력 배치의 개념을 적고, 인력 배치 원칙 4가지를 쓰시오.

답안 1) 인력 배치의 개념은 적절한 인원을 적합한 직무에 할당하는 과정으로, 조직의 효율성과 조직원의 직무 만족도를 높이기 위한 관리 활동이다.
2) 인력 배치의 원칙은 적재적소 주의, 실력 위주, 인재육성 주의, 균형 주의이다.
암기 인력 배치 원칙 : 〈인력 배치 원칙은 적실인균〉이다. 적재적소 주의, 실력 위주, 인재육성 주의, 균형 주의

KP 인력 배치

개념
인력을 적합한 직무에 할당하는 과정으로, 조직 효율성, 조직원 직무 만족도를 높이기 위한 관리 활동

원칙
❶ 적재적소 주의 ❷ 실력 위주
❸ 인재육성 주의 ❹ 균형 주의

03 인적자원의 채용에서 내부 채용의 장단점을 각각 2가지씩 쓰시오.

[답안] 1) 장점은 구성원의 사기 앙양에 이바지할 수 있으며, 의욕 있는 인재를 발굴할 수 있다.
2) 단점은 인력의 편중 현상이 나타날 수 있으며, 조직의 질서가 파괴되는 위험에 노출될 수 있다.
[암기] 내부 채용의 장단점 : 〈내부 채용 장점은 사발책능이고, 단점은 편파기비〉이다. 구성원 사기 앙양, 인재 발굴, 책임 의식, 능력개발이고 단점은 인력 편중, 질서 파괴, 인재 발굴 기회 상실, 비밀누설 위험 존재

KP 내부 채용
장점
❶ 구성원 사기 앙양
❷ 의욕 있는 인재 발굴
❸ 책임 의식 함양
❹ 구성원 능력개발에 기여
단점
❶ 인력 편중 발생 위험
❷ 조직 질서 파괴 위험
❸ 인재 발굴 기회 상실
❹ 비밀누설 위험 존재

라. 인적자원개발

01 인적자원개발의 개념과 인적자원개발 방법 4가지를 쓰시오.

[답안] 1) 인적자원개발의 개념 : 인적자원이 담당 직무를 수행할 때 최대 능력을 발휘할 수 있도록 기술과 기능, 업무 지식 등을 향상하는 활동이다.
2) 인적자원개발의 방법 : ① 강의법 ② 토의법 ③ 역할 연기법 ④ 사례연구법 등이다.
[암기] 인적자원개발 방법 : 〈인적자원개발 방법은 강토역사비인〉이다. 강의법, 토의법, 역할 연기법, 사례연구법, 비즈니스게임, 인바스켓 훈련

KP 인적자원개발
개념
최대 능력을 발휘할 수 있도록 기술과 기능, 업무 지식 등을 향상시키는 활동
방법
❶ 강의법   ❹ 사례연구법
❷ 토의법   ❺ 비즈니스게임
❸ 역할 연기법 ❻ 인바스켓 훈련

02 인적자원관리에서 훈련과 개발의 의미를 비교·설명하시오.

[답안] 훈련과 개발은 인적자원개발 방법으로 유사성을 갖고 있다. 훈련은 현재 지향적 관점에서 직무 능력을 원활하게 할 목적으로 전개된다. 개발은 미래 지향적 관점에서 조직 구성원의 성장과 발전을 목적으로 전개된다.
[암기] 훈련과 개발 : 〈훈련은 현재 지향, 개발은 미래 지향적 관점〉이다.

KP 훈련과 개발
훈련
현재 지향적 관점에서 직무수행 능력 향상 목적
개발
미래 지향적 관점에서 구성원의 성장·발전을 목표

03 스포츠시설의 성과를 높이기 위해서는 현장 직원의 능력개발이 필요하다. 직원 능력개발의 목적과 능력을 발전시키는 대표적 방법 3가지를 쓰시오.

[답안] 1) 직원 능력개발은 직무수행 능력 향상과 환경변화에 적응하는 능력 향상을 목적으로 한다.
2) 직원 능력개발 방법은 OJT, Off-JT, 자기 계발 등이다.
[용어] OJT와 Off-JT : OJT는 on job training으로, 직장내 교육 훈련이고, Off-JT는 off job training으로 직장 외 교육 훈련이라고 해석한다.

KP 직원 능력개발
목적
직무수행 능력과 환경변화에 대한 적응력 향상
방법
❶ OJT ❷ Off-JT ❸ 자기 계발

04 OJT와 Off-JT의 개념을 각각 설명하시오.

답안 OJT의 개념은 직장 내에서 상사 혹은 선임자에 의해 직무수행 도중에 시행하는 능력 향상 교육을 말하며, Off-JT는 교육 훈련 관련 전문성을 갖춘 내외부 기관에서 시행하는 교육 훈련을 말한다.

KP	OJT와 Off-JT
OJT(on job training)	직장 내 교육 훈련으로, 상사 혹은 선임자에 의해 직무수행 도중 시행하는 능력 향상 교육
Off-JT(off job training)	교육 훈련의 전문성을 갖춘 내외부 기관에서 시행하는 교육 훈련

05 인적자원관리의 OJT(on job training)의 장단점을 각각 3가지씩 쓰시오

답안 1) OJT의 장점 : 교육 내용이 현실적이며, 상사와 동료 간 협동 정신을 강화할 수 있고, 직무 생산성이 향상되며, 능력에 따른 교육 차별화가 가능하고, 실행이 비교적 쉬우며, 비용은 상대적으로 적게 소요된다.
2) OJT의 단점 : 많은 인력의 동시 교육이 어렵고, 원재료의 낭비를 초래할 수 있으며, 불성실한 교육이 진행될 수 있고, 내용과 방법의 표준화가 어렵다.

KP	OJT
장점	
❶ 교육 내용의 현실성	
❷ 협동 정신 강화	
❸ 능력에 따른 차별화	
❹ 쉬운 실행	
단점	
❶ 많은 인원 동시 교육이 어렵다.	
❷ 원재료의 낭비 초래	
❸ 형식적 교육 가능성이 크다.	
❹ 방법 표준화가 어렵다.	

마. 인적자원 평가

01 인적자원 평가의 개념과 인적자원 평가의 중요성 4가지와 인적자원 평가 방법 4가지를 쓰시오.

답안 1) 인적자원 평가의 개념은 일정 기간 개인 또는 조직 단위별로 성과를 따져보는 활동이다.
2) 인적자원 평가의 중요성은 ① 인적자원의 질을 향상하는 기회가 되며 ② 공정한 평가는 조직 발전의 기본이고 ③ 구성원들의 인간관계 개선에 이바지하며 ④ 모티베이션, 리더십 등의 기반이 된다.
3) 인적자원 평가 방법은 ① 목표에 의한 관리법 ② 인적 평정 센터법 ③ 행위 기준 고과법 ④ 비교법 등이다.

KP	인적자원의 평가
개념	**방법**
일정 기간 개인 또는 조직 단위별 성과를 따져보는 활동	❶ 목표에 의한 관리법 ❷ 인적 평정 센터법 ❸ 행위 기준 고과법 ❹ 비교법
중요성	
❶ 인적자원의 질 향상 기회 마련 ❷ 공정한 평가는 조직 발전의 기본 ❸ 구성원들의 인간관계 개선 ❹ 모티베이션과 리더십의 기반	

참고 인적자원 평가 방법

구분	내용
목표에 의한 관리법 MBO	상사와 부하가 함께 성과 목표를 결정하고, 목표 달성을 정기 점검하며, 이에 따른 보상을 결정하는 경영시스템
인적 평정 센터법	피평가자를 함께 모아 상황에 따른 각종 의사결정, 토의, 심리검사 등으로 잠재능력, 자질 등을 관찰하는 방법
행위 기준 고과법	피평가자의 행위를 정기적으로 관찰하고, 이를 근거로 평가하는 방법
비교법	피평가자의 순위를 매겨 비교하여 평가하는 방법

용어 MBO : management by objective의 약어로, 목표에 의한 관리를 말한다.

02 MBO의 개념을 적고, MBO를 구성하는 공통적 요소 3가지를 쓰시오.

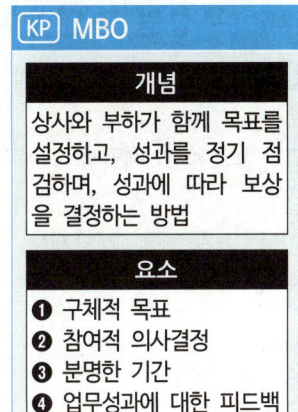

답안 1) MBO의 개념 : 목표에 의한 관리를 말하는 것으로, 구체적 성과 목표를 상사와 부하가 함께 결정하고, 목표 달성을 정기적으로 점검하며, 아울러 이에 따른 보상이 결정되는 경영시스템을 말한다.
2) MBO 요소 : 구체적 목표, 참여적 의사결정, 분명한 기간, 업무성과에 대한 피드백

03 인적자원 평가 방법인 절대평가와 상대평가의 개념을 설명하시오.

답안 1) 절대평가 : 피평가자의 실제 업무 수행 정도를 평가하며, 피평가자의 육성에 초점을 맞춘다.
2) 상대평가 : 피평가자를 상호 비교하여 평가하는 방법으로, 피평가자의 선별에 초점을 맞춘다.

KP 절대평가와 상대평가

절대평가		상대평가	
개념	방법	개념	방법
피평가자의 업무 수행에 기초하여 평가하며, 피평가자의 육성에 초점	❶ 평정 척도법 ❹ 강제선택법 ❷ 체크리스트법 ❺ 자유 기술법 ❸ 중요사건기록법 ❻ 목표설정법	피평가자를 상호 비교하여 평가하며, 피평가자의 선별에 초점	❶ 서열법 ❷ 쌍대비교법 ❸ 할당법

암기 상대평가법 : 〈상대평가법은 서쌍할〉이다. 서열법, 쌍대비교법, 할당법으로, 상대평가법 이외는 절대평가법이다.

04 인적자원을 평가할 때 사용하는 절대평가 방법을 보기에서 모두 고르시오.

・평정 척도법 ・서열법 ・쌍대비교법 ・할당법 ・체크리스트법 ・중요사건기록법 ・강제선택법

답안 절대평가는 평정 척도법, 체크리스트법, 중요사건기록법, 강제선택법, 자유 기술법, 목표설정법 등이다.

05 인적자원 평가에서 흔히 발생하는 오류 4가지를 쓰시오.

답안 1) 후광 효과 2) 시간적 오류 3) 객관성 결여 4) 관대화 경향 5) 중심화 경향

KP 평가의 오류
❶ 후광 효과 ❹ 관대화 경향
❷ 시간적 오류 ❺ 중심화 경향
❸ 객관성 결여

참고 인적자원 평가의 오류

구분	내용
후광 효과	피평가자의 어느 한 면을 기준으로, 다른 것도 같은 기준으로 평가하는 오류
시간적 오류	최근의 일을 집중적으로 평가하는 오류
객관성 결여	평가자의 주관을 기준으로 평가하여 객관성이 결여된 오류
관대화 경향	피평가자에 대해 실제보다 관대 또는 과소하게 평가하는 오류
중심화 경향	대상자 대부분을 평가의 중심에 가깝도록 평가하는 오류

암기 인적자원 평가 오류 : 〈평가 오류는 후시객관중〉이다. 후광 효과, 시간적 오류, 관대화 경향, 중심화 경향

바. 구성원 경영참여와 노사관계

01 구성원이 경영에 참여할 수 있도록 만들어진 제도 4가지를 쓰시오.

[답안] 노동조합, 제안제도, 성과배분제도, 종업원지주제, 청년 중역 회의

[암기] 조직 구성원 경영 참여 제도 : 〈구성원 경영 참여는 노제성종청〉이다. 노동조합, 제안제도, 성과배분제도, 종업원지주제, 청년 중역 회의

KP 조직 구성원의 경영 참여
개념
조직 구성원 또는 노동조합이 경영에 참여하는 형태
제도
❶ 노동조합 ❹ 종업원지주제 ❷ 제안제도 ❺ 청년 중역 회의 ❸ 성과배분제도

02 부당노동행위의 개념을 쓰고, 산업현장에서 발생하는 부당노동행위 내용 4가지를 쓰시오.

[답안] 1) 부당노동행위의 개념 : 근로자의 정당한 노동 기본권리 행위 또는 노동조합 활동에 대하여 사용자의 부당한 방해 행위를 말한다.
2) 부당노동행위의 내용 : 부당한 대우, 횡견 계약, 단체교섭 거부, 지배, 개입 및 경비 원조, 보복적 불이익

[용어] 횡견 계약 : yellow dog contract를 번역한 것으로, 직역은 개똥 계약이다. 노동조합에 가입하지 않거나, 특정 노동조합 가입을 전제로 하는 고용계약이다.(=황견계약)

[암기] 부당노동행위 : 〈부당노동행위는 부횡지단개보〉이다. 부당한 대우, 횡견 계약, 지배, 단체교섭 거부, 개입과 경비 원조, 보복적 불이익

KP 부당노동행위
개념
근로자의 기본권리 행위와 정당한 노조 활동에 대해 사용자의 부당한 방해 행위
내용
❶ 부당한 대우   ❹ 단체교섭 거부 ❷ 횡견 계약   ❺ 개입과 경비 원조 ❸ 지배   ❻ 보복적 불이익

3. 조직 활성화

가. 리더십

01 스포츠 조직의 역량 강화에 필요한 요소 3가지를 들고, 이를 각각 설명하시오.

[답안] 1) 조직역량 강화 요소는 리더십, 동기 부여, 커뮤니케이션 등이며
2) 리더십이란 리더가 구성원들에게 유인을 제공하여 동기 부여를 유발하고, 조직의 목표 달성과 구성원의 능력을 향상시키는 활동
3) 동기 부여란 조직 구성원 스스로 조직의 목표를 자신의 중요한 목표 중 하나로 생각하도록 하고, 이를 달성하기 위해 최선을 다하도록 유도하는 과정
4) 커뮤니케이션은 개인 또는 조직의 차원에서 메시지나 정보 등을 교환하고, 공유하는 활동

KP 조직역량 강화 요소		
리더십	동기 부여	커뮤니케이션
구성원에게 동기를 부여하여 조직의 목표 달성과 구성원 능력 향상 활동	구성원이 조직 목표를 자신의 목표로 생각하여 달성하도록 유도하는 활동	개인 또는 조직 간 메시지, 정보 등을 교환·공유하는 활동

02 스포츠 조직에서 리더십의 역할 5가지를 쓰시오.

답안 1) 구성원의 역량을 결집하여 조직역량이 개인 역량의 합보다 더 크게 발휘될 수 있도록 하고
2) 리더십은 집단 성과와 조직 전체의 성과를 좌우하며
3) 구성원들이 목표 달성에 이바지하는 동기 부여의 요인이 되며
4) 구성원의 역량을 향상시키는 촉진 역할을 하고
5) 개인과 조직의 발전을 위한 아이디어의 제시하며
6) 조직의 변화를 촉진시킨다.

KP 리더십의 역할
❶ 조직역량 향상
❷ 조직 전체의 성과에 기여
❸ 구성원 동기 부여
❹ 구성원 역량 향상 촉진
❺ 발전적 아이디어 제시
❻ 조직 변화 촉진

---

03 스포츠 조직의 리더십 이론의 발달 단계 3가지를 순서대로 쓰시오.

답안 리더십은 특성이론 → 행동이론 → 상황이론 순으로 발달하였다.
참고 **리더십 이론의 발달 단계** : 리더십의 특성이론은 인성, 지능, 신체 등의 특성이 구성원보다 우월하다는 관점을 전제로 하며, 행동이론은 구성원의 만족도와 과업 성과에 영향이 크다는 것을 전제하며, 상황이론은 리더십이 상황에 따라 변화한다는 것을 전제로 한다.

KP 리더십 이론의 발달 단계
특성이론 → 행동이론 → 상황이론

---

04 리더십의 특성이론과 행동이론을 설명하시오.

답안 1) 특성이론에서 리더는 인성·지능·육체적으로 구성원보다 우수한 특성이 있다는 관점으로, 리더십의 초기 이론이다.
2) 행동이론은 리더의 행동이 구성원의 만족도, 과업 성과 등에 미치는 영향이 크다는 이론으로, Managerial Grid(관리 격자) 이론이 대표적이다.

KP 특성이론과 행동이론

특성이론	행동이론
❶ 리더는 인성·지능·신체 등의 특성이 구성원보다 우수하다는 관점 ❷ 리더십의 초기 이론	❶ 리더의 행동이 구성원의 만족도, 과업 성과 등에 미치는 영향이 크다는 이론 ❷ Managerial Grid(관리 격자) 이론이 대표적

---

05 매너지리얼 그리드 이론의 개념을 설명하고, 이 이론의 리더 유형 5가지를 쓰시오.

답안 1) 매너지리얼 그리드 이론은 리더의 행동에 중점을 두며, 리더의 행동에 따라 구성원의 만족도, 과업 성과 등에 미치는 영향을 미친다는 이론
2) 리더의 유형은 무관심형 리더(1.1형), 인간관계 중시형 리더(1.9형), 과업 중시형 리더(9.1형), 중간형 리더(5.5형), 이상적 리더(9.9형)로 나눈다.
용어 managerial grid : 관리 격자 이론이라고도 하며, 블레이크와 모오톤이 주장하였고, 행동이론의 바탕을 이룬다.

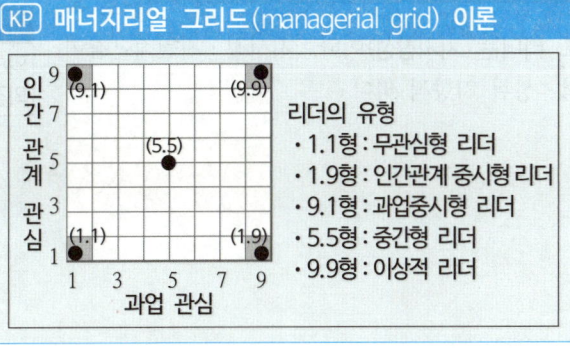

06 리더십에서 사용하는 상황 이론의 개념을 설명하고 상황 변수 3가지와 이 이론의 한계점 2가지를 쓰시오.

KP 상황 이론

개념
모든 조직에 적용 가능한 리더십은 없고, 조직이 처한 상황에 따라 리더십이 결정된다는 관점으로, 피틀러의 이론이다.

상황 변수	한계점
❶ 리더와 구성원의 관계 ❷ 직위 권력 ❸ 과업 구조	❶ 상황 변수가 복잡하다. ❷ 크기 측정이 어렵다.

답안 1) 상황 이론의 개념 : 모든 조직에 적용 가능한 리더십은 존재하지 않고, 처한 상황에 따라 리더십이 결정된다는 관점으로, 피틀러가 주장하였다.
2) 상황 변수 : ① 리더-구성원 관계 ② 직위 권력 ③ 과업 구조
3) 한계점 : 상황 변수가 복잡하고, 크기 측정이 어렵다.

07 허쉬-블랜차드의 상황적 리더십 이론에서 리더십 유형 4가지를 쓰시오.

답안 지시형 리더십, 설득형 리더십, 참여형 리더십, 위임형 리더십
암기 허쉬-블랜차드의 상황적 리더십 : 〈허쉬는 지설참위〉이다. 지시형, 설득형, 참여형, 위임형
참고 허쉬-블랜차드(Hersey-Blanchard)의 상황적 리더십의 배경

1) 상황적 리더십 이론의 개요 : 피틀러의 상황 이론을 발전시킨 것으로, 과업 행동과 관계 행동을 변수로 상황적 리더십 유형을 제시한 것이다. 리더십의 유효성을 높이기 위해서는 부하의 성숙도가 중요한 요인으로 작용하며, 부하 성숙도는 성숙과 미숙 정도로 구분한다.
2) 리더십의 유형과 행동 : 부하의 성숙도는 과업 수행 능력과 수행 의지를 조합하여 4단계로 나누고 있으며, 이에 따라 적합한 리더십 유형과 행동이 필요하다.

08 리더십의 경로-목표 이론에서 리더의 유형 4가지를 쓰고 각각에 대해 설명하시오.

답안 1) 지시적 리더 : 일의 목표, 일정, 일의 시행 방법 등을 명확히 설정해 주는 리더
2) 지원적 리더 : 구성원 개개인의 욕구 충족에 관심을 보이는 리더
3) 참여적 리더 : 의사 결정 과정에 구성원들의 의견을 적극적으로 반영하는 리더
4) 성취 지향적 리더 : 도전적 목표로, 구성원의 능력을 최대화하려는 리더
암기 경로-목표 이론에서 리더의 유형 : 〈경로 목표 리더는 지지참성〉이다. 지시적·지원적·참여적·성취 지향적 리더

KP 경로-목표 이론에서 리더 유형

지시적 리더	지원적 리더
일의 목표, 일정, 일의 방법 등을 명확히 설정해 주는 리더	구성원 개인의 욕구 충족에 관심을 보이는 리더
참여적 리더	성취 지향적 리더
의사결정 과정에 구성원의 의견을 적극 반영하는 리더	도전적 목표로, 구성원 능력을 최대화하려는 리더

09 교환적 리더십과 변혁적 리더십을 가진 리더의 행동 특성을 각각 3가지씩 쓰시오.

답안 1) 교환적 리더십은 기존의 행동이론, 상황이론과 유사한 경향을 나타내고 있으며, 구성원의 이익을 자극하며, 리더와 구성원 사이에 상호 교환적 관계를 지향하고, 현재의 성과를 유지하기 위한 안정적 방향을 지향한다.
2) 변혁적 리더십은 구성원을 더욱 높은 차원으로 이끌 수 있으며, 혁신적이고, 목표와 가치를 더 높은 차원을 지향하고, 변화를 추구한다.

용어 교환적 리더십 : 교환적 리더십을 일부 교섭적 리더십이라고도 한다.

KP 교환적 리더십과 변혁적 리더십	
교환적 리더십	변혁적 리더십
❶ 구성원의 이익을 자극 ❷ 상호 교환적 관계 지향 ❸ 현재 성과를 유지하는 안정 지향적	❶ 변혁 지향적이며 구성원을 리더로 개발 ❷ 목표와 가치를 높은 차원으로 고양 ❸ 변화를 유도하는 방법의 의사소통

10 리더십의 직무특성이론의 개념과 핵심 직무의 수준 3가지를 쓰시오.

답안 1) 직무특성이론의 개념은 핵심 직무의 특성이 수행자의 성장 욕구에 부합할 때 긍정적인 동기 유발 효과를 초래한다는 이론이다.
2) 핵심 직무는 기술 다양성, 직무 정체성, 직무 중요성, 과업 자율성, 피드백 등이다.

KP 직무특성이론
개념
핵심 직무의 특성이 수행자의 성장 욕구에 부합할 때 긍정적인 동기 유발 효과 초래
핵심 직무 수준
❶ 기술 다양성   ❹ 과업 자율성 ❷ 직무 정체성   ❺ 피드백 ❸ 직무 중요성

11 카리스마 리더십의 개념을 적고, 카리스마 리더의 성격적 특성 4가지를 쓰시오.

답안 1) 카리스마 리더십의 개념 : 리더가 구성원에게 영향력을 미치기 위해 개인적 많은 능력과 큰 재능을 활용하는 리더십
2) 카리스마 리더의 특성
① 타인을 지배하고자 하는 강한 우월성
② 자신의 능력에 대한 높은 자신감
③ 자신의 신념과 관점에 대한 확신
④ 타인에게 영향력을 행사하고자 하는 강한 권력 욕구

용어 카리스마(charisma) : 어원은 원시 그리스도교의 종교적 용어로, 특별한 능력을 말한다.

KP 카리스마 리더십
개념
구성원에게 영향력을 미치기 위해 개인적 많은 능력과 큰 재능을 활용하는 리더십
특성
❶ 타인을 지배하고자 하는 강한 우월성 ❷ 자신의 능력에 대한 높은 자신감 ❸ 자신의 신념과 관점에 대한 확신 ❹ 타인에게 영향력을 행사하는 강한 권력 욕구

12 리더십과 권력의 관계를 설명하고, 리더십과 관련된 권력의 형태 5가지를 쓰시오.

답안 1) 리더십과 권력의 관계 : 리더십과 권력은 밀접한 관계이다. 강한 권력을 가진 리더를 따르려고 하고, 많은 사람이 따르는 리더는 강한 권력을 갖고 있다.
2) 리더십 관련 권력 형태 : ① 보상적 권력 ② 강압적 권력 ③ 합법적 권력 ④ 준거적 권력 ⑤ 전문적 권력

참고 리더십 관련 권력의 형태 : 프렌치(French)와 레이븐(Raven)이 주창하였다.

암기 권력의 5가지 형태 : 〈권력 형태는 보강합준전〉이다. 보상적, 강압적, 합법적, 준거적, 전문적 권력

KP 리더십과 권력

리더십과 권력의 관계
강한 권력을 가진 리더를 따르려고 하고, 많은 사람이 따르는 리더는 강한 권력을 갖고 있다.

리더십 관련 권력의 형태
❶ 보상적 권력 ❹ 준거적 권력
❷ 강압적 권력 ❺ 전문적 권력
❸ 합법적 권력

참고 권력의 5가지 형태

구분	내용
보상적 권력	다른 사람이 원하는 보상을 해 줄 수 있는 자원과 능력을 갖추고 있을 때 발생
강압적 권력	처벌이나 위협을 가할 수 있을 때 발생
합법적 권력	권력을 정당하게 행사할 수 있을 때 발생
준거적 권력	자기보다 뛰어나다고 인식되는 사람을 존경할 때 발생
전문적 권력	리더가 특정 분야의 전문적 기술이나 지식을 갖고 있을 때 발생

나. 동기 부여

01 동기 부여의 개념과 허츠버그의 2요인 이론을 각각 설명하시오.

답안 1) 동기 부여란 조직 구성원 스스로 조직의 목표를 자신의 중요한 목표 중 하나로 생각하도록 만들고, 이를 달성하기 위해 최선을 다하도록 유도하는 활동을 말한다.
2) 허츠버그의 2요인 이론 중 동기 요인은 일을 통해 성취감 혹은 인정을 받도록 할 수 있는 요인을 말하며, 위생요인은 봉급, 작업조건 등을 개선하였지만 일시적 만족을 느끼거나 불만을 해소할 뿐 직접적인 동기를 유발하지 못하는 요인을 말한다.

KP 동기 부여와 2요인 이론

동기 부여의 개념
구성원 스스로 조직의 목표를 자신의 중요한 목표 중 하나로 생각하도록 만들고, 이를 달성하는 활동

2요인 이론	
동기 요인	동기를 크게 높이는 요인으로, 성취감·책임감·목표 달성 의욕 등
위생 요인	동기유발 정도가 동기 요인보다 낮으며, 인간관계·작업환경·급여 등

02 매슬로우가 주창한 욕구 5단계 이론의 단계별 욕구를 순서대로 쓰시오.

답안 생리적 욕구 → 안전 욕구 → 애정과 소속의 욕구 → 존중의 욕구 → 자아실현 욕구

인명 매슬로우(Abraham Maslow) : 미국의 철학자이자 심리학자이다. 인본주의 심리학의 창설을 주도하였으며, '욕구 5단계'를 주장한 것으로 유명하다.

암기 욕구 5단계 이론 : 〈욕구는 생안애존자의 5단계〉이다. 생리·안전·애정·존경·자아실현 욕구

KP 욕구 5단계 이론
❶ 생리적 욕구
❷ 안전 욕구
❸ 애정과 소속의 욕구
❹ 존중의 욕구
❺ 자아실현 욕구

03 앨더퍼의 ERG 이론의 욕구 단계 3가지를 쓰시오.

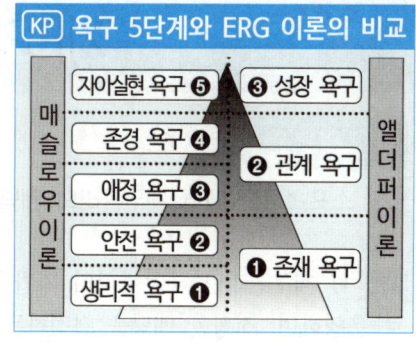
KP 욕구 5단계와 ERG 이론의 비교

답안 존재 욕구, 관계 욕구, 성장 욕구
암기 앨더퍼의 ERG 이론 : 〈앨더퍼는 존관성〉이다. 존재·관계·성장 욕구
참고 욕구 5단계 이론과 앨더퍼의 욕구 3단계 이론의 비교 : 앨더퍼의 욕구 3단계 이론은 매슬로우의 욕구 5단계 이론을 3단계로 정리한 이론이다. '존재-관계-성장의 욕구'라고도 한다.
용어 ERG : existence, relatedness, growth needs(존재, 관계, 성장 욕구)
인명 앨더퍼(Clayton Paul Alderfer) : 미국의 심리학자로, 매슬로우의 '욕구 5단계' 이론을 발전시켰다.

다. 커뮤니케이션

01 커뮤니케이션 장애를 일으키는 개인적, 메시지 관련, 조직적 차원에서 각각의 요인을 쓰시오.

답안 1) 개인적 차원 : 발신자와 수신자의 커뮤니케이션 기술 차이
2) 메시지 차원 : 양의 과다, 복잡성, 시간적 제약
3) 조직적 차원 : 내용 여과, 지체, 지리적 원거리, 경직적 조직문화

KP 커뮤니케이션 장애 요인

개인적 차원	메시지 관련 차원	조직적 차원
커뮤니케이션 기능 차이	커뮤니케이션 양의 과다, 복잡성, 시간적 제약	내용 여과, 지체, 원거리, 경직적 조직문화

02 커뮤니케이션 전략을 수립해야 하는 상황 2가지를 쓰시오.

답안 조직 내 커뮤니케이션 장애가 발생하거나, 구성원들의 커뮤니케이션 방법을 강화가 필요할 때

KP 커뮤니케이션 전략 수립 필요 상황
❶ 조직 내 커뮤니케이션 장애가 발생할 때
❷ 구성원의 커뮤니케이션 방법 강화가 필요할 때

03 커뮤니케이션 전략 수립 절차 5단계를 쓰시오.

답안 커뮤니케이션 전략 수립 단계는 인식 수준 분석 → 장애 요인의 파악 → 대응 방안의 개발 → 실행 → 결과 평가의 순이다.

KP 커뮤니케이션 전략 수립 단계

인식 수준 분석 → 장애 요인 파악 → 대응 방안 개발 → 실행 → 결과 평가

제3장 스포츠 파이낸싱

1. 재무관리

01 스포츠 조직에서 재무관리의 개념을 적고, 재무관리의 기능 3가지를 쓰시오.

답안 1) 재무관리란 재무관리의 기법을 이용하여 자본을 합리적으로 조달하고, 조달된 자본을 효과적으로 운영하며, 적정한 배당을 결정하는 활동이다.
2) 재무관리의 기능은 투자 결정, 자본 조달, 배당 결정 등이다.

암기 재무관리의 기능 : 〈재무관리는 투자배〉이다. 투자 결정, 자본 조달, 배당 결정

KP 재무관리

개념	기능
재무관리 기법을 이용하여 자본의 합리적 조달, 조달 자본의 효과적 운영, 적정 배당을 결정하는 활동	❶ 투자 결정 ❷ 자본 조달 ❸ 배당 결정

---

02 재무분석의 개념과 재무 전략의 의미를 각각 쓰시오.

답안 1) 재무분석은 조직의 재무 활동을 평가하고 향후 조직 운영을 위한 의사결정 도움 주는 분석이며
2) 재무 전략은 경영자 관점에서 자본 비중 결정과 증자 또는 주식발행, 합병과 인수 등으로 조직 가치의 변화를 평가하고 이를 실행하는 방법을 결정하는 전략이다.

KP 재무분석와 재무 전략

재무분석
재무 활동을 평가하고, 향후 조직 운영을 위한 의사결정에 도움을 주려는 재무적 관리

재무 전략
경영자 관점에서 자본 비중 결정과 증자, 주식발행, 합병·인수 등의 조직 가치 변화를 평가하고, 실행 방법을 결정하는 전략

---

03 일반적으로 기업이 사용하고 있는 재무제표 4가지를 쓰시오.

답안 재무제표는 재무상태표, 손익계산서, 이익잉여금 처분계산서(결손금 처리계산서), 현금흐름표이다.

KP 재무제표
❶ 재무상태표 ❷ 손익계산서 ❸ 이익잉여금 처분계산서(결손금 처리계산서) ❹ 현금흐름표

암기 재무제표 : 〈재무제표는 재손이현〉이다. 재무상태표, 손익계산서, 이익잉여금 처분계산서, 현금흐름표
용어 재무상태표 : 재무상태표는 오랜 기간 대차대조표라고 하였다.
참고 이익잉여금 처분계산서와 결손금 처리계산서 : 전자는 이익 발생 시, 후자는 손해 발생 시 작성

---

04 재무상태표와 손익계산서의 개념을 설명하시오.

답안 1) 재무상태표 : 특정 시점의 재무 상태를 나타내는 재무제표
2) 손익계산서 : 일정 기간의 이익과 손해를 나타내는 재무제표

KP 재무상태표와 손익계산서

재무상태표	손익계산서
특정 시점 재무 상태를 나타내는 재무제표	일정 기간 이익·손해를 나타내는 재무제표

암기 재무상태표와 손익계산서 : 〈재무상태표는 특정 시점, 손익계산서는 일정 기간〉이다.

[05] 재무상태표는 차변과 대변으로 나누는데, 차변에는 (A), 대변에는 (B)를 기록한다. ( )에 들어갈 용어를 각각 순서대로 쓰시오.

KP 재무상태표의 구성

차변	대변
유동자산 고정자산	유동부채 고정부채 자본
자산합계	부채와 자본합계

답안 (A) 자산, (B) 부채와 자본
암기 **재무상태표** : 〈재무상태표는 차대변이며, 내용은 자산=부채+자본〉이다.

[06] 손익계산서는 일정 기간 이익과 손해를 나타낸다. 손익계산서에 나타내는 경상이익을 계산하기 위해 가장 먼저 기록되는 항목 3가지를 쓰시오.

답안 손익계산서에서 경상이익을 계산하려면 먼저 기록되는 항목은 매출액, 매출원가, 매출이익이다.

KP 손익계산서의 구성
❶ 매출액 ❷ 매출원가 ❸ 매출이익 ❹ 일반관리비 ❺ 판매관리비 ❻ 영업 외 수익 ❼ 영업 외 비용
❽ 경상이익 ❾ 특별이익 ❿ 특별손실 ⓫ 세전 순이익 ⓬ 법인세 등 ⓭ 당기 순이익

보충 **손익계산서** : 위 KP의 1~13까지를 순서대로 빼거나, 더하여 매출이익, 경상이익, 당기 순손익을 계산한다.

[07] 아래 보기는 A 스포츠센터의 2023년 경영 성과이다. A 스포츠센터의 경상이익은 얼마인가? 계산 과정을 반드시 기록해야 한다.

· 매출액 240,000천원 · 매출원가 180,000천원 · 일반관리비 40,000천원 · 판매관리비 30,000천원
· 영업 외 수익 50,000천원 · 영업 외 비용 25,000천원 · 특별이익 30,000천원 · 특별손실 2,000천원

답안 경상이익은 매출액-매출원가-일반관리비-판매관리비+영업 외 수익-영업 외 비용이다.
240,000-180,000-40,000-30,000+50,000-25,000=15,000천원

보충 **경상이익과 당기 순손익** : 경상이익에서 특별 손익을 더하거나 빼고, 법인세액을 빼면 당기 순손익이다.

[08] 화폐의 시간적 가치 개념과 이를 계산하는 방법을 설명하시오.

답안 1) 화폐의 시간적 가치의 개념 : 동일한 액수의 돈도 평가 시점에 따라 가치가 다름을 의미한다.
2) 화폐의 시간적 가치 계산 방법 : 화폐의 과거, 현재, 미래의 가치를 일정 기준으로 계산하여 그 실질적인 가치를 비교한다.

KP 화폐의 시간적 가치

개념	계산 방법
같은 액수의 돈도 평가 시점에 따라 가치가 다름을 나타낸다.	화폐의 과거, 현재, 미래의 가치를 일정 기간을 기준으로 계산하여 그 실질적인 가치를 비교

계산 공식	
현재 가치	화폐의 현재가치 : $P_0 = P_n(1+R)^{-n} = P_n/(1+R)^n$ 미래의 현금 P_n는 n 기간 동안 R의 이자율로 계산한 현재가치 P_0
미래 가치	화폐의 미래가치 : $P_n = P_0(1+R)^n$ 현재의 현금 P_0를 n 기간 동안 R의 이자율로 계산한 미래가치 P_n

09 서울시 동대문구청은 동대문구 스포츠센터를 건립하려고 한다. 현재 건립비용은 부지 비용을 포함하여 20억 원으로 예상하지만, 건립 후 잘 운영하면 2년 후에 민간인에게 30억 원 정도를 받고 매각할 수 있을 것으로 추정한다. 이자율이 10%라고 가정하고 이 투자안의 현재가치를 구하고, 이 투자의 시행 여부를 결정하시오.

답안 2년 후 30억 원의 현재가치를 계산하면 30억 원/(1+0.1)^2=약 24.8억 원이므로, 투자를 시행하는 것이 옳다.

보충 계산 문제해설 : 투자안의 현재가치를 계산하면 24.8억 원인데 이를 20억 원에 건립한다는 것이다. 즉 동대문구청의 입장에서는 20억 원을 들여 현재가치 24.8억 원짜리의 스포츠센터를 건립하는 것으로 투자를 시행하는 것이 옳다.

10 유도선수였던 장승규는 아시안 게임에서 금메달을 따 매년 체육 연금을 200만원씩 10년간 받기로 되었다. 이를 일시금으로 받으면 얼마를 받을 수 있을까? 단 이자율은 매년 10%를 적용하고, 계산 과정을 반드시 기재해야 한다.

답안 화폐의 현재가치 계산 공식은 $P_o=P_n(1+R)^{-n}=P_o/(1+R)^n$이다. 공식에서 P_o는 현재가치, P_n는 n기간이 지난 미래의 현금 가치, R은 이자율을 나타낸다. 연도별로 받는 200만원을 현재가치로 바꾸어야 한다.
P_o=200+{200/(1.1)^1}+{200/(1.1)^2}+{200/(1.1)^3}+{200/(1.1)^4}+{200/(1.1)^5}+{200/(1.1)^6}+{200/(1.1)^7}+{200/(1.1)^8}+{200/(1.1)^9} ≒ 200+182+165+150+137+124+113+103+93+85 = 1,352만원

보충 계산 방법 : 첫 해는 원금만 받고, 이후는 각 연도별 이자까지 포함된 금액을 받는 것으로 계산하여 모두 더하면 일시금 금액이 된다.

11 S그룹 직원인 이씨는 월급 4백만을 받았지만 최근 직장을 그만두고 스크린 골프장 사업을 하려고 한다. 스크린 골프장을 설립하는데 인건비, 임대료, 설치비 등 총 4억5천만원이 소요되고, 연매출액은 5억 정도로 예상한다. 여기에서 소득을 회계 비용과 기회비용 각각의 개념을 들어 소득을 설명하시오.

답안 1) 기회비용이란 여러 가능성 중 하나를 선택했을 때 그 선택으로 인해 포기해야 하는 것에 대한 가치를 말하며, 회계 비용은 스크린 골프장 설립에 필요한 제반 비용을 말한다.
2) 이씨의 소득은 5억원-(4백만×12월+4억5천만원)=2백만원이 된다.

KP 회계 비용과 기회비용

기회비용	회계 비용	계산 공식
여러 대안 중 하나를 선택할 때 그 선택으로 포기해야 하는 가치의 비용	장부에 기록되는 실제 지출 비용	기회비용 = 암묵적 비용 + 명시적 비용

참고 암묵적 비용과 명시적 비용

구분	내용
암묵적 비용	눈에 보이지 않는 비용, 즉 자신이 포기하는 기회의 잠재적 비용 예 : 직장을 사직하므로 발생할 수 있었던 연봉
명시적 비용	실제 지출 비용을 말하며, 이를 달리 회계 비용이라고 한다. 예 : 인건비, 임대료 등

12 매년 말 200만원을 영원히 지급받는 영구연금을 받는 사람이 올해 한꺼번에 받는다고 가정할 때의 수령 금액을 계산하시오. 단, 연간이자율은 10%를 적용한다.

답안 영구연금의 현재가치 계산 공식은 매년 지급액/이자율이다. 200만원/0.1=2,000만원이다.

KP 영구연금의 현재가치 계산

공식 영구연금의 현재가치=매년 지급액/이자율

보충 **영구연금** : 영구연금이라 할지라도 50년 이후 연금은 현재가치로 환산하면 거의 0에 가까워져 큰 의미가 없으므로 위의 공식을 적용하면 된다.

2. 원가계산

01 원가계산의 개념을 적고, 원가계산 방법 5가지를 쓰시오.

답안 원가계산은 제품이나 서비스를 생산·제공에 든 비용을 측정하고, 분류하여 기록하는 과정이며, 계산 방법은 개별 원가계산, 종합 원가계산, 표준 원가계산, 변동 원가계산, 전부 원가계산 방법 등이다.

KP 원가계산

개념	계산 방법
제품이나 서비스의 생산·유통에 소요된 비용을 측정하고, 분류하여 기록하는 과정	❶ 개별 원가계산 : 제품이나 서비스의 개별적 원가를 계산하는 방법 ❷ 종합 원가계산 : 총원가를 총생산량으로 나누어 제품 단위별 원가를 산정하는 방법 ❸ 표준 원가계산 : 표준 원가와 실제 원가의 차이를 분석하여 관리하는 방법 ❹ 변동 원가계산 : 손익계산에서 매출원가와 판매관리비를 제하여 영업이익을 계산하는 방법 ❺ 전부 원가계산 : 생산 소요 비용에 판매비 및 관리비를 더하여 총원가를 산정하는 방법

암기 **원가계산 방법** : 〈원가계산은 개종표변전〉이다. 개별, 종합, 표준, 변동, 전부 원가계산

02 원가계산 방법 중 표준 원가계산 방법과 변동 원가계산 방법의 차이를 설명하시오.

답안 표준 원가계산은 직접 재료비와 직접 노무비, 변동 제조간접비와 고정 제조간접비를 제품원가에 포함하지만, 변동 원가계산은 이 중 고정 제조간접비를 제외하고 원가를 계산한다.

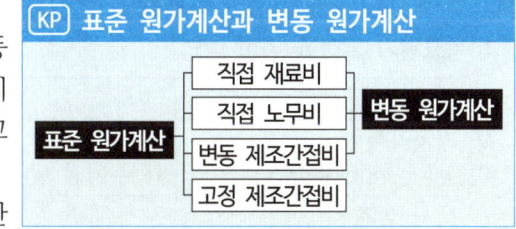

보충 **표준 원가계산과 변동 원가계산 차이** : 고정 제조간접비를 포함하면 표준 원가계산 방법이고, 고정 제조간접비를 제외하면 변동 원가계산 방법이다.

03 원가관리 시스템의 개념을 적고, 원가관리 시스템의 기능 3가지를 쓰시오.

답안 1) 원가관리 시스템은 원가를 측정·분석·관리하는 도구로, 예산 배정, 손익 추정, 생산성 정보 등을 포함한 다양한 경영 정보를 제공하여 비용을 효과적으로 관리하고, 이윤 극대화를 추구하기 위한 시스템을 말한다.
2) 원가관리 시스템은 원가계산, 원가 분석, 원가절감 조치의 기능을 수행한다.

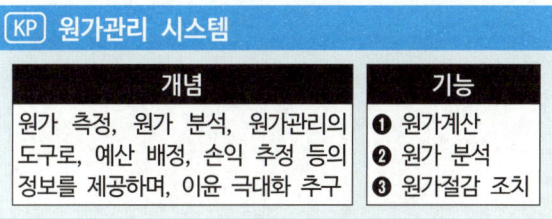

[04] 원가관리 시스템에서 직접원가와 간접원가를 구분해서 설명하시오.

[답안] 1) 직접원가는 제품 소비 대상을 추적할 수 있어 직접 부가하는 원가이고,
2) 간접원가는 직접 추적이 불가능하여 대상별로 원가를 일정 기준으로 배부하여 분할되는 원가를 말한다.

[KP] **직접원가와 간접원가**

직접원가
제품 소비 대상을 추적할 수 있어 직접 부가하는 원가

간접원가
직접 추적이 불가능하여 대상별 일정 기준으로 원가를 배분하는 원가

[05] 원가관리에서 사용하는 ABC와 ABM을 구분해서 설명하시오.

[답안] ABC는 활동기준 원가계산이고, ABM은 활동기준 경영으로 해석한다. 서로 밀접하게 연관성을 갖고 있다. ABC는 생산 소요 간접비용을 보다 정확하게 활동기준으로 배분하는 방법이고, ABM은 ABC의 정보를 활용하여 경영활동을 개선하고자 하는 관리 기법이다.

[용어] **ABC와 ABM** : ABC는 activity based costing, ABM은 activity-based management의 약어이다.

[KP] **ABC와 ABM**

ABC
생산 소요 간접비용을 정확하게 계산하는 방법

ABM
ABC 정보를 활용하여 경영활동을 개선하는 관리 기법

[06] 목표원가의 개념과 목표원가를 달성하기 위한 방법 3가지를 쓰시오.

[답안] 1) 목표원가는 시장에서 수용 가능한 가격에서 목표이익을 뺀 원가로, 제품이나 서비스의 원가를 미리 정한 목표치에 맞게 설계하여 생산하는 방식이다.
2) 목표원가를 달성하는 방법은 가치공학, 동시 설계, 게스트 엔지니어링 등을 활용한다.

[KP] **목표원가**

개념	달성 방법
시장 수용 가능한 가격에서 목표이익을 뺀 원가로, 상품 원가를 미리 정하여 생산하는 방식	❶ 가치공학 ❷ 동시 설계 ❸ 게스트 엔지니어링

[참고] 목표원가 달성을 위한 방법

구분	주요 내용
가치공학 value engineering	제품수명주기 상의 모든 기능을 분석하고, 같은 기능에서 원가 최소화와 주어진 원가에서 기능 최대화 등을 추구하는 학문
동시 설계 concurrent engineering	원가 관련 모든 부서가 개발 단계에서부터 서로 협력하여 원가를 낮추는 방법을 모색하여 설계하는 방법
게스트 엔지니어링 guest engineering	설계단계에서부터 협력업체와 함께 참여하여 원가 절감방안을 모색하는 방법

[암기] **목표원가 달성 방법** : 〈목표원가 달성법은 가동게〉이다. 가치공학, 동시 설계, 게스트 엔지니어링

07 품질원가의 개념과 품질원가를 관리하는 방법 2가지를 적고, 이를 설명하시오.

답안 1) 품질원가란 제품이나 서비스의 품질과 관련되어 지급하는 모든 비용을 말하며, 품질 유지와 효율적 비용 사용을 동시에 추구한다.
2) 품질원가는 설계품질 원가와 제조품질 원가로 구분하는데, 설계품질 원가는 설계단계에서 원가를 관리하며, 제품품질 원가는 생산단계에서 설계된 기능과 일치하는지 판단하며 원가를 관리한다.

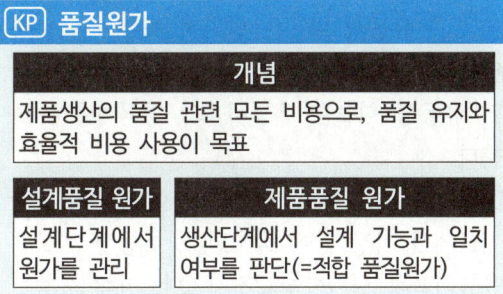

08 품질원가를 관리하기 위한 접근 방법 4가지를 들고, 각각 설명하시오.

답안 1) 예방원가 관리 : 품질 문제가 발생하기 전에 예방하는 데 초점을 맞춘다.
2) 평가원가 관리 : 품질 기준을 충족하는지 확인하기 위한 검사비용 등을 관리한다.
3) 내부 실패원가 관리 : 시장 출시 전 나타난 품질 문제로 인한 비용을 관리한다.
4) 외부 실패원가 관리 : 시장 출시 후 나타난 품질 문제로 인한 비용을 관리한다.

3. 재무성과 평가

01 재무 건전성을 확보하기 위한 재무분석의 개념을 적고, 재무분석의 종류 3가지를 쓰시오.

답안 1) 재무분석의 개념 : 재무제표에 나타난 특정 항목의 수치를 다른 항목의 수치로 나누어 계산하여 조직의 재무 상태 확인과 경영 성과를 분석한다.
2) 재무분석의 종류 : 유동성 비율, 레버리지 비율, 활동성 비율, 수익성 비율, 생산성 비율

암기 **재무분석 방법** : 〈재무분석 종류는 유레활수생〉이다. 유동성·레버리지·활동성·수익성·생산성

02 재무성과를 평가하는 비율분석 중 유동성 비율의 의미와 유동성 비율의 종류를 2가지 쓰시오.

답안 1) 유동성 비율은 단기적 채무 지급능력을 측정하는 비율로, 채권자가 상환을 요구할 때 갚을 수 있는 능력을 나타낸다.
2) 유동성 비율은 유동비율과 당좌비율로 나눈다.

경향 유동성 비율 : 비율분석 문제는 유동성 비율에서 가장 많이 출제된다. 유동성 비율은 유동비율과 당좌비율 2가지이다. 아래 유동비율과 당좌비율 공식은 꼭 암기해야 한다.
1) 유동비율=유동자산/유동부채×100
2) 당좌비율=(유동자산-재고자산)/유동부채× 100이다.

암기 유동비율 암기 방법 : 유동비율 공식은 유동자산과 유동부채가 분모와 분자가 헷갈리기 쉽다. 아래와 같이 암기하면 편리하다. 〈탤런트 유동근이 아들을 무등 태워 지나간다.〉 즉 부가 분모이고, 자가 분자이다.

KP 유동성 비율

개념
조직의 단기적 채무 지급능력을 측정하는 비율로, 채권자가 상환을 요구할 때 갚을 수 있는 능력

구분과 계산 공식
❶ 유동비율 : 유동비율=유동자산/유동부채×100
❷ 당좌비율 : 당좌비율=(유동자산-재고자산)/유동부채×100

03 아래의 보기를 읽고, 다음 문제를 설명하시오.

> 비율분석은 재무제표에 나타난 특정 항목의 수치를 다른 항목의 수치로 나누어 계산하여 조직의 재무상태와 경영 성과를 분석하는 데 사용한다. 종류는 유동성 비율, 레버리지 비율, 활동성 비율, 수익성 비율, 생산성 비율이 있는데, 유동성 비율은 단기적 채무 지급능력을 측정하기 위한 비율로, 종류는 (ㄱ), (ㄴ)이 있으며, 공식은 (ㄷ), (ㄹ)다. 레버리지 비율은 안정성 비율로, 타인자본에 의존하고 있는가를 나타내는 비율로, 종류는 (ㅁ), (ㅂ)이 있다. 활동성 비율의 개념은 (ㅅ)이다.

1) 유동성 비율의 종류 2) 유동성 비율의 공식
3) 레버리지 비율의 종류 4) 활동성 비율의 개념

답안 1) 유동성 비율의 종류 : 유동비율과 당좌비율
2) 유동성 비율의 공식
① 유동비율 = 유동자산/유동부채×100
② 당좌비율 = (유동자산-재고자산)/유동부채×100
3) 레버리지 비율의 종류 : 부채비율과 이자보상비율
4) 활동성 비율의 개념 : 기업이 자산을 얼마나 효율적으로 운영하고 있는가를 나타내는 비율

용어 leverage : 본래는 지렛대를 의미하는 단어이다. 여기서는 타인자본의 의존 정도를 말한다.

KP 레버리지 비율과 활동성 비율

레버리지 비율
❶ 개념 : 타인자본 의존 정도를 나타내는 비율
❷ 구분 : 부채비율과 이자보상비율

레버리지 비율계산 공식
❶ 부채비율 = 타인자본/자기자본×100
❷ 이자보상비율 = (이자와 납세전 이익)/이자×100

활동성 비율
❶ 개념 : 자산의 효율적 운영을 나타내는 비율
❷ 구분 : 재고자산회전율, 매출채권회전율, 고정자산회전율, 총자산 회전율

04 유동비율, 당좌비율, 부채비율의 공식을 쓰시오.

답안 1) 유동비율 = 유동자산/유동부채×100
2) 당좌비율 = (유동자산-재고자산)/유동부채×100
3) 부채비율 = 타인자본/자기자본×100

05 아래의 ( ) 속에 적합한 용어를 쓰시오.

> 1) 유동비율(%)= (A) × 100
> 2) (B)은(는) 조직의 전체자본 중 어느 정도가 타인자본에 의존하고 있는가를 나타낸다.
> 3) 레버리지 비율은 (C) 등으로 구분한다.
> 4) 조직의 활동성을 나타내는 활동성 비율은 (D) 등이다.

답안 A) 유동자산/유동부채, B) 레버리지 비율, C) 부채비율과 이자보상비율
D) 재고자산회전율, 매출채권회전율, 고정자산회전율, 총자산 회전율 등이다.

06 총자본순이익률(ROI) 계산 공식을 적고, 아래 재무구조를 가진 스포츠 센터의 총자본순이익률을 계산하시오.

> - 총자본 45억원 - 타인자본 12억원 - 영업이익 9억원
> - 경상이익 4억원 - 당기순이익 2억원

KP 총자본순이익률(ROI)

개념
수익성을 대표하는 비율로, 순이익을 총자본으로 나눈 값

공식
ROI = 당기순이익/총자본×100

답안 총자본순이익률 계산 공식 : 당기순이익/총자본×100이다.
2) 계산하면 2억원/45억원×100=4.4%이다.
용어 ROI : return on investment, 총자본순이익률, ROE : return on equity, 자기자본순이익률

07 스포츠용품 업체인 A 사는 당좌자산 100만원, 재고자산 80만원, 기타 유동자산 30만원과 유동부채 70만원이 있다. A 사의 유동비율(%)을 구하시오.(반드시 계산과정 기재)

답안 (100만원+80만원+30만원)/70만원×100이므로 300%이다.
보충 **유동비율 공식** : 유동비율의 공식은 유동자산/유동부채×100이다. 한편 자산은 고정자산과 유동자산으로 나누는데 유동자산은 당좌자산, 재고자산, 기타 유동자산을 말한다.

08 스포츠용품 업체인 A 사는 당좌자산 100만원, 재고자산 80만원, 기타 유동자산 30만원과 유동부채 70만원이 있다. A 사의 당좌비율(%)을 구하시오.(반드시 계산과정 기재)

답안 (100만원+80만원+30만원-80만원)/70만원×100이므로 185.7%이다.
보충 **당좌비율 공식** : 당좌비율의 공식은 (유동자산-재고자산)/유동부채×100이다.

09 A 스포츠센터의 총자산은 10억원이며, 이중 유동자산이 5억원이고, 고정자산이 5억원이다. 매출합계가 15억원일 때 총자산 회전율을 공식과 함께 구하시오.

답안 총자산 회전율은 매출액/총자산이다. ∴ 15억원/10억원=1.5(회)
용어 **총자산 회전율** : 활동성 비율의 하나인 총자산 회전율은 매출액을 총자산으로 나눈다. 이 비율은 조직이 총자산의 효율적 이용을 나타내며, 일반적으로 총자산 회전율이 1 이상이면 정상이고, 그보다 낮으면 낮을수록 총자산 회전율이 나쁜 상태이다.

10 재무분석 방법 중 활동성 비율과 생산성 비율, 수익성 비율의 개념을 각각 쓰시오.

답안 1) 활동성 비율 : 자산의 효율적 운영상태를 나타내는 비율
2) 생산성 비율 : 투입 생산 요소에 대한 산출량의 비율
3) 수익성 비율 : 투자 자본 대비 이익 달성도를 나타내는 비율

보충 비율분석 정리

구분	개념	종류
유동성 비율	유동자산을 유동부채로 나눈 비율로서 단기간 내(1년 이내) 현금화 자산과 1년 이내에 상환해야 할 부채를 비교	유동비율, 당좌비율
레버리지 비율	안정성 비율이라고 불리는데, 전체자본 중 타인자본 의존을 나타낸다.	부채비율, 이자보상비율
활동성 비율	자산의 효율적 운영상태를 나타내는 비율로, 매출액에 대한 중요 자산의 회전율로 계산한다.	재고자산회전율, 매출자산회전율, 고정자산회전율, 총자산 회전율
수익성 비율	투자 자본 대비 이익 달성도를 나타낸다.	총자본순수익률(ROI), 매출액 순이익률, 자기자본순이익률(ROE)
생산성 비율	투입 생산요소에 대한 산출량의 비율로, 경영의 효율성 또는 합리적인 성과 배분 분석에 이용한다.	노동 생산성, 자본 생산성

4. 손익분기점 분석

01 손익분기점(BEP)의 개념과 손익분기점을 분석하는 목적을 설명하시오.

답안 1) 손익분기점의 개념은 수익과 비용이 일치하여 이익도 손해도 발생하지 않는 분기점을 말하며
2) 손익분기점 분석의 목적은 매출액과 영업비용의 관계를 고려하여 매출액이 얼마만큼 되어야 영업비용을 제외하고, 이익이 발생하는가를 파악하기 위함이다.

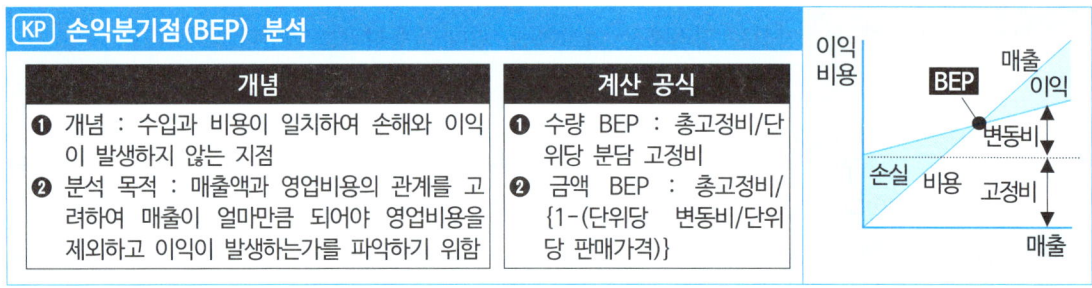

용어 BEP : break even point의 약어

02 A 스포츠용품회사에서는 X 제품을 생산, 판매하고 있다. X 제품 한 개의 판매가격은 500원이고, 단위당 변동 영업비는 250원이다. 고정 영업비용이 100만원이라면 손익분기점에 해당되는 매출액은 얼마인가? 단 주어진 조건 외에는 고려하지 않고, 계산과정을 포함해야 한다.

답안 손익분기점 계산 공식인 '(개당 판매가−개당 변동비)×판매 수량=고정비'를 적용하면 (500원−250원)×판매 수량=100만원 ∴ 판매 수량은 4,000개이고, 손익분기점=고정비(100만원)+변동비(250원×4,000개)=200만원이다.

03 스포츠용품 A 제품의 단위 당 단가가 2,000원이고 단위당 변동비용이 1,000원이며 고정비용이 5천만원이라고 했을 때 A 제품을 판매하여 손익분기점에 도달하기 위한 최소 판매량을 계산하시오.

답안 50,000,000원+1,000원×X=2,000원×X, 50,000,000=2,000X-1,000X ∴ X=50,000 즉 5만개가 손익분기점이다.

04 스포츠 이벤트 주최 측이 입장 수입의 20%를 사용료를 내기로 하고 입장권 가격은 1만원으로 정했다. 경기개최에 드는 고정비는 참가선수 초청비 6,000만원, 프로그램 제작비 2,000만원이 소요되었다. 스포츠 이벤트 주최 측이 손익분기점에 도달하기 위한 최소 유료 관중 수를 계산하시오. 단 주어진 조건 외에는 고려하지 않고, 문제의 풀이 과정도 반드시 기재해야 한다.

답안 (6,000만원+2,000만원)={1만원×(100-20)%}×X명, 계산하면 0.8X=8,000
∴ X=10,000 즉 1만 명이 입장하면 손익분기점이다.

참고 주최 측이 입장 수입의 20%를 사용료로 내기 때문에 실제 수입은 80%로 계산해야 한다.

05 손익분기점(BEP) 분석에서 적용하고 있는 가정 4가지를 쓰시오.

답안
1) 상품 판매량이 일정하다는 가정
2) 생산 소요 비용이 고정비와 변동비로 구성되어 있다는 가정
3) 판매 단위당 변동비가 일정하다는 가정
4) 고정비는 생산량과 관계없이 최대 생산 능력까지 일정하다는 가정
5) 생산량과 판매량이 항상 같다는 가정
6) 생산 효율성은 항상 일정하다는 가정

KP 손익분기점 분석의 가정
❶ 판매량이 일정
❷ 생산비용은 고정비와 변동비로 구성
❸ 단위당 판매 변동비가 일정
❹ 고정비는 변동하지 않는다.
❺ 생산량과 판매량이 같다.
❻ 생산 효율성이 항상 같다.

보충 **손익분기점 분석** : 손익분기점 분석은 위 kp의 6가지 가정을 전제로 하는 것으로, 이러한 가정을 통해 손익분기점 분석의 한계를 보완하고 있다.

5. 자본 조달

01 스포츠 조직의 자본 조달 방법 중 직접금융의 개념을 쓰고, 그 예 6가지를 적으시오.

답안 1) 직접금융의 개념 : 자금을 투자하고자 하는 투자자로부터 직접 조달하는 방법
2) 예 : 주식발행, 채권발행, 회원권 판매, 스폰서십, 민자 유치, 기금 지원

KP 자본 조달 방법				
직접금융		간접금융		
개념	방법	개념	방법	
자금을 투자자로부터 직접 조달	❶ 주식발행 ❷ 채권발행 ❸ 회원권 판매 ❹ 스폰서십 ❺ 민자 유치 ❻ 기금 지원	금융기관 등을 통해 간접 조달	❶ 은행차입 ❷ 기업어음 ❸ 매입채무	

경향 **자본 조달 방법 출제 경향** : '스포츠 조직의 직·간접 금융을 통한 외부 자본조달 방법을 각각 3가지 쓰시오.'라는 유형으로 출제되기도 했다. 자주 출제되는 출제 다빈도 부분이므로 꼭 기억해야 한다.

02 스포츠 조직의 자본 조달 방법 가운데 간접금융의 개념을 쓰고, 그 예 3가지를 적으시오.

답안 1) 간접금융의 개념 : 은행 등 금융기관을 통해 간접적으로 조달하는 방법
2) 예 : 은행차입, 기업어음, 매입채무

03 자금의 조달 방법 중 내부 조달 방법의 개념을 쓰고 사례 2가지를 쓰시오.

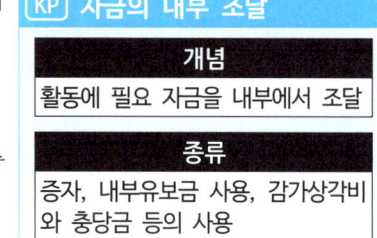

답안 1) 내부 조달의 개념 : 활동에 필요한 자금을 내부에서 조달한다.
2) 내부 조달의 사례 : 증자, 내부유보금 사용, 감가상각비 또는 충당금 등의 사용

6. 투자 결정

01 스포츠 조직의 투자 결정기법 종류를 3가지를 쓰시오.

답안 1) 자본회수기간법 2) 회계적 이익률법 3) 순현재가치법 4) 수익성 지수법

KP 투자 결정기법

확실성 하의 투자 결정기법		불확실성 하의 투자 결정기법
화폐의 시간적 가치 고려	화폐의 시간적 가치 미고려	
❶ 순현재가치법 ❷ 수익성 지수법 ❸ 내부수익률법	❶ 자본회수기간법 ❷ 회계적 이익률법	❶ 위험조정할인율법 ❷ 확실성 등가법

02 스포츠 조직이 자본 조달과 투자 결정을 위해서는 현금의 흐름이 중요한 역할을 한다. 현금 흐름의 개념과 현금 흐름을 추정할 때의 기본원칙 4가지를 쓰시오.

답안 1) 현금 흐름의 개념 : 순수입과 실제 지급하지 않은 외상 등을 제외하고, 실제 현금이 들어오거나, 나갈 내용을 계산한다.
2) 현금 흐름의 추정 원칙
① 현금 흐름의 대상은 영업수익에서 영업비용을 빼고 적용한다.
② 감가상각비는 현금 지출이 아니다.
③ 법인세 납부 이후의 현금 흐름을 적용한다.
④ 증분 현금 흐름을 기준으로 한다.

KP 현금 흐름

개념
순수입과 실제 지급하지 않은 외상 등을 제외하고, 실제 현금이 들어오거나, 나갈 내용을 계산하는 방법

현금 흐름 추정의 원칙
❶ 현금 흐름은 영업수익에서 영업비용을 빼고 적용
❷ 감가상각비는 현금 지출이 아니다.
❸ 법인세 납부 이후의 현금 흐름 적용
❹ 증분 현금 흐름 기준

03 조직이 조달한 자본을 최종 투자하기 위한 투자 결정기법의 개념을 설명하고, 이상적인 투자 결정기법의 4가지 조건을 쓰시오.

[답안] 1) 투자 결정기법의 개념 : 투자 결정 과정에서 투자 여부를 결정할 때 타당성을 검토하기 위해 적용하는 기법이다.
2) 이상적인 투자안 결정기법의 조건
① 현금 흐름을 고려해야 하고
② 화폐의 시간적 가치를 반영해야 하며
③ 복합적 투자안의 경우 결합하여 평가해야 하고
④ 조직 가치 극대화를 위한 투자안을 선택해야 한다.

KP 이상적 투자 결정기법
개념
투자 결정 과정에서 투자 여부를 결정할 때 타당성을 검토하기 위해 적용하는 기법
조건
❶ 현금 흐름 고려
❷ 화폐의 시간적 가치 반영
❸ 복합투자안은 결합 후 평가
❹ 조직 가치 극대화 투자안 선택

04 순현재가치법의 개념을 설명하고, 순현재가치법의 투자 결정 기준을 설명하시오.

[답안] 1) 순현재가치법이란 투자로 인해 발생하는 미래의 현금 유입액을 적절한 자본비용으로 할인한 현재가치에서 현재 투자로 인한 현금유출을 공제한 금액으로 투자안을 결정하는 방법이다.
2) 투자 결정 기준은 순현재가치가 0보다 크면 가치가 증가하는 것을 의미하므로, 그 투자안을 채택하는 것이다. 만약 여러 개의 투자안을 갖고 순현재가치를 계산했을 경우 가장 큰 투자안을 채택하면 된다.

KP 순현재가치법(NPV, net present value)
개념
투자로 인해 발생하는 미래의 현금 유입액을 적절한 자본비용으로 할인한 현재가치에서 현재 투자로 인한 현금유출을 공제한 금액으로 투자안을 측정하는 방법
투자 결정 기준
❶ 순현재가치가 0보다 크면 투자안 채택
❷ 여러 개의 투자안을 갖고 순현재가치를 계산하면 가장 큰 투자안 채택

05 순현재가치법이 다른 방법보다 합리적이라고 판단할 수 있는 이유 4가지를 쓰시오.

[답안] 1) 화폐의 시간적 가치를 고려한다.
2) 투자로 인해 예상되는 미래의 현금흐름과 자본의 기회비용에 의해 투자안을 평가한다.
3) 회계적 이익보다 발생하는 현금에 초점을 맞추므로 투자안의 가치평가에서 회계상의 임의성을 배제할 수 있다.
4) 기업가치 극대화라는 기업목표와 부합한다.
5) 가치 가산성의 원리를 적용한다.

KP 순현가법이 합리적인 이유
❶ 화폐의 시간적 가치 고려
❷ 투자로 예상되는 미래의 현금흐름과 자본 기회비용으로 투자안 평가
❸ 현금 흐름에 초점을 맞추므로 투자안 가치평가에서 회계상 임의성 배제 가능

06 스포츠 조직의 입장에서 투자안의 경제성을 평가하는 방법 중 순현재가치법과 내부수익률법의 의미를 기술하시오.

[답안] 1) 순현재가치법 : 투자로 인해 발생할 미래의 현금유입액을 적절한 자본비용으로 할인한 현재가치에서 현재 투자로 인한 현금유출을 공제한 금액으로 투자안을 측정하는 방법이다.
2) 내부수익률법 : 투자로 인해 발생하는 현금 유입의 현재가치와 현금유출의 현재가치를 일치시키는 할인율을 계산하여 이를 시장수익률과 비교해서 투자 여부를 결정하는 방법

KP 내부수익률법
투자로 인해 발생하는 현금 유입의 현재가치와 현금유출의 현재가치를 일치시키는 할인율을 계산하여 이를 시장수익률과 비교해서 투자 여부를 결정하는 방법

07 순현가법(NPV)와 내부수익률법(IRR)의 설명에 대해 옳은 것은 O표, 잘못 설명된 것은 X표를 하시오.

1) 순현재가치(NPV)법에서 투자안의 NPV가 0보다 크면 투자안을 채택한다. (   )
2) 내부수익률(IRR)법에서 투자안의 IRR이 자본비용보다 작으면 투자안을 채택한다. (   )
3) 순현가는 미래에 발생할 수입의 현재가치에서 비용의 현재가치를 차감한 금액이다. (   )
4) 순현가법에서 타당성이 있더라도 내부수익률법에서는 타당성이 부족할 수도 있다. (   )
5) 순현가법과 내부수익률법의 투자 판단 기준을 위한 할인율은 각각 요구수익률을 사용한다. (   )

답안 1) O, 2) X, 3) O, 4) O, 5) X

08 스포츠 조직의 입장에서 투자안의 경제성을 평가하는 방법 중 수익성 지수법의 의미와 계산 공식을 쓰시오.

답안 1) 수익성 지수법이란 순현재가치법이 절대 금액으로 투자안을 결정한 데 비해 수익성 지수법은 투자비 1에 대한 현금 유입을 계산하는 방법을 말한다.
2) 수익성 지수법 공식은 현금 유입의 현재가치/현금유출의 현재가치=투자안의 NPV/현금유출의 현재가치이다.

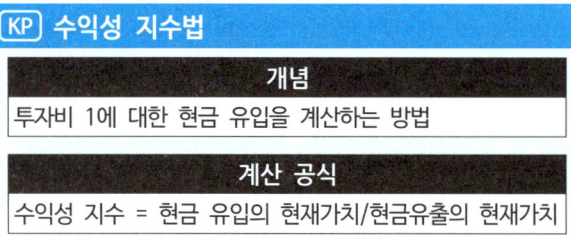

09 자본회수기간법의 개념과 장단점을 각각 2가지를 쓰시오.

답안 1) 자본회수기간법은 최초 투자액을 회수하는 소요 기간을 계산하여 결정하는 방법이다. 자본회수기간이 짧으면 투자 비용을 빨리 회수한다는 의미이다.
2) 자본회수기간법의 장점은 평가 방법이 간단하며 이해하기 쉽고, 회수 기간 계산이 비교적 간단하다.
3) 단점은 회수 기간 이후 현금흐름을 고려하지 않는 것이며, 독립 투자안의 회수 기간을 주관적으로 결정하므로, 객관적 기준 설정이 어렵다.

경향 **자본회수기간법 출제 경향** : '자본회수기간법의 단점 4가지를 쓰시오.'라는 유형으로 출제되기도 했다.

10 회계적 이익률법의 개념과 계산 공식을 쓰시오.

답안 1) 개념 : 미래 일어날 연평균 수익을 연평균 투자액으로 나누어 계산하여 조직이 미리 정한 회계적 이익률보다 높으면 투자를 결정하는 방법
2) 계산 공식 : 장부상 연평균 순이익/연평균 순투자액×100

KP 회계적 이익률법
개념
미래 일어날 연평균 수익을 연평균 투자액으로 나누어 조직이 미리 정한 회계적 이익률보다 높으면 투자를 결정
계산 공식
회계적 이익률 : 장부상 연평균 순이익/연평균 순투자액×100

11 위험조정 할인율법과 확실성 등가법을 설명하시오.

답안 1) 위험조정 할인율법 : 불확실한 현금흐름을 고려하여 할인율을 높게 책정하여 계산하는 방법이다. 현금흐름이 확실할 경우 현금흐름의 가치를 무위험이자율을 이용하지만, 위험이 있으면 투자로부터 예상되는 현금흐름에 조정 확인율을 위험에 따라 적용한다.
2) 확실성 등가법은 불확실한 미래의 현금흐름을 확실성에 따를 정도로 조정한 후 무위험이자율을 할인율로 적용한다.

KP 위험조정 할인율법과 확실성 등가법
위험조정 할인율법
불확실한 현금흐름을 고려하여 할인율을 높게 책정하여 계산하는 방법
확실성 등가법
불확실한 미래의 현금흐름을 확실성에 따를 정도로 조정한 후 무위험이자율을 할인율을 적용하는 방법

제4장 스포츠 이벤트와 생산관리

1. 스포츠 이벤트

01 스포츠 이벤트는 주체자에 따라 개최 목적이 다르다. 주체자를 기업, 경기단체, 스포츠구단, 지방자치단체로 나누어 각각 주된 목적을 2가지씩 쓰시오.

답안 1) 기업 : 기업 또는 브랜드 이미지 강화, 고객과의 커뮤니케이션, 매출 극대화
2) 경기단체 : 스포츠 종목의 발전, 수익 창출
3) 스포츠구단 : 팬 서비스, 고정고객 확보, 팀 인지도 상승, 수입 극대화
4) 지방자치단체 : 주민의 욕구 충족, 지역 경제 활성화, 스포츠를 통한 교류 확대

KP 스포츠 이벤트의 조직별 개최 목적

기업	경기단체
브랜드 이미지 강화, 고객 커뮤니케이션, 매출 극대화	스포츠 종목의 발전과 보급, 수익 창출

스포츠구단	지방자치단체
팬 서비스, 고정고객 확보, 팀 인지도 상승, 수입 극대화	주민 욕구 충족, 지역 경제 활성화, 스포츠를 통한 교류 확대

02 스포츠 이벤트를 개최 형태에 따라 3가지로 분류하고, 각각을 설명하시오.

답안 1) 관전형 스포츠 이벤트 : 화제 또는 볼거리 제공을 목적으로, 유명선수 또는 스포츠팀의 경기 등을 관전토록 하는 이벤트
2) 참여형 스포츠 이벤트 : 참가자 건강증진과 공동체 의식의 강화 등을 목적으로, 스포츠를 직접 체험하는 이벤트
3) 강습형 스포츠 이벤트 : 특정 종목의 기술을 배우기 위해 시행되는 이벤트

KP 이벤트의 개최 형태에 따른 분류

관전형	강습형
볼거리 제공 목적으로, 유명선수·팀의 경기 관전	특정 종목의 기술을 배우기 위해 참여

참여형	
건강증진 또는 공동체 의식 강화 등을 목적으로, 스포츠 직접 체험	

암기 스포츠 이벤트 분류 : 〈스포츠 이벤트는 관참강〉이다. 관전형, 참여형, 강습형

03 지역사회에서 대형 스포츠 이벤트 개최의 순기능적 역할을 3가지 쓰시오.

답안 1) 산업 발전에 기여
2) 주민소득 증대에 기여
3) 사회기반시설 정비
4) 환경 개선
5) 고용 창출에 기여한다.

KP 스포츠 이벤트 개최의 순기능
❶ 산업 발전 ❹ 환경 개선
❷ 주민소득 증대 ❺ 고용 창출
❸ 사회기반시설 정비

용어 순기능과 역기능 : 순기능이란 성과 또는 결과가 좋은 방향으로 작용하는 기능이며, 역기능은 본래 목적과는 반대 방향으로 작용하는 현상을 말한다.

04 지방자치단체가 스포츠 이벤트를 유치했을 때 얻을 수 있는 이점 4가지를 쓰시오.

답안 주민소득 증대, 주민 자긍심 고취, 고용 창출, 문화 수준의 향상, 도시기반시설 확충

> **KP 지방자치단체의 이벤트 유치 이점**
> ❶ 주민소득 증대 ❹ 주민 자긍심 고취
> ❷ 고용 창출 ❺ 도시기반시설 확충
> ❸ 문화 수준 향상

05 스포츠 이벤트의 경제적 효과를 측정하는 방식의 하나인 승수 분석의 3가지 유형을 제시하고 이를 설명하시오.

답안 1) 생산 유발 승수 : 이벤트 개최로 인해 발생하는 생산량 또는 금액을 비교하는 방법
2) 소득 유발 승수 : 이벤트 개최로 인해 발생하는 주민 또는 국민소득을 비교하는 방법
3) 고용 유발 승수 : 이벤트 개최로 인한 고용효과를 비교하는 방법

> **KP 승수 분석**
> | 생산 유발 승수 | 소득 유발 승수 | 고용 유발 승수 |
> |---|---|---|
> | 이벤트 개최로 인해 발생하는 생산량 또는 금액을 비교하는 방법 | 이벤트 개최로 인해 발생하는 주민소득을 비교하는 방법 | 이벤트 개최로 인한 고용효과를 비교하는 방법 |

2. 생산관리

01 생산관리가 추구하는 목표 3가지와 생산관리에서 사용되는 3S의 개념과 요소 3가지를 쓰시오.

답안 1) 생산관리의 목표 : 원가절감, 품질향상, 납기 준수
2) 3S의 개념 : 효율적 생산관리를 위한 원칙
3) 3S의 요소 : 표준화(standardization), 전문화(specialization), 단순화(simplification)

> **KP 생산관리**
> | 목표 |
> |---|
> | ❶ 원가절감 ❷ 품질향상 ❸ 납기 준수 |
>
> | 3S | |
> |---|---|
> | 개념 | 효율적 생산관리를 위한 적용 기법 |
> | 요소 | ❶ 표준화 ❸ 단순화 ❷ 전문화 |

02 다음은 제조기업과 스포츠 경기업의 생산과정에 대한 비교이다. ( ) 속의 적정한 용어를 쓰시오.

	노동	자본재	생산 주체	생산 동기
제조 시스템	근로자	원료, 자재	제조회사	이윤 극대화
서비스 시스템	(A)	경기, 경기장	(B)	(C)

답안 (A) 선수, 심판 (B) 구단, 연맹 (C) 이윤 극대화

03 다음은 전통적 기업과 벤처기업에 대한 비교이다. ( ) 속의 적정한 용어를 쓰시오.

	생산 시스템	생산 중심	생산 원리	생산방식
전통적 기업	분업시스템	사람, 자본 중심	효율성과 생산성	소품종 대량생산
벤처기업	네트워크 시스템	(A)	(B)	(C)

답안 (A) 지식 중심, (B) 유연성과 창의성, (C) 다품종 소량 생산

04 경기장 등을 건설할 때 사용하는 기법인 PERT/CPM을 설명하시오.

답안 프로젝트 관리 기술의 한 분야로, 주로 건설공정에서 사용하는 공정관리기법이다. 공정의 전후 관계가 표시되며, 이에 따른 자재 수급 계획, 인력계획 등을 포함한다.

> KP PERT/CPM
> 프로젝트 관리 기술의 한 분야로, 건설공정에서 사용하는 공정관리기법

참고 **PERT/CPM의 개념**

구분	내용
PERT program evaluation & review technique	네트워크를 이용 프로젝트를 효과적으로 수행할 수 있도록 시간 측면에서 과학적으로 계획하고 관리 통제하는 기법
CPM critical path method	미국 듀퐁사가 공장 건설에 드는 시간과 비용의 효율성을 향상시킬 목적으로 개발되었다.

05 피시본(fish bone) 다이어그램의 개념과 특성을 설명하시오.

답안 피시본 다이어그램은 물고기 뼈 형태의 그림으로 만들어져 있으며, 인과 관계를 파악하는 데 활용할 수 있다.

> KP 피시본 다이어그램
>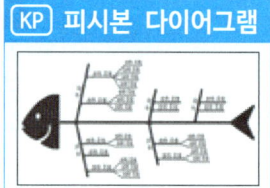

06 아래 내용은 제품이나 서비스 설계와 관련된 내용이다. (A)의 ( ) 속에 적합한 용어를 (B)에서 골라 쓰시오.

(A)	1) ( )은(는) 원가를 올리지 않으면서 제품의 유용성을 향상하거나 제품의 유용성을 감소하지 않으면서 원가를 절감하는 방법이다. 2) ( )은(는) 제품의 다양성은 높이면서도 동시에 제품생산에 사용되는 구성품의 다양성은 낮추는 설계 방법이다. 3) ( )은(는) 생산과 서비스가 쉽고, 성과를 중시하는 설계로, 3S를 적용한다. 4) ( )은(는) 마케팅, 생산, 엔지니어링 등 신제품 관련 부서와 경우에 따라 외부 공급자까지 참여시켜 제품을 설계하는 방법이다.
(B)	가) 가치분석, 나) 모듈러 설계, 다) 동시 공학, 라) 제조 용이성 설계

답안 1) 가치분석 2) 모듈러 설계 3) 제조 용이성 설계 4) 동시 공학

참고 **생산과 서비스의 설계 방법**

구분	내용
가치분석 (VA, value analysis)	원가를 유지하면서 유용성을 높이거나, 유용성을 유지하면서 원가를 줄이는 설계(=가치공학)
모듈화 설계	여러 제품이나 서비스에 함께 활용할 수 있도록 표준화된 설계
제조 용이성 설계	생산과 서비스가 쉽도록 하고, 성과를 중시하는 설계
동시 공학 (concurrent engineering)	여러 부서가 제품 설계에 함께 참여하는 설계 또는 생산 방법을 적용하는 기법
로버스트(robust) 설계	생산 공정이나 서비스가 계획대로 수행되도록 배려하고, 생산과 서비스의 애로 원인을 찾아 대책을 마련하는 설계

용어 **모듈(module)** : 기계·건물 등을 구성하는 규격화된 부품 또는 소규모 구성품을 의미한다.
용어 **로버스트(robust)** : '원기 왕성', '강력', '튼튼하다' 등을 나타내는 용어이다.

07 서비스의 품질관리에서 사용하는 서브퀄 척도의 개념을 적고 5가지 요인을 쓰시오.

답안 1) 서브퀄 척도의 개념 : 서비스의 무형성으로 인해 품질에 대한 평가가 쉽지 않다. 서비스 품질을 평가하는 방법으로, 파라슈라만(Parasuraman) 등이 개발한 서브퀄 척도를 활용하고 있다.
2) 측정 요소 : 신뢰성, 응답성, 공감성, 확신성, 유형성 등이다.

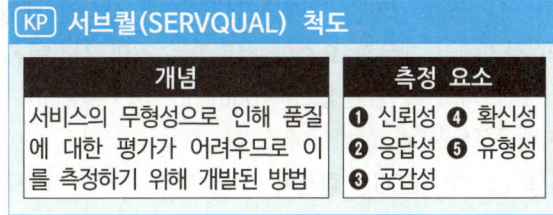

용어 서브퀄(SERVQUAL) : service quality measures의 약어
암기 서브퀄 척도 : 〈서브퀄은 신응공확유〉이다. 신뢰성, 응답성, 공감성, 확신성, 유형성
참고 서브퀄 척도의 요소별 설명

구분	내용
신뢰성	약속된 서비스를 믿을 수 있고 정확하게 수행할 수 있는 능력으로, 시간, 제공 정보의 정확도 등
응답성	고객에게 서비스를 제공하려는 의지
공감성	고객을 개별화시켜 이해하려는 노력으로, 접근 용이성과 커뮤니케이션 등
확신성	종업원의 지식 및 태도, 신뢰와 안정성을 유발시키는 능력
유형성	물적 요소의 외형, 시설, 장비, 종업원, 사용되는 커뮤니케이션 자료 등의 형태

3. 경영정보시스템

01 경영정보시스템(MIS, management information system)의 개념을 설명하시오.

답안 경영정보시스템이란 경영의 의사결정 유효성을 높이기 위해 관련 정보를 수집·전달·처리·저장·이용할 목적으로 컴퓨터를 활용하는 시스템을 말한다.

02 전사적 자원관리를 목적으로 사용하고 있는 ERP의 개념과 역할을 설명하시오.

답안 1) ERP는 전사적 자원관리를 목적으로 한 조직 통합 정보시스템이다.
2) 판매, 인사, 재무, 생산 등 부분별로 관리하던 정보를 통합하여 관리하는 역할을 한다.

KP ERP(enterprise resources planning)

개념	역할
전사적 자원관리를 목적으로 한 조직의 통합 정보시스템	판매, 인사, 재무, 생산 등 부분별 관리하던 정보를 통합하여 관리하는 역할

03 조직 시민 행동(OCB)을 설명하시오.

답안 본인의 직무 범위를 벗어나 조직을 위해 자발적으로 과업을 수행하여 조직성과에 이바지하는 행동을 일컫는다.
용어 OCB : organizational citizenship behavior의 약어로, 조직 시민 행동을 말한다.

KP 조직 시민 행동
본인의 직무 범위를 벗어나 조직을 위해 자발적 과업을 수행하여 조직성과에 이바지하는 행동

04 최근 기업에서는 ESG 경영이 화두로 대두하고 있다. ESG 경영의 개념과 요소 3가지를 쓰시오.

답안 1) ESG 경영은 투자를 결정할 때 사회적 책임과 지속 가능 투자의 관점에서 재무적 요소와 검토하는 경영 시스템을 말한다.
2) ESG의 요소는 환경(environment), 사회(social) 지배구조(governance)이다.

암기 ESG : 〈ESG는 환사지〉이다. 환경, 사회, 지배구조

KP ESG 경영

개념
투자를 결정할 때 사회적 책임과 지속 가능 투자의 관점에서 재무적 요소와 검토하는 경영 시스템

요소
❶ 환경(environment) ❷ 사회(social) ❸ 지배구조(governance)

제2과목 스포츠마케팅

세부목차

제1장 스포츠마케팅 … 52
1. 스포츠마케팅 … 52
2. 시장과 상품 … 53

제2장 스포츠마케팅 조사 … 55
1. 스포츠마케팅 조사 … 55

제3장 마케팅믹스와 전략 … 56
1. 마케팅 프로세스(STP) … 56
2. 마케팅믹스(4P) … 59
3. 마케팅전략 … 73

제4장 스포츠 스폰서십 … 76
1. 스포츠 스폰서십 … 76
2. 앰부시 마케팅 … 78
3. 스포츠 조직의 스폰서십 … 79

제5장 브랜드와 라이선싱, 매체 관리 … 80
1. 스포츠 브랜드 … 80
2. 스포츠 라이선싱 … 82
3. 스포츠 매체 관리 … 85

제1장 스포츠마케팅

1. 스포츠마케팅

01 스포츠의 마케팅과 스포츠를 이용한 마케팅을 구분하여 설명하시오.

[답안] 1) 스포츠의 마케팅은 스포츠 관련 상품의 마케팅으로, 소비자는 일반 대중이며, 상품화된 스포츠 또는 이와 관련된 상품의 판매촉진을 목적으로 한다.
2) 스포츠를 이용한 마케팅은 기업이 커뮤니케이션의 하나로 스포츠를 활용하는 마케팅을 말한다.

[KP] 스포츠마케팅

스포츠의 마케팅
marketing of sports
❶ 스포츠 자체의 상품으로, 소비자와의 교환 활동
❷ 고객 만족을 통한 스포츠 조직의 이익 창출

스포츠를 통한 마케팅
marketing through sports
❶ 기업이 스포츠 권리자와 관계하여 상호이익 추구
❷ 스포츠를 통한 기업 커뮤니케이션 효과 상승

02 스포츠를 이용한 마케팅을 직접 사업과 간접사업으로 구분하여 각각의 사례를 드시오.

[답안] 1) 직접 사업은 스폰서십, 라이선싱, 머천다이징, 방송중계권 등이다.
2) 간접사업은 광고나 제품판매를 위해 선수·팀·단체의 이미지를 이용하는 것이다.

[KP] 스포츠를 이용한 마케팅

직접 사업
스폰서십, 라이선싱, 머천다이징, 방송중계권

간접사업
광고, 판매 등에 선수·팀·단체의 이미지 활용

03 스포츠를 이용한 마케팅의 직접 사업 4가지를 구분하여 설명하시오.

[답안] 1) 스폰서십 : 기업이 스포츠와 관련하여 비용 혹은 상품을 권리자에게 제공하고, 반대급부로 광고 등에 이를 이용하거나 활용할 수 있는 권리
2) 라이선싱 : 다른 사람이 소유하고 있는 제조 또는 서비스에 대한 신기술, 노하우 또는 상표 등을 권리자의 허가를 받아 생산 판매하는 활동
3) 머천다이징 : 스포츠 경기, 조직, 팀, 선수의 캐릭터, 로고, 마크 등을 이용하여 새로운 상품을 개발하는 활동
4) 방송중계권 : 스포츠 운영조직에 일정액을 지불하고, 경기를 방송할 수 있는 권한을 위임받는 권리를 획득

[KP] 스포츠를 이용한 마케팅의 직접 사업

스폰서십	라이선싱
기업이 스포츠와 관련하여 비용·상품 등을 권리자에게 제공하고, 반대급부로 광고 등에 이용 권리 획득	타인 소유의 제조 또는 서비스에 대한 신기술, 노하우, 상표 등을 권리자의 허가를 받아 생산 판매하는 활동

머천다이징	TV 중계권
스포츠 경기, 선수, 팀, 단체의 캐릭터, 로고, 마크 등을 이용하여 새로운 상품 개발과 판매 활동	스포츠 운영조직에 일정액을 지불하고, 경기를 방송할 수 있는 권한을 위임받는 권리 획득

2. 시장과 상품

01 마케팅전략을 수립하기 위해서는 환경분석이 중요하며, 환경분석은 거시적 분석과 미시적 분석으로 나눌 수 있다. 각각의 개념을 설명하고, 분석에 사용하는 대표적 기법을 쓰시오.

답안 1) 거시적 분석은 금리, 추세 등의 사회적 환경과 현상을 분석하는 것으로, 주로 PESTEL 기법을 활용한다.
2) 미시적 분석은 조직이 당면한 환경, 고객, 촉진 등에 관한 단기적 분석으로, 고객(customer), 자사(company), 경쟁자(competitor) 등의 3C 분석을 사용한다.

보충 **PESTEL분석** : 학자에 따라 환경적, 법적 분석을 제외하고, PEST 분석이라고도 한다.

KP 환경분석

거시적 분석	미시적 분석
금리, 추세 등의 사회적 현상 분석, PESTEL 분석을 주로 사용	조직이 당면한 환경, 고객, 촉진 등에 관한 단기적 분석, 3C 분석을 주로 사용
↓	
PESTEL 분석	3C 분석
정치적(political), 경제적(economic), 사회적(social), 기술적(technological), 환경적(environmental), 법적(legal) 분석	고객(customer), 자사(company), 경쟁자(competitor) 분석

02 마케팅 현장에서 사용되는 마케팅 마이오피아에 대해 간략하게 설명하시오.

답안 마케팅 마이오피아란 미래를 예상하지 못하고, 바로 앞에 닥친 상황만 고려하여 소비자의 욕구를 정확하게 파악하지 못하는 것을 의미한다.

용어 marketing myopia : 1975년 당시 레빗(Theodore Levitt) 하버드대 교수가 하버드 비즈니스 리뷰에 발표한 동명의 논문에서 제시한 개념이다. 마케팅 근시안이라고도 한다.

KP 마케팅 마이오피아

미래를 예상하지 못하고, 바로 앞에 닥친 상황만 고려하여 소비자 욕구를 파악하지 못하는 마케팅 근시안

03 스포츠마케팅대행사의 필요성과 수행 업무 4가지를 쓰시오.

답안 1) 스포츠마케팅대행사는 스포츠마케팅을 전문적으로 수행하기 위해 스포츠 조직과 소비자 연결 역할을 수행한다.
2) 스포츠마케팅대행사는 수행 업무는 스포츠대회 등과 관련된 이벤트 수행, TV 중계권에 대한 자문 및 계약 대행, 스포츠 단체의 마케팅 대행, 선수 관리 등이다.

보충 **선수 관리 등** : 스포츠 에이전시의 역할로 보는 것이 타당하지만, 스포츠 에이전시와 스포츠마케팅대행사를 분리하는 경계가 명확하지 않는 상태에서 이를 스포츠마케팅대행사의 업무로도 볼 수 있다.

KP 스포츠마케팅대행사

필요성
스포츠마케팅의 필요성에 따라 전문적으로 수행하기 위해 스포츠 조직과 기업 혹은 소비자를 연결 역할의 수행

역할
❶ 스포츠대회 등 관련 이벤트 수행
❷ TV 중계권에 대한 계약 대행
❸ 스포츠 단체의 마케팅 대행
❹ 선수 관리
❺ 선수 선발 및 연봉협상

04 마케팅의 여러 이론과 관련된 내용이다. (A)의 ( ) 속에 적합한 용어를 (B)에서 골라 쓰시오.

(A)	1) ( )은(는) 줄어든 수요를 다시 증가시키기 위한 마케팅이다. 2) ( )은(는) 고객수요를 의도적으로 줄이는 마케팅으로, 정기적으로 고객과 건실한 관계를 유지하고 발전시켜 나가기 위해 시행한다. 3) ( )은(는) 공급과 실제 수요 크기를 조절하여 양자의 시간적 패턴을 일치시키는 마케팅이다. 4) ( )은(는) 수요가 없는 상황에서 자극적 방법을 사용하여 구매를 유도하는 마케팅이다. 5) ( )은(는) 한정된 물량만 공급하여 소비자의 구매 욕구를 자극하는 마케팅이다.
(B)	(가) 헝거 마케팅, (나) 디 마케팅, (다) 재마케팅, (라) 자극 마케팅, (마) 동시화 마케팅

답안 1) 재마케팅 2) 디 마케팅 3) 동시화 마케팅 4) 자극 마케팅 5) 헝거 마케팅

KP 마케팅의 여러 이론

구분	내용
재마케팅	줄어든 수요를 다시 증가시키기 위한 마케팅(=리마케팅)
디마케팅	고객수요를 의도적으로 줄이는 마케팅으로, 정기적으로 고객과 건실한 관계를 유지하고 발전시켜 나가기 위해 시행한다. 루비통이 자사 가방 구매 기간을 정해 놓고 이 기간이 지나지 않은 고객은 구매하지 못하도록 하는 제도를 시행하였다.
자극 마케팅	수요가 없는 상황에서 자극적 방법을 사용하여 구매를 유도하는 마케팅
헝거 마케팅	한정 물량만 공급하여 소비자의 구매 욕구를 자극하는 마케팅이다. 수요보다 공급을 적게 하여 상품 부족 상태를 만들어 상품 가치를 높이고 있다.
동시화 마케팅	공급과 실제 수요 크기를 조절하여 양쪽의 시간적 패턴을 일치시키는 마케팅이다.(=싱크로 마케팅) 겨울에 아이스크림의 가격을 낮추어 계절에 무관하게 생산 일관성을 유지하도록 하는 것이 사례이다.

제2장 스포츠마케팅 조사

1. 스포츠마케팅 조사

01 1차 자료와 2차 자료의 개념을 설명하고 구체적 예를 1개씩 드시오.

답안 1) 1차 자료 : 조사를 위해 새로 수집해야 할 자료로, 사례는 자체 조사한 시장조사보고서이다.
2) 2차 자료 : 다른 목적으로 이미 조사된 자료로, 사례는 정부 발행 인구통계조사보고서이다.
암기 자료의 구분 : 〈1차는 새로 수집, 2차는 이미 조사된 자료〉이다.

KP 1차 자료와 2차 자료

1차 자료
조사를 위해 새로 수집해야 할 자료로, 시장조사보고서 등

2차 자료
다른 목적으로 이미 조사된 자료로, 정부 발행 인구조사보고서 등

02 마케팅 조사 방법 중 추세조사, 코호트 조사, 패널조사에 관해 설명하시오.

답안 1) 추세조사 : 현상이 어떤 방향으로 진전되고 있는지에 초점을 맞추어 조사하는 방법
2) 코호트 조사 : 처음 조건이 주어진 집단(코호트)에 대하여 이후의 경과와 결과를 알기 위해 미래를 조사하는 방법(예: 베이비붐 세대의 소비자 성향 조사)
3) 패널조사 : 조사대상을 고정하고, 동일한 조사대상에 대하여 동일 질문을 반복 시행하여 조사 과정의 변화 상태를 파악하려는 조사 방법
용어 코호트(cohort) : 종류를 의미하는 단어로, 여기서는 특정 경험을 공유하는 사람들의 집합체를 말한다.

KP 마케팅 조사 방법

추세조사	코호트 조사
현상이 어떤 방향으로 진전되고 있는가에 초점을 맞추는 조사 방법	처음 조건이 주어진 집단(코호트)에 대하여 이후의 경과와 결과를 알기 위해 미래를 조사하는 방법

패널조사
조사대상을 고정하고, 동일한 조사대상에 대하여 같은 질문을 반복 시행하여 조사 과정의 변화 상태를 파악하려는 조사 방법

03 마케팅 조사를 위해 설문지를 설계할 때 사용하는 질문 유형 2가지를 들고 이를 각각 설명하시오.

답안 1) 개방형 질문 : 답변 항목을 미리 제시하지 않고, 양을 제한하지 않으며, 응답자가 자신의 견해를 자유롭게 표현할 수 있도록 구성된 질문 방법
2) 폐쇄형 질문 : 미리 제시된 항목들 가운데서 답을 선택하도록 하거나 제한된 수만큼의 단어로 답하도록 구성된 질문 방법
암기 설문지 질문 형태 : 〈설문지 질문은 개방형은 주관식, 폐쇄형은 객관식 질문〉이다.

KP 개방형 질문과 폐쇄형 질문

개방형 질문	폐쇄형 질문
답변 항목을 미리 제시하지 않는 주관식 질문 방법	미리 제시된 항목 가운데 답을 선택하도록 하는 객관식 질문 방법

제3장 마케팅믹스와 마케팅전략

1. 마케팅 프로세스(STP)

가. 시장세분화

01 STP 구성 요소 3가지를 쓰고, 이를 설명하시오.

답안 1) segmentation : 기업이 독자적 기준으로 전체시장을 기업의 특성에 맞게 나누는 활동
2) targeting : 나누어진 시장을 제품이나 서비스를 구매할만한 고객집단을 찾는 활동
3) positioning : 상품이 경쟁상품과 비교하여 소비자의 마음속에 차별화되도록 위치시키려는 판매자의 노력

KP STP

segmentation(시장세분화)	targeting(시장 표적화)	positioning(시장 위치화)
기업이 독자적 기준으로 전체시장을 기업 특성에 맞게 나누는 활동	나누어진 시장을 제품이나 서비스를 구매할만한 고객집단을 찾는 활동	상품이 경쟁상품과 비교하여 소비자의 마음속에 차별화되도록 위치시키려는 기업의 노력

02 시장세분화의 개념과 시장세분화가 필요한 이유 3가지를 쓰시오.

답안 1) 시장세분화 개념 : 기업이 독자적 기준으로 전체시장을 특성에 맞게 나누어 세 시장으로 구분하는 활동
2) 시장세분화의 필요성
① 소비자 욕구를 정확하게 파악하여 이를 충족시킬 수 있다.
② 유리한 목표시장의 설정이 가능하다.
③ 시장 반응에 따라 마케팅 자원을 효율적으로 배분할 수 있다.

KP 시장세분화(segmentation)

개념
기업이 독자적 기준으로 전체시장을 특성에 맞게 나누어 적은 세시장으로 구분하는 활동

필요성
❶ 소비자 욕구의 정확한 파악과 충족
❷ 유리한 목표시장의 설정
❸ 마케팅 자원의 효율적 배분이 가능

03 시장세분화를 위한 근거 기준 4가지를 기술하고 이를 설명하시오.

답안 1) 인구통계학적 기준 : 성별, 연령, 직업 등의 변수를 사용하며, 측정과 적용이 용이하다.
2) 지리적 기준 : 지역 단위별로 세분화
3) 심리적 기준 : 개인별 특성, 심리적 요인 등의 변수를 사용한다.
4) 행위적 기준 : 소비자의 행동적 특성을 기초로 세분화한다.

암기 **시장세분화 기준** : 〈시장세분화 기준은 인지심행 편시〉이다. 인구통계학적, 지리적, 심리적, 행위적, 편익, 시간대 기준

KP 시장세분화 기준

❶ 인구통계학적 기준 : 성별, 연령, 직업 등 변수 사용
❷ 지리적 기준 : 지역 단위별로 세분화
❸ 심리적 기준 : 개인별 특성, 심리적 요인 등 변수 사용
❹ 행위적 기준 : 소비자의 행동 특성을 기준으로 세분화
❺ 편익 기준 : 소비자 편익에 따른 세분화
❻ 시간대 기준 : 시간대에 따라 세분화

04 시장세분화에 필요한 요건 5가지를 쓰시오.

답안 실행 가능성이 있어야 하며, 측정할 수 있어야 하고, 접근할 수 있어야 하며, 시장의 실체성이 있어야 하고, 규모가 적정한 시장이어야 한다.

암기 시장세분화 요건 : 〈시장세분화 요건은 **실측실접적**〉이다. 실행·측정·접근 가능성, 실체성, 규모 적정성

KP 시장세분화 요건
❶ 실행 가능성
❷ 측정 가능성
❸ 실체성
❹ 접근 가능성
❺ 규모 적정성

05 시장세분화 요건 중 측정 가능성, 접근 가능성, 실체성을 설명하시오

답안 1) 측정 가능성이란 세시장의 특성·구매력·크기 등을 측정할 수 있어야 한다.
2) 접근 가능성이란 세시장 내의 소비자들에게 효과적으로 접근할 수 있어야 한다.
3) 실체성이란 시장에 투자할 가치가 있고, 수익성이 확보될 수 있어야 한다.

06 시장세분화 변수의 개념과 시장세분화 변수 2가지를 적고, 이를 설명하시오.

답안 1) 시장세분화 변수는 전체시장을 세분 시장으로 나누기 위해 사용되는 개인이나 집단의 성향 또는 특성을 말하며
2) 시장세분화 변수는 고객 행동 변수와 고객 특성 변수로 구분한다.
3) 고객 행동 변수는 추구하는 편익, 사용량, 상표 충성도 등을 말하며,
4) 고객 특성 변수는 인구 통계적 변수, 심리 분석적 변수 등이다.

KP 시장세분화 변수	
개념	구분
전체시장을 세분 시장으로 나누기 위해 사용되는 개인이나 집단의 성향 또는 특성	❶ 고객 행동 변수 : 추구하는 편익, 사용량, 상표 충성도, 가격 민감도, 사용 상황 ❷ 고객 특성 변수 : 인구 통계적 변수(나이, 가족 생활주기, 성, 소득, 직업, 교육 수준), 심리 분석적 변수(라이프스타일), 지리적 변수(지역, 도시, 인구밀도 등)

나. 타게팅

01 목표시장전략의 개념을 적고, 간략하게 설명하시오.

답안 1) 목표시장전략의 개념 : 시장의 특성에 따라 나누어진 세시장에 제품이나 서비스를 구매할만한 고객집단을 찾아내는 전략이다.
2) 마케팅을 가장 효과적이고, 효율적으로 수행할 수 있는 시장을 선택하는 의미이다.

KP 표적 시장 전략(targeting)	
개념	내용
시장의 특성에 따라 나누어진 세(細)시장에 제품이나 서비스를 구매할만한 고객집단을 찾아내는 전략	가장 효과적이고, 효율적으로 마케팅을 수행할 수 있는 시장을 선택하는 활동

용어 목표시장 : 일반적으로 표적 시장이라고 한다.
용어 세시장 : 새로운(新) 시장이 아니고, 작게 나누어진(細) 시장을 말한다.(=niche market)

02 기업이 표적 시장을 선정하기 위해 세분 시장을 평가할 때 고려하여야 할 사항을 4가지 쓰시오.

KP 세분 시장 평가 고려사항
❶ 조직 목표와 연관성 ❷ 필요 자원 동원 가능성 ❸ 마케팅전략과의 조화 ❹ 시장 매력도와 성장 가능성

답안 조직 목표와의 연관성, 필요 자원 동원 가능성, 마케팅전략과의 조화, 시장 매력도와 성장 가능성

다. 포지셔닝

01 상품 포지셔닝의 개념을 설명하고, 포지셔닝의 유형 4가지를 기술하시오.

답안 1) 포지셔닝이란 소비자의 마음속에 경쟁상품과 비교하여 차별화되도록 위치시키려는 노력을 말한다.
2) 포지셔닝의 유형
① 속성에 의한 포지셔닝
② 이미지에 의한 포지셔닝
③ 사용 상황이나 목적에 의한 포지셔닝
④ 이용자에 의한 포지셔닝
⑤ 경쟁상품에 의한 포지셔닝

KP 포지셔닝(positioning)
개념
소비자의 마음속에 경쟁상품과 비교하여 차별화되도록 위치시키려는 노력
유형
❶ 속성에 의한 포지셔닝 ❷ 이미지에 의한 포지셔닝 ❸ 사용 상황이나 목적에 의한 포지셔닝 ❹ 이용자에 의한 포지셔닝 ❺ 경쟁상품에 의한 포지셔닝

참고 포지셔닝의 다른 표현 : 위치화라고 한다. 시험문제도 '위치화의 개념을 적고, 위치화의 유형 4가지를 쓰시오'라고 출제되기도 한다.

암기 포지셔닝 유형 : 〈포지셔닝은 속이사이경〉이다. 속성에 의한, 이미지에 의한, 사용 상황이나 목적에 의한, 이용자에 의한, 경쟁상품에 의한 포지셔닝이다.

02 상품과 서비스를 포지셔닝할 때 고려해야 하는 사항 4가지를 들고, 이를 설명하시오.

답안 1) 상품 속성 : 여러 속성 중에서 목표시장의 소비자들이 중요시하는 속성을 전달해야 한다.
2) 상품 용도 : 상품의 용도를 소비자에게 알려야 한다.
3) 가격 대비 품질 수준 : 품질 대비 적절한 가격전략을 결정해야 한다.
4) 경쟁 관계 : 경쟁자와 비교하여 자사 상품의 우수성을 강조해야 한다.

KP 포지셔닝 고려사항
❶ 상품 속성 : 여러 속성 중 목표시장 소비자들이 중요시하는 속성 전달 ❷ 상품 용도 : 상품의 용도를 소비자에게 알림 ❸ 가격 대비 품질 수준 : 품질 대비 적절한 가격전략 결정 ❹ 경쟁 관계 : 경쟁자와 비교하여 상품의 우수성 강조

암기 포지셔닝 고려사항 : 〈포지셔닝 고려사항은 속상품경〉이다. 상품 속성, 상품 용도, 품질 수준, 경쟁 관계

03 아래 보기는 마케팅 프로세스에서 어느 단계에 속하는지 쓰고, 그 이유를 설명하시오.

> 우리나라 프로축구는 프로야구보다 상대적으로 관중 수가 적다. 프로야구에서는 "언제 끝날지 모르는 경기"라고 내세웠기에 이에 맞서 프로축구에서는 "90분에 끝나는 경기"라고 홍보하였다.

답안 포지셔닝이며, 이는 소비자의 마음속에 경쟁상품인 프로야구와 차별화시켜 인식시키려는 프로축구 운영조직의 노력이기 때문이다.

2. 마케팅믹스(4P)

가. 마케팅믹스

01 마케팅믹스의 개념을 설명하고, 그 요소 4가지를 설명하시오.

답안 1) 마케팅믹스의 개념 : 마케팅 관련 요소인 상품, 가격, 유통 및 촉진을 적절하게 조화되어야 한다는 의미이다.
2) 마케팅믹스의 요소
① 상품(product) : 고객의 욕구를 만족시키는 재화, 서비스 또는 아이디어
② 가격(price) : 고객이 제품의 효용 가치를 인정하고, 이를 얻기 위해 지급하는 금전적 가치
③ 유통(place) : 고객이 상품이나 서비스를 구매하거나, 이용하는 장소와 유통과정
④ 촉진(promotion) : 제품의 판매를 촉진하기 위한 모든 커뮤니케이션 수단

KP 마케팅믹스(4P)

개념	요소
마케팅 관련 요소인 상품·가격·유통 및 촉진의 적절한 조화	❶ 상품 : 고객의 욕구를 만족시키는 재화, 서비스, 아이디어 ❷ 가격 : 제품의 효용 가치를 인정하고, 이를 얻기 위해 지급하는 금전적 가치 ❸ 유통 : 고객이 제품이나 서비스를 구매하거나, 이용하는 장소와 과정 ❹ 촉진 : 상품 판매를 촉진하기 위해 판매자와 고객과의 모든 커뮤니케이션 수단

02 마케팅믹스는 전통적으로 4P를 사용하고 있다. 한편으로는 확장 믹스를 사용하기도 한다. 마케팅 확장 믹스 3가지를 쓰시오.

답안 1) 프로세스(process) 2) 시설물(physical surroundings) 3) 인적자원(people)

보충 마케팅 확장 믹스 : 위 답안의 3P 중 시설물 대신 물리적 증거(physical evidence)라고 하는 주장도 있다. 아울러 4P와 합쳐 7P라고도 한다.

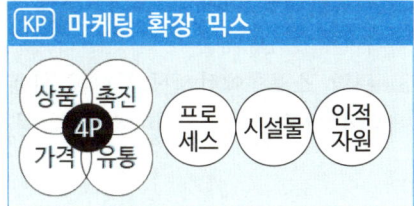

나. 상품(product)

01 아래 보기에서 실제 제품에 해당하는 것을 모두 고르시오.

포장, 브랜드명, A/S, 품질, 스타일, 배달, 설치, 디자인, 특성, 결재 방식, 보증, 구매 욕구

답안 브랜드명, 품질, 스타일, 디자인, 특성

02 제품을 3가지 차원으로 나눌 수 있다. 코틀러가 주창한 제품의 3가지 차원을 설명하시오.

답안 1) 핵심제품은 소비자가 궁극적으로 얻고자 하는 핵심적 이익이나 혜택으로, 축구 경기 등 경기관람을 말한다.
2) 실제 제품은 상표, 이벤트명, 선수 등과 같이 실제 느끼는 물리적 형태로, 경기 자체이다.
3) 확장제품은 핵심 또는 유형 제품에 부가되어 소비자에게 제공되는 혜택으로, 경기 전 공연, 치어리더 서비스, 경품, 주차장 관리 등이다.

KP 제품의 3가지 차원		
핵심제품	실제 제품	확장제품
소비자가 궁극적으로 얻고자 하는 핵심적 이익이나 혜택 예) 경기관람	상표, 이벤트명, 선수 등과 같이 실제 느끼는 물리적 형태 예) 경기	핵심 혹은 실제 상품에 부가되어 소비자에게 제공되는 혜택 예) 경품

- 핵심상품
- 실제 상품
- 확장상품

보충 **상품의 3차원** : 코틀러가 주장하였기에 코틀러의 제품 차원이라고도 한다. 한편 상품을 5가지 차원으로 분류하는 때도 있다. 이때 분류 방법은 핵심 편익, 기본제품, 기대제품, 확장제품, 잠재제품 등이다.

인명 **코틀러(Philip Kotler)** : 미국 켈로그경영대학원 교수로, 마케팅의 세계 최고 권위자 중의 1인이다.

03 관람 스포츠에서 핵심제품과 확장제품에 대해 예를 들어 설명하고 관중동원을 위해 확장 제품에 관심을 기울여야 하는 이유를 쓰시오.

답안 1) 핵심제품이란 소비자가 궁극적으로 얻고자 하는 핵심적 이익이나 혜택을 말하며, 예로는 경기관람을 들 수 있다.
2) 확장제품은 핵심제품 또는 실제 제품에 부가되어 소비자에게 제공되는 이익이나 혜택을 말하며, 치어리더의 응원, 경품 등을 말한다.
3) 관람 스포츠에서 관중동원을 위해 관심을 기울여야 하는 이유는 소비자가 핵심제품과 더불어 확장제품이 제공하는 이익이나 편익을 얻기 위해 경기를 관람하기 때문이다.

04 관람 스포츠의 확장제품 4가지를 쓰시오.

답안 경기 전 공연, 치어리더의 응원, 경품, 주차관리

KP 관람 스포츠의 확장 제품	
❶ 경기 전 공연	❷ 치어리더 응원
❸ 경품	❹ 주차관리

05 스포츠 상품의 특성 4가지를 쓰시오.

답안 1) 유·무형 상품이 공존하며
2) 소비자는 복합적 혜택을 선호하고
3) 상품에 대해 고객의 주관성이 강하게 작용하며
4) 사회적 집단의 동질성 표현이기도 하다.

KP 스포츠 상품의 특성
❶ 유·무형 상품이 공존
❷ 복합적 혜택 선호
❸ 강한 고객 주관성
❹ 집단 동질성 표현

암기 **스포츠 상품의 특성** : 〈스포츠 상품은 유무복주집〉이다. 유·무형 공존, 복합적 혜택, 강한 주관성, 집단 동질성 표현

보충 **스포츠 상품과 스포츠 서비스상품의 차이** : 아래 문제 08은 스포츠 경기 등 서비스에 국한된 특성이지만 여기서는 경기뿐 아니고, 스포츠 의류·장비 등이 포함된 유·무형 상품을 모두 의미한다.

06 스포츠 서비스상품의 특성 4가지를 쓰시오.

답안 1) 무형 상품이며, 주관적 상품이다.
2) 대중적 소비제품이다.
3) 소모성 상품이다.
4) 사회적 집단의 동질성 표현이다.
5) 결과 예측이 어렵다.
6) 소구력 상품이다.

KP 스포츠 서비스상품의 특성
❶ 무형 상품이며, 주관적 상품
❷ 소모성 상품
❸ 사회적 촉진에 의한 대중적 소비제품
❹ 사회적 집단의 동질성 표현
❺ 예측이 어렵다.
❻ 소구력 상품

암기 스포츠 서비스 상품의 특성 : 〈스포츠 서비스 상품은 무주대소사결소〉이다. 무형 상품, 주관적 상품, 대중적 소비품, 소모성, 사회적 집단의 동질성 표현, 결과 예측이 어렵다. 소구력 상품

07 상품을 소비자 구매 형태에 따라 편의품, 선매품, 전문품 등으로 분류한다. 이를 각각 설명하시오.

답안 1) 편의품 : 일상생활에서 소비 빈도가 높으며, 인접한 점포에서 구매하는 상품을 뜻한다. 식료품·간단한 약품·기호품·생활필수품 등이다.
2) 선매품 : 품질, 가격 등 관련 정보를 사전에 조사하고, 여러 제품과 비교한 후 최선이라고 판단되면 구매하는 제품으로 의류, 전자제품 등이다.
3) 전문품 : 상표나 제품 특징이 뚜렷하여 구매자가 상표 또는 점포의 신용과 명성에 따라 구매하는 제품이며, 비교적 가격이 비싼 자동차·피아노·카메라·전자제품 등과 고급 의류 등이다.

KP 상품의 분류	
편의품	**선매품**
소비 빈도가 높고, 인접 점포에서 구매하는 상품으로, 식료품·약품·기호품·생활필수품 등	품질, 가격 등 관련 정보를 사전 조사하고, 여러 제품을 비교 후 최선을 구매하는 제품으로, 의류·전자제품 등
전문품	
상표나 제품 특징이 뚜렷하여 상표 또는 점포의 신용과 명성에 따라 구매하는 제품으로, 비교적 가격이 비싼 자동차·피아노·카메라·전자제품·고급 의류 등	

08 상품의 일반적인 수명주기 4단계를 쓰시오.

답안 도입기, 성장기, 성숙기, 쇠퇴기로 나눈다.
보충 상품의 수명주기 : 문제와 같이 단순하게 수명주기 4단계 쓰기와는 별도로, '상품주기별 마케팅전략', '수명주기별 특징' 등으로 각각 출제될 수 있어 옆과 아음 페이지의 KP를 다 외워야 한다.

KP 상품 수명주기별 마케팅전략	
도입기	**성장기**
❶ 상품인지도 상승 ❷ 광고 노출 ❸ 매출과 시장점유율 증대	❶ 경쟁제품과 차이점 제공 ❷ 광고 강화 ❸ 집중적 유통전략
성숙기	**쇠퇴기**
❶ 이익 극대화 주력 ❷ 판매촉진 활동 강화 ❸ 시장점유율 유지	❶ 철수 준비 ❷ 비용 절감

KP 상품 수명 주기(PLC, product life cycle)별 특징

	도입기	성장기	성숙기	쇠퇴기
매출	낮음	급성장	최대 점 도달	감소
이익	적자, 낮은 이익	점차 증가	높은 이익	감소
경쟁자	없거나 소수	점차 증가	많음	감소
가격	고가 또는 저가	시장침투가격	경쟁 대응 가격	저가
유통	선택적 유통	집약적 유통	집약적 유통	선택적 유통, 철수
마케팅전략	상품인지도 향상	시장점유율 확대	이익 극대화	비용 절감, 철수

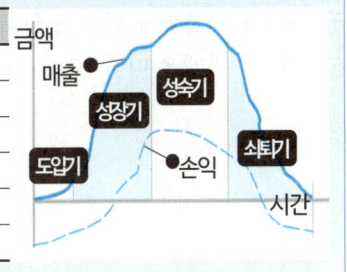

09 스포츠 제품의 수명주기인 도입기의 특징과 전략을 각각 3가지 쓰시오.

답안 1) 도입기의 특징 : 매출이 발생하기 시작하며 생산비용이 많이 들어가고, 경쟁자가 없거나, 소수이다.
2) 도입기의 전략 : 상품 인지도를 상승시키도록 하고, 광고 노출을 증대하며, 매출과 시장점유율 증대 전략이 필요하다.

KP 도입기

특징	전략
❶ 매출 발생 시작	❶ 상품 인지도 상승
❷ 높은 생산원가	❷ 광고 노출
❸ 경쟁자가 없거나 소수	❸ 매출과 시장점유율 증대

10 스포츠제품의 수명주기인 성장기의 특징과 전략을 각각 3가지 쓰시오.

답안 1) 성장기의 특징 : 수요가 급속히 증가하며, 이익이 발생하기 시작하고, 경쟁제품과 모방제품 출현한다.
2) 성장기의 전략 : 경쟁제품과의 차이점을 소비자에게 강조하며, 광고를 강화하고, 집중적 유통전략 사용

KP 성장기

특징	전략
❶ 수요의 급속한 증가	❶ 경쟁품과 차이점을 강조
❷ 이익 발생 시작	❷ 광고 강화
❸ 경쟁제품과 모방제품 출현	❸ 집중적 유통전략

11 상품수명주기에서 성숙기의 특징과 필요한 전략 3가지를 서술하시오.

답안 1) 성숙기의 특징 : 매출 신장이 둔화하거나 낮아지며, 높은 이익이 실현되고, 경쟁자가 많다.
2) 성숙기의 전략 : 이익 극대화에 주력하며, 신규고객 창출보다 경쟁사 고객 유치를 위한 가격 할인 등의 판매촉진 전략을 사용하며, 경쟁자와 제품을 차별화한다.

KP 성숙기

특징
❶ 매출 신장이 둔화
❷ 높은 이익 실현
❸ 경쟁자가 많다.

전략
❶ 이익 극대화에 주력
❷ 판매촉진 활동 강화
❸ 시장점유율 유지

다. 가격(price)

01 가격의 특성 6가지를 쓰시오.

답안 1) 다른 마케팅믹스와 비교하면 변경이 수월하다.
2) 마케팅믹스 요소 중 가장 강력한 경쟁 도구이다.
3) 시장점유율과 손익에 미치는 영향이 크다.
4) 변동 폭이 비교적 크다.
5) 환경이나 상황에 많은 영향을 많이 받는다.
6) 상대적 관계에 따라 결정되는 경우가 많다.

KP 가격의 특성

❶ 변경이 비교적 수월
❷ 강력한 경쟁 도구
❸ M/S와 손익에 큰 영향
❹ 비교적 큰 변동 폭
❺ 상황에 영향을 많이 받는다.
❻ 상대적 관계로 결정

02 마케팅믹스에서 가격은 쉽게 변경할 수 있다. 그 이유를 3가지로 기술하시오.

답안 1) 가격은 다른 요소에 비해 변경이 비교적 수월하다.
2) 수요가 탄력적인 시장에서 가격은 효과적인 마케팅 도구이다.
3) 마케팅 요소 중에서 소비자에게 가장 쉽게 전달될 수 있다.
4) 소비자 인식변화가 비교적 용이하다.

KP 가격 변경이 수월한 이유
❶ 다른 요소보다 변경이 수월
❷ 효과적인 마케팅 도구
❸ 소비자 전달이 비교적 수월
❹ 소비자 인식변화가 용이

03 가격 결정에 영향을 주는 내·외적 요인을 각각 3가지를 쓰시오.

답안 1) 외적 요인 : 경제 환경, 정부 규제, 경쟁자 가격, 소비자 반응
2) 내적 요인 : 경영전략, 조직 특성, 원가
암기 가격 결정 영향요인 : 〈가격 결정 요인은 외적으로 경정경소이고, 내적으로 경조원〉이다.

KP 가격 결정 영향요인	
외적 요인	내적 요인
❶ 경제 환경	❶ 경영전략
❷ 정부 규제	❷ 마케팅전략
❸ 경쟁자 가격	❸ 조직 특성
❹ 소비자 반응	❹ 원가

04 가격을 결정할 때 고려해야 할 사항 4가지를 적으시오.

답안 이익 지향, 매출 지향, 경쟁 지향, 이미지 지향, 카르텔 고려
암기 가격 결정 고려사항 : 〈가격 결정 고려는 이매경이〉이다. 이익 지향, 매출 지향, 경쟁 지향, 이미지 지향

KP 가격 결정 고려사항	
❶ 이익 지향	❸ 경쟁 지향
❷ 매출 지향	❹ 이미지 지향

05 가격책정 방법 3가지를 쓰고, 각각에 대해 설명하시오.

답안 1) 원가 기준 가격책정 : 상품을 생산하는데 소요된 비용에 적정 이윤을 추가하여 책정
2) 차별화 가격책정 : 동일 상품을 세시장별 상황에 따라 각각 다른 가격으로 책정
3) 심리적 가격책정 : 소비자의 심리 상태를 파악하여 가격을 책정
4) 패키지 가격책정 : 특성이나 용도가 다른 상품을 2 이상 묶어서 판매할 때의 가격책정 방법

KP 가격책정 방법	
원가 기준책정	차별화 책정
생산비용에 적정 이윤을 추가하여 책정	동일 상품을 시장 상황에 따라 각각 다른 가격으로 책정
심리적 책정	패키지 가격책정
소비자의 심리 상태를 파악하여 가격책정	둘 이상의 상품을 패키지화하여 가격책정

06 가격 차별화의 개념을 적고, 가격 차별화 방법 4가지를 쓰시오.

답안 1) 가격 차별화란 소비자의 선호도, 욕구와 수요 등에 따라 가격을 높게 또는 낮게 책정하여 차등을 두는 방법이다.
2) 가격 차별화 방법은 이용 시간대별 차별화, 계절별, 시기별 차별화, 선호도에 따른 차별화, 편익에 따른 차별화 등이 있다.
암기 가격 차별화 방법 : 〈가격 차별화는 시계시편〉이다. 이용 시간대별, 계절별, 시기별, 편익 차별화

KP 가격 차별화
개념
소비자의 선호도, 욕구와 수요 등에 따라 가격을 높거나, 낮게 책정하여 차등을 두는 방법
방법
❶ 이용 시간대별 차별화
❷ 계절별 차별화
❸ 시기별 차별화
❹ 편익에 따른 차별화

07 가격을 할인하는 방법 4가지를 쓰시오.

답안 현금 할인, 수량 할인, 계절 할인, 기능 할인, 촉진 할인, 공제

KP 가격할인 방법

현금 할인	수량 할인	계절 할인	기능 할인	촉진 할인	공제
현금 거래를 유도하는 할인	구매 수량이 많으면 할인(예 : 단체 입장 할인)	성수기와 비수기로 나누어 비수기에 할인	기능 일부를 줄여 원가를 낮춘 상태로 판매하는 할인	단기간 판매 증대를 목적으로 할인	전체 가격에서 일정한 금액을 빼는 방식으로, 일반적 할인과 구분

암기 가격할인 방법 : 〈가격 할인은 현수계기촉〉이다. 현금, 수량, 계절, 기능, 촉진 할인

---

08 재판매 유지 가격, 권장 소비자 가격, 종속제품 가격을 각각 설명하시오.

답안
1) 재판매 유지 가격 : 공급자가 소매업자에게 판매가격을 정하여 이를 반드시 지키도록 하는 가격으로, 소매업자가 상품을 가격 인하해서 판매하지 않도록 한다.
2) 권장 소비자 가격 : 공급자가 소매업자의 최종 판매가격 결정에 참고하도록 정한 가격
3) 종속제품 가격 : 본체와 부속품 모두 갖추어야 제품의 온전한 기능을 유지할 때 본체의 가격은 낮게 책정하여 소비자의 구매를 유도한 후 부속품의 가격은 높게 책정하는 가격

KP 특수한 가격

구분	내용
재판 유지 가격	공급자가 소매업자에게 판매가격을 정하여 이를 반드시 지키도록 하는 가격
권장 소비자 가격	공급자가 소매업자의 최종 판매가격 결정에 참고하도록 임의로 정한 가격
자유 가격	소매업자가 시장 동향 등을 고려하여 독자적으로 정하는 가격
촉진가격	대량 판매 등을 목적으로, 임시로 가격을 내린 상태의 가격
종속제품 가격	본체와 부속품 모두 갖추어야 제품의 온전한 기능을 유지할 때 본체의 가격은 낮게 책정하여 구매를 유도한 후 부속품가격을 높게 책정하여 이윤 창출(예: 양궁 활과 화살촉)

---

09 묶음 가격 개념을 적고, 묶음 가격의 종류를 2가지 쓰고, 그 사례를 설명하시오.

답안
1) 묶음 가격이란 2개 이상의 제품이나 서비스를 하나로 묶어 각각 살 때보다 저렴하다.
2) 묶음 가격의 종류와 사례
㉠ 순수 묶음 가격 : 동일한 상품을 2개 이상 묶어 판매하는 방법으로, 개별로 살 때보다 저렴하게 정하는 것이 일반적이다. 스포츠 경기관람 시 단체입장권이 이에 해당한다.
㉡ 혼합 묶음 가격 : 다른 상품을 2개 이상 묶어 판매하는 방법으로, 유니폼과 모자, 햄버거와 콜라 등 연관품을 함께 구매하도록 유도하는 방법이다.

용어 묶음 판매 : 패키지 판매라고도 한다.

KP 묶음 가격

개념
2 이상의 제품을 하나로 묶어 각각 살 때보다 저렴하게 판매하는 가격

방법
❶ 순수 묶음 판매 : 동일 상품을 2개 이상 묶어 판매하는 방법
❷ 혼합 묶음 판매 : 다른 상품을 2개 이상 묶어 판매하는 방법

10 스키밍전략(Skimming)과 침투가격전략(penetration pricing)을 설명하시오.

답안 1) 스키밍전략 : 처음 고가전략으로 시작하여, 경쟁자 출현 또는 상황의 변화에 따라 가격을 낮추어가는 전략을 말하며
2) 시장침투가격 전략 : 짧은 기간 내 시장을 형성시킬 교두보가 필요하거나, 단위당 이익이 낮더라도 대량 판매로 이익의 실현이 가능하거나, 경쟁자의 진입을 방지할 필요가 있을 때 사용한다.

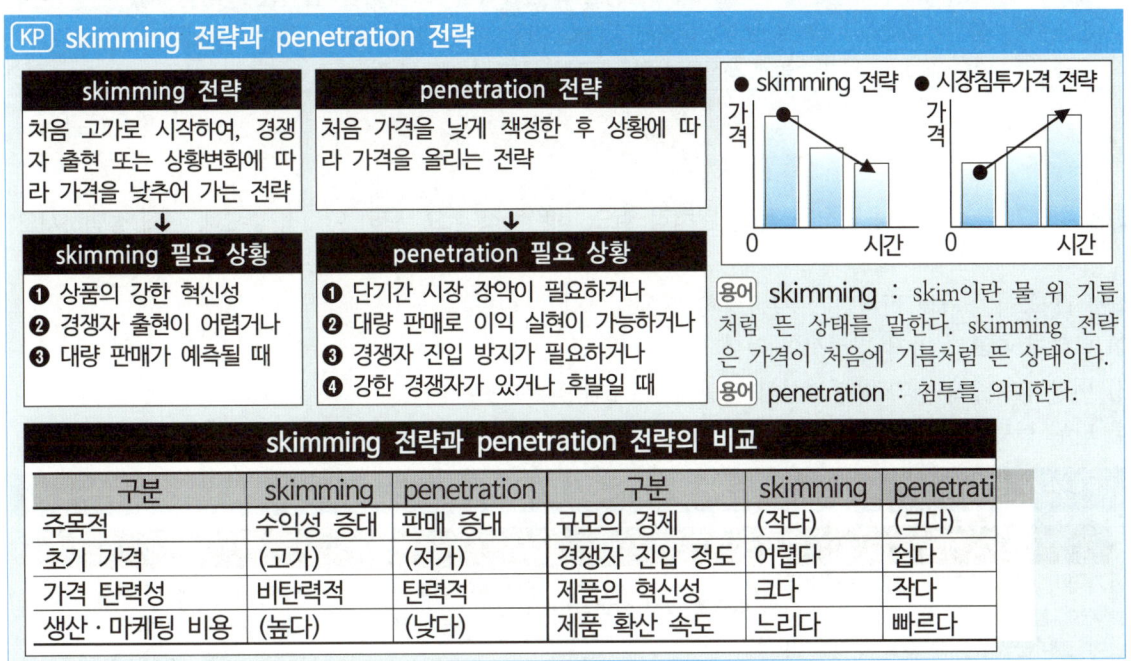

11 아래 표는 스키밍전략과 시장침투가격전략의 비교표이다. ( ) 속에 적절한 용어를 쓰시오.

구분	skimming	penetration	구분	skimming	penetration
주목적	수익성 증대	판매 증대	경쟁자 진입 정도	(E)	(F)
초기 가격	(A)	(B)	제품의 혁신성	크다	작다
생산·마케팅 비용	(C)	(D)	제품 확산 속도	느리다	빠르다

답안 (A) 고가, (B) 저가, (C) 높다, (D) 낮다, (E) 작다, (F) 크다.

12 신제품 고가전략과 신제품 저가 전략이 필요한 시장 상황 3가지를 쓰시오.

답안 1) 신제품 고가전략이 필요한 상황 : 혁신성이 강한 상품이거나, 경쟁자 출현이 어렵거나, 대량 판매가 예측될 때
2) 신제품 저가 전략이 필요한 상황 : 단기간 시장을 형성시킬 교두보가 필요하거나, 단위당 이익이 낮더라도 대량 판매로 이익 실현이 가능하거나, 경쟁자 진입을 방지할 필요성이 있을 때

13 소비자 심리를 이용한 가격 결정 방법 4가지를 쓰시오.

답안 단수가격, 긍지 가격, 유인가격, 관습가격, 현금가격 등은 소비자 심리를 이용한다.

참고 소비자 심리를 이용한 가격 결정 방법	
구분	내용
단수가격	가격의 끝자리를 단수로 만들어 소비자가 제품이 저렴하다는 인식을 주는 가격(예 : 9,900원)
긍지가격	가격으로 품질을 평가하는 심리를 이용하는 방법으로, 명품가방 등의 판매에 활용하며, 가격을 상대적으로 높게 책정한다. 예)명품 여성용 핸드백 (=명성가격, 권위상징가격)
유인가격	특정 제품의 가격을 낮게 책정하여 다른 제품도 함께 구매하도록 유인하는 방법(=미끼 가격)
관습가격	장기간 고정되어 소비자 생각이 고착된 상태로, 이를 벗어나면 소비자의 저항이 일어난다.
현금가격	카드 결제 시 가격을 높게 책정하여 현금 구매를 유도할 때의 가격

14 수요의 가격 탄력성 공식을 적고, 탄력적 수요, 비탄력적 수요, 단위 탄력적 수요에 관해 설명하시오.

답안 1) 공식 : 가격 탄력성(e)=수요량의 변화율/가격의 변화율
2) 탄력적 수요 : 가격 탄력성의 절댓값이 1보다 큰 경우
3) 비탄력적 수요 : 가격 탄력성의 절댓값이 1보다 적은 경우
4) 단위 탄력적 수요 : 가격 탄력성이 1인 경우

KP 가격 탄력성

개념	공식	
가격이 변함에 따라 수요량이 변동하는 상태의 비율로, 가격 탄력성이 높다는 것은 수요가 가격에 민감하다는 것을 의미한다.	수요의 가격 탄력성= $\dfrac{수요량의 변화율(\%)}{가격의 변화율(\%)}$	= $\dfrac{수요량의 변화량/원래의 수요}{가격의 변화량/원래의 가격}$

해석	
❶ 탄력적 수요 : 가격 탄력성의 절댓값이 1보다 큰 경우 ❷ 비탄력적 수요 : 가격 탄력성의 절댓값이 1보다 적은 경우 ❸ 단위 탄력적 수요 : 가격 탄력성이 1인 경우	구분: $e=\infty$ / $1<e<\infty$ / $e=1$ / $0<e<1$ / $e=0$ 정의: 완전탄력적 / 탄력적 / 단위탄력적 / 비탄력적 / 완전비탄력적

용어 기호 e와 ∞ : e는 elasticity의 약어로, 탄력성을 나타내며, ∞는 무한대를 나타내는 기호이다.

경향 가격 탄력성 출제 경향 : 가격 탄력성 문제는 실제 숫자가 제시되고, 계산과정을 기재하도록 한 문제도 출제된다.

15 A 수영장에서 월회비 50,000원에서 40,000원으로 가격을 인하하였더니 회원이 200명에서 400명으로 증가하였고 B 수영장도 월회비를 50,000원에서 40,000원으로 가격을 인하하였더니 회원이 200명에서 600명으로 증가하였다. 수요량의 변화를 공식을 적용하여 각 수영장의 수요변화율을 계산하고 어느 수영장의 수요가 더 탄력적인지 쓰시오. (단 반드시 계산과정 기재해야 함 -A 수영장의 수요변화율, -B 수영장의 수요변화율, -탄력적인 수영장)

답안 수요의 가격 탄력성(e) = 수요량의 변화율/가격의 변화율이다.
1) A 수영장의 수요변화율은 {(400명-200명)/200명}×100이고(변화율은 %로 나타나기 때문에 100을 곱하였음)
2) B 수영장의 수요변화율은 {(600명-200명)/200}×100=200이다.
3) 가격 탄력성이 높은 수영장을 찾기 위해서 가격 탄력성 공식을 적용하면 A 수영장은 {(400명-200명)÷200명}÷{(50,000원-40,000원)÷50,000원}이고, B 수영장은 {(600명-200명)÷{(50,000원-40,000원)÷50,000원}이다. 이를 계산하면 각각 5와 10이 나온다. 그러므로 B 수영장의 가격 탄력성이 높으므로, 탄력적이다.

라. 유통(place)

01 유통의 역할 3가지를 쓰시오.

답안 거래 수의 최소화, 시간적·지리적 불일치의 극복, 정보 제공, 금융기능 수행, 위험 분산, 마케팅의 효과적 실행

> **KP 유통의 역할**
> ❶ 거래 수 최소화
> ❷ 시간적·지리적 불일치 극복
> ❸ 정보 제공
> ❹ 금융기능 수행
> ❺ 위험 분산
> ❻ 마케팅의 효과적 실행

02 유통경로의 중요성 4가지를 쓰시오.

답안 거래 수의 최소화, 생산자와 소비자의 조정, 거래 표준화, 구매자와 판매자에게 정보 제공

> **KP 유통경로의 중요성**
> ❶ 거래 수 최소화
> ❷ 생산자와 소비자 조정
> ❸ 거래 표준화
> ❹ 구매자·판매자에게 정보 제공

03 유통경로에서 중간상의 역할 4가지를 쓰시오.

답안
1) 효율적인 거래 지원으로 총거래 비용의 감소
2) 생산자와 소비자의 거리 단축과 정보 유통
3) 외상 등 신용거래로 금융기능 역할 수행
4) 마케팅의 효과적 실행
5) 생산자 재고 비용 감소

> **KP 중간상의 역할**
> ❶ 효율적인 거래 지원과 거래비용 감소
> ❷ 생산과 소비의 거리 단축과 정보 유통
> ❸ 외상 등 신용거래로 금융기능 역할 수행
> ❹ 마케팅의 효과적 실행
> ❺ 생산자 재고 비용 감소

04 다음의 상품 분류와 이에 적합한 유통경로를 선택하시오.

A) 편의품 ·　　· a) 선택적 유통
B) 선매품 ·　　· b) 전속적 유통
C) 전문품 ·　　· c) 집중적 유통

답안 A) 편의품 – c) 집중적 유통경로,
B) 선매품 – a) 선택적 유통경로,
C) 전문품 – b) 전속적 유통경로

KP 상품별 유통경로

❶ 편의품 → 집중적
❷ 선매품 → 선택적
❸ 전문품 → 전속적

---

05 유통경로의 유형 4가지를 쓰시오.

답안 1) 전속적 유통경로 2) 집약적 유통경로 3) 개방적 유통경로 4) 배타적 유통경로

암기 유통경로 유형 : 〈유통경로는 전집개배〉이다. 전속적, 집약적, 개방적, 배타적 유통경로

KP 유통경로의 유형

전속적 유통	집약적 유통
지역 내 특정 중간상만 상품을 취급	지역 내 많은 중간상이 상품을 취급

개방적 유통	배타적 유통
소매상이 경쟁상품도 함께 취급	소매상에게 독점판매권을 부여

---

06 유통 커버리지의 개념과 종류를 3가지 쓰시오.

답안 1) 유통 커버리지는 일정 지역에서 자사 제품을 취급하는 점포 수를 나타낸다.
2) 유통 커버리지는 집중적 커버리지, 전속적 커버리지, 선택적 커버리지로 구분한다.

용어 유통 커버리지 : 유통집중도라고도 한다.

KP 유통 커버리지

개념		
일정 지역에서 자사 제품을 취급하는 점포 수		
종류		
집중적 커버리지	전속적 커버리지	선택적 커버리지
가능한 한 많은 점포가 자사 제품 취급	일정 지역에 한 점포만 독점적으로 취급	일정 자격을 갖춘 소수에게 자사 제품 취급

---

07 유통경로 간 갈등의 원인 3가지를 쓰고, 이를 설명하시오.

답안 1) 목표 불일치 : 경로 구성원 간 각자 목표가 다르고, 목표를 동시에 달성할 수 없을 때
2) 영역 불일치 : 경로 구성원 간 각자의 역할이나 영역에 대하여 합의가 이루어지지 않을 때
3) 지각 불일치 : 같은 사안을 놓고 경로 구성원들이 인식을 다르게 할 때

KP 유통경로 사이의 갈등 원인

목표 불일치	영역 불일치	지각 불일치
경로 구성원 간 각자 목표가 다르고, 목표를 동시에 달성할 수 없을 때	경로 구성원 간 각자의 역할이나 영역에 대하여 합의가 이루어지지 않을 때	같은 사안을 놓고 경로 구성원 사이 인식을 다르게 할 때

08 유통경로 시스템의 개념을 설명하고, 그 종류 3가지를 쓰시오.

답안 1) 유통경로 시스템이란 상품을 효과적으로 판매하기 위해 구축하는 시스템을 말한다.
2) 유통경로 시스템은 전통적 유통경로 시스템, 수직적 유통경로 시스템, 수평적 유통경로 시스템으로 구분한다.

KP 유통경로 시스템	
개념	종류
상품을 효과적으로 판매하기 위해 구축하는 유통 시스템	❶ 전통적 유통경로 : 유통경로에서 지배구조 없이 독립적으로 연결된 시스템 ❷ 수직적 유통경로 : 수직적 통합으로 시장 영향력 발휘 등의 성과를 높이는 시스템 ❸ 수평적 유통경로 : 동일 경로에 2 이상이 결합하는 수행하는 시스템

09 수직적 유통경로 시스템의 개념을 설명하고, 그 종류 3가지를 쓰시오.

답안 1) 수직적 유통경로 시스템은 유통 관련 사항을 전문적으로 관리하는 시스템이다. 도소매상 연계 관계를 체계화하고, 경로 내 유통기관에 대한 통제력 강화와 영향력 발휘로 유통을 효과적으로 수행한다.
2) 수직적 유통경로 시스템은 기업형 VMS와 계약형 VMS, 관리형 VMS로 구분한다.

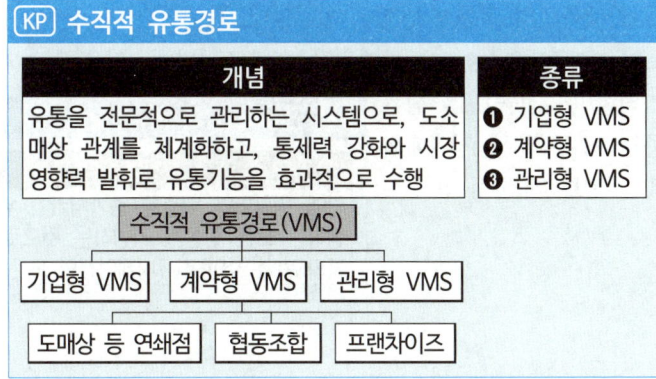

참고 수직적 유통경로의 설명

구분	설명
기업형 VMS	하나의 기업이 전후방 통합을 이루는 시스템
계약형 VMS	계약 시스템으로, 도매상과 연쇄점·소매상 협동조합·프랜차이즈 등
관리형 VMS	우월한 하나 또는 한정된 수의 기업이 경로 전체의 전략이나 방침을 정하고 실행

용어 수직적 유통경로 시스템 : VMS, vertical marketing system
수평적 유통경로 시스템 : HMS, horizontal marketing system

10 유통경로의 단축이 필요한 경우 3가지를 쓰시오.

답안 1) 제품의 기술이 복잡할 때
2) 경쟁제품과 차별화가 필요할 때
3) 소비자의 지리적 분산이 약할 때

KP 유통경로 단축 필요 상황
❶ 제품의 기술이 복잡할 때 ❷ 경쟁제품과 차별화가 필요할 때 ❸ 소비자의 지리적 분산이 약할 때

11 소매상은 점포소매상과 무점포소매상으로 구분한다. 점포소매상을 5가지 쓰시오.

답안 편의점, 슈퍼마켓, 전문점, 백화점, 할인점, 상설할인매장

용어 카테고리 킬러 : 한 가지 또는 한정된 상품군을 취급하며, 할인점보다 저렴한 가격으로 판매하는 산매업이다. 사무용품의 오피스디포, 가구용품의 이케아 등이 있다.

KP 소매상의 유형

점포소매상
편의점, 슈퍼마켓, 전문점, 백화점, 할인점, 상설할인매장, 드러그스토어, 카테고리 킬러

무점포소매상
다이렉트 마케팅(통신판매, 원거리판매, 홈쇼핑, 온라인소매), 방문판매, 자동판매기

마. 판매촉진(promotion)

01 마케팅믹스 요소로서의 판매촉진의 개념을 설명하고, 전통적 방법 4가지를 쓰시오.

답안 1) 판매를 원활하게 하며, 매출을 증가시키기 위해 시행하는 모든 활동을 지칭하는 것으로, 소비자와 기업의 커뮤니케이션의 모든 방법을 포괄한다.
2) 판매촉진의 전통적 방법은 인적판매, 판매촉진, 광고, PR 등이다.

보충 **판매촉진의 요소** : 판매촉진 속에 또 판매촉진은 협의의 촉진이다. 인적판매, 광고, PR을 제외한 가격할인, 선물 및 샘플 증정, 쿠폰 발행, 경연대회 및 이벤트 개최 등이다.

KP 판매촉진(promotion)

개념	방법
판매 원활화와 매출을 증가시키기 위해 시행하는 모든 활동을 지칭하는 것으로, 소비자와 기업 사이 커뮤니케이션의 모든 방법	인적판매, 판매촉진, 광고, PR

02 다음의 가, 나, 다에 들어갈 말을 쓰시오.

	범위	비용
광고	광범위	보통
판매촉진	광범위	(가)
인적판매	(나)	비싼 편
홍보/스폰서십 판매	광범위	(다)

KP 판매촉진 수단 비교

	범위	비용
광고	광범위	보통
판매촉진	광범위	비싼 편
인적판매	협소	비싼 편
홍보/스폰서십 판매	광범위	무료

답안 가. 비싼 편, 나. 협소, 다. 무료

03 촉진 방법 중 판매촉진의 구체적 사례와 장점을 3가지를 적으시오.

답안 1) 판매촉진 사례 : 가격할인, 선물 및 샘플 증정, 쿠폰 발행, 이벤트 개최
2) 판매촉진의 장점
① 판매 증진의 효율적 방법이며
② 광고에 비해 빠르고, 비용이 저렴하며
③ 특정 시기와 특정 지역에서 시행할 수 있다.

KP 협의의 판매촉진

사례	장점
① 가격할인	① 판매 증가의 효율적 방법
② 선물·샘플 증정	② 광고에 비해 빠르고, 비용이 저렴
③ 이벤트 개최	③ 특정 시기와 장소에서 시행 가능

04 할인 쿠폰의 개념과 쿠폰 발행 효과를 설명하시오.

답안 쿠폰은 소비자가 특정 제품을 구매할 때 조건에 따라 할인 또는 무료 제공 혜택을 받을 수 있는 증표를 말하며, 쿠폰의 효과는 광고, 홍보, 재고정리, 단기적 수요조절, 현금 거래 증대, 소비 활성화, 재방문 증대, 소비 확대 등이다.

KP 할인 쿠폰

개념	효과	문제점
소비자가 특정 제품을 구매할 때 조건에 따라 할인 또는 무료 제공 혜택을 받을 수 있는 증표	광고, 홍보, 재고정리, 단기적 수요조절, 현금 거래 증대, 소비 활성화, 재방문 증대, 소비 확대	과장 광고, 소비자 신뢰도 하락, 가격 거품현상 초래, 쿠폰 지향적 소비자의 양산

05 인적판매의 개념과 장단점을 각각 2가지를 설명하시오.

답안 1) 인적판매는 사람이 직접 고객에게 사용 방법 설명, 애프터서비스 제공 등은 물론 직접 대면하여 촉진을 전개하는 방법을 말한다.
2) 인적판매의 장점은 고객과 직접 대면하므로 고객의 주의집중이 가능하고, 아울러 고객의 니즈를 파악하여 이를 충족시킬 수 있고, 인간관계를 활용할 수 있다.
3) 인적판매의 단점은 고비용, 저효율과 아울러 자원의 확보와 유지가 어렵다.

KP 인적판매

개념
고객과 직접 대면하여 촉진 활동을 전개하는 방법

장점	단점
❶ 고객 주의집중 가능 ❷ 고객 니즈 파악 수월 ❸ 인간관계 활용	❶ 고비용 저효율 ❷ 인적자원 확보·유지의 어려움

06 마케팅믹스 중 광고의 장단점을 각각 2가지씩 쓰시오.

답안 1) 광고의 장점은 짧은 시간에 다수의 소비자에게 전달할 수 있으므로 대중성이 강하며, 지리적으로 널리 분포된 소비자 커뮤니케이션에 강하고, 1인당 소요 비용이 다른 촉진 방법과 비교하면 저렴하다.
2) 단점으로는 목표 소비자를 대상으로 광고하기가 쉽지 않고, 일방적 정보를 전달하며, 비용 부담이 다른 촉진 방법보다 상대적으로 높다.

KP 광고

장점
❶ 강한 대중성 ❷ 지리적으로 광범위한 소비자 대상에 유리 ❸ 1인당 소요 비용이 다른 방법보다 저렴

단점
❶ 목표 소비자 대상 광고가 어렵다. ❷ 일방적 정보 전달 방식 ❸ 비용 부담이 상대적으로 높다.

07 스포츠를 이용한 광고가 최근에 급성장한 배경 3가지를 쓰시오.

답안 1) 새로운 커뮤니케이션 수단으로서의 가치 증대
2) 스포츠에 관한 관심 증대로 광고비용 대비 효과성 상승
3) 스포츠에 대한 매스미디어의 관심 증대로 미디어 노출의 증가
4) 스포츠의 긍정적 이미지를 전달하는 효과

KP 스포츠를 이용한 광고의 성장배경

❶ 새로운 커뮤니케이션 수단으로서의 가치 증대
❷ 스포츠 관심 증대로 광고의 비용 대비 효과성의 상승
❸ 매스미디어의 관심 증대로 미디어 노출의 증가
❹ 스포츠의 긍정적 이미지 전달 효과

08 TV의 스포츠 중계 대부분이 가상 광고를 시행하고 있다. 가상 광고의 개념을 적고, 가상 광고의 특성 3가지를 쓰시오.

[답안] 1) 가상 광고의 개념 : <u>스포츠 중계방송에서 가상 이미지를 화면에 삽입하는 형태의 TV 광고</u>로, 간접 참가자인 시청자를 대상으로 한다.
2) 가상 광고의 특징 : 높은 노출 효과, 시청자 집중도 상승, 맥락 일치 효과, 제한된 시간(5/100 이내)과 공간(화면의 1/4 이내)
[보충] **가상 광고와 PPL의 차이** : 가상 광고는 PPL(product placement)과 유사하지만, 맥락 일치 효과의 차이를 갖고 있다.

KP	가상 광고(virtual advertising)
개념	
스포츠 중계방송에서 가상 이미지를 화면에 삽입하는 형태의 TV 광고	
특징	
❶ 높은 노출 효과 ❷ 시청자 집중도 상승 ❸ 맥락 일치 효과 ❹ 제한된 시간과 공간	

09 마케팅믹스 중 광고는 비교적 높은 비용을 수반하므로 광고 효과 평가가 중요하다. 광고에 대한 효과를 평가하는 방법 4가지를 쓰시오.

[답안] 1) 인지 평가 2) 태도 평가 3) 행동 평가 4) 이미지 평가 5) 매출 평가
[암기] **광고 효과 평가 방법** : 〈광고 효과 평가는 인태행이매〉이다. 인지ㆍ태도ㆍ행동ㆍ이미지ㆍ매출 평가

KP	광고 효과 평가 방법
❶ 인지 평가 ❹ 이미지 평가 ❷ 태도 평가 ❺ 매출 평가 ❸ 행동 평가	

10 최근 일반기업이 전통적 광고 매체보다 인터넷 광고를 선호하는 경향이 있다. 인터넷 광고의 장점 4가지를 기술하시오.

[답안] 1) 소비자 포지셔닝이 수월하며 2) 광고 제작이 비교적 쉬우며 3) 가격이 비교적 저렴하며 4) 환경변화에 쉽게 대응할 수 있다.
[암기] **인터넷 광고의 장점** : 〈인터넷 광고는 포제가대〉이다. 포지셔닝이 수월, 제작이 수월, 가격 저렴, 환경변화의 쉬운 대응

KP	인터넷 광고의 장점
❶ 소비자 포지셔닝이 비교적 수월 ❷ 제작이 비교적 쉽고 ❸ 가격이 비교적 저렴 ❹ 환경변화에 대한 쉬운 대응	

11 판매촉진 방법 중 ATL과 BTL에 관해 설명하고 각각의 예를 1가지를 쓰시오.

[답안] 1) ATL(above the line) : TV, 신문 등의 매체를 통한 커뮤니케이션 활동으로 대행 수수료를 받는 경우이다. 실제 사례로는 TV, 신문 등의 미디어 광고 게재를 말한다.
2) BTL(below the line) : 미디어를 통하지 않고, 직접 소비자를 대상으로 하는 커뮤니케이션 활동을 말하며, 실제 사례로는 판매지원, 유통지원, 설문 조사 등이다.

KP	ATL과 BTL
ATL	
TV, 신문 등 매체를 통한 커뮤니케이션 활동으로 대행 수수료를 받는 경우로, TV, 신문 등의 미디어 광고 게재	
BTL	
미디어를 통하지 않고, 직접 소비자를 대상으로 하는 커뮤니케이션 활동으로, 판매지원, 유통지원, 설문 조사 등	

[참고] **ATL(above the line)과 BTL(below the line)**

구분	설명
ATL	TV, 신문 등의 매체를 통한 커뮤니케이션 활동으로 대행 수수료를 받는 경우이다. 사례로는 TV, 신문 등의 미디어 광고 게재를 말한다.
BTL	미디어를 통하지 않고, 직접 소비자를 대상으로 하는 커뮤니케이션 활동으로, 판매지원, 유통지원, 설문 조사 등

12 광고와 홍보의 차이점에 대하여 설명하시오.

답안 1) 광고는 광고면에, 홍보는 기사 면에 게재되며
2) 비용은 광고는 광고료를 지급하지만, 홍보는 비용이 지급되지 않는다.
3) 발신자가 광고는 광고주 명의이지만 홍보는 미디어 이름을 사용한다.
4) 광고는 게재일·지면·메시지 등을 광고주가 결정하지만, 홍보는 미디어가 결정한다.
5) 광고는 메시지 표현 융통성이 높고, 홍보는 소구도와 소비자 수용도가 높지만, 연출 효과가 작은 편이다.

KP 광고와 홍보의 비교

	광고	홍보
게재면	광고면	기사면
비용	비용 부담	비용 부담 없음
발신자	광고주 이름 사용	미디어 이름 사용
특징	• 게재일, 지면, 메시지를 광고주가 결정 • 메시지 표현의 융통성이 있음	• 소구도와 소비자 수용도가 높음 • 연출 효과가 작은 편

13 스포츠 조직의 일반적인 홍보 방법 4가지를 쓰시오.

답안 기자회견, 보도자료 제공, 현장 견학, 취재비 제공
암기 홍보 방법 : 〈홍보는 기보견취〉이다. 기자회견, 보도자료 제공, 현장 견학, 취재비 제공

KP 홍보 방법
❶ 기자회견
❷ 보도자료 제공
❸ 현장 견학
❹ 취재비 제공

14 인터넷 홍보의 특징 4가지를 쓰시오.

답안 1) 커뮤니케이션의 편리한 수단이며
2) 제작이 수월하고, 효과가 다양하며
3) 고객의 능동적 접촉과 빠른 확산이 가능하며
4) 실시간으로 반응이 나타난다.
암기 인터넷 홍보의 특징 : 〈인터넷 홍보는 편제빠실〉이다. 편리한 커뮤니케이션 수단, 제작 수월, 빠른 회신, 실시간 반응

KP 인터넷 홍보의 특징
❶ 커뮤니케이션의 편리한 수단
❷ 제작 편리성과 효과의 다양성
❸ 고객의 능동적 접촉과 빠른 확산
❹ 실시간 반응
❺ 24시간 지속 운영

3. 마케팅전략

01 마케팅전략의 개념을 설명하고, 마케팅전략으로, 사업부가 수행하는 세부 전략 3가지를 쓰시오.

답안 1) 마케팅전략이란 조직의 경영전략을 기반으로 하여 마케팅 분야의 목표를 수립하고, 시장, 경쟁 등에 관한 분석과 내부 자원을 효율적으로 활용하는 방안을 수립하는 전략이다.
2) 마케팅전략의 목적으로 사업부는 차별화전략, 비차별화전략, 집중전략을 선택해서 수행한다.

KP 마케팅전략

개념
경영전략을 기반으로, 마케팅 분야의 목표 수립, 시장·경쟁 등에 관한 분석과 내부 자원을 효율적으로 활용방안 수립하는 전략

세부 전략
❶ 차별화전략 ❷ 비차별화전략 ❸ 집중전략

02 시장을 세분화할 때 사용할 수 있는 전략은 차별화전략, 비차별화전략, 집중전략으로 구분할 수 있다. 각각의 개념을 설명하시오.

답안 1) 차별화전략은 시장을 적은 시장으로 세분화한 후 세시장의 욕구를 충족시켜 줄 수 있는 다른 마케팅전략을 적용하는 방법
2) 비차별화전략은 표적 시장의 특성을 고려하지 않고 똑같은 제품이나 서비스를 제공하는 마케팅전략이다.
3) 집중전략은 특정 세시장을 집중적으로 공략하는 전략이다.
참고 전문화 전략 : 아래의 문제 05 참조

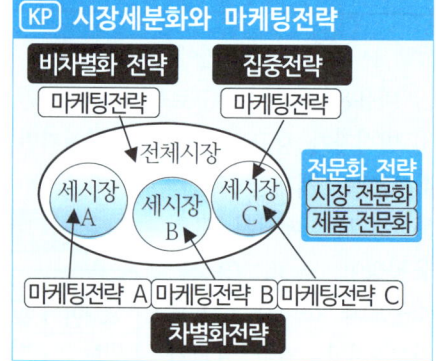

03 차별화전략과 집중전략을 예를 들어 비교해서 설명하시오.

답안 1) 차별화전략이란 시장세분화 후 세시장의 욕구를 충족시켜 줄 수 있는 다른 마케팅전략을 적용하는 방법이다. 예는 축구 경기에서 학생과 군인의 입장권 가격을 할인해서 적용하는 것이다.
2) 집중전략이란 정해진 세시장을 집중적으로 공략하는 전략이다. 예를 들면 야구 경기 관람객 모집을 목적으로 특정 회사원에게 집중적으로 마케팅하는 것이다.

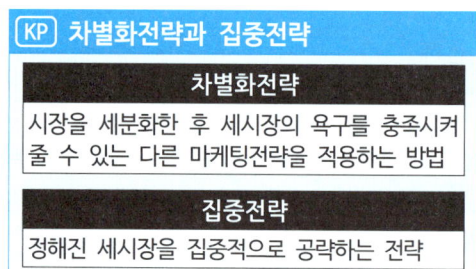

04 차별화전략의 장단점을 각각 3가지씩 쓰시오.

답안 1) 장점은 가격 경쟁을 회피할 수 있으며, 상품이 차별화될 수 있고, 높은 이익의 실현이 가능하며, 고객 충성도를 확보할 수 있다.
2) 단점은 경쟁자가 쉽게 모방할 수 있으며, 마케팅 비용이 증가하고, 차별화로 인한 원가가 상승할 수 있다.
참고 비차별화 전략의 장단점 : 출제 가능성은 거의 없다.

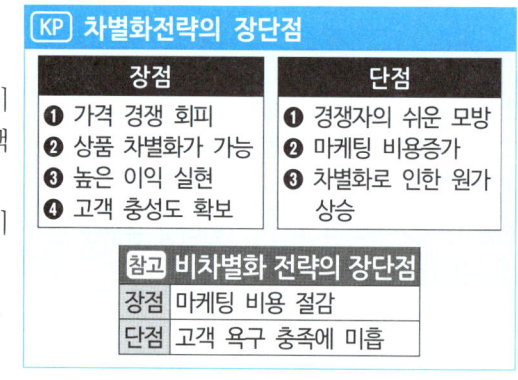

05 축구용품을 생산하는 A 기업은 전문화 전략을 수립하고자 한다. 전문화 전략의 개념을 적고, 시장 전문화와 제품 전문화의 특성과 사례를 각각 쓰시오.

답안 1) 전문화 전략의 개념 : 핵심역량에 집중하여 특정 분야에서 경쟁력 확보를 위해 집중 지원하고, 핵심역량에 해당되지 않는 부분은 외부 협력사 활용 등으로 해결하는 전략을 말한다.
2) 시장 전문화는 특정 세분 시장의 고객을 대상으로, 다양한 제품을 제공하는 것으로, 사례는 노인 시장에 건강 제품, 안경, 의류 등을 파는 것이다.
3) 제품 전문화는 특정 제품을 핵심 축으로 하여, 다양한 고객을 공략하는 전략으로, 안경점, 스포츠용품점 등이 사례이다.

06 마케팅전략 평가의 개념을 적고, 평가하는 방법 3가지를 쓰시오.

답안 1) 마케팅전략 평가란 마케팅전략의 적정성, 목표설정의 타당성과 달성도 등을 전반적으로 평가하여 마케팅전략을 수정하거나 차후 계획수립에 반영하기 위한 활동을 말한다.
2) 마케팅전략 평가 방법은 판매실적 평가, 시장점유율 평가, 효율성 평가 등이다.

KP 마케팅전략 평가

개념	방법
마케팅전략의 적정성, 목표설정의 타당성과 달성도 등을 전반적으로 평가하여 마케팅전략을 수정하거나 차후 계획수립에 반영하기 위한 활동	❶ 판매실적 평가 ❷ 시장점유율 평가 ❸ 효율성 평가

07 프로구단의 수정된 제품수명주기 연장을 위한 전략으로 빈칸을 작성하시오.

	기존 프로그램	수정된 프로그램
기존시장	(A)	(B)
수정된 시장	(C)	(D)

참고 프로그램 수명 연장 전략

		제품	
		기존 프로그램	새로운 프로그램
시장	기존시장	시장침투	프로그램 개발
	신시장	시장개발	프로그램의 다양화

답안 (A) 시장침투 (B) 프로그램 개발
(C) 시장개발 (D) 프로그램의 다양화

참고 **프로그램 수명 연장 전략** : Crompton과 Samb에 의해 레크리에이션 프로그램 수명주기 연장을 위한 방안으로 제시하였다.

08 스포츠 조직이 시장에서의 지위에 따라 마케팅전략 목표를 달리해야 한다. 시장선도기업과 시장 도전기업의 마케팅전략 목표를 각각 쓰시오.

답안 1) 시장 선도기업의 마케팅전략 목표는 시장규모 확대, 시장점유율의 유지 또는 확대이며
2) 시장 도전기업의 마케팅전략 목표는 시장점유율 확대이다.

KP 시장 지위와 마케팅전략

	목표	전략
선도기업	• 시장규모 확대 • 시장점유율 유지/확대	• 시장 전체 수요 확대 : 제품 리포지셔닝으로 신규고객 창출 • 시장점유율 유지/확대 : 촉진 활동 강화 • 진입 장벽 강화와 경쟁우위 확보
도전기업	• 시장점유율 확대	• 선도기업과 차별화 강화 : 비용 우위로 상대적 저가 전략 • 제품 차별화 : 선도기업의 약점 공략
추종기업	• 적정 이윤 추구 • 안정적 시장 확보	• 모방 전략 : 선도기업의 전략 모방과 디자인, 가격 등 부분 차별화 • 저가 전략
틈새 기업	• 틈새시장에서 이미지 구축 • 틈새시장 선도 위치 확보	• 시장과 제품 특성화 • 틈새시장에서 전문성 확보와 상표인지도 유지 향상

암기 **시장 지위와 마케팅전략** : 〈선도는 규모와 점유율 확대, 도전은 점유율 확대〉이다. 선도기업은 시장규모와 시장점유율을 확대, 도전기업은 시장점유율 확대를 목표

제4장 스포츠 스폰서십

1. 스포츠 스폰서십

01 스포츠 스폰서십의 유형 3가지를 쓰고, 그 의미를 각각 기술하시오.

답안 1) 공식 스폰서는 기업이 재화나 서비스를 제공하고, 그 대가로 로고, 엠블렘 등을 마케팅에 이용할 수 있는 권리를 획득하며
2) 공식공급업자는 기업이 필요한 물품, 서비스를 제공하고 그 대가로 마케팅 권리를 획득하며,
3) 공식상품화권자는 공식 스폰서와 비슷하지만, 권리 사용을 개최국 내로 한정한다.

KP 스포츠 스폰서십의 유형
공식 스폰서
기업이 재화나 서비스를 제공하고, 그 대가로 로고, 엠블렘 등을 마케팅에 이용할 수 있는 권리 획득

공식공급업자	**공식상품화권자**
필요 물품·서비스를 제공하고 그 대가로 마케팅 권리 획득	공식 스폰서와 비슷하지만, 권리 행사를 개최국 내로 한정

경향 스포츠 스폰서십 유형의 출제 경향 : '스포츠 스폰서십 유형 3가지를 쓰시오'라고 출제되기도 했다.
암기 스폰서십 유형 : 〈스폰서십은 공공상〉이다. 공식 스폰서, 공식공급업자, 공식상품화권자

02 스포츠 스폰서십의 특성 3가지를 쓰시오.

답안 교환 행위, 기업 커뮤니케이션 수단, 권리자의 재원 마련 방법

KP 스포츠 스폰서십의 특성
❶ 교환 행위
❷ 기업의 커뮤니케이션 수단
❸ 권리자의 재원 마련 방법

03 스포츠 스폰서십의 필요성을 스포츠 주관자와 기업 입장에서 각각 3가지를 쓰시오.

답안 1) 스포츠 주관자의 입장 : ① 조직의 재정확보 수단 ② 스포츠의 보급과 활성화에 기여 ③ 스포츠 참여인구의 저변 확대
2) 기업의 입장 : ① 높은 커뮤니케이션 효과 ② 이미지 개선과 판매 증진에 기여 ③ 경제적 규제에 대한 회피 수단

KP 스포츠 스폰서십의 필요성
스포츠 조직 입장
❶ 조직의 재정확보 수단
❷ 스포츠 보급과 활성화에 기여
❸ 스포츠 참여인구의 저변 확대
❹ 비상업적 접근으로 인식
기업 입장
❶ 높은 커뮤니케이션 효과
❷ 이미지 개선과 판매 증진에 기여
❸ 경제 규제에 대한 회피 수단
❹ 상품 가치 증대

04 기업이 스포츠 스폰서십 참여를 통해 얻을 수 있는 기대 효과 3가지를 쓰시오.

답안 1) 기업(상품)의 인지도 제고, 2) 매출 증대, 3) 경쟁우위 확보, 4) 고객 커뮤니케이션 강화, 5) 판매 기회 확대, 6) 미디어 효과 증대

암기 기업의 스폰서십 참여 효과 : 〈기업 스폰서십은 인매경커판미〉이다. 상품 인지도 제고, 매체 효과 증대, 경쟁우위 확보, 고객 커뮤니케이션 강화, 판매 기회 확대, 미디어 효과 증대

KP 기업의 스포츠 스폰서십 참여 효과	
❶ 기업과 상품의 인지도 제고	❹ 고객 커뮤니케이션 강화
❷ 매출 증대	❺ 판매 기회 확대
❸ 경쟁우위의 확보	❻ 미디어 효과 증대

05 기업이 스폰서십에 참여할 때 적용해야 하는 원칙 4가지를 적고, 설명하시오.

답안 1) 독점성 : 스포츠 단체가 공식 스폰서만 권한을 부여하는 독점성을 확보해야 한다.
2) 통일성 : 브랜드와 로고 등의 자산을 통합하여 사용할 수 있는 권한을 획득한다.
3) 전문성 : 스폰서십 업무를 전문가가 담당한다.
4) 보완성 : 스폰서십은 물론 광고 우선 참여권 등의 권한도 획득한다.

암기 기업의 스폰서십 참여 원칙 : 〈기업 스폰서십 참여 원칙은 독통전보〉이다. 독점성, 통일성, 전문성, 보완성

06 스포츠 단체가 스폰서십을 유치하기 위하여 잠재적 스폰서인 기업에 중점적으로 내세워야 할 제시사항을 5가지 쓰시오.

답안 1) 예상 효과 2) 앰부시 마케팅의 방지 방안 3) 매체 관련 사항 4) 요건의 준수 5) 정당한 이익 제공 방법

KP 스폰서십 유치를 위한 기업 제시사항
❶ 예상 효과 ❹ 앰부시 마케팅 방지 방안
❷ 매체 관련 사항 ❺ 정당한 이익 제공 방법
❸ 요건 준수

07 Gray는 스포츠 스폰서십은 6가지 요인(6P)이 필요하다고 주장하였다. 6P 요인을 쓰시오.

답안 6P는 파트너십(partnership), 플랫폼(platform), 편재(presence), 선호(preference), 구매(purchase), 보호(protection) 등이다.

암기 스폰서십 6P : 〈스폰서십 6P는 파플편선구보〉이다. 파트너십, 플랫폼, 편재, 선호, 구매, 보호

KP 스폰서십 6P
❶ 파트너십 ❹ 선호
❷ 플랫폼 ❺ 구매
❸ 편재 ❻ 보호

참고 6P의 내용 설명

구분	내용
파트너십	스포츠 단체와 스폰서는 상호이익을 위해 동반자적 관계 형성
플랫폼	커뮤니케이션의 도구로, 기본 방향을 제시하는 중요한 역할 수행
편재	접근의 용이성, 스폰서십 획득의 용이성, 사용의 편리성 등
선호	상품 인지도 향상
구매	스폰서의 권리는 스폰서십을 활용하여 판매 증진에 기여
보호	스포츠 단체는 스폰서의 성과 향상을 위한 프로그램 제공

암기 스폰서십 6P : 〈6P는 파플편선구보〉이다. 파트너십, 플랫폼, 편재, 선호, 구매, 보호

08 스포츠 스폰서십의 효과를 측정하는 4가지 방법을 쓰시오.

답안 1) 미디어 노출량 측정 2) 고객 인지도 측정 3) 판매실적 측정 4) 비용에 따른 효과 측정

KP 스폰서십 효과 측정 방법
❶ 미디어 노출량 측정 ❹ 고객 피드백 측정
❷ 고객 인지도 측정 ❺ 비용에 따른 효과 측정
❸ 판매실적 측정

암기 스폰서십 효과 측정 방법 : 〈스폰서십 효과 측정은 노고실피효〉이다. 미디어 노출량·고객 인지도·판매실적·고객 피드백·비용에 따른 효과 측정

09 스포츠 스폰서십의 효과 측정이 어려운 이유 4가지를 쓰시오.

답안 1) 다른 마케팅믹스와 함께 활용된다.
2) 다른 마케팅믹스의 효과가 이월된다.
3) 마케팅 커뮤니케이션 변수의 시너지 효과가 존재한다.
4) 통제 불가능한 환경요인이 존재한다.
5) 매체 노출에 임의적 특성이 존재한다.

KP 스폰서십 효과 측정이 어려운 이유
❶ 다른 마케팅믹스와 함께 활용
❷ 다른 마케팅믹스의 효과 이월
❸ 마케팅 변수의 시너지 효과 존재
❹ 통제 불가능한 환경요인이 존재
❺ 매체 노출에 임의적 특성 존재

10 스포츠 스폰서십 효과를 분석할 때 매체 노출량으로 평가하는 중요한 이유를 3가지 쓰시오.

답안 1) 노출 시간, 노출 크기 등의 객관적 자료를 얻을 수 있다.
2) 효과 측정이 비교적 용이하다.
3) 다른 분석 방법의 근거 자료로 활용할 수 있다.

KP 매체 노출량 측정의 중요성
❶ 노출 시간과 크기 등의 객관적 자료 확보 가능
❷ 효과 측정 방법이 비교적 용이
❸ 다른 측정 방법의 근거 자료로 활용 가능

11 스포츠 스폰서십의 효과 분석을 위해 평가해야 할 사항을 3가지 쓰시오.

답안 1) 매체 노출 정도
2) 상품인지도 변화 정도
3) 계약 내용 이행 정도
4) 상품 판매 증가 정도

KP 스폰서십 효과 분석 평가 사항
❶ 매체 노출 정도   ❹ 소요 경비
❷ 상품인지도 변화 정도   ❺ 상품 판매 증가 정도
❸ 계약 내용 이행 정도

2. 앰부시 마케팅

01 앰부시 마케팅의 개념과 특징 4가지를 쓰시오.

답안 1) 앰부시 마케팅의 개념 : 공식 스폰서 권리가 없는 기업이 공식 스폰서인 것처럼 소비자를 현혹하여, 자신의 이익을 취하는 것은 물론 공식 스폰서의 기대 효과를 축소하기 위한 의도적 마케팅 활동
2) 앰부시 마케팅의 특징 : ① 사전 준비된 의도적 활동 ② 공식 스폰서 못지않은 소요 비용 ③ 공식 스폰서의 효과 약화 ④ 특정 상품의 판매촉진 목적

KP 앰부시 마케팅

개념
공식 스폰서의 권리가 없는 기업이 공식 스폰서인 것처럼 소비자를 현혹하여, 자신의 이익과 공식 스폰서의 효과를 축소하기 위해 전개하는 의도적 마케팅 활동

특징	유형
❶ 사전 준비된 의도적 활동	❶ 경기 중계방송 광고 참여
❷ 공식 스폰서 못지않은 비용	❷ 복권, 경품 등의 이벤트 개최
❸ 공식 스폰서의 효과 약화	❸ 단체경기 참여 개별 선수와 계약
❹ 특정 상품의 판매촉진 목적	❹ 경기장 주변 광고

경향 앰부시 마케팅 : 앰부시 마케팅은 매복 마케팅이라고도 한다. 처음 시험이 시행된 후 6번 정도 출제되었는데 앰부시 마케팅 또는 매복 마케팅의 개념과 특징을 적으라고 각각 3번씩 출제되었다.

02 앰부시 마케팅의 유형 4가지를 쓰시오.

답안 1) 경기 중계방송에 광고 참여 2) 복권, 경품 등의 이벤트 개최 3) 단체경기에 참여하는 개별 선수와 계약 4) 경기장 주변 광고
암기 **앰부시 유형** : 〈앰부시 유형은 중이선주〉이다. 중계방송 광고 참여, 이벤트 개최, 개별 선수 계약, 경기장 주변 광고

03 매복 마케팅의 활동 방지 방안을 4가지 쓰시오.

답안 1) 법적·제도적 장치 마련 2) 비공식 스폰서의 근본적 접근 제한 3) 광고와 홍보 등을 통해 공식 스폰서의 주지 4) 소비자에게 공식 스폰서임을 직접 주지

KP 매복 마케팅 방지 방안
❶ 법적·제도적 장치 마련
❷ 비공식 스폰서의 근본적 접근 제한
❸ 광고와 홍보 등을 통해 공식 스폰서의 주지
❹ 소비자에게 공식 스폰서임을 직접 주지

암기 **매복 방지** : 〈매복 방지는 장근공주〉이다. 법적·제도적 장치, 접근 제한, 공식 스폰서 주지

3. 스포츠 조직의 스폰서십

01 IOC가 TOP 프로그램에 참여한 공식 스폰서에게 주는 혜택 5가지를 쓰시오.

답안 1) 올림픽 마크 사용권 2) 제품 우선 공급권 3) 차기 올림픽 후원 우선권 4) 홍보관 활용 5) 올림픽 기록보관소 활용

KP TOP 스폰서의 혜택
❶ 올림픽 마크 사용권
❷ 제품의 우선 공급권
❸ 차기 올림픽 후원 우선권
❹ 홍보관 활용
❺ 올림픽 기록보관소 활용

보충 **TOP(the Olympic partners) 프로그램** : 1985년 IOC에 의해 올림픽을 활용한 다양한 수입원 확보와 올림픽의 미래를 확고히 하고자 기업과의 장기적 파트너십을 구축할 목적으로 만들어졌다. 처음 시작은 1988 서울올림픽이었다. 전체적으로 9~12개 기업만 참여할 수 있으므로 세계적으로 유명한 기업이 아니면 참여하기 어렵다. 삼성전자가 무선통신 분야에 참여하고 있다.

02 IOC가 TOP 참여기업에 대한 의무를 3가지 쓰시오.

답안 1) 마크 등의 사용 사전 승인 2) 계약된 상품에만 사용 3) 로고 등의 변형 사용 금지 4) 올림픽에 부정적 영향을 미치는 행위 금지

KP TOP 참여자의 의무
❶ 마크 등의 사용 사전 승인
❷ 계약 상품에만 사용
❸ 로고 등의 변형 사용 금지
❹ 올림픽에 부정적 영향 행위 금지

03 FIFA가 운영하는 스폰서십 종류 3가지를 쓰시오.

답안 FIFA 파트너와 월드컵 스폰서, 내셔널 서포터 등 3단계로 구분 시행하고 있다.

KP FIFA 스폰서십

FIFA 파트너	월드컵 스폰서	내셔널 서포터
월드컵 포함 FIFA가 주관 모든 경기와 행사에 광고할 수 있는 권한을 가진 세계적 기업을 대상	월드컵 경기 중계방송에 광고할 수 있는 권한	월드컵 개최국 기업으로, 개최국 내의 광고 등에 참여할 권한

제5장 스포츠 브랜드와 라이선싱, 매체 관리

1. 스포츠 브랜드

01 스포츠 조직에서 브랜드를 통해 얻고자 하는 기대 효과 3가지를 쓰시오.

답안 1) 고객의 충성도를 확보하거나 강화할 수 있다.
2) 일정 수준의 품질을 보증할 수 있다.
3) 경쟁상품과 비교하여 상대적 우위를 확보할 수 있다.

KP 브랜드 기대 효과
① 고객 충성도 확보와 강화
② 품질에 대한 보증
③ 경쟁상품 비교 상대적 우위 확보
④ 고객과의 커뮤니케이션 도구

02 스포츠 조직에서 브랜드를 구축하여 기대할 수 있는 효과 3가지를 쓰시오.

답안 1) 진입 장벽이 되어 경쟁자의 시장 진입을 억제한다.
2) 경쟁자에 비해 높은 가격을 받을 수 있다.
3) 브랜드 명성을 이용하여 신상품 출시가 수월하다.

KP 브랜드 구축 기대 효과
① 진입 장벽으로 경쟁자 진입 억제
② 경쟁자 비교 높은 가격 실현
③ 브랜드 명성 이용 신상품 출시 수월

보충 **브랜드 구축 기대 효과** : 위 문제 01은 브랜드의 기대 효과이고, 이 문제는 브랜드 구축의 기대 효과이다. 비슷하지만 차이가 있다.

03 브랜드로 인지도를 높이는 방법 3가지를 쓰시오.

답안 1) 기억하기 쉽고
2) 경쟁자의 브랜드와 구별될 수 있어야 하고
3) 상품의 편익을 암시할 수 있으며
4) 법적 보호를 받을 수 있어야 한다.
 시장에서 좋은 브랜드로 인지될 수 있는 조건 3가지를 쓰시오.

KP 좋은 브랜드의 조건
① 쉬운 기억
② 경쟁 브랜드와 구별
③ 상품 편익 암시
④ 법적 보호

04 브랜드 인지도의 개념을 적고, 브랜드 인지도 3가지를 구분해서 설명하시오.

답안 1) 브랜드 인지도 : 소비자가 한 제품범주에 속한 특정 브랜드를 인식하거나 회상할 수 있는 정도
2) 브랜드 인지도의 구분
① 보조인지 : 특정 브랜드를 알아보는 정도의 약한 인지 수준
② 비보조 상기 : 특정 브랜드를 기억할 수 있는 정도의 인지 수준
③ 최초 상기 : 구매 욕구가 발생하면 가장 먼저 떠올릴 정도의 강력한 인지 수준

KP 브랜드 인지도

개념	구분
소비자가 한 제품범주에 속한 특정 브랜드를 인식하거나 회상할 수 있는 정도	① 보조인지 : 특정 브랜드를 알아보는 정도의 약한 인지 수준 ② 비보조 상기 : 특정 브랜드를 기억할 수 있는 정도의 인지 수준 ③ 최초 상기 : 구매 욕구가 발생하면 가장 먼저 떠올릴 정도의 강력한 인지 수준

05 D. Aaker는 브랜드 자산의 구성 요소를 (A), (B), 브랜드 연상(brand association), (C), 독점적 자산으로 표현하였다. ( ) 속에 들어갈 적합한 용어를 쓰시오.

답안 (A) 브랜드 충성도 (B) 브랜드 인지도 (C) 지각된 품질

보충 브랜드 자산의 개념 : 상품은 실질적 품질보다 브랜드를 통해 차별화되는 경우가 많으므로 브랜드의 자산적 가치를 인정하며, 브랜드와 관련된 자산과 부채의 합계이다. (아이커의 주장)

인명 아아커(David Allen Aaker) : 미국의 조직 이론가이며, 캘리포니아 대학교 버클리 하스 경영대학원의 명예 교수이다.

KP 브랜드 자산(brand equity)

개념
상품은 품질보다 브랜드를 통해 차별화되는 경우가 많으므로 브랜드의 자산적 가치를 인정하며, 브랜드와 관련된 자산과 부채의 합계이다.

구성 요소	
❶ 브랜드 충성도	❹ 브랜드 연상 이미지
❷ 브랜드 인지도	❺ 독점적 브랜드 자산
❸ 지각된 품질	

06 프로스포츠팀은 브랜드를 통해 자산적 가치를 높일 수 있다. 브랜드 자산적 가치를 구성하는 요소 4가지를 쓰시오.

답안 1) 브랜드 충성도 2) 브랜드 인지도 3) 지각된 품질 4) 브랜드 연상 이미지 5) 독점적 브랜드 자산

07 브랜드 자산이 발전하는 단계를 4가지 쓰시오.

답안 1) 브랜드 인지 단계 : 고객의 마음속에 브랜드가 알려지는 단계
2) 이미지 구축 단계 : 브랜드에 대한 친숙한 이미지를 구축하는 단계
3) 자산가치화 단계 : 브랜드가 자산적 가치를 쌓아가는 단계
4) 로열티 형성 단계 : 브랜드 충성도가 형성되는 단계

KP 브랜드 자산 발전단계

❶ 브랜드 인지 단계	고객의 마음속에 브랜드가 알려지는 단계
❷ 이미지 구축 단계	브랜드에 대한 친숙한 이미지를 구축하는 단계
❸ 자산 가치화 단계	브랜드가 자산적 가치를 쌓아가는 단계
❹ 로열티 형성 단계	브랜드 충성도가 형성되는 단계

08 브랜드 확장과 브랜드 강화의 개념을 설명하시오.

답안 1) 브랜드 확장 : 기존 브랜드를 신제품에 사용하거나 유사한 브랜드를 사용하여, 소비자로부터 브랜드의 연관성을 갖도록 하는 활동으로, 기존 브랜드의 자산을 다른 상품에 활용할 수 있다.
2) 브랜드 강화 : 소비자의 마음속에 존재하는 기존 브랜드에 대한 인식을 더욱더 호의적이거나 독특하게 인식시키려는 활동을 말한다.

KP 브랜드 확장과 브랜드 강화

브랜드 확장
기존 브랜드와 다른 상품군에 속하는 신제품에 기존 브랜드를 사용하여 소비자로부터 브랜드 연관성을 갖도록 한다.

브랜드 강화
소비자의 마음속에 존재하는 기존 브랜드에 대한 인식을 더 호의적이거나 독특하게 인식시키려는 활동

09 브랜드 확장의 장점과 위험을 각각 3가지 쓰시오.

답안 1) 브랜드 확장의 장점
① 기존 브랜드 강점 활용으로 쉽게 신규시장에 진출할 수 있다.
② 신규 브랜드 런칭에 따른 비용과 시간 절감
③ 브랜드 개발에 필요한 시간과 비용 절감
④ 성공하면 원 브랜드 이미지를 강화시킨다.
2) 브랜드 확장의 위험
① 원 브랜드의 이미지가 희석되거나 타격을 받을 수 있다.
② 유통업자의 저항에 직면할 수 있다.
③ 소비자 혼란으로 원 브랜드의 이미지가 나빠질 수 있다.
④ 새로운 브랜드에 리스크가 발생하면 원 브랜드에 영향을 줄 수 있다.

KP 브랜드 확장

브랜드 확장의 장점
❶ 기존 브랜드 강점 활용으로 신규시장 진출 수월
❷ 신규 브랜드 개발과 런칭 비용·시간 절감
❸ 규모의 경제 효과와 전시적 효과
❹ 확장이 성공하면 원 브랜드의 이미지가 강화

브랜드 확장의 위험
❶ 원 브랜드의 이미지 희석 또는 타격
❷ 유통업자의 저항
❸ 소비자 혼란으로 원 브랜드 이미지 추락 가능
❹ 리스크 발생 시 원 브랜드 이미지에 타격

---

10 브랜드 인지도와 브랜드 충성도의 개념을 각각 설명하시오.

답안 1) 브랜드 인지도 : 소비자가 한 제품범주에 속한 특정 브랜드를 인식하거나 회상할 수 있는 정도
2) 브랜드 충성도 : 소비자가 특정 브랜드에 대해 갖는 호감 또는 애착 정도

KP 브랜드 인지도와 충성도

브랜드 인지도
소비자가 한 제품범주에 속한 특정 브랜드를 인식하거나 회상할 수 있는 정도

브랜드 충성도
소비자가 특정 브랜드에 대해 갖는 호감 또는 애착 정도

---

2. 스포츠 라이선싱

01 다음 (   ) 안에 알맞은 것을 쓰시오.

> 라이선싱은 상표 등록된 재산권을 가지고 있는 개인 또는 단체가 타인에게 대가를 받고 그 재산권을 사용할 수 있도록 상업적 권리를 부여하는 계약이다. 즉 (A)가 어떤 형태의 대가를 받기 위하여 경제적 가치가 있는 특허권, 노하우(know-how), 상표권, 그리고 브랜드 이름 등 각종 자산의 사용을 (B)에게 허락하는 계약을 말한다. 즉, 상표 등 지적 재산권에 대하여 권리를 보유하고 있는 자가 일정한 범위에서 타인에게 지적 재산권의 사용을 허락하고 그 대가로 (C)를 받는 행위를 말한다.

답안 A : 라이선서, B : 라이선시, C : 금전적 대가

KP 라이선서와 라이선시

❶ 라이선서(Licensor)	사용 권리 →	❷ 라이선시(Licensee)
스포츠 단체	← 대가 지불	기업
본래 권리를 가진 조직		상품화·판촉 활용 기업

02 라이선싱의 개념과 스포츠 단체에서 라이선시를 선정할 때 고려하는 기준 5가지를 쓰시오.

답안 1) 라이선싱이란 스포츠 조직이 가진 권리를 일정 기간 사용하기 위해 대가를 지불하고 상업적 권리를 부여받는 계약을 말한다.
2) 라이선시를 선정할 때 고려해야 하는 기준
① 품질을 보증할 수 있는 능력을 갖추어야 하고
② 안정적 재정 상태가 유지되어야 하며
③ 마케팅전략이 체계화되어 있어야 하고
④ 소비자에게 좋은 이미지를 갖고 있으며
⑤ 라이선싱에 참여한 경험이나, 라이선싱 기술이 축적되어 있을 것

KP 라이선싱의 개념과 라이선시 선정 고려사항

개념	라이선싱 선정 고려사항
다른 사람(조직)이 가진 소유권을 일정 기간 사용하기 위해 대가를 지불하고 사용 권리를 부여받는 계약	❶ 품질보증 능력과 이에 대한 증빙 ❷ 안정적 재정 상태를 유지하고 ❸ 체계적 마케팅전략이 수립되어야 하고 ❹ 소비자에게 좋은 이미지를 갖고 있으며 ❺ 라이선싱 기술이 축적되어야 한다.
라이선서(스포츠 단체) 사용 권리 → 라이선시(기업) 본래 권한을 가진 조직 ← 대가 지불 상품화·판촉 활용 기업	

03 스포츠 라이선싱의 기대 효과를 스포츠 조직의 관점과 기업의 관점에서 각각 3가지씩 설명하시오.

답안 1) 스포츠 조직 기대 효과 : ① 수입 증대 ② 관련 기업과 파트너 관계 형성 ③ 조직의 홍보 효과 ④ 스포츠 활성화
2) 기업 기대 효과 : ① 판매 증진 ② 고객의 커뮤니케이션 강화 ③ 신뢰 획득 ④ 수익성 강화

암기 스폰서십 기대 효과 : 〈조직은 수파홍활, 기업은 판커신수〉이다. 스포츠 조직은 수입 증대, 기업과 파트너 관계 형성, 홍보 효과, 스포츠 활성화이고, 기업은 판매 증대, 고객 커뮤니케이션 강화, 신뢰 획득, 수익성 강화

KP 라이선싱 기대 효과

스포츠 조직의 관점
❶ 수입 증대
❷ 관련자와 파트너 관계 형성
❸ 조직의 홍보 효과 거양
❹ 스포츠 활성화

기업의 관점
❶ 판매 증대
❷ 고객 커뮤니케이션 강화
❸ 신뢰 획득
❹ 수익성 강화

04 라이선싱의 종류 4가지를 쓰시오.

답안 1) 판매 라이선싱 : 로고 또는 캐릭터 등을 제품에 붙여 판매할 수 있는 라이선싱
2) 촉진 라이선싱 : 기업의 촉진 활동(광고, PR, 촉진)을 강화할 목적의 라이선싱
3) 독점 라이선싱 : 한 제품만 라이선싱 계약하는 경우
4) 공동 라이선싱 : 여러 제품과 함께 라이선싱 하는 경우

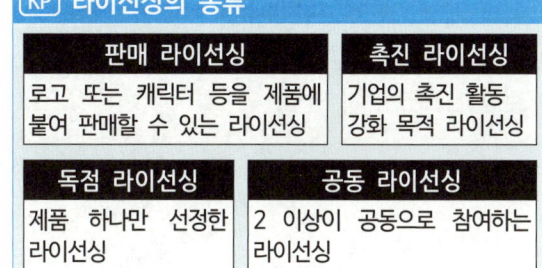

[05] 스포츠 라이선싱에서 상표 사용권자와의 계약 형태 중 독점적 계약 방법, 비독점적 계약 방법, 광고적 계약 방법을 각각 설명하시오.

답안 1) 독점적 계약 방법 : 라이선싱 범위가 특정 방법 또는 특정 지역에 대해 독점적 권리를 얻는 방법
2) 비독점적 계약 방법 : 라이선싱 범위가 특정 방법 또는 특정 지역에 대해 동일한 범위를 둘 이상의 라이선시에게 상업적 권리를 부여하는 방법
3) 광고적 계약 방법 : 라이선싱은 대부분 상품 판매를 목적으로 하지만 판매 목적이 아니고, 광고 또는 판매촉진에 활용하기 위한 목적으로 권리를 획득하는 방법이다.

[06] 다음 중 ( ) 속에 들어갈 적합한 것을 쓰시오.

> ( )은(는) 상표 등록된 재산권을 가지고 있는 개인 또는 단체가 타인에게 대가를 받고 그 재산권을 사용할 수 있도록 상업적 권리를 부여하는 계약이다. 이는 계약을 하고 특허권, 상표권 등을 사용하고, 매출액의 6~10%를 지급하는 것이 일반적이다.

답안 라이선싱

[07] 라이선싱 사업에서 지적재산권 소유자(라이선서)에게 상표 사용권 등을 획득한 사업자(라이선시)가 다음과 같은 1년 기한에 대가 지불 계약을 체결한 후 연간 매출액이 2억원이라면 결산 시점에서 라이선시가 라이선서에게 추가로 지불해야 할 로열티가 얼마인지 설명하시오. 계산과정도 적으시오.

> -관리소유자에게 계약체결 시점에서 최소 보장금 1,000만원을 선급 지급
> -로열티 매출액의 10%로 결정

답안 매출액의 10%를 로열티로 제공하기로 하였으며, 계약에 따라 선급금을 1억원을 먼저 지급하였다. 이를 계산하면 200,000,000원×0.1−10,000,000원=10,000,000원

[08] 스포츠 라이선싱 계약을 체결할 때 기업관점에서의 핵심조항 6가지를 쓰시오.

답안 1) 계약금액
2) 계약 기간
3) 라이선싱 제품의 범위
4) 계약 독점성 여부
5) 지적 재산권과 디자인 소유권
6) 분쟁 발생 시 해결 방법
7) 비밀과 보안 유지 방법

[KP] 라이선싱 계약의 기업관점 핵심조항
❶ 계약금액   ❺ 지적 재산권과 디자인 소유권
❷ 계약 기간   ❻ 분쟁 발생 시 해결 방법
❸ 라이선싱 제품 범위   ❼ 비밀과 보안 유지 방법
❹ 계약 독점성 여부

3. 스포츠 매체 관리

01 스포츠와 미디어의 관계를 설명하고, 각각의 중요한 역할 3가지를 쓰시오.

답안 1) 스포츠와 미디어는 상호 보완적 관계이다.
2) 스포츠와 미디어의 중요한 역할
① 스포츠는 콘텐츠를 제공하여 미디어의 판매를 증대시키고, 광고 수익을 올리도록 하며, 미디어 인지도를 상승시킨다.
② 미디어는 스포츠에 재정적 지원을 하며, 스포츠 활동을 촉진하고, 스포츠에 대한 인식을 제고시키며, 스포츠 기술발전을 지원한다.

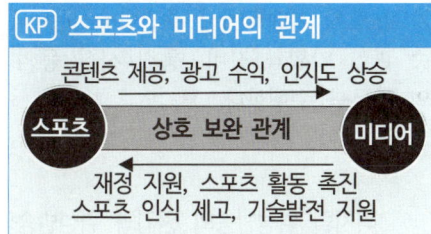

경향 **스포츠와 미디어의 관계** : '스포츠가 미디어에 미치는 영향과 미디어가 스포츠에 미치는 영향을 각각 3가지씩 쓰시오.'라고 출제되기도 했다. 비슷한 답안이 요구된다. 아래 문제 02와 구분할 수 있어야 한다.

02 미디어가 스포츠 미치는 긍정적 영향과 부정적 영향을 각각 3가지씩 쓰시오.

답안 1) 긍정적 영향 : 스포츠 발전에 기여, 경기력 향상에 이바지, 재정적 지원
2) 부정적 영향 : 스포츠에 대해 부당한 간섭, 미디어 취향에 맞게 스포츠를 변형, 지나친 상업주의

KP 미디어가 스포츠에 미치는 영향

긍정적 영향
① 스포츠 정보 제공으로 발전에 기여
② 경기력 향상에 이바지
③ 재정적 지원
④ 스포츠의 올바른 발전 방향 제시
⑤ 선수와 팬에게 교육적 내용 전파

부정적 영향
① 스포츠에 대해 부당한 간섭
② 미디어 취향에 맞게 스포츠를 변형
③ 지나친 상업주의

03 미디어의 영향으로 스포츠에 일어난 변화 3가지를 쓰시오.

답안 1) 미디어 시청자의 편의와 흥미 유발을 위해 유니폼, 용구 등의 색상 다양화
2) 미디어 편성 편의를 위한 경기 규칙 변경(예: 야구 경기의 승부치기 제도, 농구의 3점 슛 제도)
3) 중계방송을 위해 빅 이벤트와 인기 스포츠 등의 주요경기 일정 특정 시간대 편성

KP 미디어의 영향으로 바뀐 스포츠 환경
① 유니폼, 용구 등의 색상 다양화
② 경기 규칙의 일부 변경
③ 빅 이벤트 등의 일정 특정 시간대 편성

04 방송중계권은 관람 스포츠비즈니스에서 거래되는 가장 중요한 권리라고 할 수 있다. 방송중계권 거래에 개입하는 비즈니스 핵심 주체를 3가지 쓰시오.

답안 1) 방송국 2) 스포츠 조직 3) 광고주
참고 **방송중계권의 특징** : 경영학에서 사용되는 대부분의 삼각관계는 3가지 주체가 상호 관련성을 갖고 있지만, 방송중계권에서는 스포츠 조직과 광고주는 직접 연관 관계를 갖지 않는다.

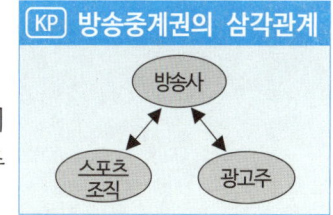

[05] 스포츠 중계와 관련하여 스포츠 단체가 선정하는 주관방송사의 개념과 역할 3가지를 쓰시오.

[답안] 1) 주관방송사는 스포츠 이벤트의 중계를 직접 담당하는 방송사로, 국제신호로 제작하며, 다른 방송사에 프로그램 판매권을 갖는다.
2) 스포츠 이벤트에서 주관방송사는 국제신호로 프로그램 제작, 방송 관련 기획과 장비·통신 시설 등의 운영, 관련 기관과 협력 등의 업무를 수행한다.

KP 주관방송사

개념
중계를 직접 담당하는 방송사로, 국제신호로 제작하며, 다른 방송사에 프로그램 판매권을 갖는다.

유형
❶ 국제신호로 프로그램 제작
❷ 방송 관련 기획
❸ 장비·통신 시설 등의 운영, 관련 기관과 협력 등의 업무를 수행

[06] 디지털 위성방송의 원리와 위성방송의 장점 3가지를 쓰시오.

[답안] 1) 위성방송은 위성체를 이용하여 방송을 송수신하며, 디지털 기술을 도입하여 디지털 신호 형태로 전송하는 방송이다.
2) 위성방송의 장점 : 선명한 화질, 난시청 지역이 거의 없고, 태풍 등 자연재해, 전쟁 등에도 방송 가능

KP 위성방송

개념
위성체를 이용하여 방송을 송수신하며, 디지털 기술을 도입하여 디지털 신호 형태로 전송하는 방송

장점
❶ 선명한 화질
❷ 난시청 지역이 거의 없다.
❸ 태풍 등 자연재해, 전쟁 등에도 방송 가능

[07] 보편적 시청권(universal access right)을 설명하시오.

[답안] 보편적 시청권이란 국민적 관심이 많은 스포츠 경기에 대해 특정 방송사가 독점 중계할 수 없도록 만든 규정을 말한다.

KP 보편적 시청권

국민적 관심이 많은 스포츠 경기에 특정 방송사의 독점중계 금지 규정

제3과목 스포츠산업

세 부 목 차

제1장 스포츠산업 환경분석 … 88
  1. 스포츠와 스포츠산업 … 88
  2. 스포츠산업 환경 … 90
  3. 스포츠산업의 정책과 제도 … 92

제2장 스포츠 수요와 공급 … 93
  1. 스포츠 소비 … 93
  2. 스포츠 소비 집단 … 96
  3. 고객관리 … 102

제3장 스포츠 선수 시장 … 104
  1. 프로스포츠 … 104
  2. 스포츠 에이전트 … 106

제1장 스포츠산업 환경분석

1. 스포츠와 스포츠산업

01 스포츠산업의 특성 4가지를 쓰시오.

답안 1) 유·무형의 복합적 구조 2) 공간과 입지의 중시 3) 시간 소비형 4) 오락성 5) 건강과 감동 지향

암기 **스포츠산업의 특성** : 〈스포츠산업은 유공시오건〉이다. 유무형의 복합적 구조, 공간과 입지 중시, 시간 소비형, 오락성, 건강과 감동 지향

KP 스포츠산업의 특성
❶ 유·무형의 복합적 구조
❷ 공간과 입지의 중시
❸ 시간 소비형
❹ 오락성
❺ 건강과 감동 지향

02 스포츠 서비스상품의 특성 4가지를 쓰고, 이를 설명하시오.

답안 1) 무형성이란 일정하게 정해진 형태가 없다는 것을 말하고
2) 비분리성이란 생산과 소비가 동시에 일어나므로 분리할 수 없으며
3) 이질성이란 가변적 요소가 많고, 개인에 따라 서비스 내용이 상이하게 느끼고
4) 소멸성이란 보관할 수 없으며, 경기가 끝나면 소멸한다.

경향 **스포츠 서비스상품의 특성 출제 경향** : '스포츠의 서비스적 특성 4가지를 쓰고, 이를 설명하시오'라고도 출제되었다. 이 문제 01과의 차이점은 '서비스'라는 용어의 포함 여부로 구분해야 한다.

암기 **서비스의 특성** : 〈서비스는 무비이소〉이다. 무형성, 비분리성, 이질성, 소멸성

KP 스포츠 서비스상품의 특성	
무형성	**이질성**
실체를 볼 수 없으며, 정해진 형태가 없다.	가변적 요소가 많고, 서비스 품질이 모두 다르다.
비분리성	**소멸성**
생산과 동시에 소비되므로 분리가 불가능	보관할 수 없으며, 구매된 서비스도 경기 후 소멸

03 스포츠 상품을 팀 관련, 조직 관련, 시장 관련 요인으로 구분할 때 각각의 하위요인에 해당하는 사항을 각각 2가지씩 쓰시오. -팀 관련 요인, -조직 관련 요인, -시장 관련 요인

답안 1) 팀 관련 요인 : 팀의 로고, 선수 유니폼 광고권
2) 조직 관련 요인 : 경기개최권, TV 중계권
3) 시장 관련 요인 : 스포츠 의류, 스포츠용품 등의 생산과 판매
4) 선수 관련 요인 : 선수 초상권, 인도스먼트, 선수 트레이드

보충 **스포츠 상품의 분류** : Mullin의 이론으로, Mullin의 스포츠 상품 분류라고도 한다.

보충 **선수 관련 요인** : 문제에서는 3가지만 물었지만, 선수 관련 요인도 포함해서 암기하는 것이 좋다.

KP 스포츠 상품의 분류	
팀 관련 요인	**시장 관련 요인**
팀 로고 사용권, 선수 유니폼 광고권	스포츠 의류, 스포츠용품 등의 생산과 판매
선수 관련 요인	**조직 관련 요인**
선수 초상권, 선수 트레이드	경기개최권, TV 중계권, 경기 명칭 사용권

04 스포츠산업의 특수산업분류에서 스포츠시설운영업의 세세 분류 5가지를 쓰시오.

답안 경기장 운영업, 참여 스포츠시설운영업, 골프장·스키장운영업, 수상스포츠시설운영업, 기타 스포츠시설운영업 등이다.

참고 **스포츠산업 특수산업분류** : 스포츠산업 특수산업분류는 대분류>중분류>세분류>세세분류로 분류되어 매우 복잡하다. 자세한 분류표는 아래 URL 또는 QR코드로 확인할 수 있다.
https://vo.la/aFjdls
실기시험에 출제될 수 있는 부분만 요약하면 아래와 같다.

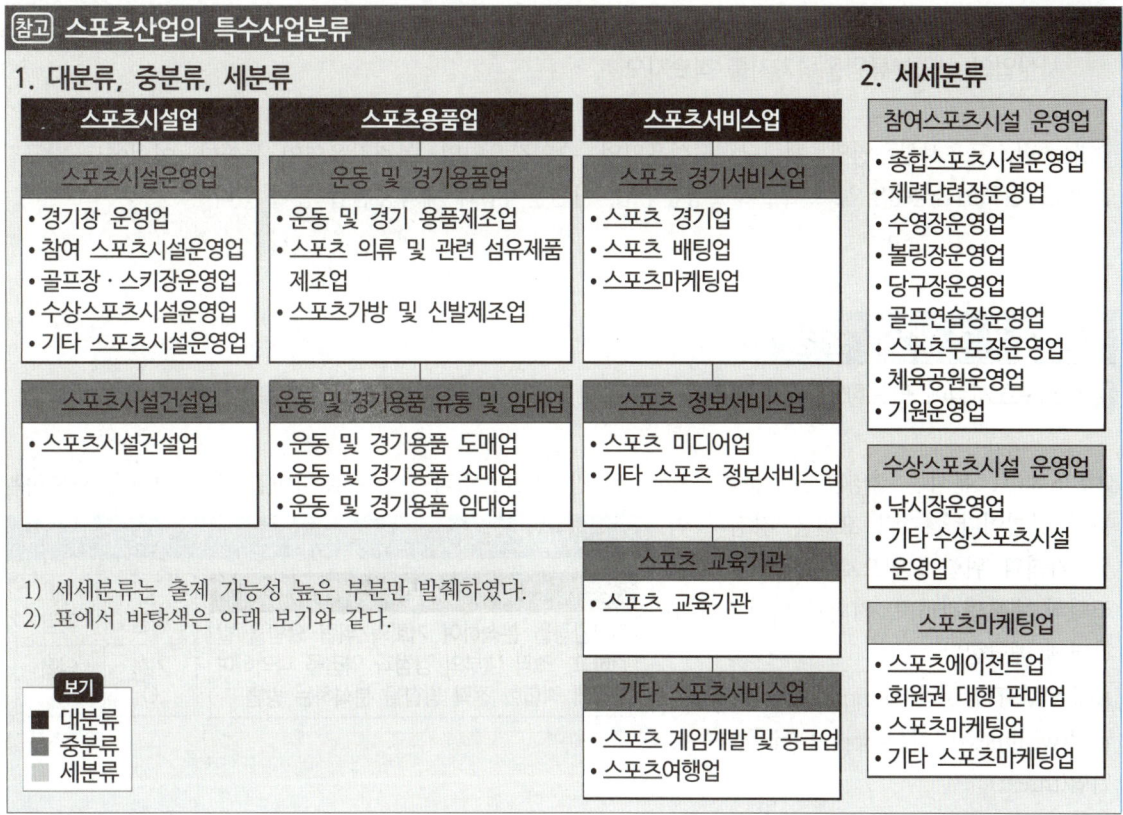

암기 **스포츠서비스업의 중분류** : 〈서비스업은 경정교기〉이다. 경기서비스업, 정보서비스업, 교육기관, 기타
암기 **스포츠시설운영업의 중분류** : 〈시설운영업은 경참골수기〉이다. 경기장 운영업, 참여 스포츠시설운영업, 골프장·스키장운영업, 수상스포츠시설운영업, 기타 스포츠시설운영업
암기 **스포츠경기서비스업의 세분류** : 〈경기서비스업은 경배마〉이다. 경기업, 배팅업, 마케팅업
암기 **참여스포츠시설 운영의 세세분류** : 〈참여스포츠시설 운영업은 골프, 스키 빼고 대부분 종목〉이다. 종합스포츠시설·체력단련장·수영장·볼링장·당구장·골프연습장·스포츠무도장·기원 등의 운영업과 체육공원업이다.

05 스포츠산업의 특수산업분류에서 스포츠서비업의 중분류 4가지를 쓰시오.

답안 스포츠서비스업의 중분류는 스포츠경기서비스업, 스포츠정보서비스업, 스포츠교육 기관, 기타 스포츠서비스업, 종합스포츠시설운영업, 체육공원운영업, 기원운영업

06 아래 내용 중 참여 스포츠시설운영업에 해당하는 것을 모두 고르시오.

> 체력단련시설운영업, 수영장운영업, 볼링장운영업, 당구장운영업, 골프연습장운영업, 스포츠무도장운영업, 낚시장운영업, 골프장운영업, 스키장운영업, 요트장운영업

답안 체력단련시설운영업, 수영장운영업, 볼링장운영업, 당구장운영업, 골프연습장운영업, 스포츠무도장운영업 등이다.

07 스포츠산업의 특수산업분류에서 대분류 스포츠시설업, 중분류 스포츠시설운영업, 세분류 참여스포츠시설업의 산업분류명을 4가지를 적으시오.

답안 종합스포츠시설운영업, 체력단련시설운영업, 수영장운영업, 볼링장운영업 등이다. 이외에도 당구장운영업, 골프연습장운영업, 스포츠무도장운영업, 기원운영업과 체육공원업 등이 있다.

2. 스포츠산업 환경

01 스포츠시설에 필요한 SWOT 분석을 설명하고, 이에 사용하는 4가지 요인을 쓰시오.

답안 SWOT 분석은 경영환경을 분석·조사하는 방법으로, 조직이 앞으로 나아갈 전략 방향을 도출하는 분석 방법이다. 4가지 요인은 강점과 약점, 기회와 위협 요인으로, 강점과 약점은 조직의 내부환경이며, 기회와 위협은 외부환경에 해당한다.

용어 SWOT : 강점(strength), 약점(weakness), 기회(opportunity), 위협(threat)

KP SWOT 분석

개념	S 강점	W 약점
외부환경을 분석하여 기회와 위협 요인을 발견하고, 조직 내부의 강점과 약점을 파악하여 조직에 적합한 전략 방향을 분석하는 방법	기회 O	위협 T

02 우리나라 스포츠산업에 관한 SWOT 분석을 설명하시오.

답안 1) 강점은 여러 산업과 연계되어 복합적 구조로 되어 있으며
2) 약점은 스포츠가 외부 환경변화에 많은 영향을 받기 때문에 불확실성이 강하다.
3) 기회 요소는 스포츠 시장의 성장 잠재력이 매우 높아 앞으로 더욱 발전할 것이며
4) 위협 요소는 시장의 성장과 함께 경쟁이 더욱 치열해질 것이며, 세계적 유명기업의 진출로 이들과 경쟁해야 한다.

KP 우리나라 스포츠산업의 SWOT 분석

개념
외부환경을 분석하여 기회와 위협 요인을 발견하고, 내부의 강점과 약점을 파악하여 조직에 적합한 전략 방향을 분석하는 방법

스포츠산업의 SWOT 분석
❶ 강점 : 여러 산업과 연계된 복합적 구조
❷ 약점 : 외부 환경변화 영향이 많아 불확실성 증대
❸ 기회 : 시장 성장과 발전 가능성이 크다.
❹ 위협 : 치열한 경쟁 시장과 세계 유명기업의 진출

03 국내 스포츠산업 환경을 SWOT에 의해 분석할 때 기회(O) 요인을 4가지를 쓰시오.

답안
1) 세계 스포츠 시장이 지속적으로 성장하고 있으며
2) 건강 등 삶의 질에 대한 가치관의 변화
3) 인구 고령화로 인해 건강에 관한 관심이 고조
4) 생활체육 활성화에 따른 스포츠 참여 인구증가

KP SWOT 분석의 기회 요인
❶ 세계 스포츠 시장의 지속적 성장
❷ 건강 등 삶의 질에 대한 가치관 변화
❸ 인구 고령화로 건강에 관한 관심 고조
❹ 생활체육 활성화로 스포츠 참여 인구증가

04 다음의 주어진 상황은 우리나라 스포츠산업의 SWOT 분석 내용이다. 각각의 상황을 SWOT의 적합한 곳에 배치하여 표를 완성하시오.

상황	적용	
-유명선수의 영입	S	(A)
-스포츠산업의 장기적 불황	W	(B)
-감독의 능력 부족	O	(C)
-주 5일제 근무제의 확대	T	(D)

답안 (A) 유명선수의 영입 (B) 감독의 능력 부족
(C) 주 5일제 근무제의 확대 (D) 스포츠산업의 장기적 불황

05 SWOT 분석은 외부환경의 기회 요인과 위협 요인, 내부환경의 강점과 약점을 파악하여 전략을 수립한다. 각 분면별로 필요 전략을 쓰시오.

답안 SO 분면은 공격전략, ST 분면은 다각화전략, WO 분면은 안정전략, WT 분면은 방어전략이다.

KP SWOT의 분면별 전략

분면별 전략

		외부환경	
		기회(O)	위협(T)
내부환경	강점(S)	S-O 전략 기회 활용의 강점 사용 전략 (공격전략)	S-T 전략 위협 회피를 위한 강점 사용 전략 (다각화전략)
	약점(W)	W-O 전략 약점 극복과 기회 활용 전략 (안정전략)	W-T 전략 위협 회피와 약점 최소화 전략 (방어전략)

분면별 전략 요약

	기회(O)	위협(T)
강점(S)	S-O 공격전략	S-T 다각화전략
약점(W)	W-O 안정전략	W-T 방어전략

06 아래 표는 SWOT 분석 결과이다. ( ) 속에 들어갈 적절한 전략을 차례대로 쓰시오.

• 젊은 여성을 주 고객으로 한 인증받은 프로그램 제공 • 프로그램 다양화를 통한 선택의 폭과 고객의 욕구에 부합	(A) 전략
• 프로그램을 이용해 볼 수 있도록 개업 1개월 동안 70% 할인 행사 • 점진적으로 남성 프로그램 개발을 통한 가족 단위 프로그램 운영	(B) 전략
• 미모 지상주의의 인식을 제거하기 위한 모든 여성이 이용할 수 있는 분위기 제공 • 소비 급성장에 따른 고소득층을 위한 개별 프로그램 운영	(C) 전략
• 저가 지향 프랜차이즈와 차별화된 고품격 프로그램 제공 • 쿠폰제 및 패키지 할인제를 통한 다양한 고객 확보	(D) 전략

답안 A : S-O, B : W-O, C : S-T, D : W-T

07 스포츠산업이 다른 산업에 비해 성장률이 높은 편이다. 이의 배경을 4가지 쓰시오.

답안 1) 고령화의 진전과 건강에 관한 관심 고조
2) 근로시간의 단축과 여가시간의 증대
3) 세계적 스포츠 이벤트의 유치와 성공적 개최
4) 세계적 유명 스포츠 스타 배출
5) 프로스포츠의 발전

경향 스포츠산업의 성장배경 출제 경향 : KP에서는 8가지가 나와 있지만, 5가지 정도 기억하면 된다.

KP 스포츠산업의 성장배경
❶ 고령화 진전과 건강에 관한 관심 고조
❷ 근로시간의 단축과 여가시간의 증대
❸ 개인의 실질 소득 증가
❹ 스포츠를 통한 인간관계의 증진
❺ 세계적 스포츠 이벤트의 성공적 개최
❻ 세계적 유명 스포츠 스타 배출
❼ 프로스포츠의 발전
❽ 생활체육의 활성화

---

08 스포츠산업의 발전을 예상할 수 있는 요인 4가지를 쓰시오.

답안 1) 고부가가치 산업 2) 높은 성장 잠재력
3) 세계적 공통 산업 4) 미디어적 가치 증대

암기 스포츠산업 발전 전망 : 〈스포츠산업 발전 전망은 고성공미〉이다. 고부가가치 산업, 높은 성장 잠재력, 세계적 공통 산업, 미디어적 가치 증대

KP 스포츠산업의 발전 전망
❶ 고부가가치 산업
❷ 성장 잠재력
❸ 세계적 공통 산업
❹ 미디어 가치 증대

---

3. 스포츠산업 정책과 제도

01 스포츠용품 품질인증제도를 설명하고, 이를 구성하는 내용 4가지를 쓰시오.

답안 1) 스포츠용품의 품질향상과 국제경쟁력 강화를 위해 스포츠용품 인증제도를 도입하여, 스포츠 활동에 사용되는 용품의 품질과 기능을 과학적으로 평가하여 우수제품을 공인하는 제도이다.
2) 스포츠용품 품질 인증제도
① 스포츠용품 품질인증제도
② 스포츠용품시험소 운영
③ 스포츠용품 해외인증 지원
④ 스포츠용품 인증기준 개발

KP 스포츠용품 품질 인증제도(KISS)

개념	구성	KISS 마크
스포츠용품의 품질향상과 국제경쟁력 강화를 위해 품질과 기능을 과학적으로 평가하여 우수제품을 공인하는 제도	❶ 스포츠용품 품질인증제도 ❷ 스포츠용품시험소 운영 ❸ 스포츠용품 해외인증 지원 ❹ 스포츠용품 인증기준 개발	

참고 스포츠용품 품질인증제도 : KISS(Korea Industrial Standard of Sporting goods)라고 하며, 인증제품은 인증 마크를 부착할 수 있다.

---

02 정부는 스포츠산업체의 경쟁력 강화 방법으로 스포츠용품 인증제를 시행하고 있다. 스포츠용품 인증제 시행으로 인한 기대 효과를 5가지 쓰시오.

답안 1) 스포츠용품의 품질과 기능 향상
2) 기술 개발의 장려
3) 수출 증대와 국제경쟁력 강화
4) 우수제품에 대한 홍보 효과
5) 수입 대상국의 수입 제한장벽 극복

KP 스포츠용품 인증제 기대 효과
❶ 품질향상   ❹ 우수상품 홍보
❷ 기술 개발 장려   ❺ 수입 제한장벽 극복
❸ 국제경쟁력 강화

제2장 스포츠 수요와 공급

1. 스포츠 소비

01 스포츠소비자를 참여 형태에 따라 3가지로 구분하여 적고, 이를 설명하시오.

답안 1) 참여 스포츠소비자는 건강을 위해 스포츠 활동에 직접 참여하는 소비자이고
2) 관람 스포츠소비자는 경기관람을 통해 스포츠에 참여하는 소비자이고
3) 스포츠용품 소비자는 스포츠용품, 장비 등을 구매하는 소비자이다.

KP 스포츠소비자의 참여 형태에 따른 구분

참여 스포츠소비자	관람 스포츠소비자	스포츠용품 소비자
• 스포츠 활동에 직접 참여하는 소비자 • 여가시간의 증가 등으로 확대 추세	• 경기를 관람하는 소비자 • 직접 관람과 간접관람으로 구분	• 용품, 장비, 시설 등의 구매자 • 스포츠 지도를 받는 소비자 포함

02 스포츠소비자의 스포츠참가 방법 3가지를 쓰고, 이를 설명하시오.

답안 1) 행동적 참가 : 선수, 관중 등으로 직접 참가
2) 인지적 참가 : 미디어 등을 통해 스포츠 정보를 인지하며 참가
3) 정서적 참가: 스포츠에 직접 참여하지 않고 감정적으로 참가

KP 소비자의 스포츠참가 방법에 따른 구분

행동적 참가	인지적 참가	정서적 참가
선수, 관중 등으로 직접 참가	미디어 등을 통한 간접참가	스포츠에 직접 참여하지 않고 정서적으로 참가

참고 소비자 참여 : 문제 01과 02는 문제가 비슷하지만 요구하는 답이 다르다.

03 스포츠소비자의 스포츠 참여 의사결정 과정을 5단계로 구분하고 이를 설명하시오.

답안 1) 5단계는 문제 인식 → 정보탐색 → 대안 평가 및 탐색 → 구매 → 구매 후 행동이다.
2) 단계별 내용
① 문제 인식은 동기 인식의 단계로 보관된 정보를 취합하고 욕구 처리 방법을 인식하며
② 탐색이란 보관하고 있는 정보 이외에 새로운 정보를 수집, 관리하며
③ 대안 평가 및 탐색은 최종 결정을 위해 여러 대안을 비교하며
④ 구매란 상품에 대해 구매 혹은 이용하며
⑤ 구매 후 행동은 구매한 상품에 대해 사용 혹은 이용한 후의 평가이다.

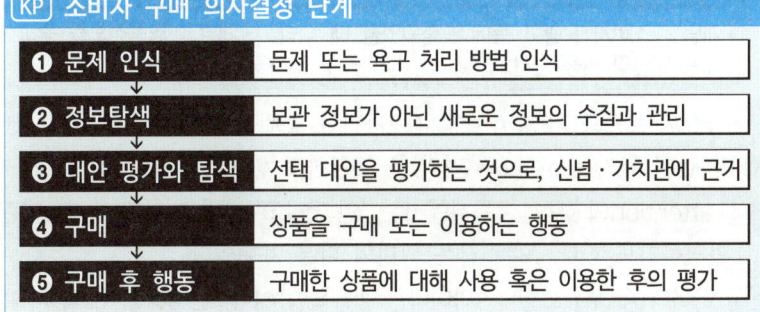

KP 소비자 구매 의사결정 단계

❶ 문제 인식	문제 또는 욕구 처리 방법 인식
❷ 정보탐색	보관 정보가 아닌 새로운 정보의 수집과 관리
❸ 대안 평가와 탐색	선택 대안을 평가하는 것으로, 신념·가치관에 근거
❹ 구매	상품을 구매 또는 이용하는 행동
❺ 구매 후 행동	구매한 상품에 대해 사용 혹은 이용한 후의 평가

암기 구매 의사결정 단계 : 〈구매 의사결정 단계는 문정대구구〉이다.

04 다음은 일반적인 소비자의 구매 절차를 나타낸다. (A)의 빈칸에 적합한 용어를 (B)에서 골라 쓰시오.

(A)	1) ( )은(는) 보관 정보 외에 새로운 정보를 수집하거나 관리한다.
	2) ( )은(는) 문제 또는 욕구의 처리 방법의 인식이다.
	3) ( )은(는) 평소의 신념 또는 가치관을 근거로 선택 대안을 평가한다.
	4) ( )은(는) 구매 상품에 대한 사용 후의 평가를 나타낸다.
	5) ( )은(는) 상품을 구매 또는 이용하는 행동
(B)	가) 구매, 나) 문제 인식, 다) 정보탐색, 라) 구매 후 행동, 마) 대안 평가와 탐색

답안 1) 정보탐색, 2) 문제 인식, 3) 대안 평가와 탐색, 4) 구매 후 행동, 5) 구매

05 A는 스포츠 경기를 관람하기 위해 경기가 개최되는 종목을 인터넷으로 검색한 결과 아래와 같은 정보를 얻었다. 다음 조건을 적용하여 종목별 다속성 태도 모형을 적용하여 계산하고, 어느 경기를 관람할 것인지를 결정하시오.

속성	관람가격	이동 시간	응원 열기	관전 재미
기준 중요도	0.2	0.2	0.2	0.4
프로축구	5	8	6	8
프로야구	5	9	8	7
대학농구	9	5	5	3

KP 다속성 기대가치 모델

개념
구매 의사결정 과정에서 상품 속성이 여러 가지일 때 소비자가 탐색한 속성별 정보에 따라 상품 선택을 결정하는 방법

계산 방법
가중치와 각각의 속성별 평가점수를 주로 이를 모두 곱한 후 더하여 가장 높은 점수를 받은 대안을 선택

답안 프로축구: 0.2×5+0.2×8+0.2×6+0.4×8=7.0
프로야구: 0.2×5+0.2×9+0.2×8+0.4×7=7.2
대학농구: 0.2×9+0.2×5+0.2×5+0.4×3=5.0
∴ 프로야구경기를 관람하기로 하였다.

06 소비자가 상품을 구매하기까지 심리 과정을 분석하는 AIDA 이론을 설명하는 표에서 ( ) 속에 알맞은 용어를 쓰시오.   인지(Attention) - (A) - (B) - 행동(Action)

답안 1) 흥미(Interest) 2) 욕구(Desire)

KP AIDA 모델과 AIDMA 모델

AIDA 모델	AIDMA 모델
	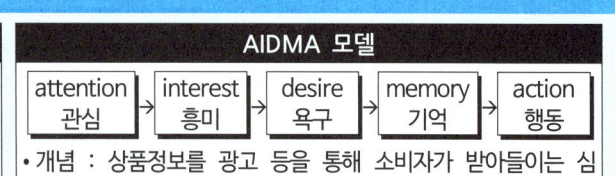
• 개념 : 소비자가 광고 등에 노출되었을 때 나타내는 일반적 반응 순서	• 개념 : 상품정보를 광고 등을 통해 소비자가 받아들이는 심리적 단계

보충 AIDA 모델과 AIDMA 모델 : 2가지가 소비자의 심리적 상태를 나타내는 것으로 매우 유사하다. 위 KP와 같이 후자는 memory(기억)를 포함하고 있다.

용어 attention의 해석 : 문제에서는 '인지'라고 하였고, 설명에서는 '관심'이라고 하였다. 한편 '주의'라고 번역하기도 한다. 모두 같은 의미의 다른 표현이다.

암기 아이다(AIDA) 모델 : 〈아이다는 관흥욕행〉이다. 관심, 흥미, 욕구, 행동

07 다음 지문에서 소비자 행동이론 중 어떤 행동이론인지 쓰시오.

> 현대자동차는 매출 증대를 위해 2002 한일월드컵축구대회조직위원회와 공식공급업체로 계약하였다. 이의 참여로 소비자들이 현대자동차를 구매하였다고 단정하기는 어려운 실정이다. 이처럼 고가의 상품을 구매하는 소비자가 구매 의사결정을 하기까지 고려해야 하는 많은 요인이 상호 복합적으로 작용하는 행동이론을 말한다.

[답안] 블랙박스 이론

[참고] **블랙박스 이론** : Sandage가 주장한 이론이다.

KP 블랙박스 이론
개념: 원인(투입)에 관한 결과(산출)만 알지 그 과정은 블랙박스와 같이 알기가 어렵다는 이론

08 가치사슬의 개념을 설명하고, 이 이론에서의 사용되는 활동을 분류하여 설명하시오.

[답안] 1) 가치사슬 이론은 기업이 부가가치를 생성하는 과정을 나타낸다. 부가가치 창출에 직접 또는 간접적으로 관련된 일련의 활동·기능·프로세스 등의 연계를 의미한다.
2) 가치사슬은 주된 활동과 지원 활동으로 분류한다. 주된 활동은 제품의 생산·운송·마케팅·판매·물류·서비스 등과 같은 현장에서 부가가치를 직접 창출하고, 지원 활동은 구매·기술 개발·인사·재무·기획 등 주된 활동을 지원하는 역할을 수행한다.

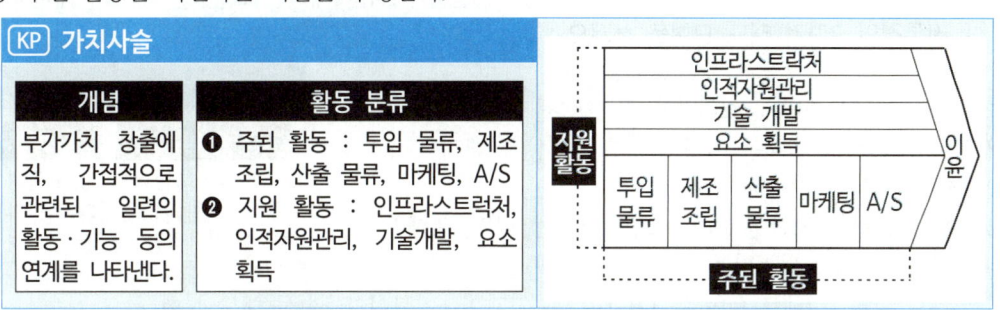

KP 가치사슬
- **개념**: 부가가치 창출에 직, 간접적으로 관련된 일련의 활동·기능 등의 연계를 나타낸다.
- **활동 분류**:
  ❶ 주된 활동 : 투입 물류, 제조 조립, 산출 물류, 마케팅, A/S
  ❷ 지원 활동 : 인프라스트럭처, 인적자원관리, 기술개발, 요소 획득

[암기] **가치사슬의 요소** : 〈가치의 주된 활동은 투제산마아이고, 지원은 인인기요〉이다. 주된 활동은 투입 물류, 제조 조립, 산출 물류, 마케팅, A/S이고, 지원 활동은 인프라스트럭처, 인적자원관리, 기술 개발, 요소 획득

09 가치사슬 이론에서 지원 활동에 해당하는 것을 모두 고르시오.

> • 투입 물류 • 인적자원관리 • 기술 개발 • 제조 조립 • 산출 물류 • 요소 획득, • 인프라스트럭처
> • 마케팅 • A/S

[답안] 가치사슬 이론에서 지원 활동은 인프라스트럭처, 인적자원관리, 기술 개발, 요소 획득 등이다.

[보충] **가치사슬 이론의 주된 활동** : 지원 활동을 모두 고르는 문제처럼 '주된 활용을 고르시오.'라는 유형으로 출제될 수 있다.

2. 스포츠 소비 집단

01 소비자 행동에 영향을 미치는 심리적 요인과 개인적 요인을 각각 3가지 쓰시오.

답안 1) 심리적 요인 : 동기 부여, 지각, 학습, 신념, 태도, 기억
2) 개인적 요인 : 나이, 직업, 라이프스타일, 개성, 자아

KP 소비자 행동에 영향을 미치는 요인

구분		내용
내적 요인 (개인적 요인)	개인적 요인	나이, 직업, 라이프스타일, 개성, 자아
	심리적 요인	동기 부여, 지각, 학습, 신념, 태도, 기억
외적 요인 (환경적 요인)	문화적 요인	문화, 사회계층
	사회적 요인	준거집단, 가족, 역할과 지위

02 소비자 행동에 영향을 미치는 요인 중 외적 요인을 3가지만 쓰고 그 요인들이 어떻게 소비자 행동에 영향을 미치는지 설명하시오.

답안 1) 외적 요인 : 사회계층과 문화, 가족, 준거집단 등이며,
2) 미치는 영향
① 사회계층은 직업, 소득, 교육 정도 등에 따라 유사한 사회계층은 유사한 소비 형태를 나타내며
② 가족은 구성원 간의 밀접하고 지속적 관계로 인해 가장 큰 영향을 미치며
③ 준거집단은 소비자의 행동에 영향을 미치는 개인이나 집단을 말하며, 유사한 소비 형태를 나타낸다.

03 스포츠 소비자의 스포츠 참여 의사결정에 영향을 미치는 내적인 요인 중 태도에 대한 개념을 적고, 전통적인 3가지 태도 모형을 쓰시오.

답안 1) 태도의 개념 : 소비자가 특정한 물건이나 활동에 갖는 지식이나 감정을 말하는 것으로, 특정 대상에 대해 일정 기간 반응하는 행동을 말한다.
2) 태도 모형 : 고관여 태도 모형, 저관여 태도 모형, 다속성 태도 모형 등으로 나눈다.

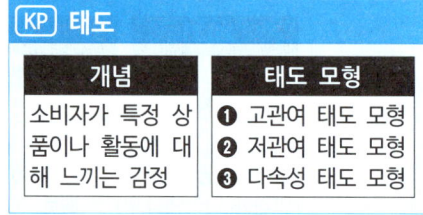

암기 태도 모형 : 〈태도 모형은 고저다〉이다. 고관여·저관여·다속성 태도 모형

04 소비자 행동에 영향을 미치는 사회계층의 의미와 특징 4가지를 쓰시오.

답안 1) 사회계층의 의미 : 특정 사회에서 환경이 비슷한 상태의 구성원 집단을 일컫는다.
2) 사회계층의 특징 : 지위의 존재, 복합적 요소, 수직적 구조, 계층 내 동질성과 계층 간 이질성, 유동성

KP 사회계층

개념	특징
특정 사회에서 환경이 비슷한 상태의 구성원 집단	❶ 지위의 존재 ❷ 복합적 요소 ❸ 수직적 구조 ❹ 계층 내 동질성과 계층 간 이질성 ❺ 유동성

참고  **사회계층의 특징 설명**

구분	내용
지위의 존재	사회계층에는 지위가 존재한다.
복합적 요소	교육 수준·소득 수준·자산·직업 등 복합적 요인으로 이루어진다.
수직적 구조	높은 지위와 낮은 지위 등 수직적 순위가 존재한다.
계층 내 동질성과 계층 간 이질성	계층 내는 상호작용이 수월하고, 태도·행동·관심 등의 동질성을 갖지만, 계층 간에는 이질적이고, 상호작용이 제한적이다.
유동성	사회계층은 고정화된 것이 아니고, 유동적이다.

05 스포츠 상품 구매 활동에서 지각된 위험의 개념을 설명하고, 5가지 위험 유형을 쓰시오.

답안 1) 지각된 위험의 개념 : 상품을 사용할 때 발생할 수 있는 예상치 못한 결과에 대한 소비자가 느끼는 불안 또는 위험을 말한다. 위험을 줄이기 위해서 더 많은 정보를 탐색하거나, 처음에 소량만 구매하는 행동을 한다.
2) 지각된 위험의 유형 : ① 신체적 위험 ② 성능 위험 ③ 심리적 위험 ④ 사회적 위험 ⑤ 재무적 위험

KP 지각된 위험

개념	유형	
상품 사용 시 발생할 수 있는 예상치 못한 결과에 대한 소비자의 불안 또는 위험	❶ 신체적 위험 ❷ 성능 위험 ❸ 심리적 위험	❹ 사회적 위험 ❺ 재무적 위험

---

06 소득효과와 대체효과에 관해 설명하시오.

답안 1) 소득효과 : 상품 가격하락으로 인하여 소비자의 실질 소득이 증가한 것처럼 느껴 상품의 구매력이 늘어나는 효과
2) 대체효과 : 축구 관람과 야구 관람 같은 유사한 용도의 상품이 있을 때 축구 입장권 가격이 내리면 그때까지 야구를 관람하던 사람이 축구를 관람하게 된다. 이처럼 실질 소득에는 영향을 미치지 않는 상대적 가격 변화에 의한 효과를 말한다.

KP 소득효과와 대체효과

소득효과
가격하락으로 실질 구매력이 늘어나고, 상품이 더 많이 소비되면서 일어나는 효과

대체효과
경쟁품이 가격을 낮추어 구매 쏠림 현상으로 인해 소득 변화와 관계없이 상대적 가격 변화에 따라 나타나는 효과

---

07 소비자 충성도 모형의 4가지 유형을 각각 쓰고 설명하시오.

답안 1) 소비자 충성도의 개념 : 소비자에게 지속적으로 탁월한 가치를 제공하여 소비자가 해당 상품에 호감을 갖도록 하여 지속적 구매가 일어나도록 하는 활동
2) 충성도 유형
① 낮은 충성도 : 심리적 애착이 낮고, 참여율도 낮은 상태
② 잠재적 충성도 : 심리적 애착이 강하지만 제약요인으로 참여율이 낮은 상태
③ 가식적 충성도 : 참여율이 높지만, 심리적 애착이 약한 상태
④ 높은 충성도 : 참여율도 높고 심리적 애착도 강한 상태 등이다.

KP 소비자 충성도

개념	유형	행동적 \ 심리적	저	고
소비자에게 우월한 가치를 지속 제공하여, 소비자가 호감을 갖고 지속적 구매가 일어나도록 하는 활동	❶ 낮은 충성도 : 심리적 애착이 낮고, 참여율도 낮은 상태 ❷ 잠재적 충성도 : 심리적 애착이 강하지만, 여러 제약요인으로 참여율이 낮은 상태 ❸ 가식적 충성도 : 참여율은 높지만, 심리적 애착은 약한 상태 ❹ 높은 충성도 : 참여율도 높고, 심리적 애착도 강한 상태	고 저	낮은 충성도 가식적 충성도	잠재적 충성도 높은 충성도

암기 소비자 충성도 : 〈충성도는 낮잠가높〉이다. 낮은·잠재적·가식적·높은 충성도

08 옆 그림은 소비자 충성도를 나타내고 있다. (　) 속에 적합한 용어를 쓰시오.

(A)	저	낮은 충성도	(C)
	고	(D)	높은 충성도
		저	고
		(B)	

답안 A) 행동적 B) 심리적 C) 잠재적 충성도 D) 가시적 충성도

---

09 관여도의 개념을 설명하고 관여도를 분류하는 방법 3가지 쓰시오.

답안 1) 관여도는 주어진 조건에서 특정 상품에 대한 개인의 관심이나 관련성 정도이며
2) 분류 방법은 일반적 분류, 시간적 분류, 관여 수준에 따른 분류로 구분한다.

[KP] 관여도

개념	관여도 구분 방법
주어진 조건에서 특정 상품에 대한 개인의 관심이나 관련성 정도	❶ 일반적 분류 : 인지적 관여도, 행동적 관여도, 정서적 관여도 ❷ 시간적 분류 : 지속적 관여도, 상황적 관여도 ❸ 관여 수준에 따른 분류 : 고관여, 저관여

---

10 관여도의 인지적 관여도, 행동적 관여도, 정서적 관여도를 설명하시오.

답안 1) 인지적 관여도 : 심리적 동기에 의해 일어나며, 상품의 기능적 성과에서도 발생
2) 행동적 관여도 : 실제 생산 혹은 판매에 참여하므로 발생하는 관여도
3) 정서적 관여도 : 동기에서 발생하는 것으로, 상품을 이용한 후 결과를 전달하는 목적의 관여도

[KP] 관여도의 분류

인지적 관여도	행동적 관여도	정서적 관여도
심리적 동기에 의해 발생하며, 상품 기능적 성과에 관한 관심에서 발생	실제 생산 혹은 판매에 참여하므로 발생하는 관여도	동기에서 발생하는 것으로, 상품을 이용한 후 결과를 전달 목적의 관여도

암기 관여도 : 〈관여도는 인행정〉이다. 인지적·행동적·정서적 관여도

---

11 지속적 관여도와 상황적 관여도의 개념을 설명하시오.

답안 1) 지속적 관여도는 특정 상품에 대해 평상시에도 관심이 많아 지속적으로 관여한다.
2) 상황적 관여도는 특별한 상황에 부닥쳤을 때 발생하며, 충동 구매가 대표적이다.

[KP] 관여도의 시간적 분류

지속적 관여도	상황적 관여도
특정 상품에 대해 평상시에도 관심이 많고, 계속되는 관여	특별한 상황에 부닥쳤을 때 발생하는 관여

---

12 관여도를 결정하는 요인 중 개인적 요인과 상품적 요인을 각각 3가지를 쓰시오.

답안 1) 개인적 요인 : 성격, 관심, 취미, 지식, 소득 수준
2) 상품적 요인 : 성능과 기능, 가격, 속성, 촉진

[KP] 관여도의 결정 요인

개인적 요인
성격, 관심, 취미, 지식, 소득 수준

상품적 요인
성능, 가격, 속성, 촉진

13 관여도의 개념과 관여도에 따라 나타나는 구매 행동 5가지를 쓰시오.

답안 1) 관여도의 개념 : 주어진 조건에서 특정 상품에 대한 개인의 관심이나 관련성 정도를 말하며
2) 구매 행동 : ① 복잡한 구매 행동 ② 부조화 감소 구매 행동 ③ 습관적 구매 행동 ④ 다양성 추구 구매 행동 ⑤ 시험적 구매 행동

참고 관여도와 구매 행동 : 위 문제 09는 관여도의 개념이고, 문제 13은 관여도에 따른 구매 행동을 설명하고 있다.

참고 구매 행동

구분		내용
고관여	복잡한 구매 행동	• 구매에 관심이 많을 때 • 상표 간 차이가 클 때
	부조화 감소 구매 행동	• 상품에 대한 관여도가 높고, 고가일 때 • 자주 구매하지 않지만, 구매 후 위험 부담이 클 때 • 적정 가격이나 구매 용이성 등에 우선 반응 • 구매 후 불만이 있거나, 비구매 상품의 호의적 정보가 있으면 부조화 발생
저관여	습관적 구매 행동	• 상품 관여도가 낮고, 상표 간 차이가 미미하다. • 단순 반복 구매의 형태로, 정보탐색을 거의 하지 않는다. • 광고 노출 빈도가 중요하며, 유명인을 광고 모델로 활용하면 효과가 크다.
	다양성 추구 구매 행동	• 상품이 비교적 저관여 상태 • 상표 간 차이가 없어 다양성을 추구하기 위해 상표를 바꾸어 구매할 때
	시험적 구매 행동	• 상품이 비교적 저관여 상태 • 상품 내용에 대해 잘 알지 못하면 시험적이거나 또는 충동적으로 구매할 때

14 스포츠소비자들은 자신의 스포츠 상품에 대한 관여 정도에 따라 개인별 구매 행동이 달라진다. 다양한 구매 상황 중 스포츠 소비자들이 저관여 상황일 때 보이게 되는 구매 행동의 유형을 3가지 쓰시오.

답안 1) 습관적 구매 행동 2) 다양성 추구 구매 행동 3) 시험적 구매 행동
암기 저관여 구매 행동 : 〈저관여 구매 행동은 습다시〉이다. 습관적·다양성 추구·시험적 구매 행동

15 고관여 구매 행동의 개념을 설명하고 그 종류 2가지를 쓰시오.

답안 1) 고관여 구매 행동이란 관여 수준이 높은 상태의 구매 행동을 말하며
2) 고관여 구매 행동의 종류는 복잡한 구매 행동, 부조화 감소 구매 행동 등이다.
암기 고관여 구매 행동 : 〈저관여 구매 행동은 복부〉이다. 복잡한·부조화 감소 구매 행동
암기 고관여·저관여 구매 행동을 합치면 : 〈구매 행동을 합치면 복부습다시〉이다. 복잡한·부조화 감소·습관적·다양성 추구·시험적 구매 행동

16 습관적 구매 행동의 특징 4가지를 쓰시오.

[답안] 1) 구매 관여도가 낮을 때 발생하며
2) 상표 간 차이가 미미할 때 발생하고
3) 단순 반복 구매 형태
4) 정보탐색이 거의 없다.
5) 광고 노출 빈도가 높은 상품이 유리하다.

[KP] **습관적 구매 행동의 특징**
❶ 관여도가 낮을 때 발생
❷ 상표 간 차이가 크지 않다.
❸ 단순 반복 구매 형태
❹ 정보탐색이 거의 없다.
❺ 광고 노출 빈도가 중요
❻ 유명인 광고가 효과적

[참고] **습관적 구매 행동의 사례** : 구청에서 운영하는 스포츠센터의 수영 강습은 재등록 기간 게시물만 보면 습관적으로 등록한다. 이는 가격이 저렴하다는 믿음으로 인해 구매 관여도는 낮고, 정보탐색이 거의 없는 상태이다.

[암기] **습관적 구매 행동** : 〈습관적 구매 행동은 관차단정광〉이다. 구매 관여도가 낮고, 상표 간 차이가 미미, 단순 반복 구매, 정보탐색 없이, 광고 노출이 중요

---

17 아래 표는 스포츠 소비자가 구매 의사를 결정할 때 사용되는 여러 유형의 특징을 나타내고 있다. ( ) 속에 적합한 단어를 쓰시오.

	습관적 문제해결	제한적 문제해결	포괄적 문제해결
관여도	낮음	(1)	높음
탐색시간	짧다	중간	(2)
정보탐색	내적 탐색	주로 내적 탐색	(3)
대안 수	1가지	(4)	많음

[답안] 1) 중간 2) 길다 3) 외적 탐색 4) 2~3가지

[보충] **구매 의사결정 과정에서의 문제해결 방법의 개념** : 소비자가 구매 의사를 결정할 때 여러 대안을 비교·평가하여 기대와 현실의 수준 차이를 극복하기 위한 과정을 문제해결 측면으로 접근하는 것을 말한다.

[KP] **구매 의사결정과정에서 문제해결 방법**

	습관적 문제해결	제한적 문제해결	포괄적 문제해결
관여도	낮음	중간	높음
탐색시간	짧다	중간	길다
정보탐색	내적 탐색	주로 내적 탐색	외적 탐색
대안 수	1가지	2~3가지	많음

[참고] **구매 의사결정 과정에서 문제해결 방법**

구분	내용
습관적 문제해결	의사결정 판단 기준과 정보가 기억 속에 내장되어 외부정보에 의존할 필요가 없으므로 외적 탐색 없이 내적 탐색만으로 수행한다.
제한적 문제해결	의사결정의 판단 기준의 일부가 기억되어 있어 이를 활용하고, 기억이 없는 부분은 외부에서 찾으므로 내적 탐색과 외적 탐색을 함께 수행한다.
포괄적 문제해결	의사결정의 기준이 되는 정보가 기억에 저장되어 있지 않으므로 외적 탐색으로 문제를 해결한다.

18 스포츠 조직이 소비자들의 인지 부조화를 감소하려는 방법 4가지를 쓰시오.

답안 1) 태도, 신념, 행동 등을 변화시킨다.
2) 인지 상태를 변화시킨다.
3) 새로운 인지를 통해 행동이나 신념을 정당화한다.
4) 가진 인지를 무시하거나 부정한다.

참고 인지 부조화 이론 : 이해하기 쉽지 않다. 사례를 들면 흡연하는 사람이 흡연은 건강에 좋지 않다는 것을 인지하고, 금연하면 태도, 신념, 행동 등을 변화시킨 것이며, 흡연은 건강에 나쁘지만, 긴장 완화에 도움이 된다고 생각하면 인지 상태를 변화시킨 것이며, 건강에 해가 되지만 나는 괜찮을 것으로 판단하면 새로운 인지를 통해 행동을 정당화하는 것이며, 죽을 때 죽을지언정 담배를 피우겠다고 생각하면 인지를 무시하는 것이다.

개념	인지 부조화 감소 방법
개인의 신념, 생각, 태도와 행동 간에 조화가 되지 않을 때 느끼는 심리적 불편을 해소하려는 태도나 행동 변화를 설명하는 이론	❶ 태도, 신념, 행동 등을 변화시킨다. ❷ 인지 상태를 변화시킨다. ❸ 새로운 인지를 통해 행동이나 신념을 정당화한다. ❹ 가진 인지를 무시하거나 부정한다.

19 구매 후 부조화가 발생하는 경우 3가지를 쓰시오.

답안 1) 구매 후 구매 결정을 취소할 수 없을 때
2) 구매 제품에 대한 소비자의 관여도가 높을 때
3) 구매 전 여러 대안이 존재할 때

KP 구매 후 부조화 발생
❶ 구매 결정을 취소할 수 없을 때
❷ 구매 제품에 대한 소비자의 관여도가 높을 때
❸ 구매 전 여러 대안이 존재할 때

20 파레토의 법칙을 설명하시오.

답안 대부분 상품이 매출의 80%는 고객 20%에 편중된 현상을 말한다. 그러므로 이를 대상으로 마케팅 활동을 더욱 강화해야 한다는 이론이다.

KP 파레토 법칙

개념	적용 사례
매출의 80%는 고객 20%에 편중되어 있고, 이 20%의 고객을 대상으로 마케팅 활동을 더욱 강화해야 한다는 이론	항공사의 마일리지제도, 각종 티켓 제도 등이 이 이론을 근거로 하여, 많이 이용하는 고객에게 더 많은 혜택을 주고 매출액을 증가시키려는 마케팅전략이다.

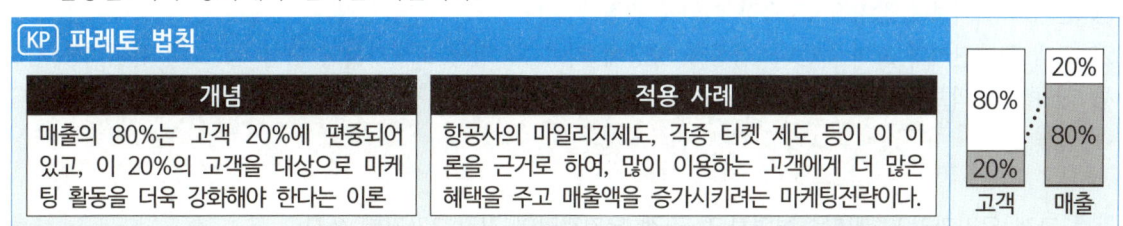

인명 파레토(Pareto) : 이탈리아의 경제학자로, 경제학의 일반균형이론과 무차별곡선 이론 발전에 공헌하였다. 80대 20 법칙을 처음 주장한 파레토의 이름을 붙여 파레토 법칙이라고 한다.
암기 파레토 법칙 : 〈파레토는 80대 20〉이다. 매출 80%는 상위 고객 20%에서 일어난다.

20 다음 지문을 읽고 어떤 법칙을 설명하고 있는지 쓰시오.

> 일의 결과는 원인의 20%가 전체의 80%를 차지한다는 이론이다. 이를 근거로 마케팅에서는 80대 20 마케팅이라고도 한다.

답안 파레토의 법칙

3. 고객관리

01 스포츠 소비자 시장이 매스마케팅(Mass marketing) 중심에서 관계마케팅(CRM) 중심으로 변화하고 있다. 고객 관계관리의 개념과 고객 관계관리의 단계 3가지를 쓰시오.

답안 1) 고객 관계관리의 개념은 고객 관련 자료를 통해 고객 특성에 기초한 마케팅 활동을 계획하고, 지원하며, 평가하는 활동을 말한다.
2) 고객 관계관리의 단계는 고객 유치단계, 관계 유지단계, 관계 발전단계이다.

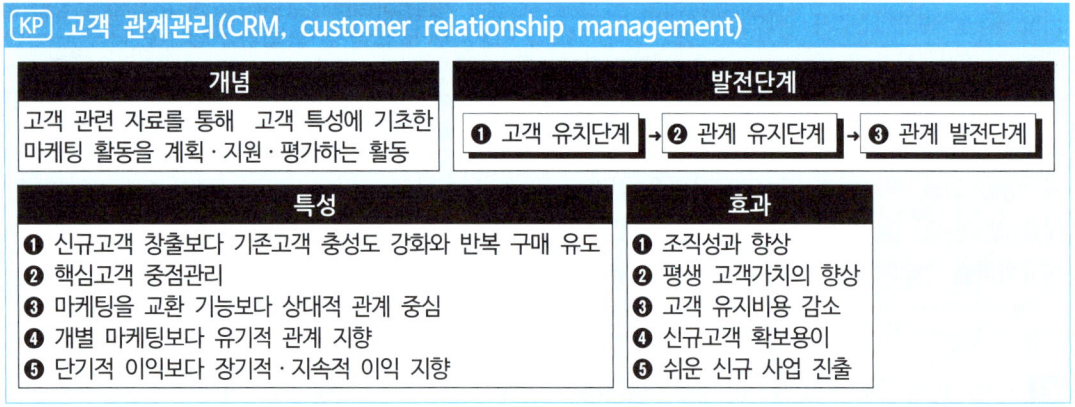

02 고객 관계관리의 특성과 고객 관계관리의 효과를 각각 3가지를 쓰시오.

답안 1) 고객 관계관리의 특성
㉠ 신규고객 창출보다 기존고객 충성도 강화와 반복 구매를 유도한다.
㉡ 핵심고객을 중점적으로 관리한다.
㉢ 마케팅을 교환 기능보다 상대적 관계에 중심을 둔다.
㉣ 개별 마케팅보다는 유기적 관계의 관점이며, 시너지 효과 지향한다.
㉤ 단기적 이익보다 장기적·지속적 이익에 관점을 둔다.
2) 고객 관계관리의 효과 : ㉠ 조직성과 향상에 기여 ㉡ 평생 고객가치의 향상 ㉢ 고객 유지비용 감소 ㉣ 신규고객 확보용이 ㉤ 쉬운 신규 사업 진출

03 고객 유지관리의 개념을 설명하고, 고객 유지관리의 장점 3가지를 쓰시오.

답안 1) 고객 유지관리의 개념 : 고객과의 관계를 늘려 고객에 대한 이해 증가와 함께 고정 고객화를 유도하여 수익성 향상에 기여하는 고객관리를 말한다.
2) 고객 유지관리의 장점 : ① 반복 구매와 고정 고객화가 가능하고 ② 광고 및 홍보비를 절감할 수 있으며 ③ 기존 고객은 가격에 비교적 관대하다.

04 스포츠시설의 소비자를 위한 서비스관리의 개념과 특성 3가지에 관해 쓰시오.

답안 1) 개념 : 소비자에게 서비스를 제공하여 소비자 만족을 실현하고, 이로 인하여 수익이 발생하며, 동시에 시설 운영의 수익 발생에 중요한 역할을 한다.
2) 특성 : ① 고객 욕구 충족을 목적으로 제공되며 ② 물적, 인적, 시스템적 서비스의 결합이고 ③ 상품을 제공하면서 부수적으로 제공되는 지원 서비스도 있다.

KP 서비스관리	
개념	특성
서비스를 제공하여 소비자 만족을 실현하고, 이로 인하여 수익을 발생시키는 역할	❶ 고객 욕구 충족을 목적으로 제공 ❷ 물적, 인적, 시스템적 서비스의 결합 ❸ 상품 제공과 지원 서비스 포함

05 스포츠시설의 기능 중 이용자에 대한 서비스 측면에서의 기능을 3가지 쓰시오.

답안 1) 물적 서비스로 쾌적한 시설, 편리한 운영 동선, 다양한 부대시설 등을 말하며
2) 인적 서비스로 효율적이고 합리적인 지도 서비스, 직원의 대고객 만족 서비스 등이며
3) 시스템적 서비스로 운영프로그램의 다양성, 가격의 적합성, 접근의 편의성 등이다.

KP 스포츠시설의 서비스 기능
❶ 물적 서비스 : 시설과 부대시설 등의 서비스 ❷ 인적 서비스 : 지도 서비스, 고객 만족 등의 서비스 ❸ 시스템적 서비스 : 운영프로그램, 가격의 적합성, 접근 편의성

06 스포츠시설의 고객을 크게 2가지로 나누어 각각을 설명하시오.

답안 1) 스포츠시설의 고객은 외부고객과 내부고객으로 나누며
2) 외부고객은 스포츠시설의 이용자 등을 말하고, 내부고객은 조직 내에서 일의 결과를 사용하는 사람을 말한다.

KP 고객 분류
❶ 외부고객 : 스포츠시설의 이용자 ❷ 내부고객 : 조직 내에서 일의 결과를 사용하는 사람

07 고객 만족(CS, customer satisfaction)의 개념을 설명하고, 조직의 입장에서 고객 만족으로 얻을 수 있는 기대 효과 4가지를 쓰시오.

답안 1) 고객 만족이란 고객 요구에 최상의 서비스를 제공하여, 고객의 기대 수준보다 서비스 실행수준이 높은 상태를 말한다.
2) 고객 만족 기대 효과는 고객 충성도를 높이고, 경쟁우위 확보, 미래 거래비용 감소, 고객 가격 민감도를 낮춘다.

KP 고객 만족(CS, customer satisfaction)	
개념	기대 효과
고객 요구에 최상의 서비스를 제공하여 고객 기대 수준보다 서비스 실행수준이 높은 상태	❶ 고객 충성도 향상 ❸ 미래 거래비용 감소 ❷ 경쟁우위 확보 ❹ 고객 가격 민감도 저하

08 스포츠시설 근무자는 고객을 항상 친절하게 대해야 한다. 친절서비스의 3요소를 쓰시오.

답안 고객 친절의 3요소는 마음씨, 말씨, 몸가짐 등이다.

KP 친절서비스의 3요소
❶ 마음씨 ❷ 말씨 ❸ 몸가짐

제3장 스포츠 선수 시장

1. 프로스포츠

01 프로스포츠구단의 직접 수입원과 간접수입원을 각각 5가지씩 쓰시오.

답안 1) 직접 수입원 : 입장권 판매 수입, 부대사업 수입, 구장 임대사업 수입, 상금 및 배당금, 선수 이적료 수입 등
2) 간접 수입원 : 라이선싱 수입, 방송중계권 수입, 스포츠 스폰서십 수입, 광고 수입, 구장 명칭 사용권 판매 등

경향 프로구단의 직접 수입원과 간접 수입원 : 시험에 많이 출제된 출제 다빈도 부분 중의 하나이다.

암기 프로구단 직간접 수입 : 〈프로구단 직접수입은 입부임상이, 간접 수입은 라중스광명〉이다. 직접 수입원 입장권 판매, 부대·임대, 상금과 배당금, 이적료이고, 간접 수입원은 라이선싱, 방송중계권, 스폰서십, 광고, 구장 명칭 사용권(=naming rights)

KP 프로스포츠의 중요 수입원

직접 수입원	간접 수입원
❶ 입장권 판매	❶ 라이선싱
❷ 부대사업	❷ 방송중계권
❸ 구장 임대사업	❸ 스포츠 스폰서십
❹ 상금 및 배당금	❹ 광고
❺ 선수 이적료	❺ 구장 명칭 사용권 판매

02 프로스포츠의 경기방식 중 승강제의 개념과 특성을 쓰고 그 사례 2가지를 쓰시오.

답안 1) 승강제의 개념 : 소속팀을 등급에 따라 1, 2부 등으로 나누고, 시즌 종료 후 성적에 따라 상·하위 리그로 소속을 바꾸는 제도를 말한다.
2) 승강제의 특성 : 시즌 막바지에 관중의 관심이 이완되는 현상을 방지하며, 하위 팀에게 마지막까지 최선을 다하도록 강구하는 역할을 한다.
3) 승강제 사례 : 프로축구 K리그의 클래식과 챌린지 구분, 잉글랜드 프리미어리그

KP 프로스포츠의 승강제

개념	장점	사례
리그 소속팀을 등급에 따라 1, 2부 등으로 나누고, 시즌 종료 후 성적에 따라 상·하위 리그로 소속을 바꾸는 제도	❶ 시즌 막바지 관중의 관심 이완 현상 방지 ❷ 하위 팀에게 마지막까지 최선을 다하도록 강구하는 역할	❶ 프로축구 K리그의 클래식과 챌린지 ❷ 잉글랜드 프리미어리그

03 프로스포츠에서 신생구단이 리그에 가입할 때 많은 부담금을 지불해야 한다. 신생 구단에게 가입 부담금을 부여하는 이유 3가지를 설명하시오.

답안 1) 구단의 희소가치 유지 2) 선수 확보의 용이 3) 지역 연고의 유지 4) 고정 팬 확보 5) 수입금의 많은 배당

참고 프로야구 신생구단 가입 부담금 사례 : 프로야구에서 2013년 1월 제10 구단으로 KT가 진입하면서 가입금으로 30억원, 예치금 100억원을 한국야구위원회(KBO)에 냈다.

KP 신생팀 가입비 부담 이유
❶ 구단 희소가치 유지
❷ 선수 확보용이
❸ 지역 연고 유지
❹ 고정 팬 확보
❺ 수입금의 많은 배당

04 프로스포츠의 소속 구단의 적정 산정을 위한 기준을 설명하시오.

[KP] 소속 구단 수 산정 기준
❶ 연고지 인구와 예상 관중 수
❷ 아마추어 선수의 저변 상태
❸ 지리적 균형성

답안 1) 연고지 인구와 예상 관중 수 2) 아마추어·학생 등의 선수 저변 상태 3) 지리적 균형성

05 프로스포츠 시장에서 팀 간의 전력 평준화는 해당 프로스포츠의 경쟁력을 강화하는 방안이다. 프로스포츠의 전력 평준화의 필요성과 이를 위해 채택하고 있는 제도 4가지를 쓰시오.

답안 1) 전력 평준화는 관중 흥미의 지속적 유발과 시장 성장의 계기 마련을 위해 필요하다.
2) 전력 평준화 제도는 신인 드래프트 제도, 용병제도, 연봉 총상한제(=샐러리캡), 트레이드 제도 등

[KP] 전력 평준화

필요성	전력 평준화 방법
관중 흥미의 지속적 유발과 전체시장 성장의 계기 마련	❶ 신인 드래프트제도 ❸ 자유 계약제도 ❷ 연봉 총상한제 ❹ 트레이드 제도

06 프로스포츠구단의 전력 평준화를 위한 선수 보유제도 4가지를 쓰고 설명하시오.

답안 1) 신인 드래프트 : 스포츠 단체가 주관하여 일정 요건을 갖춘 선수를 특정 팀에게 성적순 등으로 지명권을 부여하여 선발하는 제도
2) 연봉 총상한제 : 구단별 소속 선수의 연봉합계가 일정액을 초과하지 못하도록 규정하는 제도
3) 자유 계약제도 : 구단이 선수 보유권을 상실 또는 포기하여 어떤 구단과도 자유 계약이 가능한 제도
4) 트레이드 : 상대 팀 소속 선수를 필요에 따라 우리 팀의 대체 선수와 교환하는 제도
용어 salary cap : 프로스포츠의 팀별 연봉 총액 상한선으로, 급여의 최고액이라는 의미이다.
용어 FA : free agent로, 선수 자유 계약 제도

[KP] 전력 평준화 방법

신인 드래프트	연봉 총상한제
스포츠 단체가 주관하여 일정 요건을 갖춘 선수를 특정 팀에게 성적순 등으로 지명권을 부여하여 선발하는 제도	구단별 소속 선수의 연봉합계가 일정액을 초과하지 못하도록 규정하는 제도(=샐러리캡)
자유 계약제도	트레이드
구단이 선수 보유권을 상실 또는 포기하여 어떤 구단과도 자유 계약이 가능한 제도(=FA 제도)	상대 팀 선수를 필요에 따라 대체 선수와 교환하는 제도

07 스포츠에서 더욱 정확한 심판을 위한 보조 장치로 활용되고 있는 VAR을 설명하고, 현재 국내에서 VAR을 적용하는 종목 4가지를 적으시오.

답안 VAR은 정확한 심판을 위해 경기 촬영 영상을 근거로 심판이 판정하는 방식이며, 채택 종목은 육상, 빙상, 사이클 등의 기록경기는 물론 축구, 야구, 배구 등이다.
용어 VAR : video assistance referee의 약어

[KP] VAR

필요성	국내 채택 종목
심판이 정확한 판정을 위해 경기 촬영 영상을 근거로 판정하는 방식	❶ 육상 ❹ 축구 ❷ 빙상 ❺ 야구 ❸ 사이클 ❻ 배구

08 우리나라 프로야구에서 적용하는 ABS를 설명하시오.

답안 투수의 공이 스트라이크, 볼 판정을 위해 홈플레이트 중간과 끝 2곳을 카메라 등을 이용하여 판별하고, 결과를 심판에게 자동 전달하는 시스템이다.
용어 ABS : automatic ball-strike system의 약어이며, 2024년부터 국내 프로야구에 적용하고 있다.

[KP] ABS
국내 프로야구에서 투수의 투구를 추적하여 스트라이크와 볼을 자동 판별하고, 결과를 심판에게 자동 전달하는 시스템

2. 스포츠 에이전트

01 선수 에이전트가 필요한 경우 3가지를 쓰시오.

[답안] 1) 계약, 이적 등과 관련하여 전문성이 요구될 때 2) 계약 등과 관련되어 전술적 유연성이 필요할 때 3) 선수가 직접 나서면 구단과의 대립 관계로, 오히려 악화될 가능성이 있을 때

KP 에이전트의 필요성
❶ 계약·이적 등의 전문성이 요구될 때
❷ 전술적 유연성이 필요할 때
❸ 선수와 구단과 대립으로, 악화 가능성이 있을 때

02 선수 에이전트에게 요구되는 자질 3가지를 쓰시오.

[답안] 1) 선수가 운동에 전념할 수 있도록 지원할 수 있는 능력 2) 선수 홍보와 팬클럽 운영, 후원 등을 통해 선수 이미지 관리 기능 수행 능력 3) 선수에게 장·단기 목표를 제시하고, 발전할 수 있도록 지원할 수 있는 능력

KP 에이전트에게 필요한 자질
❶ 선수가 운동에 전념할 수 있도록 지원할 수 있는 능력
❷ 선수 홍보와 팬클럽 운영 등으로 선수 이미지 관리 기능 수행 능력
❸ 선수에게 목표를 제시하고, 발전할 수 있도록 지원할 수 있는 능력

03 스포츠 에이전트의 유형 5가지를 쓰시오.

[답안] 1) 선수 관리에이전트 2) 국제 스포츠마케팅 에이전트 3) 광고 스폰서 에이전시 4) 경기에이전트 5) 풀 서비스 에이전트

KP 에이전트의 유형	
❶ 선수 관리에이전트	❸ 광고 스폰서 에이전트
❷ 국제 스포츠마케팅 에이전트	❹ 경기에이전트
	❺ 풀 서비스 에이전트

04 스포츠 선수와 에이전트는 계약에 따라 관계가 형성된다. 선수와 에이전트의 관계를 4가지 쓰시오.

KP 선수와 에이전트의 관계	
❶ 수평적 관계	❸ 결합적 관계
❷ 수직적 관계	❹ 지배적 관계

[답안] 1) 수평적 관계 2) 수직적 관계 3) 결합적 관계 4) 지배적 관계

05 스포츠 선수와 에이전트가 계약 시 에이전트에게 지급해야 할 수수료를 계약금액에 따라 일정 비율로 정하는 방법을 (　　)라고 한다. (　　)속에 적합한 용어를 쓰시오.

KP 에이전트 수수료 지급 방법		
❶ 정액제	❸ 시간급제	❺ 혼합제
❷ 정률제	❹ 도급제	

[답안] 정률제

06 선수 보증 광고를 할 때 유의해야 할 사항 4가지를 쓰시오.

KP 인도스먼트 유의사항(FRED 요인)	
❶ 친숙도(familiarity)	❸ 존경(esteem)
❷ 관련성(relevance)	❹ 차별화(differentiation)

[답안] 친숙도(familiarity), 관련성(relevance), 존경(esteem), 차별화(differentiation)
[보충] FRED 요인 : 유의사항 4가지의 첫 글자를 따 인도스먼트 FRED 요인이라고 한다.
[암기] 인도스먼트 : 〈인도스먼트는 친관존차〉이다. 친숙도, 관련성, 존경, 차별화

제4과목 스포츠시설

세부목차

제1장 스포츠시설 경영과 관리 … 108
  1. 스포츠시설의 경영 … 108
  2. 스포츠시설 관리 운영 … 109
  3. 스포츠시설의 공간 효율화 … 111

제2장 스포츠시설 신상품 개발 … 113
  1. 신상품 개발 … 113
  2. 스포츠시설의 수요 예측 … 114
  3. 프로그램 개발과 뉴스포츠 … 106

제3장 스포츠시설 수익 극대화 … 117
  1. 관람 스포츠사업의 유통 … 117
  2. 입장권 판매 … 117
  3. 경기장 광고 … 118
  4. 경기장 임대와 부대사업 … 119

제4장 스포츠시설 내부 디자인 … 120
  1. 시설물 배치 … 120
  2. 집기와 비품 관리 … 121

제5장 스포츠시설의 서비스운영과 안전관리 … 122
  1. 스포츠시설의 서비스운영 … 122
  2. 스포츠시설의 안전관리 … 123

제1장 스포츠시설의 경영과 관리

1. 스포츠시설의 경영

01 스포츠시설업이 다른 일반 산업과 비교될 수 있는 특성 3가지를 쓰시오.

답안 1) 초기 투자 비용이 다른 산업에 비해 상대적으로 많이 소요된다.
2) 고정자산에 대한 의존도가 높다.
3) 서비스산업이면서 사회 교육 기능을 수행한다.
4) 종업원 의존성이 강하다.

> **KP 스포츠시설업의 특성**
> ❶ 많은 초기 투자 비용
> ❷ 고정자산 의존성이 높다.
> ❸ 사회 교육 기능 수행
> ❹ 반복 구매와 고정고객이 많다.
> ❺ 강한 종업원 의존성

암기 스포츠시설업 특성 : 〈스포츠시설업은 초고교반종〉이다. 초기 투자 비용 과다, 고정자산 의존도, 사회 교육 기능 수행, 고정고객, 종업원 의존

02 공공스포츠시설의 운영을 외부에 위탁했을 때의 장점 4가지를 쓰시오.

답안 1) 경영과 시설 활용의 효율성 재고 2) 인건비 등 유지관리 비용의 절감 가능 3) 전문가의 기술 활용 가능 4) 공휴일 등 개장 시간의 탄력적 운영 가능

> **KP 위탁경영의 장단점**
>
> | 장점 | 문제점 |
> |---|---|
> | ❶ 경영과 시설 활용 효율성 재고 | ❶ 특정 주민의 편중 이용 가능성 |
> | ❷ 유지관리 비용 절감 | ❷ 사고 발생 시 책임소재의 불명확 |
> | ❸ 전문가 기술 활용 | ❸ 서비스 저하 초래 가능성 |
> | ❹ 공휴일 등 개장 시간의 탄력적 운영 | ❹ 운영 기관 잘못으로 원망을 받게 될 가능성 |
> | ❺ 주민의 자주적 활동과 지역과의 연대 촉진 | ❺ 위탁 명분으로 이권 개입 등의 부정 발생 소지 |

암기 위탁경영의 장단점 : 〈위탁경영은 효비전탄연이 좋고, 편책저가 나쁘다.〉이다. 장점은 시설 효율성 재고, 유지관리 비용 절감, 전문가 활용, 탄력적 운영, 지역 연대 촉진이 좋고, 편중 이용, 책임 소재 불명확, 서비스 저하, 위탁 기관의 운영 잘못으로 원망을 받게 되고, 부정 발생 소지가 있다.

03 공공스포츠시설을 외부에 위탁했을 때의 예상되는 문제점 3가지를 쓰시오.

답안 1) 특정 주민에게 편중되어 이용될 가능성
2) 사고 발생 시 책임소재의 불명확
3) 서비스 저하를 초래할 가능성

04 제3섹터 개발의 개념과 스포츠시설이 제3섹터로 운영되기 위한 요건 3가지를 쓰시오.

답안 1) 제3섹터 개발의 개념 : 공공부문(정부·지자체·단체)의 공공성과 민간 부문(기업)의 효율성을 결합하여 합동으로 사회간접자본을 개발하는 방식을 말한다.
2) 제3섹터 개발의 요건
① 관련 법령에 적합해야 하며
② 대상 사업에 대한 엄격한 심사
③ 철저한 사업 타당성 분석이 필요하다.

KP 제3섹터 개발

개념	개발 요건	장단점	
공공부문의 공공성과 민간 부문(기업)의 효율성을 결합하여 합동으로 사회간접자본을 개발하는 방식	❶ 관련 법령에 적합 ❷ 대상 사업에 대한 엄격한 심사 ❸ 철저한 사업 타당성 분석 필요	장점	❶ 공공부문 예산 경감 ❷ 민간 부문의 기술과 정보 활용
		단점	❶ 공공성의 약화 ❷ 수익성이 약하면 민간 부문 미참여

암기 제3섹터 개발 : 〈제3섹터 개발 요건은 법심타〉이다. 법령에 적합, 엄격한 심사, 타당성 분석 필요

05 스포츠시설을 제3섹터 개발 방식을 적용할 때의 장단점을 각각 2가지씩 쓰시오.

답안 1) 장점 : 민자로 공공부문 예산 부담 경감, 민간 부문의 우수한 기술과 정보 활용을 통한 개발
2) 단점 : 공공성의 약화, 꼭 필요하더라도 수익성이 약하면 민간 부문이 미참여

2. 스포츠시설의 관리 운영

01 스포츠시설을 분류하는 방법 4가지를 쓰시오.(예 : 목적에 의한 분류)

답안 1) 운영 주체에 따른 분류 2) 사회 영역에 따른 분류 3) 입지 유형에 따른 분류 4) 수요 범위에 따른 분류

KP 스포츠시설업의 분류 방법
❶ 운영 주체에 따라 : 공공 체육시설, 민간체육시설
❷ 설치 목적에 따라 : 경기형 시설, 경주형 시설, 생활형 시설, 레저형 시설
❸ 사회 영역에 따라 : 학교체육 시설, 사회체육 시설, 장애인체육 시설
❹ 입지 유형에 따라 : 도심형 시설, 주거지형 시설, 준주거지형 시설, 농어촌형 시설
❺ 수요 범위에 따라 : 근린권형 시설, 지역권형 시설, 광역권형 시설
❻ 생활권역에 따라 : 일상 생활권 시설, 비일상 생활권 시설

02 체육시설의 설치·운영에 관한 법규상 공공 체육시설 3가지를 쓰고, 이를 설명하시오.

답안 1) 전문 체육시설 : 국내외 대회개최와 선수 훈련에 필요한 운동장, 체육관 등
2) 생활 체육시설 : 국민이 쉽고, 편리하게 이용할 수 있는 체육시설
3) 직장 체육시설 : 직원 500명 이상의 직장은 2종 이상의 시설을 설치하여야 한다.

암기 **공공 체육시설** : 〈공공 체육시설은 전생직〉이다. 전문·생활·직장 체육시설

KP **공공 체육시설의 구분**
❶ 전문 체육시설 : 대회개최와 선수 훈련에 필요한 운동장, 체육관 등
❷ 생활 체육시설 : 국민이 쉽고, 편리하게 이용할 수 있는 체육시설
❸ 직장 체육시설 : 직원 500인 이상의 직장은 2종 이상의 시설 설치

03 체육시설의 설치·운영에 관한 법률에 따라 직원 (A)명 이상 근무하는 직장의 장은 (B)종 이상의 같은 법에서 정한 체육시설을 설치·운영해야 한다. ( ) 속에 적합한 용어를 쓰시오.

답안 (A) 500 (B) 2

04 스포츠시설 물적 관리의 의미를 설명하고, 이를 관리하기 위해 유의해야 할 사항 4가지를 기술하시오.

답안 1) 물적 관리의 개념 : 토지, 설비, 건물, 운동장, 설비, 비품과 소모품 등에 관한 관리
2) 물적 관리 유의사항 : ① 비품과 대장의 일치 ② 절차에 따른 사용과 정리 ③ 인근 주민에게 피해가 없도록 관리 ④ 시설 내 환경 미화 등이다.

KP **스포츠시설의 물적 관리**

개념	유의사항
토지, 설비, 건물, 운동장, 설비, 비품과 소모품 등에 관한 관리	❶ 비품과 대장의 일치 ❸ 인근 주민에게 피해가 없도록 관리 ❷ 절차에 따른 사용과 정리 ❹ 시설 내 환경 미화

05 체육시설업을 운영하는 사람은 체육시설의 안전 위생 기준을 지켜야 한다. 체육시설업의 안전 위생 공통기준 4가지를 쓰시오.

답안 1) 시설 내 질서를 유지해야 하며
2) 시설은 정상 이용 가능한 상태를 유지해야 하고
3) 실외시설은 폭우 등 안전을 해할 우려가 있으면 이용을 제한해야 하며
4) 음주자 등 정상적 이용이 곤란한 사람은 이용을 제한해야 한다.

KP **스포츠시설업의 안전 위생 공통기준**
❶ 시설 내 질서 유지
❷ 정상 이용 가능한 상태 유지
❸ 실외시설은 폭우 등 안전 우려 시 이용 제한
❹ 음주자 등 정상 이용이 곤란한 사람은 이용 제한
❺ 정원 초과 금지

암기 **시설의 안전 위생 공통기준** : 〈시설의 안전 위생 기준은 질상안이정〉이다. 질서 유지, 정상 이용 가능, 안전 우려 시 이용 제한, 음주자 제한, 정원 초과 금지

06 스포츠 보험이 담당하는 주요 기능을 4가지 쓰시오.

답안 1) 경기 중 상해에 대한 보상 2) 스포츠 조직의 경제 활동 촉진
3) 재해 예방 4) 가치 보장

KP 스포츠 보험의 기능
❶ 경기 중 상해의 보상 ❷ 스포츠 조직의 경제 활동 촉진 ❸ 재해 예방 ❹ 가치 보장

3. 스포츠시설의 공간 효율화

01 스포츠시설의 입지 선정 시 고려되어야 할 요소를 3가지를 쓰시오.

답안 1) 소비자의 접근 용이성 2) 경쟁자 위치 3) 인력 수급 방법
4) 인구통계학적 특성 5) 관련 법령 6) 마케팅전략과의 부합성
암기 입지 선정 고려사항 : 〈입지 선정은 접경인인〉이다. 소비자 접근성, 경쟁자 위치, 인력 수급 방법, 인구통계학적 특성

KP 입지 선정 고려사항
❶ 소비자 접근성 ❷ 경쟁자 위치 ❸ 인력 수급 방법 ❹ 인구통계학적 특성 ❺ 개발 관련 법령 ❻ 마케팅전략과의 부합성

02 좋은 스포츠시설을 만들 수 있도록 스포츠시설을 설계할 때 고려되어야 할 사항을 4가지 쓰시오.

답안 1) 사용자 요구가 많은 시설
2) 사용자 수준에 맞는 시설
3) 안전하고, 견고한 시설
4) 건강관리에 효과적인 시설
5) 관리가 수월한 시설
암기 시설 설계 고려사항 : 〈시설 설계는 요수안건관〉이다. 사용자 요구가 많아야 하며, 수준에 맞고, 안전과 견고, 건강관리 효과적 시설, 관리가 수월해야 한다.

KP 스포츠시설 설계 고려사항
❶ 사용자 요구가 많은 시설 ❷ 사용자 수준에 맞는 시설 ❸ 안전하고, 견고한 시설 ❹ 건강관리에 효과적 시설 ❺ 관리가 쉬운 시설

03 스포츠시설의 배치 원칙 5가지를 쓰고, 각각 설명하시오.

답안 1) 편리성 : 이용자가 편리하게 사용할 수 있어야 한다.
2) 안전성 : 이용자가 안전하게 사용할 수 있어야 한다.
3) 효율성 : 동선을 효율적으로 관리하며, 업무 수행이 편하게 해야 한다.
4) 경제성 : 전체적인 경제성을 고려해야 한다.
5) 미관 : 공간이 전체적으로 미관을 유지해야 한다.

KP 스포츠시설의 배치 원칙			
편리성과 안전성	효율성	경제성	미관
이용자가 편리하고, 안전하게 사용할 수 있어야 한다.	동선을 효율적으로 관리하며, 업무 수행이 수월하게 해야 한다.	전체적 경제성을 고려해야 한다.	공간이 전체적 미관을 유지해야 한다.

암기 스포츠시설 배치 원칙 : 〈시설 배치는 편안효경미〉이다. 편리성, 안전성, 효율성, 경제성, 미관

04 체육시설의 공간 효율화 기본 방향 4가지를 기술하시오.

답안 장기적 활용방안이 수립되어야 하며, 다용도 활용방안이 있어야 하고, 다양한 이벤트를 전개해야 하고, 종합 문화 공간으로 활용할 수 있어야 한다.

KP 공간 효율화 기본 방향
❶ 장기적 활용방안 수립 ❷ 다용도 활용방안 수립 ❸ 다양한 이벤트 전개 ❹ 종합 문화 공간화

05 공공체육시설을 효율적으로 활용할 수 있는 방안 4가지를 기술하시오.

답안 1) 주민의 자유로운 이용이 가능하도록 운영
2) 상시 이용이 가능하도록 운영
3) 다양한 프로그램의 개발과 운영
4) 접근이 쉬운 스포츠시설
5) 여러 종목이 함께 이용이 가능한 종합체육시설로 운영되어야 한다.

KP 공공 체육시설의 효율적 활용방안	
❶ 주민의 자유로운 이용 가능토록 운영	❹ 접근이 쉬운 시설
❷ 상시 이용이 가능토록 운영	❺ 여러 종목이 활용 가능한 종합체육시설
❸ 다양한 프로그램의 개발과 운영	

제2장 스포츠시설 신상품 개발

1. 신상품 개발

01 A 씨는 B 지역에서 헬스클럽을 운영할 계획이다. 이 사업이 가능한지를 검토해야 하는 A 씨가 분석해야 하는 사항을 4가지 쓰시오.

[KP] 사업 타당성 분석 사항
❶ 시장성 ❹ 위험성
❷ 기술성 ❺ 성장성
❸ 경제성 ❻ 자금 조달과 운영 방법

답안 1) 시장성 2) 기술성 3) 경제성 4) 위험성 5) 성장성
6) 자금 조달과 운영 방법

암기 사업 타당성 분석 : 〈사업 타당성은 시기경위성자〉이다. 시장성, 기술성, 경제성, 위험성, 성장성, 자금 조달과 운영

02 스포츠용품회사의 일반적인 신제품 개발과정을 5단계로 구분할 때 다음 보기의 (   ) 속에 들어갈 적합한 용어를 쓰시오.

(A) → (B) → (C) → (D) → 상품화 또는 실행

답안 A) 아이디어 도출 B) 아이디어 선별 C) 개발 및 테스트 D) 사업성 분석

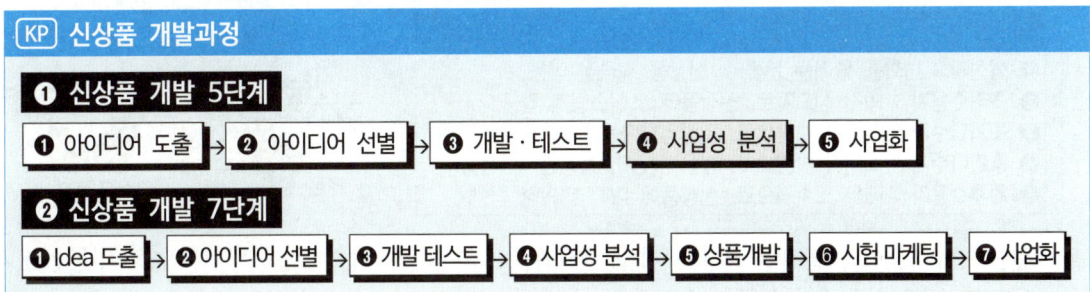

경향 신제품 개발과정 : 신상품 개발과정은 학자에 따라 절차적 차이가 크고, 설명하는 과정이 상이하여 보편적으로 인정되는 일반적 절차가 없는 상태이다. 실기시험에서 신제품 개발 5단계와 7단계가 각각 출제된 일이 있으므로, 2가지 모두 (   ) 속에 적절한 용어를 쓰는 유형이었다.

03 신제품 개발과정을 7단계로 구분할 때 다음 아래의 (   ) 속에 들어갈 적합한 용어를 쓰시오.

아이디어 도출 → 아이디어 선별 → 개발 및 테스트 → (A) → (B) → (C) → 상품화

답안 A) 사업성 분석 B) 제품개발 C) 시험 마케팅

04 새로운 상품이 개발되었을 때 소비자가 이를 수용하는 절차를 설명하시오.

답안 신상품에 대하여 소비자가 수용하는 절차는 인지, 관심, 사용, 평가 및 수용의 5단계를 거친다.

암기 신상품 소비자 수용 절차 : 〈신상품 수용은 인관사평수〉이다. 인지, 관심, 사용, 평가, 수용

KP 신상품의 소비자 수용 절차		
❶ 인지	신상품에 대한 정보를 처음 접하게 된 상태	
❷ 관심	반복적 노출로 관심을 두고, 추가적 정보를 탐색하는 단계	
❸ 사용	처음 구매 또는 이용하는 단계	
❹ 평가	욕구 충족 상태를 파악하여 태도를 형성하는 단계	
❺ 수용	사용, 이용 경험을 토대로 평가하여 수용 여부 결정 단계	

05 신상품의 런칭과정에서 혁신의 수용과 확산 모델에 따라 소비자를 5가지 범주로 분류해서 설명하시오.

답안 1) 혁신자 : 변화를 즐기는 분류로, 신상품 이용에 매우 적극적이다.
2) 초기수용자 : 의견 선도자로, 신상품에 조심스럽게 접근한다.
3) 초기다수자 : 신중한 사람으로, 조심스럽게 일반인보다 빨리 신상품을 수용한다.
4) 후기다수자 : 회의적 사람으로, 많은 사람이 신상품을 사용한 후 사용한다.
5) 최후수용자 : 매우 보수적으로, 신상품에 대해 비판적 경향이 강하다.

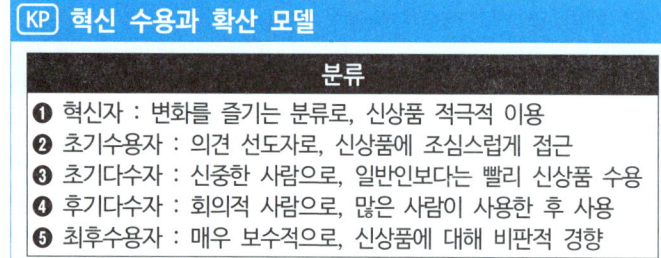
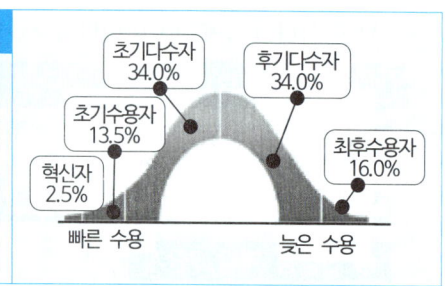

KP 혁신 수용과 확산 모델

분류
❶ 혁신자 : 변화를 즐기는 분류로, 신상품 적극적 이용
❷ 초기수용자 : 의견 선도자로, 신상품에 조심스럽게 접근
❸ 초기다수자 : 신중한 사람으로, 일반인보다는 빨리 신상품 수용
❹ 후기다수자 : 회의적 사람으로, 많은 사람이 사용한 후 사용
❺ 최후수용자 : 매우 보수적으로, 신상품에 대해 비판적 경향

용어 런칭 : 신상품이 개발되어 시장에 처음 출시되는 상황을 말한다. 분포의 수치는 필기시험에 초기수용자의 분포 비율이 얼마인지 묻는 유형으로, 출제되기는 했지만 외울 필요가 없는 부분이다.

2. 스포츠시설의 수요 예측

01 스포츠시설의 수요를 예측할 때 일반적으로 사용하는 방법 3가지를 설명하시오.

답안 1) 가중치 이용법 : 수요예측에 적용할 각 요인에 적정 가중치를 적용하여 예측한다.
2) 중력 모델법 : 이동 거리, 소요시간 등을 고려한 시설의 위치와 공급되는 서비스양을 고려하여 수학적 공식을 적용 계산한다.
3) 시간 거리환산법 : 이동 소요시간과 거리를 중심으로 예측하는 방법으로, 이동 거리와 소요시간 등을 적용하여 이용권역을 분석한다.

암기 수요예측 방법 : 〈수요예측은 가중시〉이다. 가중치 이용법, 중력 모델법, 시간 거리 환산법

KP 수요예측 방법

가중치 이용법	중력 모델법	시간 거리환산법
수요예측에 적용할 각 요인에 적정 가중치를 적용하여 예측하는 방법	이동 거리, 소요 시간 등과 공급되는 서비스양 등을 고려하여 계산하는 방법 공식 면적/(소요 시간)^2	이동 시간과 거리를 중심으로 예측하는 방법

02 스포츠센터의 입지 결정을 위해 가중치 이용법을 적용하여 각각의 입지점수를 계산하고 가장 높은 입지를 적으시오. 단 계산과정과 답 모두 기재해야 한다.

입지요인	A입지	B입지	C입지	D입지	가중치
시설물 지대	10	10	10	9.9	10
상권	10	10	9	9	9
교통	10	10	10	10	8
노동	8	9	9	9	7
지역사회 태도	10	8	8	10	6

답안 A입지=(10×10)+(10×9)+(10×8)+(8×7)+(10×6)=386
B입지=(10×10)+(10×9)+(10×8)+(9×7)+(8×6)=381
C입지=(10×10)+(9×9)+(10×8)+(9×7)+(8×6)=372
D입지=(9.9×10)+(9×9)+(10×8)+(9×7)+(10×6)=383
∴ A입지가 가장 타당하다.

KP 가중치 이용법 계산법
입지별 점수에 가중치를 곱한 후 다 더해서 가장 점수가 높은 것을 선택

03 스포츠센터의 입지 결정을 위해 가중치 이용법을 적용하여 각각의 입지점수를 계산하시오. 단, 계산과정과 답 모두 기재해야 하며, 소수점 둘째 자리까지 기재하시오.

입지요인	가중치	A입지	B입지	C입지
시설물 지대	0.3	90	70	80
상권형성	0.2	85	80	85
유동 및 거주인구	0.15	55	70	60
교통 환경	0.15	60	70	65
노동환경	0.1	70	65	50
지역사회 태도	0.1	50	70	50

답안 A입지=(0.3×90)+(0.2×85)+(0.15×55)+(0.15×60)+(0.1×70)+(0.1×50)=73.25
B입지=(0.3×70)+(0.2×80)+(0.15×70)+(0.15×70)+(0.1×65)+(0.1×70)=71.50
C입지=(0.3×80)+(0.2×85)+(0.15×60)+(0.15×65)+(0.1×50)+(0.1×50)=69.75
∴ A입지가 가장 타당하다.

04 수요예측에서 사용하는 중력 모델법의 개념을 설명하고, 간단하게 계산하는 공식을 쓰시오.

답안 1) 중력 모델법은 다수의 고객이 시설을 더 편리하게 이용할 수 있도록 이동 거리, 소요 시간 등을 고려한 시설의 위치 또는 공급되는 서비스양 등을 고려하여 계산하는 방법이다.
2) 중력 모델법의 계산 공식=면적/(소요 시간)^{2}이다.

참고 중력 모델법 계산 공식 : 위 공식은 간편 적용 방식이다. 실제 공식은 매우 복잡하므로 여기서는 언급하지 않는다.

KP 중력 모델법 계산법
공식 면적/(소요 시간)^2

05 장승규는 건강관리를 목적으로 수영을 정기적으로 하기로 하여 인근 수영장을 조사한 결과 아래와 같은 조건을 얻었다. 중력 모델법을 사용하여 각 수영장의 매력도를 계산하고, 적합한 수영장을 선택하시오.

• A 수영장 : 100평 규모, 소요 시간 20분, • B 수영장 : 80평 규모, 소요 시간 10분

답안 1) A 수영장 : 100평/(20분)²=0.25 2) B 수영장 : 80평/(10분)²=0.8 ∴ B 수영장 선택

3. 프로그램 개발과 뉴스포츠

01 스포츠 프로그램 개발의 개념을 설명하고, 스포츠 프로그램을 개발하는 일반적 절차를 설명하시오.

답안 1) 스포츠 프로그램 개발의 개념은 참가자의 운동 기능 및 체력의 향상과 건강의 유지 증진을 목적으로 참가자의 스포츠 활동을 구체화하는 데 필요한 내용과 조건, 절차 등을 체계적으로 편성하는 활동을 말한다.
2) 스포츠 프로그램 개발 절차는 소비자 욕구 조사 → 프로그램 개발 → 프로그램 실행 → 프로그램 평가의 순서이다.

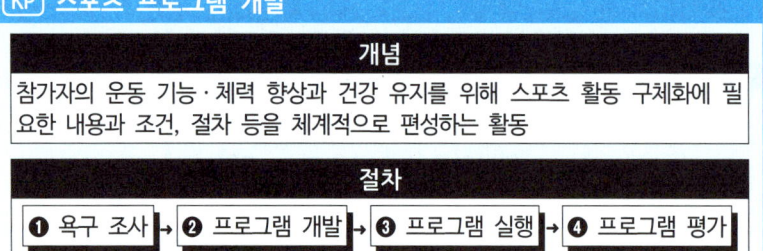

02 뉴스포츠의 개념을 설명하고, 뉴스포츠의 특징 3가지를 쓰시오.

답안 1) 기존 스포츠는 대부분 세계 전체가 동일한 규칙에 따라 운영되는 데 반하여 뉴스포츠는 유연한 규칙과 간편한 경기방식 적용과 참가자 특성에 맞게 운영되는 참가자 지향의 스포츠를 말한다.
2) 뉴스포츠의 특징
① 일반 참여자 중심이며
② 형식이나 규정에 얽매이지 않고 참가자 중심으로 운영되며
③ 참가 대상, 지역 특성에 맞게 규칙의 변경이 가능하다.

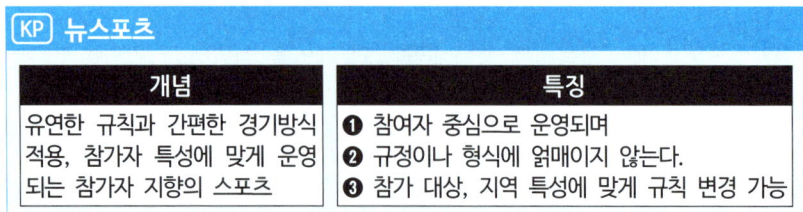

암기 뉴스포츠의 특징 : 〈뉴스포츠는 참규특〉이다. 참여자 중심, 규정에 얽매이지 않고, 특성에 맞게 운영

제3장 스포츠시설 수익 극대화

1. 관람 스포츠 상품의 유통

01 관람 스포츠비즈니스에서 스포츠 상품을 최종적으로 구매하는 구매자(집단) 3가지를 쓰시오.

[답안] 1) 팬, 2) 방송사, 3) 기업, 4) 선수

[KP] 관람 스포츠 최종 소비자
❶ 팬 ❷ 방송사 ❸ 기업 ❹ 선수

02 관람 스포츠를 구성하는 비즈니스 구조 4가지를 쓰시오.

[답안] 1) 경기관람 2) 방송중계권 3) 스포츠 스폰서십 4) 스포츠마케팅

[KP] 관람 스포츠비즈니스 구조
❶ 경기관람 ❺ 인도스먼트
❷ 방송중계권 ❻ 스포츠 에이전트
❸ 스폰서십 ❼ 경기장 임대사업
❹ 스포츠마케팅 ❽ 경기장 부대사업

03 관람 스포츠 상품과 관련된 유통 채널 4가지를 쓰시오.

[답안] 1) 입장권 : 스포츠 조직이 생산하여 티켓 판매사를 통해 최종 소비자인 관중에게 유통
2) 방송중계권 : 스포츠 조직이 생산하고, 스포츠마케팅 회사가 유통을, 방송사가 최종 소비자이다.
3) 스포츠 스폰서십 : 스포츠 조직이 생산하여 마케팅회사가 유통을 담당하고, 최종 소비자는 기업이다.
4) 선수계약 : 선수 또는 스포츠팀이 에이전트를 통해 팀 또는 선수로 연결되는 유통 채널을 갖는다.

[KP] 관람 스포츠 상품의 유통 채널

	채널
입장권	스포츠 조직이 생산→티켓 판매사 유통→관중에게 소비
방송중계권	스포츠 조직이 생산→마케팅대행사 유통→방송사가 소비
스폰서십	스포츠 조직이 생산→마케팅대행사 유통→기업이 소비
선수계약	선수, 팀→에이전트→팀, 선수의 유통 구조

04 관람 의사결정에 영향을 주는 요소를 5가지를 쓰시오.

[답안] 1) 접근성 2) 사용 편의성 3) 쾌적성 4) 관람 비용 5) 팀 지지도 6) 촉진 요인

[KP] 관람 의사결정 영향 요소
❶ 접근성 ❹ 관람 비용
❷ 사용 편의성 ❺ 팀 지지도
❸ 쾌적성 ❻ 촉진 요인

[암기] 관람 의사결정 영향 요소 : 〈관람 결정 영향은 접편쾌비지촉〉이다. 접근성, 편의성, 쾌적성, 비용, 지지도, 촉진 요인

2. 입장권 판매

01 경기장 수익을 극대화하기 위한 PSL(permanent seat license)에 관해 설명하시오.

[답안] 1) PSL(permanent seat license)은 일정 기간 즉 한 시즌의 지정 좌석제도를 말한다.

[KP] 특별 입장권
❶ Club seat : 좌석을 업그레이드하여 안락한 관람 분위기 제공
❷ Suit : 벽, 유리창 등이 설치된 작은 공간으로 제공
❸ PSL : 일정 기간(주로 1시즌) 지정 좌석 제공

[용어] PSL : permanent seat license의 약어로, personal seat license로 사용하기도 한다.

02 경기장 입장권을 다양한 유통경로를 통해 판매함으로써 얻을 수 있는 긍정적 효과를 스포츠조직과 소비자 관점으로 구분하여 각각 3가지씩 쓰시오.

답안 1) 스포츠조직 관점 : ① 판매업무의 효율화 ② 입장권 판매 증대 ③ 판매에 따른 비용 절감
2) 스포츠 소비자 관점 : ① 구매 용이 ② 구매 소요 시간 단축 ③ 구매 비용 절감
참고 유통경로 다양화 : 문제 지문이 길지만 요약하면 입장권 유통경로 다양화의 기대 효과이다.

KP 입장권 유통경로 다양화 효과

스포츠조직 관점	스포츠 소비자 관점
❶ 판매업무의 효율화	❶ 구매 용이
❷ 입장권 판매 증대	❷ 구매 소요 시간 단축
❸ 판매에 따른 비용 절감	❸ 구매 비용 절감

03 입장권의 판매를 촉진하는 방법 3가지를 쓰시오.

답안 1) 가격할인 2) 경품 제공 3) 콘테스트 4) 보너스 팩 제공

KP 입장권 프로모션 방법
❶ 가격할인 ❷ 경품 제공 ❸ 콘테스트 ❹ 보너스 팩 제공

3. 경기장 광고

01 경기장 광고의 종류 5가지를 쓰시오.

답안 1) 입간판 광고 2) 펜스 광고 3) 바닥 광고 4) 전광판 광고 5) 백드럽 광고 6) 90도 광고
용어 90도 광고 : 옆 그림에서 골라인에 세워진 광고판은 입간판으로 보이지만 실제는 축구장 바닥 면에 제작된 단면 광고이다. 이를 90도 광고라고 한다.
용어 백드럽 광고 : 선수나 감독이 인터뷰 할 때 뒷배경을 이용한 광고

KP 경기장 광고

❶ 입간판 광고 ❻ 유니폼 광고
❷ 펜스 광고 ❼ 팸플릿 광고
❸ 바닥 광고 ❽ 입장권 광고
❹ 전광판 광고 ❾ 대회 명칭 광고
❺ 백드럽 광고 ❿ 90도 광고

참고 90도 광고
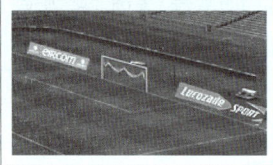

02 스포츠와 관련되어 사용되고 있는 NTIV의 개념을 적고, 사용 용도 2가지를 쓰시오.

답안 1) NTIV는 TV 중계방송에 나오는 특정 상품에 대한 노출 시간을 측정하여 이를 동일한 시간대의 광고료와 비교하여 계산한 금액을 산정한다.
2) NTIV의 용도는 광고 효과 측정 및 경기장 광고의 가격 산정에 참고할 수 있다.

KP NTIV

개념	용도
TV 중계방송에 나오는 특정 상품의 노출 시간을 측정 이를 같은 시간대의 광고료와 비교하여 계산한 금액	❶ 광고 효과 측정 ❷ 경기장 광고 가격 산정 자료

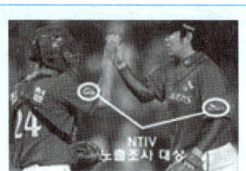

용어 NTIV : net television impression value의 약어로, 이를 처음 시작한 미국 광고회사의 이름인 NTIV에서 유래되었다.

03 스포츠 중계방송과 관련된 가상(virtual) 광고의 개념을 설명하시오.

답안 가상 광고란 경기의 중계방송 때 컴퓨터 그래픽으로 가상의 이미지를 화면에 삽입하는 형태의 TV 광고이다. 우리나라는 2012년 시작하였고, 경기의 직접 관람고객을 대상으로 하지 않고, 시청자인 간접 관람고객을 대상으로 한다.

KP 가상 광고
중계방송 때 가상 이미지를 화면에 삽입하는 형태로, 시청자를 대상으로 한다.

4. 경기장 임대와 부대사업

01 스포츠시설에서 많이 활용되고 있는 Naming Rights의 개념을 적고, 최근에 이를 활용하고 있는 스포츠 경기장의 명칭 3가지를 쓰시오.

답안 1) Naming Rights의 개요 : 프로구단이 지방자치단체와 협의해 경기장 명칭에 기업 홍보 기능을 포함하는 것으로, 구장 명칭 사용권을 말한다.
2) Naming Rights를 활용하는 경기장은 ① 광주 기아 챔피언스필드 ② 대구 삼성라이온즈파크 ③ 수원 KT위즈파크 ④ 인천 SK행복드림구장 등이다.

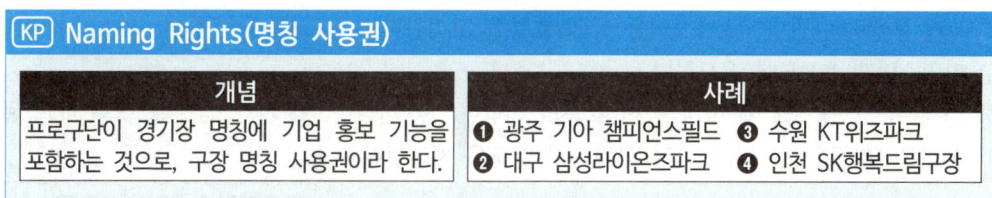

KP Naming Rights(명칭 사용권)	
개념	사례
프로구단이 경기장 명칭에 기업 홍보 기능을 포함하는 것으로, 구장 명칭 사용권이라 한다.	❶ 광주 기아 챔피언스필드 ❸ 수원 KT위즈파크 ❷ 대구 삼성라이온즈파크 ❹ 인천 SK행복드림구장

02 경기장 부대사업의 개념을 설명하고, 부대사업 운영 방법 3가지를 쓰시오.

답안 1) 경기장 부대사업의 개념 : 경기장의 주 사업은 경기개최이지만 수익성 향상 등을 목적으로 주된 사업에 덧붙여서 전개하는 사업을 말한다.
2) 부대사업 운영 방법 : 직영방식과 위탁계약방식, 관리 대행 방식 등

KP 경기장 부대사업	
개념	운영 방법
경기장의 주 사업은 경기개최이지만 수익성 향상 등을 목적으로 주된 사업에 덧붙여서 전개하는 사업	❶ 직영방식 : 경기장 운영 주체가 직접 운영 ❷ 위탁계약방식 : 피위탁자 명의로 운영 ❸ 관리대행방식 : 시설주 명의로 운영하되 운영 수익의 수수료 징구

암기 경기장 부대사업 운영 방법 : 〈부대사업 운영 방법은 직위관〉이다. 직영방식, 위탁계약방식, 관리대행방식

제4장 스포츠시설 내부 디자인

1. 시설물 배치

01 스포츠시설의 시설물을 배치하기 위한 기본 도면 5가지를 쓰시오.

답안 배치도, 평면도, 바닥평면도, 천정도, 조명 계획도, 입면도, 전개도, 투시도

참고 스포츠시설물의 도면

구분	내용
기본 도면	배치도, 평면도, 바닥평면도, 천정도, 조명 계획도, 입면도, 전개도, 투시도
실시 도면	단면도, 상세도, 창호도, 가구와 조명 상세도
기타	재료 마감도, 집기 상세도, 전기 배선도, 설계도, 출입구·계단·기타 등의 상세도

02 동선계획을 수립할 때 고려해야 하는 사항 3가지를 쓰시오.

답안
1) 통행량과 방향·교차·이동 등의 흐름을 고려한다.
2) 자연스럽게 흐르도록 유도한다.
3) 성격, 용도 등 조건에 따라 동선 흐름의 적당한 구성한다.
4) 동선은 위계질서를 갖게 하되 복잡하지 않도록 처리한다.

KP 동선계획 수립 고려사항
❶ 통행량, 방향, 교차. 이동 등의 흐름 고려
❷ 자연스럽게 흐르도록 하고, 필요할 때 멈출 수 있도록 유도
❸ 성격, 용도 등 조건에 따른 흐름의 구성
❹ 위계질서 유지와 복잡하지 않도록 처리

03 동선의 구성 요소 4가지를 쓰시오.

답안 동선의 구성 요소는 길이, 빈도, 속도, 폭이다.

암기 동선 요소 : 〈동선은 길빈속폭〉이다. 길이, 빈도 속도, 폭

KP 동선 구성 요소
❶ 길이 ❷ 빈도 ❸ 속도 ❹ 폭

04 유휴공간과 가변공간, 확장공간의 개념을 각각 설명하시오.

답안
1) 유휴공간은 본연의 임무를 수행하지 못하고 비어 있는 공간이다.
2) 가변공간은 기본 형태를 바꾸지 않고, 단순 조정이 가능한 자유로운 공간이다.
3) 확장공간은 증설 없이 확장하여 사용할 수 있는 인접한 공간

KP 유휴공간, 가변공간, 확장공간

유휴공간	가변공간	확장공간
본래의 임무를 수행하지 못하고 비어 있는 공간	기본 형태 변경 없이 단순 조정할 수 있는 자유로운 공간	증설 없이 확장하여 사용 가능한 공간

2. 집기와 비품 관리

01 최근 대기업을 중심으로 MRO 자회사를 운영하는 경우가 많다. MRO의 개념을 설명하시오.

답안 MRO란 maintenance(유지), repair(보수), operation(운영)의 약자로, 기업에서 제품생산에 필수 원자재를 제외한 소모성 자재와 간접 자재를 말하며, 이를 구매하는 조직을 말하기도 한다.

KP MRO
maintenance(유지), repair(보수), operation(운영)의 약자로, 기업에서 제품생산에 필수 원자재를 제외한 소모성 자재와 간접 자재

02 집기와 비품 관리의 기본원칙 4가지를 쓰시오.

답안 경제성을 유지하며, 적극적 활용, 소비 절약, 재활용, 신중한 관리 등이 필요하다.

암기 집기·비품 관리 원칙 : 〈집기 비품 관리는 경적소재신〉이다. 경제성 유지, 적극적 활용, 소비 절약, 재활용, 신중한 관리

KP 집기·비품 관리 원칙
❶ 경제성 유지 ❹ 재활용
❷ 적극적 활용 ❺ 신중한 관리
❸ 소비 절약

03 스포츠시설은 집기·비품을 효율적으로 관리하기 위한 집기·비품 관리 매뉴얼에 의하면 집기·비품은 (A), (B), (C) 등의 세 사람 책임으로 관리해야 한다. ( ) 속에 적합한 용어를 쓰시오.

답안 A) 통제책임자 B) 관리책임자 C) 사용책임자

KP 집기·비품 관리책임
❶ 사용책임자 ❷ 관리책임자 ❸ 통제책임자

04 다음은 A 스포츠센터의 집기·비품 관리규정의 일부이다. ( ) 속에 적합한 용어를 쓰시오.

> 고의 또는 과실로 센터의 비품을 잃어버리거나 못 쓰게 한 사용자는 그 사유를 근무일 기준 8시간 내 관리책임자에게 ( )를 작성하여 보고하여야 한다. 그 후 비품 관리책임자는 관련 보고서에 의견을 기록하고, 도장을 찍어 2 근무일 이내 통제책임자에게 보고하여야 한다.

답안 손망실 보고서

05 트레이드 밀을 사용하던 회원이 부주의로 인하여 부착된 TV 수상기 모니터를 파손시켰을 때 집기·비품 사용책임자가 조치해야 할 사항을 서술하시오.

답안 수리 사용 여부를 판단하여, 수리가 가능하면 관리책임자와 통제책임자의 결재를 득한 후 수리를 의뢰하고, 수리해서 사용할 수 없을 때는 폐기 처리한다. 수리 또는 폐기에 따른 비용 부담은 조직 내부 규정에 따른다.

KP 집기·비품의 훼손 처리 방법

수리 가능품	수리 불가능품
사용책임자 또는 관리책임자가 통제책임자에게 수리를 의뢰하고, 수리비용은 훼손자 부담	수리해도 본래 목적에 이용하지 못하거나, 예상수리비가 구매가의 80% 이상이면 폐기 처리하고, 훼손품의 미상각잔액 훼손자 부담

제5장 스포츠시설의 서비스운영과 안전관리

1. 스포츠시설의 서비스 운영

01 스포츠시설에서 사용하는 입장권 처리 매뉴얼의 주요 기능 5가지를 쓰시오.

답안 입장권 처리 매뉴얼의 주요 기능은 예매처 등록, 예매 현황관리, 예매처 관리, 티켓 프로모션, 좌석운영 등이다.

KP 입장권 처리 매뉴얼 기능
❶ 예매처 등록 ❹ 티켓 프로모션
❷ 예매 현황관리 ❺ 좌석운영
❸ 예매처 관리

02 스포츠시설에서 이벤트를 개최할 때 만드는 이벤트 운영 매뉴얼의 개념을 적고, 이벤트 운영 매뉴얼의 중요한 구성 내용 3가지를 쓰시오.

답안 1) 이벤트 운영 매뉴얼은 이벤트를 개최할 때 담당자별 역할, 운영 절차, 행동 요령, 연락처 등을 작성한 지침서이다.
2) 운영 매뉴얼에는 이벤트의 소개와 입장 관리, 위생 관리, 안내, 의전, 화재 및 안전관리, 분실물 관리, 주차관리, 주요 긴급 연락처 등으로 구성한다.

KP 이벤트 운영 매뉴얼

개념	구성 내용
이벤트 개최의 담당자별 역할, 운영 절차, 행동 요령 등을 작성한 지침서	❶ 이벤트 소개 ❷ 입장 관리 ❸ 위생 관리 ❹ 의전 ❺ 화재 및 안전관리 ❻ 분실물 관리 ❼ 주차관리 ❽ 주요 긴급 연락처

03 강습 매뉴얼의 개념을 설명하고, 강습 매뉴얼 구성 내용 3가지를 쓰시오.

답안 1) 강습 매뉴얼이란 강습에 필요한 사항을 정리하고, 강습방법의 기준을 기술한 안내서로, 필요 장비나 도구를 바탕으로 이루어지며, 강습의 본질을 확립할 수 있는 수단이다.
2) 강습 매뉴얼은 강습 개요, 강습방법, 형태별 적용 방법 등으로 구성한다.

KP 강습 매뉴얼

개념	구성
강습 필요사항을 정리하고, 강습방법 기준 등을 기술한 안내서로, 장비·도구 사용을 포함하며, 강습 본질을 확립하는 수단	❶ 강습 개요 ❷ 강습방법 ❸ 강습 적용 방법

04 체육교습업을 운영할 때 강습 프로그램의 개발과 관리 절차 5단계를 쓰시오.

답안 프로그램 기획 → 홍보와 회원모집 → 프로그램 실행 → 프로그램 평가 → 피드백

KP 강습 프로그램관리 절차
❶ 프로그램 기획 → ❷ 홍보와 회원모집 → ❸ 프로그램 실행 → ❹ 프로그램 평가 → ❺ 피드백

2. 스포츠시설의 안전관리

가. 스포츠시설의 안전관리

01 스포츠시설 안전관리의 의미와 안전관리를 위한 유의사항 5가지를 쓰시오.

답안 1) 스포츠시설 안전관리의 의미 : 화재 예방, 시설과 설비의 안전, 시설 이용자의 사고 예방 등의 관리를 말한다.
2) 안전관리 유의사항 : ① 시설과 설비의 정기 안전 검사와 결과에 대한 서류를 보존해야 하며 ② 안전 검사 결과 결함 혹은 결함 징후 발견 시 신속한 조치가 필요하고 ③ 안전 사항을 이용자에게 주지시켜야 하며 ④ 안전 담당 직원을 배치해야 하고 ⑤ 유사시 응급조치 시스템 확립이 필요하다.

KP 스포츠시설의 안전관리

개념	유의사항
화재 예방, 시설과 설비의 안전, 시설 이용자의 사고 예방 등의 관리	❶ 시설과 설비의 정기 안전 검사와 결과 서류 보존 ❹ 안전 담당 직원 배치 ❷ 검사 결과 결함과 결함 징후 발견 시 신속 조치 ❺ 유사시 응급조치 시스템 확립 ❸ 안전 사항을 이용자에게 주지

02 스포츠 활동 중에 발생할 수 있는 상해를 2가지로 분류하시오.

답안 스포츠 상해는 돌발 사고에 의한 상해와 무리한 운동으로 인한 상해로 분류한다.

KP 상해 발생 원인 분류
❶ 돌발 사고에 의한 상해
❷ 무리한 운동으로 인한 상해

참고 스포츠 활동 중 주로 발생하는 상해

발생 원인	내용
돌발 사고	태권도, 축구, 농구 등 신체적 충돌이 잦은 종목과 등산, 스키, 체조 등에서 잘 발생하며 흔히 골절, 탈골, 염좌, 좌상 등으로 발생한다. 시설이나 장비의 미비, 운동기술의 부족 등도 발생 원인이 된다.
무리한 운동	근육이나 관절을 무리하게 사용하여 생기는 상해로, 체력보다 운동 강도가 강하거나 운동량이 과다한 경우에 생기며 주로 건염, 관절염, 골절 등이 발생

03 스포츠시설이 자연재해 등의 비상사태에 대해 미리 준비해야 할 사항 4가지를 쓰시오.

답안 1) 지진, 화재 등 예상치 못한 자연재해나 테러 등과 같은 인적 재해로 인한 비상사태를 대비하여 매뉴얼을 숙지한다.
2) 비상사태 발생 시 매뉴얼에 따라 신속하게 대처하여 피해를 최소화한다.
3) 시설 또는 이벤트 운영의 차질을 줄여 최대한 유연하게 진행될 수 있도록 한다.
4) 주기적으로 비상사태 대응 훈련을 시행한다.

KP 스포츠시설의 비상상태 준비사항
❶ 지진, 화재 등 예상 못 한 자연재해·인적 재해의 비상상태 대비 매뉴얼 숙지
❷ 비상상태 발생 시 매뉴얼에 따라 신속하게 대처하여 피해 최소화
❸ 시설 또는 이벤트 운영에 있어 차질을 줄여 최대한 유연하게 진행
❹ 비상사태 대응 훈련 프로그램의 주기적 실행

[04] 응급환자의 개념을 설명하시오.

[답안] 각종 사고 또는 재해로 인하여 부상이나 기타 응급상태에서 즉시 필요 처치를 받지 않으면 생명을 보존할 수 없거나 중대한 위험이 예상되는 환자를 말하지만, 객관적 판단이 어려울 때가 많으므로 급히 치료가 필요하다고 생각되는 환자는 일단 응급환자로 간주해야 한다.

KP 응급환자
응급상태에서 즉시 처치를 받지 않으면 생명 보존이 어렵거나 중대한 위험이 예상되는 환자

[05] 응급구조의 개념과 응급구조에서 사용하는 '골든타임 4분'의 개념을 설명하시오.

[답안] 1) 응급구조란 예상치 못한 사고로 위급한 상황이 발생하였을 때 현장에서 환자의 상태를 파악하고, 필요한 처치를 제공하며, 전문적 의료 처치를 받을 수 있도록 병원으로 신속한 이송 등이다.
2) 골든타임 4분은 심정지 발생 후 4분 이내에 적절한 조치를 받으면 특별한 조직 손상 없이 회복할 수 있음을 나타낸다.

KP 응급구조	
개념	골든타임 4분
예상 못 한 사고로 위급 상황 발생 시 환자 상태 파악, 필요 처치 제공, 병원으로 신속한 이동 활동	심정지 발생 후 적절 처치를 해야 하는 시간으로, 4분 이내 조치로 조직 손상 없이 회복 가능 시간

[06] 응급구조의 행동원칙 4가지를 쓰시오.

[답안] 1) 위험 확인 : 자신을 위험 상황에 노출하지 않도록 하고, 주변에 위험 물질 여부 확인, 혼자서 모든 것을 하려고 하지 않는다.
2) 환자 상태 확인 : 현장 상황과 주변 환경의 안전 여부를 파악하고, 환자 상태 확인 후 응급한 상황이면 도움을 제공하고, 필요하면 다른 사람에게 도움을 요청
3) 119 신고
4) 환자를 안전한 장소로 옮긴 후 응급처치

[암기] 응급구조 행동원칙 : 〈응급구조 행동원칙은 위환1응〉이다. 위험 확인, 환자 상태 확인, 119 신고, 응급처치

KP 응급구조 행동원칙
❶ 위험 확인
❷ 환자 상태 확인
❸ 119 신고
❹ 안전 장소로 이동 후 응급처치

[07] 재난의 개념을 설명하고, 각종 재난을 종류별로 구분하여 사례를 각각 2가지씩 쓰시오.

[답안] 1) 재난은 국민의 생명·신체·재산과 국가에 피해를 주거나 줄 수 있는 사고나 사건을 말하며
2) 자연재난 : 태풍, 지진, 폭설, 가뭄, 황사, 적조 등 자연현상으로 발생하는 재해
3) 인적재난 : 화재, 붕괴, 폭발, 교통사고, 화생방사고, 환경오염 사고 등의 사고로, 인명 또는 재산의 손해가 발생하는 재해
4) 사회재난 : 금융, 통신, 수도, 전기 등의 시스템 마비로 발생하는 재해

KP 재난
개념
국민의 생명·신체·재산과 국가에 피해를 주거나 줄 수 있는 사고나 사건
구분
❶ 자연재난 ❷ 인적재난 ❸ 사회재난

[08] 재난 및 안전관리 기본법에 따른 스포츠시설이 안전점검을 받아야 할 사항을 설명하시오.

답안 재난 및 안전관리 기본법에 따라 공공체육시설과 건물 등 시설물 연면적의 50% 이상을 사용하고 있는 등록 및 신고 체육시설업은 시설물 안전점검과 소방시설 안전점검을 각각 연 1회 이상 시행해야 한다.

KP 재난및안전관리기본법 안전점검 사항
❶ 시설물 안전점검 ❷ 소방시설 안전점검

[09] 재난 및 안전관리 기본법에 따라 스포츠시설업의 시설물 안전점검 항목 5가지를 쓰시오.

답안 기둥·벽·보·마감재의 손상 균열 여부, 지반침하 등 구조물 위험 여부, 절개지와 낙석 위험지역 방지망 등의 안전시설 설치, 노후 축대와 옹벽 등의 보수·보강 조치, 시설의 연결·변형·청결 관리, 부대시설의 파손 상태, 위험 물질 존재 여부 등

참고 시설물 안전점검 항목 : 학습 편의를 위해 옆 KP에 6가지이지만, 실제 기둥·벽·보·마감재의 손상 균열 여부를 각각 4개로 분리하면 전체 13개 항목이다.

KP 시설물 안전점검 항목
❶ 기둥·벽·보·마감재의 손상 균열 여부
❷ 지반침하 등 구조물 위험 여부
❸ 절개지와 낙석 위험지역 안전시설 설치
❹ 노후 축대와 옹벽 보수·보강 조치
❺ 시설의 연결·변형·청결 관리
❻ 부대시설 파손 상태, 위험 물질 존재 여부

[10] 스포츠시설업의 소방시설 안전점검 항목 5가지를 쓰시오.

답안 화재경보기·스프링클러 등의 정상 작동 여부, 소화기 등 방화 장비의 적정 보유와 정상 작동 여부, 피난안내도 비치와 피난 안내 영상물의 상영 여부, 비상구·영업장 내부 피난 통로의 설치 여부, 누전차단기 등 전기시설의 정상 작동 여부

참고 소방시설 안전점검 항목 : 학습 편의를 위해 옆 KP에 5가지이지만, 각각을 분리하면 항목 전체는 9가지이다.

KP 소방시설 안전점검 항목
❶ 화재경보기·스프링클러 등의 정상 작동 여부
❷ 소화기 등 방화 장비의 적정 보유와 정상 작동 여부
❸ 피난안내도 비치와 피난 안내 영상물의 상영 여부
❹ 비상구·영업장 내부 피난 통로의 설치 여부
❺ 누전차단기 등 전기시설의 정상 작동 여부

나. 스포츠시설의 안전요원

[01] 라이프가드(lifeguard)의 역할 4가지를 쓰고, 라이프가드 자격 취득 조건을 설명하시오.

답안 1) 라이프가드는 깊은 물에서 익수자를 구조하고, 장내 순찰과 관망대에서 사고 여부 관찰, 안전 사항 위배한 사람을 적발하여 조치하고, 안전사고가 발생하면 신속히 구조 후 응급조치, 부상자를 구급실로 운반해 의사 등에게 상황과 응급조치 내용을 설명하고, 시설물의 안전 상태 점검과 고객 안내하는 등의 역할을 한다.
2) 라이프가드 교육을 받은 만 18세 이상으로, 구조영법인 수영(입영과 잠영)이 가능해야 한다.

KP 라이프가드

역할		자격 취득 조건
❶ 익수자 구조 ❹ 부상자 운반 ❷ 장내 순찰과 관망대에서 사고 여부 관찰 ❺ 시설물 안전 상태 점검과 고객 안내 ❸ 사고 발생 시 신속한 구조와 응급조치		라이프가드 교육을 받은 18세 이상, 입영과 잠영 가능한 사람

02 응급구조사의 역할 4가지를 쓰고, 1, 2급 응급구조사가 할 수 있는 업무를 각각 적으시오.

답안 1) 응급구조사의 역할은 응급환자가 발생한 현장에서 응급환자의 상담·구조와 이송업무를 행하며, 현장 또는 이송 중에 의사로부터 직접 또는 응급의료통신망에 의한 구체적 지시를 받아 응급처치업무를 수행한다.
2) 2급 응급구조사는 심폐소생술, 심박·체온·혈압 등의 측정, 사지와 척추 등의 고정, 산소투여 등의 업무를 할 수 있고
3) 1급 응급구조사는 2급 응급구조사가 할 수 있는 업무와 포도당이나 수액 등의 약물 투여, 인공호흡기를 이용한 호흡 유지, 기도기 삽입 등의 심폐소생술 시행을 위한 기도 유지 등의 업무를 할 수 있다.

KP 응급구조사
역할
❶ 응급환자의 상담, 구조와 이송
❷ 현장 또는 이송 중 의사로부터 구체적 지시를 받아 응급처치업무 수행
업무
❶ 2급 : 심폐소생술, 심박·체온·혈압 측정, 사지와 척추 고정, 산소투여
❷ 1급 : 2급 업무 + 포도당 수액 등 약물 투여, 인공호흡기 사용, 기도기 삽입 등의 심폐소생술 시행

03 스포츠시설 안전요원의 책무 4가지를 설명하시오.

답안 1) 시설 내 위험 요소, 사고 발생 시 대응 요령, 시설과 장비 사용 유의사항 등을 숙지해야 한다.
2) 자신의 임무가 다른 사람 또는 작업환경에 피해를 줄 가능성이 있는지 확인해야 한다.
3) 시설 내 위협 요소와 참여자 보호를 위해 설치한 장비 등의 사용에 대해 숙지하고 있어야 한다.
4) 규정과 절차를 준수하며,
5) 현장에 발생하는 위험 상황을 감독자에게 보고해야 한다.

KP 스포츠시설 안전요원 책무
❶ 사고 위험 요소, 사고 발생 시 대응 요령, 시설 사용 유의사항 등의 숙지
❷ 임무 수행 중 타인에게 피해 줄 가능성 확인
❸ 위험 요소와 참여자 보호용 장비 사용 방법 숙지
❹ 규정과 절차 준수
❺ 현장 발생 위험 상황의 감독자 보고

다. 스포츠시설의 안전 장비 관리

01 체육시설업을 운영하는 자가 공통적으로 갖춰야 할 안전 장비 4가지를 쓰시오.

답안 소화기, 소화전, 화재경보기, 제세동기, 스프링클러, 유도등
암기 체육시설업 안전 장비 : 〈체육시설업 안전 장비는 소소화제클유〉이다. 소화기와 소화전, 화재경보기, 제세동기, 스프링클러, 유도등

KP 스포츠시설업 구비 안전 장비	
❶ 소화기	❹ 제세동기
❷ 소화전	❺ 스프링클러
❸ 화재경보기	❻ 유도등

02 응급의료에 관한 법률에 따라 응급 장비를 의무적으로 갖춰야 하는 체육시설 3가지를 쓰시오.

답안 경마장, 경륜·경정장, 전문체육시설 중 총 관람석 수 5천석 이상인 운동장 및 종합운동장

KP 응급 장비 의무 구비 시설
❶ 경마·경륜·경정장
❷ 관람석 수 5천석 이상 운동장과 종합운동장

03 수상 인명구조 장비 4가지를 쓰시오.

답안 레스큐튜브, 레스큐캔, 링부이, 히빙 라인
용어 rescue : 구출, 구조하다의 명사와 동사이다.

참고 수상 인명구조 기구
레스큐튜브, 레스큐캔, 링부이, 히빙 라인

04 화재 발생 등을 대비한 완강기의 가동상태 점검 방법 4가지를 쓰시오.

답안 완강기 주위에 표지판과 사용설명서 부착 여부, 지지대 고정상태, 완강기 로프 길이, 피난과 출입에 방해물 여부 등을 점검해야 한다.

KP 완강기 가동상태 점검 사항
❶ 표지판과 사용설명서 부착 여부
❷ 지지대 고정상태
❸ 로프 길이
❹ 피난과 출입 방해물 존재 여부

Editors' Note　　　　　　　　　　　편집후기

앞으로 스포츠경영의 발전 가능성이 크다는 것은 많은 사람이 인정하고 있습니다. 스포츠경영관리사를 공부하는 사람들에게 도움을 주기 위해 이 책을 집필했지만 아무래도 수험 준비서이므로 이론적 배경 또는 원리에 대한 설명이 다소 부족하다는 것을 느끼고 있습니다. 그런데도 이 책마저 나오지 않는다면 수험생들의 불편이 크리라 생각하면서 이 책을 마무리합니다.

실기시험을 준비하는 사람들은 필기시험에 이미 합격하였기에 스포츠경영의 원리와 배경에 대해 어느 정도의 수준에 도달해 있을 것입니다. 그렇지만 실기시험은 주관식으로 출제되므로 이에 적합하도록 공부하기가 쉽지 않습니다. 스포츠경영의 제반 이론은 주장하는 사람에 따라 다소 차이가 있고, 아울러 어떤 유형의 문제가 출제될지 감 잡기가 절대 수월하지 않습니다.

이 책은 실기시험을 준비하는 사람들이 시험에 나올 수 있는 문제만 꼭 집어서 수록하였고, 이론 설명 등은 생략하여 내용이 압축되어 있습니다. 최근 5년간 출제 문제를 분석해 보면 90% 내외가 이 책에 실린 내용과 거의 같습니다. 이 책 내용을 70~80% 정도만 이해하고, 기억할 수 있다면 70점 이상으로 득점할 수 있으며, 다소 미흡하더라도 60점 이상으로 합격할 수 있을 것입니다.

이 책으로 공부한 많은 분이 스포츠경영관리사 자격을 취득하여, 우리나라 스포츠의 발전과 함께 스포츠경영이 더 체계화되고, 발전되는 데 함께 이바지할 수 있기를 기대합니다. 스포츠경영은 아직은 성장 가능성이 매우 크다고 말씀드립니다. 꼭 합격하시어 성장 가능성 큰 우리나라의 스포츠경영을 한 단계 발전시키는 데 큰 역할을 해 주십시오. 학습 도중 의문 사항이나 질문 등이 있으면 카페를 이용하거나 저자에게 직접 전화 또는 문자 메시지를 이용하시면 성심껏 돕겠습니다.

2024년 11월　 일

저자 **장승규** 드림

저자소개

장 승 규
- 동국대학교, 연세대학교 대학원, 명지대학교 대학원 졸업
- 경영학박사
- 한국경영컨설팅협동조합 이사장 근무
- 명지대학교, 서울벤처대학원대학교 교수 역임
- 현) 스포츠경영발전협의회 공동대표, 지식닷컴 집필인 대표
- 2005년 스포츠경영관리사 자격 취득
- 연락처 : 010-6291-1131　jisig@paran.com